Object Pascal mit Delphi

Springer-Verlag Berlin Heidelberg GmbH

Richard Kaiser

Object Pascal mit Delphi

Eine Einführung in die
objektorientierte Windows-Programmierung

Mit zahlreichen Abbildungen und Tabellen

 Springer

Prof. Richard Kaiser
Schwärzlocher Straße 53
D-72070 Tübingen

ISBN 978-3-540-60340-5

Die Deutsche Bibliothek – CIP-Einheitsaufnahme
Kaiser, Richard:
Object Pascal mit Delphi: eine Einführung in die
objektorientierte Windows-Programmierung / Richard Kaiser
Berlin; Heidelberg; New York; Barcelona; Budapest;
Hongkong; London; Mailand; Paris; Santa Clara; Singapur;
Tokio: Springer, 1997
ISBN 978-3-540-60340-5   ISBN 978-3-642-59121-1 (eBook)
DOI 10.1007/978-3-642-59121-1

Umschlagmotiv mit freundlicher Genehmigung der Borland GmbH
Umschlaggestaltung: Künkel + Lopka Werbeagentur, Ilvesheim
Satz: Druckfertige Dateien vom Autor
Belichtung: Text & Grafik, Heidelberg
SPIN: 10794570   45/3111 – 5432 – Gedruckt auf säurefreiem Papier

Geleitwort

Mit Delphi ist es Borland gelungen, den Erfolg von Borland Pascal fortzuführen und eine kleine Revolution im Bereich der Entwicklungssysteme auszulösen. Die visuelle Entwicklungsumgebung ermöglicht eine einfache und schnelle Entwicklung von Windows-Programmen.

Die visuellen Werkzeuge werden durch die leistungsfähige Programmiersprache Object Pascal ergänzt. Durch den optimierenden Native-Code-Compiler sind die mit Delphi entwickelten Programme schnell und wesentlich effizienter als interpretierte Programme.

Delphi unterstützt mit Object Pascal wichtige Konzepte des modernen Software Engineering: strukturierte, modulare und objektorientierte Programmierung. Damit ist Delphi außerordentlich gut für die Entwicklung von professionellen Windows-Programmen geeignet. Da alle diese Konzepte unter einer einfach zu bedienenden Entwicklungsumgebung verfügbar sind, ist Delphi auch ideal für die Vermittlung dieser Inhalte in der Lehre geeignet.

Dieses Buch stellt die Sprachelemente von Object Pascal umfassend dar und beschreibt die wichtigsten Techniken im Umgang mit diesen Sprachelementen. Schwerpunkte sind unter anderem das neue Objektmodell und das Exception-Handling. Dadurch ist dieses Buch ein wichtiges Nachschlagewerk, wenn es um die Grundlagen der Delphi-Programmierung geht. Durch den systematischen Aufbau ist es außerdem gut als Lehrbuch geeignet.

Andreas Fischer
Technischer Produktmanager Delphi
Borland Deutschland

Vorwort

Dieses Buch verbindet eine umfassende Darstellung von Object Pascal mit einer systematischen Einführung in die Programmierung. Dabei werden alle Sprachkonzepte von der strukturierten bis zur objektorientierten Programmierung behandelt und an Beispielen illustriert.

Delphi ist eine Plattform, die sich sehr gut für eine Einführung in die Programmierung eignet. Da Object Pascal sowohl alle herkömmlichen als auch die modernen, objektorientierten Sprachelemente enthält, können alle damit verbundenen Konzepte in einer einheitlichen Umgebung gelehrt und geübt werden. Und ganz nebenbei entstehen dabei auch noch optisch ansprechende Windows-Programme.

Das Buch richtet sich aber nicht nur an diejenigen, die objektorientiertes Programmieren lernen wollen, sondern genauso an Praktiker, die eine umfassende Darstellung von Object Pascal suchen.

Die ersten beiden Kapitel geben einen Überblick über die Entwicklungsumgebung und die visuelle Programmierung mit Delphi. Hier wird gezeigt, wie man schon mit geringen Vorkenntnissen einfache Windows-Programme erstellen kann.

In den Kapiteln 3 bis 5 werden die Sprachelemente der strukturierten Programmierung dargestellt. Mit den Ablaufstrukturen werden die Grundbegriffe der Programmierlogik und Programmverifikation behandelt. Dieser Teil entspricht damit einer klassischen Einführung in die Programmierung, wobei allerdings von Anfang an Windows-Programme entwickelt werden.

Kapitel 6 ist eine Einführung in die objektorientierte Programmierung. Nach der Vorstellung des Klassenkonzepts von Object Pascal geht es vor allem um die systematische Konstruktion von Basisklassen. Solche Basisklassen können als Bausteine für wiederverwendbare und erweiterbare Algorithmen verwendet werden. Als Beispiele werden unter anderem Basisklassen für einige gängige Sortierverfahren, die Klassenbibliothek von Delphi, tiefer gehende Klassenkonzepte und ihre Verbindung zu Windows sowie Sprachelemente für die visuelle Programmierung vorgestellt.

Im Rahmen eines kleinen Projekts wird in Kapitel 7 ein praxisnahes Windows-Programm entwickelt. Auch hier spielen Basisklassen eine zentrale Rolle: Sie stellen das grundlegende Verhalten von Formularen dar.

In Kapitel 8 werden vor allem anhand von Beispielen einige Themen behandelt, die nicht mehr im engeren Sinne zur Sprache Object Pascal gehören. Die zugehörigen Funktionen sind für viele Anwendungen nützlich und machen Delphi zu einem außerordentlich vielseitigen Entwicklungssystem, das viel mehr ist als nur ein Compiler für Object Pascal. Die dazu von Delphi zur Verfügung gestellten Klassen sind außerdem ein gutes Beispiel für die Architektur einer Klassenbibliothek.

Zahlreiche Übungsaufgaben geben dem Leser die Möglichkeit, die Inhalte praktisch anzuwenden und so zu vertiefen. Da man Programmieren nur lernt, indem man es tut, möchte ich ausdrücklich dazu ermuntern, zumindest einen Teil der Aufgaben zu lösen und sich dann selbst neue Aufgaben zu stellen. Der Schwierigkeitsgrad der Aufgaben reicht von einfachen Wiederholungen des Textes bis zu kleinen Programmieraufgaben, die ein gewisses Maß an selbständiger Arbeit erfordern. Die Lösungen der allermeisten Aufgaben findet man im letzten Kapitel.

Danksagung

Peter Schwalm, Stefan Kursawe und Christian Rosenkranz haben große Teile des Manuskripts gelesen und durch zahlreiche Vorschläge zu seiner Verbesserung beigetragen. Hilfreiche Tips bekam ich darüber hinaus von Sebastian Draese, Uwe Haury, Thomas Heuckeroth, Björn Hils, Björn Kelz und Dirk Scheffler.

Meine Söhne Daniel und Alexander haben mich auf jede nur erdenkliche Weise tatkräftig unterstützt. Alex hat mich beträchtlich entlastet, indem er sämtliche Reparaturen und Installationen an meinem PC in die Hand genommen und souverän gemeistert hat.

Die Unterstützung von Dr. Hans Wössner und seinem Team vom Springer-Verlag hätte nicht besser sein können. Er hat es immer wieder geschafft, den Eindruck zu erwecken, als ob er nur dieses Buch betreuen würde. „Meiner" Lektorin Ruth Abraham verdankt dieses Buch eine in sich geschlossene Form, die ich allein nicht geschafft hätte. Die technische Herstellung war bei Gabi Fischer in erfahrenen guten Händen.

Ihnen allen gilt mein Dank, insbesondere auch der Borland GmbH für ihr Einverständnis zur Verwendung der Syntaxdiagramme und des Athena-Bitmaps auf der Titelseite.

Tübingen, im Oktober 1996   Richard Kaiser

Inhalt

1 Die Entwicklungsumgebung

Delphi besteht aus einer größeren Anzahl von Werkzeugen (Tools), mit denen Windows-Programme entwickelt werden können.

Eine solche Zusammenstellung von Werkzeugen zur Programmentwicklung bezeichnet man auch als Programmier- oder **Entwicklungsumgebung**. Einfachere Entwicklungsumgebungen bestehen nur aus einem Editor, von dem aus ein integrierter Compiler aufgerufen werden kann. Mit der zunehmenden Komplexität der Software und des damit verbundenen Entwicklungsaufwands wurden aber immer mehr Tools notwendig. Wenn diese Tools wie in Delphi unter einer einheitlichen Benutzeroberfläche integriert sind, spricht man auch von einer **integrierten Entwicklungsumgebung**.

In diesem Kapitel werden die wichtigsten Werkzeuge der Entwicklungsumgebung von Delphi vorgestellt. Weitere werden später beschrieben, wenn diese dann auch eingesetzt werden können.

Die Abbildungen der Programmfenster wurden unter Delphi 1 und Windows 95 erzeugt und entsprechen weitgehend denen von Delphi 2. Auf größere Unterschiede zwischen den beiden Versionen wird jeweils gesondert hingewiesen.

1.1   Visuelle Programmierung: Ein erstes kleines Programm

Nach dem Start von Delphi wird ein Teil der Tools angezeigt:

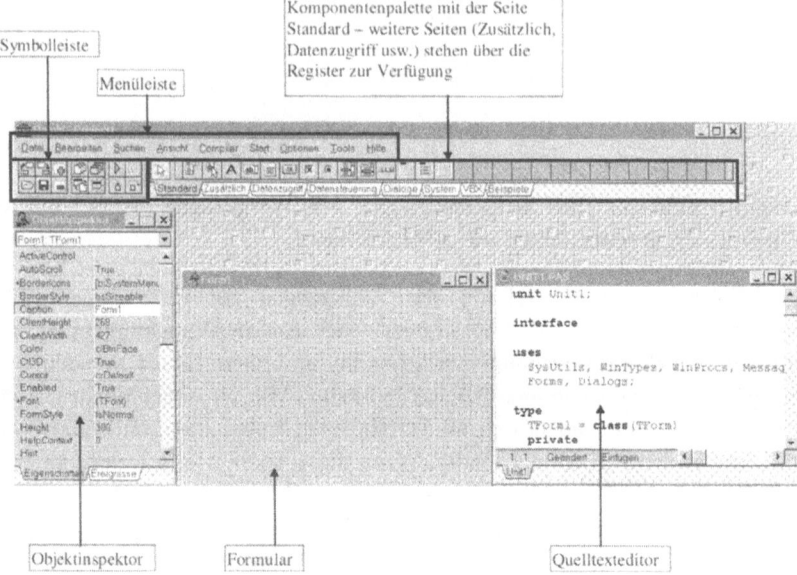

In dieser Abbildung wurde der Quelltexteditor, der nach dem Start zunächst unter dem Formular liegt, nach rechts verschoben.

Das **Formular** ist der Ausgangspunkt für alle Anwendungen, die mit Delphi entwickelt werden. Es entspricht dem Fenster, das beim Start des Programms unter Windows angezeigt wird:

Die **Komponentenpalette** enthält eine Vielzahl der unter Windows üblichen **Steuerelemente** (**Dialogelemente, Controls**). Diese sind auf verschiedene Seiten verteilt und können über die Register (*Standard, Zusätzlich* usw.) angewählt werden. Ein Teil dieser Komponenten (wie z. B. Buttons, ListBoxen, Combo-Boxen von der Seite *Standard*) entspricht Steuerelementen, die im laufenden Programm angezeigt werden. Andere, wie der *Timer* von der Seite *System*, sind im laufenden Programm nicht sichtbar.

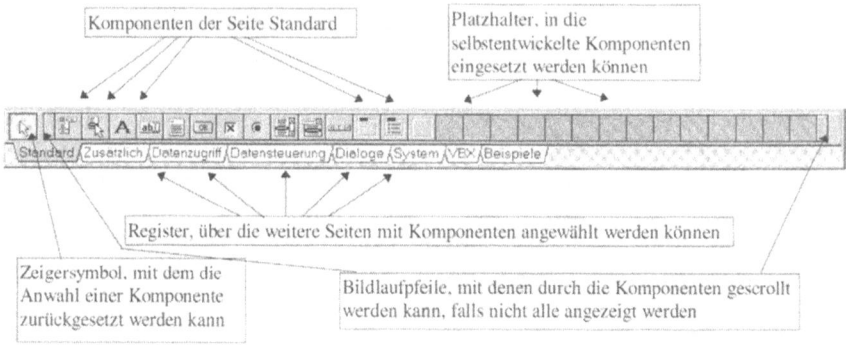

Falls Ihnen die kleinen Icons nicht allzuviel sagen, lassen Sie einfach den Mauszeiger kurz auf einer Komponente stehen: Dann erscheint ein kleines gelbes Hinweisfenster, das den Namen der Komponente anzeigt.

Eine Komponente aus der Komponentenpalette wird dem Formular hinzugefügt, indem man die gewünschte Komponente zunächst mit einem einfachen Mausklick markiert (die Schaltfläche wird dann als gedrückt dargestellt). Anschließend zeigt man mit dem Mauszeiger auf die Stelle im Formular, an die die linke obere Ecke der Komponente kommen soll, und setzt die Komponente durch einen einfachen Mausklick auf das Formular.

Beispiel: Nachdem man ein Label (die dritte Komponente von links mit dem großen *A*), ein Edit-Fenster (die vierte Komponente von links mit der Aufschrift *ab*) und einen Button (die sechste von links mit der Aufschrift *OK*) auf das Formular gesetzt hat, sieht dieses etwa folgendermaßen aus:

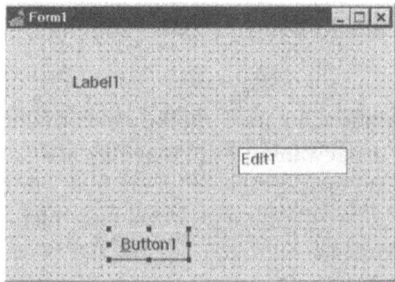

Diese Art der Programmierung bezeichnet man auch als **visuelle Programmierung**. Während man bei der konventionellen Programmierung ein Programm ausschließlich durch das Schreiben von Anweisungen (Text) in einer Programmiersprache entwickelt, wird bei der visuellen Programmierung ein Programm (oder auch nur ein Teil davon) aus vorgefertigten graphischen Komponenten zusammengesetzt. Damit sieht man bereits beim Entwurf des Programms, wie es später zur Laufzeit aussehen wird.

In Delphi kann die Benutzeroberfläche eines Programms mit visuellen Programmiertechniken gestaltet werden. Die Anweisungen, welche als Reaktionen auf Benutzereingaben (Mausklicks usw.) erfolgen sollen, werden dagegen konventionell in der Programmiersprache **Object Pascal** geschrieben.

Die zuletzt auf ein Formular gesetzte Komponente ist dann immer solange die **aktuell ausgewählte Komponente**, bis eine andere ausgewählt wird. Man erkennt sie im Formular an den 8 kleinen schwarzen Quadraten an ihrem Rand, den sogenannten **Ziehquadraten**. Setzt man den Mauszeiger auf eines der Ziehquadrate und drückt die linke Maustaste, kann man die Größe der Komponente durch Ziehen mit der Maus verändern.

Die aktuell ausgewählte Komponente wird immer im **Objektinspektor** angezeigt. Dieser enthält in der linken Spalte die **Eigenschaften** der Komponente und in der rechten die **Werte** dieser Eigenschaften.

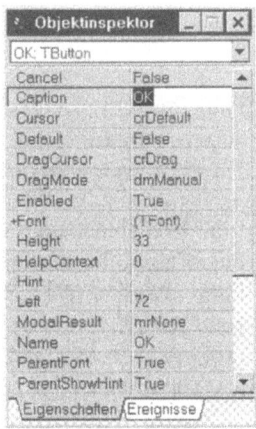

Den Wert einer Eigenschaft kann man nach dem Anklicken der jeweiligen Zeile verändern, indem man einen neuen Wert einträgt. Ersetzt man z. B. den Wert „Button1" für *Caption* (Überschrift) durch „OK", wird die Aufschrift auf dem Button im Formular verändert.

Genauso, wie der Wert einer Komponente im Formular an die aktuellen Werte im Objektinspektor angepaßt wird, werden die Werte im Objektinspektor an die aktuellen Werte einer Komponente im Formular angepaßt: Wenn man die Größe einer Komponente durch Ziehen an den Ziehquadraten verändert, werden die entsprechende Werte (*Left*, *Top*, *Height* oder *Width*) im Objektinspektor automatisch aktualisiert.

Wenn man mit der Maus eine freie Stelle im Formular anklickt, wird das **Formular** die **aktuell ausgewählte Komponente**. Man kann dann die Eigenschaften des Formulars im Objektinspektor verändern. Für ein Formular bezeichnet *Caption* die Fensterüberschrift, und wenn man hier „mein erstes Delphi-Programm" einträgt, wird die Titelzeile des Formulars entsprechend angepaßt.

Oder man kann die Farbe des Formulars verändern, indem man *Color* anklickt und im Pulldown-Menü *clYellow* für ein wunderschönes Gelb auswählt.

Im Gegensatz zu einem Button ist ein Formular nicht durch Ziehquadrate als aktuell ausgewählte Komponente gekennzeichnet. Es wird aber wie jede andere ausgewählte Komponente im **Objektselektor** des Objektinspektors angezeigt:

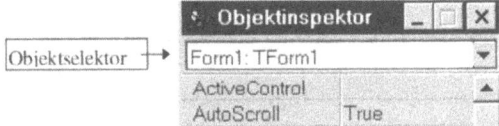

Klickt man im Objektselektor rechts das kleine, nach unten zeigende Dreieck an, erhält man ein Pulldown-Menü, aus dem man ebenfalls eine Komponente auswählen kann, die dann die aktuell ausgewählte ist:

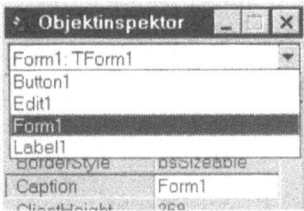

Angesichts der Vielzahl der Eigenschaften kann man natürlich leicht die Übersicht darüber verlieren, was die verschiedenen Eigenschaften im einzelnen bedeuten. Es ist deshalb naheliegend, daß man nach dem Anklicken einer Eigenschaft im Objektinspektor mit der Taste *F1* eine Beschreibung der entsprechenden Eigenschaft erhält. Für die Eigenschaft *Height* erhält man die folgende Beschreibung:

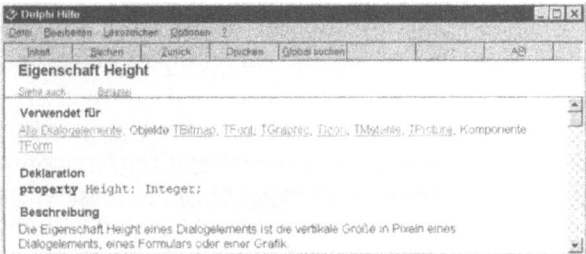

Durch diese Spielereien haben Sie **schon ein richtiges Windows-Programm** erstellt – zwar kein besonders nützliches, aber immerhin. Sie können dieses Programm folgendermaßen starten:

- mit *Start\Start* von der Menüleiste,

- mit *F9* von einem beliebigen Fenster unter Delphi oder

- durch den Aufruf des vom Compiler erzeugten Exe-Files.

Dieses Programm hat schon viele Eigenschaften, die man von einem Windows-Programm erwartet: Man kann es mit der Maus verschieben, vergrößern, verkleinern und schließen.

Bemerkenswert an diesem Programm ist vor allem der **geringe Aufwand**, mit dem es erstellt wurde. Vergleicht man diesen Aufwand mit dem, der unter einem nichtvisuellen Entwicklungssystem anfällt, stellt man eine beträchtliche Arbeitserleichterung fest. So braucht Petzold in seinem Klassiker „Programmierung unter Windows" (Petzold 1992, S. 33) ca. 80 Zeilen für ein einfaches C-Programm, das (wie in einem Label) den Text „Hello Windows" in ein Fenster schreibt. Und in jeder dieser 80 Zeilen kann man einiges falsch machen.

1.2 Erste Schritte in Object Pascal

Wie schon erwähnt wurde, ist das im letzten Abschnitt entwickelte Programm nicht besonders nützlich: Es stellt lediglich einige Steuerelemente dar und hat von Delphi einige allgemeine Eigenschaften erhalten, die für Windows-Programme typisch sind. Es kann aber überhaupt nicht auf Benutzereingaben reagieren. Zwar kann man den Button anklicken, der dann auch gedrückt dargestellt wird, aber es erfolgt keine Reaktion darauf – welche sollte auch erfolgen?

Windows-Programme reagieren auf Benutzereingaben in Form von Mausklicks oder Tastatureingaben. Im Gegensatz zu einfachen DOS-Programmen ist es aber nicht notwendig und auch nicht möglich, Benutzereingaben in speziellen Anweisungen (wie *Readln* in Pascal oder *scanf* in C) direkt entgegenzunehmen. Statt dessen werden alle Eingaben von Windows zentral entgegengenommen und als sogenannte Botschaften (Messages, Meldungen) an das entsprechende Programm weitergegeben. Diese Botschaften lösen dann in dem Programm, für das sie bestimmt sind, ein sogenanntes Ereignis aus.

Die Ereignisse, auf die eine Delphi-Komponente reagieren kann, zeigt der Objektinspektor für die jeweils aktuelle Komponente an, wenn man das Register **Ereignisse** anklickt.

Die folgende Abbildung zeigt die Ereignisse für einen *Button*. Dabei steht *OnClick* für das Ereignis, das beim Anklicken der Komponente eintritt:

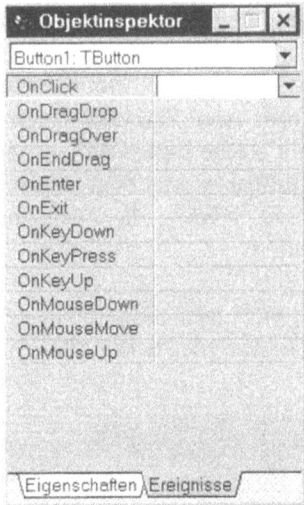

Mit einem Doppelklick auf die rechte Spalte eines Ereignisses kann man den **Quelltexteditor** aufrufen. Dabei erzeugt Delphi automatisch den Rahmen für eine Prozedur, die auf das angewählte Ereignis reagiert. So erhält man nach einem Doppelklick auf das Ereignis *OnClick* der Komponente *Button1*:

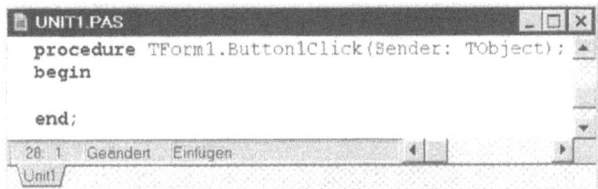

Der hier dargestellte Programmtext von *procedure* bis *end* wurde von Delphi automatisch erzeugt. Zwischen *begin* und *end* kann man jetzt in der Programmiersprache Object Pascal die Anweisungen schreiben, die das Programm ausführen soll, wenn das Ereignis *OnClick* eintritt.

Da das Ereignis *OnClick* eines der am häufigsten benutzten Ereignisse unter Windows ist, erhält man diesen Prozedurrahmen auch durch einen Doppelklick auf die Komponente im Formular.

Welche Anweisungen möglich sind und wie diese aufgebaut werden müssen, ist der Hauptgegenstand dieses Buches und wird ab dem übernächsten Kapitel ausführlich beschrieben. Im Rahmen dieses einführenden Kapitels sollen nur einige wenige Anweisungen vorgestellt werden und diese auch nur soweit, wie das zum

Grundverständnis von Delphi notwendig ist. Falls Ihnen Begriffe wie „Variablen" usw. neu sind, lesen Sie trotzdem weiter – aus dem Zusammenhang erhalten Sie vermutlich eine intuitive Vorstellung, die für diese Einführung ausreicht. Später werden diese Begriffe dann genauer erklärt.

Eine beim Programmieren häufig verwendete Anweisung ist die **Wertzuweisung**, mit der man einer Variablen einen Wert zuweisen kann. Als Variable sollen zunächst nur solche Eigenschaften von Komponenten verwendet werden, die auch im Objektinspektor angezeigt werden. Diesen Variablen können dann die Werte zugewiesen werden, die auch im Objektinspektor in der Wertespalte vorgesehen sind.

In der folgenden Abbildung sieht man einige zulässige Werte für die Eigenschaft *Color*. Diese werden nach dem Anklicken des Anwahldreiecks rechts vom aktuellen Wert angezeigt.

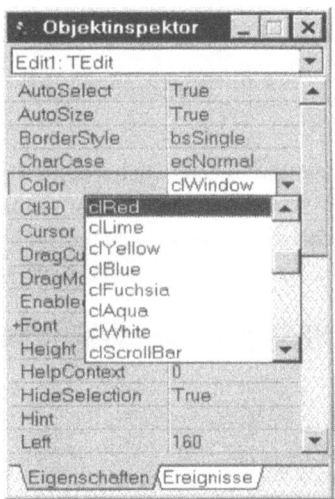

Schreibt man jetzt zwischen *begin* und *end* die Anweisung

```
Edit1.Color := clYellow;
```

wird dadurch festgelegt, daß beim Anklicken von *Button1* während der Ausführung des Programms die Eigenschaft *Edit.Color* den Wert *clYellow* erhält, der für die Farbe Gelb steht. Hier ist := die Anweisung, die die Wertzuweisung bewirkt. Dabei müssen die beiden Zeichen : und = unmittelbar aufeinanderfolgen und dürfen nicht durch andere Zeichen wie Leerzeichen „ " usw. getrennt sein.

Wenn Sie das Programm jetzt mit *F9* starten und dann *Button1* anklicken, erhält das Textfeld im Edit-Fenster tatsächlich die Farbe Gelb.

Auch wenn dieses Programm noch nicht viel sinnvoller ist als das erste, haben Sie doch schon gesehen, wie mit Delphi Programme entwickelt werden. Dieser **Entwicklungsprozeß** besteht immer aus den folgenden Aktivitäten, die in beliebiger Reihenfolge ausgeführt werden können, sobald einmal eine Komponente einem Formular hinzugefügt wurde:

1. Man wählt eine Komponente aus der Komponentenpalette aus und fügt diese einem Formular hinzu.

2. Man setzt die Werte von Eigenschaften im Objektinspektor bzw. ändert das Layout eines Formulars mit der Maus.

3. Man schreibt in Object Pascal die Anweisungen, die als Reaktion auf Benutzereingaben erfolgen sollen.

4. Man startet das Programm und testet, ob es sich auch wirklich so verhält, wie es sich verhalten soll.

Die Aktivitäten unter 1. und 2. können dabei als **visuelle Programmierung** bezeichnet werden und betreffen vor allem die Gestaltung der Benutzeroberfläche. Hier werden die im Objektinspektor angezeigten Eigenschaften von Komponenten angepaßt, ohne daß Anweisungen in einer Programmiersprache geschrieben werden müssen.

Die Aktivitäten unter 3. sind dagegen konventionelle **(nichtvisuelle) Programmierung**, da Anweisungen in einer Programmiersprache geschrieben werden.

Der gesamte Zeitraum der Programmentwicklung (Aktivitäten 1., 2. und 3.) wird auch als **Entwurfszeit** bezeichnet. Im Gegensatz dazu bezeichnet man die Zeit, während der ein Programm läuft (vom Start bis zum Ende des Programms), als **Laufzeit** eines Programms.

Diese Unterscheidung ist nicht ganz so belanglos, wie sie sich zunächst vielleicht anhören mag. So stehen für die meisten Komponenten während der Entwurfszeit im Objektinspektor nicht alle die Eigenschaften zur Verfügung, die auch während der Laufzeit zur Verfügung stehen. Auf die Eigenschaften, die nur während der Laufzeit eines Programms zur Verfügung stehen, kann man nur durch Anweisungen in Object Pascal zugreifen. Aus diesem Grund wird gelegentlich zwischen „Eigenschaften zur Entwurfszeit" und „Eigenschaften zur Laufzeit" unterschieden.

1.3 Projekte, Projektdateien und Projektoptionen

Nachdem man ein Programm oder Teile davon geschrieben hat, wird man dieses meist auf der Festplatte speichern wollen. Dazu stehen in der Menüleiste von Delphi unter *Datei* vor allem die folgenden Optionen

− Projekt speichern
− Projekt speichern unter

zur Verfügung. Damit können alle Dateien gespeichert werden, die für Delphi zu einem Projekt gehören, bzw. die Projektdatei. Im Gegensatz dazu werden durch

− Datei speichern
− Datei speichern unter

nur die jeweils im Quelltexteditor geöffneten Dateien gespeichert. Falls es sich dabei um Units handelt, zu denen ein Formular gehört, wird die Formulardatei ebenfalls gespeichert.

Ein Teil der zu einem Projekt gehörenden Dateien wird zur Übersetzung eines ausführbaren Programms benötigt, andere enthalten Einstellungen. Die Art der einzelnen Dateien wird dabei durch die Endung des Dateinamens gekennzeichnet:

.DPR (Projektdatei, in Object Pascal)

> Diese Datei enthält den Pascal Quelltext für das Hauptprogramm des Projekts und wird von Delphi automatisch angelegt und verwaltet. Sie sollte normalerweise nicht manuell verändert werden.

.PAS (Quelltext einer Unit, in Object Pascal)

> Delphi erzeugt für jedes Formular automatisch eine sogenannte Unit mit den Deklarationen, die zu den ausgewählten visuellen Komponenten gehören. Diese werden vom Programmierer dann durch eigene Anweisungen ergänzt.

.DFM (Graphische Formulardatei, Binär- oder Textdatei)

> Enthält für jedes Formular alle visuellen Komponenten und deren Eigenschaften. Diese Datei wird beim Speichern eines Projekts automatisch zu jedem Formular als Binärdatei erzeugt. Sie erhält denselben Namen mit der Endung „DFM" wie die zum Formular gehörende Unit mit der Endung „PAS".

Eine DFM-Datei kann auch als Textdatei gespeichert werden. So können dann Unterschiede zwischen verschiedenen Versionen eines Formulars verglichen werden.

Dazu kommen noch verschiedene andere Dateien, in denen Delphi interne Einstellungen zum Projekt oder zur Entwicklungsumgebung speichert. Die Dateien, deren Namensendung mit dem Zeichen ~ beginnt (~DP, ~PA, ~DF), sind Sicherungskopien der DPR-, PAS- und DFM-Dateien, die vor dem Speichern der aktuellen Version angelegt werden.

Beim erstmaligen Speichern fragt Delphi zunächst für alle zum Projekt gehörenden Units nach einem Namen und dann nach einem Namen für das Projekt. **Dabei muß für das Projekt ein anderer Name als für die Units angegeben werden.**

Das Verzeichnis, in dem ein Projekt gespeichert werden soll, muß beim Speichern des Projekts bereits vorhanden sein. Delphi bietet keine Möglichkeit, beim Speichern eines Projekts ein neues Verzeichnis anzulegen.

Insbesondere wird in der Standardeinstellung nach der Installation von Delphi beim Anlegen eines neuen Projekts unter *Datei|neues Projekt* nicht nach einem Verzeichnis gefragt, in dem das Projekt angelegt werden soll. In dieser Standardeinstellung wird nach *Datei|neues Projekt* ein leeres Formular angezeigt, genauso wie das im letzten Abschnitt nach dem Start von Delphi dargestellt wurde, ohne daß *Datei|neues Projekt* aufgerufen wurde.

Angesichts der relativ großen Anzahl von Dateien, die zu einem Projekt gehören, empfiehlt Borland, jedes Projekt in einem eigenen Verzeichnis zu speichern. Das ist bei größeren Projekten sicher immer empfehlenswert, bei vielen kleinen Projekten (wie bei den später folgenden Aufgaben) aber auch recht lästig. Ich bin deswegen im Laufe der Zeit dazu übergegangen, alle Projektdateien mit einem „p" im letzten Buchstaben von den Namen der Units zu unterscheiden. Wenn ich also einer Unit den Namen „test" gegeben habe, wurde die Projektdatei mit „testP" bezeichnet.

Will man nur die Formular- oder Programmdatei speichern, die man gerade bearbeitet, ohne gleich das ganze Projekt zu speichern, kann man das mit *Datei|speichern* oder *Strg+S* bzw. *Datei|speichern unter*.

Es empfiehlt sich, ein Projekt oder zumindest die gerade bearbeiteten Dateien immer wieder zu speichern. Man kann nie ausschließen, daß sich Windows oder ein anderes Programm aufhängt oder ein Stromausfall die ganze Arbeit seit dem letzten Speichern zunichte macht.

In diesem Zusammenhang sind auch die in Delphi 1 unter *Optionen\Umgebung* und in Delphi 2 unter *Tools\Optionen* angebotenen „Optionen für Autospeichern" ganz nützlich: Werden diese markiert, werden vor jedem Start eines Programms alle zum Projekt gehörenden Dateien gespeichert (siehe die nächste Abbildung).

Markiert man hier außerdem noch unter „Desktop-Inhalt" die Option „Nur Desktop speichern", werden beim nächsten Start von Delphi wieder alle die Dateien geöffnet, die beim letzten Beenden von Delphi geöffnet waren.

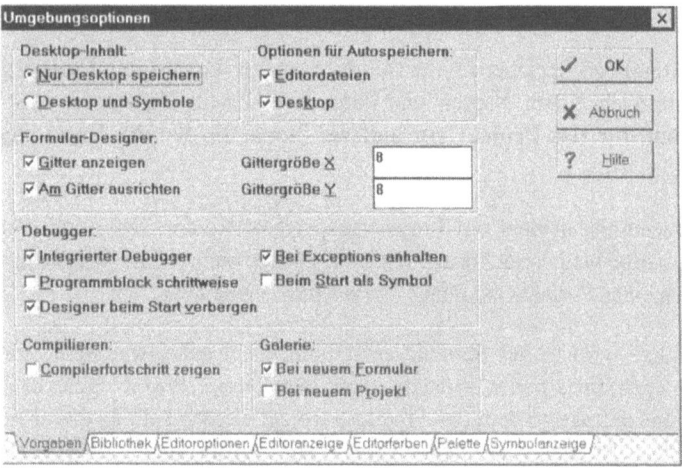

Eine weitere nützliche Projektoption erlaubt, die im Laufe der Zeit doch recht umfangreichen Exe- und DCU-Dateien in einem eigenen Verzeichnis anzulegen. Diese Option wird in Delphi 1 unter *Optionen\Projekt* und in Delphi 2 unter *Projekt\Optionen* unter dem Register *Verzeichnisse* als *Ausgabeverzeichnis* angeboten. Die hier von Delphi angelegten Dateien kann man dann löschen, wenn man sie nicht mehr benötigt. Aus den Quelltexten der Programme kann man diese dann bei Bedarf wieder erzeugen.

1.4 Die Online-Hilfe

Da sich kaum jemand die Bedeutung der vielen Einzelheiten in Zusammenhang mit Delphi merken kann, ist es für eine effektive Arbeit unerläßlich, die Möglichkeiten der Online-Hilfe zu kennen und nutzen zu können. Damit kann man sich für nahezu alle

– Bestandteile der Benutzeroberfläche,
– visuellen Komponenten und
– Sprachelemente von Object Pascal

kontextabhängige Informationen geben lassen. Unter Delphi 1 *Hilfe|Inhalt* wird nach Anklicken von *Grundlagen* und dann *Gebrauch der Delphi Hilfe* auch diese beschrieben:

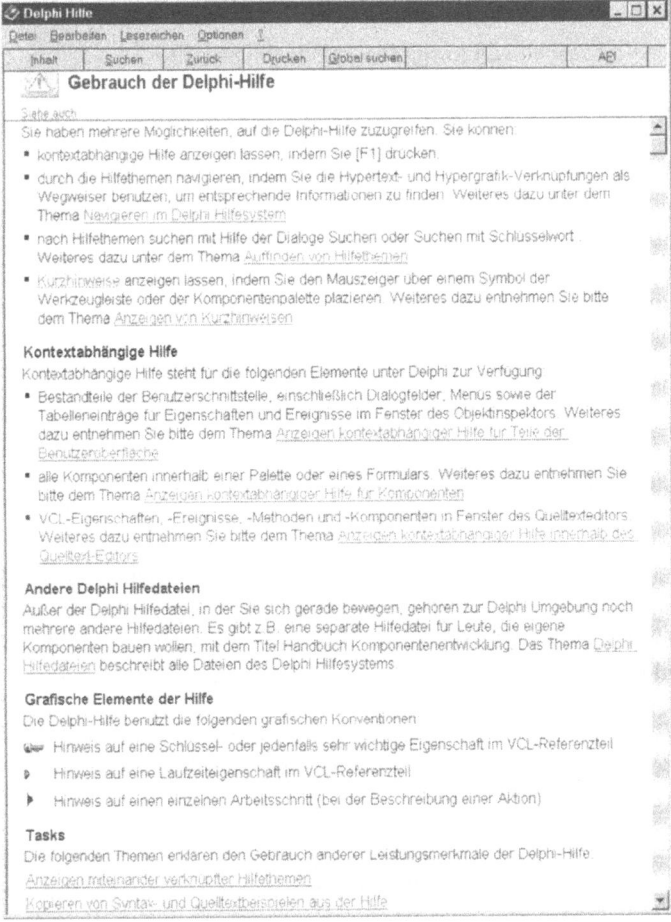

Angesichts der Vielfalt an Detailinformationen, die Delphi über die Komponenten zur Verfügung stellt, werden diese im folgenden nur noch knapp beschrieben. Für weitere Einzelheiten wird auf die Delphi-Hilfe verwiesen.

Aufgabe

Lesen Sie die obige Anleitung zum Gebrauch der Delphi-Hilfe durch sowie die Seiten, auf die dort verwiesen wird. Probieren Sie die kontextabhängige Hilfe für die folgenden Elemente aus:

- Dialogfelder, Menüs und Menüeinträge der Benutzeroberfläche.

- Eigenschaften und Ereignisse im Fenster des Objektinspektors.

- Komponenten der Komponentenpalette und der Werkzeugleiste.

- Sprachelemente von Object Pascal im Quelltext-Editor.

- Blättern Sie im Dialog Suchen eines Delphi-Hilfefensters die Schlüsselwörter durch und lassen Sie sich einige anzeigen.

In jedem Fenster der Delphi-Hilfe wird in der Menüleiste unter *Datei* die Option *Öffnen* angeboten. Hier können weitere Hilfedateien aus dem Verzeichnis delphi\bin ausgewählt werden. Außerdem kann man so auch die Hilfedateien der amerikanischen Originalversion verwenden, wenn man diese aus dem Verzeichnis InstalUS (auch auf der deutschen CD enthalten) installiert. Diese Originale sind teilweise präziser als die deutschen Übersetzungen.

1.5 Der Quelltexteditor

Der Quelltexteditor (kurz: Editor) ist das Werkzeug, mit dem die Quelltexte geschrieben werden. Er ist voll in die Entwicklungsumgebung von Delphi integriert und kann von verschiedenen Stellen aus aufgerufen werden, z. B. durch einen Doppelklick auf

- das Register des Fensters einer Unit. Die bisherige Position des Cursors wird dabei nicht verändert und befindet sich an derselben Stelle wie beim letzten Aufruf des Editors.

- die rechte Spalte eines Ereignisses auf der Seite Ereignisse des Objektinspektors. Der Cursor befindet sich dann in der Routine, die zu dem angeklickten Ereignis gehört.

- eine Komponente in einem Formular. Der Cursor befindet sich dann in der Routine, die zum Ereignis *OnClick* für diese Komponente gehört.

Er kann außerdem von der Menüleiste von Delphi aus über *Ansicht|Units* aufgerufen werden. Mit *F12* kann man zwischen einem Formular und der zugehörigen Unit wechseln.

Damit muß man den Quelltext für eine bestimmte Ereignisbehandlungsroutine nicht mühsam im Quelltexteditor suchen: Ein Doppelklick auf das entsprechende Ereignis im Formular oder im Objektinspektor öffnet den Editor an der zum Ereignis gehörigen Stelle.

Der Editor enthält über Tastenkombinationen zahlreiche Funktionen, mit denen sich praktisch alle Aufgaben effektiv durchführen lassen, die in Zusammenhang mit der Programmierung auftreten. Er kann außerdem auf mehrere Arten vordefiniert und unter *Optionen|Umgebung* angepaßt werden. Im folgenden sind nur einige der wichtigsten Tastenkombinationen für die nach der Installation eingerichtete „Vorgabe-Tastaturbelegung" (auch als „Standard-Tastaturvorlage" bezeichnet) zusammengestellt:

Tastenkürzel	Aktion oder Befehl
F1 bzw. Strg+F1	wie *Hilfe|Inhalt* oder falls der Cursor über einem Wort steht, kontextsensitiv
F3	wie *Suchen|Suche wiederholen*
Strg+F	wie *Suchen|Suchen*
Strg+R	wie *Suchen|Ersetzen*
Strg+P	interpretiert das nächste Zeichen als Steuerzeichen, z. B. das Zeichen C als *Strg+C*. Damit können Steuerzeichen in den Quelltext geschrieben werden.
Strg+S	wie *Datei|Datei speichern*
Strg+T	löscht das Wort ab der Cursorposition
Strg+Y	löscht die gesamte Zeile
Strg+Umschalt+Y	löscht die Zeile ab dem Cursor bis zum Ende
Alt+Rücktaste oder Strg+Z	wie *Bearbeiten|Rückgängig*. Damit können Editor-Aktionen rückgängig gemacht werden
Alt+Umschalt+ Rücktaste oder Strg+Umschalt+Z	wie *Bearbeiten | Widerrufen*
Strg+Umschalt+I bzw. Strg+Umschalt+U	rückt den als Block markierten Text eine Spalte nach links bzw. rechts (zum Aus- und Einrücken von begin..end-Blöcken)
Alt+[bzw. Alt+]	sucht das passende Begrenzungszeichen (z. B. Klammern) vorwärts bzw. rückwärts
Pos1 bzw. Ende	Cursor springt an den Anfang bzw. das Ende der Zeile
Strg+Pos1 bzw. Strg+Ende	Cursor springt an den Anfang bzw. das Ende der Datei

Tastenkürzel	Aktion oder Befehl
Einfg	schaltet zwischen Einfügemodus und Überschreibmodus um
Strg+← bzw. Strg+→	versetzt den Cursor um ein Wort nach links bzw. rechts
Strg+Tab	versetzt den Cursor auf die nächste Seite
Strg+Umschalt+ Tab	versetzt den Cursor auf die vorhergehende Seite
Strg+Rücktaste	löscht das Wort rechts vom Cursor
Strg+Entf	löscht einen aktuellen Block
Strg+Bild↑ bzw. Strg+Bild↓	verschiebt den Cursor an den oberen bzw. unteren Bildschirmrand
Strg+↑ bzw. Strg+↓	verschiebt den Text um eine Zeile nach oben bzw. unten
Strg+Eingabetaste	öffnet eine Datei mit dem Dateinamen, der dem Wort unter dem Cursor entspricht
Alt+Shift+← Alt+Shift+→ Alt+Shift+↑ Alt+Shift+↓	zum Markieren von Spalten
F11	wie *Ansicht|Objektinspektor*
F12	wie *Ansicht|Umschalten Formular/Unit*
Alt+F10	zeigt ein lokales Menü an
Alt+0	wie *Ansicht|Fensterliste*
Strg+F12	wie *Ansicht|Units*
Umschalt+F12	wie *Ansicht|Formulare*
Strg+Umschalt+R	zeichnet ein Tastaturmakro auf
Strg+Umschalt+P	spielt ein Tastaturmakro ab

Dazu kommen noch die üblichen **Tastenkombinationen unter Windows** wie Markieren eines Textteils mit gedrückter Shift-Taste und gleichzeitigem Bewegen des Cursors bzw. mit der Maus bei gedrückter linker Maustaste. Ein so markierter Bereich kann dann mit *Strg+X* ausgeschnitten, *Strg+C* kopiert, *Strg+V* eingefügt und mit *Entf* gelöscht werden. Diese Operationen stehen auch in der Menüleiste von Delphi unter *Bearbeiten* zur Verfügung.

Aufgabe

Schreiben Sie einen kleinen Text im Editor und probieren Sie die Tastenkombinationen aus.

1.6 Das lokale Menü

Über *Alt-F10* oder die rechte Maustaste steht für die meisten Fenster von Delphi das sogenannte „lokale Menü" zur Verfügung, das für den jeweiligen Kontext eine Reihe von gebräuchlichen Optionen anbietet.

So erhält man dieses lokale Menü, wenn der Cursor auf einem Formular steht:

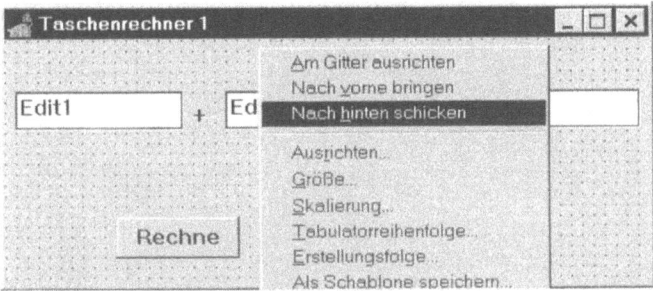

Und für den Quelltexteditor erhält man das lokale Menü:

Weitere Informationen zu diesem Thema findet man in der Delphi-Hilfe unter „Suche über Schlüsselwort" und den Suchbegriff „Lokale Menüs".

1.7 Die Symbolleiste

In der Symbolleiste findet man Schaltflächen für einige häufig verwendete Befehle, die ansonsten über die Menüzeile und ihre Untermenüs angewählt werden können.

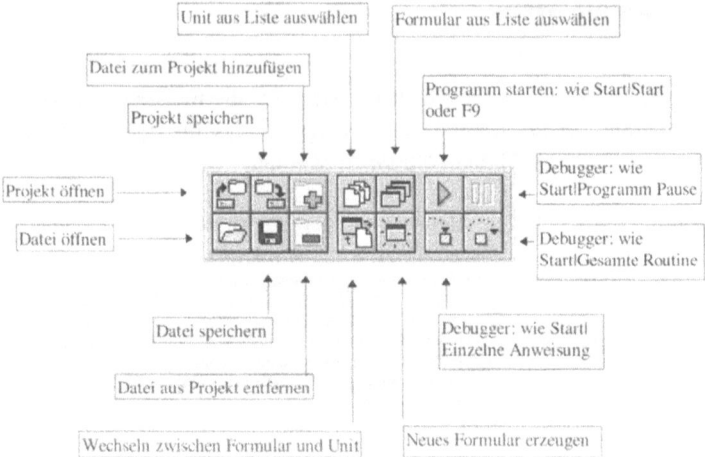

Falls Ihnen die relativ kleinen Symbole nicht viel sagen, lassen Sie den Mauszeiger kurz auf einer Schaltfläche stehen. In einem kleinen gelben Fenster wird dann die entsprechende Option beschrieben.

Die Symbolleiste kann leicht über die Option *Konfigurieren* des lokalen Menüs (über die rechte Maustaste) verändert werden. Dabei kann jedes Menüelement eines Untermenüs der Menüzeile (außer zu Tools) in die Symbolleiste aufgenommen werden. Falls die Breite der Symbolleiste für die neuen Symbole nicht ausreicht, kann sie durch Ziehen am rechten Rand verlängert werden.

1.8 Weitere Optionen der Menüleiste

Die Menüleiste von Delphi enthält zahlreiche weitere Befehle, von denen die meisten später zusammen mit den entsprechenden Sprachelementen beschrieben werden.

Außerdem findet man in der Delphi-Hilfe unter *Inhalt\Programmierumgebung\Menüs* zu jedem Menüpunkt weitere Informationen.

2 Die Komponentenpalette

Dieses Kapitel soll einen Überblick über die Komponenten geben, die in der Komponentenpalette zur Verfügung stehen. Die meisten dieser Komponenten entsprechen **Dialogelementen**, mit denen ein Programm dem Anwender Informationen anzeigt oder Informationen von ihm entgegennimmt. Andere (wie der Timer) führen selbständig bestimmte Aufgaben durch.

Die Komponentenpalette enthält über 60 Komponenten mit den meisten der heute unter Windows üblichen Dialogelemente. Angesichts der großen Anzahl von Eigenschaften, Methoden und Ereignissen, die für jede Komponente zur Verfügung stehen, ist keine vollständige Darstellung beabsichtigt. Insbesondere werden keine Komponenten behandelt, die tiefer gehende Vorkenntnisse erfordern (Datenbanken, OCX, OLE usw.). Es soll vor allem gezeigt werden, welche Komponenten für allgemeine Windows-Programme zur Verfügung stehen und wie man mit diesen arbeiten kann.

Da jede Komponente neben den im Objektinspektor angezeigten Eigenschaften weitere Eigenschaften besitzt, die nur während der Laufzeit eines Programms durch Anweisungen in Object Pascal verändert werden können, werden in diesem Zusammenhang auch einige elementare Datentypen und Anweisungen von Object Pascal vorgestellt.

Die Abbildungen der Programmfenster wurden unter Delphi 1 und Windows 95 erzeugt und entsprechen weitgehend denen von Delphi 2. Auf größere Unterschiede zwischen den beiden Versionen wird extra hingewiesen.

2.1 Die Delphi-Hilfe zu den Komponenten

Da die Darstellung der Komponenten in diesem Kapitel nicht vollständig ist, soll zuerst gezeigt werden, wie man mit der Delphi-Hilfe weitere Informationen zu den einzelnen Komponenten bekommen kann. Ganz generell gibt es dafür mehrere Möglichkeiten:

– In Delphi 1 unter *Hilfe|Inhalt|Programmierumgebung|Komponentenpalette* die Zeile mit der jeweiligen Seite der Komponenten anklicken.

– In der Delphi-Hilfe unter *Suchen* nach dem gewünschten Begriff suchen. Das ist allerdings nicht immer ganz einfach, da zu einem Suchbegriff oft mehrere ähnliche Begriffe vorhanden sind, so daß man nicht weiß, welchen man auswählen soll. Und daß man zur Komponente *Edit* über den Suchbegriff *TEdit* kommt, ist für einen Anfänger nicht unbedingt naheliegend.

– In der Komponentenpalette die gewünschte Komponente anklicken, so daß diese gedrückt dargestellt wird, und dann die Taste *F1* drücken.

Der letzte Weg scheint mir der einfachste zu sein. Letztendlich führen aber alle diese Wege zu denselben Informationen der Delphi-Hilfe.

So erhält man beispielsweise für die Komponente *Edit* die folgende Übersicht:

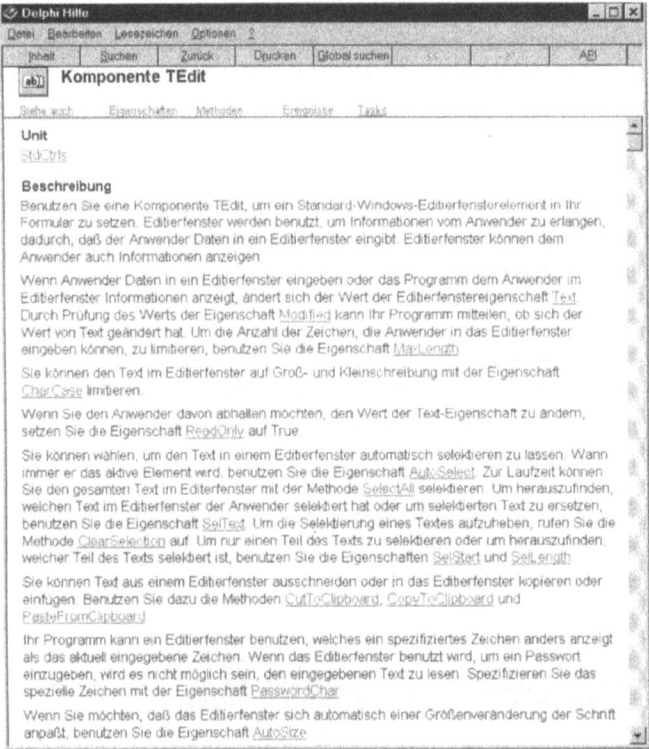

Stören Sie sich nicht daran, daß die Edit-Komponente hier als „Komponente *TEdit*" bezeichnet wird: In Object Pascal beginnen die Namen der allermeisten Datentypen durchgängig mit dem Buchstaben „T". Und eine Komponente der Komponentenpalette ist in Object Pascal ein Datentyp.

Klickt man in diesem Fenster auf *Eigenschaften*, werden alle Eigenschaften der Edit-Komponente angezeigt, zu denen man sich dann weiter durchklicken kann:

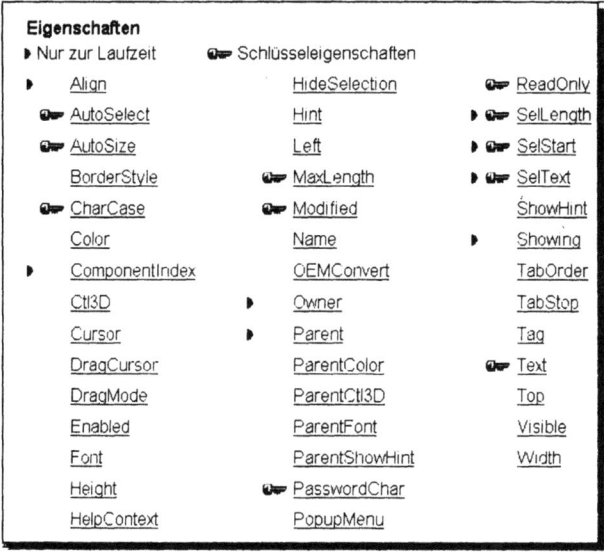

Eigenschaften, die nur während der Laufzeit und nicht im Objektinspektor zur Verfügung stehen, sind durch ein kleines grünes Dreieck gekennzeichnet. Eigenschaften, die relativ oft benötigt werden, werden als Schlüsseleigenschaften bezeichnet und durch ein gelbes Schlüsselsymbol gekennzeichnet.

Klickt man im Hilfefenster „Komponente TEdit" auf Methoden, erhält man eine Beschreibung der zu *TEdit* verfügbaren Methoden: Das sind Prozeduren oder Funktionen, die zu einer Komponente gehören. Was Prozeduren und Funktionen sind, wird später noch genauer erklärt.

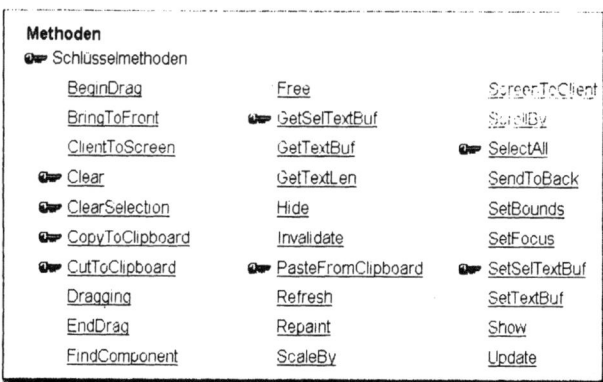

Für den Anfang können Sie sich damit begnügen, daß Sie solche Methoden in einem Object-Pascal-Programm aufrufen können, z. B.

Edit1.Clear

Wenn Sie sich weiter durch den Hilfstext zu *Clear* durchklicken und insbesondere die richtige Intuition haben, daß Sie im nächsten Hilfefenster die letzte Zeile („Clear Methode für andere Objekte und Komponenten") anklicken müssen,

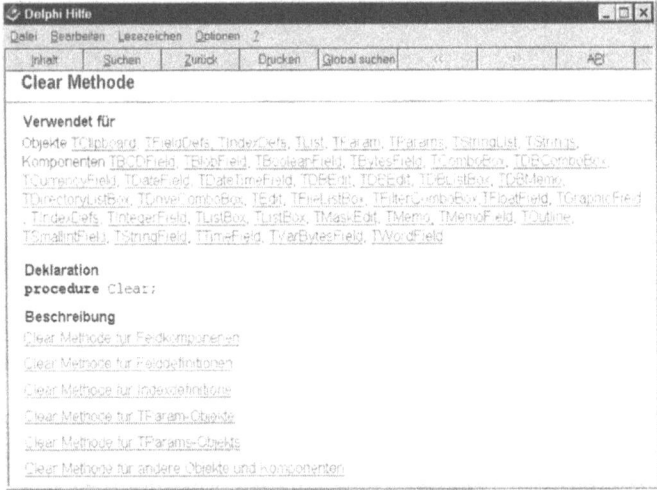

erfahren Sie, daß diese Methode in der hier beschriebenen Form tatsächlich für *TEdit* verwendet wird und jeglichen Text in einer Edit-Komponente löscht:

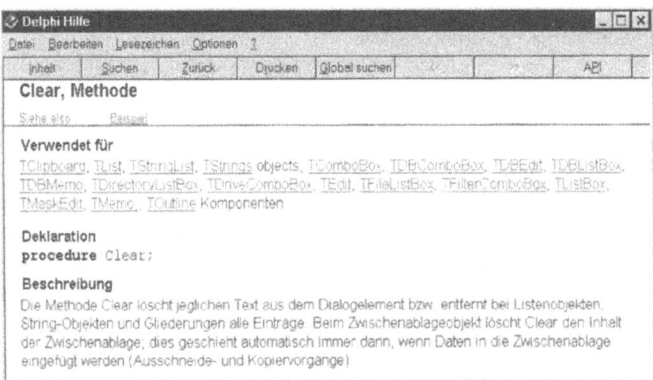

Aus den letzten beiden Fenstern der Delphi-Hilfe ergibt sich insbesondere, daß eine Methode mit dem Namen *Clear* für mehrere Objekte existiert. Die Bedeutung von *Clear* kann aber für verschiedene Objekte verschieden sein.

Wenn Sie schließlich im Hilfefenster zu „Komponente TEdit" *Ereignisse* anklicken, erhalten Sie eine Zusammenstellung der für die *Edit*-Komponente verfügbaren Ereignisse:

Ereignisse
☞ Schlüsselereignisse

OnChange	OnEnter	OnMouseDown
OnDblClick	OnExit	OnMouseMove
OnDragDrop	OnKeyDown	OnMouseUp
OnDragOver	OnKeyPress	
OnEndDrag	OnKeyUp	

Wie diese Ausführungen zeigen, kann man mit der Delphi-Hilfe zahlreiche
Detailinformationen zu den Komponenten erhalten. Angesichts dieser Informati-
onsfülle ist es aber auch durchaus möglich, sich darin zu verlieren und die
gewünschte Information einfach nicht zu finden: Da hat man doch vor kurzem
einen ganz bestimmten Text in der Delphi-Hilfe gesehen, und man weiß einfach
nicht mehr, wie man wieder dorthin kommt („lost in hyperspace"). Um dies zu
vermeiden, kann es nützlich sein, **Lesezeichen** zu setzen.

2.2 Namen

Wenn man Komponenten aus der Komponentenpalette auf ein Formular setzt,
werden die Namen der Komponenten von Delphi der Reihe nach durchnumeriert:
Das erste Edit-Fenster erhält den Namen *Edit1*, das zweite den Namen *Edit2*
usw. Entsprechendes gilt für jeden anderen Komponententyp: Label erhalten die
Namen *Label1*, *Label2* usw.

Über diese Namen können dann nicht nur die Komponenten als Ganzes, sondern
auch deren Eigenschaften angesprochen werden.

Beispiel: Will man als Reaktion auf ein Anklicken des Buttons *Button1* die
Hintergrundfarbe des Edit-Fensters *Edit1* auf Grün setzen, weist man
der Eigenschaft *Color* der Komponente *Edit1* folgendermaßen einen
Wert zu:

```
procedure TForm1.Button1Click(Sender: TObject);
begin
Edit1.Color := clGreen;
end;
```

Diese Art, Eigenschaften von Komponenten anzusprechen, wird in Delphi durchgängig verwendet:

Die Eigenschaft *e* einer Komponente *k* kann in einer Komponente desselben Formulars unter dem Namen *k.e* angesprochen werden.

Entsprechend würde man die Höhe *Height* des Labels *Label2* mit *Label2.Height* ansprechen.

Hat man in einem Programm nicht nur ein Formular *Form1* definiert, sondern mehrere (*Form2, Form3* usw.), kann man von *Form1* aus auch die Eigenschaften von Komponenten in einem anderen Formular ansprechen. Dazu muß man vor dem Namen der Komponente noch den Namen des Formulars angeben:

Die Eigenschaft *e* der Komponente *k* des Formulars *f* kann von einem anderen Formular aus mit *f.k.e* angesprochen werden.

Schließlich kann man die Eigenschaft *e* einer Komponente *k* innerhalb dieser Komponente einfach unter dem Namen e ansprechen:

```
procedure TForm1.Button1Click(Sender: TObject);
begin
Color := clGreen;
end;
```

Hier bezeichnet *Color* die Farbe des Formulars, da diese in einer Prozedur angesprochen wird, deren Name mit *TForm* beginnt (*TForm1.Button1Click*). Beim Anklicken des Buttons *Button1* wird dann die Farbe des Formulars *Form1* auf Grün gesetzt.

Durch den Aufruf der Methode *Close* wird ein Formular geschlossen:

```
procedure TForm1.Button2Click(Sender: TObject);
begin
Close;
end;
```

Die von Delphi vergebenen Namen können allerdings schon bei kleineren Programmen leicht zu Unklarheiten führen: Steht in *Edit1* der Vorname und in *Edit2* der Nachname, oder war es gerade umgekehrt?

Um solche Unklarheiten und die damit verbundene mühsame Suche nach der tatsächlichen Bedeutung einer Komponente zu vermeiden, sollte man den Komponenten aussagekräftige Namen geben wie z. B. *Vorname* oder *Nachname*. Eine solche **Namensänderung** muß **immer im Objektinspektor** durchgeführt werden, indem bei der Eigenschaft *Name* als Wert ein aussagekräftiger Name eingetragen wird. Zulässige Werte sind alle Namen, die mit einem Buchstaben „A..Z" oder einem Unterstrichzeichen „_" beginnen. Auf das erste Zeichen können Buchstaben, Ziffern oder Unterstrichzeichen folgen. Groß- und Kleinbuchstaben werden dabei nicht unterschieden, und Umlaute sind nicht als Buchstaben zulässig.

Beispiele: Vorname   { zulässig }
           123vier   { nicht zulässig, beginnt nicht mit einem Buchstaben }
           Preis_in_$ { nicht zulässig, $ im Namen nicht zulässig }
           $_x   { nicht zulässig, beginnt nicht mit einem Buchstaben }

Der im Objektinspektor eingetragene Name wird dann von Delphi in das zum
Formular gehörende Quellprogramm übernommen. Da sich eine Namensänderung meist an mehreren Stellen in einem Programm auswirkt, sollten Sie diese
nie direkt im Quellprogramm durchführen; die Folge sind nur mühsam zu behe-
bende Programmfehler.

Aufgaben 2.2

1. Schreiben Sie ein Programm, das ungefähr folgendes Fenster anzeigt:

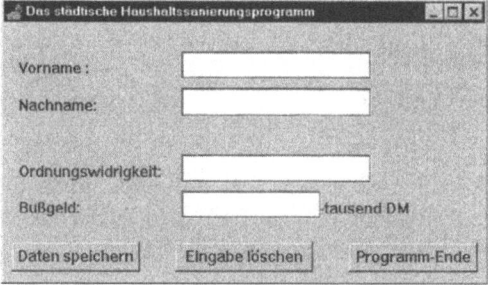

   Verwenden Sie dazu die Komponenten *Label*, *Edit* und *Button* von der Seite
   Standard der Komponentenpalette.

2. Ersetzen Sie alle von Delphi für die Komponenten *Edit* und *Button* vergebenen Namen durch aussagekräftige Namen.

3. Als Reaktion auf ein Anklicken des Buttons *Eingabe löschen* soll jedes
   Eingabefeld mit der Methode *Clear* gelöscht werden. Für den Button *Daten
   speichern* soll keine weitere Reaktion vorgesehen werden. Beim Anklicken
   des Buttons *Programm-Ende* soll das Formular durch den Aufruf der Methode
   Close geschlossen werden.

   Die entsprechenden Prozeduren finden Sie am einfachsten durch einen
   Doppelklick auf den jeweiligen Button im Formular.

2.3 Labels und Datentypen

A   Mit einem Label kann man Text in einem Formular anzeigen. Der angezeigte Text ist der Wert der Eigenschaft *Caption*, und diese Eigenschaft kann
sowohl während der Entwurfszeit im Objektinspektor als auch während der Laufzeit gesetzt werden. Anders als bei der Edit-Komponente kann ein Programmbenutzer den in einem Label angezeigten Text nicht ändern.

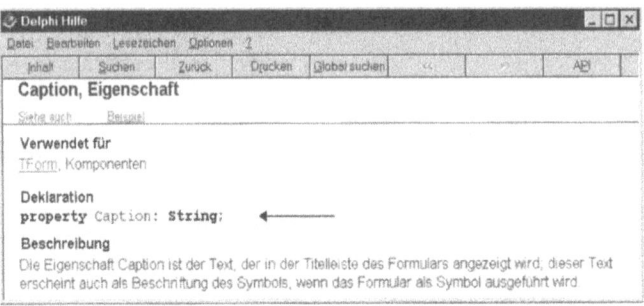

Einer Eigenschaft kann man einen Text zuweisen, wenn diese den Datentyp
String hat. Der Datentyp einer Eigenschaft wird in der Delphi-Hilfe nach dem
Doppelpunkt in der Deklaration angezeigt (siehe Pfeil).

Da ein solcher Text beliebige Zeichen (insbesondere auch Leerzeichen, blanks)
enthalten kann, muß der Anfang und das Ende des Texts durch ein besonderes
Zeichen begrenzt werden. Dieses Zeichen ist in Pascal das Hochkomma:

Label1.Caption:='Ein Text wird durch Hochkommas begrenzt'

Dabei ist zu beachten, daß wirklich das Zeichen ' verwendet wird, das man durch
die Taste *Umschalt-#* erhält, und weder eines der Akzent-Zeichen ` oder ´ (die
recht ähnlich aussehen) noch das Zeichen " (*Umschalt-2*), das in den Programmiersprachen BASIC oder C zur Begrenzung von Texten eingesetzt wird.

Jedes dieser Zeichen führt bei der Übersetzung des Programms zu einer **Fehlermeldung des Compilers** „Fehler 5: Syntaxfehler".

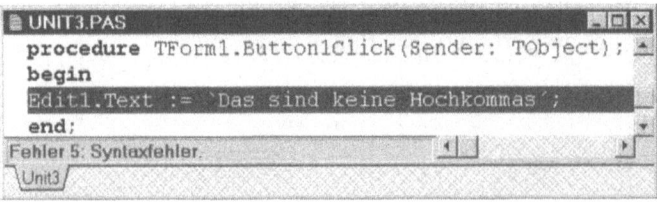

Ein solcher Syntaxfehler bedeutet, daß der Compiler von Delphi die rot unter-
legte Anweisung nicht verstehen kann, weil sie die Sprachregeln von Object
Pascal nicht einhält.

Drückt man unmittelbar nach einer solchen Fehlermeldung auf die Taste *F1*,
zeigt die Delphi-Hilfe eine ausführlichere Beschreibung des Fehlers an als nur
den Hinweis „Syntaxfehler":

Wenn Sie eine solche Fehlermeldung des Compilers erhalten, müssen Sie den
Fehler im Quelltext beheben. Das kann vor allem für Anfänger eine mühselige
Angelegenheit sein, insbesondere wenn die Fehlermeldung nicht so präzise auf
den Fehler hinweist wie in diesem Beispiel.

Manchmal sind die **Fehlerdiagnosen** des Compilers sogar eher **irreführend** und
schlagen eine falsche Therapie vor. Auch wenn Ihnen das kaum weiterhilft:
Betrachten Sie es als kleinen Trost, daß die Fehlermeldungen in anderen
Programmiersprachen (z. B. in C) oft noch viel irreführender sind und manchen
Anfänger schon völlig zur Verzweiflung gebracht haben.

Die **Position einer Komponente** und insbesondere eines Labels kann sowohl im
Objektinspektor als auch während der Laufzeit des Programms über die Eigenschaften

    Left   { Abstand der Komponente zum linken Rand des Formulars in Pixeln}
    Top   { Abstand des oberen Rands vom Formular oben in Pixeln }
    Width { Breite der Komponente in Pixeln }
    Height{ Höhe der Komponente in Pixeln }

festgelegt werden. Dabei bedeutet die Maßeinheit **Pixel** (Picture Element) einen
Bildpunkt auf dem Bildschirm, und solche Bildpunkte sind die Elemente, aus
denen sich die Bilder auf einem Bildschirm zusammensetzen.

Die Anzahl der Bildpunkte ergibt sich dabei aus den Möglichkeiten der Graphikkarte und des Bildschirms und wird unter Windows über einen Treiber für die
Graphikkarte eingestellt. Üblich sind die Auflösungen 640×480 (Standard VGA
– sieht aber sehr grobkörnig aus) mit 640 horizontalen und 480 vertikalen Bild-
punkten bei einfachen Graphikkarten oder die SVGA-Auflösungen (Super VGA)
800×600, 1024×768, 1280×1024 oder 1600×1280.

Alle diese Eigenschaften (*Left*, *Top* usw.) zur Positionierung einer Komponente haben den Datentyp *Integer* mit dem unter Delphi 1 ganzzahlige Werte zwischen -32786 und 32767 ($-2^{16}..2^{16}-1$) dargestellt werden können. Will man einer Eigenschaft mit dem Datentyp *Integer* einen Wert zuweisen, kann man diese Zahl einfach nach einer Wertzuweisung angeben, ohne daß man diese wie bei einem *String* durch Hochkommas begrenzen muß:

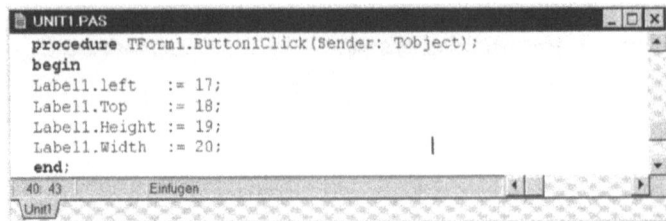

Vergessen Sie nicht, die einzelnen Anweisungen durch Semikolons zu trennen. Der Compiler beschimpft Sie ansonsten mit der Fehlermeldung „; erwartet".

Der Datentyp *Integer* ist ein **arithmetischer Datentyp**, d. h. mit Ausdrücken dieses Datentyps kann man auch rechnen. So kann man die Breite des Labels *Label1* mit der folgenden Anweisung um ein Pixel verkleinern:

```
Label1.Width = Label1.Width - 1;
```

Bei einem solchen Ausdruck wird zuerst der Wert auf der rechten Seite der Wertzuweisung ausgerechnet. Dieser Wert wird dann der linken Seite zugewiesen. Wenn also *Label1.Width* vor der ersten Ausführung den Wert 17 hatte, hat es anschließend den Wert 16, nach der zweiten Ausführung den Wert 15 usw.

Wenn Sie diese Anweisung als Reaktion auf das Ereignis *OnClick* definieren

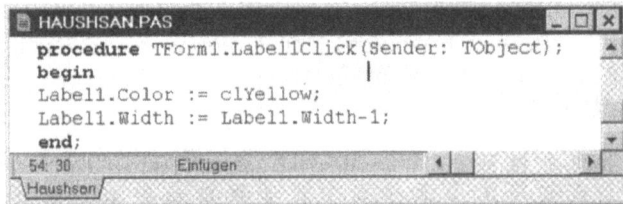

und nach dem Start dieses Programms mit *F9* den Button wiederholt anklicken, wird das Label (und damit der angezeigte Text) mit jedem Mausklick um ein Pixel schmaler, bis der Text schließlich ganz verschwindet. Falls Sie bisher nicht wußten, wie breit ein Pixel ist, können Sie sich mit diesem Programm eine Vorstellung davon verschaffen.

Zahlreiche weitere Eigenschaften eines Labels haben einen **Aufzählungstyp** als Datentyp. Eine Eigenschaft mit einem solchen Datentyp kann nur einen Wert aus einer vordefinierten Liste von Werten annehmen. Gibt man einen anderen Wert an, wird das vom Compiler mit einer Fehlermeldung beanstandet.

Stellvertretend soll die Eigenschaft *Alignment* erwähnt werden, mit der man die Ausrichtung einer Komponente festlegen kann:

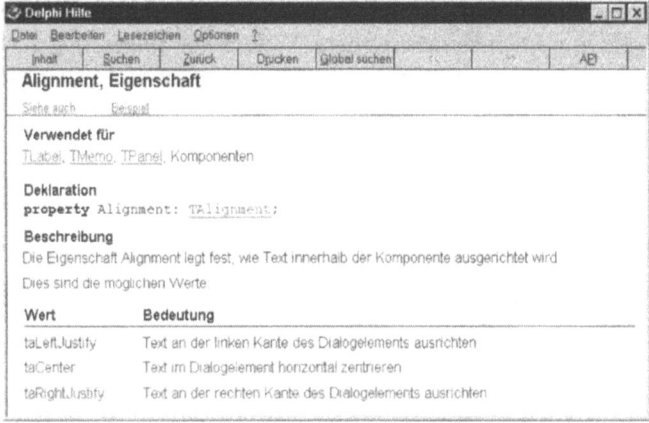

Aufzählungstypen sind in einem Programm immer dann sinnvoll, wenn nur eine begrenzte Anzahl von Werten möglich ist, wobei alle diese Werte bereits beim Entwurf des Programms bekannt sind. Hätte die Eigenschaft *Alignment* den Datentyp String, könnte man *Alignment* jede beliebige Zeichenkette, also auch z. B. 'alNonne' zuweisen. Dieser Schreibfehler könnte vom Compiler nicht erkannt werden, folglich würde das Programm während der Ausführung einen völlig sinnlosen Wert setzen.

Ein häufig verwendeter Aufzählungstyp ist der Datentyp **Boolean**, der nur die beiden Werte *true* und *false* annehmen kann. Beispielsweise kann man mit der booleschen Eigenschaft *Visible* die Sichtbarkeit einer visuellen Komponente mit *false* aus- und mit *true* anschalten:

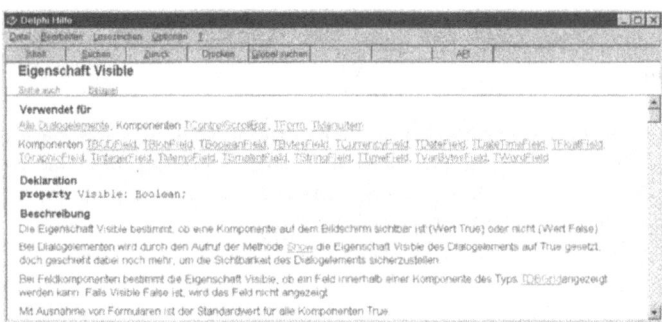

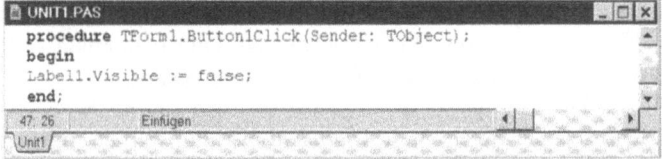

Neben den bisher für ein *Label* vorgestellten Eigenschaften, Methoden und Ereignissen gibt es noch zahlreiche weitere. Viele davon finden sich auch bei einer
Edit-Komponente, so daß die meisten Ausführungen im nächsten Abschnitt auch
auf *Labels* übertragen werden können.

Aufgabe 2.3

Schreiben Sie ein Programm, das nach dem Start folgendes Fenster anzeigt:

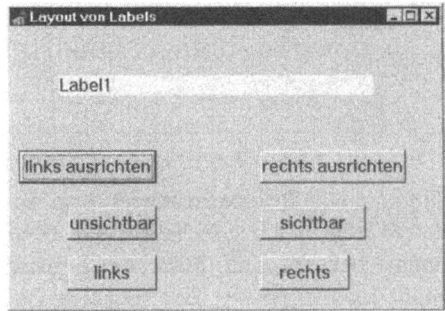

Damit die Größe des Labels nicht dem Text angepaßt wird, soll *Autosize* im
Objektinspektor auf *false* gesetzt werden. Außerdem soll die Farbe z. B. auf Gelb
gesetzt werden, damit das ganze Label sichtbar ist.

Durch Anklicken der Buttons

– für *ausrichten* soll der Text im Label links bzw. rechts ausgerichtet werden,

– für *sichtbar/unsichtbar* soll das Label sichtbar bzw. unsichtbar gemacht
   werden,

– für *links/rechts* soll der linke bzw. rechte Rand des Labels auf den linken bzw.
   rechten Rand des Formulars gesetzt werden. Falls das mit der Eigenschaft
   Width des Formulars nicht richtig funktioniert, informieren Sie sich in der
   Delphi-Hilfe über die Eigenschaft *Clientwidth*.

2.4 Methoden und Ereignisse am Beispiel der Komponente Edit

abI

Mit der Komponente *Edit* kann man, ähnlich wie mit einem *Label*, eine Textzeile in ein Edit-Fenster schreiben. Im Gegensatz zu einem Label kann aber ein Anwender diesen Text während der Laufzeit des Programms verändern, und der vom Anwender eingegebene Text kann im Programm verwendet werden.

Während also ein Label nur Daten anzeigen kann und insofern recht einseitig ist, können mit einem Edit-Fenster Daten zwischen Anwender und Programm ausgetauscht werden. Dieser **Datenaustausch** findet über die Eigenschaft *Text* statt, die den Datentyp String hat. Wird dieser Eigenschaft im Programm oder im Objektinspektor ein Text zugewiesen, wird dieser Text im Edit-Fenster angezeigt:

```
Edit1.Text := 'Hallo';
```

Mit der Eigenschaft *Text* kann in einem Edit-Fenster aber nicht nur Text angezeigt, sondern auch eingegeben werden: Mit jeder Eingabe eines Anwenders in einem Edit-Fenster ändert sich der Wert der Eigenschaft *Text*. Dieser Wert kann in einem Programm verwendet werden, indem man die Eigenschaft *Text* auf der rechten Seite einer Wertzuweisung einsetzt:

```
Label1.Caption := Edit1.Text;
```

Mit einem Edit-Fenster kann man also Text zwischen einem Programmbenutzer und dem Programm austauschen. Diese Aufgaben werden in einem Programm für den Textmodus in Pascal meist mit den beiden Anweisungen *Readln* und *Writeln* und in C z. B. mit *printf* und *scanf* durchgeführt.

Ein Edit-Fenster wird häufig verwendet, um Daten von einem Benutzer einzulesen. Da man aber nicht nur Texte, sondern z. B. auch Zahlen in ein Programm einlesen will, bietet Delphi eine Vielzahl von **Konvertierungsroutinen**, um Strings in andere Datentypen zu konvertieren und umgekehrt:

StrToInt   { wandelt einen String in eine Ganzzahl um }
IntToStr   { wandelt eine Ganzzahl in einen String um }

Wenn Sie in der Delphi-Hilfe nach einer Beschreibung für diese Funktionen suchen (unter *Hilfe|Suche* über *Schlüsselwort*), erhalten Sie etwa den folgenden Text (hier etwas vereinfacht wiedergegeben):

Function **StrToInt**(const S: string): LongInt;

> Die Funktion *StrToInt* konvertiert einen String, der eine Integer-Zahl darstellt, in einen Integer-Wert. Enthält der String keine gültige Zahl, erfolgt eine Fehlermeldung.

Function **IntToStr**(Value: LongInt): string;

> Die Funktion *IntToStr* konvertiert eine ganze Zahl in einen String, der die
> Zahl darstellt.

Dabei ist **LongInt** ein Datentyp, mit dem man ähnlich wie mit dem Datentyp
Integer ganze Zahlen darstellen kann. Im Gegensatz zum Datentyp *Integer* wer-
den aber nicht 16, sondern 32 Bits zur Darstellung verwendet, so daß Zahlen im
Bereich $-2^{31}..2^{31} - 1$ dargestellt werden können.

Die Bezeichnung **Function** vor dem Namen der Funktion bedeutet dabei, daß der
Name der Funktion (also z. B. *StrToInt*) für einen Wert steht. Dieser Wert hat
den Datentyp, der hinter dem Doppelpunkt „:" steht (also *LongInt* bei *StrToInt*)

Diese Funktion kann man folgendermaßen in einem Programm verwenden: Nach
dem Namen der Funktion *StrToInt* wird in Klammern der umzuwandelnde String
angegeben. Der gesamte Ausdruck hat dann den Datentyp *LongInt*. Entsprechend
wird nach dem Namen *IntToStr* in Klammern der Name der Zahl angegeben, die
in einen String umgewandelt werden soll. Dieser ganze Ausdruck stellt dann
einen String dar.

Beispiel: In einem Formular mit zwei Edit-Fenstern sind die beiden Ausdrücke

> StrToInt(Edit1.Text) und
> StrToInt(Edit2.Text)

> zwei ganzzahlige Ausdrücke, mit denen man im Gegensatz zu den
> Strings *Edit1.Text* und *Edit2.Text* auch rechnen kann:

```
StrToInt(Edit1.Text) + StrToInt(Edit2.Text)
```

> ist die Summe der Zahlen in den beiden Edit-Fenstern. Diese Summe
> kann man nun in einem weiteren Edit-Fenster *Edit3* ausgeben, wenn
> man sie in einen Text umwandelt. Da man Funktionen beliebig in-
> einander verschachteln kann, hat man mit

```
Edit3.Text := IntToStr(StrToInt(Edit1.Text) +
                       StrToInt(Edit2.Text));
```

> bereits einen einfachen Taschenrechner (der nur addieren kann) ge-
> schrieben, wenn man diese Anweisung als Reaktion auf das Anklicken
> eine Buttons definiert:

```
procedure TForm1.Button1Click(Sender: TObject);
begin
Edit3.Text := IntToStr(StrToInt(Edit1.Text) +
                       StrToInt(Edit2.Text));
end;
```

Nachdem wir bisher von Komponenten vor allem Eigenschaften verwendet haben, sollen jetzt **Methoden** betrachtet werden. *Methoden* ist der Oberbegriff für die Funktionen und Prozeduren, die zu einer Komponente gehören.

Eine **Prozedur** ist eine Anweisung, die man aufrufen kann, indem man ihren Namen in das Programm schreibt. Im Gegensatz zu einer **Funktion** gibt eine Prozedur unter ihrem Namen keinen Wert zurück.

Eine Methode *m*, die zu einer Komponente *k* gehört, kann durch

    k.m

aufgerufen werden: Wie bei einer Eigenschaft gibt man den Namen der Methode nach einem Punkt und dem Namen der Komponente an.

Beispiel: Schon früher haben wir die Methode *Clear* der Komponente Edit1 so aufgerufen durch:

       Edit1.Clear;

Wenn eine Methode **Parameter** hat, muß für jeden Parameter beim Aufruf ein Wert des vorgesehenen Datentyps eingesetzt werden.

Beispiel: Mit der Methode

      procedure **Setbounds**(ALeft, ATop, AWidth, AHeight: Integer)

die für viele Komponenten definiert ist, kann man die Eigenschaften *Left*, *Top*, *Width* und *Height* der Komponente mit einer einzigen Anweisung setzen. Mit dieser Methode kann die Größe und Position eines Edit-Fensters *Edit1* folgendermaßen gesetzt werden:

       Edit1.Setbounds(0,0,100,20);

Zum Abschluß dieses Abschnitts noch eine kurze Bemerkung zu den **Fehlermeldungen** von Delphi-Programmen. Falls während der Ausführung eines Delphi-Programms ein Fehler auftritt, wird eine Meldung angezeigt, die etwa so aussieht:

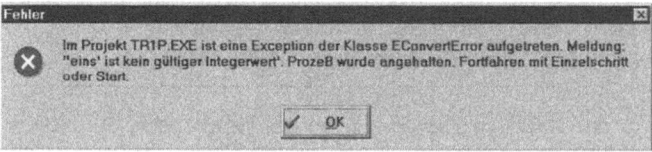

Diese Meldung muß z. B. durch Anklicken des OK-Buttons bestätigt werden. Anschließend kann das Programm mit der Taste *F9* fortgesetzt werden.

Aufgaben 2.4

1. Schreiben Sie einen einfachen Taschenrechner, mit dem man zwei Ganzzahlen addieren kann. Nach dem Anklicken der Taste *Löschen* sollen sämtliche
   Eingabefelder gelöscht werden.

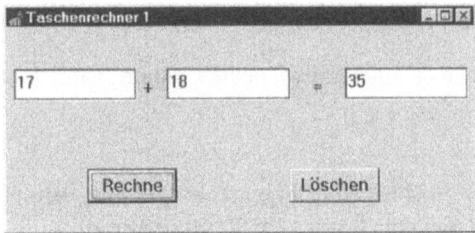

Offensichtlich produziert dieser Taschenrechner für ganze Zahlen falsche
Ergebnisse, wenn die Summe außerhalb des Bereichs –2147483648 ..
2147483647 ($-2^{31}..2^{31} - 1$) liegt:

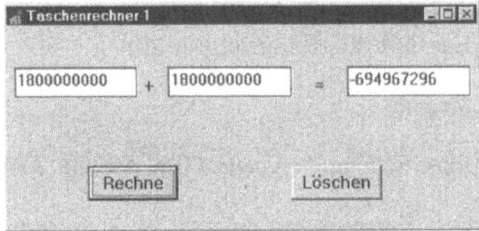

Die Ursache für diese Fehler werden wir später kennenlernen.

Speichern Sie das Projekt ab, z. B. die Unit unter dem Namen *tr1* und die
Projektdatei unter dem Namen *tr1p*. Die Lösung der nächsten beiden Aufgaben kann dann unter *tr2* und *tr2p* gespeichert werden.

2. Ändern Sie den Taschenrechner so ab, daß auch **Gleitkommazahlen** addiert
   werden können. Verwenden Sie dazu die Funktionen

   Funktion **StrToFloat**(const S: String): Extended;
   Funktion **FloatToStr**(Value: Extended): String;
   { weitere Informationen dazu in der Delphi-Hilfe }

Dabei ist der Datentyp *Extended* einer der Datentypen, die Delphi für Gleitkommazahlen zur Verfügung stellt. Damit können Dezimalbrüche (Zahlen
mit Nachkommastellen wie z. B. 3,1415) dargestellt werden. Gleitkommadatentypen haben einen wesentlich größeren Darstellungsbereich als die

Ganzzahldatentypen *LongInt* oder *Integer*. Damit treten bei dieser Variante des Taschenrechners nicht so schnell Bereichsüberschreitungen auf.

3. Ändern Sie den Taschenrechner so ab, daß die Grundrechenarten +, –, * und / über verschiedene Buttons aktiviert werden können. Die jeweils gewählte Rechenart soll in einem Label zwischen den ersten beiden Eingabefeldern angezeigt werden:

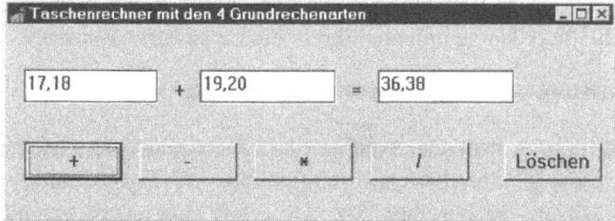

2.5 Memos, ListBoxen, ComboBoxen und TStrings

Mit der Komponente **Memo** kann wie mit einer Edit-Komponente Text aus- und eingegeben werden. Im Gegensatz zu einer Edit-Komponente können aber nicht nur einzeilige, sondern auch mehrzeilige Texte aus- und eingegeben werden.

In Delphi 1 kann ein bis zu 255 Zeichen langer Text (in Delphi 2 auch ein längerer Text) unter dem Namen *Text* angesprochen werden:

```
Memo1.Text:=' Dieser Text ist breiter als das Memo ';
```

Dieser Text wird dann in Abhängigkeit von der Größe des Memo-Fensters und der gewählten Schriftart (über *Font* im Objektinspektor) in Zeilen aufgeteilt. Die einzelnen Zeilen können über die Eigenschaft *Lines*[0] (die erste Zeile), *Lines*[1] usw. angesprochen werden:

```
Edit1.Text := Memo1.Lines[0];
```

Die Eigenschaft **Lines** ist wie eine Komponente ein sogenanntes **Objekt**. Dieser Begriff steht für eine vielseitige Konzeption und hat der objektorientierten Programmierung den Namen gegeben. In Delphi sind alle Komponenten der Komponentenpalette Objekte. Neben diesen Komponenten gibt es aber zahlreiche weitere Objekte, die keine Komponenten sind, z. B. die Eigenschaft Lines des *Datentyps* **TStrings**.

Alle Objekte können in Object Pascal Eigenschaften und Methoden haben. Diese werden wie die Eigenschaften und Methoden von Objekten angesprochen, die Komponenten sind. Beispielsweise besitzt das Objekt *TStrings* die Methode

> function **Add**(const S: string): Integer;

mit der man einen String am Ende der Liste einfügen kann. Will man diese Methode aufrufen, muß man nach dem Namen der Komponente (z. B. *Memo1*) das Objekt *Lines* (vom Typ *TStrings*) und anschließend den Namen der Methode angeben. Alle diese Namen müssen durch Punkte getrennt werden:

```
Memo1.Lines.Add('und noch ein String')
```

Durch wiederholte Aufrufe der Funktion Add kann man einem Memo einen Text mit mehr als den 255 Zeichen zuweisen, die über die Eigenschaft *Text* verfügbar sind. Liest man die Eigenschaft *Text* ein, erhält man allerdings nur die ersten maximal 255 Zeichen.

Mit der Methode

> procedure **Insert**(Index: Integer; const S: string);

kann man einen String an der mit Index bezeichneten Position in die Liste der Zeilen einfügen, also z. B.

```
Memo1.Lines.Insert(0,'wird immer am Anfang eingefügt')
```

Die einzelnen Zeilen der Eigenschaft *Lines* können über *Lines[1]*, *Lines[2]* usw. angesprochen werden, wobei die Eigenschaft *Count* die maximale Anzahl der Zeilen des Memos angibt:

> property **Count**: Integer;

Will man in einem Memo-Fenster einen Text anzeigen, der als Datei vorliegt, kann man ihn mit

> procedure **LoadFromFile**(const FileName: string);

aus einer Datei einlesen. Diese Datei sollte im ASCII-Format vorliegen, also ohne Steuerzeichen, wie sie ein Textverarbeitungssystem wie z. B. Winword einfügt. Sie darf maximal 32 KB groß sein.

Beispiel:
```
procedure TForm1.Button1Click(Sender: TObject);
begin
Memo1.Lines.LoadFromFile('c:\config.sys');
end;
```

Der vom Benutzer eventuell veränderte Text kann dann mit

procedure **SaveToFile**(const FileName: String);

wieder als Datei gespeichert werden. Falls Sie wie im letzten Beispiel wirklich die config.sys geladen haben, sollten Sie diese unter einem anderen Namen abspeichern – der nächste Start Ihres Rechners könnte sonst mit einer unangenehmen Überraschung verbunden sein.

Wie ein Memo besitzt auch eine **ListBox** eine Eigenschaft vom Typ *TStrings*, die hier allerdings *Items* heißt. Damit stehen für ListBoxen alle Eigenschaften und Methoden des Objekts *TStrings* zur Verfügung, insbesondere die schon für Memos vorgestellten Methoden *Add*, *Insert*, *Delete* usw. Im Unterschied zu Memos werden sie allerdings nicht unter dem Namen *Lines*, sondern unter dem Namen *Items* angesprochen werden, also z. B.

```
ListBox1.Items.Add(
          'Diese Zeile wird der ListBox hinzugefügt');
```

ListBoxen werden vor allem dazu verwendet, einem Programmbenutzer eine Liste von Einträgen anzuzeigen, aus denen er einen auswählen kann. Im Gegensatz zu einem Memo kann er diese Einträge aber nicht verändern.

Falls der Benutzer einen Eintrag ausgewählt hat, steht dieser unter der Eigenschaft *ItemIndex* vom Datentyp Integer zur Verfügung und kann damit unter

```
ListBox1.Items[ListBox1.ItemIndex]
```

angesprochen werden. Ob ein Eintrag ausgewählt wurde, kann mit der booleschen Eigenschaft *Selected* festgestellt werden.

Setzt man die boolesche Eigenschaft *Sorted* auf *true*, werden die Einträge alphanumerisch sortiert angezeigt.

Wie mit einer ListBox kann man auch mit einer **ComboBox** Einträge aus einer Liste selektieren. Zusätzlich ist aber mit einer ComboBox auch ein Edit-Fenster verbunden, in dem der Benutzer den selektieren Eintrag editieren kann. Dieser Text im Edit-Fenster kann wie bei einem einfachen Edit-Fenster unter der Eigenschaft *Text* angesprochen werden, also z. B. unter

ComboBox1.Text

Die Einträge in der Liste der ComboBox werden wie bei einer ListBox über die Eigenschaft *Items* vom Typ *TStrings* angesprochen.

Obwohl in diesem Abschnitt drei verschiedene Komponenten vorgestellt wurden, haben wir eigentlich (fast) nur eine einzige gemeinsame Eigenschaft (nämlich

TStrings) aller dieser Komponenten betrachtet. Sie sehen hier bereits einen wichtigen Aspekt der **objektorientierten Programmierung** von Delphi: Nicht nur Sie als Programmierer setzen die Oberfläche eines Programms aus vorgefertigten Bausteinen (den Komponenten der Komponentenpalette) zusammen. Auch diese Komponenten selbst sind wiederum aus Bausteinen (Objekten wie z. B. TStrings) zusammengesetzt.

Jede Komponente, die ein solches Objekt enthält, besitzt damit aber auch automatisch alle Eigenschaften dieses Objekts, und alle diese Eigenschaften sind damit in den verschiedenen Komponenten identisch. Dadurch wird eine Einheitlichkeit der verschiedenen Komponenten erreicht, die mit der klassischen, nicht-objektorientierten Programmierung nur schwer erreichbar war.

Aufgabe 2.5

Entwerfen Sie ein Formular mit einem Memo, einer ListBox, einer ComboBox, einem Edit-Fenster und einem Button. Bei jedem Anklicken des Buttons soll der aktuelle Text im Edit-Fenster in jede der drei TString-Listen eingetragen werden.

2.6 Buttons und Ereignisse

Buttons werden auch als Schalter (im Sinne von Druckschalter) bezeichnet. Mit einem einfachen Mausklick auf einen solchen Schalter kann ein Programmbenutzer die Aktionen ausführen, die für das Ereignis *OnClick* definiert wurden. Auf diese Art wurden Buttons in den bisherigen Beispielen auch schon mehrfach verwendet.

Buttons werden oft in sogenannten **Dialogfenstern** verwendet, mit denen ein Programm Informationen mit einem Benutzer austauscht. Im einfachsten Fall stellt ein solches Fenster nur Informationen dar und kann mit einem Button wieder weggeklickt werden. Häufig werden in einem Dialogfenster jedoch Benutzereingaben erfragt. So verwendet Delphi (wie auch viele andere Programme) Buttons, um die Eingabe des Dateinamens abzuschließen, abzubrechen usw.:

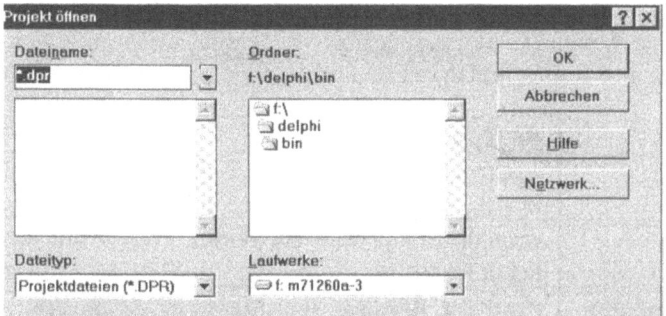

Die für *OnClick* festgelegten Anweisungen kann man nicht nur über einen einfachen Mausklick, sondern auch über die *Return*- oder *Enter*-Taste aktivieren, wenn die entsprechende Komponente die gerade **aktive Komponente** ist. Eine beliebige Komponente wird z. B. durch Anklicken oder über wiederholtes Drücken der Tab-Taste zur aktiven Komponente. Statt von der aktiven Komponente spricht man auch von der Komponente, die den **Fokus** hat. In jedem Formular kann immer nur eine Komponente den Fokus haben. Sie ist wird optisch hervorgehoben: bei Buttons durch eine schwarze Umrandung, bei Edit-Fenstern durch ein invertiertes Eingabefeld usw.

Wurde während der Laufzeit eines Programms noch keine Komponente als aktive Komponente ausgewählt, hat diejenige Komponente den Fokus, bei der die boolesche Eigenschaft *Default* auf *true* gesetzt wurde. Wenn bei keiner Komponente oder bei mehreren *Default* auf *true* gesetzt wurde, hat die erste in der **Tabulatorreihenfolge** den Fokus.

Dabei ist die Tabulatorreihenfolge die Reihenfolge, in der die einzelnen Komponenten durch Drücken der Tab-Taste aktiv werden. Falls diese Reihenfolge nicht explizit (zum Beispiel über das lokale Menü der rechten Maustaste) verändert wurde, entspricht sie der Reihenfolge, in der die Komponenten während der Entwurfszeit auf das Formular plaziert wurden.

Von dieser Reihenfolge der Aktivierung sind allerdings diejenigen Komponenten ausgenommen,

– die deaktiviert sind, weil die Eigenschaft *Enabled* auf *false* gesetzt wurde,

– die nicht sichtbar sind, weil die Eigenschaft *Visible* den Wert *false* hat,

– deren Eigenschaft *TabStop* den Wert *false* hat.

Die *OnClick*-Routine eines Buttons kann auch mit der *ESC-Taste* aufgerufen werden, wenn die Eigenschaft *Cancel* des Buttons den Wert *true* hat.

Einfache Mausklicks, die *Enter-* und die *ESC-Taste* sind aber nicht die einzige Möglichkeit, bestimmte Aktionen auszulösen. Sowohl für einen Button als auch für viele andere Komponenten stehen die folgenden Ereignisse zur Verfügung:

Ereignis	Ereignis tritt ein
OnClick	wenn der Programmbenutzer die Komponente mit der Maustaste anklickt (d. h. diese drückt und wieder losläßt).
OnEnter	wenn die Komponente zur aktiven Komponente wird (den Fokus erhält).
OnMouseDown *OnMouseUp*	wenn der Benutzer eine Maustaste drückt bzw. wieder losläßt, während sich der Mauszeiger über der Komponente befindet.
OnMouseMove	wenn der Benutzer die Maus bewegt, während sich der Mauszeiger über der Komponente befindet.
OnKeyPress	wenn der Anwender eine Zeichentaste drückt, während die zugehörige Komponente gerade aktiv ist. Dieses Ereignis tritt im Gegensatz zu den nächsten beiden Ereignissen nicht ein, wenn der Anwender eine Taste drückt, die keinem ASCII-Zeichen entspricht, wie z. B. die Funktionstasten (*F1*, ...), die *Strg-Taste*, *Shift-Taste* (Umschalttaste für die Großschreibung) usw.
OnKeyUp *OnKeyDown*	wenn der Anwender eine beliebige Taste drückt, während die zugehörige Taste gerade aktiv ist. Im Gegensatz zu OnKeyPress treten diese Ereignisse auch ein, wenn die *Alt-*, *AltGr-*, *Shift-*, *Strg-* oder Funktionstasten allein oder zusammen mit anderen Tasten gedrückt werden.
OnExit	wenn die Komponente den Fokus verliert.
OnDragDrop *OnDragOver* *OnEndDrag*	wenn der Anwender ein gezogenes Objekt - über der Komponente ablegt, - über die Komponente zieht, - über der Komponente ablegt.

Für jede Prozedur, mit der man auf ein solches Ereignis reagieren will, erzeugt Delphi den Rahmen, wenn man in der rechten Spalte des Objektinspektors das entsprechende Ereignis doppelklickt. So erhält man für das Ereignis *OnKeyPress* von *Button1* in der zum Formular gehörenden Unit den folgenden Programmtext:

```
procedure TForm1.Button1KeyPress(Sender: TObject;
                                  var Key: Char);
begin

end;
```

In der **Parameterliste** zu dieser Prozedur (der gesamte Text zwischen den Klammern) sind alle **Parameter** aufgeführt, die an diese Prozedur übergeben werden. Dabei steht hinter dem Namen des Parameters nach einem Doppelpunkt immer der Datentyp. In diesem Beispiel werden also die Parameter *Sender* mit dem Datentyp *TObject* (werden wir vorläufig nicht verwenden) und *Key* mit dem **Datentyp Char** (ein beliebiges Zeichen des ASCII-Zeichensatzes) übergeben.

Jeder Parameter, der an eine solche Prozedur übergeben wird, enthält Daten, die in Zusammenhang mit dem Ereignis zur Verfügung stehen. In *Button1KeyPress* enthält der Parameter *Key* das Zeichen, das das Ereignis *OnKeyPress* ausgelöst hat. Dieses Zeichen kann in der Prozedur unter dem Namen *Key* verwendet werden und z. B. an den Text in einem Edit-Fenster angehängt werden:

```
procedure TForm1.Button1KeyPress(Sender: TObject;
                                        var Key: Char);
begin
Edit1.Text:= Edit1.Text + Key;{+ "klebt" das Zeichen key}
end;                          {an den String Edit1.Text an}
```

Aufgabe 2.6

Schreiben Sie ein Programm, das in jeweils einem Edit-Fenster durch einen Text anzeigt, ob eines der Ereignisse (außer den Drag-Ereignissen) für einen Button (mit der Aufschrift Test) eingetreten ist:

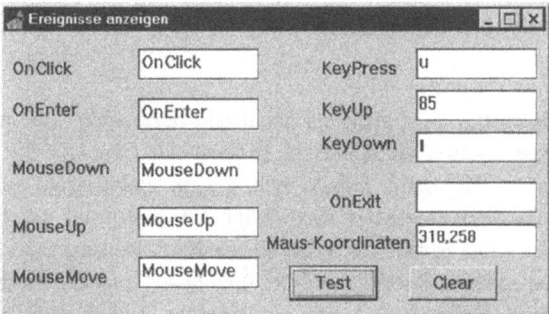

In den Feldern für die Key-Ereignisse soll die jeweils gedrückte Taste angezeigt werden. Beachten Sie dabei, daß der Parameter *Key* bei der Funktion

```
procedure TForm1.Button1KeyPress(Sender: TObject;
                                        var Key: Char);
```

den Datentyp *Char* hat (der der Eigenschaft *Text* des Edit-Fensters direkt zugewiesen werden kann), während *Key* bei den Funktionen *KeyDown* und *KeyUp*

```
procedure TForm1.Button1KeyDown(Sender: TObject;
                        var Key: Word; Shift: TShiftState);
```

den Datentyp *Word* hat. Dieser Datentyp kann mit *IntToStr* in einen String umgewandelt und dann der Eigenschaft *Text* des Edit-Fensters zugewiesen werden.

Mit dem Button *Clear* sollen alle Anzeigen gelöscht werden können.

Zeigen Sie außerdem in einem Edit-Fenster die Mauskoordinaten an, die vom
Ereignis *OnMouseMove* des Formulars zur Verfügung gestellt werden.

2.7 CheckBoxen, RadioButtons und einfache *if*-Abfragen

Eine **CheckBox** ist ein Markierungsfeld, das ein Anwender durch einen
Mausklick, mit der Leertaste usw. markieren oder dessen Markierung er aufheben kann. Eine *CheckBox* hat eine boolesche Eigenschaft *Checked*, die den Wert
true oder *false* hat, je nachdem, ob die Box markiert ist oder nicht. Oft werden
mehrere CheckBoxen auf ein Formular gesetzt, um einem Benutzer mehrere
Optionen anzubieten, die er unabhängig voneinander ankreuzen kann oder nicht.
In einer solchen Gruppe von CheckBoxen können gleichzeitig mehrere markiert
sein.

Oft sollen CheckBoxen unter bestimmten Bedingungen nicht geändert werden
können. Dazu kann die boolesche Eigenschaft **Enabled** auf *false* gesetzt werden.
Damit der Benutzer auch sieht, daß er diese CheckBox nicht ändern kann, wird
der zugehörige Text dann grau dargestellt.

Ein **RadioButton** wird auch als Schaltfeld bezeichnet. Wie eine CheckBox
hat auch ein RadioButton die boolesche Eigenschaft *Checked*, die angibt, ob der
Button markiert ist oder nicht. Sobald mehr als ein RadioButton auf ein Formular
(bzw. in eine GroupBox) gesetzt wird, zeigt sich allerdings der Unterschied zu
CheckBoxen: Es kann immer nur einer dieser RadioButtons markiert sein. Markiert man einen anderen Button, wird bei dem bisher markierten die Markierung
zurückgenommen. Befindet sich nur ein einziger RadioButton auf einem Formular, kann dessen Markierung nicht zurückgenommen werden.

Während also in einer Gruppe von CheckBoxen mehrere gleichzeitig markiert
sein können, ist in einer Gruppe von RadioButtons immer nur einer markiert.
Man verwendet deshalb CheckBoxen dann, wenn in einer Gruppe mehrere Optionen angekreuzt werden können, und RadioButtons, wenn aus mehreren Optionen nur eine ausgewählt werden kann. Ein einziger RadioButton auf einem
Formular macht im Gegensatz zu einer einzigen CheckBox wenig Sinn.

Die boolesche Eigenschaft *Checked* kann wie jeder andere boolesche Ausdruck in einer *if*-**Anweisung** verwendet werden. Mit dieser Anweisung kann man die Ausführung von anderen Anweisungen steuern wie z. B. in

```
if RadioButton1.Checked then Label1.Caption :=
                                    'Druckoptionen'
else Label1.Caption := 'Dateien';
```

Bei der Ausführung dieser *if*-Anweisung wird zuerst geprüft, ob die Bedingung RadioButton1.Checked den Wert *true* hat. Trifft dies zu, wird die auf *then* folgende Anweisung ausgeführt, andernfalls die auf *else* folgende.

Damit wird in diesem Beispiel das Formular während der Laufzeit des Programms in Abhängigkeit von Benutzereingaben verändert.

Eine *if*-Anweisung muß keinen *else*-Zweig haben, sondern kann unmittelbar nach der auf *then* folgenden Anweisung durch ein Semikolon abgeschlossen werden. Da für boolesche Ausdrücke außerdem die booleschen Operatoren *and*, *or* und *not* zur Verfügung stehen, sind die folgenden beiden *if*-Anweisungen gleichwertig mit zur oben aufgeführten *if*-Anweisung:

```
if RadioButton1.Checked then Label1.Caption
                          := 'Druckoptionen';
if not RadioButton1.Checked then Label1.Caption
                          := 'Dateien';
```

Aufgabe 2.7

Schreiben Sie ein Programm, das ein Fenster mit drei CheckBoxen, zwei RadioButtons, einem Label und zwei weiteren Buttons anzeigt:

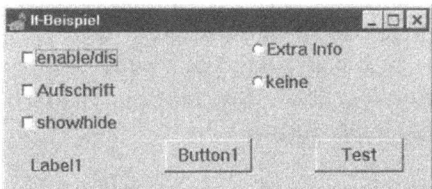

Beim Anklicken des Buttons *Test* sollen in Abhängigkeit von den Markierungen der CheckBoxen und der RadioButtons folgende Aktionen stattfinden:

a) Die Markierung der CheckBox *enable/disable* soll entscheiden, ob die Eigenschaft *Enabled* von *Button1* auf *true* oder *false* gesetzt wird.

b) Die Markierung der CheckBox *Aufschrift* soll entscheiden, welchen von zwei beliebigen Texten *Button1* als Aufschrift erhält.

c) Die Markierung der CheckBox *show/hide* soll entscheiden, ob *Button1* angezeigt wird oder nicht.

d) Falls der RadioButton *extra Info* markiert ist, soll in *Label1* ein zusätzlicher
Text (beliebig) angezeigt werden.

2.8 Die Container GroupBox, Panel und RadioGroup

Sowohl CheckBoxen als auch RadioButtons werden oft in einer **GroupBox**
zu Gruppen zusammengefaßt. Eine GroupBox ist eine Komponente, die wie ein
Formular weitere Komponenten enthalten kann. Über die Eigenschaft *Caption*
kann der GroupBox eine Überschrift gegeben werden.

Eine GroupBox kann allerdings nicht nur CheckBoxen und RadioButtons enthalten, sondern beliebige Komponenten, einschließlich weiterer GroupBoxen. Verschiebt man die Position einer GroupBox auf einem Formular, werden alle Komponenten der GroupBox mitverschoben, d. h. ihre Position innerhalb der Gruppe
bleibt unverändert.

Dieses **gemeinsame Verschieben von Komponenten** mit einer Gruppe funktioniert allerdings nur dann, wenn Delphi eine Komponente auch der Gruppe zuordnet. Diese Zuordnung erfolgt automatisch, wenn zuerst die GroupBox dem
Formular hinzugefügt wird und dann die Komponenten direkt aus der Komponentenliste in die GroupBox gesetzt werden.

Verschiebt man Komponenten, die zunächst in das Formular gesetzt wurden,
vom Formular mit der Maus in eine GroupBox, werden die Komponenten nicht
der Gruppe, sondern weiterhin dem Formular zugeordnet und damit bei einer
Verschiebung der Gruppe nicht mitverschoben. Man kann allerdings Komponenten vom Formular auch noch nachträglich einer Gruppe zuordnen, wenn man
sie mit *Bearbeiten|Kopieren* (bzw. *Ausschneiden, Strg+C*) und *Bearbeiten|Ein-
fügen (Strg+V)* in die Gruppe kopiert.

Bei CheckBoxen hat die Zusammenfassung in Gruppen vor allem den Zweck, ein
Formular übersichtlich zu **gliedern** und diejenigen Optionen optisch zusammenzufassen, die inhaltlich zusammengehören. Zu dieser optischen Gliederung
kommt bei RadioButtons, daß so mehrere Gruppen von sich **gegenseitig ausschließenden Auswahloptionen** auf einem Formular untergebracht werden können: Das Anklicken eines RadioButtons in einer GroupBox wirkt sich nicht auf
die RadioButtons in einer anderen Gruppe aus.

Ein Beispiel für ein Formular, das solche GroupBoxen enthält, ist das Fenster
Umgebungsoptionen (unter *Optionen|Umgebung*) von Delphi:

Ähnlich wie mit einer GroupBox kann man auch mit einem **Panel** andere Komponenten gruppieren. Im Gegensatz zu einer GroupBox verfügt aber ein Panel über Eigenschaften, mit denen die dreidimensionale Erscheinungsform des Panels gestaltet werden kann.

Diese **3D-Effekte** werden durch einen inneren und äußeren Randbereich erreicht. Bei beiden Randbereichen kann unabhängig voneinander die Schräge des Randes so gesetzt werden, daß der optische Eindruck entsteht, als ob das Panel räumlich hervorgehoben oder abgesenkt wäre. Die Schräge des inneren Randes wird durch die Eigenschaft *BevelInner* und die des äußeren Randes durch *BevelOuter* dargestellt („bevel" kann mit „Schräge" übersetzt werden), die die Werte

> *bvNone*   { kein Effekt der Schräge }
> *bvLowered*   { der Rand wirkt abgesenkt }
> *bvRaised*   { der Rand wirkt erhöht }

annehmen können. Die Voreinstellungen für ein Panel sind *bvNone* für *Bevel-Inner* und *bvRaised* für *BevelOuter*, so daß das Panel leicht erhöht wirkt.

Mit einem Panel können Komponenten in einer Gruppe zusammengefaßt (und damit gemeinsam verschoben) werden, ohne daß die Gruppe als solche erkennbar ist. Diesen Effekt erreicht man, indem man sowohl *BevelInner* als auch *Bevel-Outer* auf den Wert *bvNone* setzt.

Eine **RadioGroup** ist eine GroupBox, die RadioButtons und andere Komponenten enthalten kann. Im Gegensatz zu einer GroupBox hat eine RadioGroup auch die schon bei Memos und ListBoxen vorgestellte Eigenschaft *Items* vom Typ TStrings: Für jeden String, den man dieser Eigenschaft einer RadioGroup mit Add hinzufügt, wird der RadioGroup ein RadioButton hinzugefügt. Mit den

Methoden *Delete, Insert, Exchange* und *Move* können RadioButtons gelöscht, eingefügt und verschoben werden.

Da diese Methoden während der Laufzeit eines Programms zur Verfügung stehen, können einer RadioGroup auch **während der Laufzeit RadioButtons hinzugefügt** werden. Bei einer GroupBox ist das nur zur Entwurfszeit möglich.

Komponenten, die andere Komponenten enthalten können, werden zusammenfassend auch als **Container-Komponenten** bezeichnet. Von den bisher vorgestellten Komponenten sind Formulare, GroupBox, Panel und RadioGroup solche Container-Komponenten.

Mit Eigenschaften wie *Top, Left, Width, Height, Align* usw. kann die Position, Größe, Ausrichtung usw. einer Container-Komponente am Formular bzw. an der übergeordneten Container-Komponente festgelegt werden. Dabei behalten alle Komponenten der Gruppe ihre Position innerhalb der Gruppe.

Die Gruppierung von Komponenten in Containern wird vor allem zur **übersichtlichen Gestaltung** von Formularen verwendet. Dabei werden inhaltlich zusammengehörende Optionen in einem Container als Gruppe zusammengefaßt (Beispiel: Das Delphi-Formular am Anfang dieses Abschnitts).

Aufgabe 2.8

Entwerfen Sie ein Programm, das etwa das folgende Fenster anzeigt:

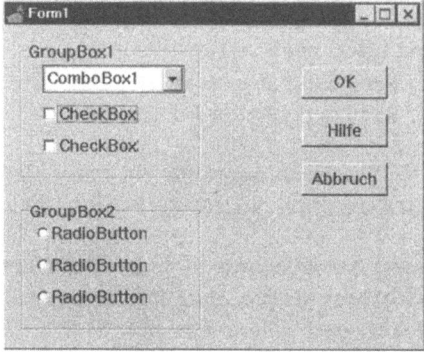

Dabei sollen die Buttons *OK, Hilfe* und *Abbruch* zu einer Gruppe zusammengefaßt werden, die optisch nicht erkennbar ist.Bei jedem Anklicken eines Buttons oder einer CheckBox soll ein Text in die ComboBox eingetragen werden (z. B. „CheckBox 1 angeklickt").

2.9 ScrollBar

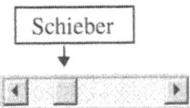 Die Komponente **ScrollBar** ist ein Schieberegler, dessen Schieber (der bewegliche Teil, der mit der Maus oder mit den Pfeiltasten bewegt werden kann) Werte im Bereich der Integer-Eigenschaften *Min* und *Max* annehmen kann. Die aktuelle Position des Schiebers kann mit der Eigenschaft *Position* vom Programmbenutzer oder vom Programm aus gelesen oder gesetzt werden.

Scrollbars werden oft als Bildlaufleisten am Rand von Fenstern verwendet, wenn das Fenster nicht groß genug ist, um den gesamten Inhalt anzuzeigen. Dann zeigt die Position des Schiebers im Schieberegler die aktuelle Position im Dokument an. Als Lautstärkeregler für die Audio-Wiedergabe kann man mit einem Schieberegler die Lautstärke zwischen einem maximalen und minimalen Wert einstellen.

Im Gegensatz zu den bisher vorgestellten Komponenten, die Texte oder Zahlen und damit digitale Daten zur Ein- und Ausgabe verwenden, ermöglicht ein Schieberegler eine **analoge Ein- und Ausgabe** von Werten. Analoge Anzeigen sind oft übersichtlicher als digitale und häufig auch völlig ausreichend, wenn es nicht auf absolute Genauigkeit ankommt (wie etwa bei einem Lautstärkeregler).

Für eine Scrollbar-Komponente tritt das Ereignis *OnChange* ein, wenn der Schieberegler verschoben wird. Damit kann man die Position des Schiebers im Schieberegler (0 für ganz links, 100 für ganz rechts) durch die folgende Ereignisbehandlundlungsroutine in dem Edit-Fenster *Edit1* digital anzeigen:

```
procedure TForm1.ScrollBar1Change(Sender: TObject);
begin
Edit1.Text:=
   IntToStr(100*(ScrollBar1.Position - ScrollBar1.Min) div
                    (ScrollBar1.Max - ScrollBar1.Min));
end;
```

Mit der Eigenschaft *Kind*, die die Werte

sbHorizontal, sbVertical

annehmen kann, legt man eine horizontale oder vertikale Ausrichtung des Schiebereglers fest.

Aufgabe 2.9

In der frühen Steinzeit der Rechenmaschinen (bis ca. 1970) gab es nicht nur Digitalrechner (wie heute nahezu ausschließlich), sondern auch **Analogrechner**. Die Bezeichnung analog kommt dabei daher, daß mathematische Zusammenhänge durch physikalische Geräte dargestellt wurden, bei denen aus Eingabewerten in Analogie zu den mathematischen Zusammenhängen Ausgabewerte erzeugt werden. Beispiele waren der Rechenschieber oder spezielle elektrische Geräte, bei denen die Operanden an Drehreglern eingegeben und das Ergebnis an Zeigerinstrumenten abgelesen werden konnte. Analogrechner wurden oft für spezielle Aufgaben entwickelt, z. B., um mit den Kirchhoffschen Regeln Gleichungssysteme zu lösen. Sie waren oft wesentlich schneller als die damaligen Digitalrechner.

Schreiben Sie ein Programm zur Lösung eines linearen Gleichungssystems

$$ax + by = 1$$
$$bx + dy = 1$$

bei dem man wie bei einem Analogrechner die Koeffizienten a, b und d an Schiebereglern einstellen kann:

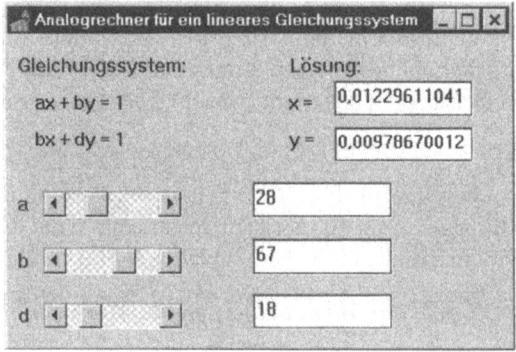

Diese Koeffizienten sowie die Ergebnisse sollen digital in einem Edit-Feld dargestellt werden, wenn einer der Schieberegler bewegt wird (Ereignis: *OnChange*). Die Lösung des obigen Gleichungssystems ist durch

$$y = (b - a)/(b*b - a*d)$$
$$x = (b - d)/(b*b - a*d)$$

gegeben. Stellen Sie mit einer *if*-Anweisung sicher, daß keine Division durch 0 stattfindet. In diesem Fall braucht kein neuer Wert für x bzw. y angezeigt werden.

2.10 Hauptmenüs und Popup-Menüs

Menüs sind die unter Windows übliche Technik, die in einem Programm verfügbaren Optionen inhaltlich zu gliedern und so dem Benutzer übersichtlich anzubieten.

Über die Standardkomponente **MainMenu** stellt Delphi Hauptmenüs zur Verfügung, die unter der Titelzeile des Hauptfensters angezeigt werden.

Ein *MainMenu* wird wie jede andere Komponente ausgewählt, d. h. zuerst in der Liste der Standardkomponenten angeklickt, und dann durch einen Klick auf das Formular gesetzt. Dabei ist die Position im Formular ohne Bedeutung für die Position des Menüs: Es wird immer unterhalb der Titelzeile des Formularfensters angezeigt.

Durch einen Doppelklick auf das Menü im Formular wird dann der **Menüdesigner** aufgerufen, mit dem man das Menü gestalten kann:

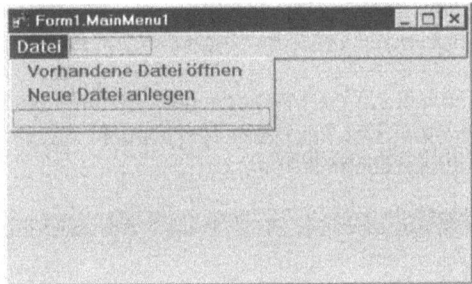

Dazu trägt man in die blauen Felder die Menüoptionen so ein, wie man sie im laufenden Programm haben möchte. Mit den Pfeiltasten oder der Maus kann man bestehende Einträge abändern. Das so entworfene Menü stimmt mit dem Menü überein, das später im laufenden Programm zur Verfügung steht.

Betrachtet man den Objektinspektor, während man diese Einträge macht, sieht man, daß jede Menüoption einer Komponente des Datentyps T*MenuItem* entspricht. Der zu einer Menüoption gehörende Text ist die Eigenschaft *Caption* dieser Komponente.

Durch das Zeichen & („kaufmännisches Und", *Umschalt-6*) vor einem Buchstaben im Namen der Menüoption kann man diesen Buchstaben als **Tastenkürzel** definieren. Dieser Buchstabe wird dann im Menü unterstrichen angezeigt. Die entsprechende Option kann dann durch Drücken der Alt-Taste mit dem entsprechenden Buchstaben aktiviert werden.

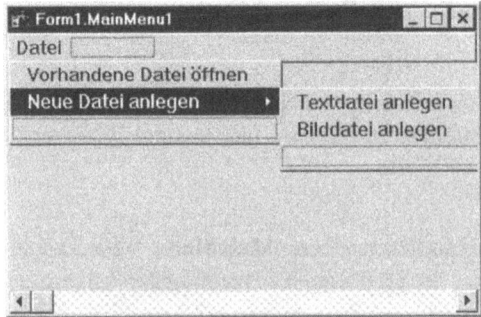

Verschachtelte Untermenüs erhält man über das lokale Menü des Menüde-
signers (rechte Maustaste, während ein Menübalken aktiviert ist) mit der Option
Untermenü erstellen bzw. über *Strg+Rechtspfeil*. Wie schon bei den Menüs, die
keine Untermenüs sind, kann man jetzt die Menüoptionen eintragen, die später
im laufenden Programm angezeigt werden sollen.

Wenn während der Laufzeit des Programms eine Menüoption ausgewählt wird,
tritt das Ereignis *OnClick* für die Komponente des Datentyps *TMenuItem* auf, die
zu dieser Menüoption gehört. Die Anweisungen, die dann ausgeführt werden
sollen, werden deshalb in der Prozedur aufgeführt, die zu diesem Ereignis gehört.

Durch einen Doppelklick auf die Menüoption im Menüdesigner (bzw. im Objektinspektor für das Ereignis *OnClick* dieser Menüoption) ruft Delphi den Editor für
die Ereignisbehandlungsroutine auf:

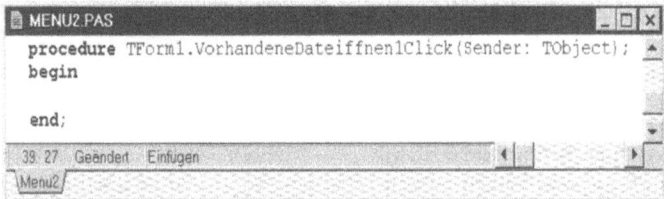

Während der Name dieser Routine bei allen bisherigen Beispielen direkt aus dem
Namen der Komponente abgeleitet wurde (z. B. *Label1.OnClick*, *Button1.On-
Click* usw.), erzeugt Delphi aus der Eigenschaft *Caption* dieser Menüoptionen
einen zulässigen Namen im Sinne von Object Pascal (also z. B. ohne Umlaute
oder Leerzeichen). Aus diesem Grund fehlen im Namen der Methode für die
Option „Vorhandene Datei öffnen" die beiden Leerzeichen und das „ö".

Zwischen *begin* und *end* kann man jetzt die Anweisungen schreiben, die ausgeführt werden sollen, wenn die entsprechende Menüoption aufgerufen wird:

```
procedure TForm1.VorhandeneDateiffnen1Click(Sender:
                                              TObject);
begin
Edit1.Color := clRed;
end;
```

Normalerweise wird man keine derartig trivialen Anweisungen in einem Menü anbieten. Statt dessen werden in Menüs häufig Dialoge angeboten, die selbst wieder eigenständige Formulare sind. Delphi bietet im Register Dialoge der Komponentenleiste einige Standarddialoge an, die im nächsten Abschnitt vorgestellt werden.

Über die Standardkomponente **PopupMenu** stellt Delphi Popup-Menüs zur Verfügung, die durch Drücken der rechten Maustaste aktiviert werden können. Um ein *PopupMenu* in ein Formular aufzunehmen, wird dieses wie jede andere Komponente auf ein Formular gesetzt.

Nach einem Doppelklick auf das so ins Formular gesetzte *PopupMenu* wird dann der Menüdesigner aufgerufen, mit dem man das Popup-Menü wie ein Hauptmenü gestalten kann.

Jede Komponente, bei der mit der rechten Maustaste ein Popup-Menü aktiviert werden kann (z. B. ein Formular, ein *Panel* oder eine *GroupBox*), hat eine Eigenschaft *PopupMenu*. Dieser Eigenschaft muß dann das Popup-Menü zugewiesen werden, das durch einen Klick mit der rechten Maustaste aktiviert werden soll. Weist man diese Eigenschaft im Objektinspektor zu, werden im Pulldown-Menü der ComboBox alle diejenigen Popup-Menüs angeboten, die bisher auf das Formular gesetzt wurden.

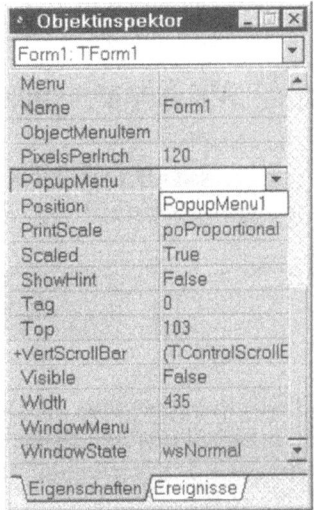

Im Objektinspektor auf der Abbildung rechts wird also ein Popup-Menü für das Formular *Form1* definiert.

Die Eigenschaft *PopupMenu* kann nicht nur während der Entwurfszeit im Objektinspektor, sondern auch während der Laufzeit des Programms zugewiesen werden:

```
if CheckBox1.Checked then
   Form1.PopupMenu := PopUpMenu1
else
   Form1.PopupMenu := PopUpMenu2;
```

Aufgabe 2.10

Bei dieser Aufgabe soll nur der Umgang mit dem Menüdesigner und der Entwurf von Menüs geübt werden, ohne daß über die Menüs Funktionen aufgerufen werden können. Im nächsten Abschnitt werden dann einige Standarddialoge vorgestellt, die in den Menüs dieses Programms aufgerufen werden können.

Entwerfen Sie ein Programm Menu1, in dessen Menüleiste die Optionen *Datei*, *Bearbeiten* und *Drucken* angeboten werden.

– Unter der Option *Datei* sollen die Unterpunkte *Datei öffnen* und *Datei speichern* angeboten werden,

– unter der Option *Bearbeiten* die Unterpunkte *Suchen* und *Suchen und Ersetzen*,

– unter der Option *Drucker* die Unterpunkte *Drucken* und *Drucker einrichten*.

Durch Drücken der rechten Maustaste auf einem freien Bereich des Fensters soll ein Popup-Menü aufgerufen werden können, das die Optionen *Farben*, *Schriftart* und *Formular* anbietet.

2.11 Die Komponenten der Seite Dialoge

Auf der Seite Dialoge der Komponentenliste stehen Komponenten für die allgemeinen Dialogfenster unter Windows („common dialog boxes") zur Verfügung:

Diese Komponenten werden alle von Windows über eine spezielle DLL (Dynamic Link Library) bereitgestellt, um verschiedenen Anwendungen ein einheitliches Erscheinungsbild zu ermöglichen.

Beispiel: Das üblicherweise zum Öffnen von Dateien verwendete Dialogfenster ist ein solches allgemeines Dialogfenster (hier unter Windows 95), das unter Delphi als *OpenDialog* angeboten wird.

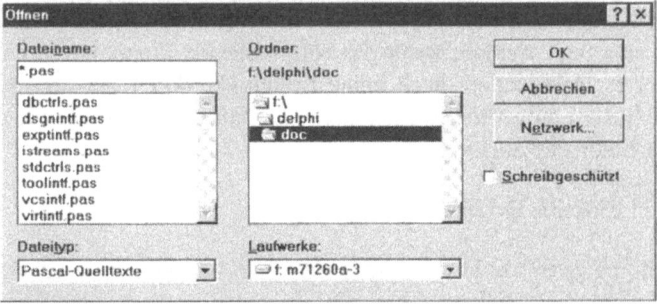

Alle Optionen dieses Dialogs (Dateiname, Ordner, Dateityp usw.) können über die Komponenten eines *OpenDialogs* mit Voreinstellungen versehen werden.

Die folgende Tabelle gibt eine Übersicht über die unter Delphi verfügbaren allgemeinen Dialogfenster:

OpenDialog	Zeigt eine Liste von Dateinamen mit einer vorgegebenen Namenserweiterung. Durch die Auswahl einer dieser Dateien kann der Anwender angeben, welche Datei geöffnet werden soll.
	Der vom Benutzer ausgewählte Dateiname steht dann unter der Eigenschaft *FileName* zur Verfügung.
SaveDialog	Ähnlich wie in *OpenDialog* gibt der Anwender hier den Dateinamen an, unter dem eine Datei gespeichert werden soll.
FontDialog	Zeigt die verfügbaren Schriftarten und -größen an. Die hier ausgewählte Schrift ist der Wert der Eigenschaft *Font*.
ColorDialog	Zeigt die verfügbaren Farben an. Die hier ausgewählte Farbe ist der Wert der Eigenschaft *Color*.
PrintDialog	Zeigt den Dialog „Drucken" mit Informationen über den installierten Drucker und seine Konfiguration an. Hier kann der Druckbereich und die Druckqualität ausgewählt sowie der Drucker eingerichtet werden.
PrintSetupDialog	Zeigt den Dialog „Drucker einrichten" an, mit dem ein Drucker, das Papierformat und verschiedene weitere Optionen ausgewählt werden können.
FindDialog	Zum Suchen von Text.
ReplaceDialog	Zum Suchen und Ersetzen von Text.

Alle diese Komponenten sind nichtvisuell in dem Sinn, daß sie nicht auf einem Formular angezeigt werden, wenn das entsprechende Programm gestartet wird. Damit gibt es insbesondere auch keine Ereignisse, durch die sie direkt (z. B. durch Anklicken) aufgerufen werden können. Statt dessen werden sie durch den Aufruf der Methode *Execute* gestartet.

function **Execute**: Boolean;

Die Funktion *Execute* zeigt das Dialogfenster an und gibt *true* zurück, wenn es durch Auswahl des Schalters *OK* geschlossen wurde. Wenn das Fenster durch *Abbrechen* geschlossen wurde, ist der Funktionswert *false*.

Aufgabe 2.11

Ergänzen Sie das Formular *Menu1* aus der Aufgabe des letzten Abschnitts um ein Memo-Fenster. Als Reaktion auf die Auswahl der angebotenen Menüoption sollen die folgenden Aktionen stattfinden:

Datei\Datei öffnen: Falls ein Dateiname ausgewählt wird, soll diese Datei in das Memo-Fenster eingelesen werden. Dazu kann die Methode *LoadFromFile* von *Memo1.Lines* verwendet werden. Vor dem Aufruf des *OpenDialogs* können die angezeigten Dateien gefiltert werden, indem man der Eigenschaft *Filter* einen Wert zuweist, z. B.:

```
OpenDialog1.Filter := 'Textdateien|*.TXT';
```

Datei\Datei speichern: Falls ein Dateiname ausgewählt wird, soll der Text aus dem Memo unter diesem Dateinamen gespeichert werden. Zum Speichern kann die Methode *SaveToFile* von *Memo1.Lines* verwendet werden. Auch hier kann ein Filter gesetzt werden.

Bearbeiten\Suchen: Ein *FindDialog* ohne jede weitere Aktion.

Bearbeiten\Suchen und Ersetzen: Ein *ReplaceDialog* ohne jede weitere Aktion.

Drucker\Drucken. Falls hier Drucken ausgewählt wird, soll das Formular durch den Aufruf seiner Methode *Print* gedruckt werden.

Drucker\Drucker einrichten: Ein *PrintSetupDialog* ohne weitere Aktion

Popup-Menü*Farben*: Die ausgewählte Farbe (Eigenschaft *Color* des *Color-Dialogs*) soll der Eigenschaft *Color* des Formulars zugewiesen werden.

Popup-Menü *Schriftart*: Die ausgewählte Schriftart (Eigenschaft *Font* des *FontDialogs*) soll der Eigenschaft *Font* des Memos zugewiesen werden.

2.12 Der Aufruf von eigenen Formularen und modale Fenster

Die im letzten Abschnitt vorgestellten Standarddialoge decken allerdings nur einige immer wiederkehrende Standardsituationen ab. Für spezielle Anwendungen braucht man oft selbstentworfene Formulare, die dann über ein Menü, einen ButtonClick oder ein anderes Ereignis zusätzlich zum bereits verwendeten Formular aufgerufen werden können.

Damit ein Formular von einem Programm aus aufgerufen werden kann, soll zunächst das Formular für das aufrufende Programm entworfen werden:

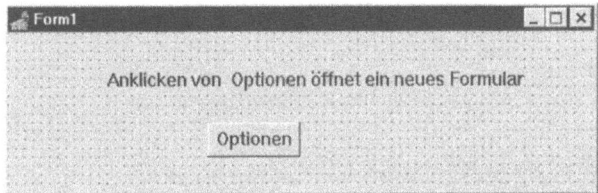

Um jetzt zum aktuellen Projekt ein neues Formular hinzuzufügen, klickt man in der Menüleiste von Delphi 1 *Datei|neues Formular* an. In Delphi 2 wählt man unter *Datei|Neu* im Register *Neu* das Formular an. Daraufhin erzeugt Delphi ein zweites Formular mit dem Namen *Form2* sowie eine neue Unit mit dem Namen *Unit2*. Diese *Unit2* enthält dann alle Datenstrukturen und Ereignisbehandlungsroutinen für das Formular *Form2*.

Dann gestaltet man das Formular *Form2* wie alle bisher entworfenen Formulare, z. B. mit einem Button für *Speichern* und *Abbrechen*, sowie mit allen weiteren notwendigen Komponenten.

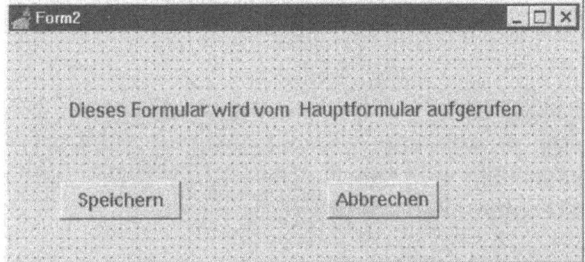

Wenn man ein Formular (z. B. *Form2*) in einem anderen Formular (z. B. *Form1*) aufrufen möchte, muß man den Namen der Unit des aufzurufenden Formulars (in unserem Beispiel *Unit2*) in der Unit des aufrufenden Formulars (in unserem Beispiel *Unit1*) in einer *uses*-Klausel nach dem Wort *implementation* manuell eintragen:

Nach all diesen Vorbereitungen kann ein Formular durch den Aufruf der Methode **show** (z. B. als Reaktion auf das Ereignis *Button1Click*) sichtbar gemacht werden:

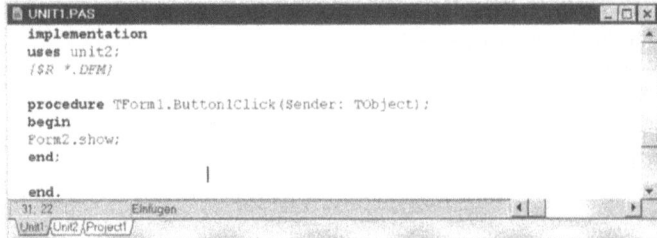

Ein mit *show* angezeigtes Formular kann wie bei Windows-Programmen üblich durch Anklicken des entsprechenden Steuerfeldes in der Titelzeile wieder geschlossen werden, falls diese Option nicht über die Eigenschaften *BorderIcons* oder *BorderStyle* ausgeschaltet wurde.

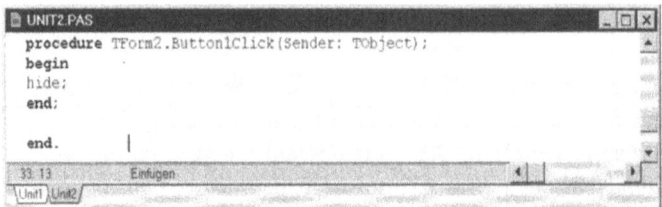

Es kann außerdem durch den Aufruf von **hide** oder **close** wieder geschlossen werden. Das Ergebnis dieser beiden Methoden ist identisch, wenn nicht für das Ereignis *onClose* eine andere *Action* als die voreingestellte definiert wurde.

Da sich der Aufruf von *hide* in diesem Beispiel auf das Formular bezieht, zu dem der Button gehört, muß der Name des Formulars nicht angegeben werden. Es ist aber kein Fehler, wenn er trotzdem angegeben wird und *Form2.hide* anstelle von *hide* aufgerufen wird.

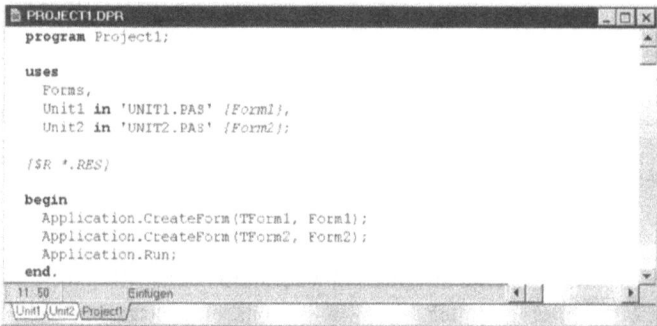

Für alle Formulare, die über die Projektverwaltung von Delphi in ein Projekt eingebunden werden, erzeugt Delphi in der DPR-Datei Anweisungen, durch die alle diese Formulare mit dem Start des Programms geladen werden. Damit wirkt sich der Aufruf von *show* oder *hide* nur auf die Sichtbarkeit eines Formulars aus und nicht darauf, ob ein Formular mitsamt seinen Daten geladen ist und damit Speicherplatz belegt oder nicht: Unabhängig davon, ob ein Formular angezeigt wird oder nicht, können alle seine Daten und Eigenschaften gelesen oder geschrieben werden.

Die Anzeige eines Formulars mit *show* kann allerdings problematisch sein: Nach einer solchen Anzeige kann jedes andere Fenster der Anwendung aktiviert werden, so daß dieses eventuell nicht mehr sichtbar hinter anderen Fenstern verschwindet und vergessen wird. Um eine solche Situation zu verhindern, kann man ein Formular auch mit **showmodal** anzeigen. Ein solches Formular ist dann ein **modales Fenster**, das sich von einem nichtmodalen Fenster nur dadurch unterscheidet, daß der Anwender das modale Fenster schließen muß, bevor er ein anderes Fenster der Anwendung aktivieren kann.

Aufgabe 2.12

Ergänzen Sie das Programm *Menu1* aus den Aufgaben der letzten beiden Abschnitte um den Aufruf eines modalen Fensters. Dieses modale Fenster soll angezeigt werden, wenn im lokalen Popup-Menü des Formulars die Option *Formular* ausgewählt wird.

2.13 Einige weitere Komponenten

In den bisherigen Abschnitten dieses Kapitels wurden die Komponenten der Seite
Standard relativ ausführlich vorgestellt. Nachdem Sie so (hoffentlich) eine intuitive Vorstellung davon bekommen haben, wie man mit Delphi Programme
entwickelt, sollen die Komponenten in diesem Abschnitt nur noch skizziert
werden. Da sich zahlreiche Eigenschaften, Methoden und Ereignisse der bisher
vorgestellten Komponenten auch bei diesen und vielen anderen Komponenten
finden, dürfte es nicht schwerfallen, auch diese einzusetzen.

Die meisten der in diesem Abschnitt vorgestellten Komponenten finden sich
unter Delphi 1 auf der Seite *Zusätzlich*. Unter Delphi 2 wurde ein Teil dieser
Komponenten auf die Seite *Win 3.1* ausgelagert. Auf der Seite *Win95* stehen die
neuen Steuerelemente von Windows 95 zur Verfügung.

Mit der Komponente **BitBtn** (BitMapButton oder Bitmap-Schalter) kann
man Befehlsschalter gestalten, die wie Buttons eingesetzt werden können. Im
Gegensatz zu einem Button kann aber ein *BitBtn* nicht nur Text (über die Eigenschaft *Caption*), sondern auch eine Graphik auf der Schalteroberfläche darstellen.

Die Graphik kann während der Entwurfszeit mit dem Objektinspektor durch Anklicken der rechten Spalte der Eigenschaft Glyph angegeben werden, oder während der Laufzeit des Programms über die Methode *LoadFromFile*:

```
procedure TForm1.FormCreate(Sender: TObject);
begin
BitBtn1.Glyph.LoadFromFile(
                    '\delphi\images\buttons\alarm.bmp');
end;
```

Im Verzeichnis „\delphi\images\buttons" findet man einige *.bmp-files, die man
verwenden kann, wie z. B. alarm.bmp:

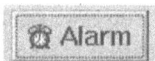

Ein **SpeedButton** (in der Delphi-Hilfe auch als Schnellschalter oder Maus-
palettenschalter bezeichnet) ist ein Schaltfeld, das wie ein *BitMapButton* eine
Graphik und Text auf der Schalteroberfläche enthalten kann. SpeedButtons
können im Gegensatz zu den Schaltfeldern Button und BitMapButton in einem
Panel zu einer Gruppe zusammengefaßt werden, wobei der Schaltzustand der
verschiedenen Schaltfelder miteinander verknüpft ist. Eine solche Gruppe von
SpeedButtons kann so gestaltet werden, daß immer nur einer dieser Schalter
gedrückt sein kann und das Drücken eines anderen Schalters den vorher
gedrückten wieder zurücksetzt.

SpeedButtons werden oft in sogenannten Werkzeugleisten, wie z. B. der Symbolleiste von Delphi, verwendet:

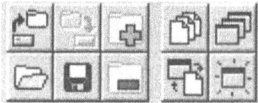

Dabei wird ein Panel über die Eigenschaft *Alignment* am Rand eines Formulars ausgerichtet (oft unterhalb der Menüleiste mit *alTop*). In dieses Panel werden dann SpeedButtons gesetzt.

Mit der Komponente **TabSet** (Seitenregister) kann man anklickbare Register erzeugen. Die Beschriftung der Register ergibt sich aus den Strings der Eigenschaft Tabs vom Typ TStrings. TabSets werden vor allem zusammen mit der

Komponente **Notebook** verwendet, können aber auch zur Gestaltung von Formularen oder anderen Komponenten verwendet werden.

Die Komponente **TabbedNotebook** ist eine Kombination der Komponenten TabSet und Notebook und enthält wie ein Notizbuch mehrere Seiten, die über Register angewählt werden können. Jede dieser Seiten kann beliebige andere Komponenten enthalten.

Die Beschriftung der Register ergibt sich über die Eigenschaft *Pages* vom Typ *TStrings* entweder im Objektinspektor oder während der Laufzeit des Programms.

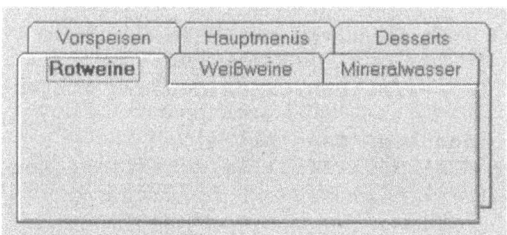

Unter Delphi 2 stehen die Komponenten *TabSet*, *NoteBook* und *TabbedNoteBook* auf der Seite Win 3.1 zur Verfügung. Die Komponenten **TabControl** und **Page-Control** auf der Seite Win95 bieten ähnliche Funktionen.

Mit **MaskEdit** kann man wie in einem Edit-Fenster Texte ein- und ausgeben. Zusätzlich kann eine Eingabemaske definiert werden, mit der die Eingabe unzulässiger Zeichen unterbunden werden kann.

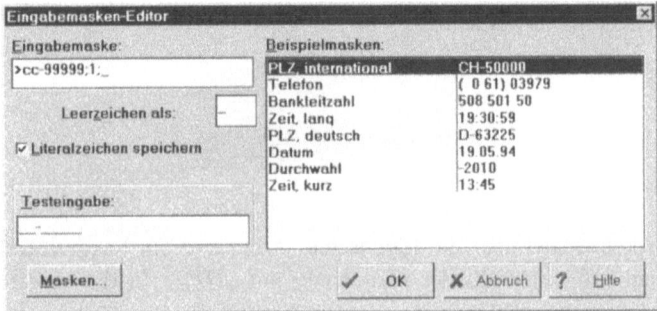

Über die Eigenschaft *EditMask* stehen vielfältige Möglichkeiten zur Verfügung, die zulässigen Eingabewerte zu formatieren. Durch Anklicken der rechten Spalte im Objektinspektor wird ein Maskeneditor aufgerufen, der einige Beispiele für Standardmasken enthält. In der Delphi-Hilfe findet man eine umfangreiche Beschreibung der Syntax für den Aufbau der Masken.

Mit der Komponente **Outline** können Daten in einer hierarchischen Gliederung dargestellt werden. Die einzelnen Zeilen der Gliederung sind in der Eigenschaft *Lines* vom Typ *TStrings* enthalten.

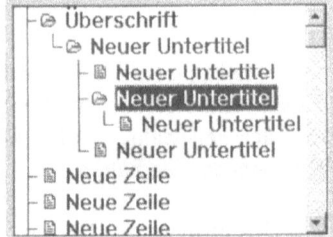

Die Einträge in eine solche Gliederung können während der Entwurfszeit über den Objektinspektor mit dem Stringeditor für die Eigenschaft *Lines* eingegeben werden. Während der Laufzeit kann man Methoden aufrufen wie in

```
procedure TForm1.BitBtn2Click(Sender: TObject);
begin
Outline1.Lines.Add('Neue Zeile');
Outline1.AddChild(Outline1.SelectedItem,'Neuer
                                      Untertitel');
end;
```

Mit der Komponente **StringGrid** (Gitter) können Strings in einer rechteckigen Tabelle dargestellt und editiert werden. Die Anzahl der Zeilen und Spalten der Tabelle wird durch die *Integer*-Eigenschaften *RowCount* und *ColCount* bestimmt. Der Text in der i-ten Zeile der j-ten Spalte entspricht der

Eigenschaft *Cells[i,j]*. Wenn *goEditing* unter Options auf *true* gesetzt ist, kann der Text in einer Zelle auch während der Laufzeit editiert werden.

```
procedure TForm1.Button5Click(Sender: TObject);
var i,j:Integer;
begin
StringGrid1.ColCount := 5;
StringGrid1.RowCount := 4;
for i := 0 to 5-1 do
  for j := 0 to 4-1 do
    begin
      if (i=0) and (j=0) then StringGrid1.Cells[i,j]:= '*'
      else if i=0 then StringGrid1.Cells[i,j]:= IntToStr(j)
      else if j=0 then StringGrid1.Cells[i,j]:= IntToStr(i)
      else StringGrid1.Cells[i,j]:= IntToStr(i*j);
    end;
end;
```

Die Komponente **DrawGrid** ermöglicht wie ein *StringGrid* die Darstellung von Daten in einem Gitter aus Zeilen und Spalten, enthält aber im Gegensatz dazu nicht die Eigenschaft *Cells*. Die einzelnen Zellen sind hier graphische Zeichenflächen, in die Bitmaps geladen oder in denen mit Zeichenfunktionen (wie *TextOut* oder *Line*) Text und Graphiken dargestellt werden können.

Mit der Komponente **Image** kann eine Graphik dargestellt werden, die im Format .ICO (Icon), .WMF (Windows Metafile) oder .BMP (Bitmap) vorliegt. Diese Graphik kann im Objektinspektor in der Zeile „Picture" mit dem Bildeditor festgelegt oder während der Laufzeit über die Eigenschaft *Picture* geladen werden:

```
procedure TForm1.Button3Click(Sender: TObject);
begin
Image1.Picture.LoadFromFile('\delphi\images\splash\
                                256color\factory.BMP')
end;
```

Mit der Komponente **Shape** kann man Dialogelemente gestalten, die eine bestimmte Form haben, z. B. als Kreis, Ellipse, Rechteck mit abgerundeten Rändern usw.

Mit der Komponente **Bevel** kann man Linien, Rechtecke und Rahmen auf einem Formular darstellen. Die Linien können dabei in Abhängigkeit von der Eigenschaft *Style* als erhöht oder abgesenkt dargestellt werden. Die Komponente Bevel ist ein reines Gestaltungselement: Es gibt keine Ereignisse, auf die sie reagieren kann.

Die Komponente **Header** kann in einer Zeile mehrere Texte darstellen, wobei die Breite der einzelnen Abschnitte (Spalten) während der Laufzeit mit der Maus durch Ziehen an den Rändern verändert werden kann. Während einer solchen Veränderung der Breite tritt das Ereignis *OnSizing* ein und anschließend das Ereignis *OnSized*. Als Reaktion auf diese Ereignisse kann dann die Breite der Spalten angepaßt werden, für die die Komponente *Header* die Überschrift ist.

Die Texte in den einzelnen Spalten des Headers werden durch die Eigenschaft *Sections* vom Typ *TStrings* dargestellt.

Mit einer **ScrollBox** kann man Bildlaufbereiche auf einem Formular entwerfen, die wiederum andere Komponenten enthalten. Der Anwender kann sich durch jede solche *ScrollBox* einzeln durchscrollen, ohne daß sich dabei das Formular mit der Scrollbox verändert.

Auf der Seite Win95 von Delphi 2 findet man die Komponente **RichEdit** . Diese ist im wesentlichen ein Memo-Fenster, hat aber weitaus bessere Möglichkeiten zur Formatierung von Text. Insbesondere können Texte im *Rich Text Format* dargestellt werden. Dieses Format kann mit den meisten Textverarbeitungsprogrammen erzeugt werden:

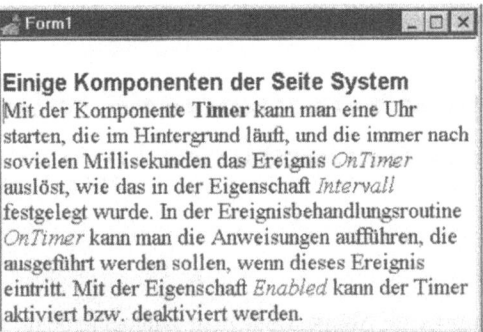

Da die *RichEdit*-Komponente unter Delphi 1 nicht zur Verfügung steht, wird im folgenden vor allem die Memo-Komponente verwendet. Falls Sie mit Delphi 2 arbeiten, empfiehlt es sich, anstatt eines Memos immer eine RichEdit-Komponente zu verwenden. Der Text in einer solchen Komponente kann einfach mit der Methode *print* ausgedruckt werden:

```
RichEdit1.Print('Überschrift');
```

2.14 Einige Komponenten der Seite System

Mit der Komponente **Timer** kann man eine Uhr starten, die im Hintergrund läuft und immer nach so vielen Millisekunden das Ereignis *OnTimer* auslöst, wie es in der Eigenschaft *Intervall* festgelegt wurde. In der Ereignisbehandlungsroutine *OnTimer* kann man die Anweisungen aufführen, die ausgeführt werden sollen, wenn dieses Ereignis eintritt. Mit der Eigenschaft *Enabled* kann der Timer aktiviert bzw. deaktiviert werden.

Durch die folgende Prozedur wird die in der Systemvariablen *Time* verfügbare aktuelle Zeit jede Sekunde in ein Edit-Fenster geschrieben, wenn *Intervall* auf 1000 gesetzt wurde:

```
procedure TForm1.Timer1Timer(Sender: TObject);
begin
Edit1.Text := TimeToStr(Time);
end;
```

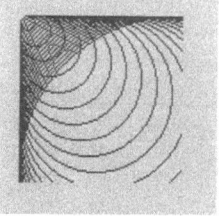

Zahlreiche Komponenten (insbesondere auch Formulare) besitzen die Eigenschaft *Canvas* (Zeichenfläche), mit der man durch den Aufruf von Methoden wie *MoveTo* und *LineTo* auf der Komponente zeichnen kann. Mit einer

PaintBox 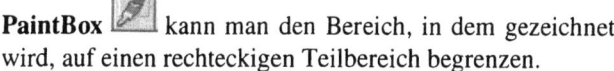 kann man den Bereich, in dem gezeichnet wird, auf einen rechteckigen Teilbereich begrenzen.

Die Komponenten *FileListBox*, *DirectoryListBox*, *DriveComboBox* und *FilterComboBox* sind als Bestandteile in den Standarddialogen *OpenDialog* und *SaveDialog* enthalten.

Die Komponente **FileListBox** zeigt alle Dateien im aktuellen Verzeichnis in einer *ListBox* an. Mit der Eigenschaft *Directory* können Dateien in einem anderen Verzeichnis angezeigt werden. Wenn man die Eigenschaft *ShowGlyphs* auf *true* setzt, werden Symbole neben dem Dateinamen angezeigt, die einen Hinweis auf den Dateityp geben. Über Eigenschaften wie *Mask* und *FileType* können Dateitypen und Attribute maskiert werden.

Mit der Komponente **DirectoryListBox** kann man die Verzeichnisstruktur des aktuellen Laufwerks anzeigen. Über die Eigenschaft *Drive* kann man festlegen, von welchem Laufwerk die Verzeichnisstruktur dargestellt werden soll.

Die Komponente **DriveComboBox** zeigt alle verfügbaren Laufwerke an.

 Mit der Komponente **FilterComboBox** kann man dem Anwender über die Eigenschaft *Mask* eine Auswahl von Dateifiltern präsentieren.

Will man jetzt ähnliche Dialogfenster wie einen OpenDialog entwerfen, kann man diese Komponenten etwa folgendermaßen miteinander verbinden:

```
procedure TForm1.DirectoryListBox1Change(Sender:TObject);
begin
FileListBox1.Directory := DirectoryListBox1.Directory;
end;

procedure TForm1.DriveComboBox1Change(Sender:TObject);
begin
DirectoryListBox1.Drive := DriveComboBox1.Drive;
end;

procedure TForm1.DirectoryListBox1Change(Sender:TObject);
begin
FileListBox1.Directory := DirectoryListBox1.Directory;
end;
```

Die Komponente **MediaPlayer** enhält Schaltfelder (Play, Stop, Eject usw.), mit denen man ein Multimediagerät (CD-Spieler, Videorecorder usw.) steuern kann. Damit ist die Aufnahme oder Wiedergabe von Film- oder Musikdateien (z. B. WAV- oder AVI-Dateien) möglich, falls die dafür notwendigen Programme und Treiber unter Windows installiert sind.

Wählt man ein Schaltfeld des MediaPlayers an, wird eine entsprechende Methode aufgerufen, z. B. *Play*, *Stop*, *Eject*. Diese Methoden können auch direkt aufgerufen werden.

Die Art des Geräts kann durch den Wert der Eigenschaft *DeviceType* festgelegt werden. Dieser Wert bestimmt, welches Gerät beim Aufruf der Methode *Open* verwendet wird. Setzt man

```
MediaPlayer1.DeviceType := dtCDAudio
```

wird beim Aufruf von *Open* automatisch das unter Windows installierte Programm zur Wiedergabe von Audio-CDs aufgerufen:

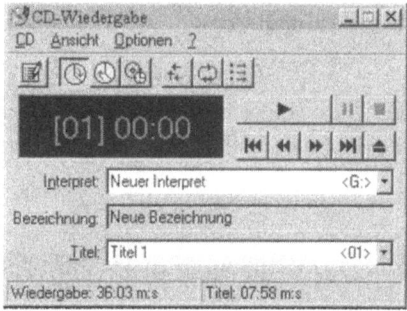

Wird als *DeviceType* der Wert *dtAutoSelect* angegeben, wird das entsprechende Gerät aus der Endung des Dateinamens in der Eigenschaft *FileName* bestimmt.

Beim Abspielen von AVI-Dateien wird automatisch ein Fenster geöffnet, in dem der Film abgespielt wird:

Aufgabe 2.14

Schreiben Sie ein Programm, mit dem man WAV-, MIDI-, AVI- und ähnliche Dateien abspielen kann, die zuvor mit einem *OpenDialog* geöffnet wurden:

2.15 Vordefinierte DialogBoxen

Für einige häufig nützliche Standarddialoge stehen Prozeduren oder Funktionen zur Verfügung. Diese sollen hier nur kurz skizziert werden.

Mit einer InputBox kann man einen String einlesen:

function **InputBox**(const ACaption, APrompt, ADefault: string): string;

Beispiel: Der Aufruf von

```
Edit1.Text := InputBox('Titel','Text','Default');
```

erzeugt die folgende InputBox:

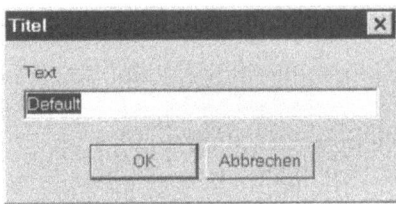

Eine *InputBox* kann verwendet werden, wenn es nicht relevant ist, ob der Anwender die Eingabe mit *OK* oder *Abbrechen* beendet. Falls doch, kann man statt dessen die

function **InputQuery**(const ACaption, APrompt: string;
                                                        var Value: string): Boolean;

verwenden. Diese sieht im wesentlichen genauso aus und gibt den Funktionswert *true* zurück, wenn der Anwender die Eingabe mit *OK* beendet.

Mit der Prozedur ShowMessage kann ein String in einem Fenster angezeigt werden:

procedure **ShowMessage**(const Msg: string);

Der Name der Anwendung wird dabei als *Caption* im Fenster angezeigt

Beispiel: Durch

```
ShowMessage('Hallo');
```

wird das folgende Fenster angezeigt:

Mit der Funktion MessageDlg kann man vielfältige Dialogboxen erzeugen:

function **MessageDlg**(const Msg: string; AType: TMsgDlgType; AButtons:
TMsgDlgButtons; HelpCtx: LongInt): Word;

Hier steht

Msg für die Meldung, die ausgegeben wird

AType für die Art der Dialogbox; mögliche Werte: *mtWarning*, *mtError*, *mtInformation*, *mtConfirmation* und *mtCustom*

AButtons für die Art des Buttons, der angezeigt wird; mögliche Werte: *mbYes*, *mbNo*, *mbOK*, *mbCancel*, *mbHelp*, *mbAbort*, *mbRetry*, *mbIgnore* und *mbAll*

Für eine ausführliche Beschreibung und weitere Möglichkeiten wird auf die Delphi-Hilfe verwiesen.

Beispiel: Der Aufruf

```
MessageDlg('Hallo', mtWarning, [mbRetry],0)=0 ...
```

erzeugt das Dialogfenster:

2.16 Formularschablonen

In Delphi 1 findet man unter *Optionen|Galerie* einige vordefinierte Formularschablonen, die man in ein Projekt übernehmen kann:

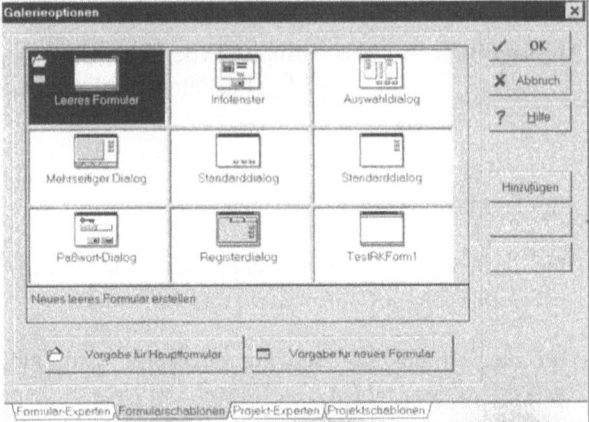

In Delphi 2 findet man die Formularschablonen unter *Datei|Neu* im Register Formulare oder Dialoge:

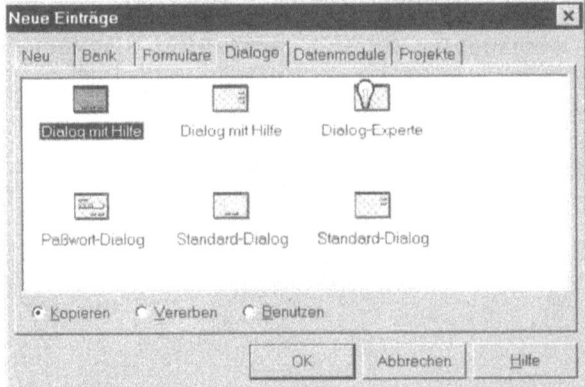

3 Variablen und vordefinierte Datentypen

Nachdem wir in den letzten beiden Kapiteln gesehen haben, wie man mit der Entwicklungsumgebung von Delphi arbeitet, beginnen wir in diesem Kapitel mit der eigentlichen Programmierung in Object Pascal.

Dazu werden zunächst einige Zusammenhänge zwischen einem Programm und den zugehörigen Units dargestellt. Darauf folgt eine Vorstellung der wichtigsten Datentypen, verbunden mit weiteren elementaren Konzepten wie Variablen, Konstanten usw. Zusammen mit den nächsten beiden Kapiteln werden also die Themen der klassischen strukturierten Programmierung behandelt.

Die Sprachelemente von Object Pascal werden dabei anhand der „offiziellen" Syntaxdiagramme aus dem „Object Pascal Language Guide" (Borland 1995) beschrieben. Syntaxdiagramme sind durch ihre graphische Darstellung der Sprachregeln meist wesentlich leichter verständlich als eine gleichwertige verbale Beschreibung.

3.1 Programme, Units und Syntaxdiagramme

In diesem Abschnitt wird gezeigt, wie ein Programm in Object Pascal aufgebaut ist und wie es mit den Units zusammenhängt, die Delphi für die Formulare erzeugt.

Dieser Zusammenhang ist auf den ersten Blick vielleicht etwas unklar, vor allem für Programmierer, die vorher für ein textorientiertes Betriebssystem wie MS-DOS programmiert haben. Dort gibt es ein sogenanntes Hauptprogramm, dessen Anweisungen nach dem Start des Programms der Reihe nach ausgeführt werden. Bei unseren bisherigen Beispielen haben wir ein solches Hauptprogramm aber noch nicht gesehen.

Auch wenn ein Delphi-Programmierer praktisch nie ein Hauptprogramm verändern wird, weil Delphi es komplett für ihn verwaltet, haben diese Zusammenhänge doch einige Konsequenzen, die sich ohne entsprechende Hintergrundinformationen nicht vernünftig erklären lassen.

Außerdem ergibt sich aus dieser kleinen Orientierungshilfe, was man an welchen Stellen in einem Programm machen kann. Das ist die Grundlage für alle Deklarationen und Anweisungen, die ab dem nächsten Abschnitt beschrieben werden.

Mit dieser Darstellung wird die Vorstellung von einigen weiteren Sprachelementen verbunden, an denen außerdem exemplarisch gezeigt wird, wie man ein Syntaxdiagramm liest.

Der Aufbau eines **Programms** wird in Object Pascal durch das folgende **Syntaxdiagramm** beschrieben:

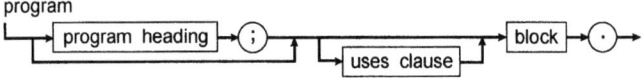

Ein solches Syntaxdiagramm beschreibt, wie man die jeweilige Sprachkonstruktion (in diesem Fall die Sprachkonstruktion *program*) aufbauen muß, damit sie der Compiler übersetzen kann.

– Es wird von links nach rechts in Pfeilrichtung gelesen, wobei parallele Pfade bedeuten, daß mehrere Wege durch das Syntaxdiagramm möglich sind.

– Der leere Pfad unterhalb von *program heading* bzw. oberhalb von *uses clause* bedeutet, daß man diese Teile auch auslassen kann und trotzdem syntaktisch korrekte Programme in Object Pascal erhält.

– Symbole in Kreisen oder Ovalen müssen genauso im Programm stehen wie im Syntaxdiagramm. Wenn ein solches Symbol ein Wort ist, wird es auch als **reserviertes Wort** bezeichnet.

– Durch Rechtecke umrandete Teile eines Syntaxdiagramms werden dagegen in weiteren Syntaxdiagrammen beschrieben.

Beispielsweise wird der Programmkopf (*program heading*) im Syntaxdiagramm von *program* durch das folgende Syntaxdiagramm beschrieben:

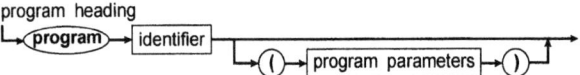

Ein Programmkopf muß also mit dem reservierten Wort *program* beginnen, auf das ein Name (**identifier**, **Bezeichner**) folgt sowie eventuell in Klammern sogenannte Programmparameter.

Die Syntax für einen *identifier* wird durch ein weiteres Syntaxdiagramm definiert:

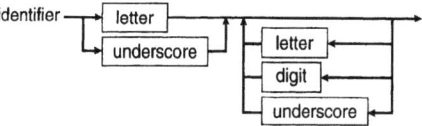

Dessen Inhalt wurde schon in Abschnitt 2.2 des letzten Kapitels vorgestellt: Ein
Bezeichner muß mit einem Buchstaben des ASCII-Zeichensatzes oder dem
Unterstrichzeichen _ beginnen und kann von weiteren solchen Zeichen sowie den
Ziffern 0..9 gefolgt werden. Diese Wiederholung wird dabei durch die nach links
zeigenden Pfeile zum Ausdruck gebracht.

Allerdings informiert ein Syntaxdiagramm nur über die notwendigen Voraussetzungen dafür, daß der Compiler ein Programm übersetzen kann. Oft gibt es
weitere Regeln, die nicht in einem Syntaxdiagramm enthalten sind. Für Bezeichner sind das beispielsweise:

– Ein reserviertes Wort kann nicht als Bezeichner verwendet werden.

– Object Pascal berücksichtigt bei einem *identifier* „nur" die ersten 63 Zeichen.
   Namen, die sich erst ab dem 64. Zeichen unterscheiden, werden als identisch
   betrachtet.

Die Syntaxvorschrift für Bezeichner wird in Pascal für alle Namen verwendet.
Insbesondere müssen alle Namen, die ein Programmierer wählt (z. B. für Variablen), nach dieser Vorschrift aufgebaut sein.

Wie die Rechtecke um *letter*, *underscore* und *digit* andeuten, werden diese durch
weitere Syntaxdiagramme definiert. Diese sollen aber hier nicht mehr betrachtet
werden, da deren Bedeutung wohl keiner weiteren Klärung bedarf. Es soll lediglich noch darauf hingewiesen werden, daß die deutschen Umlaute nicht zu den
Buchstaben des ASCII-Zeichensatzes gehören und damit in Bezeichnern nicht
zulässig sind.

Aus dem Syntaxdiagramm für *program* ergibt sich, daß der Programmkopf auch
ausgelassen werden kann. Der Grund für diese etwas verwirrende Regel ergibt
sich aus der mehr als 20jährigen Entwicklungsgeschichte von Pascal: In der ursprünglichen Definition von Standard Pascal konnten Ein- und Ausgabedateien
als Parameter an ein Programm übergeben werden. Diese Technik macht allerdings unter MS-DOS und Windows nicht viel Sinn. Sie wurde deshalb einfach
dadurch abwärtskompatibel in Turbo Pascal (dem Vorläufer von Object Pascal)
integriert, daß Turbo Pascal diesen Programmkopf ignoriert.

Zum Beispiel hat Delphi nach dem Speichern eines Projekts folgende Datei
project17.dpr erzeugt:

```
program project17;

uses
  Forms,
  unit17 in 'unit17.pas' {Form1};

{$R *.RES}

begin
  Application.CreateForm(TForm1, Form1);
  Application.Run;
end.
```

Hier entspricht die erste Zeile offensichtlich dem Syntaxdiagramm für einen Programmkopf. Der Name, den Delphi nach *program* einsetzt, ist der Name, der beim Speichern des Projekts (z. B. unter *Datei\Projekt speichern*) als Projektname eingegeben wird: Dieser Name ist außerdem der Name der DPR-Datei.

Da dieser Name die Syntaxvorschriften für einen Bezeichner erfüllen muß, darf als Name für ein Projekt auch nur ein Bezeichner eingegeben werden. Zwar ist beispielsweise „Proj$$$.dpr" ein zulässiger Dateiname unter DOS, aber kein zulässiger Bezeichner in Pascal. Gibt man diesen Namen beim Speichern eines Projekts als Projektnamen an, wird er mit der folgenden Meldung zurückgewiesen.

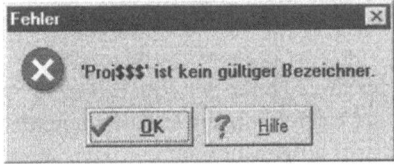

Die 4 Zeilen von *begin* bis *end* sind das sogenannte **Hauptprogramm**. Es besteht aus einer Folge von Anweisungen, die beim Start eines Programms der Reihe nach ausgeführt werden:

- Zuerst wird *Application.CreateForm* aufgerufen, wodurch das zur Anwendung gehörende **Formular** *Form1* so **erzeugt** wird, wie es im Objektinspektor entworfen wurde.

- Anschließend wird *Application.Run* ausgeführt, und durch diesen Aufruf wird das Programm in das Botschaftensystem von Windows integriert: Es kann damit **auf die Ereignisse reagieren**, für die entsprechende Ereignisbehandlungsroutinen definiert sind. Das sind entweder **von Delphi vordefinierte Routinen** oder aber **Prozeduren,** die **in den Units** als Reaktionen auf Ereignisse definiert wurden.

Das Programm läuft dann so lange, bis es durch ein entsprechendes Ereignis beendet wird wie z. B. durch Anklicken der Option *Schließen* im Systemmenü oder durch die Tastenkombination *Alt-F4*. Diese beiden Reaktionen gehören zu den Ereignissen, die von Delphi vordefiniert sind.

Besteht ein Programm nicht nur aus einem Formular, sondern aus mehreren, erzeugt Delphi für jedes Formular einen Aufruf von *CreateForm* in der DPR-Datei:

```
begin
  Application.CreateForm(TForm1, Form1);
  Application.CreateForm(TForm2, Form2);
  Application.Run;
end.
```

Die Zeile

```
{$R *.RES}
```

ist keine Anweisung in Pascal, sondern eine Anweisung an den Compiler bzw. Linker, die sogenannten Ressourcen-Dateien in die Anwendung einzubinden, die unter *Optionen|Projekt|Anwendung* definiert wurden. Dazu können ein Icon, eine Hilfedatei und ein Programmtitel gehören.

Die Zeilen

```
uses
  Forms,
  Haushsan in 'HAUSHSAN.PAS' {Form1};
```

bilden die *uses*-**Klausel** *(uses clause)*, die bis auf den Dateinamen nach *in* durch das Syntaxdiagramm

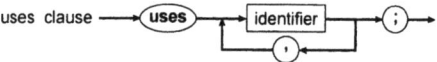

beschrieben wird. In der *uses-Klausel* werden nach dem reservierten Wort *uses* die Namen aller Units aufgeführt, die das Programm verwendet.

Delphi erzeugt für jedes verwendete Formular eine Unit und für jede solche Unit einen Eintrag in der *uses*-Klausel des Hauptprogramms:

```
program Menu1p;

uses
  Forms,
  Menu1 in 'MENU1.PAS' {Form1},
  Menu1fm2 in 'MENU1FM2.PAS' {Form2};
```

Normalerweise hat ein Delphi-Programmierer allerdings nichts mit dem Teil eines Programms zu tun, der zum Syntaxdiagramm von *program* gehört. Dieser Teil wird automatisch von Delphi erzeugt und ist gerade der Inhalt der Datei mit der Endung *DPR*.

Statt dessen betätigt sich ein Delphi-Programmierer meist in einer **Unit**. Dabei kann es sich um eine Unit handeln, die von Delphi für ein Formular erzeugt wurde, oder eine, die der Programmierer selbst geschrieben hat.

Eine Unit wird durch das Syntaxdiagramm

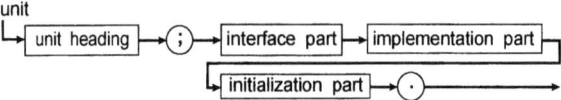

beschrieben und beginnt mit einer Kopfzeile (*unit heading*):

Diese ist im Gegensatz zu einem *program heading* obligatorisch, da es im Syntaxdiagramm keinen Pfad gibt, mit dem man diesen Teil umgehen kann. Ansonsten sind aber beide ähnlich aufgebaut: Auf ein reserviertes Wort (*program* bzw. *unit*) folgt ein Bezeichner, und diese Konstruktion wird durch ein Semikolon abgeschlossen.

Der mit *unit identifier* bezeichnete Name der Unit muß dabei mit dem Dateinamen der Unit identisch sein. Delphi verwendet für beide den Namen, der bei *Datei\Projekt Speichern* bzw. *Datei\Datei speichern* als Name für die Unit angegeben wird. Da der Dateiname auch hier die Syntaxvorschriften für einen Bezeichner erfüllen muß, können wie bei einem Projektnamen nicht alle unter DOS zulässigen Namen verwendet werden.

Der **Interface-Teil** (*interface part*) beginnt mit dem reservierten Wort *interface* und wird durch das reservierte Wort *implementation* beendet, mit dem dann der *implementation part* beginnt. Er enthält verschiedene Deklarationen, die in den Programmen oder Units verwendet werden können, die diese Unit benutzen.

Für ein Formular mit einem Button hat Delphi beispielsweise die folgende Unit erzeugt:

```
unit unit17;

interface

uses
```

```
Windows, Messages, SysUtils, Classes, Graphics,
Controls, Forms, Dialogs, StdCtrls, ComCtrls;

type
  TForm1 = class(TForm)
    Button1: TButton;
    procedure Button1Click(Sender: TObject);
  private
    { Private-Deklarationen }
  public
    { Public-Deklarationen }
  end;

var Form1: TForm1;

implementation

{$R *.DFM}

procedure TForm1.Button1Click(Sender: TObject);
begin
Button1.Caption := 'geklickt';
end;
end.
```

Hier gehören die Zeilen von *interface* bis *implementation* zum *interface part*. Dieser stellt die Variable *Form1* dem Programm *Projekt17* zur Verfügung, das diese Unit *Unit17* über seine *uses*-Klausel verwendet.

Wie die Ausführungen in Kapitel 2 schon gezeigt haben, reagieren Windows-Programme vor allem auf Ereignisse, die durch Mausklicks, Tastatureingaben usw. ausgelöst werden. Für diese Ereignisse erzeugt Delphi nach einem Doppelklick auf das entsprechende Ereignis im Objektinspektor einen Programmrahmen, in den dann die entsprechenden Anweisungen eingefügt werden können.

Dieser Programmrahmen wird im **Implementationsteil** (*implementation part*) der Unit angelegt, die zum jeweiligen Formular gehört.

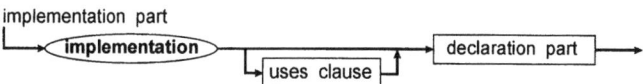

Wie dieses Syntaxdiagramm zeigt, besteht der Implementationsteil einer Unit vor allem aus einem **Vereinbarungsteil** (*declaration part*). Obwohl diese Konstruktion hier nur durch einen einzigen Begriff beschrieben wird, kann sie aber wiederum zahlreiche weitere Konstruktionen enthalten, und diese machen den umfangreichsten Teil eines Programms in Object Pascal aus.

declaration part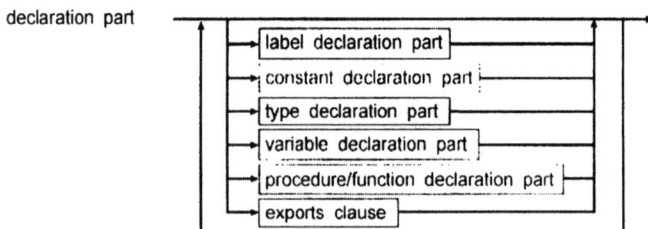

Ohne daß dies bisher erwähnt wurde, haben wir bereits einen dieser Teile eines Vereinbarungsteils kennengelernt: Jeder Prozedurrahmen, der von Delphi (z. B. nach einem Doppelklick in der rechten Spalte der Seite Ereignisse des Objektinspektors) als Reaktion auf ein Ereignis erzeugt wurde, gehört zum Prozedur- oder Funktionsvereinbarungsteil (*procedure/function declaration part*).

Der restliche Teil dieses Buches wird sich deshalb auch fast ausschließlich nur damit befassen, wie ein Vereinbarungsteil aufgebaut ist und welche Möglichkeiten diese Konstruktion bietet.

Den ursprünglichen Aufbau eines Pascal-Programms findet man übrigens noch bei den sogenannten **Textfenster-Programmen**. Das sind Windows-Programme, in denen ein Windows-Fenster einen Textbildschirm darstellt. In diesem Fenster sind dann zeichenorientierte Ein- und Ausgaben wie unter MS-DOS oder UNIX möglich:

Ein Textfenster-Programm wird unter Delphi 1 mit *Datei|Neues Projekt* angelegt, wenn zuvor unter *Optionen|Galerie|Projektschablonen* eine Textfenster-Anwendung als Vorgabeprojekt gewählt wird.

Textfenster-Programme benutzen die Unit **WinCrt** und können im Gegensatz zu Windows-Programmen die Ein- und Ausgabeanweisungen *Readln* und *Writeln* wie in Turbo Pascal unter MS-DOS verwenden:

```
program CrtApp;
uses WinCrt;

var i:Integer;
```

```
begin
  for i := 1 to 10 do Writeln(i*i);
end.
```

Der Aufbau eines Textfenster-Programms entspricht offensichtlich direkt dem Syntaxdiagramm für ein Pascal-Programm: Auf den Programmkopf folgt ein Vereinbarungsteil und ein Anweisungsteil. Es ist im Gegensatz zu einem Windows-Programm unter Delphi nicht notwendig, Units zu verwenden.

Unter Delphi 2 können Textfenster-Programme mit dem Compilerbefehl {$APPTYPE CONSOLE} erzeugt werden:

```
{$APPTYPE CONSOLE} { <-- erzeugt eine Textfenster-
                           Anwendung unter Delphi 2 }
program Textfenp;
{ das Formular von Unit1 mit "Projekt|Aus dem Projekt
  entfernen" aus dem Projekt entfernen }
begin
Writeln('Hallo');
Readln;
end.
```

Da der Schwerpunkt dieses Buches auf der Windows-Programmierung liegt, werden im folgenden keine weiteren Textfenster-Programme behandelt.

3.2 Variablen

In den bisherigen Beispielen und Aufgaben wurden als Daten immer nur Eigenschaften von Delphi-Komponenten verwendet. So wurden die von einem Anwender in einem Edit-Fenster eingegebenen Daten immer über die Eigenschaft *Text* angesprochen.

Diese von Delphi bereitgestellten Eigenschaften sind allerdings für die meisten Anwendungen als Datenspeicher unzureichend. So werden nach einer erneuten Eingabe die bisherigen Daten überschrieben und sind nicht mehr vorhanden. Oder es wird mehr Speicherplatz benötigt, als diese Eigenschaften zur Verfügung stellen.

Deshalb bietet Object Pascal (wie jede andere Programmiersprache auch) die Möglichkeit, Speicherplätze im **Hauptspeicher** zur Speicherung von Daten zu verwenden. Dieser Hauptspeicher wird auch als **RAM** (Random Access Memory) bezeichnet. Die meisten PCs besitzen heute 4, 8 oder 16 MB (Megabytes) Hauptspeicher, wobei 1 MB ca. 1 Million (genau: 2^{20}=1048576) Speicherzellen (Bytes) sind, von denen jede 256 (=2^8) verschiedene Werte darstellen kann. Diese Speicherzellen sind der Reihe nach durchnumeriert, und die Nummer einer Speicherzelle wird auch als deren **Adresse** bezeichnet.

Damit sich der Programmierer nun nicht für alle gespeicherten Daten die Adressen der jeweiligen Speicherplätze merken muß, bieten höhere Programmiersprachen die Möglichkeit, Speicherplätze unter einem Namen anzusprechen. Ein solcher Name für Speicherplätze wird als **Variable** bezeichnet, da sich die in diesen Speicherplätzen dargestellten Daten während der Laufzeit eines Programms ändern können. Die durch eine Variable dargestellten Daten werden als **Wert** dieser Variablen bezeichnet.

Für jede in einem Programm verwendete Variable werden dann während der Kompilation des Programms die Adressen der Speicherplätze durch den Compiler berechnet. Der Programmierer braucht sich also nicht um diese Adressen zu kümmern, sondern kann diese unter dem Namen ansprechen, den er für die Variable gewählt hat.

In einem Pascal-Programm müssen alle verwendeten Variablen in einem **Variablenvereinbarungsteil** zusammen mit ihrem **Datentyp** angegeben werden. Durch den Datentyp einer Variablen wird festgelegt, welche Werte diese Variable annehmen kann und wieviel Speicherplatz der Compiler für diese Variable reservieren muß.

Der Variablenvereinbarungsteil (*variable declaration part*) ist ein Teil des Vereinbarungsteils (siehe das Syntaxdiagramm *declaration part* im letzten Abschnitt) und beginnt mit dem reservierten Wort *var*. Darauf folgen eine oder mehrere Variablenvereinbarungen (*variable declaration*):

Eine Variablenvereinbarung besteht wiederum aus einem oder mehreren Bezeichnern, auf die ein Datentyp folgt:

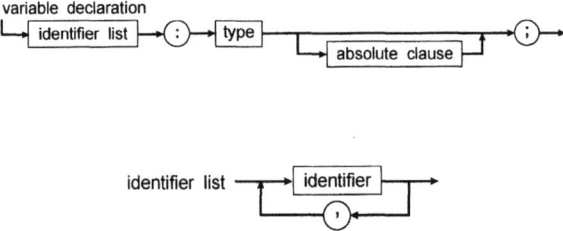

Der optionale Teil *absolute clause* wird nur dann benötigt, wenn man spezielle Adressen im Hauptspeicher ansprechen oder eine Variable an dieselbe Adresse wie eine andere setzen will. Dazu besteht allerdings unter Windows nur selten eine Veranlassung.

Mit dem vordefinierten Datentyp *Integer*, mit dem man unter Delphi 1 ganzzahlige Werte im Bereich –32768..32767 darstellen kann, ist

```
var i: Integer;
```

eine Variablenvereinbarung, in der eine Variable i des Datentyps *Integer* deklariert wird. Ebenso ist

```
var ia,ib,id: Integer;
```

eine Variablenvereinbarung, in der drei Variablen ia, ib und id des Datentyps *Integer* deklariert werden. Diese Deklaration von mehreren durch Kommas getrennten Bezeichnern mit einem Datentyp ist gleichwertig mit einer Reihe von Variablendeklarationen, wo nach jeder Variablen der Datentyp angegeben wird:

```
var   ia: Integer;
      ib: Integer;
      id: Integer;
```

Eine Variable kann ab ihrer Deklaration in einem Anweisungsteil verwendet werden. Ein solcher Anweisungsteil ist der durch *begin* und *end* begrenzte Teil in einer Prozedurvereinbarung, wie sie von Delphi als Reaktion auf ein Ereignis erzeugt wird:

```
var i: Integer;

procedure TForm1.FormCreate(Sender: TObject);
begin
i := 0;
end;

procedure TForm1.Button1Click(Sender: TObject);
begin
i := i+1;
Edit1.Text := IntToStr(i);
end;
```

Hier wird der Variablen i der Wert 0 zugewiesen, wenn nach dem Start des Programms das Hauptformular Form1 erzeugt wird (Ereignis **OnCreate** in der Prozedur **FormCreate**). Der Wert von i wird bei jedem Anklicken von Button1 um 1 erhöht und im Fenster von Edit1 angezeigt.

Ganz allgemein ist die Prozedur *FormCreate* oft die richtige Stelle, um Anfangswerte zu setzen.

Eine Variable wird durch ihre Deklaration nicht initialisiert. Damit ist ihr Wert vor einer ersten Wertzuweisung **undefiniert**: Die Variable hat den Wert, der dem Bitmuster entspricht, das bei der Reservierung des Speicherplatzes zufällig an den entsprechenden Speicherzellen steht.

Nicht alle Programmiersprachen verlangen wie Pascal, daß eine Variable vor
ihrer Verwendung ausdrücklich deklariert wird. So ist in vielen Versionen der
Programmiersprache BASIC eine solche Deklaration von Variablen nicht notwendig. Dort wird eine Variable einfach durch ihre Verwendung deklariert (implizite Deklaration). Im letzen Beispiel würde das heißen, daß man die Zeile

```
var i: Integer;
```

weglassen kann. Viele Anfänger betrachten es deshalb als **Schikane** von Pascal,
daß eine solche Deklaration verlangt wird.

Die implizite Deklaration von BASIC birgt allerdings ein großes Gefahrenpoten-
tial: Bei einem Schreibfehler kann der Compiler nicht feststellen, daß es sich um
einen solchen handelt – die falsch geschriebene Variable ist für den Compiler
eine neue Variable. Vor allem bei größeren Programmen kann die Suche nach
solchen Fehlern sehr mühselig und zeitraubend sein.

Diese Vorschrift, alle Variablen vor ihrer Verwendung angeben zu müssen, bietet
also einen gewissen **Schutz vor Schreibfehlern** beim Programmieren. Wenn der
Compiler nicht vereinbarte Bezeichner entdeckt (Fehler 3: „Unbekannter Bezeichner"), kann das an einem Schreibfehler im Bezeichner liegen oder auch an
einer fehlenden Deklaration.

Anmerkung für C/C++-Programmierer: In der Programmiersprache C wird ein
Variablenvereinbarungsteil nicht durch ein spezielles Schlüsselwort (wie *var* in
Pascal) eingeleitet. Statt dessen fallen Variablenvereinbarungen unter den Oberbegriff der Deklarationen, und es ist keineswegs einfach, eindeutig zu definieren,
wann eine Deklaration eine Variablenvereinbarung ist. Im Entwurf für den neuen
C++-Standard (C++ Draft 4/95) findet man in Abschnitt 3, Basics 4 die Bemerkung: „We need to specifically define 'variable'. The preceding sentences say
that it is an 'entity' that has a name. Probably a variable is 'a declared object that
has a name'."

Aufgabe 3.2

Begründen Sie für jede der folgenden Variablenvereinbarungen, ob sie zulässig
sind oder nicht:

```
unit Unit1;
...
var x kleiner y: Integer;
    Preis_in_$: Integer;
    Zinssatz_in_%: Integer;
    x/y: Integer;
    unit1: Integer;
    BeGin: Integer;
    Einwohner_von_Lörrach: Integer;
```

3.3 Ganzzahldatentypen

Variablen, deren Datentyp ein Ganzzahldatentyp ist, können ganzzahlige Werte darstellen. Je nach Datentyp können dies ausschließlich positive Werte oder positive und negative Werte sein. Der Bereich der darstellbaren Werte hängt dabei davon ab, wieviele Bytes der Compiler für eine Variable des Datentyps reserviert.

Die Ganzzahldatentypen von Object Pascal lassen sich in zwei Kategorien unterteilen: die sogenannten generischen Datentypen und die sogenannten fundamentalen Ganzzahldatentypen.

Das Datenformat der **generischen Ganzzahldatentypen Integer** und **Cardinal** kann bei verschiedenen Implementationen von Object Pascal (z. B. Delphi 1 und Delphi 2) verschieden sein:

- Generische Ganzzahldatentypen für die **16-bit**-Versionen von Object Pascal (Delphi 1)

Datentyp	Wertebereich	Datenformat
Integer	–32768 .. 32767	16 bit mit Vorzeichen
Cardinal	0 .. 65535	16 bit ohne Vorzeichen

- Generische Ganzzahldatentypen für die **32-bit**-Version von Object Pascal (Delphi 2)

Datentyp	Wertebereich	Datenformat
Integer	–2147483648..2147483647	32 bit mit Vorzeichen
Cardinal	0 .. 2147483647 (nicht 4294866295)	32 bit ohne Vorzeichen

Im Gegensatz dazu ist das Datenformat der sogenannten **fundamentalen Ganzzahldatentypen** in allen Versionen von Object Pascal identisch:

Datentyp	Wertebereich	Datenformat
ShortInt	–128 .. 127	8 bit mit Vorzeichen
Byte	0 .. 255	8 bit ohne Vorzeichen
SmallInt	–32768 .. 32767	16 bit mit Vorzeichen
Word	0 .. 65535	16 bit ohne Vorzeichen
LongInt	–2147483648 .. 2147483647	32 bit mit Vorzeichen

Borland empfiehlt im „Object Pascal Language Guide" (Borland 1995, Kap. 3, S. 13), die generischen Datentypen gegenüber den fundamentalen zu bevorzugen, da diese bezüglich der Geschwindigkeit eines Programms im allgemeinen zu den besten Ergebnissen führen. Die fundamentalen Datentypen sollen dagegen nur verwendet werden, wenn der Wertebereich und das Datenformat von Bedeutung sind.

Bei dieser Empfehlung muß allerdings beachtet werden, daß die unterschiedlichen Formate zu nicht kompatiblen Dateiformaten führen, wenn solche Datentypen in Dateien gespeichert werden. So kann eine von Delphi 1 angelegte Datei mit Integer-Daten von Delphi 2 nicht richtig gelesen werden, weil Delphi 1 zwei Bytes pro *Integer* in die Datei geschrieben hat, aber Delphi 2 vier Bytes pro *Integer* liest. Bei Variablen im Hauptspeicher sind diese Probleme aber nicht zu befürchten. Hier ist lediglich der unterschiedliche Darstellungsbereich zu beachten.

Die Darstellung von nicht-negativen Ganzzahlwerten im Binärsystem

Ganzzahlige Werte werden im Hauptspeicher des Rechners als Binärzahlen dargestellt. Dabei entspricht jedem Wert im Wertebereich ein eindeutiges Bitmuster. Dieses Bitmuster ist für **Datentypen ohne Vorzeichen** die übliche Darstellung im **Binärsystem**.

Beispiel: Das Bitmuster für Werte des Datentyps *Byte* (8 Bits):

Zahl z_{10}	Binärdarstellung mit 8 Bits
0	0000 0000
1	0000 0001
2	0000 0010
3	0000 0011
...	...
254	1111 1110
255	1111 1111

Zwischen den einzelnen Bits $b_7 b_6 b_5 b_4 b_3 b_2 b_1 b_0$ und der durch sie im Dezimalsystem dargestellten Zahl z_{10} besteht dabei die folgende Beziehung:

$$z_{10} = b_7 * 2^7 + b_6 * 2^6 + b_5 * 2^5 + b_4 * 2^4 + b_3 * 2^3 + b_2 * 2^2 + b_1 * 2^1 + b_0 * 2^0$$

Beispiel: 25_{10} $= 0*2^7 + 0*2^6 + 0*2^5 + 1*2^4 + 1*2^3 + 0*2^2 + 0*2^1 + 1*2^0$
$= 00011001_2$

Hier ist die jeweilige Basis durch einen tiefergestellten Index dargestellt: 25_{10} ist eine Zahl im Dezimalsystem, 00011001_2 eine im Binärsystem.

Bei der Darstellung einer Zahl z durch Ziffern $..z_3 z_2 z_1 z_0$ im **Dezimalsystem** wird ebenfalls ein Stellenwertsystem verwendet, nur mit dem Unterschied, daß als Basis die Zahl 10 und nicht die Zahl 2 verwendet wird. Als Ziffern stehen die Zahlen 0 .. 9 zur Verfügung:

$$z = \ldots z_3 * 10^3 + z_2 * 10^2 + z_1 * 10^1 + z_0 * 10^0 \quad \{ z_i \colon 0 \ldots 9 \}$$

Beispiel: $25_{10} = 2 * 10^1 + 5 * 10^0$

Offensichtlich kann eine ganze Zahl in einem beliebigen **Zahlensystem zur Basis B** mit B Ziffern $0 \ldots B-1$ dargestellt werden:

$$z = \ldots z_3 * B^3 + z_2 * B^2 + z_1 * B^1 + z_0 * B^0 \quad \{ z_i \colon 0 \ldots B-1 \}$$

Beispiel: $17_{10} = 1 * 3^2 + 2 * 3^1 + 2 * 3^0 = 122_3$
$\qquad\quad 17_{10} = 2 * 7^1 + 3 * 7^0 = 23_7$

In der Informatik wird neben dem Binär- und Dezimalsystem auch das **Hexadezimalsystem** (zur Basis 16) relativ häufig verwendet. Die 16 Ziffern im Hexadezimalsystem werden mit 0, 1, ..., 9, A, B, C, D, E, F bezeichnet:

dezimal	dual	hexadezimal	dezimal	dual	hexadezimal
0	0000	0	8	1000	8
1	0001	1	9	1001	9
2	0010	2	10	1010	A
3	0011	3	11	1011	B
4	0100	4	12	1100	C
5	0101	5	13	1101	D
6	0110	6	14	1110	E
7	0111	7	15	1111	F

Im Hexadezimalsystem können die 8 Bits eines Bytes zu 2 hexadezimalen Ziffern zusammengefaßt werden, indem man die vordere und hintere Gruppe von 4 Bits einzeln als Hexadezimalziffer darstellt:

Beispiel: $25_{10} = 0001\ 1001_2 = 19_{16}$

In Object Pascal kann ein hexadezimaler Wert durch ein vorangestelltes $-Zeichen als Ganzzahlwert angegeben werden:

```
var i: Integer;

i := $19; { gleichwertig mit i := 25; }
```

Das Zweierkomplement

Bei **Datentypen mit Vorzeichen** werden mit n Bits die positiven Zahlen von $0 \ldots 2^{n-1}-1$ ebenfalls im Binärsystem dargestellt. Für negative Zahlen wird dagegen das sogenannte **Zweierkomplement** verwendet.

Das Zweierkomplement erhält man aus der Binärdarstellung, indem man jede 1 durch eine 0 und jede 0 durch eine 1 ersetzt (Einerkomplement) und zum Ergebnis 1 addiert.

```
Beispiel:    25₁₀              =    00011001₂
             Einerkomplement:      11100110
             + 1.......       .            1
             Zweierkomplement:     11100111
```

Damit hat die Zahl –25 die Darstellung 11100111

Im Zweierkomplement zeigt also eine 1 im höchstwertigen Bit an, daß die Zahl negativ ist. Insbesondere wird die Zahl –1 im Zweierkomplement immer durch so viele Einsen dargestellt, wie Bits für die Darstellung der Zahl vorgesehen sind:

–1 mit 8 Bits: 1111 1111
–1 mit 16 Bits: 1111 1111 1111 1111
–1 mit 32 Bits: 1111 1111 1111 1111 1111 1111 1111 1111

Berechnet man von einer negativen Zahl, die im Zweierkomplement dargestellt ist, wieder das Zweierkomplement, erhält man die entsprechende positive Zahl.

```
Beispiel: 1. –25₁₀            =    11100111₂
             Einerkomplement:      00011000
             + 1                          1
             Zweierkomplement:     00011001
```

Das ist gerade die Zahl 25 im Binärsystem.

2. Dem maximalen negativen Wert 100 .. 00₂ entspricht kein positiver Wert. Das Zweierkomplement ist wieder derselbe Wert.

Wegen dieser verschiedenen Darstellungsformate kann dasselbe Bitmuster zwei verschiedene Werte darstellen – je nachdem, welches Datenformat verwendet wird. Z. B. stellt das Bitmuster 11100111 für einen 8-bit-Datentyp ohne Vorzeichen den Wert 231 dar, während es für einen 8-bit-Datentyp mit Vorzeichen den Wert –25 darstellt.

Der Datentyp von Ganzzahlkonstanten

Nachdem wir jetzt verschiedene Darstellungsformate für Ganzzahlen kennengelernt haben, stellt sich natürlich die Frage, welches Format Object Pascal benutzt, wenn eine Zahl in einem Programm wie in

i := 20;

verwendet wird. Die Antwort liegt auf der Hand: Es wird immer das kleinste Datenformat gewählt, das den Wert darstellen kann. Damit wird die Zahl 20 in diesem Beispiel durch eine 8 Bit breite Binärzahl dargestellt.

Wertzuweisungen für Ganzzahlvariablen

Die nächste Frage ist, welche Ganzzahldatentypen einer Ganzzahlvariablen zugewiesen werden können. Die Antwort auf diese Frage ist nicht so naheliegend wie die auf die letzte: Einer Variablen v eines beliebigen Ganzzahldatentyps kann ein Ausdruck a eines beliebigen anderen Ganzzahldatentyps zugewiesen werden:

```
v := a;
```

Die Zuweisung von a an v erfolgt dabei unabhängig vom Typ und vom Wertebereich von a, d. h. alle **Ganzzahldatentypen sind zuweisungskompatibel**.

Falls dabei die **Datentypen** von v und a **identisch** sind, wird durch die Zuweisung einfach das Bitmuster von a an die Adresse von v kopiert, so daß der Wert von v mit dem von a identisch ist.

Sind die beiden **Datentypen** dagegen **verschieden**, werden die unterschiedlichen Datenformate im Rahmen der Zuweisung angepaßt. Dabei gibt es mehrere Möglichkeiten:

1. Der Datentyp von v kann alle Werte des Datentyps von a darstellen wie in

```
var   v: ShortInt;
      a: Integer;
...
v := a;
```

Falls dabei der Wert von a positiv ist, müssen die überzähligen linken Bits von v mit Nullen aufgefüllt werden:

```
a := 1; { a = 0000 0001 }
v := a; { v = 0000 0000 0000 0001 }
```

Falls dagegen der Wert von a negativ ist, erhält v wie erwartet den Wert −1, obwohl das Bitmuster für −1 bei einer 8 Bit breiten Binärzahl aus 8 Einsen und bei einer 32 Bit breiten Binärzahl aus 32 Einsen besteht:

```
-1 mit 8 Bits:    1111 1111 { hexadezimal FF }
-1 mit 32 Bits:   { hex.: FFFFFFFF }
```

Diese automatische Anpassung des Bitmusters bei Zuweisungen wird auch als **Vorzeichenerweiterung** bezeichnet.

2. Der Wert von a kann nicht durch den Datentyp von v dargestellt werden. Dafür gibt es zwei Möglichkeiten: Entweder ist dieser Wert zu groß, oder er ist zu klein.

In beiden Fällen kann eine solche Zuweisung zu Ergebnissen führen, die auf den ersten Blick überraschend sind. So wird in

```
var sh: ShortInt;{ -128..127: 8 bit mit Vorzeichen  }
    b: Byte;      { 0..255:    8 bit ohne Vorzeichen }
    i: Integer;

procedure TForm1.MixedClick(Sender: TObject);
begin
i := 257;
sh := i;
Edit1.Text := IntToStr(sh);
sh := -1;
b := sh;
Edit2.Text := IntToStr(b);
end;
```

im Edit-Fenster *Edit1* der Wert 1 ausgegeben und in *Edit2* der Wert 255.
Offensichtlich kommen diese Werte folgendermaßen zustande:

– Bei der Zuweisung **sh := i** (i zu groß für sh) werden nur die letzten 8
  Bits von i der Variablen sh zugewiesen, da die Zielvariable nicht genü-
  gend Bits besitzt, um alle Werte der zugewiesenen Variablen darzustellen.
  Die vorderen 8 Bits werden einfach ignoriert.

– Bei der Zuweisung **b := sh** (b zu klein für sh) wird der Variablen b das
  Bitmuster von sh zugewiesen. Dieses Bitmuster wird dann im Datenformat der Zielvariablen als Ganzzahlwert ohne Vorzeichen interpretiert.

Diese überraschenden Ergebnisse sind keineswegs ein Fehler von Object Pascal.
In anderen Sprachen (z. B. C oder C++) erhält man dieselben Ergebnisse.

Man könnte eventuell erwarten, daß der **Compiler** bei der Zuweisung eines Wertes an eine Variable, die diese eventuell nicht darstellen kann, **eine Warnung
oder Fehlermeldung** ausgibt. Eine Fehlermeldung würde allerdings jede solche
Zuweisung verbieten – mit dem Effekt, daß keine Daten zwischen verschiedenen
Datentypen zugewiesen werden können. Da man solche Zuweisungen jedoch hin
und wieder braucht, ist ein derart rigides Verbot nicht möglich. Aber auch
Warnungen sind nicht unproblematisch: Bei einem umfangreichen Programm
können es oft so viele sein, daß sie einfach ignoriert werden.

Die Verantwortung für solche Überraschungen liegt deshalb letztendlich immer
beim Programmierer: Er muß bei der Wahl der Datentypen stets darauf achten,
diese so zu wählen, daß einer Variablen keine Werte zugewiesen werden, die sie
nicht darstellen kann. Das erreicht man **am einfachsten** dadurch, daß **Zuweisungen nur zwischen denselben Datentypen** stattfinden. Mit anderen Worten:
Für alle Variablen, zwischen denen Wertzuweisungen stattfinden, sollte man
denselben Datentyp (z. B. immer Integer) wählen.

Diese Empfehlung steht im Gegensatz zu einer anderen Empfehlung, die man
relativ oft findet, nämlich **Datentypen minimal** zu **wählen**. Danach sollte man
einen Datentyp immer möglichst klein wählen, aber dennoch groß genug, damit

er alle erforderlichen Werte darstellen kann. Das führt zu einem minimalen Verbrauch an Hauptspeicher, erfordert allerdings eine gewisse Sorgfalt bei der Zuweisung von Werten zwischen verschiedenen Datentypen.

Ganzzahloperationen

Für Ganzzahloperanden sind die folgenden **binären arithmetischen Operatoren** definiert. Sie führen zu einem Ergebnis, das wieder ein Ganzzahldatentyp ist:

+	{ Addition }
–	{ Subtraktion }
*	{ Multiplikation }
div	{ Ergebnis der ganzzahligen Division, z. B. 7 div 4 = 1 }
mod	{ Rest bei der ganzzahligen Division, z. B. 7 mod 4 = 3 }

Für div und mod gilt für $y \neq 0$ immer:

$$(x \text{ div } y)*y + (x \text{ mod } y) = x.$$

Deshalb entspricht das Ergebnis einer mod-Operation mit negativen Operanden nicht immer dem Wert, den man eventuell intuitiv erwartet.

```
Beispiele: i :=   17 div –3;    { i = –5 }
           j :=  –17 div  3;    { j = –5 }
           k :=  –17 div –3;    { k =  5 }

           i :=   17 mod –3;    { i =  2 }
           j :=  –17 mod  3;    { j = –2 }
           k :=  –17 mod –3;    { k = –2 }
```

In Zusammenhang mit den binären Operatoren stellt sich die Frage, welchen Datentyp das Ergebnis hat, wenn der Datentyp der beiden Operanden verschieden ist wie z. B. in

```
var   w:Word;
      sm: SmallInt;

... := w + sm;
```

Object Pascal bestimmt dabei unter Delphi 1 den sogenannten **gemeinsamen Datentyp** als den Datentyp mit dem kleinsten Wertebereich, der die Werte von beiden Operanden darstellen kann. In diesen gemeinsamen Datentyp werden beide Operanden konvertiert, und mit den so konvertierten Operanden wird die binäre Operation durchgeführt. Das Ergebnis der Operation wird dann dem Ausdruck auf der linken Seite zugewiesen, unabhängig vom Datentyp der linken Seite. Damit hat im letzten Beispiel w + sm den Datentyp *LongInt*.

Unter Delphi 2 ist der gemeinsame Datentyp immer der 32-bit-Datentyp Integer.

Beispiele:

1. Angenommen unter Delphi 1 sollen drei als Integer-Variablen (16 bit) gege-
   bene Werte für Stunden, Minuten und Sekunden in Sekunden umgewandelt
   werden. Dann ist nach

   ```
   var s:LongInt;
       Stunden,Minuten,Sekunden:Integer;
   ```

   die rechte Seite in

   ```
   s := Stunden*3600 + Minuten*60 + Sekunden;
   ```

   ein Wert des 16-bit-Datentyps *Integer*, der für Werte über 32767 nicht das
   beabsichtigte Ergebnis hat.

   In Delphi 2 ist die rechte Seite dieses Ausdrucks immer ein 32-bit-Ganz-
   zahlausdruck, auch wenn die Variablen Stunden, Minuten und Sekunden den
   Datentyp SmallInt (16-bit *Integer*) haben.

2. Nach den Vereinbarungen

   ```
   var b:Byte;
       w:Word;
       c:Cardinal; { nur in Delphi 2 }
   ```

   ergibt sich in Delphi 1 der gemeinsame Datentyp der beiden Operanden in

   ```
   if b > -1 ...
   ```

   als *Integer* (in Delphi 1) bzw. *SmallInt* (in Delphi 2) und in

   ```
   if w > -1 ...
   ```

   als *LongInt*.

3. Wenn der Datentyp *Cardinal* in Delphi 2 nicht auf 31 Bits und Werte im
   Bereich 0 .. 2147483647 begrenzt wäre, sondern die vollen 32 Bits ausnützen
   würde (Werte im Bereich 0 .. 4294866295), würde der gemeinsame Datentyp
   Integer (32-bit) in

   ```
   if c > -1
   ```

   dazu führen, daß diese Bedingung wie in der Programmiersprache C nie
   erfüllt ist, da −1 durch das Bitmuster 1111 ... 1111 dargestellt wird und kein
   Wert größer als dieser Wert sein kann.

Bei binären Operationen kann es vorkommen, daß das Ergebnis nicht im gemeinsamen Datentyp dargestellt werden kann wie z. B. unter Delphi 1 in

```
var i: Integer;

i := 20000;
i := i + i;   { Gemeinsamer Datentyp: Integer. Ergebnis
                nicht im Bereich -32768 .. 32767. }
```

Das Ergebnis dieser Operation ist –25536, und falls dieser Wert anschließend
weiterverwendet wird, kann ein Endergebnis komplett falsch sein, ohne daß das
bemerkt wird.

Um solche unangenehmen Überraschungen zu verhindern, gibt es in Object
Pascal den **Compilerbefehl** für **Overflow Checking (Überlaufprüfung)**. Mit
einem solchen Compilerbefehl kann gesteuert werden, wie der Compiler Code
erzeugt.

Mit dem Compilerbefehl für *Overflow Checking* kann man festlegen, daß der
Compiler nach jeder der Operationen +, –, *, *Abs*, *Sqr*, *Succ* und *Pred*
zusätzliche Anweisungen erzeugt, die dann prüfen, ob das Ergebnis im Wertebereich des gemeinsamen Datentyps der Operanden liegt. Falls das nicht zutrifft,
hat das einen Programmabbruch oder eine Fehlermeldung zur Folge (letzteres im
Rahmen eines Exception-Handlings, siehe Abschnitt 4.8).

Mit einer Überlaufprüfung kann man allerdings keine Wertzuweisungen prüfen:
Die Zuweisung eines Wertes an eine Variable, die diesen Wert nicht darstellen
kann (z. B. *LongInt* an *Byte*), erzeugt auch bei aktivierter Überlaufprüfung keine
Fehlermeldung.

Overflow Checking wird entweder unter *Optionen|Projekt|Compiler|-Überlauf-
prüfung* durch Markieren der CheckBox aktiviert und gilt dann für das ganze
Programm oder durch den Compilerbefehl

```
{$Q+}
```

im Programmtext. Diese Option gilt dann für alle Anweisungen ab dieser Aktivierung bis zu einer eventuellen Deaktivierung mit {$Q–}:

```
{$Q+}
i := 20000;
i := i+i;
Edit2.Text := IntToStr(i);
{$Q-}
```

Per Voreinstellung ist diese Bereichsüberprüfung abgeschaltet, da der zusätzlich
erzeugte Code die Programmausführung etwas verlangsamt. Es wird aber empfohlen, diese Bereichsüberprüfung immer zu aktivieren, außer wenn die erforderliche Geschwindigkeit des Programms als wichtiger Faktor dagegen spricht.

Neben den binären arithmetischen Operatoren gibt es noch die **unären Operatoren** + und –, wobei + den Wert des Operanden nicht beeinflußt. „–" sollte nur auf

Datentypen mit Vorzeichen angewandt werden. Dabei sollte allerdings beachtet werden, daß aufgrund der Asymmetrie des Bereichs –32768 .. 32767 das Ergebnis von –(–32768) nicht 32768 sein kann:

```
var  i: Integer;
     i := -32768;
     i := -i;          { i = -32768 }
```

Bei Ganzzahldatentypen ohne Vorzeichen kann man keine sinnvollen Ergebnisse erwarten:

```
var  b: Byte;
     b := 1;
     b := -b;  { 255 }
```

Außerdem gibt es für Ganzzahloperanden die logischen Operatoren **and, or, xor** und **not**, welche ihre Operanden bitweise mit den jeweiligen logischen Operatoren verknüpfen bzw. negieren. Diese Operatoren werden oft im Umfeld der hardware-nahen Programmierung verwendet, um einzelne Bits eines Bytes zu lesen oder zu setzen.

```
Beispiel: i := 1 and 2;{ 0000 0001 and 0000 0010 = 0000 0000 }
          j := 1 or 2; { 0000 0001 or  0000 0010 = 0000 0011 }
          k := not 1;  { not 0000 0001 = 1111 1110 = -2₁₀ }
```

Mit den Shift-Operatoren **shl, shr** kann man die Bits eines Ganzzahloperanden um eine bestimmte Anzahl von Positionen nach links oder nach rechts schieben. Diese Operatoren werden oft dazu verwendet, eine Division oder Multiplikation mit einer Potenz von 2 schneller durchzuführen. Diese manuelle Optimierung ist allerdings in Object Pascal nicht notwendig, da sie vom Compiler automatisch durchgeführt wird.

```
Beispiel: i := 1 shl 2; { 0000 0001 shl 2 = 0000 0100 = 4₁₀ }
          j := 3 shr 1; { 0000 0011 shr 1 = 0000 0001 = 1₁₀ }
```

Mit der Funktion

> function **Odd**(i: LongInt): Boolean;

kann man feststellen, ob eine Zahl ungerade ist oder nicht. Der Funktionswert von odd(i) ist *true*, falls i ungerade ist, und andernfalls *false*. Da diese Funktion „nur" das rechte Bit in der Binärdarstellung von i prüft, ist sie schneller als die Bedingung

> i mod 2 = 1

bei der jedesmal eine Division durchgeführt wird.

Die Funktion

```
function SizeOf(X): Word;
```

ist nicht auf Ganzzahldatentypen beschränkt. *SizeOf* ergibt die Anzahl der Bytes, die die Variable X bzw. eine Variable des Datentyps X belegen. *SizeOf* ist bereits während der Kompilation bekannt und kann auch im Debugger (z. B. mit *Strg-F4*) verwendet werden.

```
Beispiel: var i: Integer;
              w: Word;

        w := SizeOf(i);          { w = 2 in Delphi 1,
                                       w = 4 in Delphi 2 }
        w := SizeOf(Byte);       { w = 1 in Delphi 1 und
                                         in Delphi 2 }
        w := SizeOf(LongInt);    { w = 4 in Delphi 1 und
                                         in Delphi 2 }
```

Die Ganzzahldatentypen werden von den visuellen Komponenten von Delphi ausgiebig verwendet. So haben die Eigenschaften *Left*, *Width*, *Height* und viele andere den Datentyp *Integer*. Die Eigenschaften *Row* und *Col* von *TDrawGrid* und *TStringGrid* haben den Datentyp *LongInt*, was recht große Tabellen erlaubt.

Die *for*- und die *if*-Anweisung

Zum Abschluß dieses Abschnitts sollen kurz zwei Anweisungen vorgestellt werden, die in Kap. 4 noch ausführlich behandelt werden. Damit wir aber auch schon jetzt Anweisungen wiederholen und in Abhängigkeit von Bedingungen ausführen können, dieser kleine Vorgriff.

Die *for*-**Anweisung** ist eine Wiederholungsanweisung, bei der die Anweisung nach *do* mit verschiedenen Werten von i der Reihe nach ausgeführt wird: Der erste Wert ist der vor *to* und der letzte der nach *do*. Sollen für jeden Wert von i nicht nur eine Anweisung ausgeführt werden, sondern mehrere, müssen diese Anweisungen mit *begin* und *end* zusammengefaßt werden:

```
for i := 1 to 10 do
  begin
    s := s + i;
    ...
  end;
```

Verwendet man die *for*-Anweisung mit **downto**, kann man eine Folge von Werten von oben nach unten durchlaufen:

```
for i := 10 downto 1 do
  begin
    s := s + i;
```

```
    ...
    end;
```

In der *if*-Anweisung

```
if x < 1 then a := 1
else a := 2;
```

wird die Anweisung „a := 1" ausgeführt, wenn die Bedingung x < 1 erfüllt ist, und andernfalls die Anweisung „a := 2". Eine *if*-Anweisung muß keinen *else*-Zweig enthalten: In

```
if x < 1 then a := 1;
```

wird keine Anweisung ausgeführt, wenn die Bedingung x < 1 nicht erfüllt ist. Sollen mehrere Anweisungen in Abhängigkeit von einer Bedingung ausgeführt werden, müssen diese wieder mit *begin* und *end* zusammengefaßt werden.

Mit der *if*-Anweisung ist auch eine Mehrfachauswahl möglich:

```
if x < 0 then a := -1
else if x > 2 then a := 1
else a := 0;
```

Anmerkung für C/C++-Programmierer: Die Ganzzahldatentypen von C entsprechen im wesentlichen denen von Object Pascal.

Aufgaben 3.3

1. Die Variablen

```
var   b,c: Byte;
      i,j,k,l,m:SmallInt; { bzw. Integer bei Delphi 1 }
```

   werden zunächst auf folgende Werte gesetzt:

```
b := 255;
c := 0;
i := 20000;
```

   Welchen Wert haben diese nach den Zuweisungen

```
b := b + 1;
c := c - 1;
j := i div 8;
k := i div -8;
l := i mod 8;
m := i mod -8;
```

2. In Delphi werden die Koordinaten einer Komponente immer absolut in Pixeln angegeben. Das hat zur Folge, daß eine Komponente (z. B. ein Button), die

beim Entwurf des Formulars in der Mitte plaziert ist, nach einer Vergröße-
rung des Fensters zur Laufzeit nicht mehr zentriert ist.

Bei jeder Änderung der Größe eines Fensters tritt das Ereignis *OnResize* ein.
In der zugehörigen Ereignisbehandlungsroutine *OnResize* kann die Position
einer Komponente an die neue Größe des Formulars angepaßt werden:

```
procedure TForm1.FormResize(Sender: TObject);
begin
Button1.Left := (Form1.Width) - Button1.Width;
end;
```

Überarbeiten Sie die Prozedur *FormResize*, so daß zwei Komponenten,
Button1 und *Button2,* nach einer Änderung der Größe des Formulars horizontal symmetrisch auf das Formular verteilt werden. Dabei braucht nicht
besonders berücksichtigt zu werden, daß das Fenster für alle drei Komponenten zu klein wird.

3. **Fibonacci-Zahlen**

Die Fibonacci-Zahlen sind durch $f_0 = 0$, $f_1 = 1$, $f_{i+1} = f_i + f_{i-1}$ für $i = 1, 2, 3, ...$
definiert, d. h. jede Zahl, außer den ersten beiden Zahlen, ist die Summe der
beiden vorangehenden.

Diese Zahlenfolge geht auf eine Additionsübung des italienischen Mathema-
tikers Fibonacci im Jahr 1202 zurück. Dabei bezeichnet f_n die Anzahl der
Hasenpaare nach n Monaten, wobei jedes Hasenpaar am Anfang eines jeden
Monats ein neues Paar Junge bekommt, das nach einem Monat ebenfalls ein
Paar Junge bekommt. In diesem einfachen Modell sind alle Hasen unsterb-
lich.

Schreiben Sie ein Programm, das die ersten 30 Werte der Fibonacci-Folge in
einem Memo-Fenster anzeigt.

4. Drei Zahlen a, b und c, für die $a^2 + b^2 = c^2$ gilt (z. B. 3, 4 und 5), heißen
   Pythagoräisches Zahlentripel. Geben Sie alle solchen Zahlentripel für a und
   b <= 50 in einem Memo-Fenster aus. Probieren Sie dazu für alle Kombinationen von a und b und alle möglichen Werte von c aus, ob die Bedingung gilt.

5. Welche Werte werden durch folgende Anweisungen ausgegeben:

```
var i,w: Integer;
begin
w := 1;
for i := 0 to 8*SizeOf(w)-1 do
  begin
  Memo1.Lines.Add(IntToStr(i)+': '+IntToStr(w));
  { mit "+" werden die verschiedenen Strings zu
                        einem einzigen "zusammengeklebt" }
    w := w shl 1;
```

```
    end;
end;
```

6. Beschreiben Sie das Ergebnis von

```
(i div j) * (j div i)
```

für beliebige positive Werte von i und j (beide Ganzzahldatentypen).

3.4 Der integrierte Debugger

Da bisher noch niemand das fehlerfreie Programmieren erfunden hat, kommt es immer wieder vor, daß sich ein Programm einfach nicht so verhält, wie man sich das gedacht hat. Solche Abweichungen vom erwarteten Verhalten eines Programms werden üblicherweise als Fehler oder Bugs (Wanzen) bezeichnet und die Suche nach solchen Fehlern sowie deren Behebung als **Debugging**.

Ein **Debugger** ist ein Werkzeug, das die oft keineswegs triviale Suche nach solchen Fehlern im Quelltext erleichtert, indem es die schrittweise Ausführung eines Programms sowie die Anzeige und Veränderung der Werte von Variablen während der Laufzeit eines Programms ermöglicht.

Ein guter Debugger ist oft die Voraussetzung dafür, Fehler mit vertretbarem Aufwand zu finden, und damit eines der wichtigsten Werkzeuge einer Entwicklungsumgebung überhaupt.

Der in die Entwicklungsumgebung von Delphi integrierte Debugger bietet dazu insbesondere die folgenden Möglichkeiten, die über die Menüleiste oder über Tastenkombinationen vom Editor aus aufgerufen werden können.

Während man bei einem streng sequentiellen Programm (z. B. einem typischen Programm unter MS-DOS) jede Anweisung schrittweise mit *F7* oder *F8* erreichen kann, ist dies bei einem ereignisorientierten Programm wie unter Windows nicht möglich. Hier wird man zuerst einen Breakpoint (Haltepunkt) auf eine Anweisung in einer Ereignisbehandlungsroutine setzen, dann das Programm starten (z. B. mit *F9*) und dann das entsprechende Ereignis auslösen. Nachdem man so den Breakpoint erreicht hat, kann man von diesem aus schrittweise weitergehen.

Haltepunkte (Breakpoints)

Mit *F4* oder *Start\Gehe zu Cursorposition* führt der Debugger das Programm bis
zu der Zeile aus, in der sich der Cursor befindet. Vor der Ausführung dieser Anweisung unterbricht der Debugger die Programmausführung.

Mit *F5* oder *Start\Haltepunkt umschalten* wird die Zeile mit dem Cursor zu
einem Haltepunkt. Falls diese Zeile vorher als Haltepunkt definiert war, wird
dieser gelöscht. Wenn eine Zeile als Haltepunkt definiert ist, wird das Programm
beim Start mit *F9* oder *Start\Start* bis zu dieser Zeile ausgeführt und vor der
Ausführung dieser Anweisung unterbrochen.

Über die Option *Ansicht\Haltepunkte* wird eine Liste aller derzeit gesetzten
Haltepunkte angezeigt:

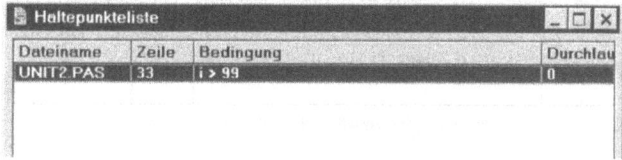

Durch einen Doppelklick in die Spalte *Bedingung* wird das Fenster *Haltepunkt
bearbeiten* angezeigt:

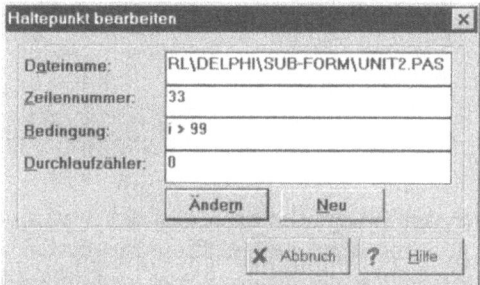

Hier können Bedingungen und Durchlaufzähler eingetragen werden. Damit kann
das Anhalten an einem Haltepunkt von Bedingungen abhängig gemacht werden.
Dann wird z. B. in einer Schleife nicht jedesmal angehalten, sondern erst ab
einem bestimmten Wert des Schleifenzählers.

Schrittweise Programmausführung:

Mit *F7* oder *Start\Einzelne Anweisung* führt der Debugger die nächste Anweisung aus und unterbricht anschließend die Programmausführung. Falls diese Anweisung ein Funktions- oder Prozeduraufruf ist, wird in die Funktion oder Prozedur verzweigt.

Mit *F8* oder *Start\Gesamte Routine* wird ebenfalls die nächste Anweisung ausgeführt. Falls diese ein Funktions- oder Prozeduraufruf ist, wird nicht in die Funktion oder Prozedur verzweigt, sondern der Aufruf als eine einzige Anweisung betrachtet.

Werte von Variablen anzeigen und verändern

Mit der Tastenkombination *Strg+F7* (*Strg+F4* bei der Tastatureinstellung klassisch bzw. über das lokale Menü im Editor) kann der Wert einer Variablen im Fenster *Auswerten/Ändern* angezeigt und geändert werden.

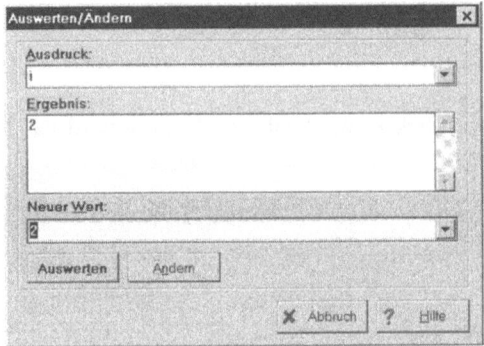

In der Eingabezeile nach *Neuer Wert* kann man den Wert einer Variablen während der Laufzeit des Programms ändern. Diese Möglichkeit ist vor allem dann nützlich, wenn man beim Debuggen einen Fehler entdeckt hat, der einen falschen Wert einer Variablen zur Folge hat. Diesen Wert kann man hier ändern und dann das Programm fortsetzen, ohne daß man es neu kompilieren und die Debug-Sitzung ganz neu beginnen muß.

Die Darstellung des auszuwertenden Ausdrucks kann durch eine Formatangabe beeinflußt werden. Die folgende Tabelle enthält die wichtigsten Formatangaben für die einzelnen Datentypen.

Format-angabe	zulässige Datentypen	
,C ,S	Char, String	zeigt Zeichen und Strings im Klartext an; nicht druckbare Zeichen werden durch spezielle Zeichenfolgen dargestellt
,D	Ganzzahl-datentyp	zeigt ganze Zahlen in dezimaler Form an
,H oder ,X	Ganzzahl-datentyp	zeigt ganze Zahlen in hexadezimaler Form mit dem Präfix 0x an
,Fn	Gleitkomma-datentyp	zeigt einen Gleitkommadatentyp mit n signifikanten Ziffern (n zwischen 2 und 18) in Gleitkommadarstellung an. Beispiel: Die ersten 4 Ziffern einer Gleitkommazahl erhält man mit ,F4.
,P	Zeigertyp	stellt Werte von Zeigern in Delphi 1 im Format Segment:Offset und in Delphi 2 hexadezimal dar
,R	Record, Klasse, Objekt	zeigt Paare aus Feldnamen und zugehörigem Wert, z. B. (X:5;Y:2; Z:10)
,nM	alle	zeigt n Bytes ab der Adresse des gegebenen Ausdrucks; so erhält man mit ,4M die ersten 4 Bytes. Jedes Byte wird standardmäßig als eine Folge zweier hexadezimaler Ziffern dargestellt. Zusammen mit den Formatangaben C, D, H und S kann die Darstellung der einzelnen Bytes verändert werden.

Da in diesem Fenster auch konstante Ausdrücke ausgewertet werden, kann man es auch als Taschenrechner verwenden. Dabei können in einen Ausdruck auch Konstanten eingesetzt werden, die zum Zeitpunkt der Kompilation bekannt sind, z. B. *SizeOf* usw.

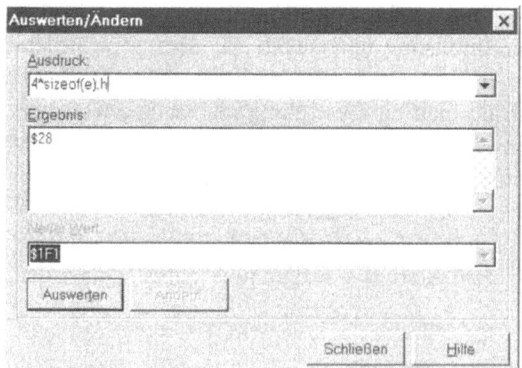

Überwachte Ausdrücke (Watches)

Mit *Anzeigen\Überwachte Ausdrücke* kann man sich die aktuellen Werte von
Variablen während der Programmausführung anzeigen lassen.

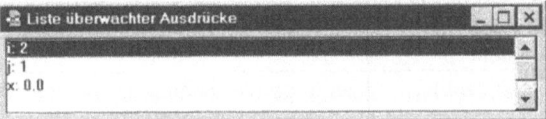

Im Gegensatz zum Fenster *Auswerten/Ändern* kann man die Werte von mehr als
einer Variablen anzeigen lassen und muß diese auch nicht jedesmal neu eingeben. Allerdings können die Werte von Variablen in dieser Liste nicht verändert
werden.

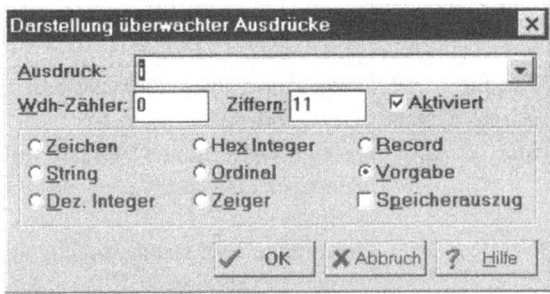

Mit *Strg+F5* oder *Start\Ausdruck hinzufügen* (bzw. über das lokale Menü in der
Liste der überwachten Ausdrücke) kann man der Liste der überwachten Ausdrücke einen neuen Ausdruck hinzufügen. Das Darstellungsformat (siehe dazu
auch die Formatangaben im Fenster *Auswerten/Ändern*) kann dabei durch Anklicken eines der RadioButtons ausgewählt werden.

Der Aufruf-Stack

Wenn man eine Anweisung untersucht, die über verschiedene Prozedur- oder
Funktionsaufrufe erreicht werden kann, ist es gelegentlich wichtig zu wissen,
über welche Aufrufe man an diese Programmstelle gekommen ist. Eine solche
Zusammenstellung erhält man mit *Ansicht\Aufruf-Stack* (*Strg+F3* in der Editor-
Einstellung klassisch) im Fenster *Aufruf-Stack*. In diesem Fenster wird in der
ersten Zeile die zuletzt aufgerufene Prozedur oder Funktion angezeigt und
darunter die zuvor aufgerufenen in der Reihenfolge der Aufrufe. Die letzte Zeile
enthält die nach dem Start des Programms zuerst aufgerufene Prozedur oder
Funktion.

Durch die Anwahl einer Zeile im Fenster *Aufruf-Stack* kann man den Cursor an die Stelle im Quelltext positionieren, an der diese Funktion oder Prozedur aufgerufen wird.

Ausführungsposition suchen

Da man im Debugger alle Quelltexte durchblättern kann, kann es vorkommen, daß man nicht mehr weiß, welche Anweisung als nächste ausgeführt wird. Um diese **Ausführungsposition** (die nächste auszuführende Anweisung) nicht mühsam suchen zu müssen, kann man mit *Start|Zeige Ausführungsposition* den Cursor an den aktuellen Ausführungspunkt im Editor positionieren.

Programm unterbrechen

Mit *Start|Programm Pause* kann die Ausführung eines laufenden Programms unterbrochen werden. Diese Option ist vor allem dann nützlich, wenn man das Programm bis zu einer Stelle durchlaufen lassen will, an der es z. B. auf eine Benutzereingabe wartet. Man erspart sich so die Suche nach einer Stelle im Quelltext, an der man einen Haltepunkt setzen kann.

Programm zurücksetzen

Mit *Strg+F2* oder *Start|Programm zurücksetzen* kann die aktuelle Debug-Sitzung beendet werden. Dabei bleiben alle Haltepunkte und alle überwachten Ausdrücke der aktuellen Sitzung erhalten, so daß eine neue Debug-Sitzung mit denselben Haltepunkten usw. aufgenommen werden kann, ohne daß diese neu eingegeben werden müssen.

Vor allem unter Delphi 2 (aber auch gelegentlich unter Delphi 1) erhält man im Debugger immer wieder die Meldung, daß der Compiler bzw. Linker eine Variable wegoptimiert hat, deren Wert man eigentlich anschauen möchte. Um dies zu verhindern, kann man die **Optimierung des Compilers** ausschalten (global unter *Projekt|Optionen|Compiler* oder lokal mit dem Compilerbefehl $O bzw. $OPTIMIZATION). Borland empfiehlt allerdings, diese Einstellung außer zum Debuggen nicht zu ändern.

Aufgabe 3.4: Die Gaußsche Osterformel

Auf dem Konzil von Nicäa (325 n. Chr.) wurde festgelegt, daß der Ostersonntag der erste Sonntag nach dem ersten Vollmond im Frühling ist. Nach Knuth (1973, Bd. 1) war die Berechnung des Ostersonntags die einzige wichtige Anwendung der Arithmetik im Mittelalter.

Gauß hat die Arbeit der mit dieser Berechnung beschäftigten Mönche durch den folgenden Algorithmus rationalisiert. Die hier dargestellte Version gilt allerdings nur bis zum Jahr 2299. Ein allgemeineres Verfahren findet man bei Knuth 1973.

M und N seien durch die folgende Tabelle gegeben:

Jahr	M	N
1583–1699	22	2
1700–1799	23	3
1800–1899	23	4
1900–2099	24	5
2100–2199	24	6
2200–2299	25	0

A, B, C seien die Reste der Divisionen der Jahreszahl durch 19, 4 bzw. 7, D der Rest der Division von (19A+M) durch 30 und E der Rest der Division von (2B + 4C + 6D + N) durch 7.

Dann ist der Ostersonntag gleich dem (22 + D + E)-ten März oder gleich dem (D + E – 9)-ten April, falls die folgenden Grenzfälle berücksichtigt werden:

1. Ergibt sich der 26. April, so setze man stets den 19. April.

2. Ergibt sich der 25. April und gilt D = 28, E = 6 und A > 10, so fällt der Ostersonntag auf den 18. April.

Der Pfingstmontag ergibt sich als der 7. Sonntag nach Ostern.

Schreiben Sie ein Programm, das den Oster- und Pfingstsonntag berechnet. Testen Sie dieses Programm mit den folgenden Werten:

```
1970 Ostern: 29. März   Pfingsten: 17. Mai
1971 Ostern: 11. April  Pfingsten: 30. Mai
1972 Ostern:  2. April  Pfingsten: 21. Mai
1973 Ostern: 22. April  Pfingsten: 10. Juni
1974 Ostern: 14. April  Pfingsten:  2. Juni
1975 Ostern: 30. März   Pfingsten: 18. Mai
1976 Ostern: 18. April  Pfingsten:  6. Juni
1977 Ostern: 10. April  Pfingsten: 29. Mai
1978 Ostern: 26. März   Pfingsten: 14. Mai
1979 Ostern: 15. April  Pfingsten:  3. Juni
1980 Ostern:  6. April  Pfingsten: 25. Mai
```

Falls Ihre Ergebnisse nicht auf Anhieb mit diesen Testdaten übereinstimmen, führen Sie das Programm schrittweise im Debugger aus und vergleichen Sie die Zwischenergebnisse im Programm mit denen, die sich ergeben müßten.

Eine schön ausgedruckte Liste mit den so berechneten Osterdaten ist auch gut als Ostergeschenk geeignet (jedes Jahr ein anderes Jahrhundert). Weniger guten Freunden kann man eine Liste mit dem Datum von Weihnachten schenken (auch jedes Jahr ein anderes Jahrhundert).

3.5 Gleitkommadatentypen

Offensichtlich ist der Wertebereich der Ganzzahldatentypen für viele Anwendungen nicht ausreichend: Die größte darstellbare Zahl ist 10stellig, außerdem können keine Zahlen mit Nachkommastellen dargestellt werden.

Diese Einschränkungen sind bei den sogenannten Gleitkommadatentypen wesentlich geringer:

Datentyp	Wertebereich (pos./negativ)	signifikante Stellen	Größe in Bytes
Real	$2,9 \times 10^{-39} .. 1,7 \times 10^{38}$	11 – 12	6
Single	$1,5 \times 10^{-45} .. 3,4 \times 10^{38}$	7 – 8	4
Double	$5,0 \times 10^{-324} .. 1,7 \times 10^{308}$	15 – 16	8
Extended	$3,4 \times 10^{-4932} .. 1,1 \times 10^{4932}$	19 – 20	10
Comp	$2^{-63} +1 .. 2^{63} - 1$	19 – 20	8
Currency nur in Delphi 2	$-922337203685477,5808 .. 922337203685477,5807$	19 – 20	8

In dieser Tabelle ist die „Größe in Bytes" gerade das Ergebnis der Funktion *SizeOf*. Die Datentypen *Single*, *Double*, *Extended* und *Comp* sind vordefinierte Datentypen des Gleitkommaprozessors (80x87). Variablen dieser Datentypen werden direkt von diesem verarbeitet. *Real* ist ein Relikt aus den Zeiten, als der Gleitkommaprozessor noch wenig verbreitet war (vor allem bei 80386-Prozessoren und dessen Vorgängern).

Gleitkommadatentypen werden in einem sogenannten Gleitkommaformat dargestellt. Die **Gleitkommadarstellung** einer reellen Zahl r besteht normalerweise aus 4 ganzzahligen Werten s (für das Vorzeichen), m (für die sogenannte Mantisse), b (Basis des Zahlensystems) und e (dem Exponenten), so daß

$$r = s*m*b^e$$

gilt oder möglichst gut angenähert wird. Um eine eindeutige Darstellung zu erreichen, wird in der Regel entweder 0,1#m<1 oder 1#m<b verlangt.

Beispiel: Für die Zahl 3,14 im Dezimalsystem (b=10) erhält man die Darstellung

$$3,14 = (+1) *0,314 * 10^1, \text{ also } s=1, m=0,314 \text{ und } e=1$$

Da mit diesem Datenformat die Zahl Null nicht dargestellt werden kann, wird dafür meist ein spezielles Bitmuster von s, m und e verwendet.

Unter den Gleitkommadatentypen von Object Pascal ist der Datentyp **Comp** eine Ausnahme. Dieser verwendet ein 8 Byte (64 bit) breites Zweierkomplement und kann nur ganzzahlige Werte darstellen. Er ist eigentlich ein doppelt breites LongInt-Format und wird nur deswegen zu den Gleitkommadatentypen gezählt, weil er zu den internen Datentypen des Gleitkommaprozessors (80x87) gehört und alle Rechenoperationen über diesen Prozessor bzw. dessen Emulation ausgeführt werden.

Damit ist die Zuordnung von *Comp* zu den Gleitkommadatentypen eigentlich irreführend. Sie hat allerdings doch eine gewisse Berechtigung, da die Rechenoperationen mit dem Gleitkommaprozessor durch den Compiler völlig anders behandelt werden müssen als die Rechenoperationen mit Ganzzahlen. Deshalb zählt *Comp* auch nicht zu den ordinalen Datentypen. Borland empfiehlt diesen Datentyp vor allem für die Darstellung von Geldbeträgen in kaufmännischen Anwendungen.

Der Datentyp **Currency** wurde in Delphi 2 eingeführt und ist ebenfalls vor allem für die Darstellung von Geldbeträgen vorgesehen. Dabei handelt es sich um einen **Festkommadatentyp** mit 4 Nachkommastellen: Die Werte werden intern mit dem Faktor 10000 im Datentyp *Comp* dargestellt.

Beispiel: Nach den Deklarationen

```
var cu:Currency; { nur in Delphi 2 }
    co:Comp;
```

werden durch die Anweisungen

```
cu := 5+1/3;
co := 5+1/3;
Memo1.Lines.Add(FloatToStr(cu));
Memo1.Lines.Add(FloatToStr(co));
```

die folgenden Werte ausgegeben:

```
5,3333
5
```

Als Beispiele für die Gleitkommaformate von Object Pascal sollen die Formate *Real* und *Extended* etwas genauer betrachtet werden. Die Formate für *Single* und *Double* sind ähnlich.

Real:

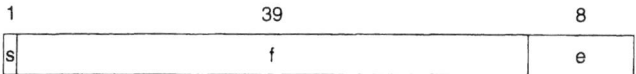

Dabei ergibt sich der Wert der dargestellten Zahl folgendermaßen aus dem Datenformat:

if $0 < e <= 255$, then $v = (-1)^s * 2^{(e-129)} * (1.f)$.
if $e = 0$, then $v = 0$.

Extended:

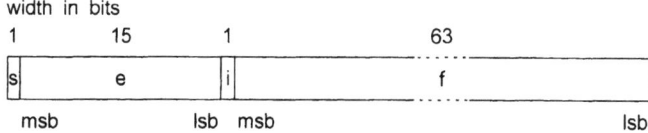

Hier ergibt sich der Wert der dargestellten Zahl durch:

if $0 <= e < 32767$, then $v = (-1)^s * 2^{(e-16383)} * (i.f)$.
if $e = 32767$ and $f = 0$, then $v = (-1)^s * Inf$. { $+\infty$ und $-\infty$ }
if $e = 32767$ and $f <> 0$, then v is a NaN {**n**ot **a** Number – keine Zahl}.

Beim Datentyp *Real* (und ebenso bei *Single* und *Double*) ist also die Mantisse auf den Bereich $1\# m < b$ normiert, beim Format *Extended* mit $i=1$ ebenso.

Bei der Bestimmung des Gleitkommaformats einer Zahl r sucht man analog zum Binärsystem Koeffizienten $...b_1 b_0 b_{-1} b_{-2}...$, so daß

$$r = ... b_1 2^1 + b_0 2^0 + b_{-1} 2^{-1} + b_{-2} 2^{-2} ...$$

gilt. Durch eine Multiplikation mit 2^e wird die Mantisse auf das Format $1,f$ normiert. Von den Stellen der Mantisse nimmt man dann soviele Bits, wie für die Mantisse vorgesehen sind.

Beispiele: $5_{10} = 1*2^2 + 0*2^1 + 1*2^0 = 1,01_2 * 2^2$ ($m = 1,01$, $e = 2$)
            $0,5_{10} = 1_2 * 2^{-1}$ ($m = 1,0$, $e = -1$)
            $0,1875_{10} = 1*2^{-3} + 1*2^{-4} = 1,1_2 * 2^{-3}$ ($m = 1,1$, $e = -3$)

Unmittelbar aus dieser Definition ergibt sich der folgende Algorithmus zur Umwandlung einer Dezimalzahl mit Nachkommastellen, der an einem Beispiel (der Zahl $0,1_{10}$) illustriert werden soll:

Beispiel: $0,1_{10} = 0*2^{-1}$ Rest $0,1_{10}$
             $0,1_{10} = 0*2^{-2}$ Rest $0,1_{10}$
             $0,1_{10} = 0*2^{-3}$ Rest $0,1_{10}$
             $0,1_{10} = 1*2^{-4}$ Rest { $1/10 - 1/16 = 8/80 - 5/80 = 3/80$ }
             $3/80_{10} = 1*2^{-5}$ Rest { $3/80 - 1/32 = 1/160 = (1/16)*(1/10)$ }

Offensichtlich wiederholen sich die Ziffern anschließend, d. h. die Ziffernfolge wird ein nichtabbrechender, periodischer Dezimalbruch:

0.1_{10} $= 0,0(0011)_2$ { Periode in Klammern }
             $= 1,(1001)2^{-4}$ { normiert, so daß die Mantisse mit 1 beginnt }

Dieses Beispiel zeigt, daß eine Zahl, die in einem bestimmten Zahlensystem eine abbrechende Dezimalbruchentwicklung hat, in einem anderen Zahlensystem ein nichtabbrechender periodischer Dezimalbruch sein kann. Weitere Beispiele aus anderen Zahlensystemen:

$1/3_{10} = 0,1_3$,   (der im Dezimalsystem periodische Dezimalbruch 1/3 ist im System zur Basis 3 abbrechend)

$1/7_{10} = 0,1_7$ (der im Dezimalsystem periodische Dezimalbruch 1/7 ist im System zur Basis 7 abbrechend)

Generell gilt: Ein Bruch z/n läßt sich genau dann als abbrechender Dezimalbruch in einem Zahlensystem zur Basis B darstellen, wenn alle Primfaktoren des Nenners Teiler von B sind.

Damit können in einem Gleitkommaformat (mit der Basis 2 für die Mantisse) alle die Zahlen r exakt als Gleitkommazahlen dargestellt werden, für die

$$r = ... b_1 2^1 + b_0 2^0 + b_{-1} 2^{-1} + b_{-2} 2^{-2} ...$$

gilt und die Mantisse für die Anzahl der Koeffizienten ausreicht. Alle anderen Gleitkommazahlen werden entweder nur durch Näherungswerte dargestellt (falls die Mantisse nicht ausreicht) oder können nicht dargestellt werden, weil der Exponent e zu klein (Unterlauf, underflow) oder zu groß (Überlauf, overflow) wird.

Bei einem Gleitkommaformat werden also alle reellen Zahlen, die sich erst ab der letzten Stelle der Mantisse unterscheiden, durch dasselbe Bitmuster dargestellt. Damit ist die Darstellung einer reellen Zahl im Gleitkommaformat **nur relativ genau, aber nicht immer exakt**. Durch diese nur relativ genaue Darstellung unterscheiden sich Gleitkommadatentypen grundlegend von den Ganzzahldatentypen: Bei einem Ganzzahldatentyp entspricht jedem Bitmuster genau eine Zahl im Wertebereich, und diese Darstellung ist immer exakt.

Allerdings ist eine Gleitkommadarstellung auch nicht besonders ungenau: Die Anzahl der signifikanten Stellen gibt an, wieviele Stellen einer Gleitkommazahl der dargestellten reellen Zahl entsprechen. In vielen Anwendungen wirkt sich diese Ungenauigkeit beim Rechnen mit Gleitkommazahlen überhaupt nicht aus.

Bei der Subtraktion von fast gleichgroßen Gleitkommazahlen hat das Ergebnis allerdings oft wesentlich weniger richtige Stellen als die Ausgangszahlen:

Beispiel:
```
r1 := 1.0000000010;
r2 := 1.0000000001;
r1 := r1 - r2;
Edit1.Text := FloatToStr(r1);
```

gibt den Wert

9,00399754755199E-10

aus, der ab der 4. Stelle falsch ist.

Solche Rundungsfehler können sich im Lauf einer Folge von Rechnungen soweit aufschaukeln, daß das berechnete Ergebnis erheblich vom tatsächlichen abweicht. Es empfiehlt sich deshalb, die Ergebnisse von Rechnungen mit Gleitkommazahlen möglichst immer nachzuprüfen (z. B. eine Probe ins Programm aufzunehmen).

Aus den bisherigen Ausführungen folgt insbesondere, daß bei der Addition einer kleinen Zahl zu einer großen Zahl die Summe gleich der großen Zahl sein kann, wenn sich die kleine Zahl erst nach der letzten Stelle der Mantisse auf das Ergebnis auswirkt. Damit kann im Gegensatz zu den reellen Zahlen der Mathematik

$a + x = a$

sein, ohne daß dabei $x = 0$ ist.

Außerdem kann das Ergebnis des Ausdrucks $a + b + c$ davon abhängen, in welcher Reihenfolge der Compiler die Zwischensummen berechnet. Wie das Beispiel (mit B = 10 und einer Mantisse mit 3 Stellen)

$a = -123,0$ $\qquad$ $b = 123,0$ $\qquad$ $c = 0,456$

zeigt, gilt $(a + b) + c = 0,456 \neq 0 = a + (b + c)$, d. h. das **Assoziativgesetz muß bei der Addition von Gleitkommazahlen nicht gelten.**

Alle Gleitkommadatentypen sind untereinander **zuweisungskompatibel**, d. h. nach der Variablenvereinbarung

```
var   s:Single;
      r:Real;
      d:Double;
      e:Extended;
      c:Comp;
```

sind alle folgenden Wertzuweisungen möglich, falls der zugewiesene Wert durch den Datentyp dargestellt werden kann, an den zugewiesen wird:

```
s := r; s := d; s := e; s := c;
r := s; r := d; r := e; r := c;
d := s; d := r; d := e; d := c;
e := s; e := r; e := d; e := c;
c := s; c := r; c := d; c := e;
```

Beispiele:

1. Da für Real-Variablen nur Werte bis 1E38 zulässig sind, führt

   ```
   r := 1E20;
   r := r*r;
   ```

   zu einem Laufzeitfehler, ebenso eine Division durch 0.

2. Bei der Zuweisung eines Gleitkommawertes an eine Variable des Datentyps *Comp* oder *Currency* werden die nicht darstellbaren Nachkommastellen abgeschnitten. Nach

   ```
   var cu:Currency;
       co:Comp;
   ...
   cu := 5+1/3;
   co := 5+1/3;
   ```

   haben die Variablen *cu* und *co* den Wert 5 bzw. 5,3333.

3. Da eine Ganzzahlkonstante immer als Ganzzahldatentyp interpretiert wird, kann einer Comp-Variablen kein Ganzzahlwert außerhalb des Wertebereichs von *LongInt* zugewiesen werden. Die Zuweisung

   ```
   co := 2147483647; { 1 mehr als die Obergrenze }
   ```

   wird vom Compiler nicht akzeptiert. Solche Werte müssen als Gleitkommakonstanten dargestellt werden.

Bei der Zuweisung von breiteren Formaten an schmalere gehen signifikante Stellen verloren. Insbesondere kann man nach den Zuweisungen

```
e := 1/3;
s := e;
```

nicht erwarten, daß die Bedingung s=e in

```
if s=e then Edit1.Text := 'gleich'
else Edit1.Text := 'ungleich';
```

auch erfüllt ist.

Object Pascal verwendet den Datentyp Extended zur Darstellung von allen nicht-ganzzahligen numerischen Ausdrücken und Konstanten. Das heißt, daß in

```
s := 0.1;
r := s+1;
```

sowohl der Ausdruck auf der rechten Seite (also 0.1 oder s+1) als auch der auf der linken Seite immer im Format *Extended* dargestellt wird. Damit kann man nicht erwarten, daß die Bedingung s=0.1 in

```
s := 0.1;
if s=0.1 then Edit1.Text := 'gleich'
else Edit1.Text := 'ungleich';
```

erfüllt ist, da bei der Umwandlung von s auf *Extended* die fehlenden Stellen der Mantisse mit Nullen aufgefüllt werden, so daß sich die beiden Bitmuster unterscheiden.

Dieses Problem tritt allerdings nicht auf, wenn keine Datentypen gemischt werden:

```
e := 0.1;
if e=0.1 then Edit1.Text := 'gleich'
else Edit1.Text := 'ungleich';
```

In diesem Beispiel ist die Bedingung e=0.1 erfüllt, weil der Extended-Variablen e zunächst der Extended-Wert 0.1 zugewiesen wird und e anschließend mit dem Extended-Wert 0.1 verglichen wird. Damit haben e und 0.1 dasselbe Bitmuster.

Sobald einer der beiden zum Vergleich herangezogenen Werte das Ergebnis von Rechenoperationen ist, muß das Ergebnis eines Vergleichs nicht mehr dem erwarteten Ergebnis entsprechen, da es durch Rundungsfehler verfälscht sein kann:

```
e := 0.1;
e := e + e;
if e=0.2 then Edit1.Text := 'gleich'{muß nicht gelten !}
else Edit1.Text := 'ungleich';
```

Aus diesem Grund sollte man **Gleitkommawerte nie mit dem Operator „=" auf Gleichheit prüfen.** Diese Empfehlung gilt für jede Programmiersprache.

Wenn man aber mit dem Operator „=" nicht feststellen kann, ob Gleitkommawerte gleich sind, die bei einer exakten Darstellung und Rechnung gleich sein müßten, kann man auch bei einem Ausdruck mit >, >=, < und <= nie sicher sein, ob das Ergebnis in die richtige Richtung ausschlägt.

Beispiel: Das Programm

```
var r: Real;

r := 0.1;
if r > 0.1 then Edit1.Text := 'größer'
else Edit1.Text := 'nicht größer';
```

gibt den Text 'größer' aus.

Die Ungenauigkeit von Gleitkommarechnungen ist dann am geringsten, wenn der Datentyp mit der größten Genauigkeit gewählt wird. Deshalb verwendet Object Pascal für alle Gleitkommakonstanten und -ausdrücke den Datentyp *Extended*. Außerdem tritt ein Unter- oder Überlauf seltener auf. Es empfiehlt sich deshalb **immer, den Datentyp Extended** zu **verwenden,** solange der verfügbare Speicherplatz nicht dagegen spricht. Der Unterschied zwischen 6 Bytes für *Real* und 10 Bytes für *Extended* fällt aber bei den meisten Anwendungen unter Delphi 1 nicht ins Gewicht und bei dem unter Delphi 2 fast unbegrenzten Speicher erst recht nicht.

Auch die Laufzeit spricht nicht gegen die Verwendung des Datentyps *Extended*. In der folgenden Tabelle sind die Laufzeiten für die Addition von 10 000 000 Gleitkommavariablen des jeweiligen Datentyps auf demselben Rechner (Pentium 120 MHz) unter Delphi 1 und Delphi 2 zusammengestellt (zum Vergleich außerdem 32-bit-Ganzzahlen und Borland Pascal 7.0), alles unter Windows 95:

10000000	Delphi 1	Delphi 2 Beta 2	Borland Pascal 7.0
Single	6,92 Sekunden	0,71 Sekunden	2,58 Sekunden
Real	7,91 Sekunden	9,23 Sekunden	11,32 Sekunden
Double	6,87 Sekunden	1,42 Sekunden	2,58 Sekunden
Extended	7,14 Sekunden	1,93 Sekunden	3,57 Sekunden
LongInt	0,66 Sekunden	0,16 Sekunden	0,66 Sekunden
Integer		0,16 Sekunden	

Das bessere Laufzeitverhalten der Datentypen *Single*, *Double* und *Extended* gegenüber dem (außer bei *Single*) weniger genauen Datentyp *Real* liegt darin begründet, daß diese Datentypen gerade die internen Datenformate des 80x87-Prozessors sind. Der Datentyp *Real* ist dagegen ein eigenes Format von Borland, das noch aus der Zeit kommt, als der 80x87-Coprozessor noch nicht in jeden Prozessor eingebaut und deswegen auch noch nicht so verbreitet war. Dieses *Real*-Format muß bei jeder Operation in ein 80x87-Format umgewandelt werden, und diese Umwandlung ist hauptsächlich für die längere Laufzeit verantwortlich.

Diese Empfehlung des Datentyps *Extended* steht im Gegensatz zur gängigen Praxis, den Datentyp *Real* zu verwenden. Dieser Datentyp war in Standard Pascal der einzige Gleitkommadatentyp. In Turbo Pascal oder Borland Pascal 7.0 war er der einzige, der ohne den Compilerbefehl {$N+} zur Verfügung stand.

Einer Gleitkommavariablen kann ein Ganzzahlwert zugewiesen werden, nicht jedoch umgekehrt. Will man einer Ganzzahlvariablen einen Gleitkommawert zuweisen, kann man die folgenden Funktionen verwenden:

    function **Round**(X: Extended): LongInt;

        ergibt für r >= 0 die größte ganze Zahl (Datentyp LongInt), die kleiner oder gleich r ist. Für r < 0 ist trunc(r) die kleinste ganze Zahl, die größer oder gleich r ist.

    function **Trunc**(X: Extended): LongInt;

        ergibt den gerundeten Wert (Datentyp LongInt) von r (Gleitkommatyp).

Beispiel: round(3.456) = 3,   round(–3.456) = –3
         round(3.50) = 4,   round(–3.50) = –4
         trunc(3.14) = 3,   trunc(–3.14) = –3

Für Gleitkommaoperanden sind die folgenden **binären arithmetischen Operationen** definiert. Das Ergebnis hat immer den Datentyp *Extended*:

- + (Addition)
- – (Subtraktion)
- * (Multiplikation)
- / (Division)

Diese Operatoren können auch Ganzzahl- und Gleitkommaoperanden verbinden. Das Ergebnis ist dann ebenfalls vom Typ *Extended*.

Werden bei einer Division mit „/" zwei Ganzzahloperanden verbunden, hat das Ergebnis immer den Datentyp *Extended* und ist nie ein Ganzzahlausdruck (im

Gegensatz zur Programmiersprache C bei zwei Ganzzahloperanden). Will man
bei einer Division ein Ganzzahlergebnis, muß man *div* verwenden.

Da bei einem Ausdruck immer zuerst die rechte Seite ausgewertet und dieses
Ergebnis dann der linken Seite zugewiesen wird, erhält r unter Delphi 1 durch
die folgenden Anweisungen den Wert –25536:

```
var i:Integer;
    r:Extended;
...
i := 20000;
r := i + i; {i + i hat den gemeinsamen Datentyp Integer}
```

In Object Pascal sind die folgenden **arithmetischen Funktionen** vordefiniert.
Der Datentyp des Funktionswertes ist immer *Extended*, auch bei der Funktion
Int. Ausnahmen: Wenn den Funktionen *Sqr* und *Abs* ein ganzzahliger Parameter
übergeben wird, ist der Datentyp des Ergebnisses derselbe wie der des übergebenen Parameters.

abs(x)　　ergibt den Betrag von x (Ganzzahl- oder Gleitkommadatentyp).
　　　　　　Der Datentyp von abs(x) ist für Ganzzahldatentypen derselbe wie
　　　　　　der von x.

```
Beispiel: var   r: Real;
                i: Integer;
          begin
          r := Abs(-2.3);       { 2.3 }
          i := Abs(-157);       { 157 }
          end
```

sqr(x)　　ergibt das Quadrat von x. Der Datentyp von sqr(x) ist für Ganz-
　　　　　　zahldatentypen derselbe wie der von x.

```
Beispiel: var b: Byte;
              w: Word;
          begin
          w := 255;
          w := sqr(w);          { 65025 }
          b := 255;
          w := sqr(b);{ 255 - die rechte Seite  }
          end          { wird als Byte ausgewer-
                         tet! Q+ entdeckt das! }
```

sqrt(x)　　ergibt die Quadratwurzel von x
sin(x)　　ergibt den Sinus von x (x im Bogenmaß)
cos(x)　　ergibt den Cosinus von x (x im Bogenmaß)
arctan(x) ergibt den Arcustangens von x, im Bogenmaß
exp(x)　　ergibt e^x
ln(x)　　ergibt den natürlichen Logarithmus von x (x > 0)
int(x)　　ergibt den ganzzahligen Anteil von x

Beispiel: `r := Int(123.456);`   `{ 123.0 }`
           `r := Int(-123.456);`   `{ -123.0 }`

frac(X)   ergibt die Nachkommastellen von x, d. h. frac(x) = x – int(x)

Beispiel: `r := Frac(123.456);`   `{ 0.456 }`
           `r := Frac(-123.456);`   `{ -0.456 }`

Die vordefinierte Funktion **pi** ergibt einen Näherungswert für die Kreiszahl π.

Object Pascal enthält in Delphi 1 keine Tangensfunktion. Der Tangens kann mit **tan**(x) = Sin(x)/Cos(x) berechnet werden. Entsprechend:

ArcSin(x) = ArcTan (x/sqrt (1–sqr (x)))
ArcCos(x) = ArcTan (sqrt (1–sqr (x)) /x)

Ebenso fehlt die Funktion x^y, deren Ergebnis man mit exp(y*ln(x)) erhalten kann. In Delphi 2 enthält die Developer-Version eine umfangreiche Unit **Math** mit diesen und vielen weiteren Funktionen. Siehe dazu die Delphi-Hilfe unter dem Stichwort Math.

Object Pascal stellt ein **Kalenderdatum** (einschließlich der **Zeit**) im Datentyp **TDateTime** dar, und das ist nichts anderes als der Gleitkommadatentyp Double. Dabei sind die Stellen vor dem Komma in Delphi 1 die Anzahl der Tage seit dem 1.1. im Jahr 1 und in Delphi 2 die Anzahl der Tage seit dem 30.12.1899. Die Nachkommastellen sind die Uhrzeit, wobei 24 Stunden dem Wert 1 entsprechen, also eine Stunde = 1/24.

Beispiele: 0   30.12. 1899   0:00 Uhr
            2,5   1. 1. 1900   12:00 Uhr
            2,75   1. 1. 1900   18:00 Uhr
            –1,25   29.12. 1899   6:00 Uhr

Weitere Funktionen in Zusammenhang mit Datum und Zeit:

function **Date**: TDateTime;   { aktuelles Datum }

function **Time**: TDateTime;   { aktuelle Zeit }

function **Now**: TDateTime;   { aktuelles Datum und Zeit (Date + Time) }

Für die Konvertierung eines Kalenderdatums vom Datentyp *TDateTime* stehen mehrere Funktionen zur Verfügung, z. B.

function **DateTimeToStr**(DateTime: TDateTime): string;

Beispiele: 1. Durch die folgende Reaktion auf einen Timer-Tick werden das aktuelle Datum und die aktuelle Zeit als Aufschrift auf ein Label geschrieben:

```
procedure TForm1.Timer1Timer(Sender: TObject);
begin
Label2.Caption := DateTimeToStr(Now);
end;
```

2. Die Laufzeit von Anweisungen kann man dann z. B. so messen:

```
StI   := Time;
si    := 1;
for i:= 1 to 10000000 do si := i+si;
EndI  := Time;
```

Mit diesen Anweisungen wurden die Laufzeitvergleiche für die verschiedenen Gleitkommadatentypen durchgeführt.

Die **Gleitkommaformate** können **bei anderen Compilern verschieden** sein. Wenn Gleitkommadaten in eine Datei geschrieben werden, besteht oft wenig Hoffnung, daß ein Programm, das mit einem anderen Compiler geschrieben wurde, diese Daten auch lesen kann.

Anmerkung für Turbo Pascal und Borland Pascal 7.0-Programmierer: Im Gegensatz zu diesen DOS-Compilern erzeugt Delphi per Voreinstellung Code für den Gleitkommaprozessor 80x87. Damit stehen unter Delphi alle Gleitkommadatentypen (*Real*, *Double* usw.) zur Verfügung. Unter den DOS-Compilern ist per Voreinstellung nur der Datentyp *Real* verfügbar, und die anderen Datentypen konnten nur verwendet werden, wenn Code für den Gleitkommaprozessor erzeugt wurde. Diese Einstellung erfolgte mit dem Compilerbefehl {$N+}. Falls kein Coprozessor vorhanden war, konnten 80x87-Funktionen mit dem Compilerbefehl {$E+} emuliert werden. Die Voreinstellung bei den DOS-Compilern war {$N–}.

Windows verwendet dagegen eine eigene Bibliothek zur 80x87-Emulation, falls der Coprozessor nicht vorhanden ist. Delphi benutzt diese Bibliothek, so daß der Compilerbefehl zur 80x87-Emulation unter Delphi bedeutungslos ist und ignoriert wird. Damit stehen unter Delphi immer die 80x87-Funktionen zur Verfügung, so daß Delphi die Voreinstellung {$N+} hat. Lediglich aus Kompatibilitätsgründen ist der Compilebefehl {$N+/–} noch vorhanden. Die Einstellung {$N+} sollte allerdings bei allen Anwendungen, die visuelle Klassen verwenden, nicht verändert werden, da diese die Voreinstellung benötigen.

Anmerkung für C/C++-Programmierer: Die Gleitkommadatentypen von C (*float*, *double* und *long double*) entsprechen im wesentlichen denen von Object Pascal.

Aufgaben 3.5

1. Welche der folgenden Anweisungen werden vom Compiler ohne Fehler übersetzt? Welches Ergebnis haben die übersetzbaren Anweisungen, wenn vor der Ausführung einer jeden solchen Anweisung die Werte j=10, k=6, y=3.14, z =10 vorausgesetzt werden:

```
var   i,j,k: Integer;
      x,y,z: Extended;

1. i := j/k;
2. i := x div k;
3. i := 3(j+k);
4. i := j div k div k;
5. i := j div trunc(z/y);
6. i := j div trunc(y-z/y);
```

2. Daniels Notenprogramm

   Schreiben Sie ein Programm, das etwa so aussieht:

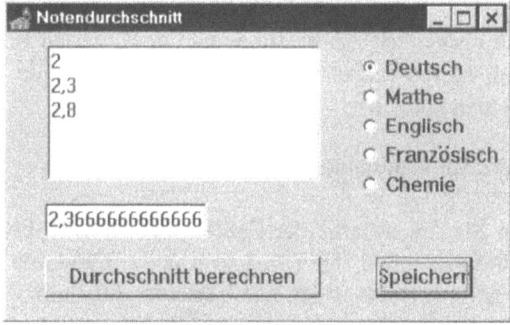

   Beim Anklicken eines der RadioButtons soll eine entsprechende Datei in ein Memo-Fenster geladen werden (z. B. Note.deu für die Deutschnoten). Als Reaktion auf „Durchschnitt berechnen" soll der Mittelwert von allen Zeilen im Memo-Fenster berechnet und im Edit-Fenster angezeigt werden.

   Vor dem ersten Start des Programms müssen die Textdateien manuell angelegt werden (z. B. mit dem Delphi-Editor).

3. Bestimmen Sie einen Näherungswert für π **nach der Regentropfenmethode.**

   Mit der vordefinierten Funktion **Random** erhält man eine Zufallszahl zwischen 0 und 1. Damit kann man einen Näherungswert für die Kreiszahl π bestimmen, indem man für eine Folge von zwei aufeinanderfolgenden Werten x und y prüft, ob diese im ersten Quadranten eines Kreises liegen ($x^2 + y^2 < 1$), und jeden solchen Treffer mitzählt. Die Multiplikation der Treffer mit 4 und die Division des Ergebnisses durch die Anzahl der Versuche ergibt dann einen Näherungswert für π.

Zeigen Sie die Näherungswerte bei 1000 (10000) Wiederholungen in einem Edit- oder Memo-Fenster an.

4. Die Fakultät und das Problem des Handlungsreisenden

Das Produkt der ersten n Zahlen

$$f = 1*2*3* \dots *n$$

wird auch als **n!** (n Fakultät) bezeichnet. Zeigen Sie die Werte von n! für n=1 bis n=30 in einem Memo-Fenster an.

Die Fakultät tritt z. B. bei folgendem Problem auf: Wenn ein Handlungsreisender n Städte besuchen soll, hat er für die erste Stadt n Möglichkeiten, für die zweite n–1, für die dritte n–2 usw. Um jetzt die kürzeste Route durch diese n Städte zu finden, müssen (zumindest im Prinzip) alle n! Routen miteinander verglichen werden.

Zeigen Sie die Rechenzeit zur Bestimmung der kürzesten Route für n=15 bis n=30 in einem Memo-Fenster an, wenn in einer Sekunde 1000000 Routen verglichen werden können.

5. Reihenfolge der Summation bei Gleitkommadatentypen

a) Berechnen Sie die Summe der Zahlen $1/i^2$ von i=1 bis n (n=1000000) abwechselnd von unten (for i := 1 to n do ...) und von oben (for i := n downto 1 do ...). Dabei sollen alle Variablen für Summen und eventuelle Zwischenergebnisse den Datentyp *Single* haben.

Vergleichen Sie die beiden Summen. Welche ist genauer?

b) Berechnen Sie die Summe aus 1a) auch für die anderen Gleitkommaformate *Real*, *Double* und *Extended*. Dabei sollen alle Summen und eventuellen Zwischenergebnisse den jeweiligen Gleitkommadatentyp haben.

6. Numerische Integration mit der Trapezregel

Die Fläche zwischen der Funktion y=f(x) und der x-Achse im Bereich von a bis b kann näherungsweise durch die Summe der Trapezflächen berechnet werden:

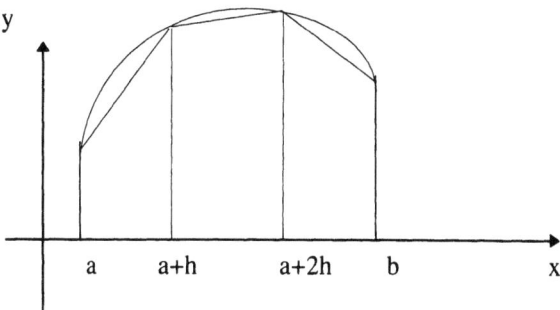

Die Fläche des Trapezes

von a bis a+h ist dabei durch h*(f(a) + f(a+h))/2 gegeben,

die von a+h bis a+2h durch h*(f(a+h) + f(a+2*h))/2 usw.

Unterteilt man das Intervall von a bis b in n Teile, ist h = (b–a)/n.

Berechnen Sie so einen Näherungswert für π als Fläche des Einheitskreises, indem Sie die Trapezflächen unter der Funktion sqrt(1–x*x) von 0 bis 1 aufsummieren. Wählen Sie für n verschiedene Werte, z. B. 100, 1000 und 10000.

7. Das Geburtstagsproblem von Mises

Wenn sich außer Ihnen noch eine weitere Person in einem Raum befindet, ist die Wahrscheinlichkeit q, daß diese Person an einem anderen Tag als Sie Geburtstag hat

q = 364/365

Bei zwei weiteren Personen im Raum ist die Wahrscheinlichkeit, daß alle drei an einem verschiedenen Tag Geburtstag haben

q = (364*363)/(365*365).

Bei n Personen ist diese Wahrscheinlichkeit

$q = 364*363*...*(365-n+1)/365^n$

Die Wahrscheinlichkeit, daß von n Personen in einem Raum mindestens zwei am selben Tag Geburtstag haben, ist dann gegeben durch

p = 1–q

a) Schätzen Sie zuerst, ab wie vielen Personen in einem Raum diese Wahrscheinlichkeit > 50 % ist.

b) Schreiben Sie ein Programm, das die Werte dieser Wahrscheinlichkeiten
in einem Memo-Fenster ausgibt.

3.6 Der Datentyp Char und der ASCII- und ANSI-Zeichensatz

Eine Variable des Datentyps *Char* (für character, Zeichen) kann ein Zeichen des
dem System zugrundeliegenden Zeichensatzes darstellen.

Alle diese Zeichensätze sind eine Obermenge des **ASCII-Zeichensatzes**, in dem
die Zeichen mit den Nummern 0 bis 127 standardisiert sind. Von diesen sind die
Zeichen mit den Nummern 32 bis 126 druckbare Zeichen. Die Zeichen 0 .. 31
werden oft als Steuerzeichen (z. B. zur Datenfernübertragung und Druckersteue-
rung) verwendet.

Die Zeichen Nr. 32 (Leerzeichen) bis 126 im ASCII-Zeichensatz:

	0	1	2	3	4	5	6	7	8	9
30				!	"	#	$	%	&	'
40	(	)	*	+	,	–	.	/	0	1
50	2	3	4	5	6	7	8	9	:	;
60	<	=	>	?	@	A	B	C	D	E
70	F	G	H	I	J	K	L	M	N	O
80	P	Q	R	S	T	U	V	W	X	Y
90	Z	[	\	]	^	_	`	a	b	c
100	d	e	f	g	h	i	j	k	l	m
110	n	o	p	q	r	s	t	u	v	w
120	x	y	z	{	|	}	~			

```
Einige Steuerzeichen:

   8: BS    { Backspace - ein Zeichen zurück }
  10: LF    { Linefeed - Zeilenvorschub }
  12: FF    { Formfeed - Blattvorschub }
  13: CR    { Carriage Return - Wagenrücklauf }
  27: ESC
```

Die Zeichen 128 .. 255 können unter verschieden Systemen (MS-DOS, Windows
usw.) eine verschiedene Bedeutung haben.

Unter MS-DOS enthält der obere Teil des Zeichensatzes die Blockgraphikzeichen
(Zeichen Nr. 179–218), die in der frühen Geschichte der PCs die einzigen
Graphikzeichen waren, und landesspezifische Zeichen (abhängig von der aktuell
gewählten Codepage). Diese Variante des ASCII-Zeichensatzes wird unter
Windows auch als **OEM-Zeichensatz** bezeichnet und vor allem für DOS-

Sessions in einem Vollbildschirm verwendet (Microsoft 1993, Win32 Programmer's Reference, Vol. 1, Kap. 35). Oft wird dieser Zeichensatz auch als ASCII-Zeichensatz bezeichnet, obwohl das genaugenommen nicht ganz richtig ist.

	0	1	2	3	4	5	6	7	8	9
120	x	y	z	{	|	}	~	⌂	Ç	ü
130	é	â	ä	à	å	ç	ê	ë	è	ï
140	î	ì	Ä	Å	É	æ	Æ	ô	ö	ò
150	û	ù	ÿ	Ö	Ü	¢	£	¥	₧	ƒ
160	á	í	ó	ú	ñ	Ñ	ª	º	¿	⌐
170	¬	½	¼	¡	«	»	▒	▒	▒	▓
180	┤	╡	╢	╖	╕	╣	║	╗	╝	╜
190	╛	┐	└	┴	┬	├	─	┼	╞	╟
200	╚	╔	╩	╦	╠	═	╬	╧	╨	╤
210	╥	╙	╘	╒	╓	╫	╪	┘	┌	█
220	▄	▌	▐	▀	α	ß	Γ	π	Σ	σ
230	µ	τ	Φ	Θ	Ω	δ	∞	φ	ε	∩
240	≡	±	≥	≤	⌠	⌡	÷	≈	°	·
250	·	√	ⁿ	²	■					

Der OEM-Zeichensatz ist für eine graphische Benutzeroberfläche wie Windows ziemlich unpassend: Einerseits wird man mit Blockgraphikzeichen unter einer Proportionalschrift keine Linien zeichnen (weil diese meist nicht zusammenpassen), andererseits sind nicht genügend nationale Sonderzeichen enthalten.

Deshalb wird unter Windows anstelle des OEM-Zeichensatzes der sogenannte **Windows-Zeichensatz** verwendet, der mit dem **ANSI-Zeichensatz** identisch ist:

	0	1	2	3	4	5	6	7	8	9
120	x	y	z	{	|	}	~	•	•	•
130	‚	ƒ	„	…	†	‡	ˆ	‰	Š	‹
140	Œ	•	•	•	•	'	'	"	"	•
150	–	—	˜	™	š	›	œ	•	•	Ÿ
160		¡	¢	£	¤	¥	¦	§	¨	©
170	ª	«	¬	-	®	¯	°	±	²	³
180	´	µ	¶	·	¸	¹	º	»	¼	½
190	¾	¿	À	Á	Â	Ã	Ä	Å	Æ	Ç
200	È	É	Ê	Ë	Ì	Í	Î	Ï	Ð	Ñ
210	Ò	Ó	Ô	Õ	Ö	×	Ø	Ù	Ú	Û
220	Ü	Ý	Þ	ß	à	á	â	ã	ä	å
230	æ	ç	è	é	ê	ë	ì	í	î	ï
240	ð	ñ	ò	ó	ô	õ	ö	÷	ø	ù
250	ú	û	ü	ý	þ	ÿ				

Auch die Zeichen im ANSI-Zeichensatz hängen von der aktuell gewählten Codepage ab, allerdings nur in geringem Umfang.

Die unterschiedlichen Zeichensätze von DOS und Windows sind der Grund dafür, daß unter DOS angelegte Textdateien unter Windows konvertiert werden müssen, wenn nationale Sonderzeichen richtig dargestellt werden sollen.

In allen Zeichensätzen wird ein Zeichen durch das Bitmuster dargestellt, das der Nummer des Zeichens im Zeichensatz entspricht. Das Zeichen 'A' wird also durch dasselbe Bitmuster wie die Zahl 65_{10} dargestellt.

Einer Variablen des Datentyps *Char* kann man in Object Pascal ein bestimmtes Zeichen des zugrundeliegenden Zeichensatzes zuweisen, indem man dieses durch Hochkommas begrenzt. Das gilt insbesondere auch für die deutschen Umlaute ä, ö usw.:

```
var   c:Char;

      c := 'A';
      c := 'ä';
```

Ein Hochkomma wird durch zwei Hochkommas dargestellt:

```
c := '''';
```

Die Nummer eines Zeichens erhält man mit der **Konvertierungsfunktion ord** und das Zeichen mit einer bestimmten Nummer mit der Funktion **chr**:

```
var   c:Char;
      i:Integer;

c := chr(65);{ c = 'A' }
i := ord(c); { i = 65 }
```

Auch mit dem Symbol # kann ein Zeichen über seine Nummer zugewiesen werden:

```
c := #27; { ESC }
c := #65; { 'A' }
```

Da Char-Werte durch ihre Nummern im verwendeten Zeichensatz dargestellt werden, können diese wie Zahlen mit einem der Vergleichsoperatoren <, <= (für ≤), >, >= (für ≥), = und <> (für ≠). verglichen werden:

```
if (c >= 'A') and (c <= 'Z') then ...
```

Wie die obige Tabelle mit dem Ausschnitt aus dem ASCII-Zeichensatz zeigt, folgen jeweils Ziffern, Groß- und Kleinbuchstaben in der üblichen Reihenfolge aufeinander. Damit wird durch diese Abfrage geprüft, ob das Zeichen c ein Großbuchstabe ist oder nicht.

Mit der in Object Pascal vordefinierten Funktion **UpCase**

```
function UpCase(Ch: Char): Char;
```

kann einer der Kleinbuchstaben 'a' .. 'z' des ASCII-Zeichensatzes in den entsprechenden Großbuchstaben umgewandelt werden. Da die deutschen Umlaute ä, ö usw. nicht zum ASCII-Zeichensatz gehören, werden diese allerdings bei *UpCase* nicht berücksichtigt.

Eine *UpCase* entsprechende Funktion zur Umwandlung eines Großbuchstabens in einen Kleinbuchstaben ist in Delphi nicht vordefiniert. Da die Buchstaben aber sowohl im Bereich der Groß- als auch in dem der Kleinbuchstaben in derselben Reihenfolge aufeinanderfolgen, erreicht man diese Umwandlung mit:

```
if (c >= 'A') and (c <= 'Z') then
    c := Chr(Ord(c) - Ord('A') + Ord('a'));
```

Im nächsten Kapitel über Strings werden einige Funktionen vorgestellt, die mit dem ANSI- und nicht nur mit dem ASCII-Zeichensatz arbeiten. Damit können Strings auch unter Berücksichtigung der nationalen Sonderzeichen verglichen bzw. in Groß- oder Kleinbuchstaben umgewandelt werden.

Alle bisher dargestellten Zeichensätze verwenden ein Byte zur Darstellung eines Zeichens. Die damit möglichen 256 verschiedenen Zeichen sind allerdings für Sprachen mit einer größeren Anzahl verschiedener Zeichen (vor allem asiatische und arabische) nicht ausreichend. Deshalb wurde der **Unicode** Standard definiert, in dem ein Zeichen nicht mehr durch ein Byte dargestellt wird, sondern durch zwei. Unicode umfaßt praktisch alle Zeichen aller verschiedenen nationalen Schriftarten, einschließlich technischer und typographischer Sonderzeichen. Unicode-Zeichen im Bereich 0 .. 255 sind mit denen des ANSI-Zeichensatzes identisch.

Unicode-Zeichen werden auch als „wide char" bezeichnet, und Delphi 2 unterstützt diesen Zeichensatz durch den Datentyp **WideChar**. Entsprechend stehen die Zeichen des ANSI-Zeichensatzes auch unter dem Datentyp **AnsiChar** zur Verfügung, wobei in der aktuellen Version von Delphi 2 der Datentyp *Char* mit dem Datentyp *AnsiChar* identisch ist. In der Online-Hilfe von Delphi 2 wird darauf hingewiesen, daß der Datentyp *Char* in einer zukünftigen Version von Delphi eventuell mit dem Datentyp *WideChar* identisch sein kann.

Anmerkung für C-Programmierer: Im Gegensatz zu C ist der Datentyp *Char* in Object Pascal kein Ganzzahldatentyp. Die in C zulässige Wertzuweisung

c := 65; { in C „=" anstelle von „:=" }

ist in Object Pascal nicht zulässig. Eine Zuweisung zwischen Ganzzahl- und Char-Ausdrücken ist nur mit Konvertierungsfunktionen wie *ord* und *chr* möglich.

3.7 Der Datentyp String

Eine Variable des Datentyps String kann als Wert eine Folge von Zeichen annehmen. Jedes Zeichen hat dabei den Datentyp *Char*.

Der Datentyp *String* wird durch das folgende Syntaxdiagramm beschrieben:

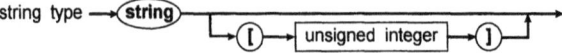

In eckigen Klammern kann die maximale Anzahl der darstellbaren Zeichen angegeben werden. Diese Zahl muß im Bereich 1 .. 255 liegen. Ohne die Angabe einer solchen Zahl wird die maximale Länge des Strings in **Delphi 1** auf 255 gesetzt.

Beispiel: **var   s: string[20];**
                     m: string[80];
                     XL:string;
                     XS:string[4];

Eine String-Variable belegt unter Delphi 1 für jedes Zeichen der reservierten Länge ein Byte sowie zusätzlich ein Byte, in dem die Länge des Strings gespeichert wird. Damit belegen die Variablen *s* 21 Bytes, *m* 81 Bytes, *XL* unter Delphi 1 256 Bytes und *XS* 5 Bytes, und zwar unabhängig von der tatsächlichen Länge des dargestellten Strings.

Bezeichnet man die einzelnen Zeichen einer String-Variablen s mit s[1], s[2] usw. (jeweils vom Datentyp *Char*) sowie das Längenbyte mit s[0] (Datentyp *Byte*), dann wird ein **String** als zusammenhängende Folge von Bytes **im Hauptspeicher dargestellt**. Nach der Zuweisung

    s := 'Halllo'

erhält man also

s[0]	s[1]	s[2]	s[3]	s[4]	s[5]	s[6]	s[7]	s[8]	..	[20]
6	H	a	l	l	l	o	?	?	..	?

Der Speicherbereich s[7] .. s[20] wird nach dieser Wertzuweisung nicht genutzt und enthält undefinierte Werte.

Unter **Delphi 2** können Strings, die ohne eine maximale Länge vereinbart werden, praktisch unbegrenzt lang werden. Mit dem Compilerbefehl {$H–} kann gesteuert werden, ob Strings wie unter Delphi 1 auf 255 Zeichen begrenzt, oder

ob es mit {$H+} lange Strings sind. Die Voreinstellung ist {$H+}, so daß nach
der Vereinbarung

```
var s:string;
    k:string[20];
```

s ein sogenannter **langer String** ist, während k wie in Delphi 1 ein sogenannter
kurzer String ist. Die kurzen Strings bezeichnet man im Gegensatz zu den
nullterminierten Strings in der Programmiersprache C auch als Pascal-Strings.

Auch wenn ein langer String bis zu 2 GB groß werden kann, werden deswegen
natürlich keine 2 GB für jeden solchen String reserviert. Statt dessen wird bei
jeder Operation mit einem solchen String der erforderliche Speicher bei Bedarf
reserviert. Falls der Hauptspeicher dafür nicht ausreicht, lagert Windows derzeit
nicht benötigte Daten aus dem Hauptspeicher in eine sogenannte Swap-Datei
(win386.swp) auf der Festplatte aus. Bezüglich dieser dynamischen Anforderung
von Speicherplatz unterscheiden sich die langen Strings von allen anderen
Datentypen, die bisher behandelt wurden.

Alle Komponenten von Delphi verwenden die neuen langen Strings.

Obwohl die langen Strings intern völlig anders als die kurzen Strings dargestellt
werden, können praktisch alle Funktionen und Operatoren sowohl für die langen
als auch für die kurzen Strings verwendet werden. Der Anwender braucht praktisch nie darauf zu achten, welche Strings er verwendet.

Beispiel: Durch das folgende Programm werden unter Delphi 2 1000 Strings
mit je 1000 Zeichen zu einem einzigen String zusammengeklebt,
der dann im Textfenster *Edit2* angezeigt wird:

```
procedure TForm1.longstrClick(Sender: TObject);
var s10,s1K,s1M:string;
    i:Integer;
begin
s10 := '0123456789';
{ erzeuge einen String mit 1000 Zeichen }
s1K := '';
for i := 1 to 100 do s1K := s1K+s10;
{ erzeuge einen String mit 1000000 Zeichen }
s1M := '';
for i := 1 to 1000 do s1M := s1M + s1K;
Edit1.Text := IntToStr(SizeOf(s1M))+
     'l=' + IntToStr(Length(s1M));
Edit2.Text := s1M;
Memo1.Lines.Add(s1k+s1k+s1k+s1k+s1k);
Richedit1.Lines.Add(s1k);
end;
```

Die folgenden Ausführungen gelten für Delphi 1 und Delphi 2.

Da der für Variablen im Datensegment verfügbare Speicher unter Windows 3.x (und damit unter Delphi 1) recht begrenzt ist, können sich bei einer unbedachten Deklaration von Variablen gelegentlich **Speicherplatzprobleme** ergeben. Erfahrungsgemäß reichen für einen String oft meist weniger als 255 Zeichen aus – häufig sind 80 genug. Es empfiehlt sich deswegen, bei jeder Deklaration von String-Variablen kurz zu prüfen, ob der Datentyp **String[80]** (oder ähnlich) nicht ausreicht.

Das gilt für Delphi 2 im Prinzip genauso, auch wenn man hier keine Speicherplatzprobleme zu befürchten hat: Wenn Speicher unnötig reserviert wird, kann das dazu führen, daß Windows öfter Daten aus der Swap-Datei aus- und einlagern muß, was eine geringere Geschwindigkeit des Programms zur Folge hat.

Soll eine Zeichenkette ein Hochkomma enthalten, so ist dieses wie bei einem Ausdruck des Datentyps *Char* zweimal aufzuführen:

Beispiel: Durch

```
Edit1.Text := 'Don''t forget to boogie.';
```

wird der Text

Don't forget to boogie.

im Edit-Fenster ausgegeben.

Weist man einer kurzen String-Variablen einen String zu, der länger ist als der dafür reservierte Speicherplatz, werden die übrigen Zeichen abgeschnitten.

Beispiel: Nach der Vereinbarung

```
var XS:string[4];
```

wird die Zuweisung

```
XS := 'Halllo';
```

vom Compiler nicht bemängelt. XS hat anschließend den Wert 'Hall'.

Die einzelnen Zeichen eines Strings s können übrigens tatsächlich wie oben mit s[i] angesprochen werden, und zwar sowohl in Delphi 1 als auch in Delphi 2. Damit kann ein String mit

```
for i := 1 to length(s) do s[i] := UpCase(s[i])
```

in Großbuchstaben umgewandelt werden. Dabei gibt die vordefinierte Funktion **length** die Länge eines Strings zurück.

Mit den Vergleichsoperatoren <, <= (für ≤), >, >= (für ≥), = und <> (für ≠) kann ein **Vergleich von Strings** durchgeführt werden. Das Ergebnis eines solchen Vergleichs ergibt sich dabei aus der lexikographischen Anordnung der einzelnen Zeichen: Sind die beiden Strings gleich lang, werden die einzelnen Zeichen ausgehend vom ersten miteinander verglichen. Die ersten Zeichen, in denen sich die beiden unterscheiden, entscheiden dann aufgrund ihrer Anordnung im ASCII-Zeichensatz über das Ergebnis des Vergleichs. Sind die beiden Strings dagegen verschieden lang, wird im Prinzip genauso vorgegangen. Allerdings wird jedes Zeichen ab der Länge des kürzeren Strings im längeren String höher bewertet.

Damit sind mit den Deklarationen des ersten Beispiels nach den Zuweisungen

```
s  := 'Halli';
XL := 'Hallo';
XS := XL;
```

die folgenden Bedingungen erfüllt:

s < XL,   {   s und XL unterscheiden sich erstmals im 5. Zeichen. Aus s[5] < XL[5] folgt das Ergebnis. }

XS < XL {   XS ist nur 4 Zeichen lang. Bis zu dieser Position sind beide gleich. Damit ist der String XL „größer" als XS (im doppelten Sinn). }

Als einziger binärer Operator steht für Strings der Operator + zur Verfügung. Damit können zwei **Strings „zusammengeklebt"** (und nicht etwa zeichenweise addiert) werden.

Beispiel: Nach den letzen Deklarationen und Zuweisungen hat der String

```
s := s + XL + XS;
```

den Wert 'HalliHalloHall'.

Dasselbe Ergebnis (Strings zusammenkleben) kann man auch mit der Funktion *Concat* erreichen:

function **Concat**(s1 [, s2,..., sn]: string): String;

Diese Funktion war im Gegensatz zum String-Operator + schon in vielen frühen Versionen von Pascal verfügbar. Im Lauf der Jahre hat sich aber der Operator + durchgesetzt.

Weitere Funktionen zur String-Bearbeitung:

function **Copy**(S: String; Index: Integer; Count: Integer): String;

> Kopiert aus *s* ab der Position *Index* einen Teilstring mit *Count* Zeichen. Ist *Index* größer als die Länge von s, ist das Ergebnis der leere String. Ist *Count* größer als die Anzahl der Zeichen ab der Position *Index*, wird nur der Rest des Strings zurückgegeben.

procedure **Delete**(var S: String; Index: Integer; Count: Integer);

> *Delete* löscht aus dem String s *Count* Zeichen ab der Position *Index*. Falls *Index* größer ist als die Länge von s, werden keine Zeichen gelöscht. Ist *Count* größer als die Anzahl der Zeichen, die s ab der Position *Index* hat, wird der Rest von s gelöscht.

procedure **Insert**(Source: String; var S: String; Index: Integer);

> *Insert* fügt *Source* an der Position *Index* in s ein. Wird das Ergebnis unter Delphi 1 länger als 255 Zeichen, werden die folgenden Zeichen abgeschnitten.

function **Length**(S: String): Integer;

> *Length* ergibt die dynamische Länge des Strings s.

function **Pos**(Substr: String; S: String): Byte;

> *Pos* ergibt die Position des ersten Zeichens von *substr* in s. Ist *substr* nicht in s enthalten, ist der Funktionswert 0.

Funktion **CompareStr**(const S1, S2: String): Integer;

> *CompareStr* vergleicht S1 und S2 unter Beachtung von Groß- und Kleinschreibung, aber ohne die Berücksichtigung des landesspezifischen Zeichensatzes. Der Rückgabewert ist kleiner 0, wenn S1 < S2 gilt, gleich 0, wenn S1 = S2 ist und größer 0, wenn S1 > S2 gilt.

Funktion **CompareText**(const S1, S2: String): Integer;

> Wie *CompareStr*, aber ohne Berücksichtigung von Groß- und Kleinschreibung.

Beispiele:
```
var fn,n,e:string;
        p:Byte;
    ...
    fn := 'config.sys';
    p := pos('.',fn);
    n := copy(fn,1,p-1);                { n = 'config' }
```

```
e := copy(fn,p+1,length(fn));  { e = 'sys'     }
n := 'Donck';
Insert('ald Du',n,4);          { n = 'Donald Duck' }
Delete(n,pos(' ',n),1);        { n = 'DonaldDuck'  }
i := CompareStr(e,n);          { i > 0 }
```

Die folgenden Funktionen verwenden den **ANSI-Zeichensatz** und berücksichtigen damit auch nationale Sonderzeichen:

Funktion **AnsiUpperCase**(const S: String): String;

   wandelt s in Großbuchstaben um

Funktion **AnsiLowerCase**(const S: String): String;

   wandelt s in Kleinbuchstaben um

Funktion **AnsiCompareStr**(const S1, S2: String): Integer;

   wie *CompareStr*, aber auf der Basis des ANSI-Zeichensatzes

Funktion **AnsiCompareText**(const S1, S2: String): Integer;

   wie *CompareText*, aber auf der Basis des ANSI-Zeichensatzes

Beispiel:
```
s := 'Füschärs Frütz früßt 123 früsche Frösche';
Edit1.Text:= AnsiUpperCase(s);
{ FÜSCHÄRS FRÜTZ FRÜßT 123 FRÜSCHE FRÖSCHE }
Edit1.Text:= AnsiLowerCase(s);
{ füschärs frütz früßt 123 früsche frösche }
```

Wenn man die einzelnen Zeichen des Strings dagegen mit *UpCase* umwandelt, bleiben die Umlaute unverändert.

Beim Vergleich von Strings ergeben die OEM- und die ANSI-Funktionen z. B. die folgenden unterschiedlichen Ergebnisse:

```
CompareStr('Ä','B');    { > 0, also 'Ä' nach 'B'}
AnsiCompareStr('Ä','B');{ < 0, also 'Ä' vor 'B' }
```

Wie schon in Turbo Pascal stehen die folgenden beiden Prozeduren zur Umwandlung von Strings in Zahlen und umgekehrt zur Verfügung:

procedure **Str**(X [: Width [: Decimals]]; var S:string);

   Str wandelt den arithmetischen Ausdruck *x* in den String *s* um. Der Datentyp von x kann ein Ganzzahl- oder ein Gleitkommatyp sein. Bei einem Ganzzahlausdruck kann mit *Width* nur eine Feldbreite vorgeschrie-

ben werden. Durch diese wird festgelegt, auf wie viele Stellen der Wert
rechtsbündig dargestellt wird. Bei einem Gleitkommaausdruck kann außer
der Feldbreite mit *Decimals* die Anzahl der Nachkommastellen angegeben
werden. Will man bei einem Gleitkommaausdruck nur die Anzahl der
Nachkommastellen festlegen, kann man Width=0 setzen. Ohne Angabe
von *Width* und *Decimals* wird eine Gleitkommazahl in eine Exponential-
darstellung umgewandelt. Als Trennzeichen für Vor- und Nachkommastellen wird ein Dezimalpunkt verwendet.

Die Formatierungsanweisungen sind dieselben wie in einer *write*-Anwei-
sung.

procedure **Val**(S; var V; var Code: Integer);

Val wandelt den String s in die Zahl v um, falls s einen zulässigen
Zahlenstring (Syntax *signed number*) darstellt. Als *Code* wird ein Fehlercode zurückgegeben, der die Position des ersten Zeichens angibt, bei dem
s die Syntaxvorschrift für einen zulässigen Zahlenstring verletzt. Als
Trennzeichen für Vor- und Nachkommastellen wird ein Dezimalpunkt
erwartet, und ein Komma wird als Fehler betrachtet.

```
Beispiele: i := 1234;
           Str(I:5, S);       { s=' 1234' }

           r := 12.34;
           Str(r:8:3,s);{s='  12.340' - 2 führende Leerzeichen}
           Edit1.Text := s; { incl. Dezimalpunkt 8 Stellen }

           Str(r:10,s);       { s=' 1.2E+0001' }
           Str(r,s);          { s='1.23400000000000E+0001' }
           Str(r:0:4,s);      { s=' 12.3400' }

           s := '123';
           Val(s, I, e);      { i=123 }
           if e <> 0 then Edit3.Text :=
                           'Fehler bei Position: '+IntToStr(e)
           else Edit3.Text := s;

           s := '123 ';
           Val(s, I, e);      { Fehler bei Position: 4 }
           if e <> 0 then Edit3.Text :=
                           ' Fehler bei Position: '+IntToStr(e)
           else Edit3.Text := s;
```

Wie wir schon in Kap. 2 gesehen haben, verwendet Delphi bei vielen Kompo-
nenten Strings, um Daten in einem Programm auszugeben oder von einem
Anwender einzulesen. So haben die Eigenschaften *Text* (bei den Komponenten
Edit, *Memo* usw.) und *Caption* den Datentyp String.

Delphi bietet deswegen zahlreiche **String-Konvertierungsfunktionen**, um Ganzzahl- oder Gleitkommawerte in Strings umzuwandeln und umgekehrt. Diese Funktionen geben den String als Funktionswert zurück und sind deswegen etwas bequemer zu benutzen als die Prozeduren *val* oder *str*. Einige dieser Funktionen wurden bereits in Kap. 2 vorgestellt:

function **IntToStr**(Value: LongInt): String;
function **StrToInt**(const S: String): LongInt;
function **FloatToStr**(Value: Extended): String;
function **StrToFloat**(const S: String): Extended;

Daneben gibt es zahlreiche weitere mit vielerlei Gestaltungsmöglichkeiten:

function **IntToHex**(Value: LongInt; Digits: Integer): String;

> Wandelt *Value* in einen String um, der dessen Hexadezimaldarstellung enthält. Falls *Digits* größer ist als die Anzahl der notwendigen Ziffern, werden links führende Nullen eingefügt. Andernfalls wird *Digits* ignoriert.

function **FloatToStrF**(Value: Extended; Format: TFloatFormat; Precision,
                                                  Digits: Integer): String;

> Hier ist *Format* einer der folgenden Werte:

ffGeneral	allgemeines Zahlenformat
ffExponent	Darstellung im Format „–d.ddd...E+dddd"
ffFixed	Darstellung im Festkommaformat „–ddd.ddd..."
ffNumber	Darstellung im Zahlenformat „–d,ddd,ddd.ddd..." wie beim Format *ffFixed*, jedoch mit Tausender-Trennzeichen, wie in der WIN.INI angegeben
ffCurrency	Darstellung im Währungsformat, wobei sich das genaue Format aufgrund der Einstellungen in der Windows-System-steuerung ergibt

Weitere Informationen dazu findet man in der Delphi-Hilfe.

```
Beispiele: r := 1234.456789; P := 6; D := 4;
           Edit1.Text := FloatToStrF(r,ffGeneral,P,D);
                                               { 1234,46 }
           Edit2.Text := FloatToStrF(r,ffExponent,P,D);
                                               { 1,23446E+3 }
           Edit3.Text := FloatToStrF(r,ffFixed,P,D);
                                               { 1234,4600 }
           Edit4.Text := FloatToStrF(r,ffNumber,P,D);
                                               { 1.234,4600 }
```

Wie diese Beispiele zeigen, wird als Trennzeichen für Vor- und Nachkommastellen das nationale Trennzeichen verwendet, also bei deutschen Versionen im
Gegensatz zu *val* und *str* das Komma „,“ und nicht der Punkt „.“.

Function **FormatFloat**(const Format: string; Value: Extended): string;

> *FormatFloat* formatiert den durch *Value* gegebenen Gleitkommawert
> unter Verwendung des in *Format* übergebenen Formatstrings. Im Format-
> string können folgende Formatangaben enthalten sein:

0	Platzhalter für Ziffern oder führende Nullen
#	Platzhalter für Ziffern ohne führende Nullen
.	das erste '.'-Zeichen bestimmt die Position des Dezimal-trennzeichens
,	Tausender-Trennzeichen
E+	wissenschaftliche Darstellung
'xx'/„x“	Zeichen in Hochkommas oder in Anführungszeichen wer-den direkt ausgegeben und beeinflussen die Ausgabe nicht

Beispiele:

Format-string	1234	-1234	0.5	0
	1234	-1234	0.5	0
0	1234	-1234	1	0
0.00	1234.00	-1234.00	0.50	0.00
#.##	1234	-1234	.5	
#,##0.00	1,234.00	-1,234.00	0.50	0.00
#,##0.00; (#,##0.00)	1,234.00	(1,234.00)	0.50	0.00
#,##0.00;; Zero	1,234.00	-1,234.00	0.50	Zero
0.000E+00	1.234E+03	-1.234E+03	5.000E-01	0.000E +00
#.###E-0	1.234E3	-1.234E3	5E-1	0E0

(aus der Delphi-Hilfe)

Einige **universelle Konvertierungsfunktionen** wie

> function **Format**(const Format: String; const Args: array of const): String;

verwenden ähnlich wie die Funktionen *printf* bzw. *sprintf* in der Programmiersprache C sogenannte **Formatstrings**. In einer solchen Funktion bezeichnet der
erste Parameter einen String, der sowohl Zeichen enthält, die ohne jede weitere
Konvertierung ausgegeben werden, als auch Formatangaben, die festlegen, wie
die Elemente des zweiten Parameters zu konvertieren sind.

Jede **Formatangabe** beginnt mit dem Zeichen % und ist nach folgendem Schema aufgebaut:

"%" [Index ":"] ["–"] [Breite] ["." Prec] Type

Das %-Zeichen wird (immer in dieser Reihenfolge) gefolgt von:

der optionalen Argument-Indexangabe *[Index ":"]*
dem optionalen Zeichen für eine linksbündige Ausrichtung *["–"]*
der optionalen Breitenangabe für die minimale Breite *[Breite]*
der optionalen Präzisionsangabe *["." Prec]*
dem obligatorischen Typkennzeichen *Type*, das einer der folgenden Werte sein kann:

d   konvertiert einen Ganzzahlwert in das „normale" Dezimalformat
e   konvertiert einen Gleitkommawert in das Exponentialformat „d.ddd...E+ddd"
F   konvertiert einen Gleitkommawert in das Festkommaformat „-ddd.ddd..."
g   konvertiert eine Gleitkommazahl in das „normale" Gleitkommaformat
n   konvertiert einen Gleitkommawert wie im Festkommaformat, aber mit Trennzeichen für Tausender
m   konvertiert eine Gleitkommazahl in eine „monetäre" Darstellung unter Berücksichtigung der Währungseinstellungen von Windows
p   konvertiert einen Pointer unter Delphi 1 in das Format „XXXX:YYYY" (Segment:Offset)
s   zur Darstellung von Strings
x   konvertiert einen Ganzzahlwert in seine Hexadezimaldarstellung

Der zweite Parameter der Funktion format (*Args*) hat den Datentyp *array of const*, und dieser Datentyp für Parameter ist neu in Object Pascal. Weder in Turbo Pascal noch in C gibt es ein entsprechendes Gegenstück zu diesen typsicheren offenen Arrays (mehr dazu in Abschnitt 6.2). Für den Parameter *Args* kann man in eckigen Klammern eine beliebige Anzahl von Werten verschiedener Datentypen einsetzen. Diese Werte werden dann in der aufgeführten Reihenfolge gemäß den Formatangaben im Formatstring konvertiert.

Beispiele:

```
var s:string;
    c:Char;
    i:LongInt;
    e:Extended;
...
Edit1.Text := Format('%d + %x = %g',[17,17,17+17.0]);
                                      { '17 + 11 = 34' }
s := 'Hallo';
Edit2.Text := Format('%s ihr da dr%sußen: ',[s,'a']);
{ 'Hallo ihr da draußen: ' }
e := 1e5;
```

```
Edit3.Text := Format(
         'Bitte überweisen Sie %m auf mein Konto',[e]);
{ Bitte überweisen Sie 100.000,00 DM auf mein Konto }
s := 'linksbündig';
Edit4.Text := Format('%-20s:',[s]);
{ 'linksbündig        :' }
```

Wie diese Beispiele zeigen, haben die Formatanweisungen in einem Formatstring gelegentlich einen leicht kryptischen Charakter.

Bei der Verwendung dieser Funktionen ist eine gewisse Vorsicht geboten, da damit Fehler möglich sind, die nicht schon bei der Kompilation, sondern erst während der Laufzeit des Programms entdeckt werden können.

Beispiel: Wenn man der Funktion *Format* eine Ganzzahl übergibt, wo diese einen Gleitkommawert erwartet, führt dies während der Ausführung dieser Anweisung zu einem Laufzeitfehler:

```
s := format('%g',[i]); { var i:Integer; }
```

Während der Kompilation erfolgt kein Hinweis auf ein eventuelles Problem. Wenn dieser Fehler beim Testen übersehen und diese Funktion nur relativ selten aufgerufen wird, tritt er unter Umständen erst ein Jahr nach der Auslieferung des Programms beim Kunden erstmals auf.

Im Gegensatz dazu ist

```
s := FloatToStr(i);
```

ohne jedes Risiko.

Ein solcher Laufzeitfehler ist zwar immer noch besser, als wenn das Programm wie in der Programmiersprache C klaglos weiterläuft und den Anwender mit seinen falschen Werten allein läßt (was dieser eventuell gar nicht bemerkt), aber auch keineswegs immer erfreulich.

Mit den Techniken des Exception-Handling (siehe Abschnitt 4.8) kann ein solcher Laufzeitfehler abgefangen werden. Es wird in Zusammenhang mit den Formatstring-Funktionen immer empfohlen.

Weitere Konvertierungsfunktionen findet man in der Delphi-Hilfe unter dem Schlüsselwort *Routinen zum Umwandeln von Gleitkommazahlen*.

Anmerkung für C/C++-Programmierer: Strings sind in der Programmiersprache C völlig anders als in Pascal realisiert. In vielen C++-Compilern sind String-Klassen (class *string* in cstring.h) definiert, mit denen man ähnlich wie mit den Strings von Pascal arbeiten kann.

Aufgaben 3.7

1. Erzeugen Sie mit den String-Funktionen *Copy*, *Pos*, *Delete* usw. aus einem String im Format TT.MM.JJJJ (z. B. s = '1.9.1995' oder s = '11.12.95') den Tag, den Monat und das Jahr als Ganzzahlvariable.

2. Schreiben Sie ein kleines Programm, mit dem man in einer Textdatei nach einer Telefonnummer suchen kann.

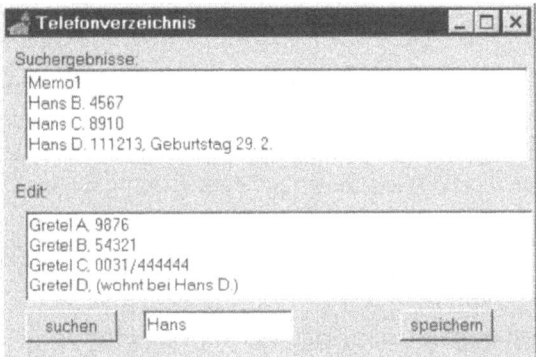

Beim Start des Programms (Ereignis *OnCreate* des Formulars) wird eine Datei (z. B. 'c:\telefon.txt') in ein Memo-Fenster (im Bild nach *Edit*) geladen. Nach dem Drücken des Buttons *suchen* werden alle Zeilen dieses Memo-Fensters mit der Funktion *pos* daraufhin überprüft, ob diese den Teilstring enthalten, der im Edit-Fenster (im Bild rechts von *suchen*) eingegeben wurde. Falls das zutrifft, wird dieser String in das Memo-Fenster nach *Suchergebnisse:* eingefügt.

Da man einen Text in einem Memo-Fenster auch editieren kann, lassen sich hier auch Telefonnummern neu eintragen, ändern oder löschen. Mit dem Button *speichern* soll die veränderte Liste gespeichert werden können.

Falls Sie in der Telefonliste auch nach Namen suchen wollen, deren Schreibweise Sie nicht genau kennen, kann eine Erweiterung mit dem Soundex-Verfahren (siehe Aufgabe 6) sinnvoll sein.

3. Die Funktion *StrToFloat* erwartet als Trennzeichen für die Vor- und Nachkommastellen das nationale Trennzeichen, also bei der deutschen Version von Windows ein Komma. Da ein Anwender trotzdem gelegentlich einen Dezimalpunkt als Trennzeichen eingibt, kann es sinnvoll sein, vor einem Aufruf von *StrToFloat* alle Punkte in Kommas umzuwandeln.

4. Geben Sie die Zinsen für ein Kapital von 100 DM bei einem Zinssatz von 5 bis 15 % in einem Memo-Fenster aus. Jede Zeile soll etwa so aussehen:

K = 123456,78 p = 12,34% z = 12345,67

(Kapital: 8 Stellen, Zinssatz: 4 Stellen, Zins: 7 Stellen, alle mit 2 Nach-kommastellen, keine führenden Nullen)

Die Werte sollen so ausgerichtet sein, daß alle Kommas untereinander stehen. Wählen Sie dazu für das Memo-Fenster eine Schriftart, die keine Proportionalschrift ist.

5. Erzeugen Sie aus einem ganzzahligen Wert einen String, der die binären Ziffern der Zahl enthält.

   Sie können dazu folgendermaßen vorgehen: „Kleben" Sie an einen zunächst leeren String die Zeichen „0" oder „1", und zwar je nachdem, ob die Zahl gerade oder ungerade ist. Verschieben Sie dann die Bits der Zahl um eine Position nach rechts. Wiederholen Sie diese Schritte für alle Bits der Zahl.

6. Mit dem sogenannten **Soundex-Verfahren** versucht man, ähnlich klingende Wörter durch denselben Code darzustellen.

   Dazu wandelt man den String mit dem Wort zunächst in Großbuchstaben um und entfernt alle Zeichen, die keine Buchstaben sind. Dann ersetzt man alle Buchstabenpaare durch einen einzigen Buchstaben (also z. B. 'AA' durch 'A').

   In dem so entstanden String kodiert man alle Buchstaben gleich, die ähnlich klingen. Dazu verwendet man in der englischen Sprache die folgende Tabelle:

```
     { ABCDEFGHIJKLMNOPQRSTUVWXYZ }
code := '01230120022455012623010202';
```

   'B', 'F', 'P' und 'V' werden also durch 1 kodiert.

   Der Soundex-Code besteht dann aus dem ersten Zeichen des ursprünglichen Strings, an das maximal 3 Zeichen gemäß der Code-Tabelle angehängt werden. Ist der entstandene Soundex-Code kürzer als 4 Stellen, wird dieser durch das Zeichen 0 ergänzt.

   Beispiele: Euler, Ellery: Code E460
              Gauss, Ghosh: Code G200
              Hilbert, Heilbronn: Code H416

   Wie diese Beispiele zeigen, können auch Strings dieselben Codes ergeben, die nicht sehr ähnlich klingen. Trotzdem wird das Soundex-Verfahren häufig und mit meist recht gutem Erfolg eingesetzt.

   Schreiben Sie ein Programm, das den Soundex-Code eines Strings bestimmt.

3.8 Aufzählungstypen

Alle bisher betrachteten Datentypen waren vordefinierte Datentypen: Variablen, die mit diesen Datentypen vereinbart werden, können genau die Werte annehmen, die Object Pascal für den jeweiligen Wertebereich bereitstellt.

Im Gegensatz dazu sind Aufzählungstypen **selbstdefinierte Datentypen**: So definierte Variablen können die Werte annehmen, die in deren Definition vorgesehen werden.

Die Vereinbarung eines Aufzählungstyps erfolgt durch die Aufzählung aller Werte, die eine Variable dieses Typs annehmen kann:

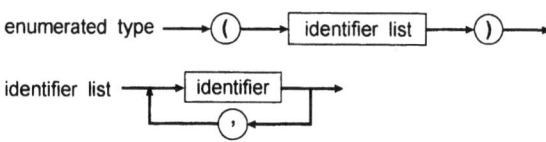

Beispiel: **var Vordergrund, Hintergrund : (rot, gruen, blau);**
           Geschlecht: (maennlich, weiblich, unklar);

Diesen Variablen können dann z. B. folgendermaßen Werte zugewiesen werden:

```
Vordergrund := rot;
Hintergrund := gruen;
```

Ein Aufzählungstyp ist meist dann sinnvoll, wenn für eine Variable nur eine relativ geringe Anzahl von verschiedenen Werten möglich ist und die Namen dieser Werte ihre Bedeutung wiedergeben sollen.

Ein Bezeichner, der als Wert für einen Aufzählungstyp vereinbart ist, kann in demselben Block (siehe Abschnitt 5.3) nicht als Bezeichner für ein anderes Objekt verwendet werden.

Beispiel: Nach den Vereinbarungen

```
var Tag:(Montag, Dienstag, Mittwoch, Donnerstag,
                     Freitag, Samstag, Sonntag);
```

wird

```
Weekend:(Samstag, Sonntag);
```

vom Compiler zurückgewiesen, da die Bezeichner *Samstag* und *Sonntag* bereits verwendet werden.

Eine Variable eines Aufzählungstyps belegt im Hauptspeicher ein Byte, wenn 256 oder weniger Werte vereinbart werden, oder zwei Bytes, wenn es mehr sind (maximale Anzahl: 65535). Der erste Wert wird mit dem Bitmuster der Zahl 0, der zweite mit dem der Zahl 1 usw. dargestellt. Damit unterscheidet sich die interne Darstellung von Aufzählungstypen nicht von der von Ganzzahlen. Für den Prozessor sind Werte eines Aufzählungstyps nichts anderes als ganz normale Binärzahlen.

Der Vorteil von Aufzählungstypen gegenüber Ganzzahltypen liegt also nicht in einer irgendwie vorteilhafteren internen Darstellung, sondern allein darin, daß der Compiler eine Liste der zulässigen Werte besitzt und Zuweisungen auf diese Liste von Werten hin überprüfen kann. Diese Möglichkeit, solche Prüfungen dem Compiler zu übertragen, sollte man nutzen, wann immer das möglich ist.

Da Werte eines Aufzählungstyps für den Prozessor nichts anderes als normale Binärzahlen sind, ist es naheliegend, daß solche Werte auch mit $<$, $<=$ (für $\leq$), $>$, $>=$ (für $\geq$), $=$ und $<>$ (für $\neq$) verglichen werden können. Das Ergebnis eines solchen Vergleichs ergibt sich damit aus der **Anordnung** der Werte in der Reihenfolge ihrer Deklaration. Mit den oben aufgeführten Variablen ist die Bedingung in

```
if Vordergrund < Hintergrund ...
```

erfüllt.

Auch wenn Aufzählungstypen auf den ersten Blick eine gewisse Ähnlichkeit mit Strings haben, ist aufgrund der bisherigen Ausführungen wohl deutlich geworden, daß die beiden Datentypen grundverschieden sind. Insbesondere kann ein String nicht einem Aufzählungstyp (oder umgekehrt) zugewiesen werden. Damit kann ein Aufzählungstyp auch nicht in einem Edit-Fenster eingelesen werden: Die Zuweisung

```
Vordergrund := Edit1.Text:
```

ist nicht möglich. Will man Werte eines Aufzählungstyps aufgrund von Benutzereingaben setzen, müssen diese wie in

```
if Edit1.Text = 'Rot' then Vordergrund := rot;
```

explizit umgesetzt werden.

In Delphi werden Aufzählungstypen ausgiebig verwendet: So hat die Eigenschaft **Align**, die die Ausrichtung einer Komponente in einem Formular definiert, einen Aufzählungstyp als Datentyp:

```
TAlign = (alNone,alTop,alBottom,alLeft,alRight,alClient);
```

Der Wert *alNone* ist der voreingestellte Wert und plaziert die Komponente an die im Entwurf gesetzten Position. Durch *alTop*, *alBottom*, *alLeft* oder *alRight* wird die Komponente am oberen, unteren, linken oder rechten Rand des Formulars ausgerichtet, wobei die Länge oder Breite gegebenenfalls angepaßt wird. Mit *alClient* wird die Komponente an den Client-Bereich eines Formulars angepaßt.

Auch die Eigenschaft **BorderStyle** hat einen Aufzählungstyp als Datentyp:

    property BorderStyle: TFormBorderStyle;

Diese legt für Formulare das Aussehen und das Verhalten des Rahmens fest. Die einzelnen Werte bedeuten:

bsDialog	nicht größenveränderlich; Standardrahmen für Dialogfenster
bsSingle	nicht größenveränderlich; einfache Rahmenlinie
bsNone	nicht größenveränderlich; keine sichtbare Rahmenlinie, keine Schalter Symbol und Vollbild, kein Steuermenü
bsSizeable	größenveränderlicher Standardrahmen

Unter Delphi 2 sind außerdem noch folgende Werte möglich:

bsToolWindow	wie *bsSingle,* aber mit einem kleineren caption-Bereich
bsSizeToolWin	wie *bsSizeable,* aber mit einem kleineren caption-Bereich

Anmerkung für C/C++-Programmierer: Den Aufzählungstypen von Object Pascal entsprechen im wesentlichen die *enum*-Deklarationen in C.

Aufgabe 3.8

Schreiben Sie ein Programm mit 4 RadioButtons, das etwa folgendermaßen aussieht:

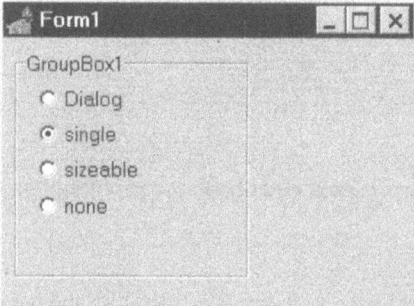

Beim Anklicken des jeweiligen RadioButtons soll die Eigenschaft *Borderstyle* des Formulars auf den entsprechenden Wert gesetzt werden.

3.9 Boolesche Datentypen

Der Datentyp **Boolean** ist ein vordefinierter Aufzählungstyp, der die Werte *true* und *false* annehmen kann. Jede Vereinbarung einer booleschen Variablen

```
var b:Boolean;
```

entspricht der Vereinbarung des Aufzählungstyps

```
var b:(false, true);
```

Aufgrund der Anordnung *(false, true)* wird *false* mit dem Bitmuster der Binärzahl 0 und *true* mit dem der Zahl 1 dargestellt. Insbesondere ergibt sich daraus *false* < *true*. Diese Anordnung ist keineswegs zufällig so gewählt, sondern in Standard-Pascal so definiert (siehe Aufgabe 2).

Im Gegensatz zu dem selbstdefinierten Aufzählungstyp *(false,true)* kann der vordefinierte Aufzählungstyp *Boolean* auch in Bedingungen verwendet werden. Nach der Vereinbarung

```
var b:Boolean;
```

ist die Abfrage

```
if b then ...
```

möglich.

Boolesche Ausdrücke oder Werte treten aber nicht nur in der Form von booleschen Variablen auf. Vielmehr ist in Pascal jeder Ausdruck, der mit einem der Vergleichsoperatoren <, <= (für $\leq$), >, >= (für $\geq$), = und <> (für $\neq$) gebildet wird, ein boolescher Ausdruck und hat einen der beiden Werte *true* oder *false*.

Wenn also in einem Programm

```
if x < 17 then ...
```

geschrieben wird, ist „x < 17" ein boolescher Ausdruck, der entweder den Wert *true* oder *false* hat.

Ein boolescher Ausdruck kann einer booleschen Variablen zugewiesen werden:

```
b := x < 17;
```

Hier erhält b den Wert *true*, falls der Wert der Variablen x kleiner als 17 ist, und andernfalls den Wert *false*. Diese Zuweisung ist einfacher als

```
if x < 17 then b := true
else b := false;
```

Eine boolesche Variable kann auch direkt in einer *if*-Anweisung

```
if b then ...
```

verwendet werden. Insbesondere ist es dabei nicht notwendig, die boolesche Variable mit dem Wert *true* zu vergleichen:

```
if b = true then ... { umständlich }
```

Für boolesche Ausdrücke sind die binären **booleschen Operatoren and, or** und **xor** definiert. Das Ergebnis dieser Operationen ist folgendermaßen definiert:

p	q	p **and** q	p **or** q	p **xor** q
true	true	true	true	false
true	false	false	true	true
false	true	false	true	true
false	false	false	false	false

Der unäre boolesche Operator **not** negiert den Wert *true* auf *false* und umgekehrt:

p	not p
true	false
false	true

Damit lassen sich in einer *if*-Anweisung boolesche Ausdrücke verknüpfen:

```
if (x >= 0) and (x <= 17) then ...
```

oder negieren:

```
if not b then ...
```

Manchmal kommt es vor, daß bei der Verknüpfung von Bedingungen *and* und *or* verwechselt werden. Das liegt unter anderem daran, daß die Bedeutung des „**umgangssprachlichen Oder**" von dem in dieser Tabelle beschriebenen *or* (das auch als „**logisches Oder**" bezeichnet wird) abweichen kann.

Beispiel: Die Aussage „Ich besuche dich heute oder morgen." ergibt sich aus den beiden Einzelaussagen

p := „Ich besuche dich heute."
q := „Ich besuche dich morgen."

als „p oder q". Wenn ich die angesprochene Person heute und morgen besuche, würde diese meine ursprüngliche Ankündigung „Ich besuche dich heute oder morgen." aber meist als falsch bezeichnen. In diesem

Beispiel ergibt sich die Bedeutung der Gesamtaussage als „p xor q"
(ausschließendes oder).

Allerdings muß das „logische Oder" nicht vom umgangssprachlichen
abweichen, wie der Satz „Wenn es regnet oder schneit, gehe ich nicht
spazieren." zeigt. Auch wenn es regnet und schneit, läßt diese Ankündigung erwarten, daß ich nicht spazieren gehe.

Es empfiehlt sich deshalb, bei jeder solchen Verknüpfung noch einmal kurz
nachzudenken, ob man jetzt wirklich ein *and* oder ein *or* braucht.

Neben dem „klassischen" booleschen Datentyp *Boolean* gibt es in Object Pascal
außerdem noch die ein, zwei oder vier Bytes breiten booleschen Datentypen
ByteBool, *WordBool* und *LongBool*. Diese wurden nur deshalb in Object Pascal
aufgenommen, um eine Kompatibilität zu Bibliotheken zu ermöglichen, die in C
geschrieben sind. Sie werden im folgenden nicht benutzt.

Auch der Datentyp *Boolean* wird von Delphi ausgiebig verwendet. Für praktisch
jede Komponente findet man im Objektinspektor zahlreiche Eigenschaften, für
die man nur die Werte *true* oder *false* auswählen kann.

Short-Circuit Evaluation

Zur Prüfung, ob i durch k (beide Ganzzahldatentypen) teilbar ist, sind die beiden
Ausdrücke

   (k > 0) and (i mod k = 0)

und

   (i mod k = 0) and (k > 0)

logisch gleichwertig. Die Auswertung des Ausdrucks *i mod k* führt mit k = 0
allerdings zu einem Laufzeitfehler (Division durch 0), und die offensichtlich
gerade zu diesem Zweck aufgenommene Bedingung k > 0 erfüllt ihren Zweck
nicht, wenn beide Bedingungen ausgewertet werden, um daraus das Ergebnis der
zusammengesetzten Bedingung zu bestimmen.

Allerdings müssen bei einem booleschen Ausdruck nicht immer alle Operanden
ausgewertet werden, um das Ergebnis des gesamten Ausdrucks zu bestimmen:
Sobald in einem mit *and* verknüpften Ausdruck einer der Operanden *false* ist,
kann das Gesamtergebnis nicht mehr *true* werden. Ebenso kann das Ergebnis
nicht mehr *false* werden, falls einer der Operanden bei einem mit *or* verknüpften
Ausdruck *true* ist. Sobald ein solcher Fall eintritt, kann die Auswertung der restlichen Bedingungen des Gesamtausdrucks abgebrochen werden.

Wenn ein Compiler einen solchen Fall erkennt und dann die Auswertung des Gesamtausdrucks abbricht, bezeichnet man dies als „short-circuit evaluation" (Kurzschlußverfahren) im Gegensatz zu einer „complete evaluation" (vollständige Auswertung).

Object Pascal wertet boolesche Ausdrücke mit *short-circuit evaluation* aus, wenn der Compilerbefehl {**$B–**} gesetzt ist, und vollständig, wenn er auf {**$B+**} gesetzt ist. Mit der **Voreinstellung** {**$B–**} führt der erste der beiden Ausdrücke von oben nicht zu einem Laufzeitfehler.

Damit sind die beiden Ausdrücke von oben nicht gleichwertig. Ganz generell sollte man boolesche Ausdrücke immer so aufbauen, daß die „Schutzbedingungen" immer links von den geschützten Bedingungen stehen.

Anmerkung für C/C++-Programmierer: In C und C++ gibt es keinen booleschen Datentyp. Statt dessen können beliebige Ganzzahlwerte in Bedingungen eingesetzt werden, wobei der Wert 0 als *false* und jeder andere Wert als *true* interpretiert wird. In Verbindung mit der Tatsache, daß in C jede Anweisung ein Ausdruck ist und damit einen Wert hat, ist dieser Mangel eine vielfältige Quelle für subtile Schreibfehler, die der Compiler nicht entdecken kann (z. B. if (i = 1) ...).

Aufgaben 3.9

1. Für die Variable c (Datentyp *Char*) soll eine boolesche Variable

   a) *Grossbuchstabe* genau dann den Wert *true* erhalten, wenn c ein Großbuchstabe ist.

   b) *Buchstabe* genau dann den Wert *true* erhalten, wenn c ein Buchstabe ist.

   c) *alphanumerisch* genau dann den Wert *true* erhalten, wenn c ein Buchstabe oder eine Ziffer ist.

2. Die logische Implikation => (bzw. <=) ist durch die folgende Tabelle definiert:

p	q	p =>q	p <= q
true	true	true	true
true	false	false	true
false	true	true	false
false	false	true	true

Kann man diese logischen Verknüpfungen auch durch einen Vergleich von booleschen Werten mit den Vergleichsoperatoren <= (kleiner oder gleich) oder >= (größer oder gleich) erhalten?

3. Schaltjahre

Die Umlaufzeit der Erde um die Sonne bezeichnet man als ein Jahr. Ein Tag ist der Zeitraum, in dem sich die Erde einmal um ihre Achse dreht (Abstand zwischen zwei Mittagen).

Mißt man ein Jahr als Zeitraum zwischen den sogenannten Frühlingspunkten, an denen ein Tag und eine Nacht genau gleich lang sind, war ein Jahr am 1.1.1900 365 Tage, 48 Minuten und 46,0 Sekunden oder 365,24220 Tage lang. Daß ein Jahr in einem Jahrtausend 5,6 Sekunden kürzer wird, soll im folgenden nicht berücksichtigt werden.

Der von Julius Cäsar 46 v. Chr. festgelegte **Julianische Kalender** ging von durchschnittlich 365,25 Tagen pro Jahr aus. Dieser Fehler ist bis in das 16. Jahrhundert auf ca. 10 Tage angewachsen.

Papst Gregor XIII. hat im Jahr 1582 den auch heute noch gültigen **Gregorianischen Kalender** eingeführt, nach dem ein Jahr durchschnittlich 365,2425 Tage lang ist. Dabei wurden die Nachkommastellen folgendermaßen durch Schaltjahre berücksichtigt: Jede durch 4 teilbare Jahreszahl ist ein Schaltjahr, außer den durch 100 teilbaren, wenn diese nicht durch 400 teilbar sind. Dieser Fehler gegenüber der tatsächlichen Jahreslänge summiert sich in 3300 Jahren auf einen Tag auf.

Weisen Sie einer booleschen Variablen *Schaltjahr* den Wert eines booleschen Ausdrucks zu, so daß Schaltjahr den Wert *true* erhält, wenn die Variable Jahr (Datentyp Integer) nach dem Gregorianischen Kalender ein Schaltjahr ist, und andernfalls den Wert *false*.

4. Die Ganzzahlvariablen t1, m1 und j1 sowie t2, m2 und j2 sollen zwei Kalenderdaten bezeichnen (z. B. t1 = 17, m1 = 12, j1 = 1995). Eine boolesche Variable *vorher* soll den Wert *true* erhalten, wenn das Datum (t1, m1, j1) zeitlich vor dem Datum (t2, m2, j2) liegt, und andernfalls den Wert *false*.

5. Schreiben Sie unter Delphi ein Programm, das eine *GroupBox* mit einigen Komponenten enthält, sowie ein *MainMenu* mit verschiedenen Unterpunkten (*MenuItems*). Durch das Anklicken eines Buttons sollen die Eigenschaften

   a) *enabled* (für einen Unterpunkt des Menüs)
   b) *visible* (der GroupBox)

   von *true* auf *false* und von *false* auf *true* umgeschaltet werden.

3.10 Unterbereichstypen

Ein Unterbereichstyp (in der Delphi-Hilfe auch manchmal als Teilbereichstyp bezeichnet) ist ein benutzerdefinierter Datentyp, der Werte aus einem Teilbereich eines Ganzzahldatentyps oder eines Aufzählungstyps annehmen kann.

Ein Unterbereichstyp wird gemäß dem folgenden Syntaxdiagramm vereinbart, wobei die erste Konstante die untere und die zweite die obere Grenze der Werte angibt, die eine Variable dieses Datentyps annehmen kann:

Beispiel: **var   i:0..10;**
Weekend: Samstag..Sonntag;

Der Compiler überprüft bei der **Zuweisung einer Konstanten**, ob diese im zulässigen Wertebereich liegt. Deshalb wird nach der Variablenvereinbarung vom letzten Beispiel die folgende Zuweisung vom Compiler abgelehnt:

```
i := 11;
```

Bei der **Zuweisung einer Variablen** kann der Compiler allerdings keine Über-prüfungen durchführen, da er den Wert der Variablen zur Laufzeit des Pro-gramms nicht kennt: Mit der Vereinbarung

```
var   j:Integer;
        ...
      j := 11;
```

wird die Zuweisung

```
i := j;
```

an die oben vereinbarte Variable ohne Fehlermeldung bei der Kompilation übersetzt.

Will man auch während der Laufzeit des Programms eine Überprüfung auf die Zuweisung zulässiger Variablenwerte haben, erreicht man dies für das ganze Pro-jekt, indem man unter *Optionen|Projekt|Compiler* die CheckBox **Bereichsüber-prüfung** (*range check*) markiert.

Soll eine Bereichsüberprüfung nur in einem Teil eines Programms durchgeführt werden, kann diese mit dem Compilerbefehl {$R+} aktiviert und mit {$R–} wieder deaktiviert werden.

Wenn eine Bereichsüberprüfung aktiviert ist, erzeugt der Compiler bei jeder
Zuweisung an einen Unterbereichstyp zusätzliche Anweisungen, durch die der
zugewiesene Wert darauf geprüft wird, ob er im Bereich der Unter- und Obergrenze liegt. Aufgrund dieser zusätzlichen Anweisungen wird dann ein Laufzeitfehler erzeugt. Dieser kann mit den Techniken des Exception-Handling
abgefangen werden.

Wenn das Programm von der Entwicklungsumgebung aus gestartet wird und die
Option „Bei Exceptions anhalten" unter *Optionen\Umgebung\Vorgaben* (in
Delphi 1) bzw. unter *Tools\Umgebung\Vorgaben* (in Delphi 2) markiert ist,
erhält man dann zunächst etwa folgende Fehlermeldung:

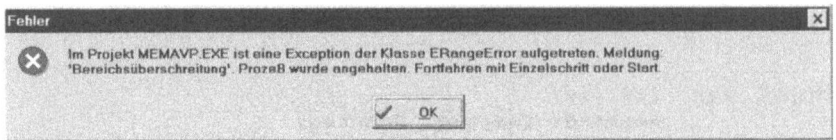

Unabhängig von dieser Markierung erhält man eine Fehlermeldung, die als einzige angezeigt wird, wenn das Programm nicht von der Entwicklungsumgebung
gestartet wird.

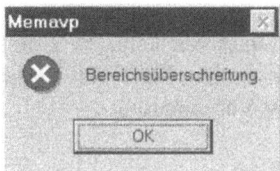

Solche Bereichsüberprüfungen sind vor allem bei der Arbeit mit Arrays (siehe
Abschnitt 3.17) wichtig.

Durch den zusätzlichen Code, der durch die Bereichsüberprüfungen erzeugt wird,
verlangsamt sich die Ausführungsgeschwindigkeit des Programms etwas.

Delphi verwendet direkt nur wenige Datentypen, die Unterbereichstypen sind. Da
aber Arrays auf Unterbereichstypen basieren, spielt dieser Datentyp indirekt doch
eine recht große Rolle.

Eines der wenigen Beispiele ist der Datentyp

    TBorderStyle = bsNone..bsSingle;

der für beliebige Steuerelemente als Unterbereich des Datentyps *TFormsBorder-
Style* (für Formulare) definiert ist.

Anmerkung für C/C++-Programmierer: In C und in C++ gibt es keinen Datentyp, der den Unterbereichstypen entspricht. Insbesondere gibt es keine derart einfache Möglichkeit wie mit {$R+}, zur Laufzeit Bereichsprüfungen durchzuführen. In C++ kann man diese Prüfungen durch einen überladenen []-Operator erreichen.

3.11 Die Systematik der einfachen Datentypen

Ein Teil der in diesem Kapitel bisher vorgestellten Datentypen wird zu den ordinalen Datentypen zusammengefaßt.

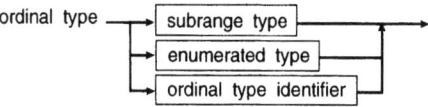

Dabei steht *ordinal type identifier* für den Namen eines vordefinierten **ordinalen Datentyps**. Dazu gehören die vordefinierten Ganzzahldatentypen, die booleschen Datentypen und der Datentyp *Char*.

Die ordinalen Datentypen sind dadurch gekennzeichnet, daß alle möglichen Werte eines solchen Datentyps eine ganzzahlige Ordnungszahl haben: Jeder solche Datentyp hat einen ersten Wert, einen zweiten, einen dritten usw.

Aufgrund dieser Charakterisierung ist es naheliegend, daß für alle ordinalen Datentypen die folgenden Funktionen definiert sind:

– Die Funktion **Ord** (die bereits für den Datentyp Char vorgestellt wurde) ergibt für jeden ordinalen Datentyp dessen Ordnungszahl.

– Die Funktion **Pred** ergibt für jeden Wert eines ordinalen Typs den Wert des Vorgängers. Wird diese Funktion auf den ersten Wert bei aktivierter Bereichsprüfung angewandt, erfolgt ein Laufzeitfehler.

– Die Funktion **Succ** ergibt für jeden Wert eines ordinalen Typs den Wert des Nachfolgers. Wird diese Funktion auf den letzten Wert bei aktivierter Bereichsprüfung angewandt, erfolgt ein Laufzeitfehler.

– Die Funktion **Low** ergibt für jeden ordinalen Datentyp oder Wert den Wert des kleinsten Elements.

– Die Funktion **High** ergibt für jeden ordinalen Datentyp oder Wert den Wert des größten Elements.

Außerdem sind für alle ordinalen Datentypen die Prozeduren

> procedure **Inc**(var x [; n: LongInt]);
> procedure **Dec**(var x [; n: LongInt]);

definiert. Durch diese Prozeduren wird der Wert der ordinalen Variablen x um n erhöht oder erniedrigt bzw. um 1 erhöht oder erniedrigt, wenn kein Wert für n angegeben wird. Diese Prozeduren erzeugen etwas schnelleren Code als die Operationen

> x := x + n; bzw.
> x := x – n;

In der Delphi-Hilfe findet man die Bemerkung, daß bei *Inc* und *Dec* auch bei aktivierter Bereichsprüfung kein Code für eine solche Prüfung erzeugt wird. Wie die folgenden Anweisungen zeigen, scheint diese Behauptung nicht zu stimmen:

```
Var i:0..1;
begin
i := 1;
{$R+}
inc(i); { löst eine Exception aus }
```

Eine Anordnung wie bei den ordinalen Datentypen ist bei den reellen Zahlen der Mathematik nicht möglich: Es gibt keine nächste Zahl nach der Zahl 1,0, da in jeder, auch noch so kleinen, positiven Umgebung einer reellen Zahl unendlich viele solcher Zahlen liegen.

Bei den Gleitkommazahlen, die ja Näherungswerte für die reellen Zahlen der Mathematik darstellen, ist die Antwort nicht ganz so einfach: Da in einem endlichen Bitmuster nur endlich viele Werte dargestellt werden können, existiert auch zu jeder Gleitkommazahl eine nächste. Diese läßt sich allerdings nicht einfach bestimmen. Angesichts der verschiedenen Gleitkommaformate wären die Ergebnisse bei verschiedenen Formaten auch verschieden.

Deshalb gehören die Gleitkommadatentypen nicht zu den ordinalen Datentypen. Diese werden aber mit den Gleitkommadatentypen zu den sogenannten einfachen Datentypen zusammengefaßt:

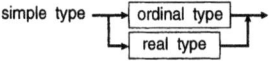

Der Datentyp String ist ein vordefinierter Datentyp, der nicht zu den einfachen Datentypen gehört:

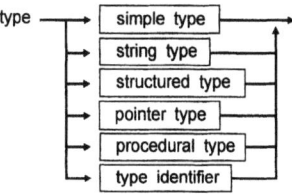

Im folgenden werden noch einige weitere Datentypen vorgestellt. Ein Teil davon gehört zu den strukturierten Datentypen:

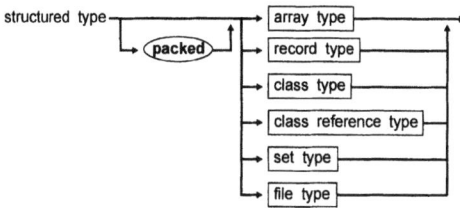

Aufgaben 3.11

1. Beschreiben Sie für die Variablen

```
var   a: (v1,v2,v3);
      u:-3..7;
```

das Ergebnis der folgenden Anweisungen bei einer aktivierten und bei einer deaktivierten Bereichsprüfung:

```
a := high(a);
inc(a)
u := low(i)
u := pred(i);
```

2. Durch sukzessives Anklicken eines Buttons soll die Eigenschaft *BorderStyle* eines Formulars nacheinander alle möglichen Werte annehmen. Nach dem letzten Wert (in der Liste der Aufzählung der Werte) soll wieder der erste Wert gesetzt werden. Der ordinale Wert des aktuellen *BorderStyles* soll auf dem Button angezeigt werden.

3.12 Mengen

In Pascal ist eine Menge eine Zusammenfassung von Ausdrücken desselben ordinalen Grundtyps. Der ordinale Wert des kleinsten Elements der Menge muß ≥ 0 und der des größten Elements ≤ 255 sein.

Ausdrücke des Datentyps Menge werden mit eckigen Klammern gebildet, zwischen denen die Elemente bzw. Elementbereiche aufgeführt und durch Kommas getrennt werden.

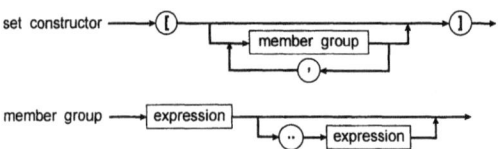

Beispiele: [1, 3, 5]   ist die Menge, deren Elemente die Zahlen 1, 3, 5 sind.

['1', '3', '5']   ist die Menge der Zeichen '1', '3', '5'.

[]   ist die leere Menge, die keine Elemente enthält.

[–1, 0]   ist nicht zulässig, da das kleinste Element ≤ 0 ist.

[0, '1']   ist ebenfalls nicht zulässig, da die Elemente verschiedene Datentypen haben.

Bei Mengen in Pascal kommt es wie bei den Mengen in der Mathematik nicht auf die Reihenfolge an, in der die Elemente aufgeführt werden. Damit sind die beiden Mengen

```
[1, 3, 5] und [3, 1, 5]
```

gleich. Zur Bildung von Mengen können nicht nur Konstanten, sondern auch Ausdrücke eines zulässigen Grundtyps verwendet werden. Mit den Vereinbarungen

```
var i,j:Integer;
    t:(Mo, Di, Mi, Don, Fr, Sa, So)
```

können auch die Mengen

```
[i, j]
[i*j, j+3*i, 13, ord(Don)]
[Mi, succ(Di), pred(Don)]
```

gebildet werden. Dabei muß allerdings darauf geachtet werden, daß die Ausdrücke im Bereich der zulässigen Werte liegen.

Mengen können nicht nur durch die Angabe der einzelnen Elemente gebildet werden, sondern auch durch die Angabe von sogenannten **Elementbereichen**. Dabei werden die Untergrenze und die Obergrenze des Grundtyps angegeben und durch zwei Punkte getrennt. Die Angabe eines Elementbereichs ist gleichwertig zur Aufzählung aller Werte des Grundtyps, die zwischen der Untergrenze und der Obergrenze liegen.

Beispiel: `[1..9]`   `{ = [1, 2, 3, 4, 5, 6, 7, 8, 9] }`
`[Mo..Fr]` `{ = [Mo, Di, Mi, Don, Fr] }`
`['0'..'9','a'..'z','A'..'Z']`

Mit dem reservierten Wort „in" kann geprüft werden, ob ein Element in einer Menge enthalten ist oder nicht. Ein solcher Ausdruck ist ein boolescher Wert.

Beispiel: `1 in [1, 3, 5]`   `{ true }`
`'1' in ['a'..'z']` `{ false }`

Mengen werden oft dazu verwendet, um logische Ausdrücke zu vereinfachen:

Beispiel: Die Bedingung in

```
if (c='n') or (c='b') or (c='i') or (c='d) then
```

ist gleichwertig mit der in

```
if c in ['n', 'b', 'i', 'd'] then
```

Ebenso ist

```
if (('a'<=c) and (c<='z')) or (('A'<=c) and
        (c<='Z')) or (('0'<=c) and (c<='9')) then
```

gleichwertig mit

```
if c in ['a'..'z','A'..'Z','0'..'9'].
```

Neben Ausdrücken des Datentyps Menge können auch Variablen vereinbart werden, deren Datentyp ein Mengentyp (*set type*) ist. Eine solche Variable kann als Wert eine Menge annehmen.

Beispiele: `var z : set of Char;`
`Tage : set of (Mo, Di, Mi, Don, Fr, Sa, So);`
`digset : set of 0..9;`

Nach diesen Vereinbarungen sind die folgenden Wertzuweisungen möglich:

```
digset := [3+4, 5-3]
Tage := [Mo..So]
z := ['a'..'z','Z'..'A','0'..'9']
```

Es gibt in Pascal kein spezielles Sprachelement, mit dem man **alle Elemente einer Menge ausgeben kann**. Um alle Elemente einer Menge auszugeben, muß man für jedes Element des Grundtyps prüfen, ob es in der Menge enthalten ist, und, falls das zutrifft, dieses Element dann ausgeben.

Will man alle Zeichen in einem *set of Char* in einen String aufnehmen, kann man etwa so vorgehen:

```
var s:set of Char;
    c:Char;
    str:string;
begin
str := '';
for c := chr(0) to chr(127) do
    { besser: s auf Buchstaben und Ziffern reduzieren }
  if c in s then
    if c <> ' ' then str := str+' '+c
    else str := str+' '+'<sp>';
```

Für Mengen desselben Grundtyps sind die **Mengenoperationen** + (Vereinigung), * (Durchschnitt) und − (Differenz) definiert. Ihre Bedeutung entspricht der üblichen Bedeutung in der Mathematik.

A + B ist die **Vereinigung** der Mengen A und B und besteht aus den Elementen, die in A oder in B enthalten sind.

```
Beispiel: A := [1, 3, 5];      { var A, B, C, D:set of 0..17 }
          B := [5, 3, 7];
          C := A + B;          { C = [1, 3, 5, 7] }
          C := A + [ ];        { C = A }
          C := A + [1, 2, 4];  { C = [1..5] }
          i := 13;  C := A + [i]; { C = [1, 3, 5, 13] }
          D := D + [0..9];{ D enthält mindestens die Ziffern
                                                     0..9 }
```

A * B ist der **Durchschnitt** der Mengen A und B und besteht aus den Elementen, die in A und in B enthalten sind.

```
Beispiel: A := [1, 3, 5];
          B := [5, 3, 7];
          C := A * B;          { C = [3, 5] }
          C := A * [ ];        { C = [ ] }
          C := A * [1, 2, 4];  { C = [1] }
          i := 7; C := B * [i]; { C = [7] }
          D := D*[0..9];{D enthält höchstens die Ziffern 0..9}
```

A − B ist die **Differenz** der Mengen A und B und besteht aus den Elementen, die in A, aber nicht in B enthalten sind.

```
Beispiel: A := [1, 3, 5];
          B := [5, 3, 7];
          C := A - B;          { C = [1] }
          C := A - [ ];        { C = A }
          C := A - [1, 2, 4];  { C = [3, 5] }
          D := D - [0..9]; {D enthält keine der Ziffern 0..9}
```

Mit den folgenden beiden Prozeduren kann man einer Menge ein Element hinzufügen bzw. aus einer Menge ein Element entfernen:

procedure **Include**(var S: set of T; I:T);

fügt das Element I der Menge S zu – gleichwertig mit S := S +[I]

procedure **Exclude**(var S: set of T;I:T);

entfernt das Element I aus der Menge S – gleichwertig mit S := S +[I]

Der Compiler generiert für diese Prozeduren wesentlich effizienteren Code als für die gleichwertigen Operationen + oder –.

Für Mengen desselben Datentyps sind außerdem noch die folgenden **Vergleichsoperatoren** definiert:

=	(gleich)	<>	(ungleich)
<=	(Teilmenge)	<	(echte Teilmenge)
>=	(Obermenge)	>	(echte Obermenge)

Auch ihre Bedeutung entspricht der üblichen Bedeutung in der Mathematik. Das Ergebnis eines Mengenvergleichs ist ein boolescher Wert.

Beispiele:
```
A := [1, 3, 5];
B := [5, 3, 7];
[1,3] <= A      { true }
[1,3] <  B      { false }
A <= A          { true }
A < A           { false }
(A*B + A*(B-[3])) - [1] = A*B  { true }
```

Intern werden Mengen als Bit-Leisten dargestellt: Für jedes Element des Grundtyps zeigt ein Bit an, ob dieses Element in der Menge enthalten ist oder nicht. Eine Menge eines Grundtyps mit 256 Elementen belegt deswegen 256 Bits (= 32 Bytes) und eine Menge eines Grundtyps mit 8 Elementen 1 Byte.

Beispiel: Der Menge [0] entspricht das Bitmuster der Binärzahl 1,
der Menge [0, 1] das der Binärzahl 3 und
der Menge [0, 1, 2] das der Binärzahl 7.

Delphi verwendet Mengen unter anderem für die Eigenschaft **Style** eines Schriftobjekts (*TFont*). Über diese Eigenschaft wird festgelegt, ob eine Schriftart normal, kursiv, unterstrichen, fett usw. angezeigt wird. Da eine Schriftart gleichzeitig mehrere dieser Attribute haben kann, ist eine Menge ein passender Datentyp.

property Style: TFontStyles;

TFontStyle = (fsBold, fsItalic, fsUnderline, fsStrikeOut);
            { fett, kursiv, unterstrichen, durchgestrichen }
TFontStyles = set of TFontStyle;

Auch der Datentyp der Eigenschaft **BorderIcons** eines Formulars ist eine Menge.

property BorderIcons: TBorderIcons;
TBorderIcon = (biSystemMenu, biMinimize, biMaximize);
TBorderIcons = set of TBorderIcon;

Durch die Elemente dieser Menge wird festgelegt, welche Symbole in der Titelleiste eines Formulars angezeigt werden:

biSystemMenu   das Formular besitzt ein Steuermenü (Systemmenü)
biMinimize   das Formular hat einen Schalter 'Als Symbol ausführen'
biMaximize   das Formular hat einen Schalter 'Vollbild'

Anmerkung für C/C++-Programmierer: In C gibt es keinen Datentyp, der Mengen darstellt.

Aufgaben 3.12

1. Schreiben Sie ein Programm, das ein Fenster anzeigt wie

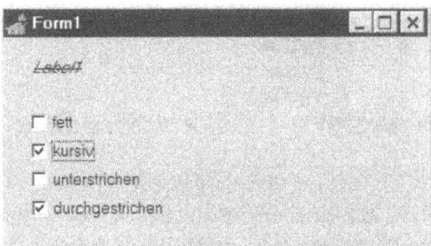

   Falls die CheckBox *fett* markiert wird, soll die Schrift im Label in der Schriftart *fett* angezeigt werden. Wenn diese Markierung entfernt wird, soll die Schriftart nicht mehr *fett* angezeigt werden.

   Entsprechend für die anderen CheckBoxen.

2. Formulieren Sie mit geeigneten Mengenvariablen die Bedingungen in

   a) if (c='j') or (c='J') or (c='n') or (c='N') then ...
   b) if (c='n') or (c='N') then ...
   c) if (c='j') or (c='J') then ...

3.13 Der Konstantenvereinbarungsteil

Der Konstantenvereinbarungsteil

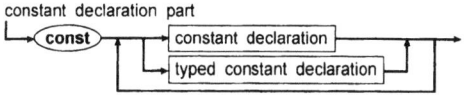

ist ein weiterer Teil des Vereinbarungsteils:

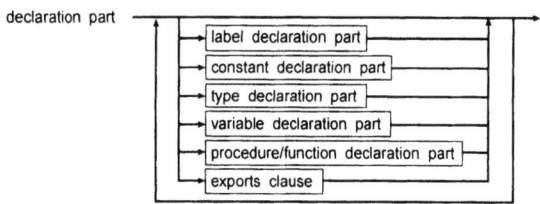

Im Konstantenvereinbarungsteil können Namen für Konstanten vereinbart werden:

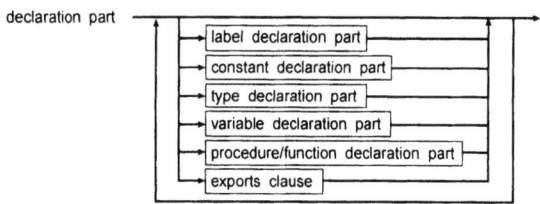

Ein solcher Bezeichner wird auch als **symbolische Konstante** bezeichnet.

Beispiel: `const   min = 0;`
```
         max = 100;
         pi = 3.141592653589793285;{vordef. Funktion}
         Message = 'Hello world...';
         Ziffern = ['0'..'9'];
         Buchstaben = ['A'..'Z','a'..'z'];
         wahr = true;
```

Im Gegensatz zu einer Wertzuweisung wird bei einer Konstantenvereinbarung das Gleichheitszeichen = und nicht das Symbol := verwendet

Bei der Vereinbarung von symbolischen Konstanten können auch Ausdrücke (**constant expressions**) verwendet werden, wenn der Compiler die rechte Seite während der Kompilation auswerten kann.

Beispiel: Mit den Vereinbarungen aus dem letzten Beispiel sind die folgenden Konstantenvereinbarungen möglich:

```
const   MaxData  = 8*(16-1);
        Pi_inv = 1/Pi;
        NumChars = Ord('Z') - Ord('A') + 1;
        Alphanum = Buchstaben + Ziffern;
        NumCells = (Max - Min + 1)*MaxData;
        MessageL = Length(Message);
        ExtSize = SizeOf(Extended);
```

In *constant expressions* können auch die folgenden Funktionen verwendet werden:

Abs	Chr	Hi	High	Length	Lo	Low	Odd
Ord	Pred	Ptr	Round	SizeOf	Succ	Swap	Trunc

Eine symbolische Konstante wird bei der Kompilation durch den Wert ersetzt, den sie darstellt. Der erzeugte Code ist derselbe, wie wenn anstelle der symbolischen Konstanten deren Wert im Programm stehen würde.

Eine symbolische Konstante unterscheidet sich insofern nicht von einer Variablen, als in beiden Fällen ein Wert durch einen Namen bezeichnet wird. Allerdings kann der Wert einer Konstanten während der Laufzeit eines Programms nicht geändert werden. Insbesondere sind keine Wertzuweisungen an symbolische Konstanten möglich.

Die **Verwendung von symbolischen Konstanten** empfiehlt sich **immer dann**, wenn derselbe Wert an mehreren Stellen in einem Programm benutzt wird. Wird die Änderung dieses Wertes notwendig, so muß dieser bei der Verwendung von symbolischen Konstanten nur einmal im Konstantenvereinbarungsteil geändert werden. Verwendet man dagegen explizite Konstanten, muß jede Stelle im Programm geändert werden, an der diese Konstante vorkommt.

Beispiel: `for i := min to max do ...`

Delphi verwendet symbolische Konstanten häufig. So sind die zulässigen Werte für die Eigenschaft **Color**

```
clBlack, clMaroon, clGreen, clOlive, ...
```

symbolische Konstanten, obwohl man vielleicht auf den ersten Blick annehmen könnte, daß das Werte eines Aufzählungstyps sind. Da Windows einen Farbwert in 4 Bytes kodiert, in dem die einzelnen Bytes

QBGR   { Q: reserviert, B: Blauanteil, G: Grünanteil, R: Rotanteil }

den Rot-, Grün- und Blauanteil bedeuten, wäre ein Aufzählungstyp nicht geeignet. Einige Beispiele (alle Farbwerte hexadezimal):

$000000FF	reines Rot
$0000FF00	reines Grün
$00FF0000	reines Blau
$00000000	Schwarz
$0000FFFF	Gelb
$00FF00FF	Magenta
$00FFFF00	Cyan
$00FFFFFF	Weiß

Für das oberste Byte Q sind nur die drei Werte 0, 1 und 2 möglich. Diese entscheiden über die Auswahl der Farbpalette, aus der der nächstliegende Farbwert ausgewählt wird.

Aus diesem Grund ist der Datentyp für Farben ein Unterbereichstyp, der den zulässigen Bereich im Rahmen dieser Grenzen nach oben begrenzt:

TColor = –(COLOR_ENDCOLORS + 1)..$02FFFFFF;

Ein weiteres Beispiel für symbolische Konstanten sind die zulässigen Werte für die Eigenschaft **Cursor**:

```
crDefault, crArrow, crCross, crIBeam, crSize, crSizeNESW,
crSizeNS, crSizeNWSE, crSizeWE, crUpArrow, crHourGlass,
crNoDrop, crHSplit, crVSplit
```

Anmerkung für C/C++-Programmierer: In älteren C-Compilern konnten symbolische Konstanten nur über Präprozessor-Makros definiert werden. Neuere C-Compiler ermöglichen die Angabe von *const* bei einer Variablenvereinbarung.

3.14 Initialisierte Variablen

In Delphi 2 können sogenannte globale Variablen mit ihrer Deklaration in einem Vereinbarungsteil initialisiert werden:

Beispiel: **var i:Integer=10;**

In Delphi 1 ist eine Initialisierung von Variablen nur in einem Konstantenvereinbarungsteil als *typed constant declaration* möglich. Dasselbe gilt für sogenannte lokale Variablen in Delphi 2:

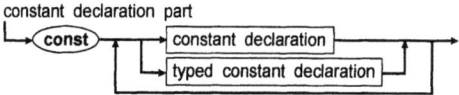

Solche typisierten Konstanten haben allerdings überhaupt nichts mit symbolischen Konstanten zu tun, die während der Kompilation durch die entsprechenden Werte ersetzt werden. Vielmehr handelt es sich dabei um „ganz normale Variablen", die beim Programmstart (also nur ein einziges Mal) mit dem angegebenen Wert initialisiert werden. Insbesondere können solche „Konstanten" auch auf der linken Seite einer Wertzuweisung verwendet werden.

Bei der Vereinbarung einer typisierten Konstanten muß der Datentyp angegeben werden:

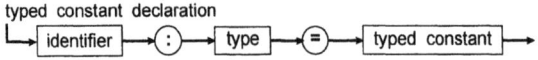

Beispiele: Nach den Vereinbarungen

```
const i:Integer = 0;
      c:Char = 'a';
      sum:Extended = 0;
      s:string = '';
      chs:set of Char = [];
```

sind insbesondere die folgenden Wertzuweisungen möglich:

```
i := i + 1;
sum := sum + i;
chs := chs + [c];
```

Die Initialisierung von Variablen im Konstantenvereinbarungsteil ist eine konzeptionelle Schwäche (weil Konstanten etwas ganz anderes sind als Variablen), die sich von frühen Versionen von Turbo Pascal bis in Delphi 1 erhalten hat. Sie wird in Delphi 2 dadurch korrigiert, daß man mit den Compilerbefehl

```
{$J+} oder {$WRITEABLECONST ON}
{$J-} oder {$WRITEABLECONST OFF}
Voreinstellung: {$J-} bzw. {$WRITEABLECONST OFF}
```

steuern kann, ob typisierte Konstanten verändert werden können oder nicht. Mit der Einstellung {$J-} führt jede Wertzuweisung an die Konstante zu einer Fehlermeldung des Compilers.

Anmerkungen für C-Programmierer: Den typisierten Konstanten entsprechen in C die mit ihrer Deklaration initialisierten Variablen. Auch diese werden nur einmal beim Programmstart initialisiert.

3.15 Der Typvereinbarungsteil

Der Typvereinbarungsteil ist ein Teil des Vereinbarungsteils, in dem man Namen für Datentypen vereinbaren kann. Er beginnt mit dem reservierten Wort *type*, auf das eine oder mehrere Typvereinbarungen folgen:

In einer Typvereinbarung wird links von einem Gleichheitszeichen ein Name angegeben, der anschließend für den Datentyp rechts vom Gleichheitszeichen steht:

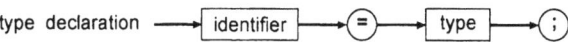

Nach einer solchen Typvereinbarung ist der für einen Datentyp vereinbarte Name gleichwertig mit diesem Datentyp.

Beispiel: Nach den Typvereinbarungen

```
type TCharSet = set of Char;
     Real = Extended; { ermöglicht in einem Pro-
            gramm, das den Datentyp Real verwendet,
            diesen Datentyp mit einer einzigen De-
            klaration durch Extended zu ersetzen }

     TKleinbuchstabe = 'a'..'z';
                       { Unterbereichstyp von Char }

     TZiffernIndex = ord('0')..ord('9');
        { ein Datentyp kann auch über Ausdrücke
          definiert werden, die der Compiler aus-
          werten kann }

     TName = string[20];
```

sind die Variablenvereinbarungen

```
var cs:TCharSet;
    k:TKleinbuchstabe;
    z:TZiffernIndex;
    n:TName;
```

gleichwertig mit

```
var cs: set of Char;
    k: 'a'..'z';
    z: ord('0')..ord('9');
    n: string[20];
```

Der Unterschied zwischen diesen beiden Vereinbarungen besteht lediglich darin, daß der Datentyp von K im ersten Fall einen eigenen Namen hat und im zweiten Fall nicht.

Im Gegensatz zu den vordefinierten Datentypen (*Integer*, *Real* usw.) wird ein im Typvereinbarungsteil vereinbarter Datentyp auch als **selbstdefinierter Datentyp** bezeichnet.

Im letzten Beispiel wurde als erster Buchstabe für den Namen des Datentyps ein „T" gewählt. Dieser Anfangsbuchstabe wird in Delphi ziemlich durchgängig verwendet, um Datentypen zu kennzeichnen. Praktisch alle Bezeichner, die in einem Typvereinbarungsteil vereinbart wurden, beginnen mit einem „T". Entsprechend beginnen die meisten Pointertypen mit einem „P".

Beispiel: `type TEdit = ...`
           `TForm = ...`
           `PChar = ^Char;`

Mit selbstdefinierten Datentypen kann man die vordefinierten Datentypen um Datentypen erweitern, die für die Lösung spezifischer Probleme angemessen sind. Unabhängig davon verlangt Object Pascal oft für einen Datentyp einen Bezeichner und akzeptiert keinen beliebigen Datentyp.

Anmerkung für C/C++-Programmierer: Einer Typvereinbarung in Pascal entspricht in C/C++ eine Deklaration mit *typedef*. Außerdem sind in C/C++ Typdefinitionen in *struct*- und *enum*-Deklarationen möglich.

3.16 Gleichheit und Kompatibilität von Datentypen

Das Konzept des Datentyps wurde deshalb in zahlreiche Programmiersprachen aufgenommen, damit der Compiler bereits während der Kompilation möglichst viele sinnlose oder falsche Anweisungen erkennen kann. So wird über den Datentyp entschieden,

— ob ein aktueller Parameter für einen formalen eingesetzt werden kann,

— ob zwei Ausdrücke mit einem Vergleichsoperator verglichen werden können oder

— ob ein Ausdruck einer Variablen zugewiesen werden kann oder nicht.

Auf den ersten Blick erscheint es als naheliegend, wenn ein Compilerbauer in all diesen Fällen verlangt, daß die beteiligen Ausdrücke denselben Datentyp haben. Weil dadurch aber Operationen ausgeschlossen werden, die durchaus sinnvoll sein können (wie die Zuweisung einer Ganzzahl an eine Gleitkommavariable), wird diese Anforderungen in praktisch allen Programmiersprachen durch Sonderregeln aufgelockert.

Allerdings ist die Frage, wann zwei Variablen denselben Datentyp haben sollen, gar nicht so einfach zu beantworten. Daß der Datentyp der Variablen

```
var v1, v2:Datentyp;
```

gleich sein soll, ist naheliegend. Nicht ganz so einfach ist es mit den beiden Variablen *s9* und *e*:

```
var s9:string[9];
    e:Extended;
```

Einerseits belegen beide gleich viele Bytes und können einander deshalb problemlos zugewiesen werden. Andererseits bezeichnen sie völlig verschiedene Inhalte und sollten einander aus diesem Grund vielleicht doch nicht zugewiesen werden können. Wenn man diese aber als verschieden ansieht, wie soll man sich dann bei

```
type TGrad = Integer;
var   g:TGrad;
      x:Integer;
```

entscheiden? Falls man den Datentyp von g nicht als Ganzzahldatentyp betrachtet: Soll man für g die Ganzzahloperationen +, – usw. zulassen oder nicht?

Object Pascal hat die Gleichheit von Datentypen folgendermaßen definiert: **Zwei Datentypen T1 und T2 sind gleich,** wenn

1. T1 und T2 dieselben Bezeichner sind oder

2. T1 und T2 durch einen dritten gemeinsamen Bezeichner definiert sind.

Die zweite Bedingung bedeutet, daß T1 und T2 auch dann gleich sind, wenn ihre Namen verschieden, aber beide durch einen gemeinsamen Datentyp definiert sind.

Beispiel: Mit den Typvereinbarungen

```
T1 = Integer;
T2 = T1;
T3 = Integer;
T4 = T2;
```

sind die Datentypen *T1*, *T2*, *T3* und *T4* identisch. Dagegen sind nach

```
T5 = array[1..10] of Integer;{Arrays werden im}
T6 = array[1..10] of Integer;{nächsten Abschnitt}
                             {vorgestellt}
```

T5 und *T6* nicht gleich, weil „array .." kein Bezeichner ist.

Werden mehrere **Variablen** in einer einzigen Variablendeklaration vereinbart, haben sie denselben Datentyp. Werden sie dagegen in getrennten Deklarationen vereinbart ergibt sich ihr Datentyp aus dem Datentyp, der bei der Deklaration angegeben wird. Die Betonung liegt hierbei auf „Variablenvereinbarung": Ein Variablenvereinbarungsteil kann aus verschiedenen Variablenvereinbarungen bestehen.

Beispiel: Nach den Variablenvereinbarungen

```
var v1,v2:array[1..10] of Integer;
```

haben v1 und v2 denselben Datentyp. Nach

```
var v1:array[1..10] of Integer;
    v2:array[1..10] of Integer;
```

ist der Datentyp von v1 und v2 dagegen verschieden. Die Variablen

```
var v3:Integer;
    v4:T1; { vom letzten Beispiel }
    v5:Integer
```

haben dagegen alle denselben Datentyp, weil die Datentypen identisch sind.

Würde man beim Vergleich von zwei Operanden verlangen, daß ihre Datentypen gleich sind, wäre es nicht möglich, eine Gleitkommavariable und einen Ganzzahlwert mit einem der Vergleichsoperatoren <, <=, = usw. zu vergleichen. Deshalb wird für solche Vergleiche nicht verlangt, daß die beiden Operanden gleich sind, sondern nur, daß sie **kompatible Datentypen** haben.

Im „Object Pascal Language Guide" (Borland 1995, Kap. 3) und in der Online-Hilfe von Delphi 2 findet man eine ausführliche Liste mit den Bedingungen, wann zwei Datentypen in Object Pascal kompatibel sind. Ein kleiner Auszug:

– beide Datentypen sind gleich

– beide Datentypen sind Gleitkommadatentypen

– beide Datentypen sind Ganzzahldatentypen

– ein Datentyp ist ein Unterbereich des anderen Datentyps

– beide Datentypen sind ein Unterbereich eines gemeinsamen Datentyps

– beide Datentypen sind Mengentypen mit demselben Basistyp

Auch für Wertzuweisungen wird nicht die Gleichheit der Datentypen verlangt, sondern ebenfalls nur eine abgeschwächte Anforderung, die als **Wertzuweisungskompatibilität** bezeichnet wird. Die Bedingungen werden im Abschnitt über Wertzuweisung angesprochen.

Anmerkung für C/C++-Programmierer: Die Regeln für die Typgleichheit sind ähnlich wie in Object Pascal. Es gibt allerdings zahlreiche kleine, aber feine Unterschiede, auch zwischen C und C++.

3.17 Arrays

Alle bisher vereinbarten Variablen wurden unter einem eigenen Namen vereinbart. Diese Vorgehensweise ist allerdings jedoch unpraktisch, wenn man eine größere Anzahl von Variablen vereinbaren will:

```
var x1,x2,x3,x4,x5:Integer;{ 1000 Variablen zu deklarie-
                        ren wäre eine pädagogisch wertvolle
                        Strafarbeit für unaufmerksame Studenten }
```

Auch die Arbeit mit diesen Variablen ist recht umständlich: Da jede Variable nur wie in

```
x1 := 1;
x2 := 4;
x3 := 9;
x4 := 16;
x5 := 25;
```

unter ihrem Namen angesprochen werden kann, ist es nicht möglich, die einzelnen Variablen in einer Schleife anzusprechen:

```
for i := 1 to 5 do xi := i*i; { geht nicht, da xi ein
                                Bezeichner ist }
```

Diese umständliche Vorgehensweise läßt sich vermeiden, wenn die Variablen nicht einzeln, sondern gemeinsam als **Array** vereinbart werden. Ein Array ist eine Zusammenfassung von Variablen desselben Datentyps unter einem einzigen Namen, wobei die einzelnen Variablen über einen sogenannten **Index** angesprochen werden können. Als Index kann ein Ausdruck und damit insbesondere eine Variable angegeben werden.

Ein Array wird vereinbart, indem als Datentyp ein Array-Typ angegeben wird:

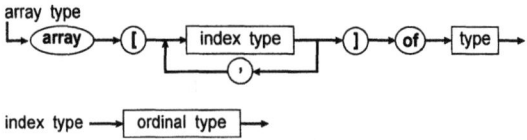

Hier steht *index type* für den **Datentyp der Indizes**. Das kann ein beliebiger ordinaler Datentyp sein, ist aber oft ein Unterbereichstyp, bei dem die Untergrenze und die Obergrenze der Indexwerte durch zwei Punkte getrennt werden.

Werden mehrere Indextypen durch Kommas getrennt, erhält man **mehrdimensionale Arrays**. *type* bezeichnet den **Datentyp der Komponenten** des Arrays und kann ein beliebiger Datentyp sein.

Die **Indexgrenzen** eines Arrays müssen zum Zeitpunkt der Kompilation des Programms festliegen, d. h. Konstanten sein. Es ist insbesondere nicht möglich, die Größe eines Arrays während der Laufzeit des Programms festzulegen oder zu verändern.

Der Speicherplatzbedarf eines Arrays ergibt sich aus der Anzahl der Komponenten, multipliziert mit ihrem jeweiligen Speicherplatzbedarf.

Bei der Vereinbarung eines Arrays muß beachtet werden, daß seine Größe im Rahmen der zulässigen Speichergrenzen liegt. Unter Delphi 1 liegt die Obergrenze bei 64 KB und ist tatsächlich meist noch kleiner. Die Obergrenze von 2 GB unter Delphi 2 dürfte meist keine Einschränkung darstellen.

Beispiele: Die folgenden Arrays können unter Delphi 1 und 2 vereinbart werden:

```
const min_a = 1; Max_a = 400;
      max_p = 1000;
type TMatrix = array[-2..4,0..100] of Extended;
var Primzahlen: array[1..max_p] of Boolean;
    A: array[min_a..max_a] of Char;
    s: array[13..65] of string[80];
    x,y: TMatrix;
    n: array[-2..4] of array[0..100] of Real;
    c: array[Char] of Integer;
    b: array[Byte] of Real;
```

Hier sind die Arrays *x* und *n* gleichwertig: Das zweidimensionale Array x entspricht einem Array, dessen Zeilen wieder Arrays sind.

Da die folgenden Array-Deklarationen mehr als 64 KB belegen, sind diese nur in Delphi 2 möglich, nicht jedoch in Delphi 1:

```
var a1:array[1..1000000] of Extended;
    a2:array[SmallInt] of string;
```

Es ist in der Regel immer empfehlenswert, die **Unter- und Obergrenzen über symbolische Konstanten zu definieren** und diese symbolischen Konstanten immer dann zu verwenden, wenn man die Unter- und Obergrenzen anspricht. Falls es dann einmal notwendig sein sollte, die Größe des Arrays zu ändern, müssen nur diese Konstanten geändert werden.

Die einzelnen **Komponenten** eines Arrays können über ihren **Index** angesprochen werden, der in eckigen Klammern nach dem Namen des Arrays angegeben wird. Der Index muß ein Ausdruck des Datentyps sein, der für die Indizes vereinbart wurde. Insbesondere kann der Index eine Variable oder ein arithmetischer Ausdruck sein. Bei mehrdimensionalen Arrays wird für jede Dimension ein Index angegeben, und diese werden durch Kommas getrennt.

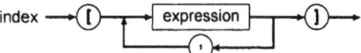

Jede Komponente eines Arrays ist eine Variable des Datentyps, der als Datentyp der Komponenten bei der Vereinbarung des Arrays angegeben wurde.

Beispiel: Nach den Vereinbarungen des letzen Beispiels ist

a[10]	eine Variable des Datentyps *Char*,
x[1,5]	eine Variable des Datentyps *Real*,
n[1][5]	eine Variable des Datentyps *Real*,
Primzahlen[2]	eine Variable des Datentyps *Boolean*.

Die zweidimensionalen Arrays x und n sind dabei gleichwertige Vereinbarungen. Insbesondere lassen sich diese folgendermaßen ansprechen:

```
x[3][4]:= 1;
x[3,4] := 2;
n[3][4]:= 1;
n[3,4] := 2;
```

Den Datentyp **String** von Delphi 1 sowie die sogenannten kurzen Strings von Delphi 2 kann man sich durch

```
type string[L] = array[0..L] of Char;
```

vereinbart vorstellen, obwohl das genaugenommen nicht stimmt, da das erste Element s[0] – das die Länge enthält – den Datentyp *Byte* hat. Damit kann man das i-te Zeichen eines Strings s durch s[i] und die Länge mit s[0] ansprechen.

Beispiel: Ein solcher String wird durch

```
var i:Integer;
```

```
        s:string;

    for i := 1 to ord(s[0]) do s[i] := UpCase(s[i]);
```

in Großbuchstaben umgewandelt.

Wegen der völlig anderen internen Darstellung der langen Strings unter Delphi 2 ist hier ein Zugriff auf s[0] nicht möglich, und man muß statt dessen *Length* oder *SetLength* verwenden. Bei kurzen Strings kann s[0] wie in Delphi 1 angesprochen werden.

Die Werte eines Arrays können einem anderen Array mit dem **Wertzuweisungs-operator** zugewiesen werden, wenn es denselben Datentyp hat.

Beispiel: Nach der Vereinbarung der Arrays x und y wie im vorletzten Beispiel ist die Wertzuweisung

```
    x := y;
```

möglich. Das Ergebnis dieser Wertzuweisung ist dasselbe wie das von

```
    for i := -2 to 4 do
      for j := 0 to 100 do
        x[i,j] := y[i,j];
```

Allerdings dauert die Ausführung dieser Schleife länger als die Wertzuweisung der Arrays.

Da der Index ein beliebiger Ausdruck des Datentyps sein kann, der für die Indizes vereinbart wurde, sind nach der Vereinbarung einer Variablen i des Datentyps Integer auch die folgenden Ausdrücke als Index zulässig:

```
    a[i],   a[i*i+19],   a[round(x[i+16])]
```

Beim Zugriff auf eine Array-Komponente wird die zugehörige Speicheradresse über die Anfangsadresse des Arrays, den Index und die Größe der Komponenten berechnet. Wenn dabei ein Index angegeben wird, der nicht im Wertebereich des Indextyps bei der Vereinbarung des Arrays liegt, werden Speicherbereiche angesprochen, die nicht für das Array reserviert sind. Man sollte deshalb **immer darauf achten, daß der Index im Wertebereich des Indextyps liegt**, der bei der Vereinbarung des Arrays angegeben wurde.

Beispiel: Nach den Vereinbarungen

```
        var i:Integer;
            a:array[1..100] of Integer;
```

wird in

```
procedure TForm1.Button1Click(Sender: TObject);
begin
i := 0;
a[i] := 17;
end;
```

dem Array-Element a[0] ein Wert zugewiesen, obwohl dieses überhaupt nicht vereinbart wurde. Da der Compiler die Adressen von
globalen Variablen in der Reihenfolge ihrer Deklaration vergibt, wird
durch die Anweisung

```
a[i] := 17; { mit i = 0 }
```

die Speicheradresse angesprochen, die um SizeOf(Integer) Bytes vor
dem Array a liegt. Das ist aber gerade die Variable i. Damit erhält
durch die Anweisung

```
a[i] := 17;
```

die Variable i den Wert 0!

Offensichtlich sind solche Fehler oft nicht leicht zu finden, da das Ergebnis
dieser Anweisung nicht unmittelbar aus dem Programmtext hervorgeht. Falls
dabei Speicherbereiche angesprochen werden, die keinen Variablen entsprechen
(z. B. durch a[−1] im letzten Beispiel), kann man das Verhalten eines Programms
nachhaltig beeinträchtigen (Programmabsturz, allgemeine Schutzverletzung).

Derartige Fehler können nur auftreten, wenn der Indextyp ein Unterbereichstyp
ist, also nach

```
var a:array[1..10]
```

nicht jedoch nach der Vereinbarung

```
var a:array[Char]
```

Folglich kann man solche Fehler erkennen, wenn man den Compilerbefehl
{$R+} für **Bereichsüberprüfungen (range checks)** aktiviert:

```
{$R+}
i := 0;
a[i] := 17;
```

Dann erzeugt der Compiler bei jedem Zugriff auf einen Unterbereichstyp
(insbesondere also auf einen solchen Indextyp bei einem Array) zusätzliche
Anweisungen, durch die geprüft wird, ob der angesprochene Index im Bereich
des Indextyps liegt. Falls das nicht zutrifft, wird eine Fehlermeldung erzeugt, wie
das schon im Abschnitt „Unterbereichstypen" beschrieben wurde.

Die etwas längere Laufzeit durch die zusätzlichen Überprüfungen fällt während
der Entwicklungszeit eines Programms in der Regel nicht ins Gewicht und wird
durch Einsparungen bei der Fehlersuche meist mehr als kompensiert. Falls das
Programm „zeitkritisch" ist, kann man diese Prüfungen vor der Auslieferung
wieder entfernen. Wenn es allerdings nicht auf diese paar Prozent Geschwindigkeit ankommt, sollte man im Einzelfall abwägen, ob man sie im Programm läßt
oder nicht: Einerseits ist es oft ein beruhigendes Gefühl, wenn man sicher sein
kann, daß solche Fehler gemeldet werden. Andererseits kann es aber auch
manchmal sinnvoll sein, solche Fehler zu ignorieren und den Anwender nicht
durch Fehlermeldungen zu verunsichern (ich weiß, daß dieses Argument sehr
fragwürdig ist).

Wenn man alle Komponenten eines Arrays in einer Schleife ansprechen will,
kann man den Zugriff auf nicht vereinbarte Komponenten dadurch verhindern,
daß man die Komponenten des Arrays durch die Laufvariable einer *for*-**Schleife**
anspricht, deren Anfangswert die Untergrenze und deren Endwert die Obergrenze des Indexbereichs ist. Wurden die Array-Grenzen als symbolische
Konstanten vereinbart, kann man sie in der *for*-Anweisung verwenden.

Beispiel: Nach der Vereinbarung

```
const min = 0;
      max = 10;
var a:array[min..max] of Integer;
```

wird durch die *for*-Schleife

```
for i:= min to max do a[i] := ...
```

sichergestellt, daß keine unzulässigen Array-Elemente angesprochen
werden. Wie bereits früher festgestellt wurde, gilt das auch noch nach
einer Änderung der Array-Grenzen.

Will man ein Array A mit 1..n Komponenten (z. B. des Datentyps Integer)
aufsteigend sortieren, kann man folgendermaßen vorgehen:

–   Zuerst sucht man im Indexbereich 1..n nach dem Index des kleinsten
    Elements:

```
min := 1;
for j := 2 to n do
   if a[j] < a[min] then min := j;
```

Danach vertauscht man a[1] mit a[min], so daß das kleinste Element in
Position 1 steht.

–   Diese Vorgehensweise wiederholt man für die Indexbereiche 2 .. n, 3 .. n bis schließlich n–1 .. n. Dadurch wird sukzessive das zweitkleinste Element an die Position 2, das drittkleinste an die Position 3 übertragen usw.

Dieses Sortierverfahren wird als **Sortieren durch Auswahl** bezeichnet und durch den folgenden Algorithmus beschrieben:

```
for i := 1 to Satzzahl-1 do
  begin
    min := i;
    for j := i+1 to Satzzahl do
      if A[j] < A[min] then min := j;
    x := a[i];
    a[i] := a[min];
    a[min] := x;
  end;
end;
```

Array-Variablen können als **typisierte Konstanten** mit Array-Konstanten initialisiert werden:

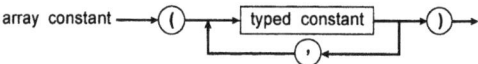

Dabei werden die Werte der Konstanten getrennt durch Kommas aufgelistet. Der Compiler prüft bei der Kompilation, ob die Anzahl der deklarierten Komponenten mit der Anzahl der angegebenen Komponenten übereinstimmt.

Beispiel: Nach der Vereinbarung

```
const Vornamen:array[1..3] of string[10]=
                        ('Franz', 'Hans', '');
```

haben die Komponenten der Variablen *Vornamen* die Werte

```
Vornamen[1] = 'Franz'
Vornamen[2] = 'Hans'
Vornamen[3] = ''
```

Arrays of Char können sowohl mit einzelnen Zeichen als auch als String initialisiert werden. Die folgenden beiden Initialisierungen sind vom Ergebnis her gleichwertig:

```
const Ziffern: array[0..9] of Char =
        ('0', '1', '2', '3', '4', '5','6', '7', '8', '9');
const Ziffern: array[0..9] of Char = '0123456789';
```

Arrays of Char, bei denen der untere Index 0 ist, können mit weniger Zeichen initialisiert werden als das Array Komponenten hat, wenn die erweiterte Syntax mit der Compilerbefehl {$X+} aktiviert ist. Die restlichen Zeichen werden dann mit Nullen aufgefüllt. Allerdings wird auch ein eventueller Schreibfehler wie in *Ziffern* nicht entdeckt:

```
const FileName : array[0..79] of Char = 'c:\config.sys';
const Ziffern: array[0..9] of Char = '012345689'; { 7! }
```

Mehrdimensionale Array-Konstanten werden dadurch definiert, daß jede Dimension durch ein zusätzliches Klammernpaar zusammengefaßt wird. Die innersten Konstanten entsprechen den am weitesten rechts aufgeführten Indizes in der Array-Deklaration.

Beispiel: Nach der Deklaration

```
const c:array[0..1,1..4] of Integer =
                        ((1,2,3,4),(5,6,7,8));
```
hat c die Werte
```
c[0,1] = 1, c[0,2] = 2, c[0,3] = 3, c[0,4] = 4,
c[1,1] = 5, c[1,2] = 6, c[1,3] = 7, c[1,4] = 8
```

In dieser Darstellung werden die Werte von mehrdimensionalen Arrays auch im Debugger angezeigt:

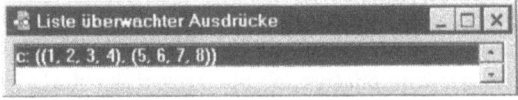

Delphi verwendet Arrays bei seinen Komponenten nur relativ selten. Allerdings sind zahlreiche Eigenschaften von Komponenten sogenannte **Array-Eigenschaften**. Das sind zwar überhaupt keine Arrays, sie werden aber wie Arrays angesprochen. Da es keine Arrays sind, sind Bereichsüberprüfungen wirkungslos. Die entsprechenden Fehler werden aber durch eine eigene Fehlerbehandlung abgefangen. Einige Beispiele:

1. Die Komponenten *TBitmap*, *TForm*, *TImage*, *TPaintBox*, *TPrint* sowie verschiedene andere enthalten eine Komponente **Canvas**, die eine Zeichenfläche darstellt. Die einzelnen Punkte dieser Zeichenfläche kann man über die Array-Eigenschaft **Pixels** ansprechen

   property **Pixels**[X, Y: LongInt]: TColor;

   wobei x und y die Koordinaten eines Pixels sind. Da die Koordinaten in einem Formular links oben durch (0,0) und rechts unten durch (ClientWidth–1, ClientHeight–1) gegeben sind, zeichnet

```
for i := 0 to ClientWidth-1 do
  Canvas.Pixels[i,round(1.0*i*(ClientHeight-1)
                              /(ClientWidth-1)] := clRed;
```

eine rote Gerade durch das Formular. Selbstverständlich wird man eine Gerade normalerweise nicht aus einzelnen Punkten zusammensetzen, sondern durch einen einzigen Aufruf als Linie:

```
Canvas.pen.color := clRed;
Canvas.MoveTo(0,0);
Canvas.LineTo(ClientWidth-1,ClientHeight-1);
```

2. Die Komponente *TStrings*, die unter anderem von einem Memo oder in einer ListBox verwendet wird, enthält die Anzahl der Zeilen in der Komponente *Count* und die einzelnen Zeilen in *Lines[i]* (bei einem Memo).

3. Die Grid-Komponenten *TStringGrid* und *TDrawGrid* enthalten eine Array-Eigenschaft *Cells*. Durch *Cell[i,j]* wird die Zelle in Zeile i und Spalte j angesprochen.

Anmerkungen für C-Programmierer: Die Arrays von Pascal entsprechen weitgehend denen von C. Allerdings verwendet C teilweise eine andere Syntax als Pascal: Der Name eines Arrays stellt immer die Adresse des ersten Elements dar, so daß es nicht möglich ist, ein Array als Ganzes anzusprechen. Das erste Element hat immer den Index 0 und das letzte den Index $n-1$ (wenn n Komponenten vereinbart wurden). In C gibt es keine Möglichkeit, automatische Bereichsprüfungen wie mit {$R+} zu aktivieren.

Aufgaben 3.17

1. **Sieb des Eratosthenes**

   Wenn man die ersten 100 Primzahlen bestimmen will, kann man der Reihe nach alle Zahlen daraufhin prüfen, ob sie keine Teiler haben. Diese Vorgehensweise ist allerdings mit vielen doppelten Divisionen verbunden.

   Effizienter ist ein Verfahren, das nach dem griechischen Mathematiker Eratosthenes benannt ist: In einer Liste der Zahlen 1 bis 100 streicht man nacheinander zuerst alle Vielfachen von 2, dann alle Vielfachen von 3, 5 usw. Die Zahlen, die dabei übrigbleiben, sind dann die Primzahlen.

   Realisieren Sie dieses Verfahren mit einem *array[1..n] of Boolean*. Alle Werte in diesem Array erhalten zunächst den Wert *true*.

2. Verwendet man ein **Array als Datenspeicher**, sind nicht immer alle Elemente belegt. Legt man z. B. Benutzereingaben in einem Array ab, wird der erste eingegebene Datensatz unter A[1] gespeichert, der zweite unter A[2] usw.

Ein Zähler (z. B. mit dem Namen *Satzzahl*) gibt dabei an, wieviele Datensätze eingegeben wurden. Ein jeweils neuer Satz wird dann immer an der Position A[Satzzahl] im Array abgelegt, nachdem *Satzzahl* um 1 erhöht wurde.

Realisieren Sie diese Vorgehensweise mit einem *array [1..100] of String[20]*. Beim Anklicken eines Buttons für *Einfügen* soll der aktuelle Text aus einem Edit-Fenster im Array abgelegt werden. Durch Anklicken eines Buttons *Ausgeben* sollen alle im Array gespeicherten Strings in einem Memo-Fenster angezeigt werden.

Erweitern Sie dieses Programm um einen Button mit der Aufschrift *Loeschen*. Nach dem Anklicken dieses Buttons soll nach dem Index desjenigen Datensatzes gefragt werden, der gelöscht werden soll. Falls dieser Index einen zulässigen Datensatz bezeichnet, wird dieser anschließend gelöscht.

3. Erweitern Sie das Programm der letzten Aufgabe um einen Button mit der Aufschrift *AuswahlSort*. Nach dem Anklicken des Buttons sollen die Strings des Arrays alphabetisch aufsteigend sortiert werden.

4. Die Datenstruktur **Stack**

Ein **Stack** ist eine Datenstruktur, die man mit einem Stapel von zerbrechlichen Tellern vergleichen kann: Auf diesen Stapel kann man immer entweder nur einen neuen Teller obendrauf legen oder den obersten Teller wegnehmen. Andere Operationen (wie einen Teller unterhalb des obersten wegzunehmen) sind verboten, da die darüber liegenden herunterfallen und zerbrechen könnten. Diese beiden zulässigen Operationen werden dabei üblicherweise als **push** (für „obendrauf legen") und **pop** (für „den obersten wegnehmen") bezeichnet.

Realisieren Sie einen Stack mit einem Array of String. Bei jedem Anklicken eines Buttons mit der Aufschrift *push* soll der String von einem Edit-Fenster auf den Stack gelegt werden (sofern noch Platz frei ist). Durch Anklicken eines Buttons mit der Aufschrift *pop* soll der oberste String vom Stack entfernt (falls dieser ein Element enthält) und in einem Memo-Fenster angezeigt werden. Verwenden Sie dazu eine Variable *StackPtr*, die immer den Index des obersten Elements enthält.

5. **Monte-Carlo-Simulation** des Geburtstagsproblems von Mises

Bei vielen Problemen kann man eine explizite Lösung nur schwierig oder überhaupt nicht finden. In solchen Fällen können Simulationen hilfreich sein. Sind diese mit Zufallszahlen verbunden, bezeichnet man sie auch als Monte-Carlo-Simulationen (nach dem Spielerparadies).

Schreiben Sie ein Programm zur Simulation des Geburtstagsproblems von Mises (siehe Aufgabe 3.5.7). Sie können dazu folgendermaßen vorgehen:

Ein Array mit 365 Elementen soll die Tage eines Jahres darstellen. Mit dem Zufallszahlengenerator Random(365) wird dann für alle Personen im Raum ein Geburtstagsdatum ermittelt und im Array für die Tage ein Zähler hochgesetzt. Falls nach einem solchen Versuch mindestens ein Zähler den Wert 2 oder mehr hat, haben zwei oder mehr Personen an einem Tag Geburtstag. Diese Vorgehensweise kann dann mehrfach (z. B. 1000mal) wiederholt werden.

6. **Tröpfelverfahren zur Berechnung der ersten 5000 Stellen von π**

Im Jahr 1995 haben die beiden Mathematiker Rabinowitz und Wagon einen Algorithmus vorgestellt, mit dem man die Kreiszahl π auf beliebig viele Stellen berechnen kann (Rabinowitz/Wagon 1995, außerdem Stewart 1995).

Im Gegensatz zu den meisten anderen Algorithmen zur Berechnung von π wird dabei der Näherungswert nicht als Gleitkommazahl berechnet. Vielmehr liefert dieses Verfahren eine Ziffer nach der anderen als Ganzzahl und wird deshalb auch als Tröpfelverfahren bezeichnet (weil die Ziffern wie aus einem Wasserhahn tröpfeln). Es beruht auf einer Reihendarstellung von π, die als Darstellung zu einer gemischten Basis betrachtet wird. Diese Darstellung wird dann in das Dezimalsystem umgerechnet.

1. Um die ersten n=31 Stellen von π zu berechnen, definiert man ein Array A mit 3*n+1 LongInt-Elementen und initialisiert alle Werte auf 2. Eine Ganzzahlvariable U für die Überträge erhält den Wert 0.

   Dann wiederholt man die folgenden Schritte n-mal:

   Von obersten zum zweiten Index des Arrays A (for .. downto) führt man jeweils die folgenden Berechnungen durch, bei denen i jeweils den Index des aktuellen Array-Elements bezeichnet:

   – Berechne die Summe

      S := U*i+10*A[i];

   – Berechne den Quotienten q und den Rest r, der sich bei der Division von S durch 2*i–1 ergibt. Ersetze den bisherigen Wert von A[i] durch r und den bisherigen Übertrag durch q.

   Berechne die Summe S aus dem zehnfachen Wert des ersten Elements von A und dem Übertrag. Ersetze das erste Element von A durch den Rest der Division von S durch 10 und S durch den Quotienten dieser Division.

In den folgenden Listen der überwachten Ausdrücke sind die Werte für das Übertragsfeld in einem Array U gespeichert.

Nach dem ersten Durchlauf ergeben sich so die folgenden Werte:

```
Liste überwachter Ausdrücke                    _ □ ×
a: (2, 0, 2, 2, 4, 3, 10, 1, 13, 12, 1, 20, 20, 20, 20, 20, 20)
u: (30, 10, 6, 4, 3, 2, 2, 1, 1, 1, 0, 0, 0, 0, 0, 0, 0)
s: 3
```

Nach dem zweiten Durchlauf:

```
Liste überwachter Ausdrücke                    _ □ ×
a: (2, 3, 1, 3, 3, 5, 5, 4, 8, 14, 9, 19, 0, 6, 16, 0, 14)
u: (13, 13, 10, 11, 10, 13, 8, 14, 11, 9, 17, 16, 14, 12, 10, 6,
s: 1
```

Nach dem dritten Durchlauf:

```
Liste überwachter Ausdrücke                    _ □ ×
a: (2, 1, 1, 0, 0, 5, 5, 7, 4, 9, 0, 2, 14, 13, 26, 2, 16)
u: (41, 11, 12, 10, 10, 9, 9, 12, 13, 10, 10, 2, 5, 6, 2, 4, 0)
s: 4
```

usw. Hier sieht man die ersten drei Stellen von π als den jeweiligen Wert von s nach jeweils einem solchen Durchlauf.

2. Das unter 1. beschriebene Verfahren funktioniert allerdings nur für die ersten 31 Stellen von π, weil der Wert von S nach dem Durchlauf einer Schleife größer oder gleich 100 werden kann (maximal 109). Dieser Fall tritt erstmals für die 32. Stelle von π ein und muß durch die folgende Erweiterung des Verfahrens berücksichtigt werden:

Die nach jeweils einem Durchlauf gefundenen Ziffern S sind nicht immer die Ziffern von π, sondern müssen zunächst zwischengespeichert werden. In Abhängigkeit vom jeweils aktuellen Wert von S können dann die bisher zwischengespeicherten Werte entweder als gültige Ziffern freigegeben oder müssen um 1 erhöht werden:

- Falls S weder 9 noch 10 ist, können alle bisher zwischengespeicherten Ziffern als gültige Ziffern freigegeben werden. Die aktuelle Ziffer S muß als vorläufige Ziffer gespeichert werden.

- Falls S=9 ist, wird S den zwischengespeicherten Ziffern hinzugefügt.

- Falls S=10 ist, werden alle bisher zwischengespeicherten Ziffern um 1 erhöht, wobei 9 zu 0 wird. Alle so erhöhten Ziffern können als gültige Ziffern freigegeben werden. Als neue Ziffer wird 0 zwischenge-speichert.

Nach Rabinowitz und Wagon sind bei diesem Verfahren alle Zwischener-gebnisse für die ersten 5000 Stellen von π kleiner als 600 000 000. Damit können mit 32-bit-Binärzahlen mehr als 5000 Stellen berechnet werden.

Auf meinem Pentium 120 beträgt die Rechenzeit für 1000 Stellen ca. 5 Sekunden (Delphi 2).

Die ersten 99995 Stellen von π findet man im Internet z. B. unter der Adresse

http://cad.ucla.edu/repository/useful/PI.txt

Damit Sie Ihre Ergebnisse vergleichen können, davon die ersten 1000 Stellen:

```
const pi1000 = 'pi=3'
+'1415926535897932384626433832795028841971693993751058209'
+'9749445923078164062862089986280348253421170679821480865'
+'5132823066470938446095505822317253594081284811174502841'
+'10270193852110555964462294895493038196442881097566593'
+'4461284756482337867831652712019091456485669234603486103'
+'4543266482133936072602491412737245870066063155881748815'
+'5209209628292540917153643678925903600113305305488204663'
+'5213841469519415116094330572703657595919530921861173813'
+'9326117931051185480744623799627495673518857527248912279'
+'9381830119491298336733624406566430860213994946395224737'
+'1907021798609437027705392171762931767523846748184676693'
+'4051320005681271452635608277857713427577896091736371787'
+'7214684409012249534301465495853710507922796892589235423'
+'0199561121290219608640344181598136297747130996051870723'
+'2113499999983729780499510597317328160963185950244594554'
+'3469083026425223082533446850352619311881710100031378387'
+'7528865875332083814206171776691473035982534904287554687'
+'3115956286388235378759375195778185778053217122680661303'
+'00192787661119590921642019893';
```

3.18 Ein wenig Graphik: TCanvas und TImage

Wie schon im letzten Abschnitt angesprochen wurde, besitzen die Komponenten
TBitmap, *TForm*, *TImage*, *TPaintBox*, *TPrint* eine Komponente **Canvas**, die eine
Zeichenfläche darstellt. Die Farbe der Punkte dieser Zeichenfläche kann man
über die Array-Eigenschaft **Pixels** setzen oder lesen.

property **Pixels**[X, Y: LongInt]: TColor;

Dabei sind x und y die Koordinaten eines Pixels. Die Koordinaten in einem
Formular sind links oben durch (0,0) und rechts unten durch (*ClientWidth*–1,
ClientHeight–1) gegeben.

Obwohl man damit auch in ein Formular (Datentyp *TForm*) zeichnen kann, ist
das meist nicht empfehlenswert. Beispielsweise wird ein Formular nicht neu
gezeichnet, wenn es durch ein anderes Fenster verdeckt war. Meist wird man
deshalb in eine Image-Komponente (Datentyp *TImage*, Seite *Zusätzlich* in der
Komponentenpalette) zeichnen, die man auf ein Formular plaziert.

Setzt man ein solche Komponente *Image1* auf ein Formular *PaintForm*, zeichnet
die folgende Anweisung ein rotes Pixel in den Koordinaten px, py:

```
PaintForm.Image1.Canvas.Pixels[px,py] := clRed;
```

Damit kann man mit der folgenden Prozedur die Punkte der Funktion sin(x*x)
im Bereich –3 bis 3 zeichnen:

```
procedure TForm1.PixFktPlotClick(Sender: TObject);
var px,py, x0,y0,x1,y1:Integer;
    x,y:Extended;
begin
PaintForm.Width := 400;
PaintForm.Height := 400;
PaintForm.Show;

PaintForm.Image1.Canvas.Pen.Color := clRed;

{ Welt-Koordinaten: }
x0 := -3; y0 := 1; x1 := 3; y1 := -1;
for px := 0 to PaintForm.Image1.Width-1 do
  begin
    { transformiere px in Welt-Koordinaten }
    x := x0 + px*(x1-x0)/PaintForm.ClientWidth;
    y := sin(x*x);
    { transformiere y in Bildkoordinaten }
    py := round((y-y0)*PaintForm.ClientHeight/(y1-y0));
    PaintForm.Image1.Canvas.Pixels[px,py] :=clRed;
  end;
end;
```

Wie dieses Beispiel zeigt, besitzt ein *Canvas* außerdem die Eigenschaft *Pen*, die den Zeichenstift darstellt. Dieser Zeichenstift hat zahlreiche weitere Eigenschaften, wie Farbe (*Color*), Stiftdicke (*Width*) usw. mit denen man einstellen kann, wie gezeichnet wird.

Zeichnet man den Graphen einer Funktion punktweise, wird die Zeichnung löchrig, falls zwei aufeinanderfolgende Punkte nicht unmittelbar nebeneinander liegen. Um eine durchgezogen Linie zu erhalten, kann man zwei benachbarte Punkte durch eine Gerade verbinden. Dazu stehen die Prozeduren

> procedure **MoveTo**(X, Y: Integer);
> procedure **LineTo**(X, Y: Integer);

zur Verfügung. *MoveTo* setzt den Zeichenstift an eine bestimmte Position, und *LineTo* zeichnet eine Gerade von der letzten Position des Zeichenstifts bis zur angegebenen Zielkoordinate. Damit erhält man eine durchgezogene Funktionskurve, wenn man in der letzten Prozedur die Zeile

```
PaintForm.Image1.Canvas.Pixels[px,py] := clRed;
```

durch

```
if px = 0 then
  PaintForm.Image1.Canvas.MoveTo(px,py)
else
  PaintForm.Image1.Canvas.LineTo(px,py);
```

ersetzt. Neben zahlreichen weiteren Zeichenfunktionen des *Canvas* für Ellipsen, Rechtecke, Kreisbögen usw. besitzt eine Image-Komponente auch die Eigenschaft *Bitmap*, mit der man u. a. ein *Image* als Bitmap-Datei speichern kann:

```
PaintForm.Image1.Picture.Bitmap.SaveToFile('c:\fkt.bmp');
```

Außerdem steht für Graphiken das fast unüberschaubare Konglomerat der Windows-API-Funktionen zur Verfügung, mit denen man z. B. auch Koordinatensysteme drehen und verschieben kann. Den für diese Funktionen notwendigen *Handle* erhält man über die Eigenschaft *Handle* des *Canvas*.

Aufgabe 3.18

1. Zufallsgeraden zeichnen

Auf einem Formular sollen beim Anklicken eines Buttons *max_l* (eine Konstante, z. B. mit dem Wert 50) Linien gezeichnet werden, deren Anfangs- und Endpunkte zufällig bestimmt werden.

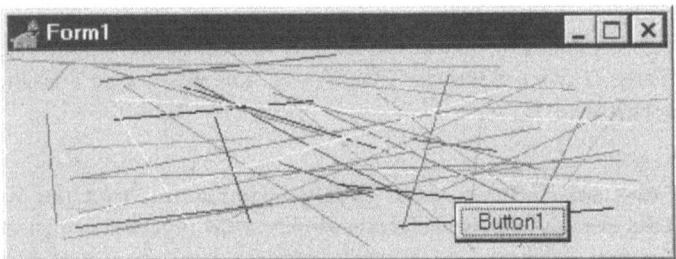

Damit diese Linien beim nächsten Anklicken des Buttons wieder gelöscht werden können, müssen die Koordinaten der Anfangs- und Endpunkte gespeichert werden. Vereinbaren Sie dazu ein zweidimensionales Array *l* mit *max_l* Zeilen und 4 Spalten, bei dem jede Zeile die 4 Koordinaten der Anfangs- und Endpunkte enthält.

Bei jedem Anklicken des Buttons werden dann zuerst alle Geraden gelöscht, indem alle Geraden mit der Farbe *clBtnFace* neu gezeichnet werden. Daß diese Aktion beim ersten Anklicken mit undefinierten Geraden arbeitet, ist nicht tragisch, da die in der Hintergrundfarbe gezeichneten Geraden unsichtbar sind.

Danach werden *max_l* neue Geraden im Array *l* gespeichert. Die Anfangs- und Endpunkte können mit dem Zufallszahlengenerator *Random* wie in

```
l[i,1] := Random(ClientWidth);
l[i,2] := Random(ClientHeight);
{entsprechend für die Endpunkte mit dem Index 3 und 4}
```

erzeugt werden. *Random(n)* liefert für eine positive Ganzzahl n einen Zufallswert im Bereich 0 .. n–1.

Anschließend werden die Geraden mit den Koordinaten in *l* gezeichnet. Die Farben sollen dabei aus Zufallswerten zwischen 0 und 255 für die Rot-, Grün- und Blauanteile zusammengesetzt werden. Dazu kann die vordefinierte Funktion RGB verwendet werden:

```
Canvas.pen.color := RGB(r,g,b);
```

Weil jeder dieser Anweisungsblöcke *max_l*-mal wiederholt wird, bietet sich eine *for*-Anweisung an. Da ein Anweisungsblock aus mehreren Anweisungen besteht, müssen diese mit *begin* und *end* zusammengefaßt werden.

2. Das sogenannte **Räuber-Beute-Modell** stellt einen quantitativen Zusammenhang zwischen einer Population von Räuber- und Beutetieren (z. B. Füchse und Hasen) dar. Bezeichnet man die Anzahl der Räuber mit r und die der Beutetiere mit b, geht man von folgenden Voraussetzungen aus:

Die Zuwachsrate der Beutetiere soll über einen Faktor *zb* von ihrer Anzahl *b* und über einen Faktor *fb* von der Anzahl der möglichen Begegnungen von Räuber- und Beutetieren r*b abhängen; zb entspricht einer zusammengefaßten Geburten- und Sterberate.

Die Räuber ernähren sich ausschließlich von den Beutetieren. Damit ist ihre Zuwachsrate nur von ihrer Sterberate *sr* und ihrem „Jagderfolg" abhängig, der mit dem Faktor *fr* wieder von der Anzahl der möglichen Begegnungen zwischen Räubern und Beutetieren r*b abhängig sein soll:

```
r := r_alt - sr*r_alt + fr*r_alt*b_alt;
b := b_alt + zb*b_alt - fb*r_alt*b_alt;
```

Die beiden Gleichungen sind ein nichtlineares System von Differenzengleichungen, das nach seinen Entdeckern auch als **Lotka-Volterra-System** bezeichnet wird. Es läßt sich zeigen, daß dieses System **nicht analytisch lösbar** ist.

Schreiben Sie ein Programm, das den Verlauf der Populationen graphisch darstellt. Stellen Sie in dieser Graphik außerdem das Phasendiagramm mit den Wertepaaren (r,b) im zeitlichen Ablauf dar. Mit den Faktoren

```
const zb = 0.05;  fb = 0.001;
      sr = 0.05;  fr = 2*fb;
```

erhält man bei einer Skalierung der y-Werte auf den Bereich –10 bis 300:

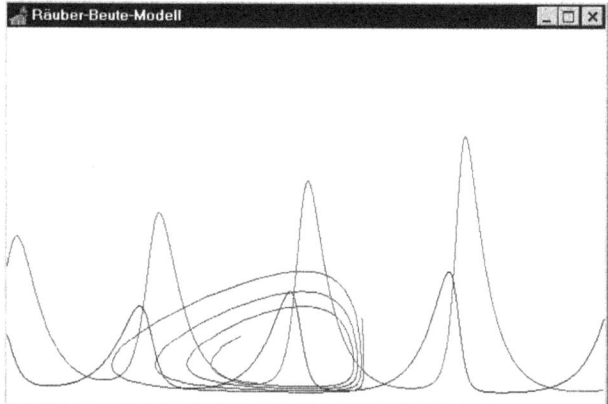

Bei diesem System können schon relativ geringe Änderungen der Parameter zu einem völlig anderen Verlauf der Populationen führen.

3.19 Pointer und dynamische Variablen

Für alle bisher benutzten Variablen wurde der für sie notwendige Speicherplatz mit ihrer Vereinbarung in einem Variablenvereinbarungsteil reserviert. Solche Variablen werden als **statische Variablen** bezeichnet und unter dem Namen angesprochen, der bei ihrer Vereinbarung angegeben wird.

Im Gegensatz dazu werden **dynamische Variablen** während der Laufzeit eines Programms erzeugt und können nur über sogenannte **Pointervariablen** (**Zeigervariablen, Pointer**) angesprochen werden.

Eine **Zeigervariable** wird dadurch vereinbart, daß man als Datentyp einen sogenannten **Zeigertyp** (*pointer type*) angibt:

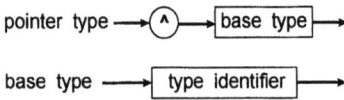

Eine solche Variable belegt immer 4 Bytes und enthält meist die Hauptspeicheradresse einer dynamischen Variablen des **Basistyps** (*base type*).

Beispiel: Nach den Vereinbarungen

```
var  pi,pj: ^Integer;
     pe: ^Extended;
```

sind *pi*, *pj* und *pe* Zeigervariablen, die auf Variablen des jeweiligen Basistyps zeigen können. Der Basistyp der Variablen *pi* und *pj* ist dabei Integer und der von *pe* Extended.

Durch den Aufruf der Prozedur bzw. Funktion *New* werden vom derzeit freien Teil eines dafür vorgesehenen Speicherbereichs (dem sogenannten **Heap**) soviele Bytes reserviert, wie eine Variable des Basistyps benötigt. Bei *GetMem* und *MemAlloc* kann die Größe des zu reservierenden Speicherbereichs explizit angegeben werden.

procedure **New**(var P: Pointer [, Init: Constructor]);

{ Die Größe des reservierten Speicherbereichs ergibt sich aus dem Datentyp der Pointervariablen. Der optionale Parameter *Init* ist nur in Zusammenhang mit Objekten von Bedeutung. }

function **New**(<pointer type> [, Init: Constructor]): Pointer;

{ Die Größe des reservierten Speicherbereichs ergibt sich aus dem als Parameter übergebenen Datentyp. Der Funktionswert ist die Adresse der Variablen. }

procedure **GetMem**(var P: Pointer; Size: Word);

{ Die Größe des reservierten Speicherbereichs ergibt sich aus dem Wert des Parameters *Size*. }

function **MemAlloc**(Size: LongInt): Pointer;

{ Die Größe des reservierten Speicherbereichs ergibt sich aus dem Wert des Parameters *Size*. Der Funktionswert ist die Adresse der Variablen.}

Hier ist der vordefinierte Datentyp *Pointer* der sogenannte **generische Pointer**. Eine Variable dieses Datentyps zeigt auf keinen bestimmten Datentyp und kann deswegen auch nicht dereferenziert werden. Da sie aber zu allen anderen Pointertypen kompatibel ist, kann als aktueller Parameter in *New* usw. ein beliebiger Pointertyp eingesetzt werden. Die dabei angelegte dynamische Variable P^ hat dann den Datentyp, der als Basistyp bei der Deklaration von P angegeben wurde.

Beispiele: Nach den Vereinbarungen des letzten Beispiels und den Anweisungen

```
New(pi);
GetMem(pj,SizeOf(pj));
pe := MemAlloc(SizeOf(Extended));
```

sind

```
pi^ { Datentyp Integer }
pj^ { Datentyp Integer }
pe^ { Datentyp Integer }
```

dynamische Variablen des jeweiligen Basistyps. Mit diesen Variablen kann man dann wie mit „normalen" statischen Variablen arbeiten:

```
pi^ := 17;
pj^ := pi^+1;
pe^ := pi^/(1+pj^)
```

Eine dynamische Variable wird damit durch den Namen der Pointervariablen beschrieben, auf den der *qualifier* „^" folgt:

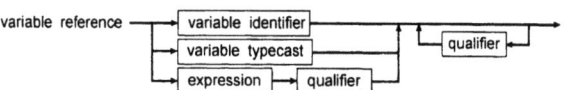

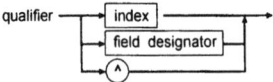

Nach dem Aufruf von *New*, *GetMem* usw. enthält die Pointervariable p die Adresse der dynamischen Variablen p^. Über diese Adresse adressiert der Compiler dann die Variable p^.

Dieser indirekte Zugriff auf eine dynamische Variable über ihre Pointervariable wird auch als **Dereferenzierung** bezeichnet. Er ist neben der dynamischen Speicherplatzreservierung ein weiterer Unterschied zwischen dynamischen und statischen Variablen. Im Gegensatz dazu wird eine statische Variable durch den Compiler direkt über die Adresse angesprochen, die er bei der Vereinbarung der Variablen für diese reserviert hat.

Damit hat eine dynamische Variable keinen eigenen Namen und kann nur indirekt über „ihre" Zeigervariable angesprochen werden.

Beispiel: Nach den Vereinbarungen des letzten Beispiels wird durch die folgende Wertzuweisung der Wert 1 an die Adresse kopiert, die in der Variablen p steht:

```
pi^ := 1;
```

Aufgrund der indirekten Adressierung sind mit dynamischen Variablen **Fehler** möglich, die mit statischen Variablen nicht vorkommen können:

1. Spricht man eine dynamische Variable an, ohne daß zuvor eine Prozedur wie *New* aufgerufen wurde, ist die Adresse in der Zeigervariablen undefiniert. Der Zugriff auf die dynamische Variable führt dann zu einem Zugriff auf einen Speicherbereich, der nicht reserviert wurde. Wenn man Glück hat, wird das von Windows erkannt und mit einer Fehlermeldung „allgemeine Schutzverletzung" angezeigt. Wenn man nicht soviel Glück hat, beeinträchtigt man das Verhalten des Programms nachhaltig, ohne daß die Ursache dafür leicht zu finden ist.

2. Durch einen zweifachen Aufruf von *New* mit derselben Pointer-Variablen werden zwei dynamische Variablen angelegt. Durch den zweiten Aufruf wird die Adresse der ersten dynamischen Variablen in p durch die zweite überschrieben. Der Speicherplatz für die zuerst angelegte dynamische Variable wird zwar weiterhin belegt. Falls man aber den Wert der ersten Pointer-Variablen nicht gespeichert hat, gibt es keine Möglichkeit, auf die erste dynamische Variable zuzugreifen. Insbesondere kann der von ihr belegte Speicherplatz außer durch eine Beendigung des Programms nicht mehr freigegeben werden.

Beispiel: Durch den ersten Aufruf

```
New(p);
```

wird eine dynamische Variable p angelegt, deren Adresse in p
enthalten ist. Durch einen zweiten Aufruf

```
New(p);
```

wird eine neue dynamische Variable p^ angelegt, deren Adresse die
bisher in p enthaltene Adresse überschreibt.

Falls der mit *New*, *GetMem* usw. angeforderte Speicherplatz nicht verfügbar ist,
hat das einen Laufzeitfehler zur Folge. Dieser kann mit den Techniken des
Exception-Handling abgefangen werden.

In Delphi 1 kann man durch einen Aufruf der Funktion **MaxAvail** prüfen, ob
genügend zusammenhängender Speicherplatz verfügbar ist:

```
if MaxAvail >= SizeOf(P^) then New(P)
```

Unter Delphi 2 liefert *MaxAvail* keine sinnvollen Angaben über den verfügbaren
Speicher, da unter den 32-bit-Systemen Windows 95 und Windows NT Haupt-
speicheranforderungen dynamisch durch Festplattenspeicher simuliert werden.
Statt dessen sollte man die Funktion **GetHeapStatus** verwenden. Weitere Informationen dazu findet man in der Delphi-Hilfe.

Zwischen Zeigervariablen desselben Datentyps ist eine **Wertzuweisung** definiert. Dabei wird die in der Zeigervariablen enthaltene Adresse übertragen. Auf
die zugehörige dynamische Variable wirkt sich eine Wertzuweisung der Pointer-
Variablen nicht aus.

Beispiel: Nach

```
var pi,pj: ^Integer;

New(pi);
New(pj);
pi^ := 1;
pj^ := 2;
```

wird durch die Wertzuweisung

```
pi := pj
```

die Adresse in *pi* durch die Adresse in *pj* überschrieben. Damit ist *pi*^
dieselbe dynamische Variable wie *pj*^, und beide haben den Wert 2.

Wie nach einem doppelten Aufruf von *New* besteht nach dieser Wertzuweisung keine Möglichkeit mehr, die dynamische Variable (mit dem
Wert 1) anzusprechen, auf die *pi* vor der Wertzuweisung gezeigt hat.

Einer Zeigervariablen kann unabhängig vom Basistyp der Wert **nil** zugewiesen
werden. Mit diesem Wert bringt man meist zum Ausdruck, daß die Zeigervariable auf keine dynamische Variable zeigt.

Beispiel: `pi := nil;`
          `pk := nil;`
          `pe := nil;`

Mit dem **Adreßoperator** @ kann einer Zeigervariablen auch die Adresse einer
statischen Variablen zugewiesen werden.

Beispiel: Nach

```
var i:longInt;
    pi:^longInt;
...
i := 17;
zi := @i;
```

hat pi^ den Wert 17. Da der Speicherbereich für i durch die Variablendeklaration angelegt wird, enthält *pi* nach der Wertzuweisung die
Adresse eines zulässigen Speicherbereichs, ohne daß eine Prozedur
wie *New* aufgerufen wird.

Damit muß eine Zeigervariable nicht unbedingt die Adresse einer dynamischen
Variablen enthalten.

Zeigervariablen desselben Basistyps können mit = bzw. <> auf Gleichheit bzw.
Ungleichheit geprüft werden. Unabhängig vom Basistyp ist ein Vergleich mit
dem Wert *nil* möglich.

Der für eine dynamische Variable reservierte Speicherbereich kann mit den
Prozeduren

   procedure **Dispose**(var P: Pointer);

   procedure **FreeMem**(var P: Pointer[; Size: Integer]);

wieder freigegeben werden. Diese sollte man immer aufrufen, sobald eine dynamische Variable nicht mehr benötigt wird. Man verhindert so, daß die Leistungs-
fähigkeit eines Systems grundlos beeinträchtigt wird. Ganz generell gilt: Jede
dynamisch angelegte Variable sollte auch wieder freigegeben werden.

Beispiel: `New(p);`
              `{ arbeite mit p^ }`
              `Dispose(p);`

Die Unterschiede zwischen dynamischen und statischen Variablen kann man folgendermaßen zusammenfassen:

1. Eine dynamische Variable wird durch einen Aufruf der Prozedur *New* erzeugt, während eine statische Variable durch eine Variablendeklaration angelegt wird.

2. Eine dynamische Variable kann nicht direkt unter einem eigenen Namen angesprochen werden, sondern nur indirekt über eine Zeigervariable.

Dynamische Variablen bieten damit in der bisher verwendeten Form keine Vorteile gegenüber statischen Variablen. Da man mit dynamischen Variablen Fehler machen kann (z. B. den Aufruf von *New* vergessen), die mit statischen Variablen nicht auftreten können, wird man statische Variablen vorziehen, wo immer das möglich ist.

Wir werden allerdings in Abschnitt 7.4 über **rekursive Datenstrukturen** sehen, daß mit Pointern sehr flexible Datenstrukturen möglich sind, die ohne Pointer nicht realisiert werden können. Zwei weitere Gründe, weshalb der Einsatz von dynamischen Variablen sinnvoll sein kann, werden im folgenden dargestellt.

Zum einen ist der Speicherbereich zu nennen, in dem dynamische Variablen angelegt werden. In einem 16-bit-System wie Windows 3.x (und damit auch in **Delphi 1**) ist der Speicherbereich für statische Variablen wegen der 16-bit-Adressen auf **64 KB** begrenzt, tatsächlich ist er sogar noch kleiner (siehe dazu Abschnitt 5.4). Der Speicherbereich für den Heap ist wesentlich größer, so daß es notwendig sein kann, große Datenstrukturen im Heap anzulegen. Allerdings muß in Delphi 1 jede einzelne Datenstruktur kleiner als 64 KB sein.

Beispiel: In

```
const max = 32000;
type TBig_Array = array[1..max] of Integer;
```

wird der Name *Tbig_array* für den Datentyp „array ...“ vereinbart. Diese Vereinbarung eines Namens für einen Datentyp ist für die folgende Variablenvereinbarung notwendig, weil der Basistyp für eine Pointervariable immer ein Bezeichner sein muß.

```
var p:^Big_Array;
    i:Integer;
...
begin
```

```
new(p);
for i := 1 to max do p^[i] := i;
end;
```

In **Delphi 2** stehen unter den 32-bit-Systemen Windows 95 und Windows NT für statische Variablen unabhängig vom physikalisch verfügbaren Hauptspeicher insgesamt 2 Gigabyte zur Verfügung. Damit besteht unter Delphi 2 meist kein Grund, Variablen aus Platzgründen im Heap anzulegen.

Die Verwendung von dynamischen Variablen ist außerdem dann notwendig, wenn man Funktionen benutzen will, die solche Datentypen als Parameter verlangen. Das trifft häufig für Funktionen zu, die wie die Funktionen der Windows-API (Application Programmers Interface) in der Programmiersprache C geschrieben wurden.

So werden in der Programmiersprache C Strings als sogenannte **nullterminierte Strings** gespeichert. Diese Bezeichnung ergibt sich aus der Darstellung solcher Strings im Speicher: Ein nullterminierter String besteht aus einer aufeinanderfolgenden Reihe von Bytes und wird durch das ASCII-Zeichen 0 begrenzt, dessen Bitmuster ausschließlich aus Nullen besteht.

Dazu ist in Object Pascal der Datentyp **PChar** als Pointer-Datentyp vordefiniert:

```
type PChar = ^Char;
```

Mit der Vereinbarung einer Variablen des Typs *PChar* wird allerdings nur eine Pointer-Variable vereinbart. Der Speicherplatz für die Zeichen des Strings muß zusätzlich durch spezielle Anweisungen wie *GetMem* oder *NewStr* reserviert werden.

Im Gegensatz dazu wird für einen sogenannten Pascal-String ein fester Speicherbereich reserviert, der im ersten Byte die Länge des Strings enthält. Während in Delphi 1 die maximale Länge eines Pascal-Strings auf 255 Zeichen beschränkt ist, können nullterminierte Strings auch länger sein.

In Delphi 2 gibt es außerdem den Datentyp *PWideChar*, der Zeichen vom Typ *WideChar* und damit auch 2 Byte breite Unicode-Zeichen darstellen kann. Diese werden allerdings derzeit noch nicht von den Delphi-Komponenten verwendet.

Wenn man keine Funktionen verwendet, die nullterminierte Strings verlangen, besteht in Object Pascal meist kein Grund, Strings des Datentyps *PChar* zu verwenden.

Diese Aussage trifft so jedoch nur auf den Datentyp *PChar* zu. Tatsächlich sind die langen Strings von Delphi 2 nämlich nichts anderes als Pointer auf nullterminierte Strings. Allerdings sind sämtliche Funktionen und Prozeduren für

Strings so auf diese langen Strings angepaßt, daß sie mit diesen genauso wie mit den kurzen Strings funktionieren.

Anmerkungen für C-Programmierer: In C haben Pointer eine wesentlich größere Bedeutung als in Pascal, da dort einige Datentypen über Pointer realisiert sind, die in Pascal statische Variablen sind (z. B. Arrays, Strings). Damit ist die Arbeit mit diesen grundlegenden Datenstrukturen in C mit den Fehlermöglichkeiten behaftet, die immer mit der Arbeit mit Pointern verbunden sind.

In den meisten C++-Compilern gibt es eine Klasse *string*, mit der man im wesentlichen dieselben Funktionen und Prozeduren zur Bearbeitung von Strings zur Verfügung hat wie in Object Pascal. Generische Pointer werden in C mit *void* * realisiert.

3.20 Kommentare

Vor allem bei größeren oder komplexeren Programmen ist es immer wieder sinnvoll, die Anweisungen oder Deklarationen in der Programmiersprache durch umgangssprachliche Erläuterungen zu beschreiben. Deshalb besitzen praktisch alle Programmiersprachen die Möglichkeit, sogenannte **Kommentare** in ein Programm zu schreiben. Ein Kommentar ist ein Text in einem Quellprogramm, der vom Compiler nicht übersetzt wird: Der ausführbare Code eines Programms wird durch Kommentare nicht beeinflußt.

In Object Pascal gibt es folgende Möglichkeiten, Kommentare zu begrenzen: durch { und }, sowie durch (* und *):

```
{ das ist ein Kommentar }
(* auch das ist ein Kommentar *)
// in Delphi 2 ein Zeilenendkommentar wie in C++
```

Alle Zeichen zwischen den Kommentarbegrenzern werden vom Compiler ignoriert. Ein mit { begonnener Kommentar wird durch das nächste Zeichen } beendet und ein mit (* begonnener Kommentar durch die nächste Zeichenfolge *).

```
{ { dieser Kommentar endet hier } und vor dem letzten
"und" meckert der Compiler. }
```

Einzige Ausnahmen:

- Folgt auf einen der beiden Kommentarbegrenzer { oder (* ein $-Zeichen, ist das ein Compilerbefehl (mehr dazu im nächsten Abschnitt).

```
{$R+} { das ist ein Compilerbefehl }
```

– In einem String werden die Zeichen {, }, (* und *) nicht als Kommentarbegrenzer interpretiert. Ein Kommentarbegrenzer in einem String wird nicht berücksichtigt:

```
var s: string;
...
s := ' Das ist { kein Kommentar }, sondern ein'+
                       ' ganz normaler String';
```

Durch die Regel, daß ein mit { begonnener Kommentar durch das nächste } beendet wird, ebenso ein mit (* begonnener Kommentar durch das nächste *), unterscheidet sich Object Pascal von Standard-Pascal, in dem ein mit { begonnener Kommentar auch durch *) beendet werden kann.

Damit können Kommentare in Object Pascal verschachtelt werden:

```
(* das ist ein { verschachtelter } Kommentar *)
{ auch das ist ein (* verschachtelter *) Kommentar }
```

Die Möglichkeit, Kommentare verschachteln zu können, ist oft außerordentlich nützlich. Sie erlaubt es, ganze Programmteile auszukommentieren, ohne deshalb die Kommentare in diesem Programmteil entfernen zu müssen. Die folgende Auskommentierung ist in Standard-Pascal nicht möglich:

```
(*
p := 2;          { kleinste Primzahl }
...
p := p shl 2; { *2, aber schneller }
*)
```

Damit die Möglichkeit der Auskommentierung konsequent genutzt werden kann, empfiehlt es sich, Programmerläuterungen immer durch dieselben Kommentarzeichen zu begrenzen, z. B. immer durch { und }. Dann kann ein Programmteil immer mit den anderen Kommentarzeichen (* und *) auskommentiert werden. Diese Konventionen werden in diesem Buch durchgängig verwendet.

Kommentare sind eine Möglichkeit zur **internen Dokumentation** eines Programms. Diese interne Dokumentation beschreibt und erläutert den Quelltext im Quelltext selbst – im Gegensatz zur externen Dokumentation, die ein Programm für den Anwender beschreibt. Dabei werden

– einzelne Anweisungen erläutert:

```
(1)   i := i + 1;  { erhöhe i }
(2)   i := i - 1;  { erhöhe i }
(3)   i := i shl 1;{ Multiplikation mit 2, aber
                                          schneller }
(4)   i := 1;       { 0 anstelle von 1 erhöht den Zähler
                      einmal zu oft !! geändert 31.9.95}
```

```
(5)   i := 0;         { nach 3.1.1.17, Pflichtenheft
                        Version 4.00.950 vom 24.8.95 }
```

– Datendeklarationen beschrieben:

```
(6)   var l,b:Extended; { Länge und Breite in Metern }
(7)       z:Currency; { Zinssatz in Prozent }
(8)       Operation:Integer; { 0: Datei löschen,
                               1: kopieren, 2: verschieben}
```

– die Inhalte von Routinen beschrieben:

```
(9)   procedure TForm1.Button1Click(Sender: TObject);
      { Nach dem Anklicken des Buttons werden alle Da-
      teien auf der  Festplatte  gelöscht.  Den  Anwender
      aber vorher nochmals   fragen,  ob  er  das  wirklich
      will. }
      begin
      ...
      end;
```

```
(10)  procedure TForm1.Button1Click(Sender: TObject);
      {
          Name: TForm1.Button1Click

          Algorithmus: Zinsformel, siehe Mathematik für
                           Grundschulen, Klasse 3, S. 9
          Eingaben: Kapital und Zinssatz_in_Prozent
                           (aus Eingabemaske Nr. 18)
          Ausgabe: Zins

          Autor: R. Kaiser
          Datum: 27. 11. 95
          Tel.: 0123/456789 - aber ich ziehe demnächst um
          E-Mail: kaiser@ba-loerrach.de
          Augenfarbe: blond
          Schuhgröße: Sandalen
          }
      begin
      Zins := Kapital*(1 +Zinssatz_in_Prozent);
      Edit1.Text := FloatToStr(Zins);
      end;
```

Die charakteristische Eigenschaft von Kommentaren, vom Compiler nicht berücksichtigt zu werden, ist in gewisser Weise aber auch ihre größte Schwäche:
Niemand kann garantieren, daß ein Kommentar

– aussagekräftig ist und nicht nur eine reine Wiederholung der beschriebenen
  Anweisung wie in (1). Solche Kommentare sind überflüssig und belasten den
  Leser nur unnötig.

– nicht schlicht und einfach falsch ist wie z. B. (2). Solche Fehler kommen
  relativ oft vor und entstehen meist dadurch, daß Quelltext geändert bzw.
  kopiert wird, ohne daß der Kommentar aktualisiert wird.

Von den ersten 5 Kommentaren sind nur die letzten drei eine wirklich hilfreiche
Erläuterung des Programms, obwohl die Optimierung von *div* durch *shr* in
Object Pascal überflüssig ist, da sie vom Compiler automatisch durchgeführt
wird. Diese Beispiele zeigen aber, wie **Kommentare** sein sollen: Sie **sollen
Informationen enthalten, die sich nicht unmittelbar aus dem Programmtext
selbst ergeben.** Insbesondere weist (4) darauf hin, daß der offensichtlich naheliegende Wert 0 schon zu einem Fehler geführt hat, der korrigiert wurde. (5)
begründet, weshalb das gerade so gemacht wurde.

Kommentare sind hilfreich, um undurchsichtige Programmteile zu erläutern.
Häufig sind solche undurchsichtigen Programmteile allerdings ein Hinweis
darauf, daß diese nicht richtig durchdacht sind. Bevor man einen Kommentar
schreibt, sollte man deshalb immer zuerst überlegen, ob sich das **Programm**
nicht **so formulieren** läßt, **daß ein Kommentar überflüssig** wird. Undurchschaubare Programmteile verstecken oft undurchschaubare Fehler.

Obwohl die Kommentare (6), (7) und (8) Informationen enthalten, die sich nicht
unmittelbar aus dem Programmtext ergeben, sind sie nur deswegen notwendig,
weil die im Kommentar aufgeführten Informationen nicht aus dem Namen der
Variablen hervorgehen. Diese Informationen sind aber eventuell an der Stelle des
Programms, an der die Variablen verwendet werden (z. B. eine Bildschirmseite
weiter), nicht mehr unmittelbar sichtbar. **Kommentare** sollten deshalb **nur** verwendet werden, **wenn sich deren Inhalt nicht durch geeignete Sprachelemente
ausdrücken läßt.** Anstelle der Kommentare sind in (6) und (7) aussagekräftige
Variablennamen und in (8) ein Aufzählungstyp als Datentyp sinnvoller:

```
(6) var Laenge_in_Metern, Breite_in_Metern:Real;
                        { Maßeinheiten immer angeben }
(7)     Zinssatz_in_Prozent: Real; { nur "Zins" wäre zu
                                           ungenau }
(8)     Operation: (Datei_loeschen, Datei_kopieren,
                             Datei_verschieben);
```

Der erhöhte Schreibaufwand für deskriptive Variablennamen ist meist wesentlich
geringer als der Aufwand, der sich bei der Suche nach einem Fehler ergibt, weil
in einem späteren Teil des Programms die Bedeutung von z verwechselt wird:
„Zinssatz" („6" bei 6%), „Zinssatz in %" („0,06" bei 6%) oder „Zins" („6 DM"
bei 6% für 100 DM in einem Jahr).

Das heißt allerdings nicht, daß jeder Variablenname mindestens 10 Zeichen lang
sein muß. Wenn keine Gefahr für Mißverständnisse besteht, können Variablennamen auch durchaus nur aus einem Buchstaben bestehen. Bei vielen Beispielen
in diesem Buch werden deshalb mit gutem Gewissen kurze Variablennamen

verwendet. In einem großen Softwareprojekt ist das aber meist anders, vor allem wenn man davon ausgehen muß, daß man sich ein halbes Jahr später wieder in dem Programm zurechtfinden muß.

Prozedurbeschreibungen wie in (10) findet man häufig. Hier stellt sich natürlich die Frage nach dem Sinn einer halbseitigen Beschreibung für einen Zweizeiler, in dem klar und deutlich zum Ausdruck kommt, was da gemacht wird. Oft reicht eine Beschreibung wie in (9) völlig aus.

Obwohl die häufige Verwendung von Kommentaren oft fast mit **Software-qualität** gleichgesetzt wird (es soll Firmen geben, die für jede Programmzeile einen Kommentar verlangen), ist es meist sinnvoll,

– Kommentare so wenig wie möglich, aber sooft wie nötig einzusetzen,

– anstelle von Kommentaren alle Möglichkeiten einer Programmiersprache auszuschöpfen, die Kommentare überflüssig machen (z. B. aussagekräftige Namen für Variablen).

Eine ausführliche und lesenswerte Diskussion zum Thema Kommentare findet man in „Code Complete" (McConnell 1993, Kap. 19) und in „The C++ Programming Language" (Stroustrup 1991, Abschnitt 3.4)

Anmerkung für C/C++-Programmierer: In C sind keine verschachtelten Kommentare möglich. In C++ können Zeilenendkommentare mit „//" in C-Kommentaren /* und */ verschachtelt werden.

3.21 Compilerbefehle und bedingte Kompilation

Wenn das erste Zeichen nach einem Kommentarbegrenzer ein $-Zeichen ist, nennt man einen solchen Kommentar auch **Pseudokommentar**. Pseudokommentare werden für Compilerbefehle und für die bedingte Kompilation verwendet.

Mit Compilerbefehlen kann man die Arbeitsweise des Compilers steuern. Das können sogenannte Schalterbefehle sein, die mit dem Zeichen „+" aktiviert und mit „–" deaktiviert werden können, oder Parameterbefehle, denen ein Parameter übergeben wird, wie z. B. ein Dateiname.

Compilerbefehle können global oder lokal wirken: Eine lokaler Compilerbefehl gilt ab der Stelle, an der er im Programm steht, bis zum nächsten Auftreten desselben Befehls. Globale Compilerbefehle gelten für ein ganzes Programm oder eine ganze Unit und müssen vor dem Vereinbarungsteil des Programms oder der Unit stehen.

Beispiel: 1. Der schon in Zusammenhang mit Ganzzahldatentypen behandelte Compilerbefehl $Q ist ein lokaler Schalter:

```
{$Q+}
{ ab hier erzeugt der Compiler Code, mit dem
nach arithmetischen Operationen geprüft wird,
ob ein Überlauf stattgefunden hat }
{$Q-}
{ ab hier nicht mehr }
```

2. Der Compilerbefehl $X ist ein globaler Schalter, mit dem man die sogenannte erweiterte Syntax aktivieren oder deaktivieren kann. Für eine ausführliche Beschreibung wird auf die Delphi-Hilfe verwiesen.

3. Der Include-Befehl $I ist ein Parameterbefehl, mit dem man den Compiler anweisen kann, die als Parameter angegebene Datei in den Quelltext einzubinden.

Beispiel: `{$I sort.pas}`

In Delphi 2 sind neben den Compilerbefehlen, die wie in Delphi 1 nur aus einem einzigen Buchstaben bestehen, gleichwertige lange Namen definiert.

Beispiele: In Delphi 2 sind die folgenden Compilerbefehle gleichwertig mit denen des letzten Beispiels:

```
{$OVERFLOWCHECKS ON}
{ ab hier erzeugt der Compiler Code, mit dem nach
arithmetischen Operationen geprüft wird, ob ein
Überlauf stattgefunden hat }
{$OVERFLOWCHECKS OFF}
{ ab hier nicht mehr }
{$Include sort.pas}
```

Mit den Compilerschaltern zur **bedingten Kompilation** kann man steuern, ob bestimmte Teile des Quelltextes übersetzt werden oder nicht. Diese Schalter sind so aufgebaut:

{$IFxxx} ... {$ENDIF}
{$IFxxx} ... {$ELSE} ... {$ENDIF}

Hier steht $IFxxx für eine der folgenden Bedingungen:

$IFDEF Name: Der folgende Quelltext wird nur dann übersetzt, wenn das als Name angegebene Compilersymbol definiert ist.

$IFNDEF Name: Der folgende Quelltext wird nur dann übersetzt, wenn
                       das als Name angegebene Compilersymbol nicht defi-
                       niert ist.

$IFOPT Schalter+/–:   Der folgende Quelltext wird nur dann übersetzt, wenn
                       der angegebene Compilerschalter gesetzt ist oder nicht.

Die in *$IFDEF* bzw. *$IFNDEF* abgefragten Compilersymbole können mit
$DEFINE definiert und mit *$UNDEF* wieder außer Kraft gesetzt werden.

Beispiele: 1.
```
{ $Define FA_Y} {wegen Leerzeichen nicht gesetzt}
{$Define FA_X}
{$IfDef FA_X}
const Kundenname = 'Fa. X';
{$else}
  {$IfDef FA_Y}
const Kundenname = 'Fa. Y';
  {$Endif}
{$Endif}
```

2.
```
{$R-}
var s:string;
...
{$IfOpt R+}
s := 'R+ erkannt';
{$else}
s := 'R- erkannt';
{$Endif}
```

Für die verschiedenen Versionen der Compiler sind verschiedene Compilersymbole vordefiniert, wie z. B. „Ver90" für Delphi 2, „Ver80" für Delphi 1,
„Ver70" für Borland Pascal 7.0 usw. Damit kann ein einziger Quelltext
verschiedene Anweisungen für die verschiedenen Compilerversionen enthalten,
die dann nur vom jeweiligen Compiler übersetzt werden.

```
function Version:string;
Var s:string;
Begin
{$Ifdef VER90}
  s := 'Delphi 2.0 Compiler';
{$Else }
  {$Ifdef Ver80}
    s := 'Delphi 1.0 Compiler';
  {$Else }
    {$Ifdef Ver70}
      s := 'Borland Pascal 7.0 Compiler';
    {$Else }
      s := 'welcher Compiler war das?';
    {$Endif}
  {$Endif}
{$Endif}
End;
```

Die Zielplattform kann man auch an den vordefinierten Symbolen „Win32" (für 32-bit-Windows) und „Windows" (für 16-bit-Windows) erkennen:

```
{$Ifdef WIN32}
  s := 'Delphi 2 für Win32';
{$Else }
  s := 'Delphi 1 für 16-bit-Windows';
{$Endif}
```

4 Anweisungen

In diesem Kapitel werden die Anweisungen von Object Pascal vorgestellt. Bis auf das im letzten Abschnitt beschriebene Exception-Handling sind das im wesentlichen die klassischen Kontrollstrukturen der strukturierten Programmierung.

Mit der Behandlung der Kontrollstrukturen ist eine Einführung in die Programmierlogik und die Programmverifikation verbunden. Die dabei vorgestellten Techniken haben mit Object Pascal direkt nur wenig zu tun. Sie haben aber mit Programmieren im allgemeinen zu tun und damit doch wieder mit Object Pascal.

Wenn man einen erfahrenen Programmierer nach dem Ergebnis seines Programms fragt, bekommt man oft nur Antworten der Art: „Es müßte eigentlich dieses und jenes tun." (Anfänger sind meist etwas leichtfertiger). Die Unsicherheit, die in dieser Antwort zum Ausdruck kommt, kann als symptomatisch für nahezu die gesamte Softwarebranche bezeichnet werden. Während man beim Kauf eines technischen Gerätes meist eine Garantie dafür erhält, daß das Gerät funktioniert, erhält man beim Kauf von Software in der Regel nur mehrseitige Erklärungen, in denen die Haftung für alle möglichen unangenehmen Folgen des Programms ausgeschlossen wird.

Sichere Aussagen über die Ergebnisse von Programmen bzw. Anweisungsfolgen sind meist nur mit den Techniken der Programmverifikation möglich. Sie können deshalb einen wichtigen Beitrag zur Qualität von Software leisten. Aus diesem Grund sollten in einer Einführung in das Programmieren immer auch die Techniken der Programmverifikation vermittelt werden.

Ich weiß allerdings, daß dieses Thema oft nicht besonders beliebt ist und als trocken empfunden wird. Da ich niemand von einer Beschäftigung mit den darauf folgenden Kapiteln abhalten will, sind sie so aufgebaut, daß die Abschnitte über die Programmierlogik nicht vorausgesetzt werden. Alle Abschnitte, die sich mit Programmierlogik beschäftigen, enthalten das Wort „Programmierlogik" in der Überschrift. Wer darauf verzichten will, kann sie auch auslassen. Wer sich dagegen intensiver damit beschäftigen will, sei auf Alagic/Arbib 1978, Dijkstra 1976 und Gries 1991 verwiesen.

4.1 Wertzuweisungen und Ausdrücke

Die bisher schon mehrfach verwendete Wertzuweisung (*assignment statement*) ist durch das folgende Syntaxdiagramm definiert:

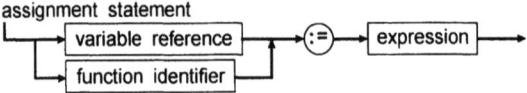

Durch eine Wertzuweisung wird der Wert des Ausdrucks rechts von „:=" der linken Seite zugewiesen.

Falls die Datentypen der beiden Seiten gleich sind, ist diese Zuweisung meist eine einfache Kopie des Bitmusters. Sind die Datentypen dagegen verschieden, kann mit der Zuweisung auch eine Umwandlung des Bitmusters verbunden sein. Damit der Compiler bei einer Zuweisung von verschiedenen Datentypen sinnlose Zuweisungen erkennen und verhindern kann, muß der Datentyp des zugewiesenen Ausdrucks **wertzuweisungskompatibel** zum Datentyp der linken Seite sein. Diese Anforderung ist durch eine umfangreiche Liste von Regeln definiert.

Beispiel: Ein kleiner Auszug aus dieser Liste für einige der im letzten Kapitel definierten Datentypen: Nach den Vereinbarungen

```
var   v1:T1;
      v2:T2;
```

ist die Wertzuweisung v1 := v2 in den folgenden Fällen möglich:

– Die Datentypen T1 und T2 sind gleich, und keiner der beiden ist ein *file*-Typ oder ein strukturierter Typ, der einen *file*-Typ enthält.

– T1 und T2 sind kompatible ordinale Typen, und v2 liegt im Bereich der möglichen Werte von T1.

– T1 und T2 sind Gleitkommadatentypen, und der Wert von v2 liegt im Bereich der möglichen Werte von T1.

– T1 ist ein Gleitkomma- und T2 ein Ganzzahldatentyp.

– T1 und T2 sind eventuell verschiedene String-Typen.

– T1 ist ein String-Typ und T2 ein Char-Typ.

Bei der **Ausführung einer Wertzuweisung** wird zuerst der Ausdruck auf der rechten Seite ausgewertet. Dieser Wert wird dann der linken Seite zugewiesen, wobei der ursprüngliche Wert durch den zugewiesenen Wert überschrieben wird. Damit wird in

```
i := i+1;
```

zuerst die Zahl 1 zum bisherigen Wert von i addiert und das Ergebnis dieser Addition dann der linken Seite zugewiesen.

Sind in einem Ausdruck **alle Operanden Konstanten**, wird der Wert des Ausdrucks bereits während der Kompilation vom Compiler berechnet.

Beispiel: Nach der Deklaration

```
var  i:Integer;
     s:string;
```

erzeugen die Anweisungen

```
i := i+3*4;
s := 'Hal'+'llo';
```

denselben Code wie

```
i := i+12;
s := 'Halllo';
```

In Delphi 1 führt die Wertzuweisung

```
i := 20000 + 20000
```

zu einer Fehlermeldung beim Kompilieren („Konstante außerhalb des zulässigen Wertebereichs"), da der Wert 40000 keiner 16-bit-Integer-Variablen zugewiesen werden kann.

Betrachten wir jetzt etwas genauer, was alles als Variablenreferenz auf der linken Seite einer Wertzuweisung stehen kann.

Eine **Variablenreferenz** ist im einfachsten Fall der Name einer Variablen (*variable identifier*), also eines Bezeichners, der in einem Variablenvereinbarungsteil definiert wurde:

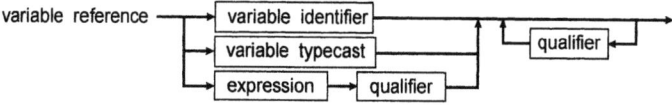

Der unterste Pfad bezeichnet einen Ausdruck der Form (p+i)^, in dem ein PChar-Pointer mit einem ganzzahligen Wert i im Rahmen der erweiterten Syntax dereferenziert wird.

Der Name einer Variablen kann von einem Qualifizierer (*qualifier*) gefolgt werden und ist dann eine Array-Komponente oder ein dereferenzierter Pointer:

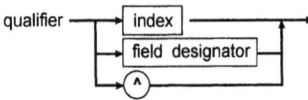

Der mittlere Pfad für einen *field designator* (Feldbezeichner) stellt eine Komponente in einem Record oder in einer Klasse dar.

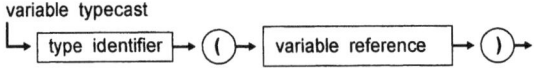

Solche Variablenreferenzen haben wir bereits bei visuellen Komponenten kennengelernt, wenn eine Eigenschaft einer Komponente angesprochen wird wie in

```
Edit1.Color := clRed;
```

Mit einem **Variablen-Typecast** kann der Datentyp einer Variablenreferenz in einen anderen Datentyp umgewandelt werden. Dabei wird das Bitmuster der Variablenreferenz als Bitmuster des umgewandelten Datentyps interpretiert.

Der Datentyp, in dem die Variablenreferenz interpretiert werden soll, muß dabei die gleiche Größe (in Bytes) haben wie die Variablenreferenz. Damit kann mit einem Variablen-Typecast die Wertzuweisungskompatibilität von Datentypen erzwungen werden, die sonst nicht zuweisungskompatibel sind.

Beispiele:

1. Nach den Vereinbarungen

```
var e:Extended;{ e und a10 sind gleichlang }
    a10:array[1..10] of Byte;

    cu:Currency; { nur in Delphi 2 }
    co:Comp;
```

sind die Wertzuweisungen

```
e := a10;
a10 := e;
cu := co;
```

nicht möglich, da die beteiligten Variablen nicht wertzuweisungskompatibel sind. Mit einem Variablen-Typecast kann jedoch das Bitmuster von zwei gleich langen Variablen einander zugewiesen werden:

```
e := Extended(a10);
Extended(a10) := e;

co := Comp(cu);
cu := Currency(co);
```

Nach der zweiten Wertzuweisung enthält dann a10 das Bitmuster der Extended-Variablen e. Insbesondere enthalten die einzelnen Bytes von a10 die verschiedenen Bytes der Gleitkommadarstellung von e.

2. Mit Variablen-Typecasts können Speicherbereiche als beliebige Datenstruktur interpretiert werden. Insbesondere kann ein dynamisch angelegter Speicherbereich als Array interpretiert werden:

```
type TArrayCast = array[1..100000] of Integer;
                              { genügend groß wählen }
var p:Pointer;
    i,n,s:Integer;

...
n := 9000; { kann auch während der Laufzeit
                              eingegeben werden }
GetMem(p,n*SizeOf(Integer));
for i := 1 to n do
 TArrayCast(p^)[i] := i;
s := 0;
for i := 1 to n do
 s := s+TArrayCast(p^)[i];
Form1.Memo1.Lines.Add(IntToStr(s));
Form1.Memo1.Lines.Add(IntToStr(n*(n+1) div 2));
...
```

Damit können Arrays dynamisch während der Laufzeit angelegt werden. Allerdings stehen für solche Arrays keine Bereichsprüfungen zur Verfügung.

Da bei einem Variablen-Typecast das Bitmuster der beteiligten Variablen nicht verändert wird, findet bei einer Wertzuweisung zwischen verschiedenen Datentypen insbesondere keine der üblichen Umwandlungen statt.

Beispiel: Nach den Vereinbarungen des letzten Beispiels hat *co* nach

```
cu := 1;
co := Comp(cu);
```

den Wert 10000. Nach der Zuweisung

```
cu := 1;
co := cu;
```

hat *co* dagegen den Wert 1.

Wie dieses Beispiel zeigt, ist die Verwendung von Variablen-Typecasts nicht ohne Risiko, und man sollte sie nur durchführen, wenn man wirklich weiß, was man tut.

Fassen wir die bisherigen Ausführungen zusammen: Auf der linken Seite einer Wertzuweisung kann eine Variable, eine Array-Komponente, ein dereferenzierter Pointer, ein Variablen-Typecast oder ein Datenfeld einer Klasse oder eines Records stehen.

Auf der rechten Seite einer Wertzuweisung steht *expression* für einen **Ausdruck**. Betrachten wir als nächstes, wie Ausdrücke gebildet werden können.

Ein Ausdruck ist entweder ein einfacher Ausdruck (*simple expression*) oder eine Verknüpfung von zwei einfachen Ausdrücken mit einem der Vergleichsoperatoren <, <= usw.:

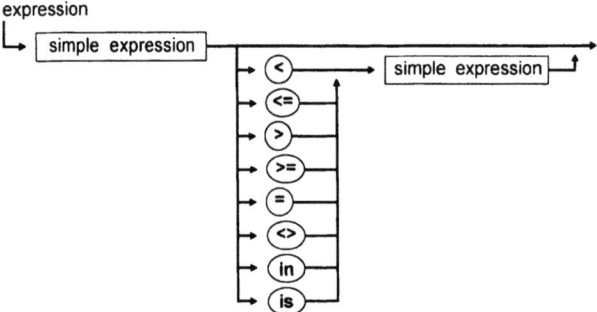

Der Datentyp eines Ausdrucks, der mit einem Vergleichsoperator aus zwei einfachen Ausdrücken gebildet wird, ist immer Boolean.

Da in einem Ausdruck immer nur zwei einfache Ausdrücke kombiniert werden können, sind solche Ausdrücke nicht zulässig:

1 < x < 17

Ein einfacher Ausdruck (*simple expression*) ist entweder ein Term oder eine Verknüpfung von zwei oder mehr Termen mit einem der additiven Operatoren +, –, *or* oder *xor:*

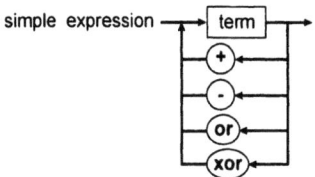

Ein Term ist entweder ein Faktor oder eine Verknüpfung von zwei oder mehr Faktoren mit einem der multiplikativen Operatoren *, / usw.:

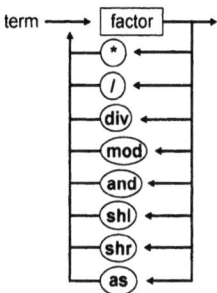

Ein Faktor ist schließlich eine der folgenden Konstruktionen:

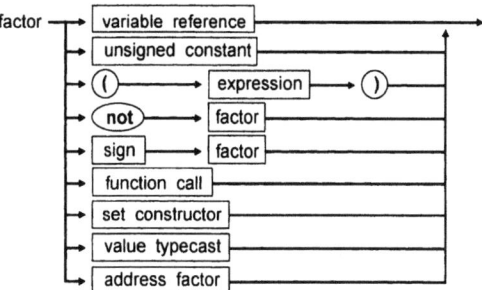

1. Eine Variablenreferenz (wie auf der linken Seite einer Wertzuweisung).

2. Eine vorzeichenlose Konstante:

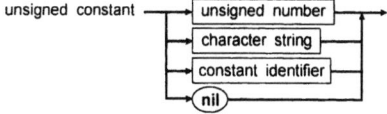

Hier steht *constant identifier* für eine symbolische Konstante, die in einem Konstantenvereinbarungsteil festgelegt wurde, und *nil* ist der Null-Pointer, der in Zusammenhang mit Pointer-Variablen verwendet wird.

Wie die folgenden Syntaxdiagramme zeigen, ist jede Zahl, die als Ziffernfolge (im Dezimal- oder Hexadezimalsystem bzw. im Gleitkommaformat) in ein Programm geschrieben wird, eine Konstante.

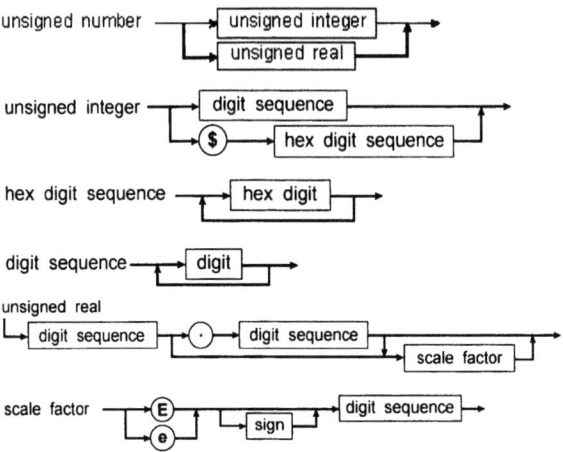

Das gleiche gilt auch für jeden explizit in einem Programm aufgeführten String:

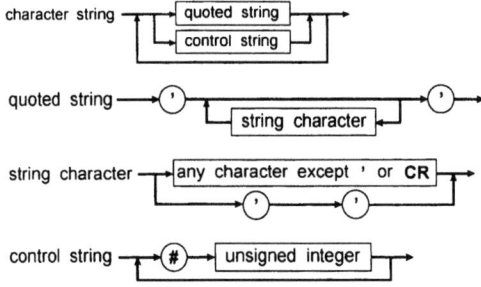

Insbesondere sind also alle in einem Programm explizit aufgeführten Werte Konstanten und nicht etwa nur die symbolischen Konstanten, die in einem Konstantenvereinbarungsteil festgelegt werden.

```
Beispiele: var   i:Integer; r:Extended; s:string;
           ...
           i := 17;        i := $17;
           r := 1.7;       r := 1.7e3; { 170 }
           r := 1.7e-3; { 0.0017 }
           s := 'Halllo'; s := #10#13'Hallo'#10#13;
```

3. Ein Ausdruck in Klammern, also z. B. ein geklammerter Term oder Faktor.

Damit können auf der rechten Seite einer Wertzuweisung beliebig geschach-
telte Terme, Faktoren, Variablen, Konstanten usw. eingesetzt werden.

Beispiele: `var x:Extended; b:Boolean;`
```
            . . .
x := (1 + x*(1+x))/(1+x*x);
b := (1 <= x) and (x <= 17)
```

4. *not factor* ermöglicht die Negation eines booleschen Faktors oder die bitweise
   Invertierung eines Faktors mit einem Ganzzahldatentyp. Der Datentyp des
   Ergebnisses ist derselbe wie der Datentyp des Ausdrucks.

Beispiele: `var b:Boolean; i:Integer;`
```
            . . .
b := not b; { "kippt" den Wert von b von true
                        auf false bzw. umgekehrt }
i := not $0000; { $FFFF }
```

5. Wegen *sign factor* ist auch ein Faktor mit einem Vorzeichen ein Faktor.

Beispiele:
```
i := -1;  { Variablen wie unter 3. und 4. }
x := -(1+x);
```

6. Wegen *function call* sind auch Funktionsaufrufe Faktoren. Dabei können
   sowohl vordefinierte als auch selbstdefinierte Funktionen verwendet werden.

Beispiel:
```
x := sin(x)*cos(1+1/(1+x*x));
```

7. Mit einem *set constructor* können Ausdrücke eines Mengentyps gebildet
   werden.

Beispiel:
```
chs := ['a', 'b', 'c','A'..'Z']
                        { var chs:set of Char }
if c in ['j', 'J'] then ...
```

8. Mit einem **Werte-Typecast** (*value typecast*) kann der Datentyp eines Ausdrucks in den Datentyp konvertiert werden, der als *type identifier* angegeben
   ist:

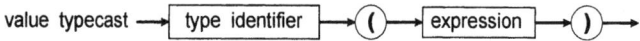

Dabei müssen beide Datentypen (*type identifier* und *expression*) ordinale oder
Pointer-Datentypen sein. Bei der Konvertierung werden die Werte erweitert
(einschließlich des Vorzeichens) oder abgeschnitten.

Beispiel:
```
var i:Integer; r:Extended;
    b:Byte; l:LongInt; boo:Boolean;
...
i   := Integer('A');
b   := Byte(i);
l   := Integer(clRed);   { wie ord(clRed) }
boo := Boolean(17); { Achtung: boo erhält weder
                den Wert true noch den Wert false, wird
                aber als true interpretiert }
i   := Integer(r); { nicht möglich, da r kein
                          ordinaler Datentyp ist }
```

Werte-Typecasts werden vor allem dazu verwendet, um in einem Ausdruck
einen bestimmten Datentyp explizit zu erzwingen. Beispielsweise ist in
Delphi 1 der Datentyp *Integer* auf die Werte –32768..32767 beschränkt. Der
gemeinsame Datentyp eines binären Ausdrucks mit Integer-Operanden ist
Integer, und damit erhält die LongInt-Variable l in

```
i := 20000;
l := i+i;
```

den Wert –25536. Mit dem Werte-Typecast

```
l := LongInt(i)+i;
```

wird für den ersten Operanden der Datentyp *LongInt* erzwungen. Damit ist
der gemeinsame Datentyp der rechten Seite *LongInt*, und l erhält den
gewünschten Wert 40000.

Das Syntaxdiagramm für einen Werte-Typecast unterscheidet sich nur durch
expression anstelle *variable reference* von dem für einen Variablen-Typecast.
Während bei einem Werte-Typecast immer ein Wert eines ordinalen Datentyps vorausgesetzt wird, kann bei einem Variablen-Typecast nur eine
Variablenreferenz (meist eine Variable) verwendet werden, die aber einen
beliebigen Datentyp haben kann.

9. Mit einem **address factor** erhält man die Adresse des Operanden als Pointer.

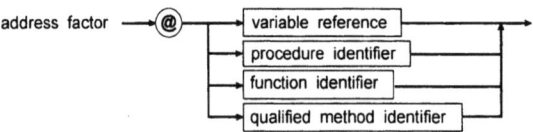

In zusammengesetzten Ausdrücken ergibt sich die Reihenfolge der Berechnungen aus der **Rangfolge der Operatoren**, die den üblichen Regeln („Punkt vor Strich") entsprechen:

Operatoren	Rangfolge	Kategorie
@, not	1 (hoch)	unäre Operatoren
*, /, div, mod, and, shl, shr, as	2	multiplikative Operatoren
+,–, or, xor	3	additive Operatoren
=, <>, <, >, <=, >=, in, is	4 (niedrig)	Vergleichsoperatoren

Diese Rangfolge wird durch die folgenden Regeln ergänzt:

– Ein Operand zwischen zwei Operatoren mit verschiedenem Rang wird mit dem höherwertigen Operator verknüpft:

```
i := 3 + 4*5        { = 23, nicht 35 }
```

– Ein Operand zwischen zwei Operatoren mit gleichem Rang wird mit dem linken Operator verknüpft:

```
i := 4*5 div 10     { = 2, nicht 0  }
i := 10 div 2*5     { = 25, nicht 1 }
```

– Ausdrücke in Klammern werden zuerst ausgewertet:

```
i := 10 div (2*5) { = 1 }
```

Anmerkungen für C-Programmierer: In C werden Wertzuweisungen mit dem Gleichheitszeichen „=" und nicht mit „:=" gebildet. Für die Bildung von Ausdrücken gibt es in C wesentlich mehr Möglichkeiten als in Pascal, was aber nicht bedeutet, daß man in C Ergebnisse erzielen kann, die in Object Pascal nicht erreichbar sind.

4.2 Ein wenig Programmierlogik: Symbolische Ausführung

In diesem Abschnitt werden einige einfache Techniken behandelt, mit denen man das Ergebnis einer Folge von Anweisungen untersuchen und nachweisen kann.

Auf die Frage, was die beiden Anweisungen

```
a := b;
b := a;
```

bewirken, erhält man zunächst oft die Antwort, daß die Werte der beiden Variablen vertauscht werden.

Diese Antwort wird aber meist schnell wieder zurückgenommen, insbesondere wenn die Gefragten aufgefordert werden, sich die Auswirkung dieser Anweisungen in einem **Ablaufprotokoll** zu veranschaulichen. Darin werden die Werte aller beteiligten Variablen nach jeder Anweisung notiert.

Beispiele:

1. Wenn die Variablen a, b und c vor der Ausführung der Anweisungen

```
c := a;
a := b;
b := c;
```

   die Werte a=1 und b=2 haben, ergibt sich das Ablaufprotokoll:

	a	b	c
	1	2	?{ Wert von c undefiniert }
c := a			1
a := b	2		
b := c		1	

2. Genauso erhält man für die Anweisungen

```
x := x + y;
y := x - y;
x := x - y;
```

   mit den Anfangswerten x=1 und y=2 das Ablaufprotokoll

	x	y
	1	2
x := x + y	3	
y := x - y		1
x := x - y	2	

Offensichtlich werden durch diese Anweisungen die Werte der Variablen x und y vertauscht. **Frage**: Sehen Sie, ob das für beliebige Werte von x und y funktioniert? Oder gilt das nur in diesem speziellen Fall mit x=1 und y=2?

Jede Zeile eines Ablaufprotokolls ist eine „**Momentaufnahme**" der Werte der protokollierten Variablen. Ein Ablaufprotokoll ermöglicht die Darstellung dieser Werte im zeitlichen Ablauf eines Programms. Damit entspricht ein Ablaufprotokoll der charakteristischen Eigenschaft von Variablen, daß sich deren Wert während der Laufzeit eines Programms ändern kann.

Ähnlich wie in einem Ablaufprotokoll kann man sich im **Debugger** von Delphi unter *Ansicht\Überwachte Ausdrücke* die Werte von ausgewählten Variablen während der Ausführung eines Programms anzeigen lassen.

Mit einem Ablaufprotokoll kann man die Auswirkung von Anweisungen nur für spezielle Werte der beteiligten Variablen untersuchen. Allgemeinere Ergebnisse erhält man mit einer sogenannten **symbolischen Programmausführung**. Dabei nimmt man für die beteiligten Variablen nicht spezielle Werte an, sondern stellt diese Werte durch Symbole dar.

Dazu wählt man z. B. für den Wert der Variablen

a das Symbol a_0,
b das Symbol b_0 usw.

Die Auswirkung von Anweisungen auf diese symbolischen Werte kann dann mit einem Ablaufprotokoll untersucht werden. Damit ist es möglich, das Ergebnis einer Folge von Anweisungen unabhängig von speziellen Werten der beteiligten Variablen zu untersuchen.

Beispiel: Für die Anweisungen

```
c := a;
a := b;
b := c;
```

ergibt sich das Ablaufprotokoll

	a	b	c
	a_0	b_0	c_0
c := a			a_0
a := b	b_0		
b := c		a_0	

Damit werden durch diese Anweisungsfolge die Werte der Variablen a und b vertauscht, und zwar unabhängig von ihrem Wert vor der Ausführung dieser Anweisungen. Angesichts der einfachen Anweisungen überrascht dieses Ergebnis kaum.

Nachdem wir im Ablaufprotokoll oben gesehen haben, daß durch die Anweisungen

```
x := x + y;
y := x - y;
x := x - y;
```

die Werte der Variablen x und y vertauscht werden, wenn sie am Anfang die
Werte 1 und 2 haben, stellt sich die Frage, ob die Werte von x und y auch für alle
anderen Anfangswerte vertauscht werden.

Die Antworten auf diese Frage sind meist sehr zaghaft. Kaum jemand ist sich
sicher, ob das Ergebnis allgemeingültig ist oder nicht.

Führt man diese Anweisungen symbolisch aus, sieht man ohne großen Aufwand
allgemeingültig, daß sie tatsächlich immer die Werte von zwei Variablen
vertauschen:

	x	y
	x_0	y_0
$x := x + y$	$x_0 + y_0$	
$y := x - y$		$(x_0 + y_0) - y_0 = x_0$
$x := x - y$	$(x_0 + y_0) - x_0 = y_0$	

**Wie dieses Beispiel zeigt, ist die symbolische Programmausführung eine sehr
einfache Technik, mit der man das Ergebnis einer Folge von Anweisungen
allgemeingültig nachweisen kann.**

Nachdem man das Ergebnis einer Folge von Anweisungen nachgewiesen hat,
sollte man diesen Nachweis durch Kommentare im Programm dokumentieren:

```
{ x=x0, y=y0 }
x := x + y;
y := x - y;
x := x - y;
{ x=y0, y=x0 }
```

Hier ist der erste Kommentar die sogenannte **Vorbedingung**, die vor der Ausführung einer Folge von Anweisungen gilt, und der zweite die sogenannte **Nachbedingung**, die anschließend gilt. Die Vorbedingung hier besagt lediglich, daß
der Wert von x mit x_0 und der von y mit y_0 bezeichnet wird. Die Nachbedingung
besagt, daß diese ursprünglichen Werte vertauscht werden.

In der Regel sind Vor- und Nachbedingungen gute Kandidaten für Kommentare.
Sie erfüllen meist alle Kriterien, die im Abschnitt über Kommentare aufgeführt
wurden, und sind oft außerordentlich hilfreich, Zusammenhänge in einem Programm darzustellen.

Kann man nachweisen, daß durch eine Anweisungsfolge S aus einer Vorbedingung P die Nachbedingung Q folgt, schreibt man

{ P }
S
{ Q }

Falls ein solcher Nachweis gelingt, kann man sicher sein, daß die Anweisungsfolge S das Ergebnis Q hat, falls die Bedingung P vor der Ausführung von S erfüllt ist. Eine solche Sicherheit hat die symbolische Programmausführung im letzten Beispiel gebracht. Hätte man diese Anweisungsfolge dagegen nur für bestimmte Werte ausprobiert, könnte man nur sicher sein, was für die tatsächlich getesteten Werte passiert. Bei allen anderen Werten bleibt unsicher, ob auch wirklich das passiert, was man vermutet.

Falls die Vor- und die Nachbedingung gleich sind, bezeichnet man diese Bedingung auch als **invariant**. Es wird sich später zeigen, daß **Invarianten** zum Nachweis von Nach- aus Vorbedingungen **bei Wiederholungsanweisungen** sehr hilfreich sein können.

Kommen wir noch einmal kurz zu den beiden Anweisungsfolgen zurück, mit denen man die Werte von zwei Variablen vertauschen kann. Im Gegensatz zu dem Verfahren aus dem ersten Beispiel ist im zweiten Beispiel keine dritte Variable notwendig ist. Wie immer, wenn man mehrere Verfahren zur Auswahl hat, stellt sich die Frage: „Welches der beiden Verfahren ist besser?"

Mögliche Vergleichskriterien:

- Verständlichkeit: Das erste Verfahren erscheint einfacher.

- Allgemeinheit: Das erste Verfahren läßt sich auf alle Datentypen anwenden, das zweite nur auf rechenfähige. Aber auch bei rechenfähigen Datentypen ist das erste Verfahren allgemeiner, da keine Bereichsüberschreitungen auftreten können.

- Ausführungszeit: Beim ersten Verfahren sind drei Wertzuweisungen auszuführen, beim zweiten zusätzlich drei Additionen.

- Speicherplatzbedarf: Das zweite Verfahren benötigt zwar keinen Speicherplatz für eine dritte Variable, aber die Anweisungen für die drei Rechenoperationen benötigen auch Programmcode und damit Speicherplatz.

Häufig beschreiben Vor- und Nachbedingungen nicht nur durch die Werte von Variablen, sondern **allgemeine Beziehungen**, die zwischen den Variablen bestehen. Auch ein solcher Nachweis kann **durch** eine symbolische **Ausführung** der Anweisungen erfolgen.

Beispiel: Wenn vor der Ausführung der Anweisungen

```
r := r - y;
q := q + 1;
```

die Vorbedingung

$q*y + r = x$, d. h. $q_0*y_0 + r_0 = x_0$

gilt, dann ersieht man aus dem symbolischen Ablaufprotokoll

	r	q
	r_0	q_0
r := r - y	$r_0 - y_0$	
q := q + 1		$q_0 + 1$

daß diese Beziehung auch noch nach der Ausführung dieser Anweisungen gilt:

$$q*y + r = (q_0 + 1)*y_0 + (r_0 - y_0)$$

$$= q_0*y_0 + y_0 + r_0 - y_0$$

$$= q_0*y_0 + r_0 = x_0 = x$$

Da der Wert der Variablen y durch die beiden Anweisungen nicht verändert wird, wurde diese Variable auch nicht ins Ablaufprotokoll aufgenommen. Damit gilt:

```
{ q*y + r = x }
r := r - y;
q := q + 1;
{ q*y + r = x }
```

Der Leser eines Programms kann die Gültigkeit der zweiten Bedingung leicht aus der ersten Bedingung herleiten, während er allein aus den Anweisungen kaum auf eine solche Bedingung schließen würde.

Selbstverständlich erwartet niemand von Ihnen, daß Sie allein aus den Anweisungen des letzten Beispiels die gefundenen Beziehungen herleiten, da diese Anweisungen ohne jeden Kontext „vom Himmel gefallen" sind. Wenn man dagegen ein Programm schreibt, will man ja immer ein bestimmtes Ergebnis erzielen. Dieses Ergebnis ist die Nachbedingung, und diese versucht man dann, aus den gegebenen Vorbedingungen herzuleiten.

Dazu David Gries (1981, S. 164): „A program and its proof should be developed hand in hand, with the proof usually leading the way... It is just too difficult to prove an already existing program correct, and it is far better to use the proof-of-correctness ideas throughout the programming process for insight."

Noch zwei Beispiele. Dabei sind x und y Ganzzahldatentypen:

1) Der Wert von x sei gerade, d. h. x div 2 = x/2, wobei x/2 für das Ergebnis der Division von x durch 2 im Bereich der rationalen Zahlen steht. Dann gilt die Invarianz

```
{ x*y = u*v und x >= 0 und y >= 0 }
y := y*2;
x := x div 2;
{ x*y = u*v und x >= 0 und y >= 0 }
```

tatsächlich, wie man für jede der drei Bedingungen getrennt nachweisen kann:

I)

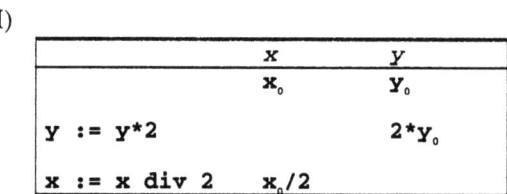

$x*y = (x_0/2)*(2*y_0)$ { Setze Werte aus dem Ablaufprotokoll ein }

$= x_0*y_0$ { Klammern auflösen }

$= u*v$ { Folgerung aus der Vorbedingung einsetzen }

II) Aus der Vorbedingung $x_0 >= 0$ folgt $x = x_0/2 >= 0$

III) Aus der Vorbedingung $y_0 >= 0$ folgt $y = 2*y_0 >= 0$

2) Der Wert von x sei ungerade, d. h. x div 2 = $(x-1)/2$, wobei $(x-1)/2$ wieder für das Ergebnis der Division von x−1 durch 2 im Bereich der rationalen Zahlen steht. Dann gilt auch die folgende Invarianz, die man wiederum für jede der drei Bedingungen getrennt nachweisen kann:

```
{ z + x*y = u*v und x >= 0 und y >= 0 }
z := z + y;
y := y*2;
x := x div 2;
{ z + x*y = u*v und x >= 0 und y >= 0 }
```

I)

	z	x	y
	z_0	x_0	y_0
z := z+y	z_0+y_0		
y := y*2			$2*y_0$
x := x div 2		$(x_0-1)/2$	

$$z + x*y \quad = (z_0 + y_0) + ((x_0-1)/2)*2*y_0 \quad \{ \text{ Werte aus dem Ablaufprotokoll } \}$$

$$= z_0 + y_0*x_0 \quad \{ \text{ Klammern auflösen } \}$$

$$= u*v \quad \{ \text{ Vorbedingung verwenden } \}$$

II) Aus der Vorbedingung $x_0 >= 0$ und x ungerade folgt

$$x = (x_0-1)/2 >= 0$$

III) Aus der Vorbedingung $y_0 >= 0$ folgt $y = 2*y_0 >= 0$

Die Ergebnisse dieses Abschnitts lassen sich folgendermaßen zusammenfassen: **Die symbolische Ausführung von Anweisungen ist eine sehr einfache Technik, mit der man allgemeingültige Ergebnisse von Programmen nachweisen kann.** Damit läßt sich ein Maß an Softwarequalität erreichen, das mit den üblicherweise verwendeten Testverfahren meist nicht erreicht wird.

Aufgaben 4.2

Überprüfen Sie, ob sich aus den Vorbedingungen in 1. bis 5. die angegebenen Beziehungen herleiten lassen.

1. n ganzzahlig und ungerade, p, x, u und v Ganzzahl- oder Gleitkommadatentypen

```
{ p₀*x₀ⁿ = uᵛ }
p := p*x;
n := n div 2;
x := x*x;
{ p₀*x₀ⁿ = uᵛ }
```

2. n ganzzahlig und gerade, p, x, u und v Ganzzahl- oder Gleitkommadatentypen

```
{ p₀*x₀ⁿ = uᵛ }
n := n div 2;
x := x*x;
{ p₀*x₀ⁿ = uᵛ }
```

3. i ganzzahlig, s Gleitkomma- oder Ganzzahldatentyp

```
{ s = 1 + 2 + ... + i, d. h. s ist die Summe der
                                    ersten n Zahlen }
i := i + 1;
s := s + i;
{ s = 1 + 2 + ... + i }
```

4. i ganzzahlig, s Gleitkomma- oder Ganzzahldatentyp

```
{ s = 1*1 + 2*2 + ... + i*i, d. h. s ist die Summe
                       der ersten i Quadratzahlen }
i := i + 1;
s := s + i*i;
{ s = 1*1 + 2*2 + ... + i*i }
```

5. i ganzzahlig, s Gleitkomma- oder Ganzzahldatentyp

```
(* s = 1*1 + 2*2 + ... + i*i *)
s := s + i*i;
i := i + 1;
(* s = 1*1 + 2*2 + ... + i*i *)
```

4.3 Die Verbundanweisung

Durch eine **Verbundanweisung** (*compount statement*) werden eine oder mehrere Anweisungen zu einer einzigen zusammengefaßt. Die so zusammengefaßten Anweisungen werden dann in der aufgeführten Reihenfolge ausgeführt.

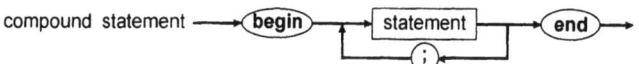

Dieses Syntaxdiagramm zeigt insbesondere, daß das **Semikolon** in Pascal dazu verwendet wird, um Anweisungen zu trennen. Damit muß vor der letzten Anweisung vor *end* kein Semikolon kommen. Wie der leere Pfad durch das Syntaxdiagramm für ein *statement* zeigt,

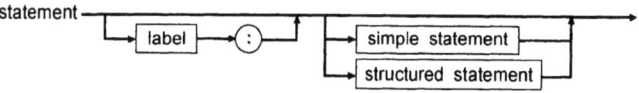

ist ein überflüssiges Semikolon aber kein Fehler, sondern für den Compiler nur eine sogenannte *leere Anweisung*, die keinen Code erzeugt. Ein überflüssiges Semikolon nach der letzten Anweisung ist oft sogar sinnvoll: Wenn man später noch eine Zeile anfügt, wird das dann notwendige Semikolon nicht vergessen.

Beispiel: **begin**
```
r := 1E-20;
r := r*r;
i := 20000+2000;{ ";" unnötig, aber nicht falsch }
end;
```

Die Verbundanweisung wird selten als eigenständige Anweisung verwendet, sondern vor allem in Verbindung mit bedingten Anweisungen und Schleifen. Außerdem ist jeder Anweisungsteil in einer Prozedurvereinbarung (z. B. einer Ereignisbehandlungsroutine) eine solche Verbundanweisung.

Anmerkungen für C-Programmierer: Die Verbundanweisung wird in C mit den geschweiften Klammern { } gebildet. Das Semikolon wird in C nicht als Separator verwendet, sondern ist Bestandteil einer Anweisung.

4.4 Bedingte Anweisungen

Bedingte Anweisungen gehören wie die Wiederholungsanweisungen im nächsten Abschnitt zu den sogenannten Kontrollstrukturen: Mit ihnen wird die Ausführung anderer Anweisungen gesteuert.

In Pascal gibt es die folgenden beiden bedingten Anweisungen:

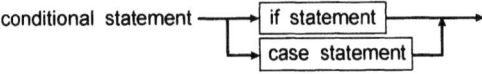

4.4.1 Die *if*-Anweisung

In einer *if*-Anweisung

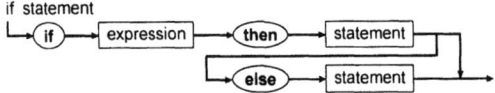

steht *expression* für einen **booleschen Ausdruck**, der z. B. durch den Vergleich von zwei einfachen Ausdrücken mit einem der Vergleichsoperatoren =, <>, <, <=, >, >= gebildet wird. Die Anweisung nach *then* wird auch als ***then*-Zweig** bezeichnet und die Anweisung nach *else* (sofern vorhanden) als ***else*-Zweig**.

Bei der Auswertung des booleschen Ausdrucks sind nur die beiden Ergebnisse *true* und *false* möglich. Ergibt diese Auswertung

- den Wert **true**, wird der *then*-Zweig ausgeführt. Anschließend wird die *if*-Anweisung verlassen. Ein eventuell vorhandener *else*-Zweig wird nicht ausgeführt.

- den Wert **false**, wird der *then*-Zweig nicht ausgeführt. Besitzt die *if*-Anweisung einen *else*-Zweig, wird dieser ausgeführt und anschließend die *if*-Anweisung verlassen. Falls die *if*-Anweisung keinen *else*-Zweig besitzt, wird sie ohne die Ausführung einer Anweisung verlassen.

Die *if-then*-Anweisung kann als Spezialfall einer *if-then-else*-Anweisung aufgefaßt werden, bei der im *else*-Zweig keine Anweisung steht.

Beispiel: Durch

```
if Punktezahl < 100 then
                 Edit1.Text := 'Pech gehabt.'
```

wird entweder der Text 'Pech gehabt' ausgegeben oder gar nichts. Dagegen wird in

```
if Punktezahl < 100 then
                 Edit1.Text := 'Pech gehabt.'
else Edit1.Text := 'Herzlichen Glückwunsch! '+
             'Sie haben drei Waschmaschinen gewonnen';
```

immer eine der beiden Meldungen ausgegeben.

Mit einer bedingten Anweisung kann die Ausführung von Anweisungen von Bedingungen abhängig gemacht werden.

Falls der boolesche Ausdruck eine Bedingung darstellt, entspricht das Ergebnis *true* der umgangssprachlichen Formulierung „Die Bedingung ist erfüllt", während *false* ausdrückt, daß die Bedingung nicht erfüllt ist.

Die Syntaxregel, daß in Pascal ein Semikolon zwei Anweisungen trennt, muß besonders bei einer *if-then-else*-Anweisung beachtet werden: Da eine solche Anweisung immer *eine einzige* Anweisung ist, darf **vor** dem *else* **nie ein Semikolon** stehen:

```
if Punktezahl < 100 then
                 Edit1.Text := 'Pech gehabt.'; { <-- falsch }
else Edit1.Text := 'Wälch ain Glick!';
```

Der Compiler beschwert sich dann mit „Syntaxfehler in Befehl/Anweisung".

Der *then*- oder *else*-Zweig einer *if*-Anweisung kann eine beliebige Anweisung sein. Insbesondere wird man eine Verbundanweisung wählen, wenn mehrere Anweisungen in Abhängigkeit von einer einzigen Bedingung ausgeführt werden sollen:

```
if b then
  begin
    S1;
    S2;
  end;
```

Hier werden S1 und S2 nur ausgeführt, wenn b den Wert *true* hat. In

```
if b then S1; S2;
```

wird S2 unabhängig vom Wert von b ausgeführt und S1 nur, wenn b *true* ist.

Die *if-then*-Anweisung und die *if-then-else*-Anweisung sollen zunächst getrennt etwas genauer betrachtet werden.

Die bedingte Ausführung einer Anweisung

Mit einer *if-then*-Anweisung kann man steuern, ob eine bestimmte Anweisung ausgeführt werden soll oder nicht.

Beispiele:

1. Da eine Division durch 0 zu einem Laufzeitfehler führt, sollte vor jeder Division geprüft werden, ob der Divisor von Null verschieden ist:

```
if n > 0 then
  begin
    Mittelwert := Summe/n;
    Edit1.Text := 'Mittelwert = '
                            +FloatToStr(Mittelwert);
  end;
```

2. In

```
MaxTag := 28;
if Schaltjahr then MaxTag := 29;
```

erhält *MaxTag* den Wert 29, wenn *Schaltjahr* den Wert *true* hat. Falls diese Bedingung nicht erfüllt ist, bleibt der Wert von *MaxTag* unverändert bei 28.

Der *then*-Zweig einer *if-then*-Anweisung kann wieder eine *if*-Anweisung sein:

```
if b1 then if b2 then s;
```

s wird in diesem Fall genau dann ausgeführt, wenn b1 und b2 *true* sind. Dies
trifft offensichtlich genau dann zu, wenn *b1 and b2* den Wert *true* hat. Diese Anweisung ist damit gleichwertig mit

```
if b1 and b2 then s;
```

Wenn der *then*-Zweig einer *if-then*-Anweisung eine *if-then-else*-Anweisung ist,
läßt sich aus den bisherigen Ausführungen nicht ableiten, ob sich der *else*-Zweig
in

```
if b1 then if b2 then S1 else S2
```

auf b1 oder b2 bezieht. Diese Zweideutigkeit ist generell so geregelt, daß ein
else-Zweig immer zu der letzten Bedingung ohne *else*-Zweig gehört und die
letzte Anweisung gleichwertig ist mit

```
if b1 then
   begin
      if b2 then S1
      else S2
   end;
```

Die Auswahl einer von zwei Anweisungen

Mit einer *if-then-else*-Anweisung wird aus den beiden Alternativen *then-Zweig*
und *else-Zweig* immer genau eine ausgewählt. Während also bei einer *if-then*-
Anweisung manchmal etwas gemacht wird und manchmal nicht, wird bei einer
if-then-else-Anweisung immer etwas gemacht.

Beispiele:

1. In der Anweisung

```
if Schaltjahr then MaxTag := 29
else MaxTag := 28;
```

   erhält *MaxTag* offensichtlich denselben Wert wie im letzten Beispiel: 29,
   wenn Schaltjahr *true* ist, und 28, falls diese Bedingung nicht erfüllt ist.

2. Der erste Teil des letzten Beispiels

```
if n > 0 then
   begin
      Mittelwert := Summe/n;
      Edit1.Text:='Mittelwert= '+FloatToStr(Mittelwert);
   end;
```

   ist nicht ganz unproblematisch. Falls n einen Wert <= 0 hat (und das kommt
   ab und zu vor, auch wenn es nie vorkommen dürfte – vor allem immer erst
   dann, wenn das Programm beim Kunden ist, nie beim Testen), wartet der

Anwender endlos auf seine Anzeige des Mittelwertes. Und wenn anschließend mit dem Mittelwert weitergerechnet wird, hat dieser einen undefinierten Wert, der das Ergebnis aller weiteren Rechnungen unbrauchbar macht, ohne daß man dies sofort erkennt.

Es empfiehlt sich deswegen immer, alle Variablen, die in einem Zweig einer *if*-Anweisung gesetzt werden, auch im anderen Zweig zu initialisieren.

```
if n > 0 then
   begin
     Mittelwert := Summe/n;
     Edit1.Text := 'Mittelwert = '+
                             FloatToStr(Mittelwert);
   end
else
   begin
     Mittelwert :=0;
     Edit1.Text := 'n='+IntToStr(n)+
                        '<=0 - Kein Mittelwert möglich';
   end; { oder irgendeine andere Fehlermeldung }
```

Der Aufwand für diesen vermeintlich überflüssigen *else*-Zweig mag auf den ersten Blick hoch erscheinen. Wenn Sie sich aber vorstellen, wie lange Sie eventuell in einem großen Programm ohne eine geeignete Fehlermeldung nach einem solchen Fehler suchen, ist dieser Aufwand meist gerechtfertigt.

Zwei aufeinanderfolgende *if-then*-Anweisungen, bei denen die Bedingung in der ersten die Negation der anderen ist, können in eine *if-then-else*-Anweisung übersetzt werden, wenn die Bedingung der zweiten nicht vor ihrer Prüfung verändert wird:

Beispiel: Die beiden Anweisungsfolgen

```
        if x > 0  then a := -1;
        if x <= 0 then a := 1;
```

und

```
        if x > 0  then x := -1;
        if x <= 0 then x := 1;
```

sehen auf den ersten Blick recht ähnlich aus. Da aber in der zweiten Anweisungsfolge die Bedingung für die zweite *if*-Anweisung durch die erste *if*-Anweisung beeinflußt wird, kann die zweite nicht in eine *if-then-else*-Anweisung übersetzt werden.

Da der *else*-Zweig einer *if-then-else*-Anweisung nur ausgeführt wird, wenn der zugehörige boolesche Ausdruck den Wert *false* ergibt, kann bei der Ausführung des *else*-Zweiges die Negation des booleschen Ausdrucks vorausgesetzt werden.

Bei einfachen Bedingungen der Art x *op* y (wobei *op* einer der Vergleichsoperatoren sein soll), ergibt sich die **Negation** aus der folgenden Tabelle:

x op y	Negation
x = y	x <> y
x <> y	x = y
x > y	x <= y
x < y	x >= y
x <= y	x > y
x >= y	x < y

Bei zusammengesetzten Bedingungen wie *p and q* oder *p or q* (wobei p und q einfache Bedingungen sein sollen), ergibt sich die Negation nach den sogenannten **Regeln von de Morgan**:

	Negation
p and q	(not p) or (not q)
p or q	(not p) and (not q)

Insbesondere ist die oft intuitiv verwendete Negation nach dem Schema

not (p and q) = (not p) and (not q) bzw.
not (p or q) = (not p) or (not q)

falsch.

Damit kann in den *else*-Zweigen die jeweils als Kommentar angegebene Bedingung vorausgesetzt werden:

```
if (0 <= x) and (x <= 10) then ...
else { (x < 0) or (x > 10) } ...

if (x = 0) or (c <> 'J') then ...
else { (x <> 0) and (c = 'J') }
```

Noch ein **Beispiel**:

In Abhängigkeit vom Wert einer Variablen *Bewegungsart* (Datentyp *Char*, zulässige Werte: '+' oder '–') soll der Wert der Variablen *Betrag* zur Variablen *Kontostand* addiert oder von dieser subtrahiert werden. Für diese Aufgabe werden meist zuerst die folgenden beiden Lösungen vorgeschlagen:

```
if Bewegungsart='+' then Kontostand := Kontostand+Betrag
else Kontostand := Kontostand-Betrag;
```

oder

```
if Bewegungsart='+' then Kontostand := Kontostand+Betrag;
if Bewegungsart='-' then Kontostand := Kontostand-Betrag;
```

Beide Lösungen haben aber den Nachteil, daß ein unzulässiger Wert der Bewegungsart zu einer falschen Verbuchung des Betrages führt: Im ersten Fall führt eine falsche Bewegung zu einer Abbuchung (so würde ich das machen, wenn die Bank mir gehören würde), und im zweiten Fall fällt jede falsche Bewegungsart unter den Tisch. Bei einer größeren Anzahl von Datensätzen bliebe ein solcher Fehler vermutlich sogar unentdeckt.

Fügt man diesen Anweisungen eine weitere hinzu, um eine falsche Bewegungsart abzufangen, muß man schon etwas nachdenken, um die richtige Bedingung zu finden (hier werden relativ oft *and* und *or* verwechselt): Ist

```
if (Bewegungsart <> '+') and (Bewegungsart <> '-') then
                                          Fehlermeldung;
```

oder *or* anstelle von *and* richtig? Falls das Programm dann später auf noch andere Bewegungsarten erweitert wird, erhält man zunächst eine falsche Fehlermeldung, weil meist die Änderung der Bedingung für die Fehlermeldung vergessen wird.

Das Problem bei Aufgaben wie dieser liegt darin, daß die Aufgabenstellung zwar die Auswahl einer von zwei Bedingungen nahelegt. Tatsächlich ist aber eine Bedingung mehr zu berücksichtigen, nämlich die Fehlerbehandlung. Damit ist in diesem Beispiel eine von drei Anweisungen auszuwählen.

Die Auswahl einer aus mehreren Anweisungen

Schon bei der Vorstellung der *if-then-else*-Anweisung wurde darauf hingewiesen, daß als *else*-Zweig wiederum eine *if*-Anweisung verwendet werden kann. Mit einer so **verschachtelten *if-then-else*-Anweisung** ist es möglich, eine aus mehr als zwei Anweisungen ohne die oben genannten Nachteile auszuwählen:

```
if Bewegungsart='+' then Kontostand:= Kontostand + Betrag
else if Bewegungsart='-' then Kontostand :=
                                     Kontostand - Betrag
else Fehlermeldung;
```

Bezeichnen b1, b2, b3 usw. boolesche Ausdrücke und S1, S2, S3 usw. Anweisungen, dann ist eine verschachtelte *if*-Anweisung folgendermaßen aufgebaut:

```
if b1 then S1
else if b2 then S2
else if b3 then S3
...
```

Die gesamte „Schachtel" gilt als eine einzige Anweisung. Bei der Ausführung einer solchen Anweisung wird zunächst b1 ausgewertet. Ergibt sich dabei der

Wert *true*, wird S1 ausgeführt und anschließend die gesamte verschachtelte *if*-Anweisung verlassen. Ergibt die Auswertung von b1 jedoch den Wert *false*, wird im *else*-Zweig zu b1 der Ausdruck b2 ausgewertet. Ist dieser Ausdruck *true*, wird S2 ausgeführt und danach die gesamte verschachtelte *if*-Anweisung verlassen. Ist b2 *false*, wird b3 ausgewertet usw.

Sollen in einer verschachtelten *if*-Anweisung **möglichst wenig unnötige Überprüfungen** von Bedingungen durchgeführt werden, muß die am häufigsten auftretende Bedingung als erste aufgeführt werden, die zweithäufigste als zweite usw.

Falls in einer verschachtelten *if*-Anweisung der letze *else*-Zweig nicht aus einer bedingten Anweisung besteht, ist sichergestellt, daß immer genau eine der vorgesehenen Anweisungen ausgeführt wird.

Beispiel: ```
if b1 then S1
    else if b2 then S2
    else if b3 then S3
    else S4;
```

Besteht der letzte else-Zweig dagegen aus einer bedingten Anweisung, kann es vorkommen, daß die verschachtelte *if*-Anweisung verlassen wird, ohne daß eine der aufgeführten Anweisungen ausgeführt wird.

Beispiel: ```
if b1 then S1
    else if b2 then S2
    else if b3 then S3
    else if b4 then S4;
```

Auch wenn die Anforderungen an ein Programm (Pflichtenheft) klar besagen, daß bei einer bedingten Anweisung nur die Bedingungen b1, b2 und b3 auftreten können, empfiehlt es sich doch fast **immer**, diesen Fall durch eine geeignete **Fehlermeldung in einem letzten offenen else-Zweig** zu berücksichtigen. Diese Fehlermeldung sollte möglichst nicht nur das Phänomen, sondern auch die Ursache beschreiben. Schon allein durch die Suche nach einem aussagekräftigen Text kann man so Fehler entdecken, die man sonst nicht gefunden hätte.

Findet man keinen adäquaten Text, bleibt immer noch eine Meldung der Art „Unmöglicher Fehler in Zeile ...". Wenn diese Meldung nie kommt, schadet das nichts. Und wenn sie doch einmal kommt, ist sie meist sehr hilfreich.

Wenn man sich definitiv sicher ist, daß im letzten offenen *else*-Zweig einer bedingten Anweisung wirklich keine Fehlermeldung notwendig ist, sollte man das in einem Kommentar begründen.

Die übersichtliche Gestaltung von *if*-Anweisungen

Es empfiehlt sich immer, die Programmlogik durch **Einrücken** übersichtlich
zum Ausdruck zu bringen:

```
if n > 0 then
   begin
      Mittelwert := Summe/n;
      Edit1.Text := 'Mittelwert = '+
                              FloatToStr(Mittelwert);
   end
else
   begin
      Mittelwert := 0;
      Edit1.Text := 'n='+IntToStr(n)+
                       '<=0 - Kein Mittelwert möglich';
   end; { oder irgendeine andere Fehlermeldung }
```

Diese Programmstruktur ist wesentlich leichter zu durchschauen als

```
if n > 0 then
begin
Mittelwert := Summe/n;
Edit1.Text := 'Mittelwert = '+FloatToStr(Mittelwert);
end
else
begin
Mittelwert := 0;
Edit1.Text := 'n='+IntToStr(n)+
'<=0 - Kein Mittelwert möglich';
end; { oder irgendeine andere Fehlermeldung }
```

oder gar

```
if n > 0 then begin Mittelwert := Summe/n; Edit1.Text :=
'Mittelwert = '+FloatToStr(Mittelwert); end else begin
Mittelwert := 0; Edit1.Text := 'n='+IntToStr(n)+'<=0 -
Kein Mittelwert möglich'; end; { oder irgendeine andere
Fehlermeldung }
```

Da das Layout eines Programms keinen Einfluß auf die Ausführung des
Programms hat, ist darauf zu achten, daß durch das Einrücken kein falscher
Sachverhalt suggeriert wird. So wird in

```
if Bewart='+' then K := K+Betrag else if Bewart='-' then
                                           K:=K-Betrag
else Fehlermeldung;
```

der Eindruck erweckt, daß sich der letze *else*-Zweig auf die Bedingung *Bewart =
'+'* bezieht, was aber nicht zutrifft.

Aufgaben 4.4.1

1. Welche der folgenden *if*-Anweisungen sind nach den Vereinbarungen

   ```
   var   x,Punkte:Extended;
         i,j:Integer;
         b:Boolean;
   ```

   syntaktisch und inhaltlich korrekt?

   a) `if x=17 then Edit1.Text := 'Volltreffer';`

   b) `if i>=1 and i<=10 then Edit1.Text := 'Volltreffer';`

   c) `if b and (i=j*x) then Edit1.Text := 'Volltreffer';`

   d) ```
      if Punkte >= 0 then Edit1.Text := 'Extremes Pech'
      else if Punkte >= 20 then Edit1.Text :=
                                          'Ziemliches Pech'
      else if Punkte >= 40 then Edit1.Text :=
                                          'Ein wenig Glück gehabt';
      ```

   Für welche Werte von *Punkte* werden die entsprechenden Meldungen ausgegeben?

2. In Abhängigkeit vom Wert einer Ganzzahlvariablen *Note* soll der folgende Text in einem Edit-Fenster ausgegeben werden:

   | | |
   |---|---|
   | 1 | sehr gut!!! |
   | 2 | gut |
   | 3 | na ja |
   | 4 | schwach |
   | 5,6 | durchgefallen |

   Für jeden anderen Wert von *Note* soll die Meldung 'Was für eine Note ist ' mit dem Wert der Variablen *Note* ausgegeben werden.

3. Geben Sie Bedingungen in Form von einfach verknüpften Bedingungen an, die bei der Ausführung von S2 vorausgesetzt werden können.

   a) if (x < 0) or (x > 100) then S1
      else S2

   b) if (x <> 1) and (c = 'j') then S1
      else S2

   c) if not ((i < 1) and (i > 10)) then S1
      else S2
      ```

4. In Abhängigkeit vom Wert der beiden Variablen *Lagergruppe* und *Material-gruppe* (beide Datentyp Char) sollen gemäß der folgenden Tabelle die Werte der Variablen *LA_Summe*, *LB_Summe* usw. um den Wert der Variablen *Summe* erhöht werden:

Lager-gruppe	Material-gruppe	Verarbeitung
'A'	'A'	LA_Summe und MA_Summe um Summe erhöhen
'A'	'B'	LA_Summe und MB_Summe um Summe erhöhen
'A'	'X'	LA_Summe und MX_Summe um Summe erhöhen
'B'	'B'	LB_Summe und MB_Summe um Summe erhöhen
'B'	'D'	LB_Summe und MD_Summe um Summe erhöhen

Falls *Lagergruppe* den Wert 'A' hat, aber *Materialgruppe* nicht einen der Werte 'A', 'B' oder 'X', soll die Meldung

„Unzulässige Materialgruppe in Lager A"

ausgegeben werden; entsprechend für *Lagergruppe* = 'B'.

Falls *Lagergruppe* weder den Wert 'A' noch den Wert 'B' hat, soll die Meldung

„Unzulässige Lagergruppe"

erfolgen. In jedem dieser unzulässigen Fälle soll keine Summation durchge-führt werden.

5. **Datumsvergleich**

Die Ganzzahlvariablen t1, m1 und j1 sowie t2, m2 und j2 sollen zwei Kalen-derdaten bezeichnen (z. B. t1 = 17, m1 = 12, j1 = 1995). Eine boolesche Variable *vorher* soll den Wert *true* erhalten, wenn das Datum (t1, m1, j1) zeitlich vor dem Datum (t2, m2, j2) liegt, und andernfalls den Wert *false*.

Diese Aufgabe wurde schon in Aufgabe 3.9.4 allein mit booleschen Variablen behandelt. Sie kann aber auch mit *if*-Anweisungen bearbeitet werden, was oft als einfacher angesehen wird.

Falls die Jahreszahlen in j1 und j2 verschieden sind, gibt der boolesche Ausdruck

```
j1 < j2
```

an, ob das erste Datum zeitlich vor dem zweiten liegt:

```
if j1 <> j2 then vorher := (j1 < j2)
```

Wenn dagegen die Jahreszahlen gleich und die Monate verschieden sind, entscheiden die Monate über die zeitliche Anordnung der beiden Kalenderdaten. Sind sowohl die Jahre als auch die Monate gleich, entscheidet der Tag.

Wie muß die Lösung geändert werden, wenn eine boolesche Variable *vorher_oder_gleich* genau dann den Wert *true* erhalten soll, wenn das erste Datum vor dem zweiten liegt oder gleich dem zweiten ist?

6. Steuerformel

In Paragraph 32 des Einkommensteuergesetzes (EStG 1992) ist festgelegt, wie sich die Einkommensteuer aus dem zu versteuernden Einkommen berechnet:

§32 a Einkommensteuertarif

(1) Die tarifliche Einkommensteuer bemißt sich nach dem zu versteuernden Einkommen. Sie beträgt vorbehaltlich der §§ 32b, 34, 34b und 34c jeweils in Deutsche Mark für zu versteuernde Einkommen

1. bis 5616 Deutsche Mark (Grundfreibetrag): 0;

2. von 5617 Deutsche Mark bis 8153 Deutsche Mark: 0,19*x – 1067

3. von 8154 Deutsche Mark bis 120041 Deutsche Mark: (151,94*y + 1900)*y + 472

4. von 120 042 Deutsche Mark an: 0,53*x – 22 842;

„x" ist das abgerundete zu versteuernde Einkommen. „y" ist ein Zehntausendstel des 8100 Deutsche Mark übersteigenden Teils des abgerundeten zu versteuernden Einkommens.

(2) Das zu versteuernde Einkommen ist auf den nächsten durch 54 ohne Rest teilbaren vollen Deutsche-Mark-Betrag abzurunden, wenn es nicht bereits durch 54 ohne Rest teilbar ist.

(3) Die zur Berechnung der tariflichen Einkommensteuer erforderlichen Rechenschritte sind in der Reihenfolge auszuführen, die sich nach dem Horner-Schema ergibt. Dabei sind die sich aus den Multiplikationen ergebenden Zwischenergebnisse für jeden weiteren Rechenschritt mit drei Dezimalstellen anzusetzen; die nachfolgenden Dezimalstellen sind wegzulassen. Der sich ergebende Steuerbetrag ist auf den nächsten vollen Deutsche-Mark-Betrag abzurunden.

Berechnen Sie die Einkommensteuer *Est* aus dem zu versteuernden Einkommen x (Datentyp *Extended*).

Dabei ist x zunächst gemäß Absatz (2) abzurunden. Falls Sie dazu die Funktion *trunc* verwenden, ist der Definitionsbereich dieser Funktion zu beachten.

Zum Testen können Sie den folgenden Auszug aus der Steuertabelle verwenden:

x	Est	x	Est	x	Est
5 400	0	48 600	10 659	91 800	27 019
10 800	996	54 000	12 394	97 200	29 463
16 200	2 110	59 400	14 217	102 600	31 995
21 600	3 313	64 800	16 129	108 000	34 616
27 000	4 605	70 200	18 130	113 400	37 326
32 400	5 986	75 600	20 219	118 800	40 124
37 800	7 455	81 000	22 397	124 200	42 984
43 200	9 012	86 400	24 664	129 600	45 846

4.4.2 Die *case*-Anweisung

Die Auswahl einer von mehreren Anweisungen kann mit einer *case*-**Anweisung oft übersichtlicher** als mit einer verschachtelten *if*-Anweisung dargestellt werden.

Allerdings müssen die folgenden **Voraussetzungen** erfüllt sein:

1. Die Bedingung, aufgrund der die Auswahl der Anweisung erfolgt, muß dadurch gebildet werden, daß ein Ausdruck auf Gleichheit mit einer Konstanten geprüft wird. Bedingungen mit den Operatoren <, <=, <>, > und >= können also nicht verwendet werden, ebensowenig wie Bedingungen, bei denen ein Ausdruck nicht mit einer Konstanten verglichen wird.

2. Der Datentyp der zum Vergleich herangezogenen Ausdrücke muß ein ordinaler Datentyp sein. Gleitkommadatentypen und Strings können nicht verwendet werden.

Obwohl diese Voraussetzungen auf den ersten Blick recht einschränkend wirken, sind sie in der Praxis häufig erfüllt: Bei vielen Programmen kann ein Großteil der bedingten Anweisungen mit einer *case*-Anweisung formuliert werden.

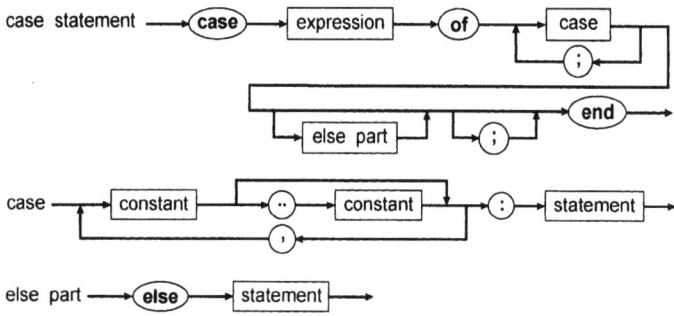

Der Ausdruck zwischen *case* und *of* wird dabei als **Selektor** bezeichnet. Die Konstanten heißen auch *case*-**Marken**. Alle *case*-Marken in einer *case*-Anweisung müssen verschieden sein. Eine *case*-Anweisung wird durch *end* abgeschlossen.

Beispiel:
```
case Note of
    1:Edit1.Text := 'sehr gut!!!';
    2:Edit1.Text := 'gut';
    3:Edit1.Text := 'na ja';
    4:Edit1.Text := 'schwach';
    5,6:Edit1.Text := 'durchgefallen';
else
    Edit1.Text :=
            'Was für eine Note ist '+IntToStr(Note);
end;
```

Falls für verschiedene Werte des Selektors dieselbe Anweisung auszuführen ist, können alle diese Werte durch Kommas getrennt vor dieser Anweisung stehen. Aufeinanderfolgende Werte können durch *Anfangswert..Endwert* aufgezählt werden.

Bei der Ausführung einer *case*-Anweisung wird zuerst der Selektor ausgewertet. Falls der Wert des Selektors gleich einer der *case*-Marken ist, wird die auf diese *case*-Marke folgende Anweisung ausgeführt und anschließend die *case*-Anweisung verlassen. Ist keine der *case*-Marken gleich dem Wert des Selektors, wird die auf *else* folgende Anweisung ausgeführt. Besitzt die *case*-Anweisung keinen *else*-Zweig, wird sie ohne die Ausführung einer Anweisung verlassen.

Vor dem *else* in einer *case*-Anweisung kann im Gegensatz zum *else* in einer *if*-Anweisung ein Semikolon stehen.

Damit hat die obige *case*-Anweisung dieselbe Auswirkung wie

```
if Note=1 then Edit1.Text := 'sehr gut!!!'
else if Note=2 then Edit1.Text := 'gut'
else if Note=3 then Edit1.Text := 'na ja'
else if Note=4 then Edit1.Text := 'schwach'
else if (Note=5) or (Note=6) then
                        Edit1.Text := 'durchgefallen'
```

```
else Edit1.Text :=
                'Was für eine Note ist '+IntToStr(Note);
```

Anmerkungen für C-Programmierer: Die *if*-Anweisung von C ist mit der *if*-Anweisung von Pascal identisch. Der *case*-Anweisung von Pascal entspricht die *switch*-Anweisung von C. Da diese Anweisung keine strukturierte Anweisung ist, muß in C jeder *case*-Zweig explizit mit einer Sprunganweisung (meist *Break*) verlassen werden.

Aufgaben 4.4.2

Lösen Sie die Aufgaben aus Abschnitt 4.4.1 mit *case*-Anweisungen anstelle von *if*-Anweisungen.

1. Aufgabe 4 (Material- und Lagergruppe)

2. Aufgabe 5 (Datumsvergleich)

3. Aufgabe 6 (Steuerformel)

Falls eine dieser Aufgaben nicht lösbar ist, geben Sie den Grund dafür an.

4.4.3 Ein wenig Programmierlogik für bedingte Anweisungen

Die Regeln von de Morgan wurden schon mehrfach verwendet. Da sie vielleicht nicht jedem Leser geläufig sind, soll zunächst kurz gezeigt werden, wie man diese oder ähnliche logische Aussagen nachweisen kann.

Um zu überprüfen, ob die booleschen Ausdrücke

   not (p and q)

und

   (not p) or (not q)

äquivalent sind, kann man jeden dieser Ausdrücke für jeden möglichen Wert von p und q einzeln auswerten. Da sowohl p als auch q nur zwei verschiedene Werte annehmen können, sind $2*2 = 4$ Fälle zu überprüfen.

Die Auswertung der einzelnen Möglichkeiten führt man zweckmäßigerweise tabellarisch in einer sogenannten **Wahrheitstafel** durch. In den einzelnen Spalten einer Wahrheitstafel werden gewisse Teilausdrücke (meist mit zwei Operanden) ausgewertet, die schrittweise auf den Gesamtausdruck führen. Für jede mögliche Kombination von booleschen Werten der Operanden wird eine Zeile angelegt:

p	q	p and q	not (p and q)	not p	not q	(not p) or (not q)
true	true	true	false	false	false	false
true	false	false	true	false	true	true
false	true	false	true	true	false	true
false	false	false	true	true	true	true

Entsprechend not (p or q) = (not p) and (not q):

p	q	p or q	not (p or q)	not p	not q	(not p) and (not q)
true	true	true	false	false	false	false
true	false	true	false	false	true	false
false	true	true	false	true	false	false
false	false	false	true	true	true	true

Zur Untersuchung von booleschen Ausdrücken mit drei Operanden sind Wahrheitstafeln mit $2*2*2 = 8$ Zeilen notwendig. Für n Operanden sind 2^n Zeilen erforderlich.

Kommen wir nach diesen allgemeinen Bemerkungen nun zum eigentlichen Thema dieses Abschnitts. In allen Beispielen wird nur die *if*-Anweisung verwendet. Da die Bedingungen in einer *case*-Anweisung Abfragen auf Gleichheit sind, lassen sich alle Ausführungen leicht auf die **case-Anweisung** übertragen.

Da der *else*-Zweig einer *if*-Anweisung nur ausgeführt wird, wenn der zugehörige boolesche Ausdruck den Wert *false* ergibt, kann bei der Ausführung eines *else*-Zweiges die Negation des booleschen Ausdrucks vorausgesetzt werden.

Mit dieser trivialen Tatsache läßt sich

```
if x > 0 then a := 1
else if x <= 0 then a := -1;
```

zu

```
if x > 0 then a := 1
else a := -1;
```

vereinfachen oder

```
if x < 0 then a := 0
else if (x >= 0) and (x < 1) then a := 1
else if (x >= 1) and (x < 2) then a := 2
else if (x >= 2) and (x < 3) then a := 3
else a := -1;
```

zu

```
if x < 0 then a := 0
else x < 1 then a := 1 { die Negation von x < 0
                                   kann vorausgesetzt werden }
else x < 2 then a := 2
else x < 3 then a := 3
else a := -1;
```

Frage: Wie sieht Ihre Lösung für die Steuerformel in Aufgabe 4.4.1.6 aus? – Nur die wenigsten Lösungen, die mir bisher vorgelegt wurden, verwenden die einseitigen Grenzen. Diese einseitigen Grenzen lassen sich aber bei Bedarf (die nächste Steuerreform kommt bestimmt) leichter ändern.

Oft findet man (auch bei erfahrenen Programmierern) Formulierungen der Art

```
if x > 0 then { nichts machen }
else S; { die Anweisung S soll ausgeführt werden,
                                   wenn x > 0 nicht gilt }
```

Hier hat sich der Programmierer offensichtlich gescheut, die Bedingung x > 0 zu negieren: Entweder einfach durch

```
if not(x > 0) then S; { Negation von x > 0 }
```

oder noch einfacher durch

```
if x <= 0 then S; { Negation von x > 0 }
```

Das gilt genauso für verknüpfte Bedingungen:

```
if (x > 0) and (x < 10) then { nichts machen }
else S; { S soll ausgeführt werden, wenn
                          (x > 0) and (x < 10) nicht gilt }
```

wird zu

```
if not((x > 0) and (x < 10)) then S;
```

oder, wenn man die Regeln von de Morgan kennt,

```
if (x <= 0) or (x >= 10) then S;
```

In einer *if*-Anweisung kann nicht nur die Tatsache verwendet werden, daß im *else*-Zweig die Negation der entsprechenden Bedingung gilt, sondern genauso, daß diese Bedingung im *then*-Zweig gilt.

Betrachten wir dazu die Aufgabe, einer Variablen m den kleinsten Wert der beiden Ausdrücke a oder b zuzuweisen. Als Lösung ist z. B. naheliegend:

```
if a < b then m := a     { Ansatz 1 }
else m := b;
```

Bei dieser Anweisung gilt im *then*-Zweig m := a die Bedingung a < b, so daß
nach der Ausführung des *then*-Zweiges die Bedingung m = a gilt. Da im *then*-
Zweig die Bedingung a < b nicht verändert wird (weder der Wert von a noch der
von b wird verändert), gilt nach der Ausführung des *then*-Zweiges

(m = a) and (a < b)

was aber gerade bedeutet, daß m das Minimum von a und b ist.

Entsprechend gilt nach der Ausführung des *else*-Zweiges

(m = b) and (a >= b) { wobei a >= b aus der Negation von a < b folgt }

was ebenfalls bedeutet, daß m das Minimum von a und b ist.

Da bei der Ausführung einer *if-then-else*-Anweisung immer entweder der *then*-
oder der *else*-Zweig ausgeführt wird, ist nach der Ausführung der Anweisungen
von *Ansatz 1* m immer das Minimum von a und b.

Diese Überlegungen sollen durch die folgenden Kommentare zusammengefaßt
werden:

```
if a < b then m := a
         { (a < b) und (m = a),  d. h. m = min(a,b) }
else m := b;
         { (a >= b) und (m = b), d. h. m = min(a,b) }
{ m = min(a,b) }
```

Diese Lösung kann mit folgender Überlegung auf die Bestimmung des Minimums von drei Ausdrücken a, b und c übertragen werden: Falls a < b gilt, bleiben
als „Kandidaten" für das Minimum a und c. Das Minimum dieser beiden Werte
kann man wie in *Ansatz 1* bestimmen. Falls dagegen a < b nicht gilt, also a >= b,
wird das Minimum unter b und c gesucht:

```
if a < b then  { m := min(a,c) }    { Ansatz 2 }
   begin
     if a < c then m := a
     else m := c;
   end
else { a >= b,  m := min(b,c) }
   begin
     if b < c then m := b
     else m := c;
   end;
```

Dabei können *begin* und *end* in der *if*-Anweisung sogar weggelassen werden, da
ein *else*-Zweig immer zu der letzten *if*-Anweisung ohne *else* gehört. Zur besseren
Verständlichkeit können diese Klammern aber auch bleiben. Offensichtlich ergeben sich für jeden Zweig dieser verschachtelten *if*-Anweisung die folgenden als
Kommentar angegebenen Bedingungen:

```
if a < b then
  begin
    if a < c then m := a
      { (a < b) und (a < c) und (m = a): m = min(a,b,c) }
    else m := c;
      { (a < b) und (a >= c) und (m = c): m = min(a,b,c) }
  end
else { a >= b }
  begin
    if b < c then m := b
      { (a >= b) und (b < c) und (m = b): m = min(a,b,c) }
    else m := c;
      { (a >= b) und (b >= c) und (m = c): m = min(a,b,c) }
  end;
{ m = min(a,b,c) }
```

Die Übertragung auf die Bestimmung des Minimums von 4 oder noch mehr
Variablen dürfte allerdings einiges Kopfzerbrechen und vor allem Schreibarbeit
bereiten.

Einfacher als *Ansatz 2* erscheint

```
m := a;                        { Ansatz 3 }
if b < m then m := b;
if c < m then m := c;
```

Um diese Anweisungsfolge wie die bisherigen Beispiele zu verifizieren, muß man
lediglich beachten, daß in einer *if-then*-Anweisung (ohne *else*-Zweig) entweder
die zugehörige Bedingung erfüllt ist und der *then*-Zweig ausgeführt wird oder
überhaupt nichts gemacht wird. Im zweiten Fall gelten dann alle Bedingungen,
die vor der Ausführung der *if-then*-Anweisung gegolten haben, anschließend unverändert weiter.

Die beiden Möglichkeiten werden in den folgenden Kommentaren durch *oder*
zum Ausdruck gebracht:

```
m := a;
{ m = a }
if b < m then m := b;
  { ((b < a) und (m = b)) oder ((b >= a) und (m = a)):
                                    m = min(a,b) }
if c < m then m := c;
  { ((c < min(a,b)) und (m = c)) oder ((c >= min(a,b)
               und (m = min(a,b)), d. h. m = min(a,b,c) }
{ m = min(a,b,c) }
```

Diese Prozedur läßt sich ohne weiteres auf die Bestimmung des Minimums von 4
oder auch mehr Ausdrücken übertragen.

Entsprechend kann man auch verknüpfte Bedingungen untersuchen. Dabei sind
lediglich die Regeln von de Morgan zu beachten:

Beispiel: In

```
if (1 <= i) and (i <= 10) then S1
else S2
```

kann vor der Ausführung von S2

```
not ((1 <= i) and (i <= 10))
= (not (1 <= i)) or (not (i <= 10))
= (1 > i) or (i > 10)
```

vorausgesetzt werden.

Der letzte Ausdruck wird meist als wesentlich einfacher angesehen als der erste, da er nur eine Verknüpfungen von „einfachen Bedingungen" ist.

Mit den bisher in diesem Abschnitt vorgestellten Techniken kann immer **nur eine einzige *if*-Anweisung** untersucht werden. Diese kann durchaus verschachtelt sein, aber es ist nicht möglich, damit eine Anweisungsfolge wie

```
if odd(x) then z := z + y; { Die boolesche Funktion odd }
y := y*2;      { hat den Wert true, wenn x ungerade ist, }
x := x div 2;                        { sonst false. }
```

zu verifizieren, die sowohl *if*-Anweisungen als auch Wertzuweisungen enthält. Das ist allerdings mit **symbolischer Programmausführung** möglich.

Untersucht man eine solche Folge von Anweisungen für jeden booleschen Wert, der sich bei jeder *if*-Anweisung ergeben kann, getrennt, erhält man mehrere Folgen von *if*-Anweisungen, die man getrennt mit symbolischer Programmausführung verifizieren kann, wie das schon bei den Wertzuweisungen gemacht wurde. Bei einer *if*-Anweisung sind das 2 Anweisungsfolgen, bei 2 *if*-Anweisungen 4 Anweisungsfolgen usw.

Beispiel: Vor der Ausführung der Anweisungen

```
if odd(x) then z := z + y;
y := y*2;
x := x div 2;
```

soll die Bedingung

$$z + x*y = u*v$$

gelten. Damit werden durch die obige Anweisungsfolge die Anweisungen

```
y := y*2;
x := x div 2;
```

ausgeführt, falls x gerade ist, bzw. die Anweisungen

```
z := z + y;
y := y*2;
x := x div 2;
```

falls x ungerade ist.

In den letzten beiden Beispielen von Abschnitt 4.2 wurde aber bereits nachgewiesen, daß die Beziehung   z + x*y = u*v   in beiden Fällen invariant ist. Dieses Ergebnis wird zusammengefaßt durch

```
{ z + x*y = u*v }
if odd(x) then z := z + y;
y := y*2;
x := x div 2;
{ z + x*y = u*v }
```

Aufgaben 4.4.3

1. Überprüfen Sie mit Wahrheitstafeln, ob die folgenden Formeln richtig sind:

   a) p and (q or r) <==> (p and q) or (p and r)

   b) p or (q and r) <==> (p or q) and (p or r)

   c) (p and q) or r <==> p and (q or r)

2. Geben Sie Bedingungen in Form von einfach verknüpften Bedingungen an, die bei der Ausführung von S2 vorausgesetzt werden können.

   a) if (x < 0) or (x > 100) then S1
      else S2

   b) if (x <> 1) and (c = 'j') then S1
      else S2

   c) if not ((i < 1) and (i > 10)) then S1
      else S2

3. Unter welchen Bedingungen werden S1, S2, S3 und S4 in der folgenden Anweisung ausgeführt:

```
if (1 <= x) and (x <= 10) then S1
else if (5 <= x) and (x <= 15) then S2
else if x > 12 then S3
else S4;
```

4. Begründen oder widerlegen Sie, daß nach der Ausführung eines jeden Zweiges dieser *if*-Anweisung die Variable *max* den maximalen Wert von x, y und z hat:

```
if (x >= y) and (x >= z) then max := x
else if (y >= x) and (y >= z) then max := y
else max := z
```

5. Überprüfen Sie, ob die Beziehung

$$p * x^n = u^v$$

auch noch nach der Ausführung von

```
if odd(n) then p := p*x;
n := n div 2;
x := x*x;
```

gilt, wenn sie vor der Ausführung dieser Anweisungen erfüllt war.

4.5 Wiederholungsanweisungen

Wiederholungsanweisungen gehören wie die bedingten Anweisungen zu den Kontrollstrukturen. Während man mit einer bedingten Anweisung steuern kann, **ob** *eine* bestimmte Anweisung (eventuell eine Verbundanweisung) ausgeführt werden soll oder nicht, steuert man mit einer Wiederholungsanweisung, **wie oft** **eine** bestimmte Anweisung ausgeführt werden soll.

Wiederholungsanweisungen werden auch als **Schleifen** bezeichnet. Dieser Ausdruck kommt aus der Steinzeit der Programmierung, als den Rechnern die Programme noch mit Lochstreifen eingegeben wurden: Um Anweisungen wiederholt auszuführen, wurde der Lochstreifen zu einer Schleife zusammengeklebt.

In Pascal gibt es die folgenden drei Wiederholungsanweisungen:

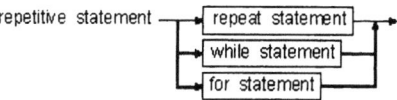

4.5.1 Die *repeat*-Anweisung

In der *repeat*-Anweisung

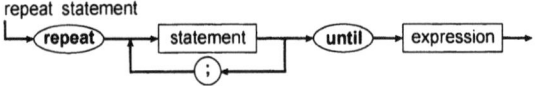

steht *expression* für einen booleschen Ausdruck, der auch als **Schleifen-bedingung** bezeichnet wird. Die Anweisungen zwischen *repeat* und *until* werden auch als **Schleifenkörper** oder **Schleifenrumpf** bezeichnet.

Bei der Ausführung einer *repeat*-Anweisung wird zunächst der Schleifenkörper ausgeführt. Anschließend wird der boolesche Ausdruck ausgewertet. Ergibt die Auswertung den Wert *true*, wird die *repeat*-Anweisung anschließend verlassen. Ergibt sich jedoch der Wert *false*, wird der Schleifenkörper erneut ausgeführt und danach wieder der boolesche Ausdruck ausgewertet. Die Ausführung des Schleifenkörpers wird also solange wiederholt, bis die Auswertung der Schleifenbedingung den Wert *true* ergibt.

Beispiel: Das folgende Programm berechnet die Zinsen und Zinseszinsen eines Anfangskapitals und schreibt die Ergebnisse in ein Memo-Fenster:

```
var Kapital,Zinssatz:Extended;
    Jahre,n:Integer;

procedure TForm1.RZinsenClick(Sender: TObject);
begin
Kapital := 100;
Zinssatz := 6;
n := 10;
Jahre := 0;
Memo1.Lines.Clear;
repeat Kapital := Kapital*(1 + Zinssatz/100);
       Jahre := Jahre + 1;
       Memo1.Lines.Add('Nach '+IntToStr(Jahre)+
   ' Jahren: '+FloatToStrF(Kapital,ffFixed,8,2));
until Jahre >= n;
end;
```

4.5.2 Die *while*-Anweisung

Auch in der *while*-Anweisung

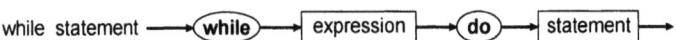

steht *expression* für einen booleschen Ausdruck, der als **Schleifenbedingung** bezeichnet wird. Die Anweisung nach *do* ist der **Schleifenkörper**. Soll der Schleifenkörper aus mehreren Anweisungen bestehen, sind diese mit einer Verbundanweisung zusammenzufassen.

Anders als bei einer *repeat*-Anweisung wird bei der Ausführung einer *while*-Anweisung die Schleifenbedingung bereits vor der ersten Ausführung des Schleifenkörpers überprüft. Ist diese Bedingung dabei nicht erfüllt, wird auch der Schleifenkörper nicht ausgeführt. Ist die Bedingung jedoch erfüllt, wird der Schleifenkörper ausgeführt und anschließend die Schleifenbedingung erneut überprüft. Die Ausführung des Schleifenkörpers wird solange wiederholt, wie die Auswertung der Schleifenbedingung den Wert *true* ergibt.

Beispiele: 1. Bei der Ausführung der folgenden Anweisungen werden die Zahlen 1 bis n ausgegeben, falls n größer oder gleich 1 ist:

```
i := 0;
while i < n do {Datentyp von i und n: Integer}
  begin
    i := i + 1;
    Memo1.Lines.Add(IntToStr(i));
  end;
```

2. Dasselbe Ergebnis wird auch erzielt durch

```
i := 1;
while i <= n do
  begin
    Memo2.Lines.Add(IntToStr(i));
    i := i + 1;
  end;
```

Beide Beispiele sind sogenannte **Zählschleifen**, weil eine Variable hochgezählt wird, um die Wiederholung der eigentlichen Verarbeitungsanweisung zu steuern. Bei der ersten Schleife wird i auf einen Wert initialisiert, der um 1 geringer ist als der Wert, mit dem der Schleifenkörper erstmals ausgeführt wird. Nach dem Verlassen der Schleife ist der Wert von i gleich dem Wert, mit dem die Verarbeitungsanweisung zuletzt ausgeführt wurde. Bei der zweiten Schleife wird i auf den Wert initialisiert, mit dem die Verarbeitung erstmals ausgeführt werden soll. Nach dem Verlassen der Schleife ist der Wert von i um 1 höher als der, mit dem der Schleifenkörper zuletzt ausgeführt wurde.

Die mit einer *while*-Anweisung erzielte Ausführung kann auch mit einer *repeat*- und einer *if*-Anweisung erreicht werden. Falls b und S jeweils dieselbe Schleifenbedingung bzw. Anweisung bezeichnen, ist die Ausführung von S in

```
while b do S;
```

und

```
if b then
   repeat S
   until not b;
```

äquivalent. Die zweite Formulierung ist jedoch umständlicher, da die Bedingung
b zweimal aufgeführt werden muß (einmal negiert und einmal nicht). Entsprechend kann

```
repeat S
until b;
```

ersetzt werden durch

```
S;
while not b do S;
```

Auch in diesem Fall ist die zweite Formulierung umständlicher, da die Anweisung S zweimal aufgeführt werden muß.

Insbesondere ist also bei der **Übersetzung einer *while-* in eine *repeat*-Schleife**
(und umgekehrt) **die Schleifenbedingung** zu **negieren**.

Offensichtlich wäre bereits eine der beiden Wiederholungsanweisungen ausreichend. Allerdings kommen bei praktischen Problemen beide Arten von Schleifen
vor: Manchmal muß der Schleifenkörper mindestens einmal wiederholt werden,
manchmal auch nicht. In jedem dieser Fälle ist aber die jeweils „passende"
Schleife einfacher und leichter verständlich.

Aufgabe 4.5.2

Formulieren Sie das Programm zur Zinseszinsberechnung aus Abschnitt 4.5.1
mit einer *while*-Schleife.

4.5.3 Die *for*-Anweisung

In einer *repeat-* oder *while*-Anweisung wird der Schleifenkörper in Abhängigkeit
von einer Bedingung wiederholt. Falls der Schleifenkörper

1. für aufeinanderfolgende Werte eines ordinalen Datentyps, die
2. bei der Programmierung der Schleife bekannt sind,

wiederholt werden soll, kann man auch eine *for*-Anweisung verwenden:

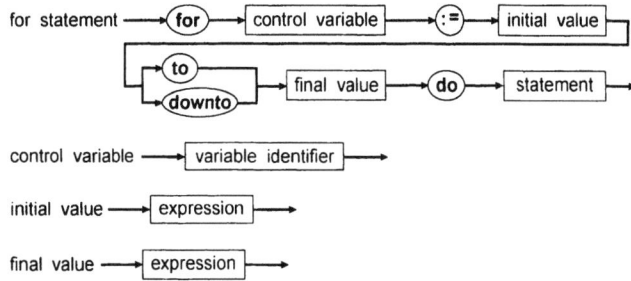

Obwohl diese Voraussetzungen auf den ersten Blick recht einschränkend wirken, sind sie in der Praxis häufig erfüllt: Bei vielen Programmen kann ein Großteil der Schleifen mit einer *for*-Anweisung formuliert werden.

Nach diesem Syntaxdiagramm kann eine *for*-Anweisung in zwei verschiedenen Formen auftreten: entweder mit *to* oder mit *downto*. Wenn es darauf ankommt, diese beiden Formen zu unterscheiden, wird die erste als **for-to-Anweisung** und die zweite als **for-downto-Anweisung** bezeichnet.

Die *control variable* wird auch als **Laufvariable** bezeichnet. Der Datentyp der Laufvariablen muß ein **ordinaler Datentyp** sein. Da Gleitkommadatentypen keine ordinalen Datentypen sind, können Gleitkommavariablen nicht als Laufvariablen verwendet werden (wie z. B. in der Programmiersprache BASIC). Der Datentyp der beiden Ausdrücke *initial value* (**Anfangswert**) und *final value* (**Endwert**) muß zum Datentyp der Laufvariablen wertzuweisungskompatibel sein.

Bei der **Ausführung einer *for-to*-Anweisung** werden zuerst der Anfangs- und der Endwert ausgewertet. Falls der Anfangswert größer als der Endwert ist, wird die *for*-Schleife ohne die Ausführung des Schleifenkörpers verlassen. Ist dagegen der Anfangswert kleiner oder gleich dem Endwert, wird der Schleifenkörper mit jedem Wert der Laufvariablen zwischen dem Anfangs- und dem Endwert in aufsteigender Folge ausgeführt.

Die **Ausführung einer *for-downto*-Anweisung** unterscheidet sich von der einer *for-to*-Anweisung dadurch, daß der Schleifenkörper mit jedem Wert der Laufvariablen zwischen dem Anfangs- und Endwert in absteigender Reihenfolge ausgeführt wird, falls nicht der Anfangswert kleiner oder gleich dem Endwert ist.

Die folgenden Anweisungen zeigen, wie eine *for-to* bzw. *for-downto*-Anweisung mit einer *if*-Anweisung und einer *while*-Schleife formuliert werden kann:

```
for V := a to e do S;                    for V := a downto e do S;

Temp1 := a;                              Temp1 := a;
Temp2 := e;                              Temp2 := e;
if Temp1 <= Temp2 then                   if Temp1 >= Temp2 then
   begin                                    begin
      V := Temp1;                             V := Temp1;
      S;                                      S;
      while V <> Temp2 do                     while V <> Temp2 do
         begin                                   begin
            V := Succ(V);                           V := Pred(V);
            S;                                      S;
         end;                                   end;
   end;                                    end;
```

Im Schleifenkörper S einer *for*-Schleife darf keine Veränderung der Laufvariablen erfolgen. Nach der Ausführung einer *for*-Anweisung ist der Wert der Laufvariablen in Object Pascal undefiniert. Man kann nicht davon ausgehen, daß
deren Wert der Endwert ist.

Beispiel: Die schon im Abschnitt über die *repeat*-Schleife vorgestellte Zins-
           berechnung kann mit einer *for*-Schleife folgendermaßen formuliert
           werden:

```
Kapital := 100;
Zinssatz := 6;
n := 10;
Memo1.Lines.Clear;
for Jahre := 1 to n do
   begin
      Kapital := Kapital*(1 + Zinssatz/100);
      Memo2.Lines.Add('Nach '+IntToStr(Jahre)+
      ' Jahren: '+FloatToStrF(Kapital,ffFixed,8,2));
   end;
```

Da in einer *for*-Anweisung beliebige ordinale Datentypen als Laufvariablen
verwendet werden können, kann man sich das Ergebnis einer Wahrheitstabelle
auch berechnen lassen (dabei *false* < *true* beachten):

```
procedure TForm1.boolForClick(Sender: TObject);
var p,q:Boolean;
begin
for p := false to true do
   for q := false to true do
      if not (p and q) = (not p) or (not q) then
         Memo1.Lines.Add('OK')
      else Memo1.Lines.Add('nicht OK')
end;
```

Anmerkung für C-Programmierer: Der *while*-Schleife von Pascal entspricht die
while-Schleife von C und der *repeat*-Schleife die *do*-Schleife. Dabei ist die
Abbruchbedingung der *do*-Schleife die Negation der Abbruchbedingung der

repeat-Schleife. Die *for*-Schleife von C hat dieselbe Flexibilität wie eine *while*-Schleife und ist insbesondere keine reine Zählschleife wie in Pascal. Durch ihre geringere Flexibilität hat die *for*-Schleife von Pascal aber den Vorteil, daß sie nie zu einer Endlosschleife werden kann (wenn man nicht gerade die Laufvariable in der Schleife verändert).

Aufgaben 4.5.3

1. Ein **Hypothekendarlehen** über einen Betrag von k DM mit einem Zinssatz von p% und einer Tilgung von t% sei als Annuitätendarlehen vereinbart. Dabei hat der Schuldner jedes Jahr am Jahresende eine gleichbleibende Rate von (p+t)% zu leisten.

   Von dieser konstanten Rate entfallen p% Zinsen von der Restschuld auf die Zinsen. Der Rest ist dann die Tilgung, die wegen der im Laufe der Jahre abnehmenden Restschuld jährlich größer wird.

   Schreiben Sie ein Programm, das die Restschuld, Zinsen und Tilgungsraten für jedes Jahr der Laufzeit des Hypothekendarlehens ausgibt. Die Zinsen und die Tilgungsraten sollen jeweils am Jahresende fällig werden.

2. Die bekannten **Fraktalbilder** entstehen dadurch, daß man mit den Koordinaten eines Bildpunktes (x,y) nacheinander immer wieder folgende Berechnungen durchführt:

$$x := x^2 - y^2 + x$$
$$y := 2xy + y$$

   Dabei zählt man mit, wieviele Iterationen notwendig sind, bis entweder $x^2 + y^2 > 4$ gilt oder bis eine vorgegebene maximale Anzahl von Iterationen (z. B. 50) erreicht ist.

   In Abhängigkeit von der Anzahl i dieser Iterationen färbt man dann die Koordinaten desjenigen Bildpunktes ein, mit dem man die Iteration begonnen hat: Falls die vorgegebene maximale Anzahl von Iterationen erreicht wird, erhält dieser üblicherweise die Farbe Schwarz (*clBlack*). In allen anderen Fällen erhält der Bildpunkt einen von i abhängigen Farbwert: bei 16 Farben meist den Farbwert (1 + i mod 16).

   Färbt man so alle Bildpunkte von x0 := −2; y0 := 1.25; { links oben } bis x1 := 0.5; y1 := −1.25; { rechts unten } ein, erhält man das „**Apfelmännchen**".

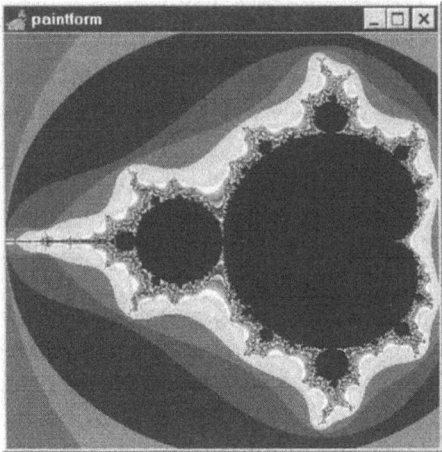

a) Schreiben Sie ein Programm, das diese Figur in ein *Image* (aus der Komponentenpalette, Seite *Zusätzlich*, Datentyp *TImage*) in einem eigenen
   Formular zeichnet. Sie können dabei folgendermaßen vorgehen:

   Ein *Image* hat links oben die Koordinaten (0,0) und rechts unten die
   Koordinaten (*Width, Height*). Transformieren Sie jeden Bildpunkt (px,py)
   des *Image* in die Koordinaten des Rechtecks mit den Eckpunkten (x0,y0)
   { links oben } und (x1,y1) { rechts unten }:

   ```
   x := x0 + px*(x1 - x0)/PaintForm.Image1.Width;
   y := y0 + py*(y1 - y0)/PaintForm.Image1.Height;
   ```

   Führen Sie dann mit jedem so erhaltenen Punkt die oben beschriebenen
   Berechnungen durch. Als Farbwert zu der so bestimmten Anzahl i von
   Iterationen kann man einen Farbwert aus der Standardpalette der
   Windows-Farben mit der Funktion *PaletteIndex* wählen:

   ```
   color := PaletteIndex(1 + i mod 16);
   ```

   Das Pixel zur Koordinate (px,py) des *Image* setzt man mit der Eigenschaft
   Pixels auf die so ausgewählte Farbe:

   ```
   PaintForm.Image1.Canvas.Pixels[px,py] := color;
   ```

b) Um Ausschnitte eines Fraktalbildes zu vergrößern, kann man als Reaktion
   auf das Drücken bzw. Loslassen der Maustaste die aktuellen Mauskoordinaten als neuen Bildpunkt links oben bzw. rechts unten speichern.
   Die Mauskoordinaten müssen dann mit denselben Formeln wie oben in
   die neuen Werte (x0,y0) und (x1,y1) umgerechnet werden.

   Damit die Werte x0, y0, x1 und y1 sowohl in dem *Image* verfügbar sind,
   in dem gezeichnet wird, als auch im Hauptformular, müssen diese Variablen im Interface-Teil der Unit des Hauptformulars deklariert werden.

4.5.4 Endlosschleifen, Abbruchbedingungen und Windows

Beim Entwurf einer Schleife ist stets darauf zu achten, daß diese nach einer endlichen Anzahl von Wiederholungen auch wieder verlassen wird. Wenn beispielsweise vor der Ausführung von

```
repeat  i := i + 1;   { i und n: ein Ganzzahldatentyp }
        ...           { keine weiteren Veränderungen von i }
until i = n
```

$i = 5$ und $n = 0$ gilt, wird die Abbruchbedingung $i = 0$ nie eintreten und deshalb
die Schleife auch nie verlassen, da i in der Schleife immer weiter erhöht wird.
Eine solche Schleife wird deshalb als **Endlosschleife** bezeichnet.

Genaugenommen wird diese Endlosschleife aber doch nicht endlos durchlaufen:
Da i einen Ganzzahldatentyp hat, wird i solange erhöht, bis es den maximal
darstellbaren positiven Wert erreicht hat. Danach bewirkt eine weitere Addition
von 1 entweder einen Programmabbruch (falls {$Q+} aktiviert ist) oder einen
negativen Wert von i, über den man dann doch wieder bei n ankommt. Trotzdem
ist das meist ziemlich sicher nicht das, was man eigentlich wollte, und es dauert
auch fast endlos.

Dagegen wird die Schleife aus dem letzten Beispiel nicht zu einer Endlosschleife,
wenn vor ihrer Ausführung $(i = 0)$ und $(n = 5)$ gilt. Eine allgemeine Bedingung
dafür, daß diese *repeat*-Schleife nicht zu einer Endlosschleife wird, kann man so
formulieren: Da i in dieser Schleife immer um 1 erhöht wird, muß vor ihrer
Ausführung $i < n$ gelten, damit die Abbruchbedingung eintreten kann und die
Schleife nicht zu einer Endlosschleife wird.

Eine *for*-Schleife besitzt gegenüber einer *while*- und *repeat*-Schleife den Vorteil,
daß sie **nie** zur **Endlosschleife** werden kann. Diesbezüglich ist die *for*-Schleife in
Pascal der *for*-Schleife in der Programmiersprache C überlegen.

Schleifen, die etwas länger dauern, können in 16-bit-Anwendungen (mit
Delphi 1 unter Windows 3.x und Windows 95) ähnlich lästige Nebeneffekte
haben wie Endlosschleifen. Wird die folgende Prozedur mit Delphi 1 kompiliert
und unter Windows 3.x oder Windows 95 ausgeführt, blockiert sie das gesamte
System, bis sie fertig ist:

```
var i,l:LongInt;

procedure TForm1.endlosClick(Sender: TObject);
begin
i := 0;
l := 10000;
repeat inc(i);
       Edit1.Text := IntToStr(i);
until i=l;
end;
```

Insbesondere ist es nicht möglich, die Kontrolle an Delphi zu übergeben und das
Programm mit *Start|Programm Pause* wieder abzubrechen.

Wird diese dagegen unter Delphi 2 kompiliert und unter Windows 95 gestartet,
kann man jederzeit andere Anwendungen aktivieren, auch während diese Prozedur noch läuft. Allerdings wird weder unter Delphi 1 noch unter Delphi 2 der
jeweils aktuelle Wert von i im Fenster Edit1 angezeigt.

Das erreicht man unter Delphi 1 und 2 durch den Aufruf von *Application.Pro-
cessMessages*. Dadurch wird die Ausführung des Programms kurz unterbrochen,
und Windows bearbeitet alle anstehenden Ereignisse. Anschließend wird die
Ausführung des Programms fortgesetzt:

```
procedure TForm1.procMessClick(Sender: TObject);
begin
i := 0;
l := 100000;
repeat inc(i);
       Edit1.Text := IntToStr(i);
       Application.ProcessMessages;
until i=l;
end;
```

So kann Windows die von Edit1.Text ausgelöste Botschaft bearbeiten und anzeigen. Außerdem kann man durch diesen Aufruf auch unter Windows 3.x während
der Laufzeit der Schleife in andere Anwendungen umschalten.

Bedingungen nach dem Verlassen einer Schleife

Eine *repeat*-**Schleife** wird solange wiederholt, bis die Abbruchbedingung erfüllt
ist. Deshalb gilt diese Bedingung nach dem Verlassen der Schleife.

Beispiel: Nach der Ausführung von

```
        repeat  ...
                ...
        until (c = 'j') or (i < 0);
```

kann die Bedingung (c = 'j') or (i < 0) vorausgesetzt werden.

Der Schleifenkörper einer *while*-**Schleife** wird solange wiederholt, wie die
Schleifenbedingung erfüllt ist. Nach dèm Verlassen des Schleifenkörpers kann
also die Negation der Schleifenbedingung vorausgesetzt werden.

Entsprechende Aussagen sind für die *for*-**Schleife** nicht möglich, da der Wert der
Laufvariablen nach dem Verlassen der Schleife nicht definiert ist.

Die Bedingungen, die nach dem Verlassen einer *repeat*- bzw. *while*-Schleife gelten, lassen sich oft über die Schleifenbedingung bzw. deren Negation hinaus ver-

schärfen, indem man weitere Informationen berücksichtigt, die vor dem Verlassen der Schleife gelten.

Beispiel: Nach dem Verlassen von

```
i := 10;
repeat i := i - 1;
    ...         { keine weiteren Veränderungen }
until i <= 0;   { von i im Schleifenkörper }
```

kann nicht nur die Bedingung (i <= 0), sondern sogar

```
i = 0
```

vorausgesetzt werden, da der Wert von i im Schleifenkörper immer um 1 verkleinert wird und vorher größer als 0 war.

Daß eine Bedingung eintritt, die sich nach dem Verlassen einer Schleife aus der Schleifenbedingung ergibt, setzt natürlich voraus, daß diese Schleife verlassen wird.

Aufgaben 4.5.4

1. Unter welchen Bedingungen werden die folgenden Schleifen nicht zu Endlosschleifen (Datentyp von i und n: Integer, r: Real):

```
1. while n <> 0 do          2. while i > 0 do
      begin                        begin
        .                            .
      n := n + 2;                  i := i div 2;
        .                            .
      end;                         end;

3. while i < n do           4. r := 0;
      begin                        repeat r := r + 0.1;
        .                            ...
      i := i + 1;                  until r = 10;
        .
      end;

5. while i > 0 do n := 2*n;
      { keine weiteren Wertzuweisungen an die Variablen i,
                                                  r und n }

6. Die Schleife von 2., wenn man i > 0 durch i >= 0
   ersetzt?
```

2. Geben Sie möglichst strenge Bedingungen an, die nach dem Verlassen der folgenden Anweisungen gelten sollen.

```
1. while (n > 0) and (c <> 'q') do
      begin
        n := n - 1;
        ...    { keine weiteren Veränderungen von n }
      end;

2. n := 10;
   while (n > 0) and (c <> 'q') do
      begin
        n := n - 1;
        ...    { keine weiteren Veränderungen von n }
      end;
```

4.5.5 Ein wenig Programmierlogik für Schleifen

Auch Wertzuweisungen, die durch Schleifen kontrolliert werden, können mit Ablaufprotokollen untersucht werden. Falls die Anzahl der Wiederholungen des Schleifenkörpers durch Variablen kontrolliert wird, hängt die Anzahl der Zeilen eines solchen Ablaufprotokolls von der bzw. den kontrollierenden Variablen ab.

Beispiel:
```
var i,s,n: Integer;
...
s := 0;
for i := 1 to n do s := s + i;
```

Falls n vor der Ausführung dieser Anweisungen den Wert 3 hat, wird der Schleifenkörper zunächst mit i=1, dann mit i=2 und schließlich mit i=3 ausgeführt. Die Zuweisung der Werte an die Laufvariable soll im Ablaufprotokoll durch eine explizite Wertzuweisung zum Ausdruck gebracht werden:

	s	i
s := 0	0	
for i:=1 to n do		
i := 1		1
s := s+i	0+1=1	
i := i+1		2
s := s+i	1+2=3	
i := i+1		3
s := s+i	3+3=6	
	6	? (undefiniert)

Nach der Ausführung dieser *for*-Schleife hat s also den Wert 6.

Wie dieses Beispiel zeigt, hängt die Anzahl der ausgeführten Anweisungen bei einer Schleife von den Anfangswerten ab, und ein Ablaufprotokoll kann beliebig lang werden. Wollte man das Ergebnis einer Schleife mit einer symbolischen

Programmausführung nachweisen, müßte man das Ergebnis für jede mögliche Anzahl von Wiederholungen getrennt nachweisen. In den meisten Fällen ist das nicht praktikabel.

Um nachzuweisen, daß nach der Ausführung einer *while*-Schleife unabhängig vom speziellen Wert der beteiligten Variablen ein bestimmtes **Ergebnis E** gilt, kann man folgendermaßen vorgehen:

1. Man bestimmt eine Invariante I für den Schleifenkörper. (Zur Erinnerung: Eine Invariante ist eine Bedingung, die durch eine Anweisung bzw. eine Folge von Anweisungen nicht verändert wird.)

2. Man zeigt, daß die Invariante vor der ersten Ausführung der Schleife gilt.

3. Man zeigt, daß die Schleife nicht zu einer Endlosschleife wird.

4. Aus der Invariante und der Bedingung nach dem Verlassen der Schleife leitet man das gesuchte Ergebnis ab.

```
{ I }                    { 2. }
while b do
   begin
      { I }             { 1. }
      S;
      { I }             { 1. }
   end
{ (not b) and I ==> E }   { 3. und 4. }
```

Wegen 2. gilt diese Invariante dann vor der ersten Ausführung des Schleifenkörpers. Da die Invariante nach jeder Ausführung des Schleifenkörpers gilt, wenn sie am Anfang des Schleifenkörpers gültig war, gilt sie insbesondere auch nach dem Verlassen der Schleife, da nach der letzten Anweisung im Schleifenkörper nur die Schleifenbedingung geprüft wird, aber keine Anweisungen durchgeführt werden.

Wegen 3. tritt dieser Fall tatsächlich auch ein.

Beispiel: Für die Anweisungsfolge

```
x := u;
y := v;
z := 0;
while x <> 0 do
   begin
      if odd(x) then z := z + y;
      y := y*2;
      x := x div 2;
   end;
```

gilt wegen

```
x := u;
y := v;
z := 0;
```

vor der ersten Ausführung des Schleifenkörpers

$$z + x*y = u*v$$

Im letzten Beispiel von Abschnitt 4.4.3 wurde aber schon nachgewiesen, daß diese Beziehung unter den Anweisungen des Schleifenkörpers invariant ist.

```
while x <> 0 do
  begin
    { z + x*y = u*v }
    if odd(x) then z := z + y;
    y := y*2;
    x := x div 2;
    { z + x*y = u*v }
  end;
```

Da nach dem Verlassen der Schleife außerdem die Negation der Schleifenbedingung, also

$$x = 0$$

gilt, ist nach der Ausführung der Schleife

$$z = u*v$$

Bereits in Aufgabe 4.5.4.1.2 wurde gezeigt, daß diese Schleife nicht zu einer Endlosschleife werden kann.

Mit diesem Programm kann man das Produkt von zwei Zahlen berechnen. Die Anweisungen dieser Prozedur lassen sich für binär dargestellte ganze Zahlen einfach durchführen:

- Ob eine Zahl ungerade ist oder nicht, erkennt man am niedrigstwertigen Bit.

- Die Multiplikation einer binär dargestellten Zahl mit 2 erreicht man durch eine Linksverschiebung der Bits um eine Stelle.

- Die Division (ohne Rest) einer binär dargestellten Zahl durch 2 erreicht man durch eine Rechtsverschiebung der Bits um eine Stelle.

Im Dezimalsystem entspricht dieses Verfahren dem Staffelschema zur Multiplikation aus der Grundschule.

Zur Verifikation einer *repeat*-**Schleife** oder einer *for*-Schleife ist es oft am einfachsten, diese in eine *while*-Schleife zu transformieren. Bei der *repeat*-Schleife
macht gelegentlich die erste, unbedingte Ausführung des Schleifenkörpers
Schwierigkeiten und bei der *for*-Schleife das implizite Hochzählen der Laufvariablen.

Beim Nachweis des Ergebnisses einer Schleife besteht die größte Schwierigkeit
meist im Auffinden der Schleifeninvarianten. Im letzen Beispiel und in der
letzten Aufgabe fiel diese Invariante „vom Himmel". Der Grund dafür war aber
einfach, daß auch die jeweiligen Anweisungen vom Himmel fielen. Wenn man
dagegen selbst eine Schleife entwickelt, soll sie ein bestimmtes Ergebnis erzielen.
Aus diesem beabsichtigten Ergebnis läßt sich jedoch eine Invariante meist ohne
allzu großen Aufwand ableiten.

Aufgaben 4.5.5

1. Erstellen Sie für die folgenden Anweisungen mit den angegebenen Anfangswerten Ablaufprotokolle.

   a) n = 4

   ```
   f := 1;
   for i := 2 to n do
     f := f * i;
   ```

   b) u = 3, v = 5

   ```
   x := u;
   y := v;
   z := 0;
   while x <> 0 do
     begin
       if odd(x) then z := z + y;
       y := y * 2;
       x := x div 2;
     end;
   ```

   c) wie b), mit u = 0, v = 5

   d) u = 3, v = 2

   ```
   p := 1;
   n := v;
   x := u;
   while n > 0 do
     begin
       if odd(n) then p := p * x;
       n := n div 2;
       x := x * x;
     end;
   ```

2. Bestimmen Sie eine Invariante für die folgende Schleife und weisen Sie deren
   Ergebnis nach:

```
p := 1;
n := v;
x := u;
while n > 0 do
  begin
    if odd(n) then p := p * x;
    n := n div 2;
    x := x * x;
  end;
```

Sie können dazu die Ergebnisse der Aufgabe 4.4.3.5 verwenden.

3. Für zwei ganze Zahlen a und b teilt a die Zahl b, falls es eine Zahl k gibt, so
   daß a*k = b ist.

   Der **größte gemeinsame Teiler ggT** von zwei Zahlen a, b ist der größte
   Teiler, der sowohl a als auch b teilt. Beispiele:

   $$ggT(4,30) = 2, ggT(2,7) = 1, ggT(0,5) = 5$$

   Offensichtlich ergibt sich unmittelbar aus der obigen Definition der Teilbar-
   keit

   1. $ggT(a,b) = ggT(b,a)$

   2. $ggT(a,-b) = ggT(a,b)$

   3. $ggT(a,0) = a$

   Wegen 2. kann man sich ohne Beschränkung der Allgemeinheit auf a > 0 und
   b >= 0 beschränken. Aus

   $$a = (a \text{ div } b) * b + a \text{ mod } b$$

   folgt

   $$a - (a \text{ div } b) * b = a \text{ mod } b$$

   Damit ist jeder gemeinsame Teiler t von a und b auch ein Teiler von b und
   a mod b und umgekehrt, da

   $$t*k_a=a \text{ und } t*k_b=b \text{ und } t*k_a - (a \text{ div } b)*t*k_a = a \text{ mod } b$$

   d. h.

   $$ggT(a,b) = ggT(b,a \text{ mod } b)$$

Dabei ist a mod b kleiner als b.

Beweisen Sie, daß die folgende Funktion den ggT berechnet, indem Sie eine geeignete Invariante bestimmen.

```
function ggT(x,y:Integer):Integer;
var r:Integer;
begin
while y <> 0 do
  begin
    r := x mod y;
    x := y;
    y := r;
  end;
ggT := x;
end;
```

4. Beim **Hornerschema** wird der Funktionswert eines Polynoms

$$h = p[n]*x^n + p[n-1]*x^{n-1} + ... + p[1]*x + p[0]$$

dadurch berechnet, daß die Klammern in

$$h = (...((p[n]*x + p[n-1])*x + p[n-2]) ... + p[1])*x + p[0]$$

von innen nach außen ausmultipliziert werden. Dabei werden nur n+1 Multiplikationen benötigt.

```
const Max_g = 10;

var p: array[0..Max_g] of Extended;
    x,s:Extended;
    i:Integer;
begin
s := 0;
i := 1;
while i <= Max_g+1 do
  begin
    s := s*x + p[n-i+1];
    i := i + 1;
  end;
end;
```

a) Beweisen Sie mit Invarianten, daß dieser Algorithmus für ein Polynom mit den Koeffizienten p[n], p[n-1], ..., p[0] den Funktionswert

$$s = p[n]*x^n + p[n-1]*x^{n-1} + ... + p[1]*x + p[0]$$

berechnet.

b) Erweitern Sie diesen Algorithmus so, daß in einer weiteren Variablen die Ableitung des Polynoms berechnet wird.

4.6 Die Prozeduranweisung

Eine Prozeduranweisung oder ein Prozeduraufruf besteht darin, daß der Name der aufzurufenden Prozedur in das Programm geschrieben wird. Dadurch werden alle Anweisungen, die zu der aufgerufenen Prozedur gehören, der Reihe nach ausgeführt. Anschließend wird die nächste auf den Prozeduraufruf folgende Anweisung ausgeführt.

Solche Prozeduraufrufe wurden bisher schon mehrfach verwendet (z. B. bei den vordefinierten Prozeduren), ohne daß dies besonders hervorgehoben wurde.

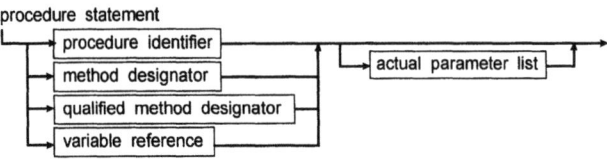

Im einfachsten Fall besteht ein Prozeduraufruf nur aus dem Namen der Prozedur (*procedure identifier*) wie in

```
Randomize;
```

> { Initialisiert den Zufallszahlengenerator mit einem Startwert, der sich aus dem Datum und der aktuellen Zeit ergibt. Unterläßt man diesen Aufruf, liefert jede Folge von Aufrufen des Zufallszahlengenerators *Random* dieselben Werte – was oft sogar sinnvoll ist, wenn man reproduzierbare Zufallszahlen will. }

Falls sich der Prozeduraufruf auf eine Methode des aktuellen Objekts bezieht, gibt man den Namen der Methode (*method designator*) an

```
procedure TForm1.SchliessenClick(Sender: TObject);
begin
Close;   { schließt Form1 }
end;
```

oder den qualifizierten Namen der Methode (*qualified method designator*)

```
procedure TForm1.SchliessenClick(Sender: TObject);
begin
Form2.Close; { schließt Form2 }
end;
```

Der unterste Pfad durch das Syntaxdiagramm bezieht sich auf Variablen eines Prozedurtyps (siehe Abschnitt 5.10).

Wurde die Prozedur, Methode oder Prozedurvariable mit einer Parameterliste
vereinbart, muß für jeden formalen Parameter ein aktueller Parameter eingesetzt
werden.

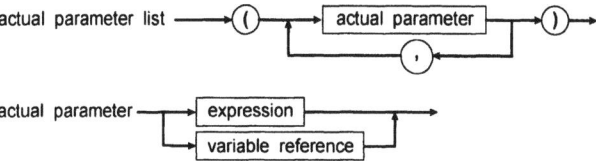

Der Datentyp eines aktuellen Parameters muß zum Datentyp des entsprechenden
formalen Parameters typkompatibel sein. Die formalen Parameter werden bei der
Vereinbarung einer Prozedur im sogenannten Prozedurkopf wie in dem folgenden Beispiel angegeben:

```
procedure Insert(Source: string; var S: string;
                                    Index: Integer);
```

Bei einem Aufruf dieser Prozedur müssen drei Parameter angegeben werden, wo-
bei die ersten beiden den Datentyp String haben müssen (oder einen kompatiblen
Datentyp, z. B. String[10]) und der dritte den Datentyp Integer. Damit ist für eine
String-Variable n der folgende Aufruf von *Insert* zulässig:

```
n := 'Donck';
Insert('ald Du',n,4);                    { n = 'Donald Duck' }
```

Im nächsten Kapitel werden die Zusammenhänge zwischen aktuellen und formalen Parametern ausführlich beschrieben.

Aufgabe 4.6

In der Delphi-Hilfe findet man die folgenden Prozedurköpfe

```
procedure Delete(var S: string; Index, Count:Integer);
    { löscht Count Zeichen des Strings s ab der Position
    Index }

procedure ScaleBy(M, D: Integer);
    { für alle Dialogelemente; skaliert (vergrößert oder
    verkleinert) ein Dialogelement um den Faktor M/D, z.
    B. 50 % mit M=1 und D=2. }
```

Welche der folgenden Aufrufe sind nach den Vereinbarungen

```
var  s1,s2:string;
     b1,b2:Byte;
     Form1:TForm1;
```

```
b1 := 17;
b2 := 18;
```

möglich?

1. `Delete(b1,s, b2)`
2. `Delete(s, b1,17)`
3. `Form1.ScaleBy(34.35,b2/b1)`
4. `Form1.ScaleBy(s,4)`

4.7 Die *goto*-Anweisung, *Break* und *Continue*

Mit einer *goto*-Anweisung kann man als nächste Anweisung die Anweisung ausführen, die auf das angesprungene Label folgt.

Jedes **Label** (Marke), das in einer *goto*-Anweisung verwendet wird, muß zuvor in einem **Label-Vereinbarungsteil** durch eine Ganzzahl ohne Vorzeichen mit maximal 4 Ziffern oder einen Bezeichner vereinbart werden.

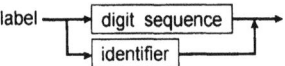

Der Label-Vereinbarungsteil

ist ein weiterer Teil des Vereinbarungsteils:

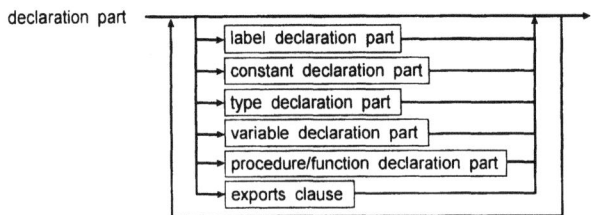

Ein Label, das zuvor in einem Label-Vereinbarungsteil vereinbart wurde, kann vor eine Anweisung, getrennt durch einen Doppelpunkt, geschrieben werden:

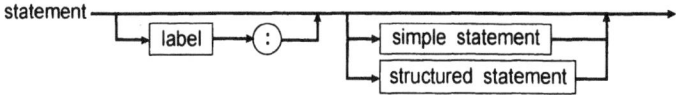

Beispiel: **var x,sign:Integer;**

```
procedure TForm1.Button1Click(Sender: TObject);
label 99,el;  { alle Label müssen in Object Pascal
                                      lokal sein }
begin
if x >= 0 then goto el;
sign := -1;
goto 99;
el: sign := +1;
99:Edit1.Text := IntToStr(sign);
end;
```

Wie dieses Beispiel zeigt, kann mit *goto*-Anweisungen derselbe Programmablauf wie mit einer *if-then-else*-Anweisung erzeugt werden. In vielen früheren Programmiersprachen war das *goto* sogar oft (fast) die einzige Kontrollstruktur, da es direkt in eine entsprechende Assembler-Anweisung übersetzt werden kann. Bei Batch-Programmen (BAT-Dateien) unter MS-DOS ist das heute noch so. Mit diesem *goto* mußten dann fast alle Schleifen, *if*-Anweisungen, Prozeduraufrufe usw. realisiert werden, und die resultierenden Programme sahen meist noch wesentlich unübersichtlicher aus als das folgende Programm:

```
var n,m:Integer;

procedure TForm1.ulam_gotoClick(Sender: TObject);
label L58,L86,L142,L170;
begin
      m := 2;
L58:  m := m+1;
      n := m;
        Memo1.Lines.Add('m='+IntToStr(m));
L86:  if odd(n) then goto L142;
      n := n div 2;
      goto L170;
L142: n := 3*n+1;
L170: Memo1.Lines.Add('   n='+IntToStr(n));
      if n <> 1 then goto L86;
      if m < 20 then goto L58;
end; { nach Assembler-Output von Borland C++ 3.1 }
```

Obwohl dieses Programm die Anforderungen der strukturierten Programmierung erfüllt, ist dessen Ablauf vermutlich für die meisten Leser erheblich schwerer nachzuvollziehen als

```
procedure TForm1.ulam_repClick(Sender: TObject);
{ Vermutung von Ulam bzw. Collatz: Der Algorithmus in
  der inneren repeat-Schleife konvergiert für alle Werte
```

```
    von m. Obwohl diese Vermutung inzwischen für alle
    Zahlen < 7*10¹¹ nachgewiesen wurde, konnte sie bisher
    noch nicht bewiesen werden. }
begin
m := 2;
repeat m := m+1;
       n := m;
       Memo1.Lines.Add('m='+IntToStr(m));
       repeat if odd(n) then n := 3*n+1
              else n := n div 2;
              rep_Memo.Lines.Add('   n='+IntToStr(n));
       until (n=1)
until m >= 20;
end;
```

Mit der *goto*-Anweisung kann man noch undurchsichtigere Programme schrei-
ben als im vorletzten Beispiel, da die Reihenfolge, in der Anweisungen im
Programm stehen, völlig von der abweichen kann, in der sie ausgeführt werden.
Damit kann man aber aus dem Programmtext kaum noch ersehen, was beim
Ablauf des Programms tatsächlich passiert.

Außerdem kann man mit *goto*-Anweisungen Programme schreiben, deren Auswirkungen nicht definiert (und damit nicht vorhersehbar) sind! Diese Gefahr
besteht bei allen anderen bisher behandelten Anweisungen nicht. Zu diesen undefinierten *goto*-Anweisungen gehören ein Sprung in eine strukturierte Anweisung,
insbesondere also **in eine bedingte Anweisung** und **in eine Schleife**. Solche
Sprünge werden von Object Pascal (wie auch von den meisten anderen
Compilern) nicht als Fehler bemängelt:

Beispiele für undefinierte *goto*-Anweisungen:

```
var i,j:Integer;
    s:string;
procedure TForm1.undefinedClick(Sender: TObject);
label 2,3,4,99,10,11,20,30;
begin
s :='';
goto 10;
2:goto 20;
3:goto 30;
4:goto 99;

if x > 0 then 10:s := s+ 'x > 0'
else 11: s := s+'x <= 0';
goto 2;

i := 10;
while i > 0 do
  begin
    20:dec(i);
    s := s+'#'+IntToStr(i);
  end;
goto 3;
```

```
for j := 10 to 20 do
  30:s := s+' for j='+IntToStr(j);
goto 4;
99:goto_Memo.Lines.Add(s);
end;
```

Offensichtlich kann man die *goto*-Anweisung auf vielfältige Art mißbrauchen. Ein solcher Mißbrauch wird am einfachsten dadurch verhindert, daß man die *goto*-Anweisung überhaupt nicht verwendet. Diese Parole war in den 60er und 70er Jahren das Motto einer großen „Gehirnwaschaktion", bei der altertümliche *goto*-Programmierer zu progressiven „strukturierten" Programmierern umerzogen wurden. Heute ist das kein Thema mehr, weil mit den inzwischen üblichen Kontrollstrukturen *if-then-else*, *case*, *while-do* usw. kaum jemand mehr freiwillig *goto*-Anweisungen einsetzt.

Ein Verzicht auf die *goto*-Anweisung bedeutet keine Einschränkung der möglichen Programme. Wie Böhm und Jacopini 1966 gezeigt haben, können alle Programme, die mit *goto*-Anweisungen geschrieben werden können, auch allein mit Schleifen und bedingten Anweisungen geschrieben werden.

Nicht jede Verwendung der *goto*-Anweisung muß allerdings ein fehlerhaftes oder undurchschaubares Programm nach sich ziehen. So kann man aus einer Schleife oder einer bedingten Anweisung springen, ohne daß undefinierte Effekte zu befürchten sind (wenn man an eine zulässige Stelle springt). Allerdings kann nach einem Sprung aus einer *while*-Schleife nicht mehr die Negation der Schleifenbedingung vorausgesetzt werden.

```
label 99;
var s:string;
    gesuchtes_Zeichen:Char;
    gefunden:Boolean;
...
gefunden := false;
for i := 1 to length(s) do
  if s[i]=gesuchtes_Zeichen then
    begin
      gefunden := true;
      goto 99;
    end;
99:if gefunden then
  Edit1.Text := 'gefunden';
```

ist sicher nicht weniger übersichtlich als

```
while (i < length(s)) and not gefunden do
  ...
```

Nachdem das *goto* den Touch des Unberührbaren bekommen hat, man es aber doch manchmal braucht, wurde die Anweisung **Break** erfunden. Sie macht dasselbe wie ein *goto* auf das Ende der aktuell umschließenden Schleife.

Break ist allerdings auch nicht ohne Risiko: Baut man um eine Schleife mit einem *Break* eine weitere, dann wird durch das *Break* nur die innere verlassen, nicht jedoch die gesamte Schleife. In einer solchen Situation ist ein Sprung auf ein Schleifenende wesentlich ungefährlicher und überschaubarer.

Erweitert man z. B. die Suche nach einem einzigen Zeichen

```
gefunden := false;
for i := 1 to length(s) do
  if s[i]=gesuchtes_Zeichen then
    begin
      gefunden := true;
      Break;
    end;
```

auf die Suche nach einer Zeichenfolge in einem String,

```
for i := 1 to length(s) do
  for j := 1 to length(gesuchte_Zeichen) do
    if s[i]=gesuchte_Zeichen[j] then
      begin
        gefunden := true;
        Break; { jetzt wird nur noch die innere Schleife
                                        verlassen }
      end;
```

funktioniert die ursprünglich optimal funktionierende Lösung nicht mehr optimal.

In Zusammenhang mit der *Break*-Anweisung soll auch noch die Anweisung **Continue** erwähnt werden. Diese kann wie die *Break*-Anweisung nur in einer Schleife verwendet werden und bewirkt, daß die restlichen Anweisungen des Schleifenkörpers übergangen werden. Anschließend wird die Schleifenbedingung geprüft und der nächste Durchlauf der Schleife durchgeführt. *Continue* ist also gleichwertig mit einem Sprung auf das Ende des Schleifenkörpers.

Die Schleife

```
i := 0;
repeat Edit1.Text := IntToStr(i);
       if i >= 3 then Continue;
       inc(i); { der Zähler wird ab i = 3 nicht mehr
                                        hochgezählt }
       Application.ProcessMessages;
until i = 10;
```

ist eine Endlosschleife und die folgenden beiden Schleifen sind gleichwertig:

```
j := 0;
for i := 1 to length(s) do
  begin
    if (('a'<=s[i]) and (s[i]<='z')) or
                      (('A'<=s[i]) and (s[i]<='Z')) then
```

```
        Continue;
      inc(j);
      ...
    end;


  j := 0;
  for i := 1 to length(s) do
    begin
      if ('a'<=s[i]) and (s[i]<='z') or
                         (('A'<=s[i]) and (s[i]<='Z')) then
      else
        begin
          inc(j);
          ...
        end;
    end;
```

Bei der ersten erspart man sich gegenüber der zweiten Variante einen Verschachtelungsblock. Diese Ersparnis geht aber auf Kosten der expliziten Programmlogik: Es ist nicht unmittelbar offensichtlich, daß für die Anweisungen nach *Continue* die Negation der *if*-Bedingung vorausgesetzt werden kann. Diese Bedingung wirkt sich außerhalb ihrer zugehörigen Anweisung aus.

Nach Kernighan/Ritchie (1988, Abschnitt. 3.7) wird *Continue* nur relativ selten benötigt. Es wird vor allem dazu verwendet, eine Negation und eine Verschachtelung wie im obigen Beispiel einzusparen.

Langer Rede kurzer Sinn: Die *goto*-Anweisung ist sinnvoll, um eine Schleife (insbesondere eine verschachtelte) zu verlassen. Ansonsten hat sie kaum sinnvolle Anwendungen. Insbesondere sollte man den Programmablauf immer durch die üblichen strukturierten Kontrollstrukturen (*if*, *case*, *while*, *repeat* und *for*) steuern. Auch auf *Break* und *Continue* sollte man eher verzichten.

Aufgaben: Hier gibt es (außer nichts zu üben) nichts zu üben.

4.8 Exception-Anweisungen

In den Ausführungen in diesem Abschnitt werden einige Begriffe (Funktionen, Prozeduren und Klassen) verwendet, die erst später behandelt werden. Da die Exception-Anweisungen aber inhaltlich zu den Anweisungen gehören, wurde dieser Vorgriff in Kauf genommen. Ich habe versucht, den Abschnitt so aufzubauen, daß die Grundideen verstanden werden, auch wenn vielleicht einige Einzelheiten unklar bleiben.

4.8.1 Strukturierte Ausnahmebehandlung

Die bisher behandelten Kontrollstrukturen sind für die Steuerung eines normalen
Programmablaufs angemessen und ausreichend. Sie führen allerdings schnell zu
komplizierten und unübersichtlichen Programmstrukturen, wenn man damit alle
möglichen Fehler abfangen will.

Beispiel: Wenn bei der Berechnung

```
m := s_x /n;
s := sqrt(s_xx /(n-1));
```

einer der beiden Quotienten 0 oder *s_xx* negativ ist, bricht das Programm mit
dem Fehler „Division by Zero" oder „Invalid Floating Point Operation" ab, wenn
es mit einem Compiler entwickelt wurde, der keine spezielle Fehlerbehandlung
vornimmt – und das sind die meisten Compiler unter DOS und viele für
Windows. Die Folge sind entnervte und nervende Kunden, die am Montagmorgen anrufen, weil das Programm abgestürzt ist.

Um solche Programmabstürze zu verhindern, müßten alle möglichen Fehler
abgefangen werden:

```
if n > 0 then
   begin
      m := s_x /n;
      {hier folgen Anweisungen, die nur m verwenden}
      if n > 1 then
         begin
            if s_xx >= 0 then
               begin
                  s : =sqrt(s_xx /(n-1));
                  {hier Anweisungen, die m und s verwenden}
               end
            else
               begin
                  ShowMessage('s_xx < 0, setze s := 0');
                  s := 0;
               end;
         end
      else
         begin
            ShowMessage('n <= 1, setze s := 0');
            s := 0;
         end;
   end
else
   begin
      ShowMessage('n <= 0, setze m := 0');
      m := 0;
   end;
```

Dadurch wird das Programm, in dem eigentlich nur zwei Anweisungen ausgeführt werden sollen, beträchtlich aufgeblasen. In Zusammenhang mit der Bear-

beitung von Dateien oder dynamischen Datenstrukturen entstehen oft noch wesentlich tiefer verschachtelte Strukturen, bei denen man dann vor lauter Sicherungsmechanismen kaum noch sieht, was eigentlich gemacht wird. Dabei besteht die Gefahr, daß sich durch die zusätzlichen Anweisungen neue Fehler in das Programm einschleichen.

Daß in vielen real existierenden Programmen auf das konsequente Abfangen von Fehlern verzichtet wird, liegt oft nur daran, daß man solche verschachtelten Programmstrukturen vermeiden will.

Außerdem ist es nicht immer einfach, wirklich alle möglichen Fehler vorherzusehen: Die Voraussetzung x >= 0 für den Aufruf der Funktion *sqrt* wird häufig vergessen. Und vor einer Addition kann man oft nur schlecht prüfen, ob die Summe wirklich im zulässigen Wertebereich liegt. Dazu kommt, daß jeder Programmierer oft unterbewußt implizite Annahmen macht, wie z. B., daß vor dem Aufruf einer Auswertungsfunktion immer zuerst Daten eingegeben werden. Wenn ein Anwender dann an einem blauen Montagmorgen die Auswertung ohne eine vorhergehende Dateneingabe aufruft, klingelt schnell das Telefon.

Kurzum: **Es ist gar nicht so einfach, fehlerfreie Programme zu schreiben.**

Wenn man aber Fehler schon nicht mit 100%iger Sicherheit vermeiden kann, sollte man wenigstens versuchen, ihre Auswirkungen zu begrenzen, um die Programme so möglichst fehlertolerant zu machen. Deswegen hat Borland in Delphi die **strukturierte Ausnahmebehandlung (structured exception handling)** aufgenommen. Mit dieser Technik können Fehler während der Laufzeit des Programms erkannt und behandelt werden, ohne daß dazu derart unübersichtliche Programmstrukturen wie im letzten Beispiel notwendig werden. Insbesondere kann man die Behandlung von Fehlern, die an verschiedenen Stellen in einem Programm auftreten, zentral und übersichtlich zusammenfassen.

Dabei steht „Ausnahme" für Ereignisse, die normalerweise nicht vorkommen und die deshalb Ausnahmen vom Regelfall sind. Häufig sind das Laufzeitfehler wie eine Division durch Null, eine Bereichsüberschreitung, eine allgemeine Schutzverletzung usw. „Strukturiert" heißt diese Ausnahmebehandlung deshalb, weil damit der Programmaufbau so strukturiert werden kann, daß die eigentlich auszuführenden Anweisungen von der Fehlerbehandlung getrennt werden können.

Das Exception-Handling von Delphi ist ähnlich aufgebaut wie in der Programmiersprache C++ (siehe Stroustrup 1991, Kap. 9) und bietet im wesentlichen dieselben Funktionen. Die zugehörigen Anweisungen sind:

try-except
try-finally
raise

4.8.2 Die *try-except*-Anweisung

Eine *try-except*-Anweisung besteht im einfachsten Fall aus einer Folge von
Anweisungen zwischen *try* und *except* sowie zwischen *except* und *end*:

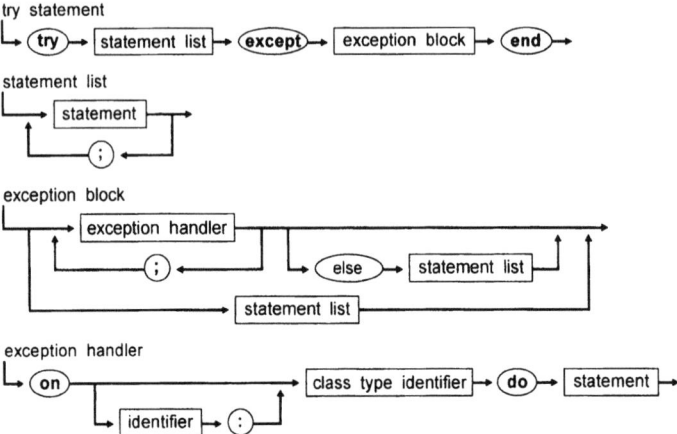

Die Anweisungen (*statement list*) zwischen *try* und *except* werden in der aufgeführten Reihenfolge ausgeführt. Falls dabei keine Exception ausgelöst wird, wird
der *exception block* übergangen. Wird jedoch bei einer dieser Anweisungen eine
Exception ausgelöst, werden nach der Exception die Anweisungen (*statement
list*) im *exception block* ausgeführt. Die Anweisungen im *try*-Abschnitt, die auf
die Exception folgen, werden übergangen.

Beispiel:
```
var   n:Integer;
      m,s,s_x,s_xx:Extended;

procedure Auswertung;
begin
n := 0;
s_x := 23;
try
  m := s_x /n; { löst eine Exception aus }
  s := sqrt(s_xx/(n-1));
except
  ShowMessage('Fehler ...');
end;
{ weitere Anweisungen }
...
end;
```

In diesem Beispiel tritt wegen n=0 bei der Berechnung von m eine
Exception auf. Daraufhin wird die Ausführung des *try*-Abschnitts ohne
die Berechnung von s beendet, und das Programm verzweigt in den
exception block. Anschließend werden die Anweisungen nach dem
exception block ausgeführt.

Wenn ein Programm die Unit *SysUtils* verwendet, wird **bei jedem Laufzeit-fehler eine Exception** ausgelöst. Solche Laufzeitfehler können eine Division durch Null sein, Bereichsüberschreitungen bei aktivierter Bereichsprüfung {$R+}, Fehler bei der dynamischen Speicherverwaltung, allgemeine Schutzverletzungen usw.

Damit lassen sich alle Laufzeitfehler, die bei einem Programm ohne Exception-Handling zu einem Programmabbruch führen würden, mit den Techniken des Exception-Handling abfangen und gegebenenfalls differenziert behandeln.

Wenn bei Delphi 1 unter *Optionen|Umgebung* bzw. bei Delphi 2 unter *Tools|-Optionen* für den Debugger die CheckBox „Bei Exceptions anhalten" markiert ist (Voreinstellung nach der Installation), hält das Programm nach seinem Start im Debugger (mit *F9* vom Editor aus oder über *Start|Start* von der Menüleiste aus) nach einer Exception an.

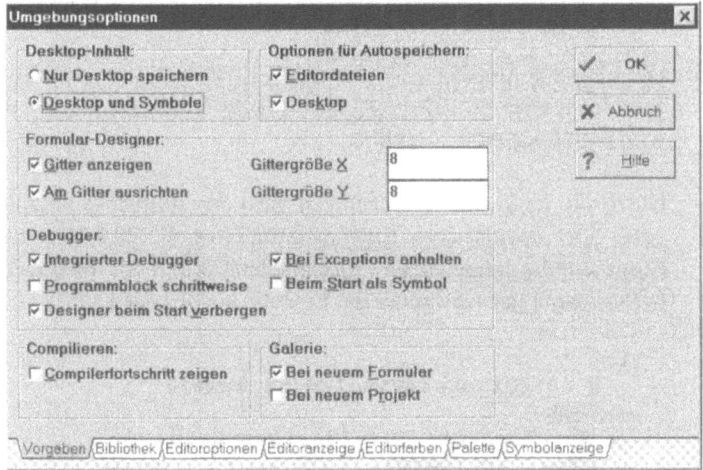

Dabei erhält man zunächst eine von Delphi erzeugte Meldung:

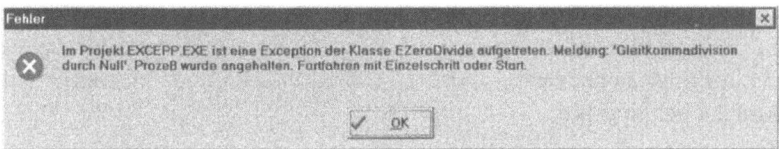

Wenn danach die nächste Anweisung des Programms mit *F7* oder *F8* ausgeführt wird, hält das Programm im *exception block* an. Hier kann man sich die Werte von allen Variablen anzeigen lassen (im lokalen Menü mit *Auswerten/Ändern* oder *Ausdruck unter Cursor anzeigen* im Fenster *Liste überwachter Ausdrücke*).

Damit kann bereits diese einfachste Form der *try-except*-Anweisung bei der Programmentwicklung sehr hilfreich sein: Nachdem eine Exception aufgetreten ist, kann man im Debugger die Werte von allen Variablen prüfen und so feststellen, was zu diesem Fehler geführt hat. Das ist ein ziemlicher Fortschritt gegenüber DOS-Compilern wie Borland Pascal 7.0 oder Borland C++ 3.1, bei denen lokale Variablen nach einem Laufzeitfehler nicht mehr im aktiven Gültigkeitsbereich waren und deswegen im Debugger auch nicht angezeigt wurden. Wenn man mit einem solchen Debugger die Werte der Variablen ansehen wollte, mußte man das Programm erneut starten und sich dann mühsam zu der Stelle vortasten, an der der Fehler aufgetreten ist.

Die Ursache für eine Exception muß nicht zwingend ein Programmfehler sein. Da ein Programm nach einer Exception immer in den *exception block* verzweigt, kann man das Exception-Handling auch gezielt einsetzen, etwa um Plausibilitätsprüfungen durchzuführen. In diesem Fall besteht der *try*-Abschnitt meist aus einer einzigen Anweisung, bei deren Ausführung ein Fehler auftreten kann. Im *exception block* wird dann auf diesen Fehler reagiert.

Beispiel: Die Funktion *StrToDateTime* wandelt einen String in ein Datum vom Typ *TDateTime* um. Falls der String kein zulässiges Datum darstellt, wird eine Exception ausgelöst.

Durch die folgenden Anweisungen wird der Anwender nach der Eingabe eines unzulässigen Kalenderdatums (z. B. '29.2.96') auf seinen Eingabefehler hingewiesen. Anschließend erhält das Eingabefeld den Fokus, damit der Anwender die Eingabe korrigieren kann:

```
try
  t := StrToDateTime(Edit1.Text);
except
  ShowMessage('Unzulässiges Datum');
  Edit1.Setfocus;
end;
```

4.8.3 Exception-Handler und vordefinierte Exceptions

Im *exception block* einer *try-except*-Anweisung kann man nicht nur feststellen, daß ein Fehler aufgetreten ist, sondern außerdem auch noch, zu welcher Fehlerklasse der Fehler gehört.

Dazu gibt man im *exception handler* des *exception blocks* als Klassentypbezeichner den Namen einer Exception-Klasse an:

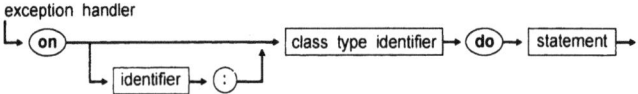

exception handler

Wenn dann im zugehörigen *try*-Abschnitt eine Exception auftritt, wird geprüft, ob diese mit der Exception-Klasse im Exception-Handler identisch ist oder ob sie ein Nachfolger davon ist. Trifft das zu, wird die Exception gelöscht und die Anweisung nach *do* ausgeführt. Falls das jedoch nicht zutrifft, bleibt die Exception solange bestehen, bis ein Exception-Handler gefunden wird, der diese behandelt. Ein *exception block*, der keinen expliziten Exception-Handler enthält, behandelt alle Exceptions.

Als Exception-Klasse kann man hier die von Object Pascal vordefinierten oder selbstdefinierte Exception-Klassen verwenden.

Beispiele:

1. Jede der folgenden Anweisungen löst eine Exception der Klasse *EConvertError* aus:

```
var t:TDateTime;
    I:Integer;
    E:Extended;
    s:string;

try
  t := StrToDateTime('29.2.1996');
  i := StrToInt('Eins');
  e := StrToFloat('1.1');
  s := Format('e=%4i',[e]);
except
  on EConvertError do
    ShowMessage('Convert Error');
end;
```

Da der *try-except*-Abschnitt aus 4 Anweisungen besteht, kann man so allerdings nicht feststellen, welche Anweisung die Exception ausgelöst hat.

2. Bereichsüberschreitungen lösen bei aktivierten Range-Checks {$R+} Exceptions der Klasse *ERangeError* aus:

```
var a:array[1..10] of Integer;
    i:Integer;
...
i := 0;
{$R+}
try
  a[i] := 0;
except
  on ERangeError do
    ShowMessage('i='+IntToStr(i));
end;
```

3. Unzulässige Gleitkommaoperationen lösen eine Exception der Klasse *EInvalidOp* aus:

```
e := -1; { var e:Extended; }
e := sqrt(e);
```

4. Für Ganzzahl- und Gleitkommadivisionen durch Null werden unterschiedliche Exceptions erzeugt: *EDivByZero* bzw. *EZeroDivide*. Wenn man diese verwechselt, wird die Exception nicht in diesem Exception-Handler behandelt, sondern an den nächsthöheren Exception-Handler weitergegeben.

```
var n:Integer;
    m:Extended;
begin
n := 0;
try
  m := 1/n;
except
on EDivByZero do
  { fängt nur Ganzzahldivisionen durch 0 ab, die es
    hier aber nicht gibt }
  ShowMessage('Div by 0');
end; { of except }
end;
```

Bei einer Division 0/0 wird keine der beiden Exceptions *EDivByZero* bzw. *EZeroDivide* ausgelöst, sondern eine *EInvalidOp*.

5. Die Bedingungen, unter denen bei aktiviertem Overflow-Check {$Q+} ein *EIntOverflow* erzeugt wird, sind in Delphi 1 und Delphi 2 verschieden. Da in Delphi 1 der Datentyp eines Ganzzahlausdrucks mit zwei Operanden der kleinste Datentyp ist, der beide Operanden darstellen kann, führt die folgende Addition unter Delphi 1 zu einer Exception der Klasse *EIntOverflow*:

```
var i:Integer; { Integer: 16 Bit unter Delphi 1 }
{$Q+}
i := 20000;
i := i + i; { Datentyp von i+i: Integer, 16 Bit }
```

Dagegen löst die folgende Addition unter Delphi 2 keine Exception aus, da alle arithmetischen Operation als 32-bit-Operationen ausgeführt werden:

```
var s:SmallInt; { 16 Bit }
    i:Integer;  { 32 Bit }
{$Q+}
s := 20000;
i := s + s; { i=40000 }
```

Für eine ausführliche Liste der vordefinierten Exceptions wird auf die Online-Hilfe verwiesen (unter Delphi 1 und 2: Exceptions, Behandlung von RTL-Exceptions, Welche RTL-Exceptions gibt es) sowie auf die Object Pascal Sprachdefinition (objlang.pdf bzw. ldef.pdf).

Im *exception block* einer *try-except*-Anweisung können mehrere Exception-Handler aufgeführt werden. Diese werden in der aufgeführten Reihenfolge abgearbeitet. Wenn eine Exception einem Exception-Handler entspricht, wird die Anweisung nach *do* ausgeführt und die Exception anschließend gelöscht. Damit kann man in einer einzigen *try-except*-Anweisung auf verschiedene Exceptions individuell reagieren.

Die Liste der Exception-Handler kann durch einen *else*-Zweig abgeschlossen werden. Dieser *else*-Zweig behandelt dann alle Exceptions, die nicht in den Exception-Handlern davor behandelt wurden.

Beispiel: Nach der Vereinbarung

```
var a:array[1..10] of Extended;
```

können bei der Ausführung der Anweisung

```
x := sqrt(1/a[i]);
```

verschiedene Fehler auftreten: Der Index i liegt nicht im Bereich der zulässigen Grenzen, es wird durch 0 dividiert, oder es wird versucht, aus einer negativen Zahl die Wurzel zu ziehen. Mit verschiedenen Exception-Handlern kann man auf die verschiedenen Fehlerursachen individuell reagieren:

```
try
  x := sqrt(1/a[i]);
except
  on EZeroDivide do
    ShowMessage('Zero Divide');
  on ERangeError do
    ShowMessage('Range Error');
  on EInvalidOp do
    ShowMessage('Invalid Op');
  else
    ShowMessage('Was war das ?');
end;
```

Die von Object Pascal vordefinierten Exceptions sind **hierarchisch aufgebaut**. Diese Hierarchie wird im Symbol-Browser (unter *Ansicht|Symbolanzeige*) folgendermaßen angezeigt:

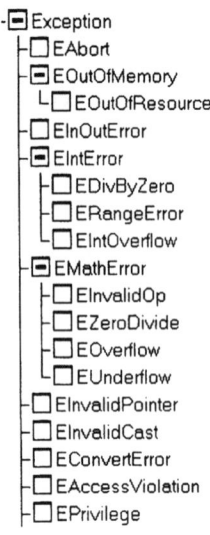

```
-⊟ Exception
  ├☐ EAbort
  ├⊟ EOutOfMemory
  │ └☐ EOutOfResources
  ├☐ EInOutError
  ├⊟ EIntError
  │ ├☐ EDivByZero
  │ ├☐ ERangeError
  │ └☐ EIntOverflow
  ├⊟ EMathError
  │ ├☐ EInvalidOp
  │ ├☐ EZeroDivide
  │ ├☐ EOverflow
  │ └☐ EUnderflow
  ├☐ EInvalidPointer
  ├☐ EInvalidCast
  ├☐ EConvertError
  ├☐ EAccessViolation
  ├☐ EPrivilege
      ...
```

Hier ist *Exception* die Basisklasse, von der alle weiteren Exceptions abgeleitet sind. Eine in dieser Hierarchie übergeordnete Exception-Klasse fängt alle Exceptions der untergeordneten Klassen ab.

Da die Exception-Handler in einem *exception block* in der aufgeführten Reihenfolge abgearbeitet werden, sollten die hierarchisch tieferstehenden vor den höherstehenden Exception-Handlern aufgeführt werden. Wird diese Reihenfolge nicht eingehalten, wird die Exception durch den Exception-Handler für die übergeordnete, allgemeinere Exception behandelt und gelöscht, ohne daß der Exception-Handler für die speziellere Exception jemals erreicht wird.

Beispiel: Im folgenden *exception block* wird die Anweisung nach *EDivByZero* nie erreicht, da die Exception *EDivByZero* schon durch die übergeordnete Exception *EIntError* abgefangen wird:

```
try
...
except { falsch }
  on EIntError do
    ShowMessage('IntError');
  on EDivByZero do
    ShowMessage('Int Div by 0');
end; { of except }
```

Dagegen wird in

```
try
  ...
except { richtig }
  on EDivByZero do
    ShowMessage('Int Div by 0');
  on EIntError do
```

```
    ShowMessage('IntError');
end; { of except }
```

zuerst ein Fehler durch eine Ganzzahldivision behandelt und alle anderen Ganzzahl-Exceptions durch *EIntError*.

Wie das Syntaxdiagramm für *exception handler* zeigt, kann man vor dem *class type identifier* einen Bezeichner angeben. Dieser Bezeichner kann frei gewählt werden und entspricht dann einer Variablenvereinbarung des Exception-Objekts, das die aktuelle Exception ausgelöst hat. Unter dem so vereinbarten Namen stehen dann die beiden Eigenschaften *HelpContext* und *Message* zur Verfügung.

Message enthält den Text, der bei einer Exception angezeigt wird. Man kann ihn wie in dem folgenden Beispiel verwenden und durch eigene Informationen ergänzen, in eine log-Datei schreiben usw.:

Beispiel:
```
on E:Exception do
    ShowMessage('Fehler '+E.message+
                        ' in Prozedur Auswertung');
```

erzeugt die folgende Meldung:

Diese Meldung enthält unter anderem die Fehleradresse, die man unter *Suchen|Laufzeitfehler suchen* angeben kann, damit Delphi im Quelltext die Stelle sucht, an der der Fehler aufgetreten ist:

Neben den Exceptions der Laufzeitbibliothek (RTL-Exceptions) sind in Delphi noch zahlreiche **Exceptions für die visuellen Komponenten** (VCL-Exceptions) vordefiniert wie z. B.:

EClassNotFound	wenn eine Komponente auf einem Formular existiert, die aus der Typdeklaration jedoch gelöscht wurde
EFCreateError	wenn bei der Erzeugung einer Datei ein Fehler auftritt

EFOpenError	wenn versucht wird, ein Datei-Stream-Objekt zu erzeugen und die angegebene Datei nicht geöffnet werden kann
EListError	wenn z. B. ein Listenelement angesprochen wird, das nicht existiert
EStringListError	bei einem Fehler in einem String-Listen-Objekt

Diese Exceptions liefern mehr oder weniger detaillierte Informationen über die Fehler, die bei der Arbeit mit den visuellen Komponenten aufgetreten sind.

Beispiel: Die folgende Prozedur erzeugt die Meldung „Listenindex außerhalb des zulässigen Bereichs":

```
procedure TForm1.vclClick(Sender: TObject);
begin
ListBox1.Items.Clear;
try ListBox1.Items[1] :=
              'Zeile 1 gibt es wegen clear nicht';
except
  on E:Exception do
     ShowMessage(E.message);
end; { of except }
end;
```

Eine *try-except*-Anweisung ist ein Anweisung wie jede andere auch und kann damit auch wieder in einer *try-except*-Anweisung enthalten sein. Wenn in einer so verschachtelten *try*-Anweisung in einem inneren Block eine Exception ausgelöst wird, die in diesem Block nicht abgefangen wird, greift der Exception-Handler im nächsthöheren Block, der diese Exception berücksichtigt.

Beispiel:
```
procedure verschachtelt;
var i,j:Integer;    s:Extended;
begin
s := 0;
try { äußerster Block }
  for i := -2 to 2 do
    try { äußere Schleife }
      for j := -2 to 2 do
        try { innere Schleife }
          s := s + 1/j + 10 div i;
        except
          on EZeroDivide do
            ShowMessage('j wars');
        end;
    except
      on EDivByZero do
        ShowMessage('i wars');
    end;
except
  ShowMessage('wer war das ?');
end; { of try äußerster Block }
end;
```

Damit wird in diesem Beispiel die mit j=0 durch 1/j ausgelöste Exception durch den Exception-Handler der inneren Schleife behandelt, und der Exception-Handler des äußersten Blocks wird nicht aufgerufen. Die durch 10 div 0 ausgelöste Exception wird dagegen nicht durch den Exception-Handler der inneren Schleife behandelt, sondern durch den der äußeren Schleife.

Wird eine Exception in der aktuellen Prozedur oder Funktion nicht behandelt, dann wird in der Prozedur oder Funktion, die diese aufgerufen hat, nach einem passenden Exception-Handler gesucht. Diese Vorgehensweise wird solange wiederholt, bis ein passender Exception-Handler gefunden wird oder bis der Aufruf-Stack komplett durchsucht ist. Im letzten Fall wird das Programm abgebrochen.

Beispiel: Beim Aufruf der Funktion

```
function f:Integer;
var i:Integer;
begin
i := 0;
f := 1 div i;
end;
```

wird eine Exception ausgelöst, ohne daß diese behandelt wird. Diese Exception wird von der nächsten *try-except*-Anweisung in der Aufruf-hierarchie erkannt:

```
function t:Integer;
begin
try
  t := f;
except
  ShowMessage('da ging was schief');
end;
end;
```

Da eine Exception in dem *exception block* gelöscht wird, in dem sie behandelt wird, ist sie in höheren Stufen der Aufrufhierarchie nicht mehr vorhanden. Ein Aufruf der Funktion

```
function u:Integer;
begin
try
  u := t;
except
  ShowMessage('uhuhuhu');
end;
end;
```

führt zur Meldung 'da ging was schief' und nicht zu der 'uhuhuhu'.

Das Durchsuchen des Stacks kann etwas länger dauern, falls dieser entsprechend groß ist. Nach einem Stack-Overflow durch den rekursiven Aufruf der Prozedur *recurse* kann es im Debugger schon mal einige Minuten dauern, bis die Meldung über die Exception angezeigt wird:

```
var i:Integer=0;

procedure recurse;
begin
inc(i);
recurse;
end;
```

4.8.4 Das vordefinierte Exception-Handling von Delphi

Der Programmablauf nach einer Exception unterscheidet sich grundlegend vom Programmablauf mit den üblichen Kontrollstrukturen: Wenn eine Exception auftritt, springt das Programm in den *except*-Abschnitt der nächsten umgebenden *try-except*-Anweisung, und zwar sowohl über Blockgrenzen als auch über Prozedur- und Funktionsaufrufe hinweg.

Auf diese Weise kann man von verschiedenen Stellen in einem Programm an eine bestimmte Stelle im Programm springen und dort den Fehler zentral behandeln.

Beispiel: Durch die folgende Programmstruktur wird mit einer einzigen *try-except*-Anweisung geprüft, ob alle Anweisungen im *try*-Abschnitt fehlerfrei ausgeführt werden konnten. Würde man diese Prüfung mit den üblichen Kontrollstrukturen durchführen, hätte das eine wesentlich kompliziertere Programmstruktur zur Folge.

```
function success:Boolean;
{ löse eine umfangreiche Aufgabe }
begin
success := true;
try
  { viele Einzelanweisungen, einschließlich
    Prozedur- und Funktionsaufrufen }
except
  success := false;
end;
end;
```

Delphi verwendet diese Programmstruktur für sein vordefiniertes Exception-Handling. Alle Windows-Steuerelemente von Delphi erben von ihrem Vorgänger *TWinControl* die folgende Prozedur:

```
procedure TWinControl.MainWndProc(var Message: TMessage);
{ aus source\vcl\controls.pas }
begin
try
  ...
  WndProc(Message);
  { ruft die Ereignisbehandlungsroutinen auf }
  ...
except
  Application.HandleException(Self);
  { ähnlich wie ShowMessage(E.message)}
end;
end;
```

Diese Prozedur wird von Windows aufgerufen, wenn das Steuerelement eine Botschaft erhält (z. B. ein Button, nachdem er angeklickt wurde). Der Aufruf von *WndProc(Message)* führt dann zum Aufruf der Ereignisbehandlungsroutine (z. B. *Button1Click*), die für das Ereignis definiert wurde.

Wenn beim Aufruf der Ereignisbehandlungsroutine eine Exception auftritt, die in dieser Routine nicht behandelt wird, greift schließlich das in *MainWndProc* definierte Exception-Handling. Das so in Delphi integrierte Exception-Handling ist der Grund dafür, daß ein Programm nach der Ausführung der folgenden Prozedur nicht einfach abstürzt:

```
procedure MakeExcep;
{ diese Prozedur enthält kein explizites
  Exception-Handling }
var i:Integer;
begin
i := StrToInt('Das ist keine Zahl');
end;
```

Das gilt genauso für die allseits beliebten **allgemeinen Schutzverletzungen**: Wenn eine solche wie in der folgenden Prozedur stattfindet, wird sie ebenfalls durch das vordefinierte Exception-Handling abgefangen, ohne daß deswegen gleich das ganze Programm abstürzt.

```
procedure Create_GPF;
{ erzeuge eine allgemeine Schutzverletzung }
var i:^LongInt;
begin
i := pointer($ffff0000);
{ lege i auf eine geschützte Adresse }
i^ := 17; { müßte schiefgehen }
end;
```

Das so in Delphi vordefinierte Exception-Handling fängt damit praktisch alle Laufzeitfehler ab. Mit Delphi entwickelte Programme sind deshalb weitgehend absturzsicher, auch ohne daß man explizit ein Exception-Handling einbaut. Sie unterscheiden sich dadurch von Programmen, die mit den meisten C++-Compilern entwickelt wurden. In solchen Programmen führen alle Fehler, die nicht ex-

plizit in einem Exception-Handling berücksichtigt werden, zu einem Programmabbruch.

Beide Ansätze haben ihre Vor- und Nachteile: Ein Programm ohne vordefiniertes
Exception-Handling kann durch einen unbedeutenden Fehler auf einem Neben-
schauplatz abstürzen und wichtige Daten mit in die Tiefe reißen. Bei einem Programm mit einem vordefinierten Exception-Handling bleibt dagegen eventuell
unklar, welche der Anweisungen nach einer Exception nicht ausgeführt wurden,
wodurch gravierende Folgen eines Fehlers verdeckt werden.

Es ist deshalb immer empfehlenswert, alle inhaltlich abgeschlossenen Teilaufga-
ben eines Programms in eine *try-except*-Anweisung einzubetten. Dadurch wird
der Schaden nach einem Fehler begrenzt, und der Anwender kann beurteilen,
welche Aufgaben ein Programm ausgeführt hat und welche nicht.

4.8.5 Die Anweisung *raise* und selbstdefinierte Exceptions

Mit der Anweisung *raise* kann man eine Exception auslösen:

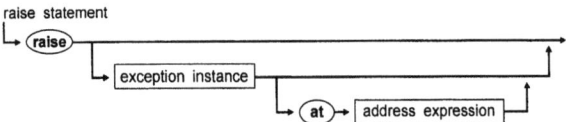

Hier ist *exception instance* die Instanz eines Exception-Objekts. Diese Instanz
muß zuvor nicht in einem Variablenvereinbarungsteil deklariert werden: Der
Aufruf eines Konstruktors reicht aus. Zu diesem Zweck stellt die generische
Basisklasse *Exception* zahlreiche Konstruktoren zur Verfügung, die verschiedene
Angaben im Meldungsfenster ermöglichen:

    constructor **Create**(const Msg: string);
    { das Meldungsfenster enthält den String Msg }

    constructor **CreateFmt**(const Msg: string; const Args: array of const);
    { für einen String mit weiteren Argumenten }

    constructor **CreateHelp**(const Msg: string; AHelpContext: Integer);
    { für einen String mit weiteren Argumenten }

Für eine ausführliche Liste und Beschreibung der Konstruktoren wird auf die
Delphi-Hilfe verwiesen.

Nach der Ausführung einer *raise*-Anweisung verzweigt der Programmablauf in
den *except*-Abschnitt der *try-except*-Anweisung, deren Ausführung in der Aufrufhierarchie als letzte begonnen und noch nicht beendet wurde.

Beispiel: Wenn man von einem Programm aus mit externen Geräten (z. B. Modem, Drucker, Netzwerkknoten usw.) in Verbindung tritt, kann es vorkommen, daß diese Geräte nicht verfügbar sind, weil sie abgeschaltet oder defekt sind.

In diesem Fall sollte man bei einem Verbindungsaufbau nicht endlos warten, bis die Verbindung zustandekommt, sondern diesen Versuch nach einer gewissen Zeit abbrechen. Da es nach einem fehlgeschlagenen Verbindungsaufbau meist wenig Sinn macht, die folgenden Anweisungen auszuführen, bietet es sich an, in diesem Fall eine Exception auszulösen.

In der folgenden Prozedur wird der zu lange dauernde Programmteil durch eine Schleife simuliert. Als Instanz für das Exception-Objekt wird die generische Exception-Klasse *Exception* verwendet:

```
procedure DasDauert;
var i:LongInt;
    x,Start,now:Extended;
begin
Start:=Time;{Time = aktuelle Zeit,
                     Nachkommastellen = ein Tag }
x := 0;
for i := 1 to 100000 do
  begin
    x := x + i;
    if Time-Start > 1/(24.0*60*60) then { nach
                                   einer Sekunde }
      raise Exception.Create('Timeout: i='
                                +IntToStr(i));
  end;
end;
```

Hätte man in diesem Beispiel eine selbstdefinierte Exception verwendet, könnte man einen TimeOut in einem Exception-Handler gezielt erkennen und behandeln.

Da in Object Pascal Exceptions durch Klassen dargestellt werden, ist eine selbstdefinierte Exception ein Nachfolger der vordefinierten Klasse *Exception*. Von ihr erbt die neue Exception dann die Konstruktoren, mit denen eine Exception ausgelöst werden kann.

Im einfachsten Fall ist eine Exception ein Nachfolger einer vordefinierten Exception-Klasse und enthält keine weiteren Datenfelder und Methoden.

Beispiel: **type ETimeOut = class(Exception);**

Diese Exception kann dann durch

```
raise ETimeOut.Create('Timeout');
```

ausgelöst und in einem Exception-Handler speziell behandelt werden:

```
try ...
except
   on E:ETimeout do
      ShowMessage('Timeout');
end;
```

Ein Vorgänger (im Rahmen der Vererbung von Klassen) behandelt in einem Exception-Handler alle Exceptions der Nachfolgerklassen. Damit können Exceptions zu Gruppen zusammengefaßt werden.

Beispiel: In der Unit sysutils.pas ist die Hierarchie der Exceptions für Ganzzahloperationen folgendermaßen definiert:

```
EIntError    = class(Exception);
EDivByZero   = class(EIntError);
ERangeError  = class(EIntError);
EIntOverflow = class(EIntError);
```

Auch im *except*-Abschnitt einer *try-except*-Anweisung kann man wieder eine Exception auslösen. Gibt man dabei keine Exception-Instanz an, wird die aktuelle Exception an den nächsthöheren Exception-Handler weitergegeben. Wird dagegen eine Exception-Instanz angegeben, wird sie an den nächsthöheren Exception-Handler weitergereicht, und die aktuell auslösende Exception wird überschrieben.

Beispiele: 1.
```
     try ...
     except
        on E:ETimeOut do
           begin
             ShowMessage('Timeout');
             raise; { gibt ETimeout weiter }
           end;
     end;
```

2.
```
     try ...
     except
        on E:ETimeOut do
           raise EDivByZero.Create('Ausgetrickst!');
              { gibt EDivByZero weiter }
     end;
```

wird vom nächsthöheren Exception-Handler in

```
   on E:EDivByZero ...
```

erkannt.

Will man eine Exception auslösen, die keine Meldung erzeugt, ist das durch
einen Aufruf der Prozedur *Abort* möglich. Abgesehen von der nicht erzeugten
Meldung verhält sich eine solche „stille Exception" (silent exception) wie jede
andere:

```
procedure rechne;
begin
if Gewinn < 0 then
  begin
    Gewinn := 100;
    Abort;
  end;
{ ... }
end;
```

Mit *EAbort* kann man diese in einem *exception block* erkennen und speziell
behandeln:

```
procedure Abrechnung;
begin
try
  rechne;
except
  on E:EAbort do
    { keiner hat's gemerkt };
end;
end;
```

4.8.6 Ressourcen-Schutzblöcke mit *try-finally*

Wenn man wie in der folgenden Prozedur zunächst eine Ressource (in diesem
Fall 1 KB RAM) reserviert und sie anschließend nicht wieder freigibt, weil vor
der Freigabe eine Exception auftritt, steht diese nicht für andere Anwendungen
zur Verfügung, obwohl sie nicht mehr verwendet wird.

```
procedure unprotected;
var P:Pointer;
    i:Integer;
begin
i := 0;
GetMem(P,1024);    { reserviere 1 KB RAM }
i := 1 div i;      { löse eine Exception aus }
FreeMem(P,1024);   { wird nie erreicht }
end;
```

Solche Situationen können mit einer *try-finally*-**Anweisung** verhindert werden:

try statement
└─ (try) → | statement list | → (finally) → | statement list | → (end) →

Hier werden die Anweisungen zwischen *finally* und *end* immer ausgeführt, auch wenn bei den Anweisungen zwischen *try* und *finally* eine Exception auftritt. Damit wird in der folgenden Prozedur der durch *GetMem* reservierte Speicher auch nach einer Exception im *try-finally*-Abschnitt wieder freigegeben.

```
procedure protected;
var P:Pointer;
    i:Integer;
begin
i := 0;
GetMem(P,1024);       { reserviere 1 K RAM }
try
  i := 1 div i;       { löse eine Exception aus }
finally
  FreeMem(P,1024); { wird immer wieder freigegeben }
end;
end;
```

Die Anweisungen im *finally*-Abschnitt werden sogar ausgeführt, wenn der *try*-Abschnitt mit einer der Anweisungen *Exit*, *Break* oder *Continue* verlassen wird:

```
GetMem(P,1024);       { reserviere 1 K RAM }
try
  exit;               { verlasse die try-Anweisung }
finally
  FreeMem(P,1024); { wird trotzdem ausgeführt }
end;
```

Solche Konstruktionen werden zwar nicht unbedingt empfohlen, aber sie funktionieren.

Im *finally*-Abschnitt findet keinerlei Behandlung der Exception statt. Es kann deshalb sinnvoll sein, eine *try-finally*-Anweisung in einen *try-except*-Abschnitt einzubetten:

```
try try
    { die eigentlichen Anweisungen }
    finally
    { unbedingt notwendige Aufräumarbeiten }
    end;
except on E:Exception do
  ShowMessage(E.message);
end; { of try }
```

Auch die umgekehrte Verschachtelung ist möglich:

```
try try
      { die eigentlichen Anweisungen }
    except on E:Exception do
      ShowMessage(E.message);
    end;
finally
  { unbedingt notwendige Aufräumarbeiten }
end; { of try }
```

Hier wird der *finally*-Abschnitt ausgeführt, obwohl die Exception bereits im *exception block* behandelt wurde.

Die Freigabe von zuvor reservierten Ressourcen ist vor allem in Zusammenhang mit der Dateibearbeitung, der dynamischen Speicherverwaltung, Ressourcen des Windows-Betriebssystems und Objekten notwendig.

Beispiel: Bei der Arbeit mit Dateien ist oft die folgende Programmstruktur sinnvoll:

```
{$I+}
try
  AssignFile(f,'c:\Daten.dat');
  reset(f);
  try
    while not eof(f) do
      begin
        read(f,k);
        { k bearbeiten  }
      end;
  finally
    CloseFile(f);
  end;
except on e:EInOutError do
  ShowMessage(E.Message);
end;
```

Hier wird durch *try-finally* sichergestellt, daß die Datei *Daten.dat* auch nach einem I/O-Fehler wieder freigegeben wird und anschließend in anderen Programmteilen verwendet werden kann, ohne daß das Programm beendet werden muß.

Weitere Informationen zum Exception-Handling in Zusammenhang mit Dateien finden sich in Abschnitt 7.3.2.

Sowohl ein *except-* als auch ein *finally*-Abschnitt werden vorzeitig verlassen, wenn darin eine Exception auftritt. Man sollte deshalb darauf achten, daß in diesen Abschnitten keine Exceptions auftreten.

Aufgabe 4.8

1. Welchen Wert hat s nach der Ausführung der folgenden Anweisungen:

```
procedure verschachtelt;
var i,j:Integer;
    s:Extended;
begin
s := 0;
try { äußerster Block }
  for i := -2 to 2 do
```

```
        try { äußere Schleife }
          for j := -2 to 2 do
            try { innere Schleife }
              s := s + 1/j + 10 div i;
            except
              on EZeroDivide do
                ShowMessage('j wars');
            end;
        except
          on EDivByZero do
            ShowMessage('i wars');
        end;
    except
      ShowMessage('wer war das ?');
    end; { of try äußerster Block }
    end;
```

2. Beschreiben Sie den Programmablauf beim Aufruf der beiden Prozeduren:

```
    procedure nested1;
    var i,j:Integer;
        k:Extended;
    begin
    i:=0;
    try try
        Memo1.Lines.Add('A ');
        j := 1 div i;
        finally
          Memo1.Lines.Add('B');
          k := 1/i;
          Memo1.Lines.Add('C');
        end;
    except
      Memo1.Lines.Add('E');
    end; { of try }
    end;


    procedure nested2;
    var i,j:Integer;
        k:Extended;
    begin
    i := 0;
    try try
        Memo1.Lines.Add('A');
        j := 1 div i;
        except
          Memo1.Lines.Add('E');
        end;
    finally
      Memo1.Lines.Add('B');
      k := 1/i;
      Memo1.Lines.Add('C');
    end; { of try }
    end;
```

4.9 Die Systematik der Anweisungen

Wie das Syntaxdiagramm

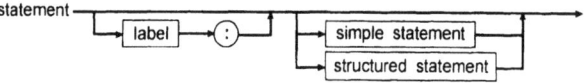

zeigt, ist eine Anweisung entweder eine einfache Anweisung

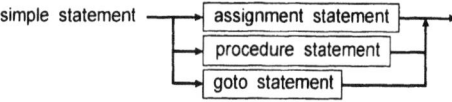

oder eine strukturierte Anweisung

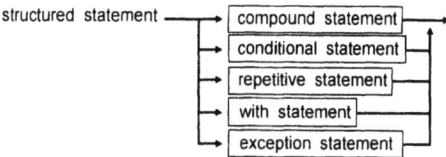

Von diesen Anweisungen wurden in diesem Kapitel alle bis auf die *with*-Anweisung vorgestellt. Da sich die *with*-Anweisung mit den bisher vorgestellten Datentypen nicht sinnvoll anwenden läßt, wird sie im übernächsten Kapitel behandelt.

5 Prozeduren, Funktionen und die Blockstruktur von Pascal

Mit Prozeduren und Funktionen können Anweisungen unter einem eigenen Namen zusammengefaßt und unter diesem Namen wieder aufgerufen werden.

Dieses einfache Konzept bietet entscheidende Vorteile:

– **Mehrfach auszuführende Anweisungsfolgen** können über einen Namen aufgerufen werden, ohne daß man diese Anweisungsfolgen jedesmal ins Programm schreiben muß. Dadurch spart man Schreibarbeit und erhält kürzere Programme. Der wichtigste Vorteil in diesem Zusammenhang ist aber oft der, daß eine Änderung einer solchen mehrfach auszuführenden Anweisungsfolge nur einmal durchgeführt werden muß.

– Eine Programmiersprache kann um selbstdefinierte, **problemangemessene Sprachelemente** erweitert werden.

– Die Lösung eines Teilproblems kann unter einem eigenen Namen als eigenständiger Beitrag zur Lösung des Gesamtproblems zum Ausdruck gebracht werden. Damit kann man die **Problemstruktur** in einem Programm **explizit darstellen**.

– Bei der Suche nach der Lösung eines komplexeren Problems kann man systematisch die Strategie der **schrittweisen Verfeinerung** anwenden. Dabei versucht man die Lösung eines Gesamtproblems dadurch zu finden, daß man es in einfachere Teilprobleme zerlegt, die dann isoliert gelöst werden. Diese Vorgehensweise ist die wohl wichtigste allgemeine Lösungsstrategie.

Die Vorteile der Zusammenfassung von Anweisungen unter einem Namen werden durch zwei weitere Techniken verstärkt: Mit **Parametern** kann eine Anweisungsfolge mit verschiedenen Werten durchgeführt werden. **Lokalität** ermöglicht die Trennung von Deklarationen (Variablen, Datentypen usw.), die nur für die Lösung eines einzigen Teilproblems von Bedeutung sind, von allen anderen Programmteilen.

5.1 Die Vereinbarung und der Aufruf von Prozeduren

Die Vereinbarung einer Prozedur erfolgt im sogenannten **Prozedur- und Funktionsvereinbarungsteil:**

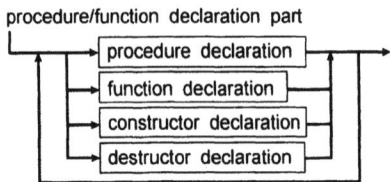

Sie beginnt mit dem Prozedurkopf, in dem auf das reservierte Wort *procedure* der Prozedurname (*identifier*), eventuell eine formale Parameterliste (*formal parameter list*) und ein Semikolon folgen:

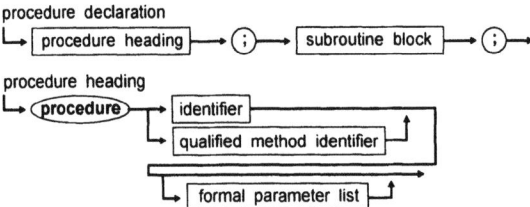

Auf den Prozedurkopf folgt ein *subroutine block*:

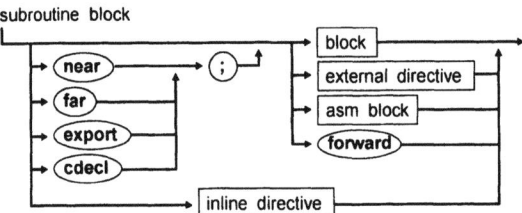

Dieser ist im einfachsten Fall (und für uns bis auf den letzten Abschnitt dieses Kapitels immer) ein Block:

Der Anweisungsteil dieses Blocks ist einfach nur eine Verbundanweisung, die mehrere Anweisungen zusammenfassen kann:

statement part ───────▶│ compound statement │───────▶

Diese Anweisungen sind der **Anweisungsteil der Prozedurvereinbarung**. Beim
Aufruf der Prozedur werden diese Anweisungen ausgeführt.

Der Prozedur- und Funktionsvereinbarungsteil ist ein weiterer Teil des Vereinbarungsteils:

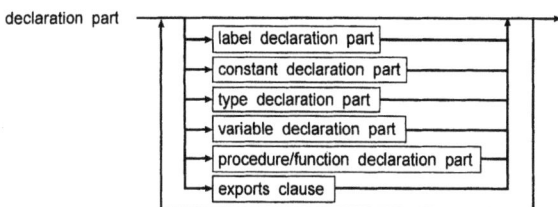

Ein Vereinbarungsteil kann im Implementationsteil einer Unit oder in einem
Block (siehe Abschnitt 5.3) aufgeführt werden.

Beispiel: **unit unit1;**

```
interface
...
implementation

{$R *.DFM}
var c,a,b:string;

procedure vertausche;
begin
c := a;
a := b;
b := c;
end;

...
```

Auch ein von Delphi erzeugter Rahmen für eine Ereignisbehandlungsroutine
(z. B. nach einem Doppelklick auf ein Ereignis im Objektinspektor)

```
procedure TForm1.Button1Click(Sender: TObject);
begin

end;
```

ist eine Prozedurvereinbarung. Dabei folgt auf *procedure* nicht wie im letzten
Beispiel ein *identifier*, sondern ein qualifizierter Methodenbezeichner (*qualified
method identifier*):

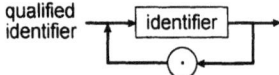

Der **Aufruf einer** ohne Parameterliste vereinbarten **Prozedur** erfolgt einfach
dadurch, daß man den Prozedurnamen nach der Prozedurvereinbarung in das
Programm schreibt. Das ist gerade die in Abschnitt 4.6 beschriebene Prozeduranweisung:

```
procedure TForm1.Button1Click(Sender: TObject);
begin
vertausche; { Aufruf der Prozedur "vertausche" }
end;
```

Bei der **Ausführung eines Prozeduraufrufs** werden die Anweisungen aus dem
Anweisungsteil der Prozedurvereinbarung ausgeführt und danach die auf den
Prozeduraufruf folgende Anweisung. Ein Prozeduraufruf wirkt sich also so aus,
als ob die unter dem aufgerufenen Namen vereinbarten Anweisungen an der aufrufenden Stelle in das Programm kopiert wären (**copy rule**).

Beispiel: Nach den Prozedurvereinbarungen

```
procedure P1;
begin
Form1.Memo1.Lines.Add('In P1 angekommen');
Form1.Memo1.Lines.Add('Jetzt wird P1 verlassen');
end;

procedure P2;
begin
Form1.Memo1.Lines.Add('In P2 angekommen');
P1;
P1;
Form1.Memo1.Lines.Add('Jetzt wird P2 verlassen');
end;

procedure P3;
begin
Form1.Memo1.Lines.Add('In P3 angekommen');
P1;
P2;
Form1.Memo1.Lines.Add('Jetzt wird P3 verlassen');
end;
```

werden nach einem Aufruf von P3 in

```
procedure TForm1.Button1Click(Sender: TObject);
begin
P3;
end;
```

die Anweisungen folgendermaßen abgearbeitet:

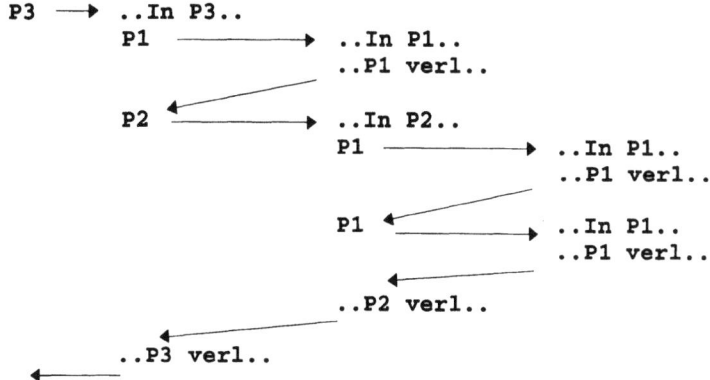

Die Struktur der Aufrufe kann auch durch ein **Strukturdiagramm** dargestellt werden:

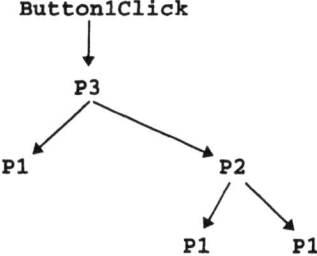

Ein solches Strukturdiagramm wird ausgehend vom obersten Knoten durchlaufen. Wenn von einem Knoten Zweige ausgehen, werden diese von links nach rechts abgearbeitet. Jeder Zweig wird bis zu seinem Endpunkt durchlaufen. Nach dem Erreichen eines Endpunkts geht die Kontrolle an den aufrufenden Knoten zurück.

In Zusammenhang mit Prozeduren und Funktionen zeigt sich auch der Unterschied zwischen den beiden Anweisungen *Start|Gesamte Routine (F8)* und *Start|Einzelschritt (F7)* im **Debugger**: Mit *F8* wird ein Prozedur- oder Funktionsaufruf als eine einzige Anweisung ausgeführt, ohne daß der Debugger vor jeder Anweisung der aufgerufenen Routine anhält. Mit *F7* verzweigt der Debugger dagegen in die aufgerufene Routine und hält vor jeder Anweisung des Unterprogramms an.

Wie das letzte Beispiel zeigt, müssen Delphi-Komponenten von selbstdefinierten Prozeduren aus mit ihrem vollen Namen (einschließlich dem Namen des Formulars) angesprochen werden.

```
Memo1.Lines.Add('In P1 angekommen');
```

reicht nicht, der Name des Formulars ist notwendig:

```
Form1.Memo1.Lines.Add('In P1 angekommen');
```

Anmerkung für C-Programmierer: In C gibt es genaugenommen nur Funktionen und keine Prozeduren. Vereinbart man als Rückgabewert einer Funktion den Datentyp *void*, entspricht eine solche Funktion aber einer Prozedur.

Aufgabe 5.1

Schreiben Sie das Beispielprogramm (oder ein ähnliches Programm mit Prozeduren) und führen Sie es schrittweise im Debugger aus. Veranschaulichen Sie sich die Unterschiede von *F7* und *F8*.

5.2 Die Verwaltung von Prozeduraufrufen über den Stack

Die Verwaltung der Prozeduraufrufe und ihrer Rücksprungadressen erfolgt über einen sogenannten **Stack**. Das ist eine Datenstruktur, die man mit einem Stapel von zerbrechlichen Tellern vergleichen kann: Auf diesen Stapel kann man immer entweder nur einen neuen Teller obendrauf legen oder den obersten Teller wegnehmen. Andere Operationen (wie einen Teller unterhalb des obersten wegnehmen) sind verboten, da die darüberliegenden herunterfallen und zerbrechen könnten. Diese beiden zulässigen Operationen werden dabei üblicherweise als **push** (für „obendrauf legen") und **pop** (für „den obersten wegnehmen") bezeichnet.

In Aufgabe 3.17.4 wurde ein Stack mit einem Array realisiert.

Die Ausführungen in diesem Abschnitt sind etwas technisch und für das prinzipielle Verständnis von Prozeduren nicht von Bedeutung. Dafür reicht die *copy rule* meist aus. Sie zeigen aber, wie rekursive Prozeduren funktionieren und wieso man bei der Übergabe von Parametern und bei lokalen Variablen nicht ganz sorglos vorgehen sollte, damit es nicht zu einem Stack-Überlauf (stack overflow) kommt.

Der im letzten Abschnitt beschriebene Ablauf von Prozeduraufrufen entsteht aus einem engen Zusammenspiel zwischen dem Prozessor und dem Compiler über einen Stack:

– Jedes laufende Programm besitzt einen Stack, auf dem der **Prozessor** immer die Adresse der auf den aktuellen Prozeduraufruf folgenden Anweisung findet. Sobald er die letzte Anweisung in einer Prozedur ausgeführt hat, holt er diese Adresse vom Stack und führt als nächstes diese Anweisung aus.

– Bei der Übersetzung einer **Prozedurvereinbarung** merkt sich der **Compiler** zunächst die Adresse der ersten Anweisung, die zum Anweisungsteil einer Prozedur gehört. Danach übersetzt er alle Anweisungen dieser Prozedur bis zum Ende der Prozedurvereinbarung. Das entsprechende *end* erkennt der Compiler einfach dadurch, daß er die *begins* und *ends* seit dem Beginn der Prozedurvereinbarung mitzählt: Sobald er soviele *ends* wie *begins* gesehen hat, erzeugt er eine Anweisung, durch die der Prozessor die aktuelle Adresse vom Stack holt.

– Wenn der **Compiler** einen **Prozeduraufruf** übersetzt, erzeugt er eine Anweisung, durch die der Prozessor die Adresse der nächsten auszuführenden Anweisung (nach dem Prozeduraufruf) auf den Stack legt. Anschließend erzeugt er einen Sprung auf die erste Anweisung der aufgerufenen Prozedur.

Beispiel: Numeriert man die Anweisungen aus dem Beispiel des letzten Abschnitts (ohne die Memo-Anweisungen) der Reihe nach mit @1, @2 usw. durch, erhält man in der rechten Spalte die entsprechenden *pushs*, *pops* und *gotos*

```
procedure P1;
begin
@1:...add('In P1 angekommen');
@2:end; { Rücksprung }                pop

procedure P2;
begin
@3:P1;                                push @4 (=P1)
                                      goto @1
@4:P1;                                push @5
                                      goto @1
@5:end;                               pop

procedure P3;
begin
@6:P1;                                push @7 (=P2)
                                      goto @1
@7:P2;                                push @8
                                      goto @3
@8:end;                               pop

procedure TForm1.Button1Click(Sender: TObject);
begin
@9:P3;                                push @10
                                      goto @6
@10:end;                              pop
```

Führt man diese Anweisungen schrittweise aus, stellt man fest, daß der Ablauf genau dem Beispiel des letzten Abschnitts entspricht. Dieser Ablauf wird durch die folgende Skizze dargestellt. In der rechten Spalte wird dabei der aktuelle Inhalt des Stacks dargestellt (oberster Eintrag rechts):

```
                                                       aktueller Stack
---------------------------------------------------------
@9:P3;                        push @10    @10
                              goto @6

@6:P1;                        push @7     @10   @7
                              goto @1
@1:...add('In P1 ...');
@2:end; { Rücksprung } pop                @10

@7:P2;                        push @8     @10   @8
                              goto @3

@3:P1;                        push @4     @10   @8   @4
                              goto @1

@1:...add('In P1 ...');
@2:end; { Rücksprung } pop                @10   @8

@4:P1;                        push @5     @10   @8   @5
                              goto @1
@1:...add('In P1 ...');
@2:end; { Rücksprung } pop                @10   @8

@5:end;                       pop         @10

@8:end;                       pop

@10:end;                      pop
{ zurück zum Aufrufer von P3 }
```

Insbesondere zeigt diese Skizze, wie der Stack während des Programmablaufs „pulsiert".

Den aktuellen Stack kann man sich im **Debugger** mit *Ansicht\Aufruf-Stack* anzeigen lassen:

Hier steht die zuletzt aufgerufene Routine (also die, in der man sich gerade befindet) ganz oben und darunter stehen die Routinen, deren Adressen sich noch auf dem Stack befinden. So kann man feststellen, über welche Reihenfolge von verschachtelten Aufrufen man in die aktuelle Routine gekommen ist.

5.3 Blockstruktur und Lokalität

Wie das Syntaxdiagramm für eine Prozedurvereinbarung

procedure declaration
┗→ | procedure heading | ─→ (;) ─→ | subroutine block | ─→ (;) ─→

zeigt, folgt auf einen Prozedurkopf ein Block, d. h. ein Vereinbarungsteil und ein
Anweisungsteil:

block ─────→ | declaration part | ─────→ | statement part | ─────→

Damit können im Vereinbarungsteil einer Prozedur Variablen, Labels, Prozeduren, Funktionen usw. vereinbart werden, die nur innerhalb dieser Prozedur von Bedeutung sind. Solche Variablen usw. werden als **lokale Variablen** usw. der Prozedur bezeichnet, in der sie vereinbart werden. Dagegen wird eine Variable, die außerhalb einer Prozedur vereinbart ist, als **globale Variable** bezüglich dieser Prozedur bezeichnet.

Beispiel: **var s:string;**

```
procedure A;
var x:Integer;
begin
x := 1;
s := IntToStr(x);  { Die Variable x in der Prozedur }
end;               { A hat den Datentyp Integer     }
                   { und ist eine andere Variable    }
procedure B;       { als die Variable desselben       }
var x:Char;        { Namens in der Prozedur B, die    }
begin              { den Datentyp Char hat.           }
x := 'c';
s := s+x;
end;

procedure TForm1.Button1Click(Sender: TObject);
begin
A;
B;
Edit1.Text := s;
end;
```

Durch dieses Programm wird

  1c

in das Edit-Fenster geschrieben.

Vereinbart man innerhalb einer Prozedur weitere lokale Prozeduren, können diese weitere lokale Prozeduren und Funktionen enthalten, die wiederum weitere lokale Vereinbarungen enthalten können. Eine solche Verschachtelung von Blöcken kann im Prinzip unbegrenzt fortgesetzt werden.

Dabei kann ein **Name**, der in einem äußeren Block bereits für eine Variable, Prozedur usw. vergeben wurde, **in einem tiefer verschachtelten Block erneut vergeben werden**. In diesem Fall bezeichnet der Name in dem tiefer verschachtelten Block das hier vereinbarte Objekt, und das Objekt des äußeren Blocks ist im tiefer verschachtelten Block nicht mehr bekannt. Der **Gültigkeitsbereich** (engl. **scope**) eines Objekts (das ist der Bereich, in dem dieses Objekt bekannt ist) besteht also ab seiner Deklaration aus dem Block, in dem es vereinbart wird, sowie aus allen tiefer verschachtelten Blöcken, in denen nicht ein neues Objekt mit demselben Namen vereinbart wird.

Beispiel: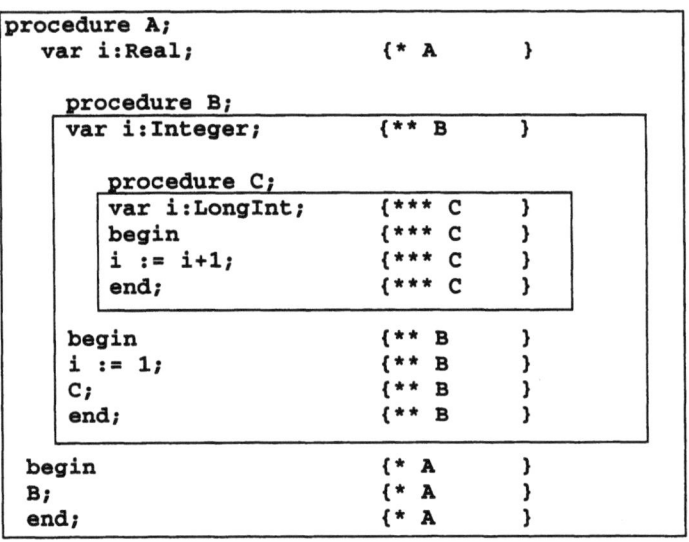

```
procedure A;
    var i:Real;              {* A        }

    procedure B;
    var i:Integer;           {** B       }

        procedure C;
        var i:LongInt;       {*** C      }
        begin                {*** C      }
        i := i+1;            {*** C      }
        end;                 {*** C      }

    begin                    {** B       }
    i := 1;                  {** B       }
    C;                       {** B       }
    end;                     {** B       }

begin                        {* A        }
B;                           {* A        }
end;                         {* A        }
```

Obwohl in jedem dieser Blöcke eine Variable mit dem Namen i vereinbart ist, stellt dieser Name jedesmal eine andere Variable dar.

Insbesondere wird der Wert der im Block A vereinbarten Variablen i nicht durch Veränderungen der Werte der in den Blöcken B und C vereinbarten Variablen i beeinflußt. So ist der Wert von i in der Prozedur C undefiniert.

Ein Quellprogramm kann man sich als lokale Prozedur des Entwicklungssystems vorstellen. Alle vordefinierten Bezeichner (z. B. die Datentypen Integer, LongInt usw., alle vordefinierten Prozeduren und Funktionen, nicht jedoch die reservierten Wörter) sind globale Bezeichner dieses Systems und können im „lokalen" Programm redefiniert werden. Allerdings ist das meist nicht empfehlenswert, wie das nächste Beispiel zeigt.

Beispiel: Mit den folgenden Deklarationen erhält man die in den Kommentaren angegebenen Fehlermeldungen:

```
procedure Integer;     { redefiniert den Datentyp }
begin                  { Integer }
end;

procedure TForm1.redefineClick(Sender: TObject);
var i:Integer;   { <-- Compiler-Fehlermeldung:
                          Typbezeichner erwartet }
    LongInt:Extended;  { redefiniert den
                          Datentyp LongInt }
    l:LongInt;   { <-- Compiler-Fehlermeldung:
                          Typbezeichner erwartet }
begin
end;
```

Alle lokalen Variablen werden beim Aufruf der Prozedur, zu der sie gehören, auf dem Stack angelegt. Das ist derselbe Speicherbereich, in dem auch die Rücksprungadressen vor einem Prozeduraufruf gespeichert werden. Dadurch unterscheiden sich lokale Variablen grundlegend von globalen: Diese werden beim Start des Programms in einem anderen Datenbereich angelegt, dem sogenannten Datensegment. Näheres zu den Grenzen dieser Speicherbereiche im nächsten Abschnitt.

Damit ist die **Existenz („Lebenszeit")** einer lokalen Variablen auf die Ausführungszeit der Prozedur oder Funktion beschränkt, in der sie vereinbart wurde. Mit dem Ende eines Prozeduraufrufs werden diese Speicherplätze wieder freigegeben. Sind in zwei verschiedenen Prozeduren zwei lokale Variablen desselben Namens vereinbart, dann sind das zwei verschiedene Variablen.

Die lokale Vereinbarung von Objekten kann die Programmierung beträchtlich erleichtern:

1. Man braucht bei der Vergabe von **Namen** nicht darauf zu achten, welche Namen bereits in anderen Funktionen und Prozeduren vergeben wurden.

2. Der **Gültigkeitsbereich** ist kleiner: Je kleiner aber der Gültigkeitsbereich einer Vereinbarung ist, desto einfacher kann man bei der Lektüre eines Programms überschauen, wo diese Variable das Programm beeinflußt. Dadurch wird auch die Fehlersuche erleichtert.

3. Der Zeitraum, in dem eine lokale im Vergleich zu einer globalen Variablen **Speicherplätze** benötigt, ist kürzer. Die in dieser Zeit nicht benötigten Speicherplätze können anderweitig verwendet werden.

4. Die **verteilte Programmierung** wird einfacher: Ein größeres Programm kann oft nur dadurch in einer bestimmten Zeit fertiggestellt werden, daß die Pro-

grammentwicklung auf mehrere Teams verteilt wird. Wenn keine Möglichkeiten zur lokalen Vereinbarung von Namen bestehen, müssen sich die Teams absprechen, welche Variablennamen bereits vergeben sind und wer welche verwenden darf. Mit lokalen Namen müssen sich die Teams lediglich über die globalen Namen einigen, die sie gemeinsam bearbeiten.

Es empfiehlt sich deshalb, alle Deklarationen **so lokal wie möglich** durchzuführen.

Wenn in den vorangehenden Beispielen und Lösungen der Aufgaben ausschließlich globale Variablen verwendet wurden, lag das nur daran, daß dieses Konzept bisher noch nicht vorgestellt wurde. Wenn globale anstelle von lokalen Parametern verwendet werden, ist das bei den einfachen Programmen, die bislang behandelt wurden, eigentlich nur ein **Schönheitsfehler**. Bei größeren Programmen sind solche Fehler aber leicht gravierende **Entwurfsfehler**, da die Programme so wesentlich schneller unübersichtlich werden als mit lokalen Variablen.

Die bisherigen Bemerkungen über die Lebensdauer von lokalen Variablen gelten allerdings nur für Variablen, die in einem Variablenvereinbarungsteil vereinbart wurden, und nicht für typisierte Konstanten. Die Lebensdauer einer lokalen initialisierten Variablen erstreckt sich über die gesamte Laufzeit eines Programms.

Lokale typisierte Konstanten werden außerdem nur ein einziges Mal initialisiert, nämlich beim Programmstart. Durch die folgenden Anweisungen werden deshalb bei sukzessiven Aufrufen nacheinander die Werte 1, 2, 3 usw. ausgegeben:

```pascal
procedure TForm1.Button2Click(Sender: TObject);
const i:Integer=0;
begin
inc(i); { Ab dem zweiten Aufruf ist i nicht mehr 0 !!! }
Memo1.Lines.Add(IntToStr(i));
end;
```

Anmerkung für C/C++-Programmierer: In C und C++ können in einer Funktion keine lokalen Funktionen definiert werden. Es wird allerdings derzeit diskutiert, den C-Standard entsprechend zu erweitern. Den lokalen initialisierten Konstanten von Pascal entsprechen die lokalen statischen Variablen von C, die ebenfalls nur einmal beim Programmstart initialisiert werden.

Aufgabe 5.3

1. Welche der globalen Variablen können in den folgenden Programmen lokal gemacht werden:

```pascal
var c,a,b:string;
```

```
procedure vertausche;
begin
c := a;
a := b;
b := c;
end;

procedure TForm1.Button1Click(Sender: TObject);
begin
a := 17;
b := 18;
vertausche;
end;
```

2. a) Geben Sie für jeden Block in dem folgenden Programm an, welche Prozeduren im Anweisungsteil dieses Blocks bekannt sind und welchen Datentyp die in diesem Block definierten Variablen haben.

   b) Welcher Text wird durch dieses Programm ausgegeben?

```
procedure TForm1.verschachteltClick(Sender: TObject);
var i,j,k:Integer;
    s:string;

  procedure A;
  var j:Char;

    procedure B;
    var i,j:Real;

        procedure C;
        var i,j,k:string[20];
        begin
        i := 'ckt'; j := 'ra';k := 'vert';
        s := s+k+j+i+' ';
        end;

    begin { B }
    C; i := 1; j := 2;
    s := s + FloatToStr(i)+' + '+FloatToStr(j)+
                                ' = '+FloatToStr(k);
    end; { B }

    procedure I;
    var t,j,k:string[20];

        procedure D;
        var t,j,k:Char;
        begin
        t := 'a'; j := 'D'; k := 's';
        s := s + j + t + k;
        end;

        procedure E;
        var t,j,k:Char;
```

```
    begin
    t := 's'; j := 'i'; k := 't';
    s := s+' '+j+t+k+ ' ';
    end;

  begin { I }
  D;
  E;
  t := 'nz sch'; j := 'ja ga'; k := 'ön ';
  s := s+j+t+k;
  end; { I }

 begin { A }
 I;
 B;
 end; { A }

begin
s := '';
i := 0; j := i; k := 7;
A;
Memo1.Lines.Add(FloatToStr(i)+' + '+FloatToStr(j)+' ='
                                    +FloatToStr(k));

Memo1.Lines.Add(s);
end;
```

5.4 Speichergrenzen für lokale und globale Variablen

Unter Windows 3.x stehen für das Datensegment eines Programms insgesamt
64 KB zur Verfügung. Dieses Datensegment enthält sowohl alle globalen
Variablen, den Stack, den sogenannten lokalen Heap (der von Windows benötigt
wird) sowie einen Task-Header mit 16 Bytes. Damit stehen in der 16-bit-Version
von Delphi 1 für das Datensegment und den Stack zusammen weniger als 64 KB
zur Verfügung.

Das ist weniger als die fast 64 KB, die unter Borland Pascal für DOS jeweils für
das Datensegment und den Stack zur Verfügung stehen (also insgesamt fast
128 KB).

Die Aufteilung des Datensegments kann unter **Delphi 1** im Hauptprogramm
(nicht in einer Unit) mit dem Compilerbefehl

    {$M StackSize, HeapSize}

eingestellt werden. Dabei muß für die Größe des Stacks ein Wert zwischen 1024
und 65520 und für die des lokalen Heaps (*HeapSize*) ein Wert von 1024 bis
65520 gewählt werden. Die Voreinstellung ist

    {$M 16384, 8192}

Für die globalen Variablen steht dann der Speicherbereich des Datensegments zur Verfügung, der nicht für den Stack und den lokalen Heap reserviert wurde. Bei der Voreinstellung sind das also ca. 48 KB.

Unter Win32 (der gemeinsamen Basis von Windows 95 und Windows NT) hat dagegen jedes Programm einen eigenen Speicherbereich von ca. 2 GB. Von diesem Speicherbereich kann unter **Delphi 2** die minimale und die maximale Größe des Stacks über den Compilerbefehl

{$M minstackgröße, maxstackgröße}

eingestellt werden. Die Voreinstellung ist {$M 16384, 1048576}, so daß es unter Delphi 2 keine derart engen Begrenzungen wie unter der 16-bit-Version gibt.

5.5 Prozeduren mit Parametern

Wie das Syntaxdiagramm für den Prozedurkopf in einer Prozedurvereinbarung

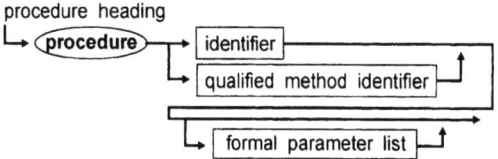

zeigt, kann man nach dem Namen der Prozedur eine **formale Parameterliste** angeben:

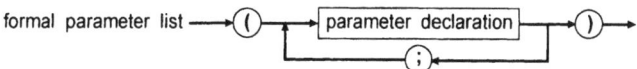

Jede formale Parameterliste besteht aus einer oder mehreren Parameterdeklarationen:

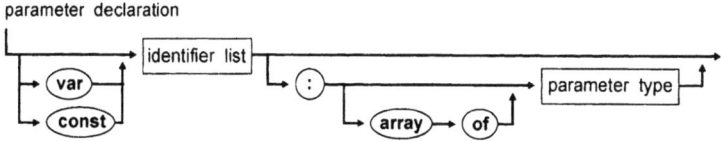

Dabei bezeichnet *identifier list* die Liste der Parameter, auf die der Datentyp für die Parameter folgt. Die Bedeutung der verschiedenen Pfade durch dieses Syntaxdiagramm wird in den folgenden Unterabschnitten beschrieben.

Der **Datentyp eines formalen Parameters** ist keinen Einschränkungen unterworfen. Er muß jedoch ein Bezeichner sein. Will man einen Parameter des Datentyps string[20] (wegen der eckigen Klammern kein Bezeichner) übergeben, muß zuvor im Typvereinbarungsteil ein Bezeichner für diesen Datentyp vereinbart werden:

```
type string20 = string[20];
```

Jeder formale Parameter ist eine lokale Variable in der Prozedur, zu deren Vereinbarung die formale Parameterliste gehört.

Beispiel: In der folgenden Prozedur können die Parameter *s*, *Start* und *Ende* so verwendet werden, als ob sie in einem lokalen Variablenvereinbarungsteil vereinbart worden wären:

```
procedure ZeitStr(s:string;Start,Ende:TDateTime);
begin
Form1.Memo1.Lines.Add(s+
        FloatToStr((Ende-Start)*24*60*60)+' Sek');
end;
```

Der Aufruf einer Prozedur ist eine Prozeduranweisung:

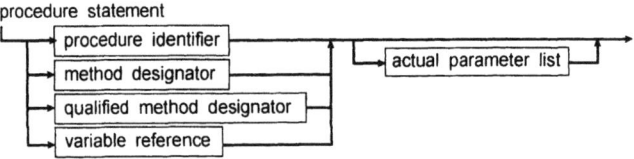

Dabei muß **für jeden formalen Parameter** aus der Prozedurvereinbarung **ein aktueller Parameter** in der aufgeführten Reihenfolge angegeben werden.

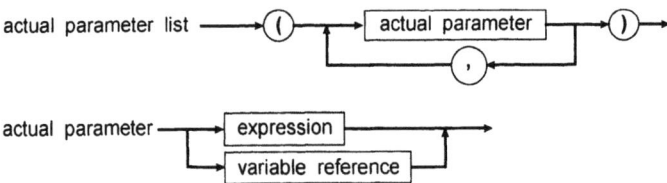

Die einem formalen Parameter entsprechende lokale Variable wird beim Aufruf der Prozedur mit dem aktuellen Parameter initialisiert. Diese Initialisierung ist der einzige Unterschied zwischen Parametern und lokalen Variablen.

Beispiel: Damit werden (wie Sie sicher auch nicht anders erwartet haben) beim Aufruf der Prozedur *ZeitStr* die als aktuelle Parameter übergebenen Werte ausgegeben.

Die Regel, daß für jeden formalen Parameter ein entsprechender aktueller
Parameter eingesetzt werden muß, legt fest, wie eine Prozedur aufgerufen werden
kann: Die **Parameterliste** stellt die **Schnittstelle** der Prozedur **zur Außenwelt**
dar. Aus diesem Grund wurde in allen bisherigen Beschreibungen von Funktionen und Prozeduren immer der Prozedurkopf mit der formalen Parameterliste
angegeben.

Kommen wir nun zu den bereits angekündigten Unterschieden zwischen den verschiedenen Arten von Parametern. Diese entsprechen den verschiedenen Pfaden
durch das Syntaxdiagramm:

parameter declaration

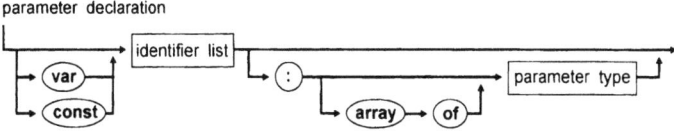

5.5.1 Werteparameter

Wird einer Liste von formalen Parametern weder das reservierte Wort *var* noch
const vorangestellt, sind alle Parameter dieser Liste **Werteparameter**. Jeder
Werteparameter wird auf dem Stack angelegt und ist eine lokale Variable, der
beim Aufruf der Funktion oder Prozedur der Wert (daher der Name) des aktuellen Parameters zugewiesen wird.

Bei einem Werte- oder Konstantenparameter muß der Datentyp des aktuellen Parameters wertzuweisungskompatibel zum Datentyp des formalen Parameters sein.

Bei der Ausführung eines Prozedur- oder Funktionsaufrufs werden insbesondere
die Werte der aktuellen Parameter nicht verändert (was allerdings nur für
aktuelle Parameter möglich wäre, die Variablen sind), da keine Wertzuweisung
an den aktuellen Parameter erfolgt.

Beispiel: Nach dem Aufruf der Prozedur

```
        procedure P(x:Integer);{  x ist ein      }
        begin                   {  Werteparameter }
        x := 2;
        end;

  in

        y := 3;
        P(y);
```

hat die Variable y (wie schon vor dem Aufruf von P) unverändert den Wert 3, da nur der in P lokalen Variablen x der Wert 2 zugewiesen wird, nicht jedoch der globalen Variablen y.

Als **aktuelle Parameter** können für einen Werteparameter beliebige Ausdrücke des jeweiligen Datentyps eingesetzt werden, die zum formalen Parameter **wertzuweisungskompatibel** sind, insbesondere also Konstanten, Variablen usw.

Da alle Werteparameter auf dem Stack angelegt werden, benötigen diese zusammen mit allen lokalen Variablen Speicherplatz auf dem Stack. Da der Stack unter Windows 3.x relativ begrenzt ist (siehe Abschnitt 5.4), kann das bei Delphi 1 schon mal eng werden, wenn ein großes Array übergeben wird.

Einen Prozeduraufruf mit Werteparametern kann man leicht in einem Ablaufprotokoll darstellen: Für jeden Werteparameter legt man eine lokale Variable an, die den Wert des entsprechenden aktuellen Parameters erhält.

Beispiel: Die Prozedur *vertausche* sei durch

```
procedure vertausche(x,y:Integer);
var h:Integer;
begin
h := x;
x := y;
y := h;
end;
```

definiert. Dann erhält man für die Anweisungen

```
x := 17;
y := 18;
vertausche(x,y);
```

das Ablaufprotokoll:

	x	*y*			
x := 17	17				
y := 18		18			
vertausche(x,y)					
lokale Variable	---	---	x	y	h
{ implizite Zuweisung }	---	---	17	18	
h := x	---	---			17
x := y	---	---	18		
y := h	---	---			17
nach dem Verlassen der Proz.	17	18			

Das Ablaufprotokoll soll vor allem zeigen, daß die lokalen Variablen aus der Prozedurvereinbarung und der Parameterliste nur existieren, solange die Prozedur ausgeführt wird. Außerdem sieht man, daß die globalen Variablen x und y während dieser Zeit nicht verfügbar sind. Ansonsten sind die Anweisungen des Beispiels recht sinnlos, da die globalen Variablen x und y nicht verändert werden.

5.5.2 Variablenparameter

Wird einer Liste von formalen Parametern das Wort *var* vorangestellt, sind diese Parameter Variablenparameter. Im Gegensatz zu einem Werteparameter wird ein Variablenparameter nicht auf dem Stack angelegt. Statt dessen wird nur die Adresse der Variablen auf dem Stack übergeben.

Als aktueller Parameter kann für einen formalen Variablenparameter nur eine Variable eingesetzt werden (daher der Name), da andere Ausdrücke (wie Konstanten) keine Adresse im Hauptspeicher haben. Der Datentyp des aktuellen Parameters muß mit dem des formalen identisch sein.

Beispiel: Mit

```
procedure test(var x:Extended);
begin
x := 17;
end;
```

ist der folgende Aufruf nicht möglich

```
var i:Integer;
begin
test(i);   { <-- Compiler-Fehlermeldung: Typen  }
end;       { nicht miteinander vereinbar }
```

Genausowenig ist der folgende Aufruf möglich:

```
test(17.0);  { Compiler-Fehlermeldung:         }
             { Variablenbezeichner erwartet }
```

Bei der **Ausführung** eines Prozeduraufrufs werden alle Anweisungen, die einen Variablenparameter enthalten, direkt mit dem aktuellen Parameter ausgeführt, der für den formalen Parameter eingesetzt wird. Damit kann im Gegensatz zu Werteparametern der Wert einer als Variablenparameter übergebenen Variablen in einer Funktion oder Prozedur verändert werden.

Beispiel: Nach der Vereinbarung

```
procedure P(var x:Integer);{ jetzt ist x ein    }
begin                      { Variablenparameter }
x := 2;
end;
```

hat y nach der Ausführung von

```
y := 3;
P(y);
```

den Wert 2, da jetzt die Anweisung x := 2 direkt mit der globalen Variablen y und nicht mit einer in P lokalen Variablen x ausgeführt wird.

Damit sind **Variablenparameter** dann **notwendig**, wenn die aktuellen Parameter in einer Prozedur oder Funktion verändert werden sollen.

Bei Pascal-Compilern, die keine Konstantenparameter kennen, sind Variablenparameter außerdem notwendig, wenn die übergebene Variable soviel Speicherplatz erfordert, daß der für die lokale Variable auf dem Stack erforderliche Platz nicht ausreicht. Da Object Pascal Konstantenparameter kennt, ist dieser Fall aber nicht von Bedeutung.

Variablen- und Konstantenparameter können die Ursache **subtiler Programmfehler** sein, **wenn für verschiedene formale Parameter derselbe aktuelle Parameter eingesetzt wird**.

Beispiel:
```
procedure test_pad;

    procedure pad(var a,b,c:string);
    begin
    c := a+b;
    c := c+a;
    end;

var a,b,c:string;
begin
a := 'a';
b := 'b';
pad(a,b,c); { c = 'aba' }

a := 'a';
b := 'b';
c := 'c';
pad(c,a,c); { c = 'caca' !!! }
end;
```

Dasselbe Ergebnis erhält man, wenn a und b als Konstantenparameter deklariert werden. Beim letzten Aufruf von pad erhält man das intuitiv erwartete Ergebnis 'cac', wenn a und b als Werteparameter deklariert werden.

Die Gefahr, daß **solche Programmfehler** entstehen, besteht allerdings **nicht**, wenn die Parameterliste **nur** aus **einem Parameter** besteht oder wenn **alle Parameter** einen **verschiedenen Datentyp** haben. Da für einen formalen Variablenparameter als aktueller Parameter nur eine Variable desselben Datentyps eingesetzt werden kann, können dann nicht für verschiedene formale Parameter dieselben aktuellen Parameter eingesetzt werden.

So trivial das Ablaufprotokoll für Werteparameter war: Ein Vergleich mit einem **Ablaufprotokoll für Variablenparameter** zeigt die Unterschiede zwischen beiden Übergabetechniken besonders deutlich. Vor allem sieht man dabei, daß ein Variablenparameter in einer Prozedurvereinbarung nur ein anderer Name für den aktuellen Parameter ist.

Beispiel: Nach der Vereinbarung der Prozedur

```
procedure pad(var a,b,c:string);
begin
c := a+b;
c := c+a;
end;
```

ergibt sich für die Anweisungen

```
var a,b,c:string;
begin
a := 'a';
b := 'b';
pad(a,b,c); { c = 'aba' }

a := 'a';
b := 'b';
c := 'c';
pad(c,a,c); { c = 'caca' !!! }
end;
```

das folgende Ablaufprotokoll. Dabei werden im Unterschied zu einem Ablaufprotokoll für Werteparameter die Parameter nicht neu auf dem Stack angelegt, sondern stehen nur für die übergebenen globalen Parameter. Hier muß man darauf achten, diese nicht zu verwechseln (wenn z. B. c unter dem Namen a angesprochen wird):

	a	*b*	*c*
a := 'a'	'a'		
b := 'b'		'b'	
pad(a,b,c)			
c := a+b;			'ab'
c := c+a;			'aba'
a := 'a'	'a'		
b := 'b'		'b'	
pad(c,a,c)			
c := a+b { c := c+a }			'ca'
c := c+a; { c := c+c }			'caca'

In den letzten beiden Zeilen sind die tatsächlich verwendeten Parameter als
Kommentar angegeben. Die Zuordnung der formalen zu den aktuellen Parametern ergibt sich aus der Reihenfolge in der Parameterdeklaration.

5.5.3 Konstantenparameter

Wird einer Liste von formalen Parametern das Wort *const* vorangestellt, sind
diese Parameter Konstantenparameter. Wie ein Variablenparameter wird auch
ein Konstantenparameter nicht auf dem Stack angelegt. Statt dessen erfolgen alle
Zugriffe auf den aktuellen Parameter über diesen Parameter selbst, dessen
Adresse auf dem Stack übergeben wird. Dieser Parameter kann allerdings nicht
verändert werden: Jede Zuweisung an einen formalen Konstantenparameter wird
durch den Compiler unterbunden.

Beispiel:
```
procedure callbyrefC_(const big:string);
    var b:Char;
    begin
    big := '123';    { <-- Compiler-Fehlermeldung:}
                     { ungültiger Variablenbezug  }
    b := big[1];     { Lesen ist kein Problem      }
    end;
```

Damit können Konstantenparameter immer dann verwendet werden, wenn der
übergebene Parameter in der Prozedur nicht verändert wird.

Die Verwendung von Konstantenparametern erzeugt gegenüber Werteparametern
weniger Code und ist oft schneller, da der Wert des aktuellen nicht in den lokalen
Parameter kopiert werden muß.

Beispiel: Für die Prozeduren

```
procedure valuepar(big:string);
var b:Char;
begin
b := big[1];
end;

procedure constpar(const big:string);
{ derselbe Anweisungsteil wie valuepar }

procedure varpar(var big:string);
{ derselbe Anweisungsteil wie valuepar }

p := '1234567891123456789212345678931234567894'
                              +'1234567895';
for i := 1 to 5000000 do valuepar(p);
for i := 1 to 5000000 do constpar(p);
for i := 1 to 5000000 do varpar(p);
```

ergeben sich unter Delphi 1 die folgenden Ausführungszeiten:

```
constpar:  1,86 Sek.    1,92 Sek.
valuepar: 14,83 Sek.    3,19 Sek.
varpar:    1,97 Sek.    1,93 Sek.
```

In der zweiten Spalte stehen hier die Ausführungszeiten nach der
Zuweisung

```
p := '123';
```

vor den *for*-Schleifen.

Man sollte solche Laufzeitvergleiche nicht überbewerten, wenn man nicht gerade
ein Programm mit 5 000 000 Prozeduraufrufen hat. Gravierender fällt meist die
geringere Belastung des Stacks aus, vor allem unter Delphi 1. Es empfiehlt sich
deshalb, **Konstantenparameter** den Werteparametern **vorzuziehen**, wo immer
das möglich ist. Andererseits ist dabei zu beachten, daß die in Zusammenhang
mit Variablenparametern beschriebenen subtilen Programmfehler auch mit Konstantenparametern möglich sind, wenn diese mit Variablenparametern kombiniert werden.

Ein **Ablaufprotokoll für Konstantenparameter** wird genauso aufgebaut wie
eines für Variablenparameter, da die Übergabetechniken gleich sind.

5.5.4 Untypisierte Parameter

Wenn in der formalen Parameterliste der Datentyp eines formalen Variablen-
parameters weggelassen wird, ist dieser Parameter ein **untypisierter Parameter**.
Der aktuelle Parameter beim Aufruf kann dann jeden beliebigen Datentyp haben.
Innerhalb des Prozedurblocks ist der Parameter aber typlos, so daß er zu jedem
anderen Datentyp nicht kompatibel ist und damit praktisch nicht direkt angesprochen werden kann.

Mit einem Variablen-Typecast kann allerdings ein Datentyp für den Parameter
simuliert werden. Durch einen solchen Typecast kann dem Parameter fast jeder
Datentyp aufgezwungen werden, zu dem der konvertierte Parameter dann kompatibel ist.

Beispiel:
```
procedure vertausche(var a,b;s:Word);
type TBytes = array[0..1000] of Byte;
var c:TBytes;
    i:Word;
begin
c := TBytes(a);
for i := 0 to s-1 do TBytes(a)[i]:= TBytes(b)[i];
for i := 0 to s-1 do TBytes(b)[i]:= c[i];
end;

var e1,e2:Extended;
    s1,s2:string;
```

```
      a1,a2:array[0..149] of LongInt;
begin
e1 := 1;
e2 := 1000;
vertausche(e1,e2,SizeOf(e1));
vertausche(s1,s2,SizeOf(s1));
vertausche(a1,a2,SizeOf(a1));
end;
```

Bei der Arbeit mit untypisierten Parametern ist jedoch besondere Vorsicht geboten: Der Compiler kann hier keinerlei Prüfungen durchführen.

Beispielsweise kann die Prozedur *vertausche* des letzten Beispiels mit verschiedenen Typen für a und b oder einem Wert von s mit s <> sizeof(a) aufgerufen werden, ohne daß der Compiler dies bemängeln kann. Man sollte untypisierte Parameter deshalb nur verwenden, wenn man genau weiß, was man tut.

5.5.5 Offene Array-Parameter

Ein formaler Parameter, der mit der Syntax „array of T" deklariert wird, ist ein sogenannter **offener Array-Parameter**. Einem solchen formalen Parameter entspricht eine lokale Variable des Typs „array[0..n−1] of T", wobei n die Anzahl der Array-Komponenten des aktuellen Parameters ist. Da der aktuelle Parameter auf dem Stack übergeben wird, besteht bei großen Arrays die Gefahr, daß ein Stack-Überlauf stattfindet.

Für einen offenen Array-Parameter kann als aktueller Parameter ein beliebiges Array *A* des jeweiligen Basistyps eingesetzt werden. Der Index des ersten aktuellen Array-Elements ist 0 oder *low(A)* und der des letzten *high(A)*.

Außerdem kann als aktueller Parameter ein sogenannter **offener Array-Konstruktor** eingesetzt werden:

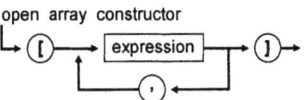

Ein solcher Ausdruck entspricht einer Array-Konstanten, wobei der erste Ausdruck dem Index 0 und der letzte dem Index *high(A)* entspricht.

Beispiel:
```
function sum(a:array of Extended):Extended;
var i:Integer;
begin
result := 0;
for i := low(a) to high(a) do result := result+a[i];
end;
```

```
var a1:array[0..10] of Extended; { zero-based }
    a2:array[-10..100] of Extended;

procedure TForm1.Button1Click(Sender: TObject);
var i:Integer;
begin
for i := 0 to 10 do a1[i] := i;
for i := -10 to 100 do a2[i] := i;
Memo1.Lines.Add(FloatToStr(sum(a1))+' '
  +FloatToStr(sum(a2))+' '+FloatToStr(sum([1,5,4])));
end;
```

5.5.6 Typvariante offene Array-Parameter

Object Pascal kennt eine weitere Art der Parameterübergabe, die allerdings nicht aus dem Syntaxdiagramm am Anfang dieses Abschnitts hervorgeht.

Diese „typvarianten offenen Array-Parameter" werden in der formalen Parameterliste durch den Datentyp **array of const** bezeichnet. Der Name sagt allerdings nur wenig darüber aus, daß für einen solchen Parameter in der aktuellen Parameterliste ebenfalls ein *open array constructor* eingesetzt werden kann. Im Gegensatz zu „normalen" offenen Array-Parametern können im aktuellen Parameter Ausdrücke verschiedener Datentypen enthalten sein.

Einem solchen formalen Parameter entsprechen lokale Variablen, deren Datentyp ein varianter Record ist. Da dieser Datentyp erst in Abschnitt 6.2 dargestellt wird, soll erst danach beschrieben werden, wie man die lokalen Variablen anspricht.

Anmerkung für C/C++-Programmierer: In C gibt es nur Werte- und Konstantenparameter und keine Variablenparameter. Wenn man einen Parameter in einer Funktion verändern will, muß man dessen Adresse als Werteparameter übergeben. In C++ sind Variablenparameter unter dem Namen Referenzparameter bekannt.

Aufgabe 5.5

1. Ersetzen Sie in

```
var c,a,b:string;

procedure vertausche;
begin
c := a;
a := b;
b := c;
end;
```

```
procedure TForm1.Button1Click(Sender: TObject);
begin
a := 17;
b := 18;
vertausche;
end;
```

möglichst viele globale Variablen durch lokale Variablen.

2. Der Prozedur **assert** soll ein boolescher Wert und ein String übergeben wer-
    den. Falls der boolesche Wert *false* ist, soll der als String übergebene Text
    ausgegeben werden (z. B. mit *MessageDlg*).

Diese Prozedur kann dazu verwendet werden, während der Laufzeit eines
Programms die Einhaltung von Vor- und Nachbedingungen zu überprüfen.

Triviales Beispiel:

```
x_alt := x;
y_alt := y;
assert((x=x_alt) and (y=y_alt),'vor vertausche');
vertausche(x,y);
assert((x=y_alt) and (y=x_alt),'nach vertausche');
```

5.6 Funktionen

Funktionen haben große Ähnlichkeit mit Prozeduren. Ihre Vereinbarung erfolgt
ebenfalls im Prozedur- und Funktionsvereinbarungsteil, und die Verwaltung der
Rücksprungadressen erfolgt wie bei einer Prozedur über den Stack. Im Gegensatz
zu einer Prozedur gibt eine Funktion allerdings einen Funktionswert zurück.

Die Vereinbarung einer Funktion unterscheidet sich von der einer Prozedur nur
durch das reservierte Wort *function* und die Angabe des Ergebnistyps (*result
type*) im Funktionskopf. Dieser Datentyp ist der Datentyp des Funktionswerts.

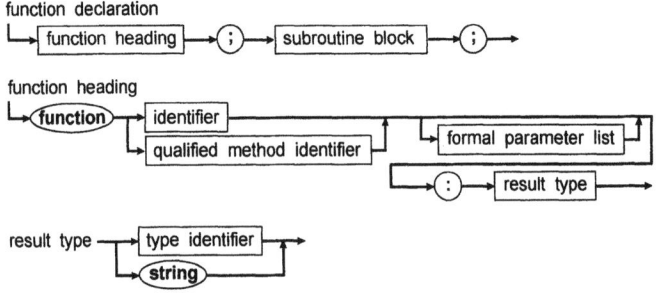

Der *identifier* nach *function* im Funktionskopf ist der Name der Funktion, unter dem diese nach ihrer Vereinbarung aufgerufen werden kann.

Beim Aufruf einer Funktion werden die Anweisungen aus dem Anweisungsteil der Funktionsvereinbarung ausgeführt. Mindestens eine dieser Anweisungen muß eine **Wertzuweisung an den Funktionsnamen** sein. Der Wert des so an den Funktionsnamen zugewiesenen Ausdrucks ist dann der Funktionswert. Unterbleibt eine solche Zuweisung, ist der Funktionswert beim Aufruf der Funktion undefiniert.

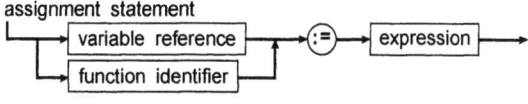

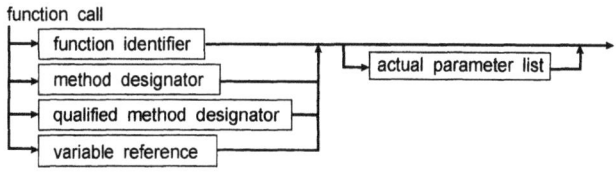

Die **Parameterübergabe** ist bei Funktionen gleich wie bei Prozeduren: Alle Ausführungen über formale und aktuelle Parameter gelten für Funktionen genauso wie für Prozeduren. Insbesondere kann eine Parameterliste auch bei einer Funktion weggelassen werden, und über Variablenparameter können neben dem Funktionswert weitere Werte aus der Funktion zurückgegeben werden.

Beispiel: Nach der Funktionsvereinbarung

```
function Potenz(x:Extended;n:Integer):Extended;
var p:Extended;
begin
p := 1;
while n > 0 do      { unvollständig für n < 0 }
  begin
    if odd(n) then p := p*x;
    n := n div 2;
    x := x * x;
  end;
Potenz := p;
end;
```

(siehe auch Aufgabe 4.5.5.2) kann die Funktion *Potenz* folgendermaßen aufgerufen werden:

```
procedure TForm1.Potenz_Click(Sender: TObject);
var i:Integer;
begin
for i := 2 to 100 do
  Memo1.Lines.Add(FloatToStr(Potenz(2,i)));
end;
```

Als **Datentypen für Funktionswerte** können in Object Pascal beliebige Datentypen (außer *file*-Typen) verwendet werden. Das ist eine deutliche Erweiterung
gegenüber Turbo Pascal bzw. Borland Pascal 7.0, wo nur einfache Datentypen
und Strings möglich waren.

Ebenfalls neu gegenüber Turbo Pascal und Borland Pascal 7.0 ist die in jeder
Funktion implizit deklarierte lokale Variable *result*. Sie hat denselben Datentyp
wie der Funktionswert und stellt diesen dar. Eine Zuweisung an *result* hat
denselben Effekt wie eine Zuweisung an den Namen der Funktion. Im Gegensatz
zum Namen der Funktion kann diese Variable aber auch in einem Ausdruck
verwendet werden. Damit ist die folgende Version der Funktion *Potenz* gleichwertig mit der im letzten Beispiel:

```
function Potenz(x:Extended;n:Integer):Extended;
begin
result := 1;
while n > 0 do
  begin
    if odd(n) then result := result*x;
    n := n div 2;
    x := x * x;
  end;
end;
```

Verwendet man in dieser Funktion anstelle von *result* den Funktionsnamen

```
     if odd(n) then Potenz := Potenz{ "( erwartet " }*x;
```

erhält man an der Stelle des Kommentars die dort angegebene Fehlermeldung.
Diese Fehlermeldung kommt daher, daß eine Prozedur oder Funktion auch in
dem Anweisungsteil wieder aufgerufen werden kann, der zu ihrer Vereinbarung
gehört. Ein solcher Aufruf wird als **Rekursion** (siehe Abschnitt 5.11) bezeichnet.
Bei einem rekursiven Aufruf muß aber für jeden Parameter in der formalen Parameterliste ein aktueller Parameter angegeben werden, was an der angegebenen
Stelle nicht geschieht.

Die Variable *result* ist insbesondere in einem **Watch-Fenster** (Liste überwachter
Ausdrücke) im Debugger nützlich, da sie hier den bisher zugewiesenen
Funktionswert anzeigt. Im Gegensatz dazu wird unter dem Namen einer Funk-
tion immer deren Adresse angezeigt, und diese will man meist nicht wissen.
Unter *result* wird der Funktionswert übrigens auch dann angezeigt, wenn diese
Variable gar nicht verwendet wird, sondern der Name der Funktion.

Als Datentyp für den Funktionswert ist insbesondere auch der Datentyp *Boolean* möglich. Solche Funktionen werden auch als **boolesche Funktionen** bezeichnet:

```
function Schaltjahr(jahr:Integer):Boolean;
begin
Schaltjahr := ((Jahr mod 4 = 0) and (Jahr mod 100 <> 0))
                              or (Jahr mod 400 = 0);
end;
```

Der Aufruf einer booleschen Funktion ist ein boolescher Ausdruck und kann z. B. in einer *if-*, *while*-Anweisung usw. verwendet werden:

```
if Schaltjahr(Jahr) then ...
```

Vergleichen wir kurz den Funktionsbegriff in Pascal mit dem in der **Mathematik**: In der Mathematik ist eine Funktion f:D --> W eine Vorschrift, die jedem Element x des **Definitionsbereichs** D eindeutig ein Element f(x) des **Wertebereichs** W zuordnet.

Beispiel: Die Sinusfunktion *sin* ordnet jeder reellen Zahl x wieder eine reelle Zahl sin(x) zu, z. B.

$$\sin(1) = 0{,}84147... \qquad \sin(2) = 0{,}90930... \quad \sin(3) = 0{,}14112...$$

Der Funktionswert bestimmt sich dabei aus den Parametern aufgrund bestimmter Rechenvorschriften.

Dem Definitionsbereich in der Mathematik entspricht in Pascal der Datentyp der Parameter und dem Wertebereich der Datentyp des Funktionswertes. Die Zuordnung des Funktionswertes zu den übergebenen Parametern erfolgt durch die Anweisungen im Anweisungsteil der Funktionsvereinbarung. Während der Funktionswert in der Mathematik für jeden Wert des Definitionsbereichs definiert ist, muß das bei Pascal-Funktionen nicht gelten: In der Funktion

```
function id(x:Integer):Integer;
begin
if x > 0 then id := x;
end;
```

ist id(x) für x <= 0 undefiniert.

Aufgaben 5.6

1. Schreiben Sie die folgenden Funktionen. Begründen Sie jeweils, welche Datentypen für die Parameter und den Funktionswert angemessen sind. Verwenden Sie dazu (soweit angegeben) die bisher vorgestellten Anweisungen.

   a) Die Funktion **ggT**(x,y) soll den größten gemeinsamen Teiler von x und y (Datentyp *LongInt*) als Funktionswert zurückgeben (siehe dazu auch Aufgabe 4.5.5.2).

   b) Die Funktion **fak**(n) soll als Funktionswert das Produkt der ersten n Zahlen zurückgeben (Fakultät, siehe auch Aufgabe 3.5.4)

   c) Die Funktion **diff_sek** soll die Differenz von zwei Zeiten, die in Object Pascal mit der Funktion *Time* (Datentyp: *TDateTime*) ermittelt wurden, als String zurückgeben. Die Differenz soll in Sekunden mit zwei Nachkommastellen angegeben werden.

   d) Die Funktion **Potenz** soll für positive Werte von n den Wert x^n und für negative Werte von n den Funktionswert $1/x^{-n}$ zurückgeben (Datentyp von x: Extended, n: Integer).

2. Formulieren Sie die Anweisungen zur Zinseszinsberechnung als Funktion (siehe dazu das Beispiel zur *repeat*-Schleife in Abschnitt 4.5.1 und die Aufgabe 4.5.2 zur *while*-Schleife).

   Stellen Sie das mit 3 bis 12% (in Schritten von 0,5%) verzinste Kapital nach 1 bis 15 Jahren in einer Tabelle (als *StringGrid*) dar. Wählen Sie als Schriftart eine Nicht-Proportionalschrift, z. B. Courier.

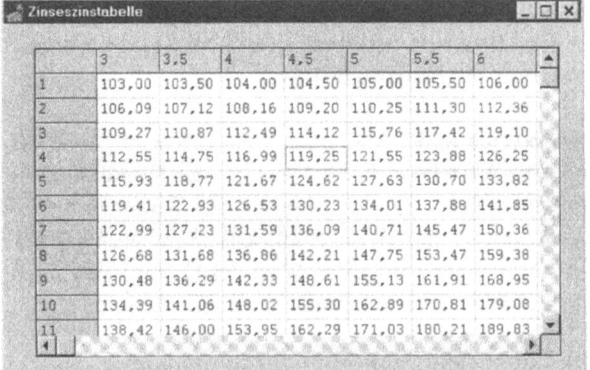

Zinseszinstabelle	3	3.5	4	4.5	5	5.5	6
1	103,00	103,50	104.00	104,50	105,00	105,50	106,00
2	106,09	107,12	108,16	109,20	110,25	111,30	112,36
3	109,27	110,87	112,49	114,12	115,76	117,42	119,10
4	112,55	114,75	116,99	119,25	121,55	123,88	126,25
5	115,93	118,77	121,67	124,62	127,63	130,70	133,82
6	119,41	122,93	126,53	130,23	134,01	137,88	141,85
7	122,99	127,23	131,59	136,09	140,71	145,47	150,36
8	126,68	131,68	136,86	142,21	147,75	153,47	159,38
9	130,48	136,29	142,33	148,61	155,13	161,91	168,95
10	134,39	141,06	148,02	155,30	162,89	170,81	179,08
11	138,42	146,00	153,95	162,29	171,03	180,21	189,83

3. Das Hornerschema berechnet den Funktionswert eines Polynoms

$$h = p[n]*x^n + p[n-1]*x^{n-1} + \ldots + p[1]*x + p[0]$$

dessen Koeffizienten die Elemente des Arrays p sind, dadurch, daß die Klammern in

$$h = (\ldots((p[n]*x + p[n-1])*x + p[n-2]) \ldots + p[1])*x + p[0]$$

von innen nach außen ausmultipliziert werden (siehe auch Aufgabe 4.5.5.4).

Schreiben Sie das Horner-Schema als Funktion *Horner*. Das Array mit den Koeffizienten soll als offener Array-Parameter übergeben werden. Die Ableitung des Polynoms soll als Variablenparameter zurückgegeben werden.

4. Der **Binomialkoeffizient** bin(n,k) ist der k-te Koeffizient von $(a+b)^n$ in der üblichen Reihenfolge beim Ausmultiplizieren:

$(a+b)^1 = 1*a+1*b$, d. h. bin(1,0)=1 und bin(1,1)=1
$(a+b)^2 = 1*a^2+ 2*ab+1*b^2$, d. h. bin(2,0)=1, bin(2,1)=2 und bin(2,2)=1
$(a+b)^3 = 1*a^3+3*a^2b+3*ab^2+1*b^3$, d. h. bin(3,0)=1, bin(3,1)=3 usw.

Für einen Binomialkoeffizienten gilt die folgende Formel:

$$bin(n,k) = n!/(k!*(n-k)!)$$

a) Schreiben Sie eine Funktion bin(n,k). Zeigen Sie die Werte von bin(n,k) für k=1 bis n und für n=1 bis 30 in einem Memo-Fenster an.

b) Wenn man als Zufallsexperiment eine Münze wirft und das Ergebnis „Kopf" mit 0 und „Zahl" mit 1 bewertet, sind die beiden Ergebnisse 0 und 1 möglich.

Wirft man zwei Münzen, sind die Ergebnisse

(0,0), (0,1), (1,0) und (1,1)

möglich. Damit ist die Anzahl der Ereignisse, die zu den Summen S=0, S=1 und S=2 führen, durch

bin(2,0) = 1, bin(2,1) = 2 und bin(2,2) = 1

gegeben. Es läßt sich zeigen, daß diese Beziehung ganz allgemein gilt: Beim n-fachen Werfen einer Münze ist die Anzahl der Ereignisse, die zu der Summe S=k führt, durch bin(n,k) gegeben (**Binomialverteilung**).

Stellen Sie die Binomialverteilung durch Histogramme graphisch dar:

Anscheinend konvergieren diese Rechtecke gegen eine stetige Funktion. Gauß hat diese Funktion berechnet. Sie ist seither unter dem Namen Gaußsche Glockenkurve oder Normalverteilung bekannt.

5. Die **Fibonacci-Zahlen** sind durch $f_0 = 0$, $f_1 = 1$, $f_{i+1} = f_i + f_{i-1}$ für $i = 1, 2, 3$, ... definiert, d. h. jede Zahl außer den ersten beiden ist die Summe der beiden vorangehenden (siehe auch Aufgabe 3.3.3).

Schreiben Sie eine Funktion fib, die für einen ganzzahligen Parameter n die n-te Fibonacci-Zahl berechnet.

Die Fibonacci-Zahlen stehen in einer engen Beziehung zum „Goldenen Schnitt"

$g = (1 + sqrt(5))/2$

Man kann zeigen, daß für $h = 1 - g$ die folgende Identität gilt:

$f_n = (g^n + h^n)/sqrt(5)$

Vergleichen Sie die beiden Zahlenfolgen bis n = 40. Stellen Sie dazu g und h in verschiedenen Durchläufen mit den Datentypen *Single*, *Real* und *Extended* dar.

6. a) Die Funktion *ESt* soll als Funktionswert die Einkommensteuer berechnen, die sich gemäß Paragraph 32 des Einkommensteuergesetzes ergibt. Das zu versteuernde Einkommen wird als Parameter übergeben.

Die Anweisungen können von Aufgabe 4.4.1.6 übernommen werden. Als Datentypen können *Comp* oder *Currency* gewählt werden.

b) In Absatz 5 des Paragraphen 32 des EStG ist festgelegt, wie die Einkommensteuer nach dem Splitting-Verfahren berechnet wird:

> *(5) Für Ehegatten, die nach den §§ 26, 26b zusammen zur Einkom-*
> *mensteuer veranlagt werden, beträgt die tarifliche Einkommensteuer*
> *vorbehaltlich der §§ 32b, 34 und 34b das Zweifache des Steuerbe-*
> *trags, der sich für die Hälfte Ihres gemeinsam zu versteuernden Ein-*
> *kommens nach den Absätzen (1) bis (3) ergibt (Splitting-Verfahren).*

Die Funktion *Splitting* soll als Funktionswert die nach dem Splitting-Verfahren berechnete Einkommensteuer zurückgeben. Verwenden Sie zur Lösung dieser Aufgabe die Funktion *ESt*.

7. Schreiben Sie eine boolesche Funktion *vorher*, die den Funktionswert *true* zurückgibt, wenn das erste der beiden als Parameter übergeben Kalenderdaten T1,M1,J1 und T2,M2,J2 zeitlich vor dem zweiten liegt.

5.7 Seiteneffekte und die Reihenfolge von Auswertungen

Beginnen wir diesen Abschnitt zunächst mit einer **Aufgabe**: Versuchen Sie vor dem Weiterlesen – zunächst ohne und dann mit Ablaufprotokollen – herauszufinden, welche Ausgabe das folgende Programm erzeugt.

```
procedure TForm1.sideeffClick(Sender: TObject);
{ nach Jensen/Wirth 1974, S. 80 }
var z:Integer;

  function f(x:Integer):Integer;
  begin
  z := z - x;
  f := x*x;
  end;

begin
z := 10;
Memo1.Lines.Add(IntToStr(f(z) + f(10))+', '+IntToStr(z));
z := 10;
Memo1.Lines.Add(IntToStr(f(10) + f(z))+', '+IntToStr(z));
end;
```

Lösung:

Ablaufprotokoll für f(z) + f(10)

			z
			z
z := 10			10
f(z): Aufruf von f mit dem aktuellen Parameter z			
	x	**f**	
x := z; { formaler := akt. Param. }	10		
z := z – x			0
f := x*x		100	
{ f(z) = 100 }			
f(10): Aufruf von f mit dem aktuellen Parameter 10			
	x	**f**	
x := 10; { formaler := akt. Param. }	10		
z := z – x			–10
f := x*x		100	
{ f(10) = 100 }			

Damit ergibt sich f(z) + f(10) = 200, und durch die erste Anweisung werden die Werte 200 und –10 ausgegeben.

Ablaufprotokoll für f(10) + f(z)

			z
			z
z := 10			10
f(10): Aufruf von f mit dem aktuellen Parameter 10			
	x	**f**	
x := z; { formaler := akt. Param. }	10		
z := z – x			0
f := x*x		100	
{ f(10) = 100 }			
f(z): Aufruf von f mit dem aktuellen Parameter z			
	x	**f**	
x := 0; { formaler := akt. Param. }	0		
z := z – x			0
f := x*x		0	
{ f(z) = 0 }			

Damit ergibt sich f(10) + f(z) = 100, und durch die zweite Anweisung werden die Werte 100 und 0 ausgegeben.

Diese Ergebnisse sind insofern überraschend, als z vor der Ausführung einer jeden der beiden Ausgabeanweisungen den Wert 10 hat und man üblicherweise erwartet, daß die Reihenfolge, in der zwei Ausdrücke addiert werden, keinen Einfluß auf das Ergebnis hat (Kommutativgesetz).

Die Ursache für diesen heimtückischen Effekt ist die Veränderung der globalen Variablen z im Anweisungsteil der Funktion f. Eine Veränderung einer globalen Variablen im Anweisungsteil einer Prozedur- oder Funktionsvereinbarung wird als **Seiteneffekt** bezeichnet und ist in der Regel (aber nicht immer) unerwünscht. Bei Prozeduren sind Seiteneffekte meist nicht überraschend, da man weiß, daß sich die Reihenfolge, in der Anweisungen ausgeführt werden, auf das Ergebnis dieser Anweisungen auswirken kann.

Seiteneffekte lassen sich verhindern, wenn man im Anweisungsteil einer Funktionsvereinbarung nur lokale Variablen dieser Funktion verändert. Wenn man (wie schon in Abschnitt 5.3 empfohlen) keine globalen Variablen vor Funktionsvereinbarungen deklariert, kann man sicher sein, daß auch wirklich keine Seiteneffekte auftreten.

Wenn Sie die oben aufgeführte Prozedur *TForm1.sideeffClick* starten und das Ergebnis mit den zugehörigen Ablaufprotokollen vergleichen, wird Ihre Überraschung wahrscheinlich nochmals um eine Stufe (oder mehr) steigen: Sie erhalten nämlich nicht, wie nach den Ablaufprotokollen zu erwarten wäre,

200 , 10
100 , 0

sondern

100 , 0
200 , 10

Die Ursache für dieses überraschende Ergebnis ist, daß der Compiler bei der Auswertung eines Ausdrucks keineswegs zwingend von links nach rechts vorgehen muß, sondern die Reihenfolge, in der die einzelnen Teilausdrücke ausgewertet werden, nach eigenem Gutdünken beliebig umordnen kann. Das macht nicht nur Object Pascal so: Viele andere Pascal- oder C/C++-Compiler nehmen sich dieselben Freiheiten heraus, um ihre Arbeit nach mehr oder weniger durchschaubaren Kriterien optimieren zu können (siehe z. B. Harbison/Steele 1994, Abschnitt 7.12 Order of Evaluation).

Man sollte sich deswegen nie darauf verlassen, daß Ausdrücke in einer bestimmten Reihenfolge ausgewertet werden. Verwendet man in einem Ausdruck nur Funktionen, die keine Seiteneffekte haben, wirkt sich die Reihenfolge der Auswertung nicht auf das Ergebnis aus. Also ein Grund mehr, keine Funktionen mit Seiteneffekten zu verwenden.

Falls man wider Erwarten doch einmal eine Funktion mit einem Seiteneffekt braucht, kann man eine bestimmte Reihenfolge der Auswertungen dadurch erzwingen, daß man Teilausdrücke in verschiedenen Anweisungen auswertet und sie anschließend zusammensetzt.

Beispiel: Um für

$$f(z) + f(10)$$

die Reihenfolge „von links nach rechts" zu erzwingen, weist man die Werte der Teilausdrücke Variablen zu

    t1 := f(z);
    t2 := f(10);

und setzt diese Teilergebnisse anschließend zusammen.

Aufgabe 5.7

Entwerfen Sie eine Funktion mit Seiteneffekten. Untersuchen Sie mit Ablaufprotokollen, welchen Wert ein binärer kommutativer Ausdruck haben müßte, wenn er in verschiedenen Reihenfolgen ausgewertet wird. Vergleichen Sie dieses Ergebnis mit dem tatsächlichen Ablauf im Debugger.

Diese Aufgabe ist vor allem eine gute Übung für den Umgang mit dem Debugger. Da Ihre Programme nach den Belehrungen dieses Abschnitts sowieso nie Seiteneffekte haben werden, brauchen Sie diese auch nicht zu üben.

5.8 Schrittweise Verfeinerung als Entwurfstechnik

Falls eine Aufgabe so komplex ist, daß man die Lösung nicht auf Anhieb explizit formulieren kann, ist es oft sinnvoll, sie in **einfachere Teilprobleme** zu zerlegen und diese dann getrennt in eigenen Prozeduren oder Funktionen zu lösen. Eine solche Vorgehensweise wird als schrittweise Verfeinerung bezeichnet und ist eine der wichtigsten Strategien zur Lösung von Problemen. Sie wurde schon von Julius Cäsar angewandt, dessen Devise „Teile und herrsche" gerade diese Strategie zum Ausdruck bringt.

Natürlich führt nicht jede Zerlegung eines Problems in Teilprobleme automatisch zu einer Lösung. Es kann durchaus vorkommen, daß man mit einer bestimmten Zerlegung einfach nicht weiterkommt. Dann ist es in der Regel sinnvoll, sich einen komplett neuen Lösungsansatz zu überlegen. Bei den meisten Problemen wird man aber immer eine Zerlegung in einfachere Einzelprobleme durchführen müssen.

Betrachten wir dazu als einfaches Beispiel einen „Taschenrechner", bei dem ein binärer Ausdruck wie

als String aus einem Edit-Fenster eingelesen wird. In diesem String sollen zunächst die beiden Operanden und der Operator erkannt werden. Dann sollen die beiden Operanden in Gleitkommazahlen umgewandelt und gemäß dem Operator verknüpft werden.

Dabei sollen vor und nach jedem Operanden beliebig viele (so viele wie ein String eben zuläßt) Leerzeichen zulässig sein. Solche Füllzeichen (meist nicht nur Leerzeichen, sondern auch Tabs usw.) werden oft als *whitespace* bezeichnet.

Man kann die Aufgabe jetzt natürlich direkt anpacken und der Reihe nach alle Zeichen s[i] des Strings untersuchen:

```
i := 1;
while i <= length(s) do
   begin
      if s[i] ... then ...
      else ...
      ...
   end;
```

Eine kurze Überlegung zeigt aber, daß dieser direkte Ansatz vielleicht nicht der beste ist: Bei der Analyse des Strings wiederholen sich nämlich gewisse „Elementaraktionen" mehrfach:

whitespace_ueberlesen
Zahl_lesen
whitespace_ueberlesen
Operand_einlesen
whitespace_ueberlesen
Zahl_lesen

Es ist deshalb sinnvoll, diese Aktionen in jeweils eigenen Prozeduren oder Funktionen durchzuführen und anschließend zu einer Lösung zusammenzusetzen.

Bei einer solchen Zerlegung eines Gesamtproblems in Einzelprobleme muß natürlich darauf geachtet werden, daß die Einzellösungen anschließend auch zusammenpassen.

In diesem Beispiel heißt das vor allem, daß beim Lesen des Strings keine Zeichen ausgelassen oder doppelt gelesen werden. Dies kann man dadurch erreichen, daß bei jedem Aufruf einer dieser Prozeduren s[i] immer das nächste, bisher noch nicht verarbeitete Zeichen des Strings ist. Wenn diese Bedingung dann auch noch nach dem Verlassen einer dieser Prozeduren gilt, kann man sicher sein, daß sie auch beim nächsten Aufruf einer dieser Prozeduren wieder gilt. Diese Bedingung ist also eine Invariante, die zwischen verschiedenen Aufrufen unverändert gilt.

Diese Invariante, „ein Zeichen weiter als das zuletzt verarbeitete zu schauen", wird sich bei komplexeren Ausdrücken, die nicht so starr aufgebaut sind wie in diesem einführenden Beispiel, als nützlich und sinnvoll erweisen. Damit sieht man am Anfang einer jeden solchen Prozedur, ob als nächstes Zeichen eine Zahl, ein Operand oder noch etwas anderes kommt.

Die folgenden drei Prozeduren bzw. Funktionen sind alle nach diesem Schema aufgebaut:

```
procedure whitespace_ueberlesen(s:string; var i:Integer);
begin { läßt sich auf Tabs usw. erweitern }
while (i <= length(s)) and (s[i]=' ') do
  inc(i);
{ (s[i] <> ' ') or "fertig" }
end;

function Zahl_lesen(s:string; var i:Integer):Extended;
var ops:string;
begin
ops := '';
while (i <= length(s)) and (s[i] in ['0'..'9',',']) do
  begin
    ops := ops + s[i];
    inc(i);
  end;
Zahl_lesen := StrToFloat(ops);
{ (s[i] keine Ziffer) or (fertig) }
end;

function Operand_einlesen(s:string; var i:Integer):Char;
begin
if (i <= length(s)) then
  if (s[i] in ['+','-','*','/']) then
    begin
      Operand_einlesen := s[i];
      inc(i);
    end
  else Operand_einlesen:=' ';{schwache Fehlerbehandlung}
end;
```

Jede löst offensichtlich ihre Teilaufgabe, die sich aus dem Namen der Prozedur oder Funktion ergibt. Damit erfüllt die folgende Funktion die Vorgaben der Aufgabenstellung:

```
function eval_bin_exp(s:string):Extended;
var Operand:Char;
    op1,op2:Extended;
    i:Integer;
```

```
begin
i := 1;
if i <= length(s) then
  begin

    whitespace_ueberlesen(s,i);
    op1 := Zahl_lesen(s,i);
    whitespace_ueberlesen(s,i);
    Operand := Operand_einlesen(s,i);
    whitespace_ueberlesen(s,i);
    op2 := Zahl_lesen(s,i);

    case Operand of
      '+': result := op1 + op2;
      '-': result := op1 - op2;
      '*': result := op1 * op2;
      '/': result := op1 / op2;
    else
      ShowMessage('Unzulässiger Operand: '+Operand);
      result := 0;
    end;
  end;
end;
```

Diese Lösung ist sicherlich leichter durchschaubar als der ursprüngliche Ansatz.

Prozeduren sind nicht nur für die Lösung der eigentlichen Aufgabe sinnvoll. Zu
jeder Prozedur oder Funktion gehört auch ein Test, in dem man prüft, ob dieser
Baustein auch wirklich tut, was er tun soll. Es ist naheliegend, einen solchen Test
in einer eigenen **Testprozedur** durchzuführen, und diese anschließend mindestens einmal aufzurufen:

```
procedure teste_eval_bin_exp;

  procedure teste(s:string;soll:Extended);
  var erg:Extended;
  begin
  erg := eval_bin_exp(s);
  if erg <> soll then
    Form1.Memo1.Lines.Add(s+'='+FloatToStr(erg)+
                          ', soll = '+FloatToStr(Soll));
  end;

begin { Lästig: In Zahl_lesen erwartet StrToFloat das
  Dezimalkomma als Komma, während bei Gleitkommakonstanten
              im Programm ein Dezimalpunkt erwartet wird. }
teste('1+1',2);                  { kein whitespace }
teste('1,1+2,2',3.3);
teste('1,1*2,2',2.42);
teste('1,1-2,2',-1.1);
teste('1,1/2,2',0.5);
teste('1   + 1  ',2);            { dasselbe mit whitespace }
teste(' 1,1  +   2,2 ',3.3);
teste(' 1,1 * 2,2 ',2.42);
```

```
teste(' 1,1  -2,2 ',-1.1);
teste('   1,1/    2,2',0.5);
teste('1 1',2);                    { teste die Fehlermeldung }
end;{ Sind durch diesen Test wirklich alle Möglichkeiten
                                              abgecheckt? }
```

Nachdem man sich von der Richtigkeit der getesteten Bausteine überzeugt hat, reicht es, sie einfach auszukommentieren:

```
procedure TForm1.rechne1pClick(Sender: TObject);
begin
{ teste_eval_bin_exp; }
...
end;
```

Falls später einmal einer der Bausteine erweitert werden muß oder doch Schwächen hat, ist es immer sehr nützlich, wenn man die ursprünglichen Testdaten wieder zur Verfügung hat. Und sei es nur, um zu entdecken, daß der ursprüngliche Test nicht vollständig war und daß man einige Konstellationen übersehen hat.

Es ist deswegen empfehlenswert, die Testroutinen nach dem Abschluß des Tests *nicht* aus dem Quellprogramm zu entfernen. Die Testroutinen gehören in unmittelbare Nähe zu der Prozedur oder Funktion, die sie testen. Da der Linker Routinen, die nirgendwo aufgerufen werden, nicht in das Exe-File aufnimmt, ist ein solcher „toter Code" (dead code) nicht mit der geringsten Belastung des lauffähigen Programms verbunden.

Wir werden auf das Beispiel mit dem Taschenrechner in Abschnitt 5.11 zurückkommen und ihn so erweitern, daß auch geklammerte Ausdrücke verarbeitet werden können.

Aufgabe 5.8

Entwerfen Sie eine Prozedur oder Funktion, die aus einem String ab der Position i eine vorzeichenlose Gleitkommazahl (*unsigned real*) nach den folgenden Syntaxdiagrammen einliest:

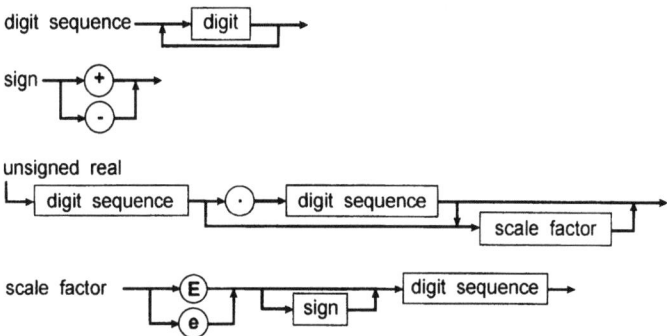

Entwerfen Sie geeignete Testdaten und testen Sie damit Ihr Programm. Setzen Sie diese Routine in den in diesem Abschnitt entwickelten Taschenrechner ein.

5.9 Etwas Programmierlogik und -stil für Prozeduren und Funktionen

Die Verifikation einer Prozedur oder Funktion ist einfach, wenn man die Anweisungen aus dem Anweisungsteil der Prozedur- oder Funktionsvereinbarung verifiziert hat. Weiß man etwa, daß die Funktion

```
function ggT(x,y:LongInt):LongInt;
begin

...
ggT := z; { z = ggT(x,y) }
end;
```

wirklich den größten gemeinsamen Teiler der beiden Parameter zurückgibt, kann man diese Information nach jedem Aufruf der Funktion voraussetzen:

```
x := ggT(u,v);
{ x = ggT(u,v) }
```

Die formalen Parameter aus der Prozedurvereinbarung sind lediglich durch die aktuellen Parameter zu ersetzen.

Entsprechend kann man nach der Vereinbarung

```
procedure errormessage(s);
begin
ShowMessage(s);
end;
```

davon ausgehen, daß nach der Ausführung von

```
if x = 0 then errormessage('Das war nichts!');
```

wirklich eine Fehlermeldung ausgegeben wurde, wenn x=0 war. Offensichtlich hängt die Verständlichkeit eines Programms mit Prozedur- und Funktionsaufrufen eng damit zusammen, ob die Namen der Prozeduren und Funktionen einen Hinweis auf ihre Bedeutung geben.

Wenn man allerdings nicht weiß, was eine Prozedur oder Funktion macht, kann man auch nicht sagen, was der entsprechende Aufruf macht. Wie die beiden Beispiele in diesem Abschnitt schon gezeigt haben, hängt die Verständlichkeit eines Prozedur- oder Funktionsaufrufs maßgeblich davon ab, ob der **Name** der Prozedur oder Funktion klar zum Ausdruck bringt, was bei ihrem Aufruf geschieht.

Bei den mathematisch orientierten Aufgaben des letzten Abschnitts war das recht einfach: *fib(n)* berechnet den n-ten Wert der Fibonacci-Folge, *ggT* den größten gemeinsamen Teiler usw. Bei nicht-mathematischen Aufgaben ist das oft nicht mehr so einfach. Es soll schon vorgekommen sein, daß ein Programmierer länger nach einem passenden Namen als nach den Anweisungen für eine Prozedur gesucht hat.

Bei der Entwicklung eines umfangreichen Anwendungsprogramms ist das Zerlegen in Teilprobleme meist schwieriger als bei rein mathematischen Aufgaben. Es sagt einem nämlich niemand (anders als bei den Aufgaben in einem Lehrbuch), welche Anweisungen man zu einer Prozedur oder Funktion zusammenfassen soll. Und die **Architektur**, die sich nach der ersten Zerlegung mit der Technik der schrittweisen Verfeinerung ergibt, ist nicht immer die beste: Man kann nur hoffen, daß man nach mehreren Überarbeitungen zu einer passablen Lösung kommt. Und wenn schon Stroustrup keine allgemeingültige Alternative zur schrittweisen Verfeinerung sieht, gibt es vermutlich auch keine: „There is only one basic way of dealing with complexity: Divide and conquer" (Stroustrup 1991, S. 364). An dieser Einschätzung hat sich seit den frühen Werken von Wirth (z. B. Systematisches Programmieren 1983, Kap. 15) nicht viel geändert.

Vermutlich hat auch Ghezzi recht, wenn er das Design eines umfangreichen Softwaresystems als kreative Aktivität bezeichnet, die man nicht mechanisieren kann (Ghezzi 1991, S. 125). Und nochmals Stroustrup (1991, S. 364): „...the selection of the parts and the specification of the interfaces between the parts is where the most experience and taste is required."

Offensichtlich gibt es also keine feststehenden Regeln dafür, wie man ein umfangreiches Gesamtproblem optimal (was immer das auch sein mag) in Bausteine zerlegen soll. Dennoch gibt es einige Faustregeln, deren Verletzung oft ein Hinweis darauf ist, daß die so entstandenen Prozeduren und Funktionen nicht optimal sind:

– Das wichtigste Kriterium wurde schon am Anfang dieses Abschnitts genannt:
Der **Name** einer Prozedur oder Funktion soll klar und deutlich zum Ausdruck
bringen, was bei ihrem Aufruf gemacht wird.

Diese Anforderung sollte man aber nicht nur als Problem der Namensgebung
nach dem Entwurf, sondern vor allem als **Entwurfskriterium** betrachten:
Eine Prozedur oder Funktion sollte solche Anweisungen enthalten, die unter
einem eindeutigen und aussagekräftigen Oberbegriff zusammengefaßt werden
können.

Wenn Sie Schwierigkeiten haben, einen entsprechenden Namen für eine Prozedur oder Funktion zu finden, ist das oft ein Hinweis darauf, daß die Routine
nicht besonders gut verwendet werden kann.

Für den Namen einer Prozedur ist häufig ein Verb und ein Objekt angemessen. Namen von Prozeduren können durchaus länger sein als die von Variablen, da sie auch mehr zusammenfassen. Einige Beispiele aus einem eigenen,
recht umfangreichen Programm:

```
procedure einen_Messwert_auf_Praezision_VP_auswerten(
                               x,x_alt:Real);
procedure einen_Messwert_auf_Praezision_KP_auswerten(
                   x,x_alt:Real;Tag,Monat:Integer);
procedure einen_Messwert_auf_Richtigkeit_auswerten(
                   x,x_alt:Real;Tag,Monat:Integer);
```

– Die Parameterliste und der Funktionswert sollen die einzige **Schnittstelle zur
Außenwelt** sein (insbesondere sollen keine globalen Variablen verändert
werden). Es sollte möglich sein, die Prozedur oder Funktion zu verwenden,
ohne ihre Einzelheiten kennen zu müssen. Gute Beispiele dafür sind die
vordefinierten Funktionen und Prozeduren von Object Pascal.

– Die Empfehlungen für die **Größe des Anweisungsteils** von Prozeduren
schwanken von einer Bildschirm- oder Druckseite bis zu ca. 200 Zeilen. Von
größere Anweisungsteilen wird generell abgeraten.

Einer meiner früheren Kollegen hat neue Funktionen in sein Programm einfach immer dadurch aufgenommen, daß er ähnliche Anweisungen irgendwo
kopiert, dann in einen neuen *if*-Zweig eingefügt und an die speziellen Anforderungen angepaßt hat. Die Folge war eine einzige Prozedur mit ca. 50 Seiten
und vielen globalen Variablen. Solche Prozeduren lassen sich kaum noch
überschauen und auch nicht vernünftig debuggen. Es wäre besser gewesen,
die Einzelfunktionen in eigenen Prozeduren zusammenzufassen. Er hätte
dann auch gesehen, daß viele dieser Zweige ähnliche Anweisungen durchführen, die in einer einzigen Prozedur hätten zusammengefaßt werden können.

– Meist werden als Obergrenze für die **Größe der Parameterliste** ca. 7 Parameter empfohlen. Diese magische Zahl wird durch die Ergebnisse von

psychologischen Untersuchungen begründet, nach denen mehr Einzelinformationen oft nur relativ schlecht überschaut werden können.

– **Einheitliche Namensgebung**: Damit man weiß, wie man eine Prozedur aufrufen muß, ohne immer mühsam nach der Deklaration zu suchen. Ähnliche Prozeduren sollten ähnliche Parameterlisten haben.

Selbst wenn man eine Prozedur oder Funktion formal verifiziert hat, erst recht aber wenn nicht: **Man sollte jede Prozedur- oder Funktionsvereinbarung mindestens einmal im Debugger durchlaufen**, damit man wenigstens einmal gesehen hat, ob sie auch wirklich das tut, was sie tun soll. Dabei sollte jede Verzweigung mindestens einmal durchlaufen werden, ebenso jede Schleife für die Randwerte sowie für Werte innerhalb und außerhalb der Grenzbereiche. Steve Maguire widmet diesem Ratschlag in Writing Solid Code (Maguire 1993) ein ganzes Kapitel: „Step through Your Code".

Schon früher wurde empfohlen, den **Gültigkeitsbereich** von allen Deklarationen, ganz besonders aber den **von Variablen, möglichst klein** zu **halten**. Dafür bietet Object Pascal sehr viel bessere Möglichkeiten als Standard Pascal. In Standard Pascal war die Reihenfolge der verschiedenen Vereinbarungsteile fest vorgeschrieben: Vor den Prozedur- und Funktionsvereinbarungen mußten alle Variablenvereinbarungen auf derselben Hierarchiestufe kommen. Damit mußten alle Variablen, die in einem Anweisungsteil benötigt wurden, für alle Prozeduren und Funktionen global vereinbart werden.

In Object Pascal kann diese Reihenfolge beliebig gemischt werden: Auch nach der Vereinbarung einer Funktion können weitere Variablen vereinbart werden. Insbesondere kann man alle Variablen unmittelbar vor dem Anweisungsteil vereinbaren, in dem sie benötigt werden.

Falls eine solche Variable in einer zuvor definierten Prozedur oder Funktion verändert werden soll, kann man sie als Variablenparameter übergeben. Mit dieser Vorgehensweise lassen sich **globale Variablen** in den allermeisten Fällen **vermeiden**.

Beispiel: Anstelle der globalen Vereinbarung von Summe und Wert wie in

```
var Summe,Wert:Extended;

{ ... }

procedure summiere;
begin
Summe := Summe + Wert;
end;
```

```
{ ... }

begin
summiere;
end;
```

sollte man diese besser unmittelbar vor dem Anweisungsteil vereinbaren und an alle Prozeduren und Funktionen, in denen sie benötigt werden, als Parameter übergeben:

```
{ hier keine globale Variablenvereinbarung }

procedure summiere(var Summe:Extended;
                            const Wert:Extended);
begin
Summe := Summe + Wert;
end;

{ ... }

var Summe,Wert:Extended;
begin
summiere(Summe,Wert);
end;
```

Die Vorteile sind bei einem derart kleinen Programm wie in diesem Beispiel nicht so gravierend. Bei einem großen Programm kann es aber beträchtlich zur Übersichtlichkeit beitragen, wenn der Gültigkeitsbereich einer jeden Variablen so klein wie nur irgend möglich ist.

5.10 Prozedurtypen

Mit den bisher vorgestellten Techniken können an Prozeduren oder Funktionen nur Daten als Parameter übergeben werden. Es gibt aber auch Situationen, in denen es sehr nützlich ist, wenn man einer Prozedur oder Funktion andere Prozeduren oder Funktionen als Parameter übergeben kann. Das ist mit Prozedurtypen möglich.

Ein Prozedurtyp wird im Typvereinbarungsteil vereinbart. Eine solche Vereinbarung ist mit einem Prozedur- oder Funktionskopf identisch, außer daß der Name der Prozedur oder Funktion weggelassen wird. Über die Parameterliste weiß der Compiler, in welcher Reihenfolge die Parameter auf dem Stack übergeben werden. Die Namen der Parameter sind dabei bedeutungslos.

procedural type

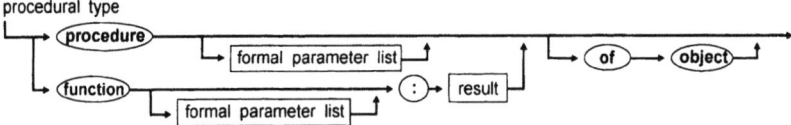

Beispiele: `type TProcedure = procedure;`
`TStringProc = procedure(S: string);`
`TMathFunc = function(X: Extended): Extended;`
`TMaxFunc = function(A, B: Extended;`
`F: TMathFunc): Extended;`

Einer Variablen eines Prozedurtyps kann der Name einer kompatiblen globalen Funktion oder Prozedur, einer kompatiblen **Prozedurvariablen** oder der Wert **nil** zugewiesen werden.

Beispiel: Mit den Deklarationen des letzten Beispiels sollen die folgenden Funktionen vereinbart werden:

```
function f(X:Extended):Extended; far;
begin { "far" für eine Wertzuweisung notwendig }
f := exp(1/(1+x*x));
end;

function bestimme_Maximum(a,b:Extended;
                          f:TMathFunc):Extended;
var m,x:Extended;
begin
m := f(a);
x := a;
while x <= b do
  begin
    x := x + 0.1; { eventuell etwas grobmaschig }
    if f(x) > m then m := f(x);
  end;
result := m;
end;

var g:TMathFunc;
    m:Extended;
```

Dann sind die folgenden Wertzuweisungen möglich:

```
g := f;
m := bestimme_Maximum(-10,10,f);
m := bestimme_Maximum(-10,10,g);
```

Damit zwei Prozedurtypen kompatibel sind, müssen die Anzahl der Parameter sowie die Datentypen der Parameter in der jeweiligen Reihenfolge identisch sein. Bei Funktionen müssen außerdem die Ergebnistypen identisch sein. Der Wert *nil* ist zu jedem Prozedurtyp kompatibel. Er wird aber nur verwendet, um auszudrücken, daß einer Prozedurvariablen kein Wert zugewiesen wurde.

Damit Prozeduren oder Funktionen als Werte verwendet werden können, müssen sie unter Delphi 1 als **far**-Prozeduren deklariert oder mit dem Compilerbefehl {$F+} kompiliert werden. Da diese Voraussetzung für die vordefinierten Funktionen der System-Unit nicht erfüllt ist, muß man sie wie die Sinusfunktion im nächsten Beispiel in eine „umhüllende Funktion" einbetten.

Beispiel: Mit der Prozedur *Wertetabelle* kann eine Wertetabelle für eine beliebige *real_function* in einem Memo-Fenster ausgegeben werden:

```
type real_function = function(x:Extended):Extended;

procedure Wertetabelle(a,b,delta:Extended;fb,nk:Integer;
                                          f:real_function);
{ Gibt eine Wertetabelle der Funktion f von a bis b mit
  der Schrittweite delta aus. Die Feldbreite fb und die
  Anzahl der Nachkommastellen nk werden als Parameter
  übergeben. }
var x:Extended;
begin
x := a;
while x <= b do
  begin
    Form1.Memo1.Lines.Add(FloatToStrF(x,ffFixed,fb,nk)+
                     ' '+ FloatToStrF(f(x),ffFixed,fb,nk));
    x := x + delta;
  end;
end;

function sin_(x:Extended):Extended; far;
{ Da die vordefinierte Funktion sin nicht als far-Proze-
  dur definiert ist und damit nicht als Prozedurparame-
  ter verwendet werden kann, wird sie durch sin_ er-
  setzt. }
begin
sin_ := sin(x);
end;

function x_hoch_3(x:Extended):Extended; far;
begin
x_hoch_3 := x*x*x;
end;

procedure TForm1.wertetabClick(Sender: TObject);
begin
Wertetabelle(0, 1,0.1,8,4,sin_);
Wertetabelle(0,10,  1,4,0,x_hoch_3);
end;
```

Anmerkung für C-Programmierer: Die Übergabe von Funktionsargumenten an Funktionen erfolgt in C dadurch, daß als formaler Parameter eine Funktionsdeklaration angegeben wird.

Aufgaben 5.10

1. Beim **Newton-Raphson-Verfahren** zur Bestimmung einer Nullstelle einer Funktion f:R -> R ersetzt man einen Näherungswert x_0 der Lösung durch die Nullstelle der Tangente im Punkt $(x_0, f(x_0))$:

   $$y = f'(x_0)(x-x_0) + f(x_0) = 0$$

   Diese Schritte werden solange wiederholt, bis man einen genügend guten Näherungswert für die Lösung hat oder bis eine maximale Anzahl von Iterationen durchgeführt ist. Wenn das Newton-Raphson-Verfahren konvergiert, konvergiert es ab einer genügend guten Näherung quadratisch, d. h. die Anzahl der richtigen Stellen verdoppelt sich.

   Implementieren Sie das Newton-Raphson-Verfahren unter Verwendung von Prozedurparametern in den folgenden zwei Varianten:

   a) Die Ableitung wird durch einen Näherungswert ersetzt.

   b) Die Ableitung wird ebenfalls als Funktion übergeben.

   c) Testen Sie die Prozeduren z. B. mit der Funktion $f(x) = x^2 - r$ und vergleichen Sie die Ergebnisse mit der vordefinierten Funktion *sqrt(r)*.

2. Um einen Näherungswert für das Integral einer Funktion f:R->R im Intervall von a bis b zu finden, kann man folgendermaßen vorgehen:

   1. Ersetze die Funktion f durch eine Gerade durch (a,f(a)) und (b,f(b)) und berechne die Fläche des so erhaltenen Trapezes (**Trapezregel**).

      Zerlegt man zur Erhöhung der Genauigkeit das Intervall [a,b] mit h = (b – a)/n in n–1 Teilintervalle [a,a+h], [a+h,a+2h] ... usw. und summiert die Trapezflächen der Teilintervalle auf, erhält man die **Trapezsumme**:

      $$T_n = h*[f(a)/2 + f(a+h) + ... + f(b-h) + f(b)/2]$$

   2. Ersetze die Funktion f durch ein quadratisches Polynom durch die Punkte (a,f(a)), ((a+b)/2,f((a+b)/2) und (b,f(b)) (**Simpsonsche Regel**). Zerlegt man das Intervall wie unter 1. in Teilintervalle und summiert man diese Flächen auf, erhält man die Summe

      $$S_n = h*[f(a)+4f(a+h)+2f(a+2h)+4f(a+3h)+...+2f(b-2h)+4f(b-h)+f(b)]/3$$

      a) Schreiben Sie unter Verwendung von Prozedurparametern die Funktionen *Trapezsumme* und *Simpsonsumme*. Dabei sollen a, b, n und f als Parameter übergeben werden.

b) Da man vorab oft kaum entscheiden kann, wie gut die so berechneten Näherungswerte sind, erhöht man n sukzessive (z. B. durch Verdoppeln), bis sich zwei aufeinanderfolgende Näherungswerte um weniger als eine vorgegebene Schranke unterscheiden.

Schreiben Sie eine Prozedur *iterate*, die diese Iterationen für die Funktionen *Trapezsumme* und *Simpsonsumme* durchführen. Beide sollen als Parameter übergeben werden.

c) Testen Sie Ihr Programm, indem Sie die so erhaltenen Näherungswerte mit den exakten Werten vergleichen, die man über die Stammfunktion erhält (z. B. für ein quadratisches Polynom).

5.11 Rekursion

Wenn eine Prozedur oder Funktion in dem Block aufgerufen wird, der zu ihrer Vereinbarung gehört, dann bezeichnet man sie als rekursiv. Rekursive Prozeduren und Funktionen ermöglichen oft einfache Lösungen von rekursiv formulierten Problemen.

Beispiel: Die Summe s(n) der ersten n Zahlen

$$s(n) \quad = 0 + 1 + 2 + ... + (n-1) + n$$

$$= \underbrace{\qquad\qquad\qquad}_{s(n-1)} \quad + n$$

kann rekursiv definiert werden durch

$$s(n) \quad = \begin{cases} 0, \text{ falls } n <= 0 \\ s(n-1) + n, \text{ falls } n > 0 \end{cases}$$

In diesem Beispiel sind die Funktionswerte für n <= 0 explizit definiert und können unmittelbar bestimmt werden. Die nicht explizit definierten Funktionswerte für n > 0 können dagegen nicht direkt aus der Definition bestimmt werden und erfordern rekursive Zwischenschritte:

Beispiel: s(2) = 2 + s(1)   { s(2) ist nach der rekursiven Definition 2 + s(1) }
        = 2 + 1 + s(0){ s(1) ist nach der rekursiven Definition 1 + s(0) }
        = 2 + 1 + 0 { s(0) ist nach der rekursiven Definition 0 }
        = 3   { Jetzt erst kann man die Summanden summieren. }

Die rekursive Definition von s(n) aus dem ersten Beispiel läßt sich unmittelbar durch

```
function s(n:Integer):Integer;
begin
if n <= 0 then s := 0 { Abbruchbedingung }
else s := s(n-1) + n; { rekursiver Aufruf }
end;
```

in eine rekursive Pascal-Funktion übersetzen. Wird diese Funktion mit einem aktuellen Parameter n <= 0 aufgerufen, wird unmittelbar der Funktionswert 0 zurückgegeben. Für n > 0 wird dagegen beim Aufruf von s(n) auch s(n–1) aufgerufen. Falls auch n–1 > 0 ist, wird beim Aufruf von s(n–1) auch noch s(n–2) aufgerufen. Diese Verschachtelung von Aufrufen wird solange fortgeführt, bis n = 0 ist.

Anfänger sehen rekursive Prozeduren und Funktionen oft als etwas Mysteriöses und wundern sich, wie so etwas funktionieren kann. Rekursive Aufrufe sind aber ganz einfach deswegen möglich, weil bei jedem Aufruf einer Prozedur oder Funktion die Rücksprungadresse (der auf den Aufruf folgenden Anweisung) auf den Stack gelegt wird. Diese Technik wurde in Abschnitt 5.4 vorgestellt und funktioniert für rekursive Aufrufe genauso wie für nichtrekursive. Außerdem werden alle lokalen Variablen auf den Stack gelegt, und dazu gehören insbesondere auch die Parameter (bei Variablen- und Konstantenparametern wird nur deren Adresse auf den Stack gelegt).

Beispiel: Ein Aufruf von s(2) führt zu den in der linken Spalte dargestellten Anweisungen. In den rechten Spalten ist dargestellt, wie die lokalen Variablen auf dem Stack abgelegt werden (ohne die Rücksprungadressen):

Stack ---->

	n	s	n	s	n	s
Aufruf s(2)	n	s				
n := akt.Par	2					
Aufruf s(1)	-	-	n	s		
n := akt.Par	-	-	1			
Aufruf s(0)	-	-	-	-	n	s
n := akt.Par	-	-	-	-	0	
s := 0	-	-	-	-		0
{ s(0)=0 berechnet }	-	-	-	-		
s := s(0) + n	-	-		1		
{ s(1)=1 berechnet }	-	-				
s := s(1) + n		3				
{ s(2)=3 berechnet }						

Beim Aufruf von s(2) werden zuerst die lokalen Variablen n und s auf dem Stack angelegt. Dann erhält n den Wert des aktuellen Parameters. In der nächsten Anweisung

$$s := n + s(n-1)$$

wird zuerst die rechte Seite ausgewertet. Da diese Auswertung mit einem erneuten Aufruf der Funktion s verbunden ist, werden neue lokale Variablen s und n auf dem Stack angelegt, wodurch die vorher angelegten Variablen nicht mehr ansprechbar sind (angedeutet durch „–").

Diese Vorgehensweise wird solange wiederholt, bis ein Aufruf von n nicht mehr mit einem neuen rekursiven Aufruf verbunden ist. Der dabei berechnete Wert s(0) wird dann zur Berechnung von s im Aufruf von s(1) usw. verwendet, bis schließlich der Wert von s(2) zurückgegeben wird.

Offensichtlich können rekursive Prozeduren und Funktionen den **Stack kräftig beanspruchen**. Wollte man mit der rekursiven Funktion s die Summe der ersten 100 000 Zahlen berechnen, würde man 100 000 Mal ca. 10 Bytes auf den Stack legen. Das ist aber unter Delphi 1 überhaupt nicht möglich (Stack Overflow) und auch unter Delphi 2 alles andere als optimal, da die Verwaltung des Stacks auch ihre Zeit braucht.

Außerdem besteht bei rekursiven Prozeduren und Funktionen die Möglichkeit, daß die rekursiven Aufrufe wie bei einer **Endlosschleife** nicht abbrechen, wenn eine Abbruchbedingung vergessen oder falsch formuliert wird. Bei der Funktion s wäre das etwa dann der Fall, wenn die Abbruchbedingung

```
if n <= 0 then s := 0
```

durch

```
if n = 0 then s := 0
```

ersetzt würde und s mit einem negativen Parameter aufgerufen wird.

Sowohl in den englischen als auch in den deutschen Versionen von Delphi 1 und 2 findet man in der Delphi-Hilfe unter dem Stichwort „procedure" den Hinweis:

Hinweis: Wenn der Prozedurname in einer Procedure-Anweisung innerhalb des Prozedurblocks verwendet wird, dann ruft sich die Prozedur selbst auf, während sie ausgeführt wird. Daraus ergibt sich eine Endlosschleife.

Hier ist offensichtlich der letzte Satz falsch.

Im Gegensatz zur rekursiven hat die iterative Lösung

```
function s(n:Integer):Integer;
```

```
var i, sum:Integer;
begin
sum := 0;
for i := 1 to n do sum := sum + i;
s := sum;
end;
```

den Vorteil, daß sie wesentlich weniger Speicherplatz auf dem Stack erfordert und deutlich schneller ist. Die rekursive Version der Funktion s ist also äußerst ineffektiv. Sie wurde nur behandelt, um die Funktionsweise von rekursiven Funktionen an einem besonders einfachen Beispiel aufzeigen zu können.

Unabhängig von irgendwelchen technischen Einschränkungen ist **ein Problem** dann durch eine **rekursiv**e Prozedur oder Funktion **lösbar**, wenn die folgenden beiden Voraussetzungen erfüllt sind:

1. Es kann in bestimmten Spezialfällen explizit gelöst werden. Diese Spezialfälle entsprechen den Abbruchbedingungen.

2. Alle anderen Fälle führen in endlich vielen Schritten auf eine Abbruchbedingung (Rekursionsschritte).

Iterative und rekursive Lösungen sollen anhand eines weiteren Beispiels verglichen werden. Das sogenannte **Pascal-Dreieck** (nach dem Mathematiker Blaise Pascal, nach dem auch die Programmiersprache Pascal benannt wurde) entsteht dadurch, daß man zunächst die Zahl 1 in eine Zeile schreibt. Die nächste Zeile entsteht dann aus der vorhergehenden, indem man die Summe der darüberstehenden addiert, wobei man sich links von der ersten und rechts von der letzten eine Null denkt. Bezeichnet man die k-te Zahl in der n-ten Zeile des Pascal-Dreiecks mit p(n,k),

$$
\begin{array}{ccccccccccc}
 & & & & & 1 & & & & & \\
 & & & & 1 & & 1 & & & & \\
 & & & 1 & & 2 & & 1 & & & \\
 & & 1 & & 3 & & 3 & & 1 & & \\
 & 1 & & 4 & & 6 & & 4 & & 1 & \\
1 & & 5 & & 10 & & 10 & & 5 & & 1
\end{array}
$$

....

dann ist p(n,k) für 0 <= k <= n durch

$$
p(n,k) = \begin{cases} 1, \text{ falls } (n=0) \text{ oder } (k=n) \\ p(n-1,k-1) + p(n-1,k), \text{ sonst} \end{cases}
$$

definiert (eine Zahl ist die Summe der beiden darüberstehenden). Sowohl n als auch k werden dabei ab 0 gezählt.

Beispiel: $p(0,0) = 1$

$p(1,0) = 1$ $p(1,1) = 1$

$p(2,0) = 1$ $p(2,1) = 2$ $p(2,2) = 1$ usw.

Eine rekursive Funktion zur Berechnung von $p(n,k)$ läßt sich unmittelbar aus der rekursiven Definition von $p(n,k)$ ableiten. Bei dieser Lösung muß man gar nicht viel überlegen – es reicht, die Definition abzuschreiben:

```
function p(n,k:Integer):Integer;
begin
if (0 <= k) and (k <= n) then
   if (k = 0) or (k = n) then p := 1
   else p := p(n-1,k-1) + p(n-1,k)
else p := 0; {außerhalb des Dreiecks alles auf 0 setzen}
end;
```

Eine Messung der Rechenzeiten von $p(n,k)$ ergab etwa die folgenden Werte:

ca. 1982 auf einem AppleII+ mit Apple Pascal		1996 auf einem Pentium 120 mit Delphi 1	
p(14,7)	18 Sek	p(24,12)	3,19 Sek.
p(15,7)	33 Sek	p(25,12)	6,15 Sek.
p(16,8)	65 Sek	p(26,13)	12,36 Sek.
p(17,8)	130 Sek	p(27,13)	23,73 Sek.

Unabhängig von den tatsächlichen Zeiten zeigen beide Vergleiche dasselbe Grundverhalten: Erhöht man n in der Mitte des Pascal-Dreiecks um 1, verdoppelt sich die Rechenzeit. Dieses Verhalten wird sofort verständlich, wenn man sich die Struktur der Aufrufe veranschaulicht, z. B. bei der Berechnung von $p(4,2)$:

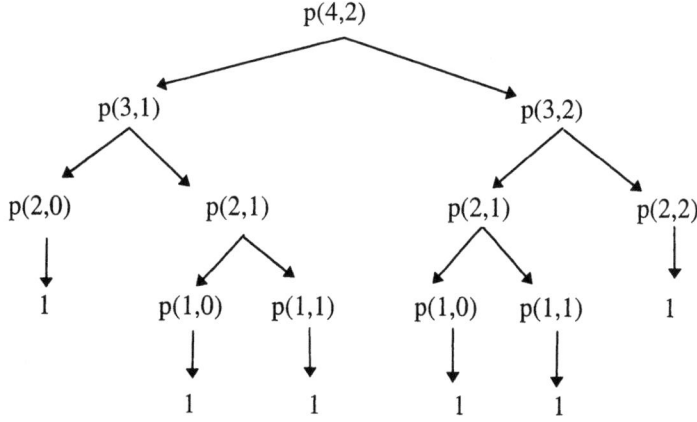

Hier wird p(2,1) zweimal berechnet, da sich die rekursive Funktion nicht
„merken kann", daß sie diesen Wert bereits berechnet hat. Solche Mehrfach-
berechnungen führen dazu, daß bei der Berechnung von p(16,8) die kompletten
Verzweigungen unter p(15,7) und p(15,8) durchgerechnet werden, wodurch sich
der Rechenaufwand bei jeder Erhöhung von n um 1 verdoppelt.

Während sich die rekursive Version der Funktion p direkt aus der Definition des
Pascal-Dreiecks ergab, ist es kaum unmittelbar einsichtig, daß eine iterative
Funktion zur Berechnung von p(n,k) durch die schon mehrfach angesprochene
Funktion für die Binomialkoeffizienten gegeben ist:

```
function binom(n,k:Integer):Integer;
var i,b:Integer;
begin                    { siehe Aufgabe 5.6.4 }
if (0 <= k) and (k <= n) then b := 1 else b := 0;
for i := 1 to k do
  b := b * (n-i+1) div i;
p := b;
end;
```

Diese Funktion liefert ihre Ergebnisse im Gegensatz zur rekursiven Lösung im
Bruchteil einer Sekunde, da höchstens (n–k) Multiplikationen und Divisionen
notwendig sind.

Das Beispiel zeigt, daß **rekursive Lösungen** im Gegensatz zu iterativen **oft
einfacher** und eleganter formuliert werden können. Allerdings ist die Funktion p
außerordentlich **ineffektiv** und wird daher wohl kaum in einem realen Programm
eingesetzt werden. Sie kann allerdings nützlich sein, um die Ergebnisse einer
nichtrekursiven mit denen einer rekursiven Version zu vergleichen:

```
procedure test;
var n,k,p_,b:LongInt;
begin
for n := 0 to 10 do;
  for k := 0 to n do
    begin
      p_ := p(n,k);
      b := binom(n,k);
      if p_ <> b then
      Memo1.Lines.Add('('+IntToStr(n)+','+IntToStr(k)+
                ': p='+IntToStr(r) +' b='+IntToStr(b));
    end;
  end;
```

Allerdings muß **nicht jede rekursive Lösung ineffektiv** sein. Wie die nächsten
beiden Beispiele zeigen, gibt es auch rekursive Algorithmen, bei denen die
Rekursionstiefe nicht allzu groß wird und bei denen keine unnötigen Mehrfach-
berechnungen auftreten. Da diese außerdem noch wesentlich einfacher sind als
entsprechende iterative Verfahren, ist die rekursive Lösung vorzuziehen.

Quicksort

Der sogenannte „Quicksort" ist einer der schnellsten Algorithmen, mit dem man ein Array sortieren kann. Dieses Verfahren ist auch unter dem Namen „Sortieren durch Zerlegen" bekannt.

Im folgenden sei das zu sortierende Array durch

A[1]..A[n]

gegeben. Beim „Sortieren durch Zerlegen" geht man folgendermaßen vor:

1. Zerlege A[1]..A[n] so in zwei Teile A[1]..A[l] und A[l+1]..A[n], daß alle Elemente des ersten Teils kleiner oder gleich allen Elementen des zweiten Teils sind.

2. Falls der linke Teil des Arrays A[1]..A[l] noch nicht sortiert ist, wendet man 1. auf diesen linken Teil an.

3. Falls der rechte Teil des Arrays A[l+1]..A[n] noch nicht sortiert ist, wendet man 1. auf diesen rechten Teil an.

Ein so entstandenes Teilarray A[l]..A[r] braucht nicht weiter sortiert zu werden, wenn es bereits sortiert ist. Ein einfaches Kriterium dafür ist, daß es höchstens noch aus einem Element besteht, d. h. l >= r gilt.

Wenn jetzt noch eine Prozedur *Zerlege(l,r,lo,ru)* zur Verfügung steht, die das Teilarray

A[l]..A[r]

so in zwei Teilarrays A[l]..A[lo] und A[ru]..A[r] zerlegt, daß jedes Element des linken Teilarrays kleiner oder gleich jedem Element des rechten Teilarrays ist, kann man dieses Verfahren zum Sortieren des Arrays A[l]..A[r] wie folgt beschreiben:

```
procedure Sortiere(l,r:Integer);
var lo, ru:Integer;
begin
Zerlege(l,r,lo,ru);
if l < lo then Sortiere(l,lo);
if ru < r then Sortiere(ru,r);
end;
```

Das gesamte Array A wird dann durch den Aufruf *Sortiere(1,n)* sortiert.

Damit die Prozedur *Zerlege* das Array A[l]..A[r] so umordnet, daß für ein Array-Element X anschließend

A[l]..A[lo] <= X <= A[ru]..A[r]

gilt, kann man so vorgehen:

1. Zuerst wählt man ein beliebiges Arrayelement X aus, z. B. X = A[(l+r) div 2].

2. Dann sucht man ausgehend von A[l] nach dem ersten Element A[ru], für das
   A[ru] >= X gilt.

3. Dann sucht man ausgehend von A[r] nach dem ersten Element A[lo], für das
   A[lo] <= X gilt.

4. Falls nicht schon A[ru] rechts und A[lo] links von X liegt, werden A[ru] und
   A[lo] vertauscht.

Die Schritte 1. bis 3. werden dann so lange wiederholt, bis ru > lo ist.

Beispiel: (l = 10 und r = 17)

```
                        X = A[13] = 10
  A[10]   A[11]   A[12]   A[13]   A[14]   A[15]   A[16]   A[17]
    10      5      13      10      18       4      10       6
     ^ru                                                    ^lo
```

Vertausche A[10] und A[17]:

```
    6       5      13      10      18       4      10      10
                    ^ru                             ^lo
```

Vertausche A[12] und A[16]:

```
    6       5      10      10      18       4      13      10
                            ^ru            ^lo
```

Vertausche A[13] und A[15]:

```
    6       5      10       4      18      10      13      10
                            ^ru    ^lo
```

Dieses Verfahren wird durch die folgende Prozedur dargestellt:

```pascal
procedure Zerlege(l,r:Integer; var lo,ru:Integer);

    procedure Vertausche(var K1,K2:Integer);
    var H:Integer;
    begin
    H := K1;
    K1 := K2;
    K2 := H;
    end;
```

```
var X:Integer;
begin
X := A[(1+r) div 2];      { Vergleichselement }
ru := 1;
lo := r;
while ru <= lo do
  begin
    while A[ru] < X do ru := ru + 1;
    { A[1]..A[ru-1] < X und A[ru] >= X }
    while X < A[lo] do lo := lo - 1;
    { A[lo] >= X und X < A[lo-1]..A[r] }
    if ru <= lo then
      begin
        Vertausche(A[ru],A[lo]);
        { A[1]..A[ru] <= X <= A[ro]..A[r] }
        ru := ru + 1;
        lo := lo - 1;
        { A[1]..A[ru-1] <= X <= A[lo+1]..A[r] }
      end;
    { A[1]..A[ru-1] <= X <= A[lo+1]..A[r] }
  end;
{ ru > lo und A[1]..A[ru-1] <= X <= A[lo+1]..A[r] }
end;
```

Damit ist die Prozedur *Quicksort* mit den beiden lokalen Prozeduren *Zerlege* und *Sortiere* gegeben durch

```
procedure Quicksort;
{ lokal Zerlege und Sortiere aufnehmen }
begin
Sortiere(1,Satzzahl)
end;
```

In der folgenden Tabelle sind die Laufzeiten für das Sortieren von verschieden großen Arrays zusammengestellt. In der Spalte *ASort* stehen die Ausführungszeiten für den Auswahlsort (siehe Abschnitt 3.17), in der Spalte *QSort* die für den Quicksort und in der Spalte *Satzzahl* die Anzahl der sortierten Datensätze (jeweils ca. 40 Bytes groß).

	Apple-Pascal (ca. 1984)		Turbo Pascal 3 (AppleII, ca. 1984)		Borland Pascal 7 (486/33,ca.1993)	Delphi 2 (Pentium 120)
Satzzahl	ASort	QSort	ASort	QSort	ASort	ASort
25	4	2	1	?		
50	12	4	3	?		
100	43	8	8	2		
200	166	19	31	4		
400	646	43	118	9	1,25	
800					4,98	
1600					19,92	0,4

Da ich diese beiden Sortierverfahren schon seit über 10 Jahren in meinen Vorlesungen vergleiche, wollte ich Ihnen meine historische Sammlung von Laufzeiten auf verschiedenen Plattformen nicht vorenthalten.

Ursprünglich sollte diese Tabelle nur demonstrieren, daß eine Verdoppelung der Satzzahl beim Auswahlsort etwa eine Vervierfachung der Laufzeit mit sich bringt, beim Quicksort dagegen nur etwa eine Verdoppelung.

Die Beschleunigung der Ausführungszeiten hat dabei mehrere Ursachen: Einerseits sind natürlich die Prozessoren schneller geworden. Andererseits ist auch die Qualität der Compiler beträchtlich gestiegen: Allein die Verwendung von Konstanten- anstelle von Werteparametern bringt eine Beschleunigung um den Faktor 4.

Eine ausführliche Darstellung und Diskussion zahlreicher **Sortierverfahren** findet man bei Wirth (1983, Algorithmen ...) und Knuth (1973, Vol. 3).

Ein rekursiv absteigender Parser

In Abschnitt 5.8 haben wir einen einfachen **Taschenrechner** entwickelt, der zwei Zahlen mit einem der Operatoren +, –, * oder / verknüpfen kann. Dieser Taschenrechner soll jetzt so erweitert werden, daß nicht nur zwei Zahlen verknüpft werden können, sondern beliebig viele. Dabei sollen die multiplikativen Operatoren stärker binden als die additiven, außerdem sollen geklammerte Teilausdrücke möglich sein.

Die Syntax, nach der solche Ausdrücke gebildet werden können, soll sich dabei an der **Syntax von Pascal** orientieren.

Ein **Ausdruck** soll dabei wie ein einfacher Ausdruck in Pascal gebildet werden können: entweder als Term oder als Verknüpfung von zwei oder mehr Termen mit einem der additiven Operatoren + oder – wie in

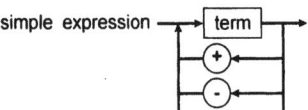

Das ist genau das Syntaxdiagramm aus Abschnitt 0. Lediglich die hier nicht verwendeten Operatoren wurden abgeschnitten. Dasselbe gilt für die folgenden Syntaxdiagramme.

Offensichtlich wird dieses Syntaxdiagramm durch die folgenden Anweisungen realisiert: Da man am nächsten zu verarbeitenden Zeichen s[i] erkennen kann, daß ein Term vorliegt, kann man diesen einlesen { 1 }. Anschließend prüft man,

ob als nächstes ein + oder – kommt. Trifft das zu, addiert man diesen Term zum
Ergebnis:

```
var op:Char;
begin { expr }
whitespace_ueberlesen(s,i);
result := term;                                              { 1 }
while (i <= length(s)) and (s[i] in ['+','-']) do
  begin
    op := Operand_einlesen(s,i);
    whitespace_ueberlesen(s,i);
    case op of
      '+': result := result + term;
      '-': result := result - term;
    end;
    whitespace_ueberlesen(s,i);
  end;
end;  { expr }
```

Die hier verwendeten Prozeduren und Funktionen *whitespace_ueberlesen*,
Operand_einlesen und *Zahl_einlesen* wurden in Abschnitt 5.8 vorgestellt.

Ein Term ist entweder ein Faktor oder eine Verknüpfung von zwei oder mehr
Faktoren mit einem der multiplikativen Operatoren * oder /:

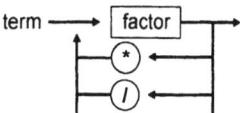

Diese Syntax wird durch

```
function Term:Extended;
var op:Char;
begin { Term }
result := factor;
whitespace_ueberlesen(s,i);
while (i <= length(s)) and (s[i] in ['*','/']) do
  begin
    op := Operand_einlesen(s,i);
    whitespace_ueberlesen(s,i);
    case op of
      '*': result := result * factor;
      '/': result := result / factor;
    end;
    whitespace_ueberlesen(s,i);
  end;
end;  { Term }
```

gelesen. Durch diese Aufteilung in Terme und Ausdrücke wird die stärkere
Bindung der multiplikativen gegenüber den additiven Operatoren erreicht.

Ein Faktor soll schließlich wie in

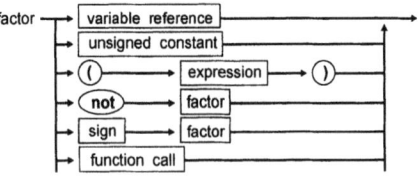

entweder eine Zahl, ein geklammerter Ausdruck oder ein Vorzeichen sein, auf das ein Faktor folgt.

```pascal
function factor:Extended;
begin
if s[i] in Ziffern then factor := Zahl_lesen(s,i)
else if s[i] = '(' then
  begin
    inc(i); { weiterlesen nach "(" nicht vergessen }
    whitespace_ueberlesen(s,i);
    factor := expr;
    if s[i]= ')' then
      begin
        inc(i);
        whitespace_ueberlesen(s,i);
      end
    else ShowMessage('")" expected')
  end
else if s[i] = '-' then
  begin
    inc(i); { weiterlesen nach "=" nicht vergessen }
    whitespace_ueberlesen(s,i);
    factor := -factor;
  end
else errormessage(i);
end;
```

Offensichtlich ermöglichen die gegenseitig rekursiven Aufrufe dieser Funktionen eine direkte Übersetzung der ebenfalls schon rekursiven Syntaxdiagramme. Würde man diese nichtrekursiv programmieren, wäre das sicher nicht so einfach.

Die Verschachtelung der Funktionen im Überblick:

```pascal
function parse1(s:string):Extended;
{ inspiriert durch Stroustrup 1991, Abschnitt 3.1 }
const Ziffern = ['0'..'9',','];
      Operanden = ['+','-','*','/'];

  procedure errormessage(i:Integer);
  var m:string;
  begin
  m := s;
  Insert('<---',m,i+1);
  ShowMessage('Syntaxfehler bei Position '+IntToStr(i)+
                                          #13+m);
```

```
    end;

var i:Integer;

    function expr:Extended;

        function factor:Extended;
        begin
        { wie oben }
        end;

        function term:Extended;
        var op:Char;
        begin { term }
        { wie oben }
        end;   { term }

    var op:Char;
    begin { expr }
    { wie oben }
    end;   { expr }

begin { parse1 }
i := 1;
result := expr;
end;   { parse1 }
```

Verwendet man diesen Algorithmus zusammen mit einem Memo-Fenster, kann man die vorherigen Eingaben anzeigen. Damit sieht man im Gegensatz zu den meisten ähnlichen Rechnern wie bei einem Drucker immer, was man eingetippt hat und was tatsächlich gerechnet wurde:

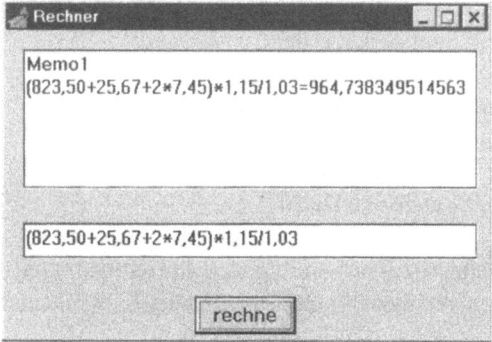

Aufgaben 5.11

1. Schreiben Sie die folgenden Funktionen als rekursive Funktionen. Alle diese Aufgaben sind lediglich Übungen zur Formulierung rekursiver Funktionen.

Keine der so erhaltenen Lösungen ist bezüglich der Effizienz mit der iterativen Lösung vergleichbar.

a) Die Funktion ggT soll den größten gemeinsamen Teiler von zwei Werten als Funktionswert zurückgeben (siehe auch Aufgabe 5.6.1).

b) Fakultät (siehe auch Aufgabe 5.6.1).

c) Fibonacci-Zahlen (siehe auch Aufgabe 5.6.1).

d) Schreiben Sie für jede dieser Funktionen ein Testprogramm, das die Ergebnisse der rekursiven mit der iterativen Lösung vergleicht. Vergleichen Sie dabei die Laufzeit der rekursiven mit der iterativen Funktion.

2. Erweitern Sie den Taschenrechner um Funktionen wie sin, cos usw.

3. Ein Verzeichnis (Laufwerk, Unterverzeichnis) kann mit den beiden Funktionen

```
function FindFirst(const Path: string; Attr: Word;
                   var SearchRec: TSearchRec): Integer;

function FindNext(var SearchRec: TSearchRec): Integer;
```

nach allen Dateien durchsucht werden. Dazu wird zuerst mit *FindFirst* nach einer ersten Datei gesucht, wobei *Path* das Verzeichnis und die Suchmaske (z. B. Path= 'c:\delphi*.*') enthält und *Attr* den Dateityp der gesuchten Datei:

faReadOnly:	schreibgeschützte Datei
faHidden:	versteckte Datei
faSysFile:	Systemdatei
faVolumeID:	Datenträgerbezeichnung
faDirectory:	Unterverzeichnis
faArchive:	Archivdatei
faAnyFile:	beliebige Datei

Falls die Suche erfolgreich war, gibt *FindFirst* den Wert 0 zurück, und die Variable *Searchrec* enthält unter anderem die Komponenten

SearchRec.Attr
SearchRec.Name

mit dem Attribut und dem Namen der Datei. Nach dem ersten Aufruf von *FindFirst* kann man mit *FindNext* nach weiteren Dateien mit denselben Eigenschaften wie beim letzten Aufruf von *FindFirst* suchen.

Wenn eine so gefundene Datei ein Verzeichnis ist (also *SearchRec.Attr = faDirectory*), kann man dieses rekursiv durchsuchen, ebenso alle weiteren Unterverzeichnisse.

a) Schreiben Sie ein Programm, das alle Dateien in einem Laufwerk in einer ListBox anzeigt.

b) Erweitern Sie das Programm aus a) so, daß das Laufwerk über eine *DriveComboBox* ausgewählt werden kann. Über ein Edit-Fenster soll ein Substring eingegeben werden können, so daß nur die Dateien in der ListBox angezeigt werden, die den Substring im Dateinamen enthalten.

4. Die Ackermann-Funktion

$$ack(n,m) = \begin{cases} m+1 & \text{für } n=0 \\ ack(n-1,1) & \text{für } m=0 \\ ack(n-1,ack(n,m-1)) & \text{sonst} \end{cases}$$

setzt in gewisser Weise die „Folge" Addition, Multiplikation, Potenzierung fort und nimmt den Folgenindex als Variable. Diese Funktion wächst sehr stark und bereits ack(4,2) hat 9754 Dezimalstellen.

5.12 Weitere Optionen für Funktionen und Prozeduren

In allen bisherigen Beispielen war ein *subroutine block* immer nur ein *block*.

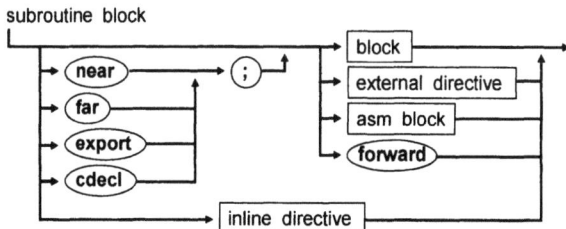

Betrachten wir noch kurz die weiteren Optionen, die hier möglich sind.

Mit **near**- und **far**-Deklarationen kann in Delphi 1 zwischen zwei Modellen beim Aufruf von Prozeduren oder Funktionen gewählt werden. Normalerweise besteht keine Notwendigkeit für diese Angaben: Der Compiler generiert für Aufrufe innerhalb eines Programms oder einer Unit near calls und für Prozeduren und Funktionen im Interface-Teil far-calls. Lediglich in Ausnahmefällen, z. B. bei Prozedurtypen, muß die automatische Entscheidung des Compilers korrigiert werden. Unter Delphi 2 sind diese Optionen vermutlich ohne Bedeutung.

Mit **export** können Prozeduren in eine DLL exportiert werden, mit **external**
können Prozeduren aus DLLs oder obj-files importiert werden.

Mit **cdecl** kann man festlegen, daß eine Prozedur oder Funktion ihre Parameter
wie in der Programmiersprache C auf dem Stack übergibt. Diese Option ist
notwendig, wenn eine Prozedur oder Funktion von einem in C geschriebenen
Programm aufgerufen werden soll.

Nach **asm** können Anweisungen in Assembler eingefügt werden, mit **inline**
expliziter Maschinencode (alle Anweisungen in ihren Hexadezimal-Codes).

Mit einer **forward**-Deklaration (**Vorausdeklaration**) kann man einen Prozedurkopf definieren und anschließend aufrufen, aber den definierenden Block erst
später aufführen. Damit ist eine **indirekte Rekursion** möglich.

Beispiel:
```
procedure Flip(N: Integer); forward;

procedure Flop(N: Integer);
begin
Memo1.Lines.Add('Flop');
if N > 0 then Flip(N - 1);
end;

procedure Flip(N: Integer); { hier ist die }
begin { Parameterliste nicht mehr notwendig }
Memo1.Lines.Add('Flip');
if N > 0 then Flop(N - 1);
end;
```

Dabei muß bei der Definition des Prozedurblocks die Parameterliste nicht mehr
angegeben werden. Es ist aber trotzdem sinnvoll, sie anzugeben, da man im an-
schließenden Block sofort sieht, welche Parameter übergeben werden.

Eine indirekte Rekursion läßt sich oft mit lokalen Prozeduren auf eine direkte
Rekursion zurückführen.

Beispiel:
```
procedure Flop(N: Integer);

    procedure Flip(N: Integer);
    begin
    Memo1.Lines.Add('Flip');
    if N > 0 then Flop(N - 1);
    end;

begin
Memo1.Lines.Add('Flop');
if N > 0 then Flip(N - 1);
end;
```

6 Objektorientierte Programmierung

In diesem Kapitel wird zunächst dargestellt, wie man Daten zu eigenständigen Datenstrukturen zusammenfassen kann. Diese Datenstrukturen sind der Ausgangspunkt für die objektorientierte Programmierung, bei der Daten mit Prozeduren und Funktionen unter einem Oberbegriff zusammengefaßt werden. Ein solcher Oberbegriff wird als **Objekt** bezeichnet, und dieser hat der objektorientierten Programmierung den Namen gegeben.

Die objektorientierte Programmierung erweitert die in den letzten Kapiteln dargestellten Konzepte der strukturierten Programmierung um Begriffe wie **Vererbung, erweiterte Wertzuweisungskompatibilität** und **späte Bindung**. Damit können aus einfacheren Objekten komplexere aufgebaut werden, wobei die komplexeren je nach Bedarf Prozeduren und Funktionen von den einfacheren übernehmen oder diese neu definieren können. Die Nachfolger unterscheiden sich in den neu definierten Prozeduren und Funktionen von den Vorgängern und sind in den übernommenen mit ihnen identisch.

Auf diese Weise kann man insbesondere Basisklassen als Bausteine für wiederverwendbare und erweiterbare Algorithmen entwerfen. Die systematische Konstruktion von Basisklassen ist ein weiteres zentrales Thema dieses Kapitels.

Im Gegensatz dazu wird in nicht-objektorientierten Programmiersprachen relativ streng zwischen Daten und Prozeduren bzw. Funktionen unterschieden. Es besteht in der Regel keine Möglichkeit, diese unter einem eigenen Namen zusammenzufassen. Damit ist es meist recht aufwendig, komplexe Objekte aufzubauen, die einerseits in gewissen Verhaltensweisen definitiv identisch sind, sich andererseits aber doch wieder in gewissen Verhaltensweisen unterscheiden.

Im Lauf der letzten Jahre hat sich die Überzeugung durchgesetzt, daß anspruchsvolle und komplexe Programme (wie für graphische Benutzeroberflächen) ohne die Konzepte der objektorientierten Programmierung kaum mehr mit vertretbarem Aufwand realisiert werden können.

Wir werden später sehen, daß die Bibliothek der visuellen Komponenten (Visual Component Library, VCL) von Delphi eine mit diesen Konzepten raffiniert gestaltete Hierarchie von Objekten ist.

6.1 Records und die *with*-Anweisung

Bisher wurden als Datentypen fast ausschließlich vordefinierte Datentypen wie *Integer*, *Extended*, *Boolean* usw. verwendet. Diese sind allerdings für viele Anwendungen unzureichend, da es oft sinnvoll ist, mehrere Variablen unter einem eigenen Oberbegriff zusammenzufassen.

Solche Zusammenfassungen findet man auch in der Umgangssprache: So steht „Datum" oft für drei Komponenten, die einen Tag, einen Monat und ein Jahr bezeichnen.

Einen Datentyp, der mehrere Komponenten zusammenfassen kann, bezeichnet man als **strukturierten Datentyp**. Zu den strukturierten Datentypen gehört der *Record-Typ* oder *Record* (Datensatz), der eine Zusammenfassung von Variablen ermöglicht, die alle einen verschiedenen Datentyp haben können. Weitere strukturierte Typen sind z. B. Arrays oder Sets.

Bei der Vereinbarung eines Record-Typs werden die Komponenten einschließlich ihres Datentyps durch die reservierten Worte *record* und *end* zusammengefaßt. Dies entspricht dem *fixed part* des Syntaxdiagramms:

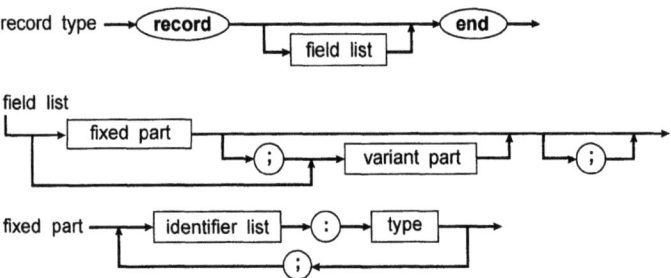

Eine *field list* (Liste der Datenfelder) ist im wesentlichen wie ein Variablen-vereinbarungsteil aufgebaut: Den Variablennamen im Variablenvereinbarungsteil entsprechen die Namen der Datenfelder des Datensatzes. Innerhalb eines Records müssen die Namen aller Datenfelder verschieden sein.

Ein Record-Typ ist ein Datentyp, der wie die vordefinierten Datentypen *Integer*, *Real* usw. in einem Variablenvereinbarungsteil angegeben werden kann. Eine Variable, deren Datentyp ein Record-Typ ist, wird auch als **Record-Variable** bezeichnet.

Beispiel: Eine Zeile der Tabelle

Konto- nummer	Konto- inhaber	Datum TT.MM.JJ			Bew.- art	Betrag
1019	Q. König	13	12	95	-	1234.56
		13	12	95	-	789.01
		14	12	95	+	23.45

kann für eine **Kontobewegung** stehen und wird durch die folgende Record-Variable dargestellt:

```
var K: record
        KontoNr: Integer;
        NameInhaber: string[20];
        ...
        Betrag: Currency { in Delphi 2,
                    in Delphi 1 Extended };
      end;
```

Dieses Beispiel zeigt eine typische Anwendung von Records in der betriebswirtschaftlichen Datenverarbeitung. Wir werden später mit weiteren strukturierten Datentypen nicht nur einzelne Zeilen, sondern ganze Tabellen oder Dateien aus solchen Datensätzen aufbauen. Datenbanken sind im wesentlichen eine mehr oder weniger große Anzahl von Dateien, die alle aus solchen Datensätzen bestehen.

Der Datensatz aus dem letzten Beispiel enthält mit dem Datum einen weiteren Datensatz. Will man dieses Datum unter einem eigenständigen Begriff ansprechen, kann man es innerhalb des *Records* K ebenfalls als *Record* vereinbaren:

```
var K: record
        KontoNr: Integer;
        NameInhaber: string[20];
        Datum: record
                Tag,
                Monat,
                Jahr: Integer;
              end;
        BewArt: Char;
        Betrag: Currency { in Delphi 2,
                        in Delphi 1 Extended};
      end;
```

Man bezeichnet einen solchen Datensatz innerhalb eines anderen auch als **Datengruppe**. Die Verschachtelung von Records kann im Prinzip unbegrenzt fortgesetzt werden.

Der *fixed part* einer Record-Variablen wird im Speicher als Folge der Variablen angelegt, aus denen er besteht. Deshalb ist die Reihenfolge, in der die Kompo-

nenten in einem Record aufgeführt werden, bis auf die interne Darstellung ohne
Bedeutung für ein Programm.

Beispiel: Die Vereinbarung

```
var K: record
        Datum : record
                   Tag,
                   Monat,
                   Jahr: Integer;
                end;
        BewArt: Char;
        Betrag: Currency { in Delphi 2,
                    in Delphi 1 Extended};
        KontoNr: Integer;
        NameInhaber: string[20];
     end;
```

ist gleichwertig mit der aus dem letzten Beispiel.

Die Gesamtgröße eines Records darf unter Delphi 1 die Obergrenze von 65520
Bytes nicht übersteigen. In Delphi 2 kann ein Record maximal 2 GB groß sein.
Falls eine Record-Variable relativ groß wird, kann es unter Delphi 1 sinnvoll
sein, diese nicht im Datensegment, sondern im Heap anzulegen.

Eine Komponente (ein Datenfeld oder eine Datengruppe) einer Record-Variablen
wird durch den Namen der Variablen angesprochen, auf den als Qualifizierer ein
Feldbezeichner folgt:

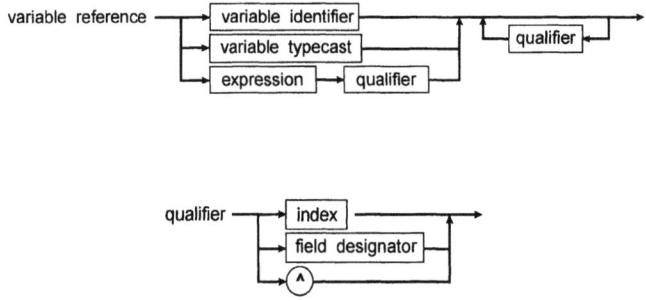

Der Name der Komponente wird dabei jeweils durch einen Punkt von der übergeordneten Komponente getrennt:

Jede Komponente eines Datensatzes ist eine Variable des Datentyps, der bei der
Vereinbarung angegeben wurde.

Beispiel: Mit der Vereinbarung aus dem letzten Beispiel ist

```
K.Kontonr
```

eine Variable des Datentyps *Integer* und

```
K.Datum
```

eine Variable des Datentyps

```
record
  Tag,
  Monat,
  Jahr: Integer;
end;
```

Die drei Komponenten von *K.Datum* lassen sich einzeln durch

```
K.Datum.Tag
K.Datum.Monat
K.Datum.Jahr
```

ansprechen und sind jeweils Variablen des Datentyps *Integer*.

Record-Variablen desselben Datentyps können als Ganzes in einer Wertzuweisung eingesetzt werden.

Beispiel: Nach den Vereinbarungen

```
var K1, K2: record
              .
              .
            end;
```

ist die folgende Wertzuweisung möglich:

```
K1 := K2;
```

Obwohl mit den Deklarationen im letzten Beispiel die Zuweisung

```
K1 := K2;
```

möglich ist, können zwei Record-Variablen desselben Datentyps nicht mit einem der Operatoren <, <=, = usw. verglichen werden. Die Bedingung in

```
if k1=k2 then ...
```

wird vom Compiler zurückgewiesen. Für Operatoren wie < oder <= ist das unmittelbar einsichtig: Ein byteweiser Vergleich der Operanden wird nur in den wenigsten Fällen das gewünschte Ergebnis erzielen, insbesondere wenn Strings in dem Record enthalten sind. Aber auch eine Prüfung auf Gleichheit oder

Ungleichheit ist nicht möglich, da ein Vergleich nur für einfache Datentypen definiert ist, zu denen Record-Typen nicht gehören.

Eine Ursache für diese Einschränkung auf einfache Datentypen liegt darin, daß unter Delphi 2 Datenfelder von Records auf Wortgrenzen ausgerichtet werden, wenn der Compilerbefehl {$A+} aktiviert ist. Deshalb belegt die Variable

```
var r: record
          b: Byte;
          i: Integer;
       end;
```

mit {$A+} 8 Bytes, während sie mit {$A–} nur 5 Bytes belegt. Würden jetzt beim Vergleich k1=k2 alle 8 Bytes verglichen, würden auch die Werte der nicht definierten 3 Bytes verglichen. Unter Delphi 1 belegt die Variable r unabhängig von der Einstellung von $A immer 3 Bytes.

Wenn man in mehreren Anweisungen die Felder eines Records ansprechen will, kann es etwas mühsam sein, bei jeder Komponente immer den Namen der Record-Variablen sowie die Feldnamen der Komponenten anzugeben. Zur Reduzierung der Schreibarbeit kann man in einer *with*-Anweisung ein einziges Mal die Record-Variable angeben und innerhalb der *with*-Anweisung die Komponenten allein durch Feldnamen ansprechen.

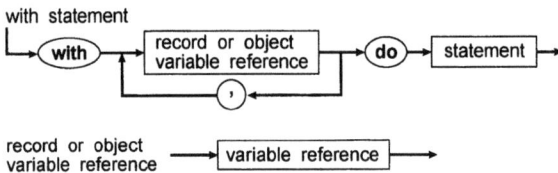

Beispiel:
```
with K do
    begin
        KontoNr := 1000;
        NameInhaber := 'R. Kaiser';
        with Datum do
            begin
                Tag := 1;
                Monat := 2;
                Jahr := 96;
            end;
        BewArt := +;
        Betrag := 100;
    end;
```

Diese Anweisungen lassen sich noch etwas vereinfachen, da verschachtelte *with*-Anweisungen zu einer einzigen *with*-Anweisung zusammengefaßt werden können, wenn die Namen der Datenfelder in den verschiedenen Records eindeutig sind.

Beispiel:
```
with K, Datum do
    begin
      KontoNr := 1000;
      NameInhaber := 'R. Kaiser';
      Tag       := 1;
      Monat     := 2;
      Jahr      := 96;
      BewArt    := '+';
      Betrag    := 100;
    end;
```

Die Reihenfolge, in der die Record-Variablen in einer *with*-Anweisung aufgeführt werden, muß der Reihenfolge entsprechen, in der die Records verschachtelt sind. In letzten Beispiel wäre

```
with Datum, K do
```

anstelle von „with K, Datum do" nicht zulässig und würde zu einer Fehlermeldung des Compilers führen.

Wenn in einer *with*-Anweisung ein Name verwendet wird, der sowohl eine Variable als auch eine Record-Komponente bezeichnet, wird mit diesem Namen immer die Record-Komponente angesprochen.

Beispiel:
```
var Tag: Boolean;

with K, Datum do
    begin
      KontoNr := 1000;
      NameInhaber := 'R. Kaiser';
      Tag       := 1; { K.Datum.Tag und nicht die
                               boolesche Variable Tag }
      ...
    end;
```

Eine **Record-Variable** kann in einem Konstantenvereinbarungsteil

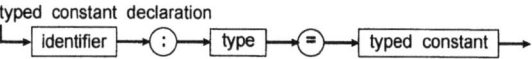
typed constant declaration

als typisierte Konstante (d. h. als initialisierte Variable) deklariert werden:

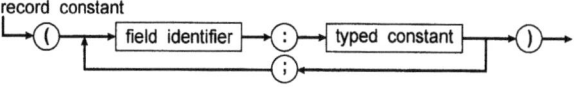
record constant

In diesem Syntaxdiagramm steht *field identifier* für den Namen des Datenfeldes und *typed constant* für den Wert, mit dem das Datenfeld initialisiert wird.

Beispiel: **const Kreis: record**
                          x,y,r:Integer
                          end = (x:0;y:0;r:1);

Die Zusammenfassung von Datenfeldern zu einem Record läßt sich mit der Zusammenfassung von Anweisungen zu Prozeduren vergleichen: In beiden Fällen werden inhaltlich zusammengehörende Elemente unter einem eigenständigen Oberbegriff zusammengefaßt.

Eine solche Zusammenfassung von inhaltlich zusammengehörigen Daten kann deutlich zur **Verständlichkeit eines Programms** beitragen und ist generell empfehlenswert.

Beispiel: In

```
var Kreis1,Kreis2: record
                x,y,r: Integer;
            end;
```

kommt die Zusammengehörigkeit und Bedeutung der Daten unmittelbar zum Ausdruck. Wenn man dagegen die Variablenvereinbarung

```
var x1, x2, y1, y2, r1, r2: Integer;
```

in einem Programm findet, das man nicht selbst geschrieben hat, kann man nur aus der Verwendung der Variablen Rückschlüsse auf deren Bedeutung ziehen. Das kann aber bei einem größeren Programm ziemlich aufwendig werden. Hier wären zusätzliche Kommentare notwendig, um die Bedeutung der Datenfelder zu erklären (siehe dazu Abschnitt 3.20).

Der etwas erhöhte Schreibaufwand für Records wird durch die Ersparnis an Kommentaren und die leichtere Verständlichkeit meist kompensiert.

Records sind wie Arrays Zusammenfassungen von Variablen. Da beide aus mehreren Komponenten bestehen können, bezeichnet man diese auch als **strukturierte Datentypen**. Ein Array unterscheidet sich von einem Record folgendermaßen:

- Die Komponenten eines Records können verschiedene Datentypen haben, während alle Komponenten eines Arrays denselben Datentyp haben.

- Eine Komponente eines Records wird durch ihren Feldnamen bezeichnet, während eine Komponente eines Arrays durch einen Ausdruck (den Index) bezeichnet wird.

Im **Debugger** wird eine Record-Variable im Fenster *Auswerten/Ändern* und in der *Liste überwachter Ausdrücke* mit ihrer Struktur angezeigt:

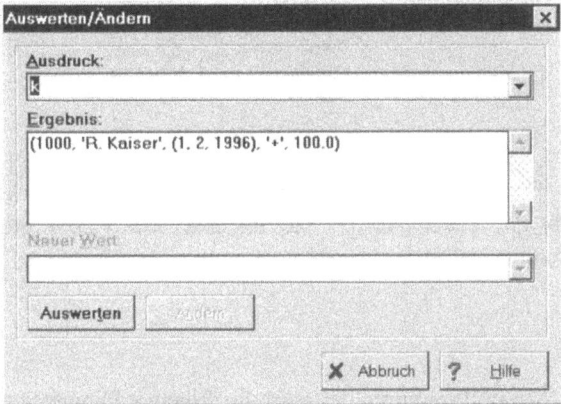

Unter *Hilfe* werden hier zahlreiche *Formatanweisungen* angeboten, mit denen man die Darstellung der angezeigten Ausdrücke beeinflussen kann. Gibt man z. B. nach dem Namen eines Records ",r" an, werden außer den Werten auch die Feldnamen des Records angezeigt:

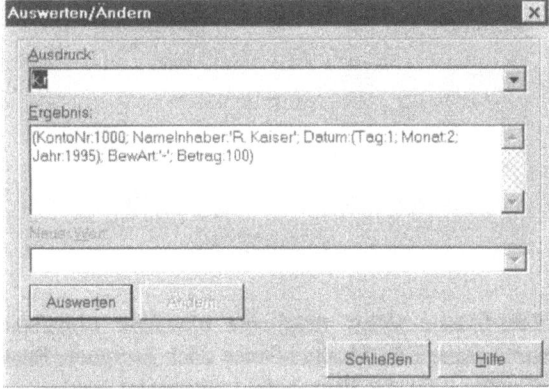

Dieselbe Darstellung erhält man in der *Liste der überwachten Ausdrücke*, wenn man beim Hinzufügen eines Ausdrucks den RadioButton *Record* markiert:

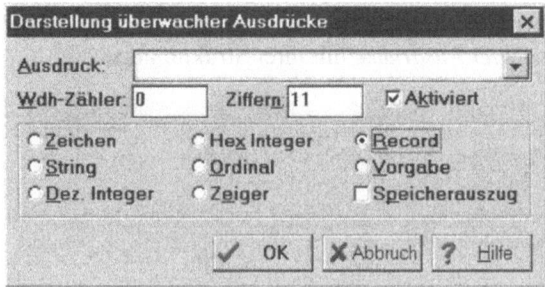

Anmerkung für C-Programmierer: Die Records von Pascal entsprechen den Deklarationen mit *struct* in C.

Aufgaben 6.1

1. Entwerfen Sie ein Programm, das etwa die folgende Eingabemaske anzeigt:

Mit einer Edit-Maske sollen möglichst plausible Eingaben sichergestellt werden. Anstelle einer Edit-Maske können auch geeignete Reaktionen auf das Ereignis *OnKeyPress* für das Eingabefeld verwendet werden.

Die Namen der Edit-Fenster sollen den Namen der Datenfelder des Records entsprechen, ebenso die Namen der Labels.

Als Datum soll das aktuelle Datum angezeigt werden. Dieses erhält man über die Funktion *now* im Datentyp *TDateTime*. Dieser Datentyp kann mit der Funktion *DateToStr* in einen String konvertiert werden. Die Zuweisung dieses Strings kann dann beim Erzeugen des Formulars (Ereignis *OnCreate*) erfolgen.

Die Tab-Reihenfolge soll von oben nach unten laufen.

Wenn der Benutzer den Button „Daten übernehmen" aktiviert, sollen die Daten der einzelnen Edit-Fenster einer Record-Variablen (wie in den Text-Beispielen) zugewiesen werden:

a) ohne *with*-Anweisung

b) mit einer *with*-Anweisung

Dabei soll mit einer *try-except*-Anweisung sichergestellt werden, daß bei der Konversion der Datums- und Betragsfelder eine sinnvolle Fehlermeldung angezeigt wird. Eine solche Meldung ist auch dann empfehlenswert, wenn die Eingaben mit einer Edit-Maske überprüft werden, da ein Eingabefeld übersprungen werden kann.

2. Ein Datensatz zur Darstellung eines Girokontos soll die Komponenten

Adresse, Kontonummer, Kontostand und Kreditlimit

enthalten. Die Adresse soll aus den Komponenten

Anrede, Vorname, Nachname, Postleitzahl, Ort, Straße, Hausnummer, Ausland, Vorwahl und Telefonnummer

bestehen. Innerhalb der Adresse sollen die folgenden Felder zusammengefaßt werden:

Vor- und Nachname zu Name,
PLZ bis Hausnummer zu Anschrift und
Vorwahl und Telefonnummer zu Telefon.

a) Stellen Sie diese Datenstruktur graphisch dar. Die Darstellung soll die Hierarchie der Komponenten wiedergeben. Sie können sich dabei an der graphischen Darstellung einer Kontobewegung durch die Tabelle am Anfang dieses Abschnitts orientieren.

b) Entwerfen Sie eine Record-Variable, die die Struktur dieses Datensatzes wiedergibt.

Geben Sie an, wie die Datenfelder eines solchen Datensatzes nach der Vereinbarung einer Variablen

var G: record ...

angesprochen werden können:

c) ohne *with*-Anweisung

d) mit einer *with*-Anweisung

3. Entwerfen Sie einen Datentyp, der eine Zeile der Bundesligatabelle darstellt. Datengruppen, die in der Tabelle durch Überschriften gekennzeichnet sind, sollen als Ganzes angesprochen werden können.

Verein	Punkte	Tore	Heim	Auswärts
1 Hamburger SV	45:15	68:29	38:10	30:19
2 Werder Bremen	45:15	66:34	44:13	22:21
3 Bayern München	41:19	67:25	43:7	24:18
...				

4. Angenommen, man hätte in der letzten Aufgabe die erzielten Punkte, Tore usw. durch ein Datenfeld mit dem Namen *erzielt* bezeichnet. Wäre dann für eine Variable B (Datentyp: eine Zeile der Bundesligatabelle) diese Eingabe möglich:

```
with B, Punkte, Tore, Heimtore, Auswaertstore  do
   begin
      .
      Erzielt := IntToStr(Edit1.Text);
      .
   end;
```

6.2 Records mit Varianten und typvariante Array-Parameter

Alle Komponenten aus dem *fixed part* eines Records belegen nacheinander den jeweils notwendigen Speicherplatz. Im Gegensatz dazu belegen die verschiedenen Varianten eines Records alle denselben Speicherplatz. Records mit Varianten werden vor allem dazu verwendet, um in einem einzigen Datensatz verschiedene Datenstrukturen darzustellen.

Beispiel: Eine Bank unterteilt ihre Girokonten in Firmenkonten, Privatkonten und Konten von Mitarbeitern. Neben Daten, die für alle Kontenarten gleich sind (Kontonummer, Kontostand usw.), soll ein solcher Datensatz Daten enthalten, die für die jeweilige Kontenart spezifisch sind, wie etwa

für Firmenkonten:	Branche Rechtsform Eigenkapital
für Privatkonten:	keine weiteren Daten
für Mitarbeiterkonten:	Abteilung Position

Wenn man jetzt alle diese Daten in jedem Datensatz speichern würde, wäre das eine Verschwendung von Speicherplatz, da in jedem Datensatz immer nur ein Teil der Daten notwendig ist und der Rest nicht benutzt wird. Mit einem varianten Record können die verschiedenen, sich gegenseitig ausschließenden Varianten auf denselben Speicherbereich gelegt werden.

Die Größe eines Records mit Varianten ergibt sich aus dem Speicherplatzbedarf der größten Variante.

Der variante Teil eines Records wird durch das folgende Syntaxdiagramm definiert:

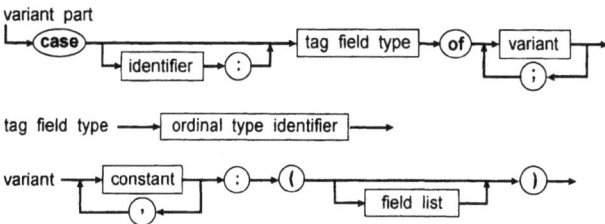

Die *field list* enthält die Datenfelder und deren Datentyp für eine Variante. Die verschiedenen Varianten werden nach *of* aufgezählt.

Der *Identifier* zwischen *case* und *of* bezeichnet das **Erkennungsfeld** (*tag field*) und dessen Datentyp (*tag field type*), der ordinal sein muß. Falls ein solches Erkennungsfeld angegeben wird, ist es wie ein Datenfeld aus dem *fixed part* in jedem Datensatz enthalten. In dieses Erkennungsfeld schreibt man beim Anlegen des Datensatzes, welche der möglichen Varianten für diesen Datensatz zutrifft. Beim Lesen eines Datensatz kann man dann am Erkennungsfeld sehen, welche Variante beim Anlegen des Datensatzes beschrieben wurde.

Beispiel: Das Girokonto aus dem letzten Beispiel kann durch den folgenden varianten Record dargestellt werden:

```
var G: record
        Kontonr: Integer;
        Kontostand: Extended;
        Kreditlimit: Extended;
        case Kontenart:(Firma,Privat,Mitarbeiter) of
          Firma:( Branche: string[40];
                  Rechtsform:(GmbH, OHG, KG, sonst);
                  Eigenkapital: Extended);
          Privat: ();
          Mitarbeiter: (Abteilung: Integer;
                  Position:   string[40])
        end;
```

In diesem Datensatz sind zunächst *Kontonr*, *Kontostand*, *Kreditlimit* und *Kontenart* Datenfelder, die in G immer definiert sind.

Über den Wert von *Kontenart* kann man entscheiden, welche der folgenden Varianten definiert sind.

Falls *Kontenart* den Wert *Firma* hat, ist die Struktur des restlichen Datensatzes durch

```
Branche: string[40];
Rechtsform : (GmbH, OHG, KG, sonst);
Eigenkapital: Extended;
```

gegeben. Hat dagegen *Kontenart* den Wert *Privat*, so ist der restliche Datensatz leer.

Falls *Kontenart* den Wert *Mitarbeiter* hat, ist die Struktur des restlichen Datensatzes gegeben durch

```
Abteilung: Integer;
Position:  string[40];
```

Da der Compiler zum Zeitpunkt der Kompilation nicht entscheiden kann, welche Variante zur Laufzeit des Programms gültig ist, kann jeder Feldname einer jeden Variante zum Zeitpunkt der Kompilation angesprochen werden. Deswegen müssen auch die Namen aller Datenfelder in allen Varianten verschieden sein.

Spricht man ein Datenfeld einer nicht gültigen Variante an, wird der zugehörige Speicherbereich als Variable des Datentyps der angesprochenen Komponente interpretiert.

Zur Verarbeitung von varianten Records bietet sich die **case-Anweisung** an. Verwendet man das **Erkennungsfeld als case-Selector**, und spricht man nach den jeweiligen *case*-Marken nur die jeweils definierten Komponenten des Records an, kann man sicher sein, daß immer eine definierte Variante bearbeitet wird.

Beispiel: Die Variable G aus dem letzten Beispiel kann folgendermaßen ausgegeben werden:

```
with G do { E... sind Editfelder }
  begin
    EKontonummer.Text := IntToStr(Kontonr);
    EKontostand.Text  := FloatToStr(Kontostand);
    EKreditlimit.Text := FloatToStr(Kreditlimit);
    case Kontenart of
      Firma: begin
               EKontenart.Text := 'Firmenkonto ';
               EBranche.Text    := Branche;
               EEigenkapital.Text :=
```

```
                              FloatToStr(Eigenkapital);
                  end;
          privat : EKontenart.Text := 'Privatkonto ';
          Mitarbeiter: begin
              EKontenart.Text:='Kontenart: Mitarbeiter';
              EAbteilung.Text := IntToStr(Abteilung);
              EPosition.Text  := Position;
          end;
        end; { of case }
    end;
```

Falls ein Record eine Variante enthält, muß diese am Ende des Records aufgeführt werden. Im Gegensatz zur *case*-Anweisung wird der *case*-Teil in einem
varianten Record nicht durch ein *end* abgeschlossen. Ein solches *end* ist syntaktisch auch nicht notwendig, da ein varianter Teil eines Records immer die letzte
Komponente des Records ist.

Object Pascal verwendet Records mit Varianten unter anderem im Datentyp
TVarRec:

```
type TVarRec = record { Delphi 1 }
        case VType: Byte of
            vtInteger:  (VInteger: LongInt);
            vtBoolean:  (VBoolean: Boolean);
            vtChar:     (VChar: Char);
            vtExtended: (VExtended: PExtended);
            vtString:   (VString: PString);
            vtPointer:  (VPointer: Pointer);
            vtPChar:    (VPChar: PChar);
            vtObject:   (VObject: TObject);
            vtClass:    (VClass: TClass);
        end;

TVarRec = record { Delphi 2 }
{ am Anfang im wesentlichen wie Delphi 1, zusätzlich }
        vtWideChar:   (VWideChar: WideChar);
        vtPWideChar:  (VPWideChar: PWideChar);
        vtAnsiString: (VAnsiString: Pointer);
        vtCurrency:   (VCurrency: PCurrency);
        vtVariant:    (VVariant: PVariant);
    end;
```

Eine Variable v dieses Datentyps kann Werte verschiedener Datentypen darstellen wie z. B.:

```
v.VInteger:  Integer:
v.VBoolean:  Boolean
v.VChar:     Char
usw.
```

Dieser Datentyp wird vor allem für **typvariante offene Array-Parameter** verwendet, mit denen Parameter eines dieser Datentypen an Prozeduren oder Funktionen übergeben werden können.

Typvariante offene Array-Parameter werden in der formalen Parameterliste durch den Datentyp **array of const** bezeichnet. Dieser Name gibt allerdings kaum einen Hinweis darauf, daß für einen solchen Parameter in der aktuellen Parameterliste ein *open array constructor* eingesetzt werden kann, der beliebige Ausdrücke der Datentypen enthalten kann, die *TVarRec* darstellen kann.

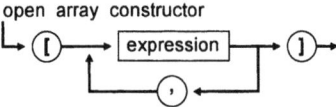

In der Prozedur- oder Funktionsvereinbarung mit einem typvarianten offenen Array-Parameter

```
procedure p(a:array of const);
```

können die Werte der aktuellen Parameter mit

```
a[0], ..., a[High(a)]
```

angesprochen werden. Jeder dieser aktuellen Parameter hat den Datentyp *TVarRec*, so daß diese wie in dem folgenden Beispiel verwendet werden können:

```
function MakeStr(const Args: array of const): string;
const BoolChars: array[Boolean] of Char = ('F', 'T');
var I: Integer;
begin
Result := '';
for I := 0 to High(Args) do
  with Args[I] do
    case VType of
      vtInteger:  AppendStr(Result, IntToStr(VInteger));
      vtBoolean:  AppendStr(Result, BoolChars[VBoolean]);
      vtChar:     AppendStr(Result, VChar);
      vtExtended: AppendStr(Result, FloatToStr
                                      (VExtended^));
      vtString:   AppendStr(Result, VString^);
      vtPChar:    AppendStr(Result, StrPas(VPChar));
      vtObject:   AppendStr(Result, VObject.ClassName);
      vtClass:    AppendStr(Result, VClass.ClassName);
    end;
end;
```

Die Funktion *MakeStr* kann folgendermaßen aufgerufen werden:

```
s := MakeStr([1,'x',3.14]); { eine beliebige Anzahl von
                    Parametern verschiedener Datentypen }
```

Object Pascal verwendet offene Array-Parameter unter anderem für die folgenden
vordefinierten Prozeduren und Funktionen:

function **Format**(const Format: string; const Args: array of const): string;

procedure **FmtStr**(var Result: string; const Format: string;
                                        const Args: array of const);

Gelegentlich möchte man einer Prozedur oder Funktion Parameter verschiedener
Datentypen übergeben. Aufgrund der Typbindung des aktuellen an den formalen
Parameter ist das allerdings meist nicht möglich. Faßt man jedoch die verschie-
denen Datentypen als Varianten zu einem neuen Record zusammen, stellt dieser
Record einen eigenständigen Datentyp dar, der als Parameter übergeben werden
kann.

Beispiel: Der Record *TFigure* kann sowohl ein Quadrat, ein Rechteck als auch
           einen Kreis darstellen:

```
type TFigur_Art = (faKreis,faQuadrat,faRechteck);
     TFigure = record
       x,y: Extended; { Position }
       case f:TFigur_Art of
         faKreis:   (r:Extended);
         faQuadrat: (a:Extended);
         faRechteck:(l,b:Extended);
       end;
```

Mit diesem Record kann die Funktion *ToStr* verschiedene Figuren als
String darstellen:

```
function ToStr(f:TFigure):string;
var MPStr: string;
begin
MPStr:='M=('+FloatToStr(f.x)+ ','+FloatToStr(f.y)
                                     + ') und ';
with f do
  case f of
   faKreis:    result := 'Kreis mit '+MPStr+
                                  'r='+FloatToStr(r);
   faQuadrat: result := 'Quadrat mit '+MPStr+
                                  'a='+FloatToStr(a);
   faRechteck:result := 'Rechteck mit '+MPStr+
       'l='+FloatToStr(l)+ ' und b='+FloatToStr(b);
   else
   result := 'Unzulässige Figur';
  end;
end;
```

Variante Records ohne Erkennungsfeld

Im Syntaxdiagramm für einen *variant part* kann das Erkennungsfeld (der Bezeichner nach *case*) auch ausgelassen werden. In diesem Fall wird nach *case* nur ein Datentyp angegeben. Dieser Datentyp definiert lediglich die zulässigen Werte für die Konstanten vor einer *field list* und ist ansonsten ohne Bedeutung.

Ohne ein Erkennungsfeld kann man allerdings nicht entscheiden, welche Variante gültig ist. Da die verschiedenen Varianten eines Records ohne Erkennungsfeld wie die Varianten mit einem Erkennungsfeld denselben Speicherbereich belegen, kann man so denselben Speicherbereich auf verschiedene Arten interpretieren.

Object Pascal verwendet Records mit Varianten unter anderem im Datentyp *TRect*.

```
type TRect = record
        case Integer of
          0: (Left, Top, Right, Bottom: Integer);
          1: (TopLeft, BottomRight: TPoint);
     end;
```

In diesem Record ist *TPoint* durch

```
type TPoint = record
        X: Integer;
        Y: Integer;
     end;
```

gegeben. Bei einer Variablen r des Datentyps *TRect* kann ein Rechteck entweder durch die zwei Punkte *r.TopLeft* und *r.BottomRight* (vom Typ *TPoint*) oder durch die 4 Zahlen *r.Left*, *r.Top* usw. beschrieben werden.

Unter Delphi 2 kann eine Variante eines varianten Records keine „langen" Strings enthalten. Lange Strings werden intern auf eine bestimmte Art und Weise initialisiert. Da der Compiler bei einem varianten Record nicht entscheiden kann, welche Variante die aktuell gültige ist, kann diese Initialisierung nicht durchgeführt werden.

```
type TTypS = record
             case Integer of
               1: (s:string[100]); { kein Problem }
               2: (s1:string);     { geht nicht }
            end;
```

Auch der Datentyp **Variant** von Delphi 2 ist durch einen varianten Record ohne Erkennungsfeld implementiert. Dieser Datentyp entspricht dem Datentyp *TVarData*:

```
TVarData = record
  VType: Word;
  Reserved1, Reserved2, Reserved3: Word;
  case Integer of
    varSmallint: (VSmallint: Smallint);
    varInteger:  (VInteger: Integer);
    varSingle:   (VSingle: Single);
    varDouble:   (VDouble: Double);
    varCurrency: (VCurrency: Currency);
    varDate:     (VDate: Double);
    varOleStr:   (VOleStr: PWideChar);
    varDispatch: (VDispatch: Pointer);
    varError:    (VError: Integer);
    varBoolean:  (VBoolean: WordBool);
    varUnknown:  (VUnknown: Pointer);
    varString:   (VString: Pointer);
    varArray:    (VArray: PVarArray);
    varByRef:    (VPointer: Pointer);
end;
```

Eine Variable dieses Datentyps kann Werte verschiedener Datentypen darstellen, wobei die Verwaltung der aktuellen Variante automatisch während der Laufzeit erfolgt.

Beispiel:
```
v := 1;
v := 'string';
v := true; { boolescher Wert }
v := now; { aktuelles Datum }
```

Obwohl Variablen des Datentyps *Variant* sehr flexibel sind, ist die Verwendung von „normalen" typgebundenen Variablen meist vorzuziehen, da diese weniger Speicherplatz belegen und oft wesentlich schneller sind (z. B. um den Faktor 10). Der Datentyp *Variant* ist vor allem für Datenbankfelder oder für OLE-Automatisierungsobjekte sinnvoll. Siehe dazu die Ausführungen in Kap. 8.

Variante Records ohne Erkennungsfeld sind bereits in Standard Pascal definiert, das keine Typecasts kennt. Sie werden dort vor allem dazu verwendet, einen Datentyp in einen anderen umzuwandeln.

Beispiel: In Object Pascal sind für Mengentypen keine Typecasts zu Ganz-zahldatentypen möglich. Mit dem folgenden Record kann man sich anzeigen lassen, welcher Wert eines Mengtyps welcher Binärdar-stellung entspricht:

```
var r:record
      case Integer of { kein Erkennungsfeld vor }
        0: (w:Word);    { Integer }
        1: (s:set of 0..15);
      end;

  { 0 und 1 haben keine Bedeutung und können durch
    jede andere Konstante des Datentyps Integer
    ersetzt werden }
```

Nach dieser Vereinbarung ist

r.w eine Variable des Datentyps *Word*, während
r.s eine Variable des Datentyps *set of 0..15* ist.

Da beide Varianten auf derselben Speicheradresse liegen, werden die
beiden Bytes ab dieser Adresse durch r.w als *Word* und durch r.s als
set of 0..15 interpretiert:

```
r.s := [0];      { r.w = 1 }
r.s := [0,1];    { r.w = 3 }
r.s := [0,1,2];  { r.w = 7 }
```

Bei einer **Typkonversion** mit varianten Records ist man nicht an die Einschränkungen gebunden, die Object Pascal bei Typecasts auferlegt: So müssen bei
einem Variablen-Typecast die beteiligten Variablen gleich groß oder bei einem
Werte-Typecast die beteiligten Variablen ordinale Datentypen sein. Allerdings
wird man diese Flexibilität nur selten brauchen, da es nur wenig sinnvolle
Anwendungen für Konversionen gibt, die nicht mit Typecasts durchgeführt
werden können. Lediglich in Programmen, die von älteren Pascal-Versionen
übertragen wurden, findet man gelegentlich noch Typkonversionen mit varianten
Records ohne Erkennungsfeld.

Anmerkung für C-Programmierer: Den Records mit Varianten entsprechen in C
die Deklarationen mit *union*. Diese enthalten im Gegensatz zu Pascal kein
Erkennungsfeld.

Aufgaben 6.2

1. Ein varianter Record soll sowohl Punkte auf einer Geraden (Koordinate x),
   Punkte der Ebene (mit den Koordinaten x und y) als auch Punkte im Raum
   (mit den Koordinaten x, y und z) darstellen können.

   Entwerfen Sie eine passende Datenstruktur sowie Anweisungen, mit denen
   eine solche Variable als String dargestellt wird: Der Nullpunkt der Ebene soll
   z. B. als '(0,0)' dargestellt werden.

2. Gelegentlich ist es sinnvoll, eine Variable eines strukturierten Datentyps
   dadurch zu initialisieren, daß man alle Bytes unabhängig vom Datentyp der
   Komponenten auf Null setzt.

   Entwerfen Sie eine Funktion *Zero*, die alle Bytes einer Variablen eines
   bestimmten, aber beliebigen Datentyps auf Null setzt. Dazu gibt es (unter
   anderem) die folgenden Möglichkeiten:

a) In einem varianten Record ohne Erkennungsfeld wird derselbe Speicherbereich wie die Variable auf ein Array von Bytes abgebildet. Alle Felder
   dieses Arrays werden dann auf Null gesetzt.

b) Realisieren Sie dasselbe Ergebnis mit einem Typecast der Variablen auf
   ein Array von Bytes.

6.3 Abstrakte Datentypen – Teil 1

Prinzipiell gibt es zwei Möglichkeiten, mit selbstdefinierten Datentypen zu
arbeiten:

1. Alle Operationen werden immer direkt mit den Komponenten der Datentypen
   durchgeführt.

2. Für alle notwendigen Operationen werden geeignete Funktionen oder Prozeduren definiert. Anstatt direkt mit den Komponenten zu arbeiten, werden
   diese Prozeduren und Funktionen aufgerufen.

Beispiel: Nach den Vereinbarungen

```
type TBruch = record
        z,n: LongInt;{ Zähler und Nenner }
     end;

var q1,q2: TBruch;
```

kann man die rationalen Zahlen q1 und q2 sowohl durch einen expliziten Zugriff auf die Datenfelder initialisieren

```
q1.z := 1;
q1.n := 2; { ½ }

q2.z := 3;
q2.n := 4; { ¾ }
```

als auch mit einer entsprechenden Prozedur oder Funktion

```
function init_Bruch(z_,n_:LongInt):TBruch;
begin
result.z := z_;
result.n := n_;
result    := kuerze_Bruch(result);
end;
```

durch

```
q1 := init_Bruch(1,2); { ½ }
```

```
q2 := init_Bruch(3,4); { ¾ }
```

Entsprechend kann man Operationen mit einem selbstdefinierten Datentyp sowohl direkt mit den Komponenten des Datentyps

```
q.z := q1.z*q2.n + q2.z*q1.n;
q.n := q1.n*q2.n;
{ q = q1 + q2 }
```

als auch mit speziell dafür definierten Prozeduren und Funktionen

```
function add_Bruch(q1,q2:TBruch):TBruch;
var k:LongInt;
begin
result.z := q1.z*q2.n + q2.z*q1.n;
result.n := q1.n*q2.n;
result    := kuerze_Bruch(result);
end;
```

durchführen:

```
q := add_Bruch(q1,q2);
```

Offensichtlich hat die Arbeit mit einem Satz von Funktionen bzw. Prozeduren gegenüber der direkten Arbeit mit den Datenfeldern gravierende Vorteile:

– Durch die Trennung der Operationen von deren Implementation kann man sich wesentlich besser auf die Problemlösung konzentrieren, als wenn man sich bei jeder Operation auf die Details der Implementation kümmern muß. Außerdem wird das Programm leichter verständlich, da sich die Operationen bei vernünftig gewählten Namen selbst dokumentieren:

   Beispiel: Der Funktionsaufruf

```
q := add_Bruch(q1,q2);
```

   dokumentiert sich selbst, im Gegensatz zu

```
q.z := q1.z*q2.n + q2.z*q1.n;
q.n := q1.n*q2.n;
```

– Wenn nur durch die entsprechenden Operationen auf einen Datentyp zugegriffen wird, kann man sowohl die Implementation des Datentyps als auch die der Operationen ändern, ohne daß man bei den Aufrufen der Funktionen etwas ändern muß.

   Beispiel: Angenommen, sie haben ein umfangreiches Programm zur Bruchrechnung geschrieben. Erst beim Testen dieses Programms stellen Sie die folgenden Mängel fest:

1. Sie haben vergessen, die Brüche nach jeder Rechenoperation zu kürzen.

2. Manche Zwischenergebnisse werden so groß, daß der Datentyp LongInt nicht ausreicht. Als Ausweg bietet sich an, den Datentyp LongInt durch mehrere LongInt-Zahlen zu ersetzen, um so einen größeren Wertebereich zu erreichen.

Wenn alle Rechenoperationen immer direkt mit den Datenfeldern durchgeführt werden, müssen Sie mühsam das gesamte Programm nach allen Operationen durchsuchen und diese Änderung jedesmal durchführen. Wenn Operationen dagegen mit Funktionen oder Prozeduren realisiert sind, müssen diese Änderungen nur in deren Definitionen durchgeführt werden.

Der einzige Nachteil, den man gegenüber der direkten Arbeit mit den Komponenten in Kauf nehmen muß, ist eine etwas längere Laufzeit, bedingt durch die zusätzlichen Prozedur- und Funktionsaufrufe. Dieser Nachteil fällt aber bei vielen Anwendungen nicht ins Gewicht.

Definiert man für einen Datentyp alle notwendigen Operationen als Prozeduren oder Funktionen, bezeichnet man diesen zusammen mit den Prozeduren und Funktionen als **abstrakten Datentyp (ADT)** . Die Prozeduren oder Funktionen für den ADT bieten dann eine komplette Schnittstelle für seine Verwendung, so daß man für die Arbeit mit dem Datentyp die Details seiner Implementation nicht kennen muß.

In diesem Sinn sind auch die vordefinierten Datentypen wie *Integer*, *Real* usw. abstrakte Datentypen. Außer für das grundsätzliche Verständnis der Eigenschaften dieser Datentypen ist es nicht notwendig, die Details der Implementation zu kennen. Die vordefinierten Operatoren +, – usw. stellen einen vollständigen Satz von Operationen für diese Datentypen zur Verfügung.

Die Realisierung von abstrakten Datentypen durch einen Satz von globalen Funktionen und Prozeduren ist die einfachste und schwächste Form, dieses Konzept umzusetzen:

– Welche Funktionen und Prozeduren in einem Programm zusammengehören, kann lediglich durch eine konsequente Namensgebung zum Ausdruck gebracht werden. Nicht einmal die räumliche Zusammengehörigkeit im Quelltext ist zwingend: Die Funktionen können auf ein großes Programm verteilt und mit anderen Funktionen vermischt werden.

– Wenn mehrere Funktionen oder Prozeduren zur Lösung einer Aufgabe auf dieselben Daten zugreifen müssen, müssen diese Daten als globale Variablen vereinbart werden.

Wenn wir in Zusammenhang mit Objekten und Units wieder auf ADTs zurückkommen, werden wir Techniken kennenlernen, mit denen sich diese Schwächen vermeiden lassen.

Aufgaben 6.3

1. Ergänzen Sie den Datentyp *TBruch* um die Funktionen

   ```
   function kuerze_Bruch(q:TBruch):TBruch;

   function sub_Bruch(q1,q2:TBruch):TBruch;

   function mult_Bruch(q1,q2:TBruch):TBruch;

   function divby_Bruch(q1,q2:TBruch):TBruch;

   function Bruch_gleich(q1,q2:TBruch):Boolean;

   function BruchToStr(q:TBruch):string;
   { wandelt den Bruch in einen String um, z. B. '1/2' }
   ```

   sowie um eine Testprozedur.

2. Entwerfen Sie einen Datentyp zur Darstellung von komplexen Zahlen (a + i*b) sowie Funktionen zu Addition, Subtraktion, Multiplikation und Division solcher Zahlen.

6.4 Objekte und Methoden

Objektorientierte Programmiersprachen erweitern herkömmliche Programmiersprachen um Konzepte wie **Objekte, Methoden, Vererbung** und **Polymorphie**. Diese relativ abstrakten Konzepte sind nicht an eine spezielle Programmiersprache gebunden und finden sich in ähnlicher Form in vielen modernen Programmiersprachen.

Turbo Pascal (ein Vorläufer von Object Pascal) hat Objekte mit der Version 5.5 ca. 1989 eingeführt. Dabei werden Objekte mit dem reservierten Wort *object* definiert. Object Pascal hat diese sogenannten „alten" Objekte um „neue" Objekte ergänzt, die mit dem reservierten Wort *class* definiert werden.

Obwohl die neuen Objekte in vielerlei Hinsicht leistungsfähiger sind als die alten, und obwohl Borland empfiehlt, möglichst das neue Modell zu verwenden, möchte ich die Grundkonzepte der objektorientierten Programmierung doch am alten Modell vorstellen. Dafür sind vor allem folgende Gründe ausschlaggebend:

1. Das alte Modell hat mehr Gemeinsamkeiten mit den Klassenkonzepten von
   C++ oder Oberon als das neue. Klassen nach dem alten Modell können ohne
   irgendwelche Vorgänger definiert werden, während Klassen nach dem neuen
   Modell immer Nachfolger der vordefinierten Klasse *TObject* sind.

2. Das alte Modell ist einfacher als das neue. Zum Beispiel muß beim neuen
   Modell eine Objektinstanz immer durch den Aufruf eines Konstruktors als
   Klassenreferenz erzeugt werden. Da sich solche keineswegs trivialen Begriffe
   am Anfang einer Einführung aber nur schlecht erklären lassen, würden die
   grundlegenden Konzepte von Anfang an durch begriffliche Unklarheiten
   verschleiert.

3. Diejenigen Leser, die bisher mit Borland Pascal 7.0 gearbeitet haben, finden
   hier eine Zusammenstellung der Unterschiede zwischen beiden Modellen.

Das neue Klassenkonzept läßt sich relativ einfach auf der Basis des alten erklären
und wird ab Abschnitt 6.7 vorgestellt und verwendet. Damit der Bezug auf das
alte Klassenkonzept im Text explizit zum Ausdruck kommt, wird als zugrunde-
liegende Sprache immer **Turbo Pascal** und nicht Object Pascal angegeben,
obwohl alle Ausführungen und Beispiele genauso für Object Pascal gelten.

Ein Objekt ist eine **Zusammenfassung von Daten und Methoden** und wird in
Turbo Pascal als Datentyp mit dem reservierten Wort **Object** definiert.
„Methoden" steht dabei als Oberbegriff für Funktionen oder Prozeduren, die zu
einem Objekt gehören.

Die Daten und Methoden, die zu einem Objekt gehören, werden durch die reservierten Worte **Object** und **end** wie in einem Record zusammengefaßt. Dabei
werden für die Methoden nur die Prozedur- oder Funktionsköpfe (wie in einer
forward-Deklaration) angegeben.

Beispiel: Das Objekt *T2DPunkt* soll einen zweidimensionalen Punkt darstellen
            und faßt dessen Koordinaten x und y (Datenfelder) sowie die Metho-
            den *Init*, *ToStr* und *ConvertToStr* zusammen.

```
type T2DPunkt = object
        x,y:Extended;
        procedure Init(x_,y_:Extended);
        function ToStr:string;
        function ConvertToStr:string;
     end;
```

Die Vereinbarung einer Methode erfolgt anschließend mit einem Prozedurkopf,
der einen qualifizierten Methodenbezeichner enthält. Dabei wird der Name der
Prozedur nach dem Namen des Objekts angegeben, zu dem die Definition gehört:

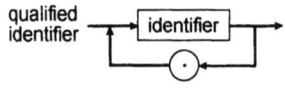

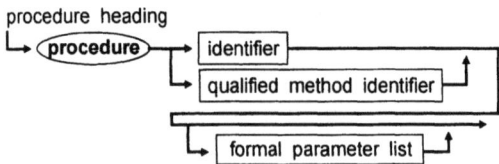

Beispiele:
```
procedure T2DPunkt.Init(x_,y_:Extended);
begin
x := x_;
y := y_;
end;

function T2DPunkt.ToStr:string;
begin
ToStr := ConvertToStr;
end;

function T2DPunkt.ConvertToStr:string;
begin
Result := '('+FloatToStr(x)+'|'+FloatToStr(y)+')';
end; { z. B. (2,345|3,45678) }
```

Eine Methode ist eng mit dem Objekt verbunden, in dem sie definiert ist. Das kommt insbesondere dadurch zum Ausdruck, daß der **Gültigkeitsbereich** aller Bezeichner eines Objekts alle Methoden des Objekts umfaßt. Man kann also in einer Methode auf Datenfelder und Methoden des Objekts zugreifen, ohne daß man das Objekt über die Punkt-Notation oder in einer *with*-Anweisung angeben muß.

Beispiel:
```
procedure T2DPunkt.Init(x_,y_:Extended);
begin
x := x_; { x und y sind die Datenfelder aus dem }
y := y_; { Objekt T2DPunkt }
end;

function T2DPunkt.ToStr:string;
begin
ToStr := ConvertToStr; { Aufruf der Funktion
                ConvertToStr des Objekts T2DPunkt }
end;
```

Damit wird das Konzept des **blockbezogenen Gültigkeitsbereichs** um einen **objektbezogenen Gültigkeitsbereich** erweitert:

– Der blockbezogene Gültigkeitsbereich eines Bezeichners (für eine Konstante, Variable, Prozedur usw.) beginnt mit seiner Deklaration und erstreckt sich auf alle tiefer verschachtelten Blöcke, sofern dort nicht ein Bezeichner mit demselben Namen deklariert wird. Außerhalb des Blocks ist der Bezeichner nicht bekannt.

– In einem Objekt ist ein Bezeichner für ein Datenfeld oder eine Methode in allen Methoden dieses Objekts bekannt. Damit können Datenfelder mehreren Prozeduren (den Methoden eines Objekts) gemeinsam zur Verfügung gestellt werden, ohne daß diese außerhalb der Prozeduren global definiert werden müssen.

Mit dem Zugriffsrecht *private* kann man erreichen, daß ein Bezeichner in einem Objekt lokal ist und von außerhalb nicht angesprochen werden kann (siehe Abschnitt 6.12).

Damit man ein Objekt verwenden kann, muß man eine Variable des Objektdatentyps deklarieren wie z. B.

```
var p: T2DPunkt;
```

Eine solche Variable, deren Datentyp mit dem reservierten Wort *object* vereinbart wurde, wird auch als **Instanz** oder **Objektinstanz** bezeichnet.

Solange ein Objekt keine virtuellen Methoden (mehr darüber später) enthält, unterscheidet sich eine Instanz dieses Objekts nicht von einer Record-Variablen, die mit denselben Datenfeldern wie der Objektdatentyp vereinbart wurde. So enthält p die Datenfelder

$p.x$ und $p.y$

Der Speicherplatz, den eine Instanz eines Objekts ohne virtuelle Methoden belegt, ist derselbe, den eine Record-Variable mit denselben Datenfeldern belegt *(SizeOf(T2DPunkt) = SizeOf(Extended) + SizeOf(Extended) = 16)*.

Die Datenfelder einer Objektinstanz kann man wie die Datenfelder eines Records als qualifizierte Bezeichner (in der Punkt-Notation) ansprechen.

Beispiel:
```
p.x := 0;
p.x := (p.x + p.y)/2;
if p.x >= 0 then ...
```

In diesem Zusammenhang soll allerdings an die Ausführungen in Abschnitt 6.3 (Abstrakte Datentypen – Teil 1) erinnert werden: Es ist oft empfehlenswert, nicht direkt über eine Instanz auf die Datenfelder eines Objekts zuzugreifen, sondern nur indirekt über geeignete Prozeduren oder Funktionen. Man kann dann die

Implementation eines Objekts ändern, ohne daß ein Benutzer des Objekts seine
Aufrufe ändern muß.

Da zu einem Objekt lokale Daten gehören können, mit denen die Methoden
arbeiten, kann eine Methode außerhalb eines Objekts nur nach der Deklaration
einer Instanz aufgerufen werden. Es ist nicht möglich, eine Methode wie eine
„normale" Prozedur allein über den Namen aufzurufen, mit dem sie deklariert
wurde:

Beispiel: `var p: T2DPunkt;`
```
...
begin { ein Anweisungsteil, der nicht zur Verein-
    barung einer Methode des Objekts T2DPunkt gehört }
p.init(0,0); { das geht }

T2DPunkt.init(0,0) { nicht möglich }
```

Ein solcher Aufruf einer Methode entspricht einer Prozeduranweisung als
qualified method designator, bei der vor dem Punkt eine Objektinstanz und nach
dem Punkt der Name der Methode angegeben wird:

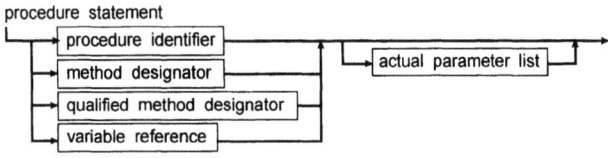

Der zweite Pfad über *method designator* entspricht dem Aufruf einer Methode in
einer Methode, die zu demselben Objekt wie die aufgerufene Methode gehört.

Der **Aufruf einer nicht-virtuellen Methode** wird vom Compiler wie ein ganz
normaler Prozedur- oder Funktionsaufruf übersetzt: Der Compiler sucht dabei die
entsprechende Methode über den Datentyp, der bei der Vereinbarung der Instanz
angegeben wurde. Da hier bereits zum Zeitpunkt der Kompilation feststeht,
welche Methode aufgerufen wird, bezeichnet man diese Art der Auflösung von
Prozeduraufrufen auch als **frühe Bindung**. Im Gegensatz dazu spricht man bei
den später vorgestellten virtuellen Methoden von **später Bindung**, da hier erst
während der Laufzeit des Programms entschieden wird, welche Methode aufgerufen wird.

Beispiel: Nach der Deklaration der Instanzen

```
        var p1,p2: T2DPunkt;
```

wird jeder der beiden Aufrufe

```
        p1.init(0,0);
        p2.init(1,1);
```

in einen Aufruf von *T2DPunkt.init* übersetzt, da *p1* und *p2* beide den Datentyp *T2DPunkt* haben.

In diesem Beispiel stellt sich die Frage, woher die Methode *T2DPunkt.init* weiß, daß sie beim ersten Aufruf die Datenfelder von *p1* und beim zweiten die von *p2* verwenden soll. Die Antwort ergibt sich daraus, daß der Compiler jeder Methode automatisch die Adresse der aktuellen Objektinstanz als zusätzlichen Parameter **self** übergibt.

Beispiel: Die Methode

```
procedure T2DPunkt.Init(x_,y_:Extended);
begin
x := x_;
y := y_;
end;
```

wird vom Compiler so übersetzt, als ob sie mit einem zusätzlichen Parameter *self* vereinbart wäre, der den Datentyp des aktuellen Objekts hat. Alle Komponenten eines Objekts werden über diesen Parameter *self* adressiert:

```
procedure T2DPunkt.Init(x_,y_:Extended;
                            var Self:T2DPunkt);
begin
self.x := x_;
self.y := y_;
end;
```

Bei jedem Aufruf einer Methode wird dann automatisch die aktuelle Objektinstanz für den Parameter *self* übergeben. Der Aufruf

```
p1.Init(0,0);
```

wird übersetzt als

```
T2DPunkt.Init(0,0,p1);
```

Über den impliziten Parameter *self* wird auch der objektbezogene Gültigkeitsbereich realisiert. Jede Vereinbarung einer Methode wird vom Compiler so übersetzt, als ob die expliziten Anweisungen einer Methodenvereinbarung von einer „with self do"-Anweisung umgeben wären:

```
procedure TObjTyp.Methode({ ... };var Self:TObjTyp);
begin
with Self do
  begin
    { ... explizite Anweisungen }
  end;
end;
```

Der Parameter *self* kann übrigens in jeder Vereinbarung einer Methode verwendet werden.

Beispiel: Die folgende Methodenvereinbarung wird vom Compiler akzeptiert:

```
procedure T2DPunkt.Init(x_,y_:Extended);
begin
self.x := x_;
self.y := y_;
end;
```

Allerdings besteht nur selten die Notwendigkeit, die Komponenten eines Objekts über den Parameter *self* anzusprechen. Wir werden jedoch später einige solche Situationen kennenlernen.

Da sich Objekte ohne virtuelle Methoden bezüglich der Datenfelder nicht von Records unterscheiden, ist es naheliegend, daß auch **Wertzuweisungen für Objektinstanzen** desselben Datentyps möglich sind.

Nach der Deklaration von zwei Instanzen des Datentyps *T2DPunkt*

```
var p1,p2: T2DPunkt;
```

ist die Wertzuweisung

```
p1 := p2;
```

möglich. Dabei werden die Werte aller Datenfelder von p2 an p1 zugewiesen, so daß diese denselben Effekt hat wie

```
p1.x := p2.x;
p1.y := p2.y;
```

Nachdem für Objektinstanzen Wertzuweisungen möglich sind, ist es weiterhin naheliegend, daß man auch **Objekte** als **Werteparameter** bei einer Prozedur oder Funktion vereinbaren kann. Aber auch Variablen- und Konstantenparameter sind möglich. Der Aufruf einer Methode des formalen Parameters wird dann ebenfalls zum Zeitpunkt der Kompilation über den Datentyp des formalen Parameters aufgelöst.

Beispiel: Der Prozedur *Nullpunkt* wird ein Objekttyp als Parameter übergeben:

```
procedure Nullpunkt(var p:T2DPunkt);
begin
with p do Init(0,0); { Aufruf von T2DPunkt.Init }
end;
```

Da der formale Parameter vom Typ *T2DPunkt* ist, wird der Aufruf von *init* in der *with*-Anweisung in einen Aufruf der Prozedur *T2DPunkt.init* übersetzt.

Anmerkung für C++-Programmierer: In C++ entsprechen die mit *class* oder *struct* definierten Klassen den mit *object* definierten Objekten von Turbo Pascal oder Object Pascal. Da in C++ auch die Datenstrukturen, die den Records entsprechen, mit *struct* vereinbart werden, sind Objekte in C++ eine direkte Erweiterung der klassischen Datenstrukturen: Im Gegensatz zu Object Pascal ist dafür kein neuer Begriff (wie *object*) notwendig. Dem impliziten Parameter *self* entspricht in C++ der implizite Parameter *this*.

Aufgaben 6.4

1. Definieren Sie analog zum Beispiel dieses Abschnitts einen Objekttyp *T3DPunkt*, der einen dreidimensionalen Punkt mit den Koordinaten x, y und z darstellen und in einen String umwandeln kann.

2. Überarbeiten Sie die Prozeduren und Funktionen zur Bruchrechnung aus den Aufgaben des letzten Abschnitts zu einem Objekt *TBruch*, das einen Bruch darstellt und Methoden für die Addition, Subtraktion, Multiplikation und Division enthält.

3. Überarbeiten Sie die Prozeduren und Funktionen zu komplexen Zahlen aus den Aufgaben des letzten Abschnitts zu einem Objekt *TComplex*, das eine komplexe Zahl darstellt und Methoden für die Addition, Subtraktion, Multiplikation und Division enthält.

6.5 Vererbung

Wie im vorangehenden Abschnitt beziehen sich die Ausführungen in diesem Abschnitt auf das „alte" Objektmodell von Turbo Pascal und Object Pascal.

Ein Objekt kann als **Nachfolger** eines zuvor definierten Objekts definiert werden. Dazu gibt man bei der Definition des Nachfolgers nach dem reservierten Wort *object* in Klammern den Vorgänger an.

Beispiel:
```
type T1 = object
          { ... }
          end;

     T2 = object(T1) { T2 ist Nachfolger von T1 }
          { ... }
          end;
```

Der Nachfolger enthält dann

– alle **Datenfelder** des Vorgängers sowie

– alle **Methoden** des Vorgängers, sofern diese nicht überschrieben werden.

Eine **Methode** von einem Vorgänger wird in einem Nachfolger dadurch **über-schrieben**, daß eine Methode mit demselben Namen wie im Vorgänger definiert wird. Für den Nachfolger ist diese Methode dann eine neue Methode. Diese Übergabe von Daten und Methoden an Nachfolgerobjekte bezeichnet man als **Vererbung**.

Die Definition von Nachfolgern kann prinzipiell unbegrenzt fortgeführt werden. Ein Nachfolger T3 von T2 ist dann insbesondere auch ein Nachfolger von T1 (transitive Relation). Eine Folge von solchen Objekten bezeichnet man auch als **Objekthierarchie**.

Beispiel: Mit den Vereinbarungen aus dem letzten Abschnitt ist *T3DPunkt* ein Nachfolger von *T2DPunkt*:

```
type T3DPunkt = object(T2DPunkt)
        z:Extended;
        procedure Init(x_,y_,z_:Extended);
        function ConvertToStr:string;
     end;

procedure T3DPunkt.Init(x_,y_,z_:Extended);
begin
T2DPunkt.Init(x_,y_);  { ebenso möglich wie   }
x := x_;               { die Zuweisungen an x }
y := y_;               { und y                }
z := z_;
end;

function T3DPunkt.ConvertToStr:string;
begin
Result  := '('+FloatToStr(x) + '|' +
            FloatToStr(y)+ '|' + FloatToStr(z)+')';
end;
```

T3DPunkt erbt vom Vorgänger *T2DPunkt* die Datenfelder x und y sowie die Methode *ToStr*. Die Methoden *Init* und *ConvertToStr* des Vorgängers werden überschrieben.

Da ein Nachfolgerobjekt immer alle Datenfelder des Vorgängers erbt, besteht eine Instanz p3 eines Objekts vom Typ *T3DPunkt*

```
var p3: T3DPunkt
```

aus den Datenfeldern aller Vorgänger

p3.x
p3.y

sowie aus allen zum Objekt definierten Datenfeldern, also

p3.z

Damit sind in einem Nachfolger alle Datenfelder aller Vorgänger bekannt, und der **objektbezogene Gültigkeitsbereich** wird **auf** alle **Nachfolgerobjekte** in einer Objekthierarchie **erweitert**.

Die Verwendung des Begriffs „Nachfolger" bezieht sich in Zusammenhang mit Objekten vor allem auf die Reihenfolge der Deklaration und nicht auf eine inhaltliche Aufeinanderfolge der dargestellten Konzepte. In der Umgangssprache würde kaum jemand Punkte im Raum als Nachfolger von Punkten der Ebene bezeichnen, so daß die Konstruktion von *T3DPunkt* als Nachfolger von *T2DPunkt* willkürlich und konstruiert erscheint. Der in der Programmiersprache Oberon verwendete Begriff **Typerweiterung** anstelle von „Nachfolger" scheint mir treffender zu sein, ebenso der in C++ verwendete Begriff **abgeleitete Klasse**.

Der Aufruf einer nicht-virtuellen Methode in einer Objekthierarchie wird durch den Compiler folgendermaßen aufgelöst:

- Zuerst sucht der Compiler im aktuellen Objekt nach der aufgerufenen Methode. Wird eine solche Methode gefunden, erzeugt der Compiler einen Aufruf dieser Methode.

- Findet er keine solche Methode, sucht er im Vorgänger weiter. Diese Suche im jeweiligen Vorgänger wird solange wiederholt, bis entweder eine solche Methode gefunden wird oder bis er beim ersten Objekt der Hierarchie angekommen ist und immer noch keine gefunden hat. Im letzten Fall gibt der Compiler dann eine Fehlermeldung aus.

Beispiel: In der Tabelle ist zusammengestellt, wie Aufrufe für eine Instanz p2 von *T2DPunkt* und eine Instanz p3 von *T3DPunkt* übersetzt werden:

	var p2:T2DPunkt;	var p3:T3DPunkt;
Init	T2DP.Init(.,.)	T3DP.Init(.,.,.)
ToStr	T2DP.ToStr	T2DP.ToStr
ConvertToStr	T2DP.ConvertToStr	T3DP.ConvertToStr

Hier wurde T2DPunkt durch T2DP abgekürzt. Der Aufruf von *ConvertToStr* in *ToStr* wird immer in einen Aufruf von *T2DPunkt.ConvertToStr* übersetzt.

Wir werden auf diese Tabelle im nächsten Abschnitt zurückkommen.

Wertzuweisungen sind nicht nur für Objektinstanzen desselben Datentyps definiert: Einer Objektinstanz kann auch der Wert einer Nachfolgerinstanz zugewiesen werden (**erweiterte Wertzuweisungskompatibilität**). Allerdings werden dabei nur die Datenfelder übertragen, die auch zum Vorgängertyp gehören.

In der umgekehrten Reihenfolge ist keine Wertzuweisung möglich. Der Nachfolger kann ja Datenfelder enthalten, die der Vorgänger nicht enthält, und diese würden bei einer solchen Zuweisung undefiniert bleiben.

Beispiel: Mit

```
var p2: T2DPunkt;
    p3: T3DPunkt;
```

ist die Wertzuweisung

```
p2 := p3;
```

möglich. Dabei wird der Wert p3.z ignoriert. Dagegen wird

```
p3 := p2;
```

von Compiler zurückgewiesen. Wenn diese Zuweisung zulässig wäre, würde diese den Eindruck erwecken, daß alle Datenfelder von p3 definiert wären. Tatsächlich wäre aber der Wert von p3.z undefiniert.

Damit können auch **Nachfolger von Objekten als aktuelle Parameter** in Prozedur- oder Funktionsaufrufen eingesetzt werden, die für formale Parameter eines Vorgängertyps definiert wurden. Wird in einer solchen Prozedur oder Funktion eine Methode aufgerufen, die zu einem als formalen Parameter übergebenen Objekt gehört, wird dieser Aufruf in einen Aufruf der Methode des formalen Parameters übersetzt, unabhängig vom Datentyp des aktuellen Parameters.

Beispiel: Der Aufruf der folgenden Prozedur führt immer zum Aufruf von *T2DPunkt.init*, auch wenn der aktuelle Parameter ein Nachfolger von *T2DPunkt* ist:

```
procedure Nullpunkt(var p:T2DPunkt);
begin
with p do Init(0,0);{ Aufruf von T2DPunkt.Init }
end;
```

Gelegentlich ist es notwendig, in einer Methode, die eine Methode in einem Vorgänger überschreibt, die überschriebene Methode aufzurufen. Das ist einerseits dadurch möglich, daß man wie im ersten Beispiel dieses Abschnitts den Objekttyp vor der Methode angibt:

Beispiel:
```
procedure T3DPunkt.Init(x_,y_,z_:Extended);
begin
T2DPunkt.Init(x_,y_);
  ...
end;
```

Eine überschriebene Methode kann man aber auch dadurch aufrufen, daß man vor ihrem Aufruf **inherited** angibt. Der Compiler sucht dann in der Objekthierarchie ab dem Vorgänger nach einer solchen Methode.

Beispiel:
```
procedure T3DPunkt.Init(x_,y_,z_:Extended);
begin
inherited Init(x_,y_);
  ...
end;
```

Bevor im nächsten Abschnitt virtuelle Methoden vorgestellt werden, hier eine kurze **Zusammenfassung** der bisher dargestellten objektorientierten Sprachelemente:

– Alle bisher dargestellten Methoden waren nicht-virtuell: Der Aufruf einer solchen Methode wird bereits während der Kompilation in den Aufruf der Methode des entsprechenden Objekts übersetzt (frühe Bindung). In diesem Punkt besteht kein Unterschied zu konventionellen Prozedur- und Funktionsaufrufen: Diese werden ebenfalls bereits während der Kompilation in die entsprechenden Aufrufe übersetzt.

Die wesentlichen Unterschiede zu den nicht-objektorientierten Sprachelementen sind:

– Die Möglichkeit, die Zusammengehörigkeit von Daten und Prozeduren bzw. Funktionen explizit zum Ausdruck zu bringen.

– Diese Zusammengehörigkeit wird durch den „objektbezogenen Gültigkeitsbereich" im Rahmen eines Objekts und einer Objekthierarchie unterstützt. Er ergänzt das Konzept der Lokalität von Deklarationen im Rahmen der Blockstruktur von Pascal.

– Die Möglichkeit, hierarchische Strukturen aufzubauen, bei denen ein Nachfolger immer alle Datenfelder und Methoden des Vorgängers übernimmt, falls die Methoden nicht überschrieben werden.

– Die erweiterte Wertzuweisungskompatibilität, durch die einer Vorgängerinstanz der Wert einer Nachfolgerinstanz zugewiesen werden kann.

Hierarchische Datenstrukturen können zwar auch mit verschachtelten Records aufgebaut werden. Solche Records sind aber in der Handhabung umständlicher als eine Hierarchie von Objekten.

Beispiel: Wenn man *T2DPunkt* als Record definiert und in einen Record *T3DPunkt* aufnimmt, der zusätzlich noch das Datenfeld z enthält

```
type T2DPunkt = record
          x,y:Extended;
     end;

type T3DPunkt = record
          p:T2DPunkt;
          z:Extended;
     end;
```

wäre der Zugriff auf die Komponenten einer Variablen p3 des Typs *T3DPunkt* umständlich und hochgradig inkonsistent:

```
p3.p.x { doppelte Punktnotation: umständlich }
p3.p.y
p3.z
```

Anmerkung für C++-Programmierer: Das Konzept der Vererbung ist in C++ genauso realisiert wie in Object Pascal und Turbo Pascal. Außerdem gibt es in C++ die Möglichkeit, daß ein Nachfolger nicht nur einen, sondern mehrere Vorgänger haben kann (mehrfache Vererbung).

Aufgabe 6.5

Einen eindimensionalen Punkt kann man sich als Zahl auf einem Zahlenstrahl vorstellen. Definieren Sie analog zu den bisherigen Beispielen einen Objekttyp *T1DPunkt*, der eine Zahl darstellt, und den Objekttyp *T2DPunkt* als Nachfolger von *T1DPunkt*. Außerdem soll *T3DPunkt* ein Nachfolger von *T2DPunkt* sein.

Die Initialisierung eines Punktes soll durch eine Methode *Create* erfolgen. Diese soll im Nachfolger jeweils die Methode *Create* im Vorgänger aufrufen.

Stellen Sie außerdem eine Tabelle (wie Tabelle 1) auf, in der die Aufrufe von Methoden für die jeweilige Objektinstanz dargestellt ist. Welche Methode *ConvertToStr* wird jeweils beim Aufruf von *ToStr* aufgerufen?

6.6 Virtuelle Methoden, späte Bindung und Polymorphie

Wie in den beiden letzten Abschnitten beziehen sich alle Ausführungen in diesem Abschnitt auf das „alte" Objektmodell von Turbo Pascal und Object Pascal.

Der entscheidende Unterschied von objektorientierten gegenüber konventionellen Sprachen ist die Möglichkeit, Aufrufe von Methoden nicht schon zum Zeitpunkt der Kompilation aufzulösen, sondern erst während der Laufzeit des Programms. Die dazu verwendete Technik wird als **späte Bindung** bezeichnet. Methoden, die diese Technik verwenden, heißen **virtuelle Methoden**.

In Turbo Pascal werden virtuelle Methoden dadurch definiert, daß man

1. in der Objektdefinition das reservierte Wort **virtual** angibt und

2. vor dem ersten Aufruf einer virtuellen Methode eine als **constructor** gekenn-zeichnete Prozedur aufruft.

Beispiel: Die einzigen Unterschiede zum bisherigen Beispiel sind die Worte „virtual" und „constructor".

```
type T2DPunkt = object
        x,y:Extended;
        constructor Init(x_,y_:Extended);
        function ToStr:string;
        function ConvertToStr:string; virtual;
     end;

constructor T2DPunkt.Init(x_,y_:Extended);
begin
x := x_;
y := y_;
end;

function T2DPunkt.ToStr:string;
begin
ToStr := ConvertToStr;
end;

function T2DPunkt.ConvertToStr:string;
begin
Result  := '('+FloatToStr(x) + '|' +
                            FloatToStr(y)+')';
end;


type T3DPunkt = object(T2DPunkt)
        z:Extended;
        constructor Init(x_,y_,z_:Extended);
        { function ToStr:string; }
        function ConvertToStr:string; virtual;
     end;

constructor T3DPunkt.Init(x_,y_,z_:Extended);
begin
x := x_;
y := y_;
z := z_;
end;

function T3DPunkt.ConvertToStr:string;
```

```
begin
Result   := '('+FloatToStr(x) + '|' +
             FloatToStr(y)+'|' + FloatToStr(z)+')';
end;
```

Späte Bindung wird in Turbo Pascal und Object Pascal folgendermaßen realisiert:

> Für jeden Objekttyp, der virtuelle Methoden, Konstruktoren oder Destruktoren enthält oder ererbt, legt der Compiler eine **Tabelle der virtuellen Methoden** (**VMT**, *virtual method table*) an. Diese enthält neben einigen Hilfsfeldern die Adressen der virtuellen Methoden des Objekts. Dabei wird immer die Methode eingetragen, die sich aus der Objekthierarchie wie bei nicht-virtuellen Methoden ergibt: Wird eine Methode von einem Vorgänger ererbt, wird diese eingetragen. Wird dagegen eine Vorgängermethode im aktuellen Objekt überschrieben, wird die Methode des aktuellen Objekts eingetragen.

Beispiel: Da die Objekte *T2DPunkt* und *T3DPunkt* beide nur eine virtuelle Methode besitzen, haben ihre VMT-Tabellen (bis auf die Hilfsfelder) auch nur einen Eintrag:

	T2DPunkt	T3DPunkt
ConvertToStr	T2DP.ConvertToStr	T3DP.ConvertToStr

> Offensichtlich entspricht der Aufbau der VMT genau der Tabelle von S. 377, in der die Auflösung der nicht-virtuellen Methoden während der Kompilation dargestellt wurde. Allerdings enthält die VMT nur die Adressen der virtuellen Methoden.

Im Gegensatz zu einer nicht-virtuellen Methode übersetzt der Compiler den Aufruf einer virtuellen Methode nicht mehr in einen direkten Aufruf dieser Methode, sondern in einen Aufruf der entsprechenden Methode aus der jeweiligen VMT. „Entsprechend" bedeutet in unserem Beispiel, daß der Aufruf von *ConvertToStr* in den Aufruf der ersten Methode der VMT übersetzt wird.

Hätten wir eine Objekthierarchie definiert, deren Objekte mehr als eine virtuelle Methode enthalten, würde ein Aufruf der zweiten virtuellen Methode in einen Aufruf der zweiten Methode der VMT übersetzt, ein Aufruf der dritten Methode in einen Aufruf der dritten Methode der VMT usw.

Die Adresse der VMT wird dabei im impliziten Parameter *self* übergeben. Um diese zusätzliche Adresse unterscheidet sich die Instanz eines Objekts mit virtuellen Methoden von der eines Objekts ohne virtuelle Methoden.

Beispiel: Fassen wir die in diesem Zusammenhang wesentlichen Punkte des bisherigen Beispiels zusammen: Für das Objekt *T2DPunkt* sollen die Funktionen *ToStr* und *ConvertToStr* definiert sein:

```
function T2DPunkt.ToStr:string;
begin
ToStr := ConvertToStr;
{ Aufruf der Funktion Nr. 1 in der VMT }
end;
```

Für das Nachfolgerobjekt *T3DPunkt* soll dagegen nur *ConvertToStr* definiert sein und die Funktion *ToStr* vom Vorgänger geerbt werden. Dann wird nach den Vereinbarungen

```
var p2:T2DPunkt;
    p3:T3DPunkt;
```

der Aufruf der statischen Methode *ToStr*

```
p2.ToStr
```

in einen Aufruf von

```
T2DPunkt.ToStr(p2); { p2 ist der aktuelle
                            Parameter für self }
```

übersetzt, weil *p2* den Datentyp *T2DPunkt* hat. In der Funktion *ToStr* führt der Aufruf der virtuellen Methode *ConvertToStr* zum Aufruf der ersten (und einzigen) Funktion aus der VMT von *T2DPunkt*, also

```
T2DPunkt.ConvertToStr(p2)
```

Die VMT von *T2DPunkt* wird deshalb gewählt, weil die Adresse dieser VMT im aktuellen Parameter *p2* enthalten ist, der für den impliziten Parameter *self* eingesetzt wird.

Dagegen wird ein Aufruf von

```
p3.ToStr
```

in einen Aufruf von

```
T2DPunkt.ToStr(p3); { p3 ist der aktuelle
                            Parameter für self }
```

übersetzt. Da hier für *self* der aktuelle Parameter *p3* übergeben wird und *p3* die Adresse der VMT von *T3DPunkt* enthält, führt der Aufruf von *ConvertToStr* in *T2DPunkt.ConvertToStr* zum Aufruf von

```
T3DPunkt.ConvertToStr(p3)
```

Dieses Verhalten von virtuellen Methoden wird auch als **Polymorphie** (viele Formen) bezeichnet. Eine Methode kann verschiedene Formen annehmen, und zwar je nachdem, von welcher Objektinstanz sie aufgerufen wird:

Obwohl die Methode *ToStr* nur einmal für das Objekt *T2DPunkt* definiert wurde, kann sie zum Aufruf *T2DPunkt.ConvertToStr* oder zum Aufruf von *T3DPunkt.ConvertToStr* führen.

Mit Objekten kann man auch polymorphe **Prozeduren oder Funktionen** definieren, wenn man als formalen Variablenparameter ein Objekt mit virtuellen Methoden übergibt. Der Aufruf einer virtuellen Methode wird dann in dieser Prozedur oder Funktion ebenfalls indirekt über die VMT des aktuellen Parameters aufgelöst. Damit kann man einer Prozedur oder Funktion mit einem Objekt dessen Methoden als Parameter übergeben.

Beispiel: Der Aufruf der Funktion

```
procedure Test(var p:T2DPunkt);
begin
Form1.Memo1.Lines.Add(p.ToStr);
end;
```

führt zum Aufruf von verschiedenen Methoden, je nachdem, ob als aktueller Parameter ein *T2DPunkt* oder ein *T3DPunkt* übergeben wird:

```
Test(p2) { ruft T2DPunkt.ConvertToStr auf }
Test(p3) { ruft T3DPunkt.ConvertToStr auf }
```

Eine Objektinstanz unterscheidet sich insofern nicht von einer „ganz normalen Variablen", als ihr Wert nach der Deklaration undefiniert ist. Insbesondere enthält das VMT-Feld einen undefinierten Wert. Die Adresse der VMT wird erst beim Aufruf eines Konstruktors in dieses Feld eingetragen. Ein **Constructor** unterscheidet sich von einer „normalen" Prozedur nur dadurch, daß er speziellen Code enthält, der diese Initialisierung durchführt.

Aus diesem Grund muß vor dem ersten Aufruf einer virtuellen Methode immer zuerst ein Konstruktor aufgerufen werden.

Durch die indirekte Sprungtechnik sind virtuelle Methoden etwas langsamer als statische Prozeduraufrufe. Allerdings ist der zusätzliche Zeitaufwand nicht allzugroß und dürfte bei den meisten Programmen nicht ins Gewicht fallen. Die folgenden Zeiten (für Delphi 2) sollen nur eine Orientierung geben:

Laufzeit für 100 000 000 Aufrufe von	
virtuellen Methoden	20,55 Sekunden
nicht-virtuellen Methoden	15,98 Sekunden

Offensichtlich ist es nicht einfach, den Begriff „virtual" in einem Satz zu beschreiben. Bjarne Stroustrup, der Entwickler der objektorientierten Programmiersprache C++, hat die Frage, wieso virtuelle Funktionen eigentlich „virtuell" heißen, gelegentlich folgendermaßen beantwortet: „well, **virtual means magic**" (virtuell bedeutet Zauberei, Stroustrup 1994, Abschnitt 12.4.1).

Zusammenfassung:

> Der **entscheidende Unterschied** zwischen statischen und virtuellen Methoden besteht darin, daß ein Aufruf von **statischen Methoden** bereits während der Kompilation direkt auf die jeweiligen Methoden aufgelöst wird, während ein Aufruf von **virtuellen Methoden** indirekt über das VMT-Feld aus dem *self*-Parameter nach der VMT-Tabelle aufgelöst wird.

Damit man virtuelle Methoden überhaupt einsetzen kann, müssen allerdings die folgenden Voraussetzungen erfüllt sein:

1. Das zu lösende Problem muß eine hierarchische Struktur von Daten und Methoden ermöglichen. Ohne eine solche Struktur lassen sich diese Techniken überhaupt nicht anwenden.

2. Die hierarchische Struktur des Problems muß umfassend verstanden sein. Dafür ist oft eine gründlichere Problemanalyse notwendig, als wenn man ein Problem mit nicht-objektorientierten Techniken löst.

   Ohne dieses Verständnis kann die richtige Hierarchie der Datenstrukturen und Methoden überhaupt nicht gefunden werden. Eine falsche Hierarchie behindert aber die Lösung eines Problems mehr als keine Hierarchie.

   Merke: Die Hierarchie der Objekte fällt nicht vom Himmel!

Allerdings sind diese Voraussetzungen bei großen und komplexen Softwareprojekten häufig erfüllt.

Außerdem werden wir in den nächsten Abschnitten einige allgemeine Konzepte zum Einsatz von objektorientierten Techniken kennenlernen.

Virtuelle Methoden und Prozedurtypen als Parameter

Zwischen Objekten mit virtuellen Methoden und Prozeduren mit Prozedurtypen als Parametern besteht eine gewisse Ähnlichkeit: Einem Objekt kann man „eine Prozedur übergeben", indem man eine virtuelle Methode überschreibt.

Beispiel: Überschreibt man in einem Nachfolgerobjekt von

```
type T = object
        constructor Init;
        procedure p1; virtual;
        procedure p2; virtual;
        procedure p;
    end;

procedure T.P;
begin
p1;
p2;
end;
```

eine oder beide virtuelle Prozeduren, erreicht man damit denselben
Effekt, wie wenn man nach der Vereinbarung des Prozedurtyps

```
type TP = procedure;
```

die Prozedur

```
procedure p(p1,p2:TP);
begin
p1;
p2;
end;
```

mit den Prozeduren aufruft, die den Nachfolgern von T.p1 und T.p2
entsprechen. Auch diese Prozedur p kann „viele Formen" annehmen,
je nachdem mit welchen aktuellen Parametern man sie aufruft.

Damit kann man **Polymorphie** nicht nur mit Objekten und später Bindung,
sondern auch **mit Prozedurtypen als Parametern** erreichen.

Ein Unterschied zwischen beiden Techniken besteht offensichtlich darin, daß
man für jeden Prozedurtyp-Parameter in der formalen Parameterliste auch einen
aktuellen Prozedurtyp-Parameter angeben muß, während man bei Objekten nicht
jede virtuelle Methode überschreiben muß.

Definiert man z. B. ein relativ universelles Objekt mit vielen Eigenschaften,
indem man jede Eigenschaft durch eine virtuelle Methode realisiert, kann man
aus diesem Objekt neue Nachfolgerobjekte mit ähnlichen Eigenschaften konstruieren, indem man nur die Eigenschaften (die virtuellen Methoden) überschreibt, in denen sich das Nachfolgerobjekt vom Vorgängerobjekt unterscheiden
soll. Würde man diesen Effekt mit Prozedurtyp-Parametern realisieren wollen,
müßte man bei jedem Aufruf einer solchen Prozedur für jeden formalen einen
aktuellen Parameter angeben. Damit sind Prozeduren mit Parametern in der
Handhabung wesentlich starrer als Objekte mit virtuellen Methoden.

Dieser Unterschied kommt erst recht zum Tragen, wenn man eine Hierarchie von
Objekten aufbaut: Jeder solchen Hierarchiestufe entspricht dann eine Prozedur,

deren Parameter wieder Prozeduren mit Parametern sind, usw. Schon ab einer geringen Hierarchietiefe wären solche Objekte praktisch nicht mehr handhabbar.

Objektorientierte Techniken sind also offensichtlich Prozeduren mit Prozedurparametern überlegen.

Dynamische Objekte

Objektinstanzen können in Turbo Pascal auch dynamisch im Heap angelegt werden. Damit kann der für eine Objektinstanz erforderliche Speicherplatz vom eventuell knappen Stack oder Datensegment freigehalten und in den Heap verlagert werden.

Bezüglich der virtuellen Techniken bringen diese dynamischen Objekte aber nichts Neues, so daß die folgenden Beispiele nur kurz die Syntax illustrieren sollen.

Für dynamische Objekte sollten analog zu Konstruktoren auch **Destruktoren** definiert werden, die dann den entsprechenden Speicherplatz auf dem Heap bei einem *dispose* wieder freigeben. Solche Destruktoren unterscheiden sich ansonsten nicht von normalen Prozeduren.

Für dynamische Objekte gilt außerdem eine erweiterte Syntax von *new* und *dispose*: *New* kann neben einem Pointer auch noch ein Konstruktor übergeben werden, der dann beim Aufruf von *new* aufgerufen wird. Entsprechend kann *dispose* ein Destruktor übergeben werden, der beim Aufruf von *dispose* aufgerufen wird.

Beispiel:
```
destructor T2DPunkt.done;
begin {ein Destruktor muß nichts Besonderes machen}
end;

var p2:^T2DPunkt;
begin
new(p2,init(1,2));
Form1.Memo1.Lines.Add(p2^.ToStr);
dispose(p2,done);
end;
```

Mit dynamischen Objekten kann man **Polymorphie** auch über die Wertzuweisung von Pointervariablen realisieren. Nach den Vereinbarungen

```
var p1:^T1DPunkt;
    p3:^T3DPunkt;
```

und dem Aufruf eines Konstruktors für p3 enthält p1 nach der Wertzuweisung

```
p1 := p3;
```

die Adresse der Objektinstanz p3 und enthält damit auch die Adresse der VMT
von *T3DPunkt*. Deshalb wird durch

```
p1^.ToStr;
```

die Methode *T3DPunkt.ConvertToStr* aufgerufen und nicht *T3DPunkt.
ConvertToStr*. Sind dagegen p1 und p2 statische Variablen

```
var p1:T1DPunkt;
    p3:T3DPunkt;
```

wird nach der Wertzuweisung

```
p1 := p3;
```

durch

```
p1.ToStr;
```

die Methode *T1DPunkt.ConvertToStr* aufgerufen.

Anmerkung für C++-Programmierer: Virtuelle Methoden sind in C++ genauso
durch späte Bindung realisiert wie in Object Pascal.

Aufgabe 6.6

1. Schreiben Sie ein Programm mit den Objekttypen *T1DPunkt*, *T2DPunkt*
   (Nachfolger von *T1DPunkt*) und *T3DPunkt* (Nachfolger von *T2DPunkt*). Wie
   in den Beispielen in diesem Abschnitt soll die Methode *ToStr* nur für
   T1DPunkt definiert sein. Diese Methode soll die in jedem Objekt definierte
   virtuelle Methode *ConvertToStr* aufrufen.

   Rufen Sie *ToStr* für verschiedene Instanzen

   ```
   var p1:T1DPunkt;
       p2:T2DPunkt;
       p3:T3DPunkt;
   ```

   auf und verfolgen Sie im Debugger (schrittweise Ausführung mit F7), zu
   welchen Aufrufen von *ConvertToStr* diese Aufrufe führen.

2. Erweitern Sie die Objekte *T1DPunkt*, *T2DPunkt* und *T3DPunkt* um die nicht-
   virtuelle Methode

   ```
   function T1DPunkt.length:Extended;
   begin
   result := length_;
   end;
   ```

sowie um die virtuellen Methoden

```
function T1DPunkt.length_:Extended;
begin
result := abs(x);
end;

function T2DPunkt.length_:Extended;
begin
result := sqrt(x*x + y*y);
end;

function T3DPunkt.length_:Extended;
begin
result := sqrt(x*x + y*y + z*z);
end;

procedure T1DPunkt.Show;
begin
Form1.Image1.Canvas.Pixels[round(x),0] := clRed;
end;

procedure T2DPunkt.Show;
begin
Form1.Image1.Canvas.Pixels[round(x),round(y)]:=clRed;
end;
```

a) Stellen Sie für jede dieser Klassen die VMT auf.

b) Welche Methoden werden nach den Deklarationen

```
procedure show_(var p:T1DPunkt);
begin
p.Show;
end;

var p1:T1DPunkt;    p2:T2DPunkt;    p3:T3DPunkt;
```

aufgerufen durch

```
p1.Length;
p2.Length;
p3.Length;

show_(p1);
show_(p2);
show_(p3);
```

6.7 Klassen

Wie schon mehrfach erwähnt, wurde das „alte" Objektmodell von Turbo Pascal
5.5–7.0 in Object Pascal durch ein „neues" Objektmodell ergänzt. Alte Objekte
werden mit *object* deklariert und neue mit *class*.

In einem Object-Pascal-Programm können sowohl alte als auch neue Objekte
verwendet werden. Borland empfiehlt allerdings, nicht beide in derselben Unit zu
verwenden. Vermutlich ist diese Einschränkung aber nur dann notwendig, wenn
Klassen der Object Windows Library (OWL) verwendet werden. Bei einfachen
selbstgebauten Objekten habe ich keine Probleme in der Kombination mit
visuellen Komponenten von Delphi festgestellt.

Das neue Objektmodell unterscheidet sich vom alten unter anderem in den
folgenden Punkten:

1. Alle Klassen sind automatisch Nachfolger der vordefinierten Klasse **TObject**:
   Damit ist die Deklaration

   ```
   type T1 = class
            ...
            end;
   ```

gleichbedeutend mit

   ```
   type T2 = class(TObject)
            ...
            end;
   ```

Obwohl T1 nicht ausdrücklich als Nachfolger eines anderen Objekts definiert
wurde, hat es den Vorgänger *TObject*, der etwa wie folgt vereinbart ist:

   ```
   TObject = class
       constructor Create; { reserviert Speicher für eine
         Objektinstanz und initialisiert diesen mit Nullen }
       procedure Free; { ruft Destroy auf, falls die
                                 Objektinstanz nicht nil ist }
       { ... weitere Komponenten }
       destructor Destroy; virtual; { gibt den Speicher für
           die Instanz wieder frei; sollte aber nicht aufge-
           rufen werden: Free ist besser }
   end;
   ```

Damit erbt jede Klasse alle Methoden von *TObject*, falls diese nicht überschrieben werden. Da bereits *TObject* virtuelle Methoden enthält, haben alle
Klassen im neuen Objektmodell eine VMT.

2. Alle **Instanzen** werden automatisch als Zeigervariable **auf dem Heap** angelegt, ohne daß die Instanzen als Zeigervariable vereinbart werden müssen.

Beim Zugriff auf Komponenten, Methoden usw. muß man die Instanz nicht mit ^ dereferenzieren.

Beispiel: Nach den Deklarationen

```
type T2DPunkt = class
          x,y:Extended;
          constructor Init(x_,y_:Extended);
          function ToStr:string;
          function ConvertToStr:string; virtual;
       end;

{ Rest wie bisher }

var p2:T2DPunkt;
```

ist p2 eine dynamische Variable im Heap, obwohl sie nicht mit *new* angelegt wurde. Es ist nicht notwendig, p2 mit ^ zu dereferenzieren. Diese Dereferenzierung führt der Compiler automatisch durch, wenn p2 angesprochen wird:

```
p2 := T2DPunkt.Create;
p2.Init(17,18);
Form1.Memo1.Lines.Add(p2.ToStr);
p2.Free;
```

Da Klasseninstanzen Pointer sind, ist auch die im letzten Abschnitt bei dynamischen Objekten vorgestellte Form der **Polymorphie** möglich: Für die beiden Klasseninstanzen p1 und p2

```
var p1:T1DPunkt;
    p3:T3DPunkt;
```

wird nach der Wertzuweisung

```
p1 := p3;
```

durch

```
p1.ToStr;
```

die Methode *T3DPunkt.ConvertToStr* aufgerufen.

3. Eine Klasseninstanz wird dadurch erzeugt und initialisiert, daß ein **Konstruktor über eine Klassenreferenz** aufgerufen wird. Im Gegensatz zum Aufruf eines Konstruktors über eine Instanz

```
p2.Create; { nach "var p2:T2DPunkt" der von TObject
             geerbte Konstruktor Create }
```

muß dabei der Datentyp vor dem Namen des Konstruktors angegeben werden:

```
p2 := T2DPunkt.Create;
```

Durch den Aufruf eines Konstruktors über eine Klassenreferenz wird der notwendige Speicherplatz für die Klasseninstanz auf dem Heap reserviert und mit Nullen initialisiert. Dabei gibt der Konstruktor wie eine Funktion eine Referenz auf die Klasseninstanz zurück (deren Adresse). Der Datentyp dieser Klasseninstanz ist derselbe wie der beim Aufruf angegebene Datentyp. Nach dem Aufruf von

```
p2 := T2DPunkt.Init(5,6); { oder }
p2 := T2DPunkt.Create;
```

zeigt also p2 auf eine Variable des Datentyps *T2DPunkt*.

Wenn eine Klasseninstanz nicht mehr benötigt wird, kann (und soll) der von dieser Instanz belegte Speicherplatz mit **Free** wieder freigegeben werden. Im Gegensatz zum Aufruf eines Konstruktors wird *Free* nicht mit dem Klassentyp, sondern mit der Objektinstanz aufgerufen:

```
p2.Free; { gibt den von p2 belegten Speicher wieder
                                                frei }
```

Free ruft dann den Destruktor *destroy* der Klasse auf. Diesen Destruktor kann man zwar auch direkt aufrufen. Da *Free* aber prüft, ob die Objektinstanz nicht auf *nil* zeigt, ist der Aufruf von *Free* vorzuziehen.

Definiert man einen Nachfolger einer Klasse, empfiehlt es sich meist, als erste Anweisung im Konstruktor den Konstruktor des Vorgängers mit *inherited* aufzurufen:

```
type T1DPunkt = class
               x:Extended;
               constructor Create(x_:Extended);
        end;

constructor T1DPunkt.Create(x_:Extended);
begin
inherited Create; { Create von TObject }
x := x_;
end;

type T2DPunkt = class(T1DPunkt)
               y:Extended;
               constructor Create(x_,y_:Extended);
             end;

constructor T2DPunkt.Create(x_,y_:Extended);
begin
inherited Create(x_); { Create von T1DPunkt }
y := y_;
end;
```

Der Aufruf eines Konstruktors mit *inherited* hat denselben Effekt wie sein Aufruf über eine Klasseninstanz (siehe 4.). Der Konstruktor des Vorgängertyps (z. B. *TVorgaenger*) sollte nicht als Klassenreferenz

```
TVorgaenger.Create
```

aufgerufen werden, sondern immer mit *inherited*, da sonst eine neue Instanz des Vorgängerobjekts angelegt wird.

Falls während der Ausführung eines als Klassenreferenz aufgerufenen Konstruktors eine **Exception** auftritt, wird automatisch der Destruktor dieser Klasse aufgerufen. Die Anweisungen eines Konstruktors werden vom Compiler so übersetzt, wie wenn sie in den folgenden *try-except*-Abschnitt eingebettet wären:

```
try
  { ... Anweisungen des Konstruktors }

except { bei jeder Exception }
  Destroy; { zerstört das unfertige Objekt }
  raise; { Exception weitergeben }
end;
```

4. Ein **Konstruktor** kann auch **über eine Klasseninstanz** aufgerufen werden:

```
p2.Create;
```

In diesem Fall wirkt sich der Aufruf des Konstruktors wie ein „normaler" Aufruf einer Methode aus. Dabei wird kein Speicherplatz auf dem Heap reserviert. Außerdem wird auch nicht die Adresse einer Klasseninstanz als Funktionswert zurückgegeben, obwohl auch der Aufruf

```
p2 := p2.Create;
```

vom Compiler akzeptiert wird.

Da man einen Konstruktor auf zwei verschiedene Arten (über eine Klassenreferenz und eine Klasseninstanz) aufrufen und so zwei völlig verschiedene Aktionen durchführen kann, besteht die Möglichkeit, daß die beiden Aufrufe verwechselt werden, ohne daß der Compiler davor warnen kann.

Wenn der Konstruktor für eine Klasse nur über eine Klasseninstanz, aber nie über eine Klassenreferenz aufgerufen wird, hat das beim ersten Zugriff auf ein Datenfeld oder eine Methode der Klasse meist eine allgemeine Schutzverletzung zur Folge. Um die Wahrscheinlichkeit für eine solche Verwechslung beim Aufruf eines Konstruktors möglichst gering zu halten, sollte man sorgfältig auf den richtigen Aufruf achten und außerdem jeden Konstruktor mindestens einmal im Debugger ausführen.

5. Im alten Objektmodell wird eine Nachfolgermethode dann über die Technik
   der **späten Bindung** aufgerufen, wenn sie sowohl im Vorgänger als auch im
   Nachfolger als *virtual* gekennzeichnet ist. Die Methode im Nachfolger muß
   dabei genauso wie im Vorgänger deklariert sein (dieselbe Parameterliste,
   beide müssen Prozeduren bzw. Funktionen sein usw.).

   Beispiel: Im alten Objektmodell führt der Aufruf von *v.call* für eine Instanz
   des Typs T1 zum Aufruf von T1.p und für eine Instanz des Typs T2
   zum Aufruf von T2.p:

```
type T1 = object
              constructor init;
              procedure call;
              procedure p;virtual;
          end;

     T2 = object(T1)
              procedure p;virtual;
          end;

procedure T1.Call;
begin
p;
end;

procedure T1.p;
begin
Form1.Memo1.Lines.Add('T1.p');
end;

procedure T2.p;
begin
Form1.Memo1.Lines.Add('T2.p');
end;
```

Im neuen Objektmodell wird dagegen eine Nachfolgermethode nur dann über
die Technik der **späten Bindung** aufgerufen, wenn sie im Vorgänger als
virtual und im Nachfolger mit **override** gekennzeichnet ist. Der Compiler
überprüft dabei, ob die Deklaration der überschreibenden Methode mit der des
Vorgängers identisch ist. Trifft das nicht zu oder existiert im Vorgänger keine
entsprechende virtuelle Methode, gibt er eine Fehlermeldung aus.

Beispiel: Durch die folgenden Deklarationen wird im neuen Objektmodell
dasselbe Ergebnis erzielt wie beim letzten Beispiel im alten
Objektmodell. Der Aufruf von *v.call* führt für eine Instanz des Typs
T1 zum Aufruf von T1.p und für eine Instanz des Typs T2 zum
Aufruf von T2.p:

```
type T1 = class
              procedure call;
              procedure p;virtual;
          end;
```

```
T2 = class(T1)
        procedure p;override;
     end;
```

{ Rest wie im letzten Beispiel }

Wird im neuen Objektmodell in einem Nachfolger eine Methode mit demselben Namen wie eine virtuelle Methode in einem Vorgänger als *virtual* gekennzeichnet, führt das nicht zur späten Bindung der Nachfolgermethode an den Vorgänger. Statt dessen **verdeckt** die Methode im Nachfolger die gleichnamige Methode im Vorgänger. Insbesondere kann jede als *virtual* bezeichnete Methode in einem Nachfolger eine andere Parameterliste haben als die gleichnamige Methode des Vorgängers.

Beispiel: Der Aufruf von *v.call* führt immer zum Aufruf von T1.p, unabhängig davon, ob v den Datentyp T1, T2 oder T3 hat:

```
type T1 = class
            procedure call;
            procedure p;virtual;
          end;

     T2 = class(T1)
            procedure p;virtual;
          end;

     T3 = class(T2)
            procedure p;override;
          end;
```

{ Rest wie im letzten Beispiel }

Wird dagegen in T2 ebenfalls eine Prozedur *call* definiert, führt der Aufruf *v.call* zum Aufruf von T2.p oder T3.p, je nachdem, ob v den Datentyp T2 oder T3 hat.

Damit kann man in einer Klassenhierarchie auf verschiedenen „Stufen" verschiedene Arten von virtuellen Funktionen definieren.

Außer mit *virtual* kann man späte Bindung auch mit **dynamic** definieren. Die so erzielte späte Bindung unterscheidet sich nicht von der mit *virtual* erzielten. Die beiden Verfahren unterscheiden sich nur im internen Aufbau der VMTs: Bei mit *dynamic* deklarierten Methoden ist diese etwas kleiner, aber auch etwas langsamer als bei mit *virtual* deklarierten Methoden. Borland empfiehlt generell, *virtual* zu verwenden. Lediglich bei Basisklassen mit vielen virtuellen Methoden, von denen viele Nachfolger abgeleitet werden, die nur wenige Methoden überschreiben, können mit *dynamic* deklarierte virtuelle Methoden sinnvoll sein.

6. Im alten Objektmodell müssen die Bezeichner in einem Objekt sowie in dessen Nachfolgern eindeutig sein. Die folgenden Deklarationen führen zu einer Fehlermeldung des Compilers:

```
type O0 = object
            a:Integer;
            constructor init(a:Integer);
          end;

constructor O0.init(a:Integer);
            { Fehlermeldung: Bezeichner redefiniert 'a' }
begin
self.a := a; { a Klassenkomponente oder Parameter ? }
end;

type O1 = object(O0)
            a:Integer; { Bezeichner redefiniert 'a' }
          end;
```

Im Gegensatz dazu können im neuen Objektmodell Bezeichner für Klassenkomponenten in einer Methodenvereinbarung erneut deklariert werden. Mit dem impliziten Parameter *self* können dann die Komponenten der Klasse angesprochen werden.

```
type C0 = class
            a:Integer;
            constructor init(a:Integer);
          end;

constructor C0.init(a:Integer);{ kein Fehler }
begin
self.a := a; { a ist der formale Parameter und
              self.a die Klassenkomponente }
end;
```

Außerdem können in einem Nachfolger dieselben Datenfelder wie in einem Vorgänger definiert werden:

```
type C1 = class(C0)
            a:Integer; { C1.a verdeckt C0.a }
            function show:string;
          end;
```

Über einen Typecast kann dann die **verdeckte Komponente** des Vorgängers angesprochen werden:

```
function C1.show:string;
var a1:Integer;
begin
result := 'a='+IntToStr(a) + ' inh a='+
                              IntToStr(C0(self).a);
end;
```

Damit werden durch

```
var x1,x11:C1;
...
x1 := C1.init(19);
Memo1.Lines.Add(x1.show);
```

die Werte

a=0 inh a=19

und durch

```
x11 := C1(C0).init(18);
x11.a := 19;
Memo1.Lines.Add(x11.show);
```

die Werte

a=19 inh a=18

ausgegeben.

7. Im Object Pascal Language Guide (Borland 1995, S. 86) werden Instanzen von Klassentypen des neuen Objektmodells als Objekte bezeichnet. Diese Sprachregelung ist in Verbindung mit dem alten Objektmodell, das in Object Pascal immer noch gilt, gelegentlich etwas verwirrend.

Im folgenden werden die Begriffe Objektinstanz und Klasseninstanz verwendet.

Zusätzlich zu den unter 1. bis 7. dargestellten Unterschieden zwischen alten und neuen Objekten gibt es noch zahlreiche Erweiterungen, die in den nächsten Abschnitten vorgestellt werden.

Die Syntax der Klassen wird durch die folgenden Syntaxdiagramme zusammengefaßt:

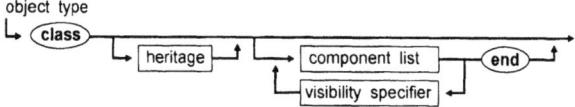

Die Vererbung wird durch den Namen des Vorgängers nach *class* angegeben:

heritage ⟶ (⟶ object type identifier ⟶) ⟶

Klassenkomponenten sind Methoden, Datenfelder oder Eigenschaften:

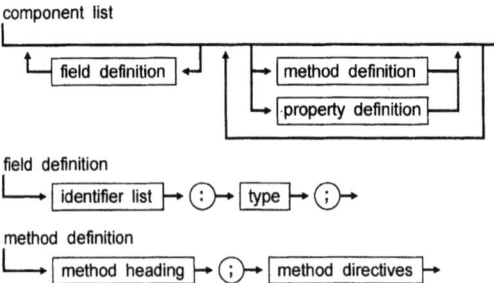

Dabei müssen die Datenfelder vor den Methoden und den Eigenschaften angegeben werden.

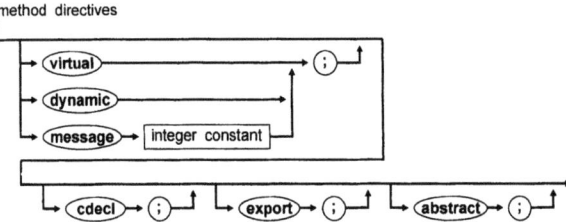

Nach einer Methode kann man angeben, ob diese virtuell ist. In dem Syntaxdiagramm für die *method directives* wurde offensichtlich die Angabe *override* vergessen.

Wie auch schon im alten Objektmodell müssen der Name einer virtuellen Nachfolgermethode, ihre Parameterliste und bei einer Funktion ihr Ergebnistyp mit der Vorgängermethode identisch sein. Es ist insbesondere nicht zulässig, in einer überschriebenen Methode einen Parameter durch einen Nachfolger zu ersetzen.

Begründung: Angenommen, es wäre zulässig, in einer überschriebenen Methode einen Parameter durch einen Nachfolger zu ersetzen. Dann könnte man die Methode p in TA durch p in TB überschreiben:

```
type TA = class
        procedure p(x:TA);virtual;
     end;

     TB = class(TB)
       c:Integer;
       procedure p(x:TB);override;
     end; { x in TB.p ist ein Nachfolger von x
                                    in TA.p }
```

Hier kann die Prozedur TB.p mit der Variablen x.c arbeiten, die für TA.p nicht existiert. Definiert man jetzt

```
procedure q(var a,b:TA);
begin
a.p(b);
end;

var a:TA;
    b:TB;
```

dann führt der Aufruf

```
q(b,a)
```

zum Aufruf

```
TB.p(a)
```

Wenn dabei TB.p auf x.c zugreift, würde das Feld a.c angesprochen, obwohl dieses in TA nicht existiert. (siehe Mössenbeck, 1992, S. 75.)

Anmerkung für C++-Programmierer: Obwohl die „neuen" Objekte von Object Pascal wie die Klassen von C++ mit dem Wort *class* gebildet werden, bestehen zwischen den beiden Sprachelementen einige Unterschiede:

1. Die Klassen in C++ sind keine Nachfolger einer vordefinierten Basisklasse wie *TObject* und haben auch keine vordefinierten Methoden wie *Create* oder *Free*. Sie entsprechen diesbezüglich mehr den Objekten des alten Objektmodells.

2. Die Syntax der Konstruktoren und Destruktoren in C++ unterscheidet sich grundlegend von der in Object Pascal: Ein Konstruktor wird in C++ nicht durch ein spezielles Schlüsselwort (wie *constructor*) gekennzeichnet, sondern dadurch, daß eine solche Funktion denselben Namen wie die Klasse hat. Bei der Deklaration einer Klasseninstanz muß die Parameterliste eines Konstruktors angegeben werden. Dieser Konstruktor wird dann automatisch bei der Ausführung der Deklaration aufgerufen. Damit ist sichergestellt, daß der Aufruf eines Konstruktors nicht vergessen werden kann. Ein Destruktor wird automatisch aufgerufen, wenn eine Variable ihren Gültigkeitsbereich verläßt.

3. Späte Bindung wird in C++ wie im alten Objektmodell von Object Pascal dadurch erreicht, daß die Methode im Vorgänger und im Nachfolger als *virtual* gekennzeichnet wird und in beiden Klassen dieselbe Parameterliste hat. Sind die Parameterlisten von virtuellen Methoden im Vorgänger und im Nachfolger verschieden, verdeckt die Methode des Nachfolgers die des Vorgängers.

Aufgabe 6.7

Schreiben Sie die Lösung der Aufgabe aus dem letzten Abschnitt (mit den Datentypen *T1DPunkt*, *T2DPunkt* und *T3DPunkt*) mit Klassen anstatt mit Objekten.

a) Rufen Sie die Methode *ToStr* für die Instanzen

```
var   p1:T1DPunkt;
      p2:T2DPunkt;
      p3:T3DPunkt;
```

auf und verfolgen Sie im Debugger schrittweise (mit *F7* bzw. *F8*), wie dieser Aufruf in Abhängigkeit vom Datentyp zum Aufruf der verschiedenen Versionen von *ConvertToStr* führt.

b) Weisen Sie der Variablen p1 den Wert von p2 zu und verfolgen Sie im Debugger, wie der Aufruf von

```
p1.ToStr
```

zum Aufruf von *T2DPunkt.ConvertToStr* führt.

6.8 Delphi-Komponenten als Klassen und MDI-Programme

In den bisherigen Beispielen zur objektorientierten Programmierung wurden vor allem selbstdefinierte Klassen verwendet. Der Grund dafür war lediglich der, daß diese Klassen sehr viel einfacher sind als die von Delphi: Da wir unsere Klassen selbst konstruiert haben, kennen wir alle ihre Komponenten. Nachdem jetzt aber die Grundbegriffe erklärt sind, wenden wir uns den Klassen von Delphi zu.

Das neue Klassenmodell ist die Grundlage für alle visuellen und nichtvisuellen Komponenten von Delphi. Wenn man ein Formular mit einem Button und einem Memo anlegt, erzeugt Delphi in der zum Formular gehörenden Unit die Klasse

```
type
  TForm1 = class(TForm)
    Memo1: TMemo;
    Button1: TButton;
    procedure Button1Click(Sender: TObject);
  private
    { Private declarations }
  public
    { Public declarations }
  end;
```

Diese Klasse erbt vom Vorgänger *TForm* alle Methoden, Datenfelder und Ereignisse, sofern diese nicht überschrieben werden. Damit ist *TForm1* bis auf die zusätzlich definierten Komponenten identisch mit der Klasse *TForm*.

Wie dieses einfache Beispiel zeigt, ist es mit Klassen möglich, komplexe Objekte zu konstruieren, die mit geringen Änderungen an spezielle Anforderungen angepaßt werden können. Dabei ist durch die Konstruktion der Klassen sichergestellt, daß sich die Nachfolgerobjekte nur in den zusätzlichen bzw. überschriebenen Methoden und Datenfeldern vom Vorgänger unterscheiden und in keinen weiteren.

Wie komplex und vielschichtig die Klassen von Delphi sind, sieht man schon, wenn man sich in der Delphi-Hilfe die Vielzahl der Methoden, Eigenschaften und Ereignisse anschaut, die für jede der zahlreichen Komponenten definiert sind. Und viele Komponenten eines Objekts sind wieder Objekte, die selbst wieder Objekte enthalten wie etwa die Eigenschaft *Lines* (vom Typ *TStrings*) in einem Memo.

Eine ähnliche Flexibilität ist ohne das Klassenkonzept allein mit den klassischen Konzepten der Programmierung (wie Prozeduraufrufe und Kontrollstrukturen) nicht möglich.

In allen bisherigen Beispielen enthielt ein Windows-Programm immer ein Formular, das mit den Mitteln der visuellen Programmierung gestaltet wurde. Die Beschreibung des Formulars wird in die Programmdatei (*.EXE) aufgenommen. Beim Start des Programms liest das Programm die Formularangaben aus dieser Datei und erzeugt dann das Formular mit allen zugehörigen Komponenten automatisch durch den Aufruf der entsprechenden Konstruktoren.

Damit bestand keine Notwendigkeit, Formulare oder Steuerelemente während der Laufzeit des Programms durch den Aufruf ihrer Konstruktoren zu erzeugen. Das ist bei sogenannten **MDI**-Programmen (Multiple Document Interface) anders. Ein MDI-Programm besteht aus einem übergeordneten Fenster, das mehrere untergeordnete Fenster enthalten kann. Die untergeordneten Fenster werden während der Laufzeit des Programms als Reaktion auf entsprechende Benutzereingaben (z. B. *Datei|neu*) erzeugt. Typische MDI-Programme sind Programme zur Textverarbeitung, in denen mehrere Dateien gleichzeitig bearbeitet werden können. Im Gegensatz zu MDI-Programmen bezeichnet man Programme, die keine untergeordneten Fenster enthalten, als **SDI**-Programme (Single Document Interface).

Im folgenden wird in Zusammenhang mit MDI-Programmen gezeigt, wie man auch während der Laufzeit eines Programms Formulare erzeugen kann. Außerdem werden einige Besonderheiten bei MDI-Programmen dargestellt. Im nächsten Abschnitt wird dann beschrieben, wie man während der Laufzeit eines Programms beliebige Komponenten erzeugen kann.

In einem MDI-Programm kann immer nur das Hauptformular das übergeordnete Fenster sein. Dieses wird dadurch als **übergeordnetes Fenster** definiert, daß man seine Eigenschaft *FormStyle* im Objektinspektor auf *fsMDIForm* setzt. In einem SDI-Formular hat diese Eigenschaft den Wert *fsNormal* (Voreinstellung).

Ein **MDI-Child-Formular** wird dem Projekt zunächst als ein neues Formular hinzugefügt. Es wird dadurch als **untergeordnetes Fenster** definiert, daß seine Eigenschaft *FormStyle* den Wert *fsMDIChild* erhält. Dieser Wert kann auch während der Laufzeit des Programms gesetzt werden.

Das MDI-Child-Formular kann nun wie jedes andere Formular visuell gestaltet werden. Für die folgenden Beispiele wird ein MDI-Child-Formular angenommen, das ein Memo mit der Eigenschaft *Align = alClient* enthält. Aufgrund dieser Eigenschaft füllt das Memo das gesamte Formular aus. Gibt man diesem Formular den Namen T*MDIChildForm*, erhält man in der Unit zu diesem Formular die Klasse

```
type TMDIChildForm = class(TForm)
        Memo1: TMemo;
     private
     ...
     end;
```

Damit dieses MDI-Child-Formular beim Start des Programms nicht automatisch erzeugt und angezeigt wird, muß man es unter *Optionen|Projekt|Formulare* (Delphi 1) bzw. *Projekt|Optionen|Formulare* (Delphi 2) aus der Liste der automatisch erzeugten Formulare in die Liste der verfügbaren Formulare verschieben:

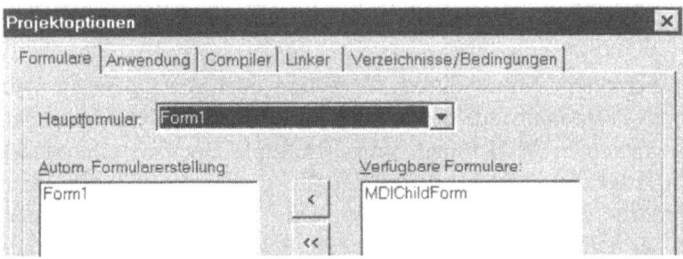

Während der Laufzeit des Programms wird dann durch den Aufruf von

```
MDIChildForm := TMDIChildForm.Create(self);
{ MDIChildForm ist die Klasseninstanz, die im Interface-
  Teil der Unit zu diesem Formular von Delphi automatisch
  erzeugt wird. }
```

ein Fenster erzeugt, das dem visuell entworfenen Formular entspricht. Da Windows die MDI-Fenster selbst verwaltet, ist hier die Zuweisung an die Variable *MDIChildForm* nicht einmal notwendig: Der Aufruf des Konstruktors reicht aus:

```
procedure TForm1.neuClick(Sender: TObject);
begin { z. B. als Reaktion auf Datei|neu }
TMDIChildForm.Create(self); { self ist hier die aktuelle
Instanz des Formulars, das die Methode neuClick aufruft }
end;
```

Durch jeden Aufruf von *MDIChildForm.Create* wird dann ein neues Formular mit einem Memo erzeugt. In jedem der Memos kann man wie in einem einfachen Editor einen eigenständigen Text schreiben:

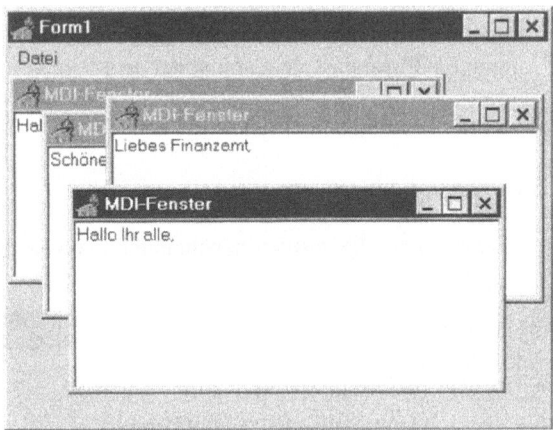

Wenn man ein solches MDI-Child-Formular schließt, stellt man fest, daß es tatsächlich nicht geschlossen, sondern nur minimiert wird. Dieses Verhalten ergibt sich aus der Voreinstellung von Delphi für MDI-Child-Formulare. Es kann dadurch geändert werden, daß man in der Ereignisbehandlungsroutine für das Ereignis *OnClose* den Parameter *Action* auf *caFree* setzt:

```
procedure MDIChildForm.FormClose(Sender: TObject;
                          var Action: TCloseAction);
begin
Action := caFree;
end;
```

Die einzelnen MDI-Child-Formulare können dann als *MDIChildren[i]* angesprochen werden. Ihre Anzahl ist durch *MDIChildCount* gegeben. Mit der folgenden Methode kann man alle schließen:

```
procedure TForm1.alleschliessenClick(Sender: TObject);
var i:Integer;
begin
for i := MDIChildCount-1 downto 0 do
  MDIChildren[i].Close;
end;
```

Das jeweils aktive MDI-Child-Formular ist gegeben durch

```
property ActiveMDIChild: TForm;
```

Mit einem Typecast kann *ActiveMDIChild* auf den tatsächlichen Datentyp des Nachfolgers von *TForm* konvertiert werden:

```
TMDIChildForm(ActiveMDIChild).Memo1.Lines.Add('added');
```

Für die **Anordnung** von MDI-Child-Formularen stehen die folgenden Methoden zur Verfügung:

cascade   { ordnet die Formulare überlappend an }
tile   { ordnet die Formulare nebeneinander an }

Vor dem Aufruf von *tile* kann man über den Wert von

TileMode:(tbHorizontal, tbVertical);

festlegen, ob diese horizontal oder vertikal nebeneinander angeordnet werden.

MDI-Programme zeigen oft in dem Menü, in dem die Fenster angeordnet werden können, eine Liste der aktuell geöffneten MDI-Fenster an (siehe rechts). Eine solche Liste wird demjenigen Menüpunkt des Hauptformulars hinzugefügt, dessen Name der Eigenschaft *WindowMenu* des Hauptformulars zugewiesen wird.

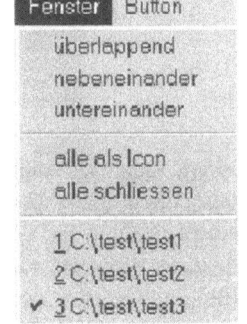

```
Form1.WindowMenu := Fenster1;
```

Hier ist *Fenster1* derjenige Menüpunkt aus der Menüleiste des Hauptformulars

```
Fenster1: TMenuItem;
```

der dem Menüpunkt „Fenster" entspricht.

Aufgabe 6.8

Entwerfen Sie analog zum Beispiel mit den MDI-Memos eine Komponente, die in einem MDI-Fenster ein Bild anzeigt. Sie können für das Bild *TImage* aus der Seite „Zusätzlich" der Komponentenpalette und für die Auswahl der Datei *TOpendialog* verwenden.

In der Menüleiste soll lediglich die Option „Datei" mit dem Unterpunkt „öffnen" und die Option „Fenster" mit dem Unterpunkt „cascade" angeboten werden.

6.9 Selbstdefinierte Komponenten und Methodenzeiger

Im letzten Abschnitt haben wir gesehen, wie ein visuell gestaltetes Formular mit der von Delphi für dieses Formular erzeugten Klasse (z. B. *TForm1*) zusammenhängt. Wir haben dann eine so mit den Mitteln der visuellen Programmierung gestaltete Klasse und damit das entsprechende Formular während der Laufzeit eines Programms als untergeordnetes MDI-Fenster erzeugt.

In diesem Abschnitt wird gezeigt, wie man Komponenten und Formulare ohne die Hilfsmittel der visuellen Programmierung erzeugen kann. Damit ist es möglich, ein Formular während der Laufzeit des Programms zu gestalten. Im Gegensatz zur visuellen Programmierung können dabei Bedingungen berücksichtigt werden, die sich erst während der Laufzeit ergeben und die zur Entwurfszeit noch nicht bekannt sind.

Beispiel: Die Prozedur *make_Edit* erzeugt ein Edit-Fenster:

```
procedure make_Edit(var E:TEdit;l,t,w,h:Integer);
begin
E := TEdit.Create(Form1);
E.Parent := Form1;
E.Setbounds(L, T, W, H);
E.Text := 'blablabla';
E.Visible := true;
E.Show;
end;
```

Hier sind die Zuweisungen an *Owner* (beim Aufruf von *Create*), *Parent*, *visible* sowie der Aufruf von *show* notwendig, damit das Fenster angezeigt wird. Diese Prozedur kann dann nach den Vereinbarungen

```
var E1,E2:TEdit;
```

folgendermaßen aufgerufen werden:

```
make_Edit(E1,1,1,50,50);
make_Edit(E2,50,50,100,100);
```

Eine Komponente kann auch als Nachfolger eines geeigneten Objekts konstruiert werden. Im Konstruktor kann man dann geeignete Initialisierungen durchführen:

Beispiel: Der Nachfolger *TEdit1* von *TEdit* überschreibt dessen Konstruktor *Create*, der zuerst den *Create*-Konstruktor des Vorgängers aufruft:

```
type TEdit1=class(TEdit)
                constructor Create(Form:TForm;
                                   l,t,w,h:Integer);
      end;
```

```
constructor TEdit1.Create(Form:TForm;
                                  l,t,w,h:Integer);
begin
inherited Create(Form);
Setbounds(l,t,w,h);
Parent := Form;
Visible := true;
Text := 'blablabla';
Show;
end;
```

Der Aufruf des Konstruktors für diese Klasse hat dann denselben Effekt wie der Aufruf der Prozedur *make_Edit* von oben:

```
E := TEdit1.Create(Form1,l,t,w,h);
E.Color := clYellow;
E.Text := 'Das funktioniert ja!';
```

Diese Vorgehensweise kann auf alle Komponenten übertragen werden: Den Werten der Eigenschaften im Objektinspektor entsprechen die Werte in den jeweiligen Objekten.

Auf diese Weise kann man nicht nur Steuerelemente, sondern auch **Formulare** definieren. Ein solches Formular muß dann mit dem Konstruktor *CreateNew* erzeugt werden. Verwendet man statt dessen den Konstruktor *Create*, sucht das Programm bei seinem Start nach der visuell erzeugten Definition dieser Komponente. Da diese nicht existiert, wird beim Erzeugen des Formulars die Exception *EResNotFound* ausgelöst. In der zugehörigen Meldung wird dann darauf hingewiesen, daß die entsprechende Ressource nicht gefunden wurde.

Nach der Deklaration

```
type TFormWithButton = class(TForm)
     B:TButton;
     procedure BClick(Sender: TObject);
     constructor CreateNew(Form:TForm);
   end;
```

wird durch den Aufruf des Konstruktors *CreateNew* ein neues Formular erzeugt, das einen Button enthält:

```
constructor TFormWithButton.CreateNew(Form:TForm);
begin
inherited CreateNew(Form);
Parent := self;
show;
B := TButton.Create(Self);
B.Parent := Self;
B.Caption := 'xxx';
B.OnClick := BClick; { <<--- }
end;
```

```
var BF:TFormWithButton;

procedure TForm1.Button2Click(Sender: TObject);
begin
BF := TFormWithButton.CreateNew(Self);
end;
```

Dieser Button reagiert dann auf das Ereignis „Anklicken", wenn man der Eigenschaft *OnClick* eine Methode des Methodentyps

```
TNotifyEvent = procedure (Sender: TObject) of object;
```

zuweist (siehe Zeile { <<--- } in *CreateNew*). Eine solche Methode ist z. B. durch die Methode *BClick* definiert.

```
procedure TFormWithButton.BClick(Sender: TObject);
begin
B.Caption := 'Button clicked';
end;
```

In der Definition des Datentyps *TNotifyEvent* bedeutet *of object*, daß dieser Datentyp ein Prozedurtyp ist, der für eine Methode steht und deshalb als **Methodenzeiger** oder **Methodentyp** bezeichnet wird. Bei der Behandlung von Prozedurtypen in Abschnitt 5.10 wurde die Beschreibung von „of object" ausgelassen, da sich diese Klausel auf Objekte bezieht, die erst später vorgestellt werden.

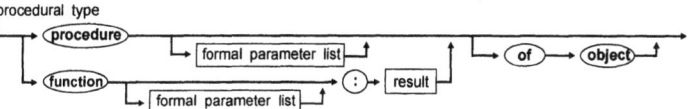

Die Unterscheidung von Prozedurtypen und Methodentypen ist notwendig, weil sich eine Methode immer auf eine Klasse bezieht und deshalb durch zwei Werte identifiziert wird: die Adresse der Klasseninstanz (die als impliziter Parameter *self* übergeben wird) und die Adresse der Funktion. Ein Prozedurtyp, der kein Methodenzeiger ist, wird dagegen nur durch die Adresse der Funktion charakterisiert. Aus diesem Grund sind Prozedurtypen und Methodenzeiger nicht kompatibel.

Delphi verwendet Methodenzeiger vor allem für Methoden, die zu Ereignissen gehören.

```
Beispiel: TMouseEvent = procedure(Sender: TObject; Button:
                         TMouseButton; Shift: TShiftState;
                             X, Y: Integer) of object;
          TKeyEvent=procedure(Sender:TObject; var Key: Word;
                         Shift: TShiftState) of object;
          TKeyPressEvent = procedure(Sender: TObject;
```

```
                          var Key: Char) of object;
      TNotifyEvent = procedure(Sender: TObject)of object;
```

Alle Ereignisbehandlungsroutinen werden durch solche Methodenzeiger dargestellt.

Beispiel: Die Klasse *TControl* ist ein Vorgänger für die Klassen der Windows-Steuerelemente:

```
      TControl = class(TComponent)
        { ... } { Auszug aus source\vcl\controls.pas }
        property OnClick: TNotifyEvent { ... };
        property OnDblClick: TNotifyEvent { ... };
        property OnMouseDown: TMouseEvent { ... };
        property OnMouseMove: TMouseMoveEvent { ... };
        property OnMouseUp: TMouseEvent { ... };
        { ... }
```

Weist man einer solchen Eigenschaft eine Methode zu, dann wird diese Methode beim Eintreten des entsprechenden Ereignisses aufgerufen. Auf diese Weise können auch Komponenten, die nicht mit den Mitteln der visuellen Programmierung, sondern als Klassen erzeugt wurden, auf Ereignisse reagieren.

Auch die Klasse *TApplication* enthält zahlreiche Methodenzeiger. Da diese Klasse nicht im Objektinspektor angezeigt wird, ist die Zuweisung von Methoden die einzige Möglichkeit, eigene Reaktionen auf die entsprechenden Ereignisse zu definieren.

Beispiel:
```
      Application = class(TComponent)
        { Auszug aus source\vcl\forms.pas }
        { ... }
        property OnActivate: TNotifyEvent { ... };
          { Dieses Ereignis tritt ein, wenn die Anwendung
            aktiv wird. Eine Anwendung wird aktiv, wenn
            sie gestartet wird oder wenn der Fokus von
            einer anderen Anwendung auf diese Anwendung
            umgeschaltet wird. }
        property OnDeactivate: TNotifyEvent { ... };
          { wenn die Anwendung deaktiviert wird }
        property OnException: TExceptionEvent { ... };
          { wenn eine unbehandelte Exception auftritt }
        property OnIdle: TIdleEvent { ... };
          { wenn die Anwendung untätig ist, weil sie z.
            B. auf eine Benutzereingabe wartet }
```

Aufgaben 6.9

1. Entwerfen Sie ohne die Hilfsmittel der visuellen Programmierung ein MDI-Child-Formular, das ein Memo enthält. Sie können sich dazu am Beispiel aus diesem Abschnitt orientieren.

Dieses Formular soll vom Hauptfenster des zugehörigen MDI-Programms als Reaktion auf den Menüpunkt *Datei|neu* erzeugt werden. Als weitere Menüpunkte sollen angeboten werden:

Datei|öffnen   Mit einem OpenDialog soll eine Datei geöffnet und mit *Memo.LoadFromFile* in das Memo-Fenster eingelesen werden. Der Dateiname soll als *Caption* des Formulars angezeigt werden.

Datei|speichern   Speichert das derzeit aktive MDI-Child-Fenster unter dem Namen, unter dem es geöffnet bzw. zuletzt gespeichert wurde.

Datei|speichern unter   Speichern nach einem SaveDialog.

Datei|schließen   Schließt das derzeit aktive MDI-Child-Fenster.

2. Die Reaktion auf ein Ereignis kann während der Laufzeit eines Programms dadurch verändert werden, daß man dem Methodenzeiger für dieses Ereignis eine andere Methode zuweist.

   Realisieren Sie dies mit einem Formular, das einen Button und drei Radio-Buttons enthält. Durch das Anklicken eines der RadioButtons soll eine von drei Ereignisbehandlungsroutinen für das Ereignis *OnClick* des Buttons ausgewählt werden.

   Bei der Veränderung von Ereignisbehandlungsroutinen während der Laufzeit eines Programms sollte man allerdings darauf achten, daß der Anwender dadurch nicht verunsichert wird.

3. Bei manchen Anwendungen ist es sinnvoll, während der Laufzeit des Programms Menüs bzw. Menüpunkte ein- oder auszublenden.

   Schreiben Sie ein Programm mit einem Menü, einem Label und zwei Buttons. Beim Anklicken des ersten Buttons (Aufschrift z. B. „+") soll dem Menü ein weiterer Menüpunkt hinzugefügt werden, und beim Anklicken des zweiten Buttons soll der jeweils letzte Menüpunkt entfernt werden.

   Beim Anklicken eines so während der Laufzeit hinzugefügten Menüpunkts soll der Text des Menüpunkts (Eigenschaft *caption*) in das Label auf dem Formular geschrieben werden.

   Der Datentyp eines Menüpunkts ist *TMenuItem*. Suchen Sie in der Delphi-Hilfe nach den passenden Methoden und Eigenschaften.

6.10 Abstrakte Datentypen mit Klassen

Bereits in Abschnitt 6.3 wurden abstrakte Datentypen (ADTs) als Zusammenfassung von Datentypen und Prozeduren bzw. Funktionen vorgestellt, wobei für sämtliche Operationen auf den Datentypen Prozeduren und Funktionen definiert wurden. Mit den dort verwendeten Techniken bestand allerdings keine Möglichkeit,

– die Zusammengehörigkeit von Daten und Prozeduren bzw. Funktionen außer über den Namen explizit zum Ausdruck zu bringen.

– gemeinsame Daten der zugehörigen Prozeduren und Funktionen anders als durch globale Variablen oder Parameter zur Verfügung zu stellen.

Offensichtlich werden diese Unzulänglichkeiten gerade durch Klassen aufgehoben:

– In einer Klasse kann die Zusammengehörigkeit von Prozeduren, Funktionen und Daten explizit (eben durch die Klasse) zum Ausdruck gebracht werden.

– Die Datenfelder einer Klasse sind in allen Methoden der Klasse global und können in den verschiedenen Methoden der Klasse direkt angesprochen werden.

Zusätzlich besteht bei Klassen die Möglichkeit, mehrere Instanzen eines ADTs zu deklarieren.

Beispiel: Der in den Abschnitten 6.3 und 6.4 vorgestellte Datentyp *TBruch* kann als Klasse folgendermaßen definiert werden:

```
type TBruch = class
            z,n:LongInt;
            procedure Init(z_,n_:LongInt);
            procedure Add(s:TBruch);
            procedure Sub(s:TBruch);
            procedure Mult(s:TBruch);
            procedure DivBy(s:TBruch);
            function gleich(d:TBruch):Boolean;
            procedure kuerze;
            function ToStr:string;{virtual;}
        end;

procedure TBruch.Init(z_,n_:LongInt);
begin
z := z_;
n := n_;
kuerze;
end;
```

```
procedure TBruch.Add(s:TBruch);
begin
z := z*s.n + s.z*n;
n := n*s.n;
kuerze;
end;
```

   ...

ADTs sind ein außerordentlich nützliches Hilfsmittel zur übersichtlichen Gestaltung von Programmen. Gerade bei großen Projekten ist eine solche Gliederung unerläßlich, um die Übersicht über die Vielfalt der Funktionen nicht zu verlieren. Selbst wenn man die übrigen Techniken der objektorientierten Programmierung (Vererbung und späte Bindung) nicht verwenden kann oder will: **Die Zusammenfassung von inhaltlich zusammengehörigen Daten, Prozeduren und Funktionen zu Klassen kann man in fast jedem Programm nutzbringend einsetzen.**

Auch in Delphi (einem sicherlich großen Programm) sind alle Datentypen nach diesem Schema aufgebaut: So gehören zur Klasse *TForm* alle die Methoden, Datenfelder (einschließlich der Properties) und Ereignisse, die für ein Formular notwendig sind. Versuchen Sie doch einmal sich vorzustellen, wie lange Sie für ein funktionierendes Delphi-Programm brauchen würden, wenn die Komponenten ganz ohne Klassen – als Gemisch von Datentypen, Funktionen und Prozeduren – realisiert wären, wobei nur aus der ergänzenden Dokumentation erkenntlich wird, was wie zusammengehört.

Aufgabe 6.10

Fassen Sie die Daten und Funktionen zu den komplexen Zahlen (Aufgabe 6.4.3) ähnlich wie *TBruch* zu einer Klasse *TComplex* zusammen.

6.11 Units

Im nächsten Abschnitt werden die Zugriffsrechte auf die Komponenten von Klassen beschrieben. Da diese Zugriffsrechte davon abhängen, ob auf eine Komponente von derselben oder von einer anderen Unit aus zugegriffen wird, folgt zunächst eine Darstellung von Units.

Der Zusammenhang zwischen Units und einem Programm wurde bereits in Kap. 3.1 grob dargestellt. Da in den Kapiteln davor nur wenige Sprachelemente von Object Pascal behandelt wurden, konnte dies nur eine erste Einführung sein.

Häufig sind bestimmte Prozeduren, Funktionen, Datentypen (insbesondere
Klassen und abstrakte Datentypen) nicht nur in einem einzigen Programm nützlich, sondern in mehreren. Wenn man nun alle mehrfach verwendeten Bausteine
jedesmal in den Quelltext kopiert, sind diese mehrfach vorhanden, so daß auch
eventuell notwendige Änderungen mehrfach durchgeführt werden müssen. Das
ist aber nicht nur überflüssige Mehrarbeit, sondern auch gefährlich: Wer kann
schon garantieren, daß zwei als identisch beabsichtigte Änderungen tatsächlich
identisch sind?

Deshalb unterstützen viele moderne Programmiersprachen die **modulare Programmierung**: Ein Programmbaustein wird nur einmal geschrieben und kann
dann von verschiedenen Anwendungsprogrammen verwendet werden.

Die modulare Programmierung wird in Object Pascal durch **Units** realisiert.

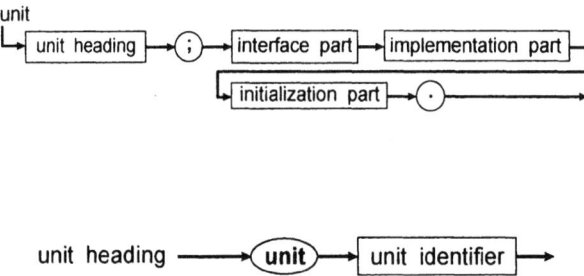

Im **Interface-Teil** (**interface part, Schnittstellenteil**) einer Unit werden Konstanten, Typen, Variablen, Funktionen oder Prozeduren deklariert, die öffentlich
sind. Alle diese Deklarationen können von Programmen oder Units, die diese
Unit benutzen, verwendet werden, als ob sie im Vereinbarungsteil des verwen-
denden Programms deklariert wären.

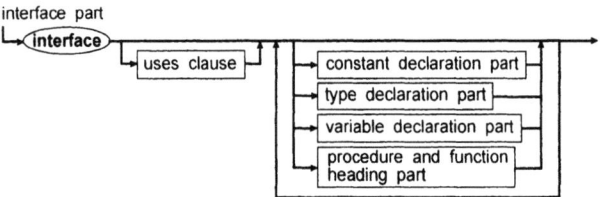

Die Deklaration einer Prozedur oder Funktion im Interface-Teil besteht nur aus
den Prozedur- bzw. Funktionsköpfen.

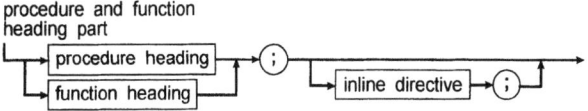

Benutzt ein Programm mehrere Units, definiert die erste Unit einen äußersten und die letzte einen innersten Gültigkeitsbereich. Wird derselbe Name in mehr als einer Unit deklariert, bezeichnet der Name die Deklaration aus der letzten Unit.

Gibt man den Namen des Bezeichners als qualifizierten Namen (nach einem Punkt wie bei einem Record) nach dem Namen der Unit an, kann man explizit zum Ausdruck bringen, von welcher Unit man diesen Namen verwendet.

Beispiel: Benutzt eine Unit *U* zwei Units *unit1* und *unit2* (in dieser Reihenfolge) und deklarieren beide eine Variable a im Interface-Teil, dann bezeichnet der Name a in der Unit U die Variable a aus der *unit2*, falls die Unit U nicht selbst den Namen a deklariert.

```
implementation

uses unit1 { a:Integer },unit2 { a:string };
{ a hat den Datentyp string }
```

Würde man die Reihenfolge der Units in der *uses*-Deklaration vertauschen, hätte a den Datentyp Integer.

Mit einer qualifizierten Bezeichnung über den Namen der Unit können aber auch beide Variablen der benutzten Units angesprochen werden:

```
unit1.a { die Integer-Variable a aus der Unit1 }
unit2.a { die String-Variable a aus der Unit2 }
```

Diese Möglichkeit besteht genauso für alle anderen Deklarationen der Unit wie Funktionen, Datentypen usw.

Im **Implementationsteil** werden die Blöcke aller Prozedur- und Funktionsköpfe vereinbart, die im Interface-Teil angegeben werden. Außerdem können hier beliebige weitere Deklarationen stattfinden, die privat sind. Solche privaten Deklarationen können von einem Programm oder einer Unit, die diese benutzen, nicht verwendet werden.

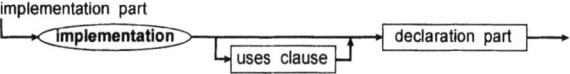

Eine Unit kann einen **Initialisierungsteil** enthalten. Dieser besteht entweder nur aus dem Wort *end* (falls keine Initialisierung stattfinden soll) oder aus einem

Anweisungsteil, der beim Start des Programms ausgeführt wird. Benutzt ein
Programm mehrere Units, werden die Initialisierungsteile in der Reihenfolge
ausgeführt, in der die Units in der *uses*-Klausel des Hauptprogramms aufgeführt
sind.

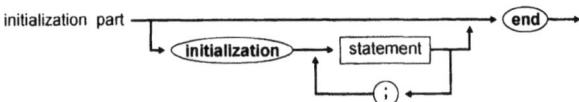

Um die Kompatibilität zu älteren Versionen von Turbo Pascal und Borland
Pascal zu erhalten, kann auch *begin* anstelle von *initialization* verwendet werden.
Diese ältere Konvention erschwert dem Compiler jedoch das Nachvollziehen von
Blockverschachtelungen. Bei der Verwendung von *begin* anstelle von *initializa-
tion* habe ich mehrfach festgestellt, daß Delphi 1 selbsterzeugte Methoden-
deklarationen zwischen *begin* und *end* einfügt.

In Delphi 2 gibt es außerdem noch einen **Finalization-Teil**. Dieser wird wie ein
Initialisierungsteil deklariert, außer daß statt *initialization* das Wort **finalization**
verwendet wird. Die Anweisungen in diesen Programmteilen werden am Ende
eines Programms ausgeführt.

Wenn eine Unit eine andere benutzen will, kann die *uses*-Klausel sowohl unmittelbar nach *interface* als auch nach *implementation* angegeben werden.

Falls eine Unit nicht im Interface-Teil Deklarationen verwendet, die eine
benutzte Unit zur Verfügung stellt, sollte man die *uses*-**Klausel im Implementationsteil angeben**. Damit können sich Units gegenseitig benutzen (zirkuläre
Referenzen):

```
unit Unit1;       { die eine Unit }
interface
{ ... }
implementation
uses Unit2;
{...}

unit Unit2;       { die andere Unit }
interface
{ ... }
implementation
uses Unit1;
{...}
```

Wenn es notwendig ist, daß sich Units gegenseitig im Interface-Teil benutzen,
kann es sinnvoll sein, die von beiden Units benötigten Deklarationen in einer
eigenen Unit zusammenzufassen.

Die Aufteilung einer Unit in einen öffentlichen Interface-Teil und in einen privaten Implementationsteil ermöglicht es, im Implementationsteil Funktionen, Variablen, Datentypen usw. zu deklarieren, die dem Benutzer der Unit nicht bekannt
sind. Alle diese privaten Deklarationen realisieren dann gemeinsam die Funktionen, die die Unit im Interface-Teil zur Verfügung stellt.

Die Deklarationen im Implementationsteil können mit lokalen Vereinbarungen
in einer Prozedur oder Funktion verglichen werden, die aus dem Interface-Teil
mit globalen Deklarationen.

Diese Aufteilung ist eine Umsetzung des sogenannten **Geheimnisprinzips
(information hiding)**. Nach diesem Prinzip soll die Realisierung einer Funktion
bzw. Prozedur vom Benutzer „versteckt" werden. Insbesondere sollen die Daten,
mit denen eine Prozedur oder Funktion operiert, vom Benutzer versteckt werden:
Dieser soll nur über eine Schnittstelle auf diese Daten zugreifen können, und
diese Schnittstelle ist gerade der Interface-Teil.

Es klingt auf den ersten Blick vielleicht etwas absurd, Geheimniskrämerei zum
Prinzip zu erheben. Insbesondere, weil so „der Spielraum" eines Benutzers
eingeschränkt wird. Tatsächlich hat eine solche Einschränkung aber oft **Vorteile**,
da man sonst Möglichkeiten hat, die mehr schaden als nützen können:

– Wenn Daten, mit denen eine Prozedur oder Funktion arbeitet, von außen
  verändert werden können, sind keine generellen Aussagen über das Ergebnis
  der Prozedur oder Funktion möglich: Diese Daten können jederzeit von außen
  verändert werden und so das beabsichtigte Ergebnis zerstören.

– Bei der Suche nach der Ursache für einen Programmfehler wird der Bereich,
  in dem der Fehler verursacht werden kann, eingeschränkt: Je kleiner der
  Bereich ist, in dem man auf eine Variable zugreifen kann, desto kleiner ist
  der Bereich, in dem der Fehler verursacht werden kann.

– Es ist möglich, die Implementation einer Funktion und insbesondere die zugrundeliegenden Datenstrukturen zu verändern (verbessern/optimieren), ohne
  daß der Benutzer seine Aufrufe verändern muß.

Diese Vorteile werden allerdings durch die folgenden **Nachteile** erkauft:

– Der Zugriff auf die Daten ist nicht so effizient wie bei einem direkten Zugriff:
  Statt einer einfachen Wertzuweisung ist ein Prozedur- oder Funktionsaufruf
  notwendig.

– Der Zugriff auf die Daten ist nur noch mit den Prozeduren und Funktionen
  möglich, die dafür zur Verfügung stehen. Falls die Schnittstelle nicht genügend Operationen zur Verfügung stellt, sind diese nicht möglich.

Das Geheimnisprinzip sollte deswegen nie blind angewandt werden: In jedem Einzelfall muß geprüft werden, ob die Vorteile diese Nachteile rechtfertigen. Das trifft allerdings häufig zu, vor allem bei großen Programmen.

Für die Gestaltung von Units ergibt sich aus diesen allgemeinen Ausführungen insbesondere die Empfehlung, im Interface-Teil einer Unit keine oder nur möglichst wenige Variablen zu deklarieren. Statt dessen sollten im Interface-Teil (analog zu globalen Vereinbarungen) nur Sprachkonstrukte deklariert werden, die von außen nicht verändert werden können, also Prozeduren, Funktionen, Datentypen und Konstanten.

Vor der Einführung von Objekten (bis Turbo Pascal 5.0) wurden abstrakte Datentypen meist in der Form realisiert, daß die Operationen als Ansammlung von Prozeduren oder Funktionen im Interface-Teil einer Unit zur Verfügung gestellt wurden. Die zugehörigen Daten wurden im Implementationsteil versteckt.

Seit der Einführung von Objekten (ab Turbo Pascal 5.5) realisiert man abstrakte Datentypen meist in der Form von Objekten. Dabei deklariert man den Objekttyp im Interface-Teil und vereinbart die zugehörigen Methoden im Implementationsteil einer Unit.

Oft deklariert man **jedes Objekt in einer eigenen Unit**. Auch Delphi geht so vor und legt für jedes Formular eines Programms eine Klasse in einer eigenen Unit an.

Beispiel: Wenn man ein Formular mit einem Button und einem Memo anlegt, erzeugt Delphi die folgende Unit für dieses Formular:

```
unit oopspkt;

interface

uses
   Windows, Messages, SysUtils, Classes, Graphics,
   Controls, Forms, Dialogs, StdCtrls;

type
  TForm1 = class(TForm)
    Memo1: TMemo;
    Button1: TButton;
    procedure Button1Click(Sender: TObject);
  private
    { Private declarations }
  public
    { Public declarations }
  end;

var
  Form1: TForm1;
```

```
implementation
...
```

Hier besteht der Interface-Teil gerade aus der Klasse *TForm1* sowie aus einer Instanz dieser Klasse.

Das von Delphi automatisch erzeugte Hauptprogramm (in der DPR-Datei) benutzt über die *uses*-Deklaration das Formular und den Datentyp aus der zum Formular erzeugten Unit:

Beispiel:
```
program oopspktp;

uses
  Forms,
  oopspkt in 'oopspkt.pas' {Form1};

{$R *.RES}

begin
  Application.CreateForm(TForm1, Form1);
  Application.Run;
end.
```

Durch den Aufruf der Methode *CreateForm* wird eine Instanz der Variablen *Form1* des Typs *TForm1* angelegt. *CreateForm* ruft selbst wieder den Konstruktor *Create* auf.

Delphi verwendet den Interface-Teil einer Unit außerdem, um zu entscheiden, welche Teile eines Projekts nach einer Programmänderung neu kompiliert werden müssen:

- Wenn der Interface-Teil einer Unit geändert wird, müssen alle Programme und Units neu kompiliert werden, die diese Unit verwenden.

- Wird dagegen nur der Implementationsteil geändert, wird nur diese Unit neu kompiliert.

Die *uses*-Klauseln definieren somit implizit die Abhängigkeiten, die in älteren C-Programmen in einer **make**-Datei explizit definiert werden mußten.

Delphi stellt alle visuellen Komponenten in Units zur Verfügung. Wenn man ein Formular mit den Hilfsmitteln der visuellen Programmierung gestaltet, fügt Delphi automatisch die verwendeten Units in die *uses*-Klauseln ein:

Beispiel:
```
unit oopspkt; { wie oben }

interface

uses
  Windows, Messages, SysUtils, Classes, Graphics,
```

```
Controls, Forms, Dialogs, StdCtrls;

   ...
```

Wenn man ein Formular ohne die Hilfsmittel der visuellen Programmierung gestaltet, muß man die Units manuell einfügen. In der Delphi-Hilfe ist bei jeder Komponente angegeben, in welcher Unit sie enthalten ist.

Anmerkungen für C/C++-Programmierer: In C/C++ gibt es kein spezielles Sprachelement (wie *Unit*), das die modulare Programmierung unterstützt. Ein C/C++-Programm besteht aus einer oder mehreren Quelltextdateien, die jede für sich übersetzt und anschließend zusammengelinkt werden.

Der Name für eine globale Variable oder Funktion stellt in allen Quelltextdateien denselben Speicherbereich bzw. dieselbe Funktion dar, wenn diese „externe Bindung" (*external linkage*) hat. Diese Art der Bindung ergibt sich ohne die Angabe einer Speicherklasse als Definition und mit der Speicherklasse *extern* als Referenz (um eine Variable oder Funktion zu benutzen). Da der Compiler jede Quelltextdatei isoliert übersetzt und nur Namen, aber keine Typinformationen an den Linker weitergibt, muß der Programmierer darauf achten, daß der Datentyp einer referenzierten Variablen mit dem der definierten übereinstimmt.

Damit entspricht in C/C++ jede global ohne Speicherklasse definierte Variable einer im Interface-Teil einer Unit von Object Pascal deklarierten Variablen. Eine solche Variable kann in C/C++ in einer anderen Quelltextdatei verwendet werden, wenn sie als *extern* deklariert wird. In Object Pascal steht diese in jedem Programm oder in jeder Unit zur Verfügung, das die Unit verwendet. Dabei prüft der Compiler dateiübergreifend, ob eine Variable gemäß ihrem Datentyp verwendet wird.

Die Bindung einer globalen Variablen wird in C/C++ auf eine Quelltextdatei beschränkt, wenn man diese als *static* bezeichnet (*internal linkage*). Solche statischen Variablen entsprechen den Variablen im Implementationsteil einer Unit von Object Pascal.

Um Namenskonflikte zwischen den globalen Variablen verschiedener Quelltextdateien zu vermeiden, bieten neuere C++-Compiler *namespaces* an.

Aufgaben 6.11

1. Schreiben Sie für die Klassen *TBruch* und *TComplex* (aus den Beispielen und Aufgaben von Abschnitt 6.10) je eine Unit, die im Interface-Teil nur die Klassendefinition enthält.

2. Schreiben Sie eine Unit, die eine selbstdefinierte Komponente *TEdit1* (wie in Abschnitt 6.9) zur Verfügung stellt. Welche Units müssen in der *uses*-Klausel dieser Unit angegeben werden?

6.12 Zugriffsrechte auf Klassenkomponenten

Klassen sind oft recht umfangreiche Datentypen, die für einen großen Teil eines Programms von Bedeutung sind. Klasseninstanzen sind deshalb oft globale Variablen wie z. B. die von Delphi erzeugte Variable *Form1* für ein Formular.

Wenn eine Klasseninstanz mit den bisher behandelten Sprachelementen global deklariert wird, kann man ab ihrer Deklaration jederzeit auf alle Komponenten und insbesondere alle Datenfelder zugreifen. Wie die Ausführungen über das Geheimnisprinzip im letzten Abschnitt gezeigt haben, ist das allerdings oft nicht wünschenswert. Statt dessen ist es häufig sinnvoll, den Zugriff auf einzelne Komponenten wie bei lokalen Vereinbarungen in einer Prozedur oder Funktion explizit zu unterbinden.

Dafür stehen die folgenden **Sichtbarkeitsangaben** zur Verfügung:

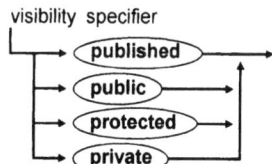

Mit diesen kann der Gültigkeitsbereich einer Klassenkomponente definiert werden. Jede dieser Angaben gilt bis zur nächsten solchen Angabe oder bis zum Ende der Klassendefinition und definiert so einen Abschnitt, der mehrere Klassenkomponenten umfassen kann. Durch die Einschränkung des Gültigkeitsbereichs werden Zugriffsrechte für die Komponenten eines Abschnitts definiert.

Dabei müssen in jedem Sichtbarkeitsabschnitt zunächst die Daten und danach die Methoden angegeben werden. Die umgekehrte Reihenfolge wird vom Compiler nicht akzeptiert:

```
type T = class
```

```
    private
      procedure p;
      i:Integer; { in diesem Abschnitt wurde zuvor
                   eine Methode definiert }
  end;
```

Alle Komponenten in einem Abschnitt ohne Sichtbarkeitsangabe haben dieselben
Sichtbarkeitsregeln wie in einem **public**-Abschnitt und können ohne Einschrän-
kungen angesprochen werden. Da wir in allen bisherigen Beispielen keine
Sichtbarkeitsangaben verwendet haben, waren alle Klassenkomponenten *public*.

Komponenten in einem **private**-Abschnitt können in derselben Unit ohne irgendwelche Einschränkungen angesprochen werden – wie *public*-Komponenten.
Außerhalb der Unit, in der die Klasse deklariert wird, sind diese Komponenten
unsichtbar und können nicht verwendet werden.

Beispiel: Nach der Deklaration des Objekts T0 in der Unit *Unit1*

```
    unit Unit1;

    interface

    type T0 = class
          private
              d1:Integer;
              procedure p1;
          public
              d2:Integer;
              procedure p2;
          end;

    implementation

    procedure test;
    var c:T0;
    begin
    c.d1 := 17;
    end;
```

können die Methode p1 und das Datenfeld d1 nur innerhalb von *Unit1*
verwendet werden. Spricht man diese in einem Programm an, das
diese Unit benutzt, gibt der Compiler die Fehlermeldung „Feldbezeichner erwartet" aus.

Dagegen können p2 und d2 sowohl in *Unit1* als auch in jedem
benutzenden Programm verwendet werden.

Diese Zugriffsbeschränkung gilt genauso auch für Nachfolger einer Klasse: In
einem *private*-Abschnitt deklarierte Komponenten sind in einem Nachfolger des
Objekts nur dann sichtbar, wenn dieser Nachfolger in derselben Unit definiert

wird. Wenn ein Nachfolger in einer anderen Unit definiert wird, sind diese nicht sichtbar.

In diesem Punkt unterscheiden sie sich von Komponenten in einem **protected**-Abschnitt. Diese können wie Komponenten aus einem *private*-Abschnitt innerhalb der Unit beliebig verwendet werden. Im Gegensatz zu *private*-Komponenten sind sie außerhalb der Unit auch noch in jedem Nachfolger des Objekts sichtbar.

Damit sind Komponenten aus einem *protected*-Abschnitt vor einem Benutzer der Klasse verborgen. Sie können jedoch von einem Entwickler verwendet werden, der einen Nachfolger der Klasse definiert.

Beispiel: Ändert man im letzten Beispiel das Zugriffsrecht von *private* auf *protected*, können *p1* und *d1* sowohl in *Unit1* als auch in jedem Nachfolger von *T0* angesprochen werden, unabhängig davon, in welcher Unit dieser Nachfolger definiert wird.

Außerhalb eines Nachfolgers ist in einer anderen Unit kein Zugriff auf *protected*-Komponenten möglich.

Wenn eine Klasse TC als Komponente eine Klasse TK enthält, ist TC ein Benutzer von TK. Falls TK *private*-Komponenten enthält, hat TC keine Möglichkeit, auf die *private*-Komponenten von TK zuzugreifen, wenn TC in einer anderen Unit als TK definiert ist. Wird ein solcher Zugriff gewünscht, was gelegentlich sinnvoll ist, müssen TK und TC in derselben Unit definiert werden.

Für Komponenten in einem **published**-Abschnitt gelten dieselben Sichtbarkeitsregeln wie für *public*-Komponenten. Der einzige Unterschied zwischen beiden ist der, daß für *published*-Komponenten Laufzeitinformationen angelegt werden. Diese Informationen verwendet der Objektinspektor, um die Eigenschaften von selbstdefinierten Komponenten, die in die Komponentenpalette übernommen wurden, während der Entwurfszeit anzuzeigen.

Published definiert damit kein eigenes Zugriffsrecht. Statt dessen wird durch *published* festgelegt, ob eine Eigenschaft einer selbstdefinierten Komponente im Objektinspektor angezeigt wird oder nicht. Man verwendet *published* deswegen vor allem für selbstdefinierte Komponenten. Als Datentypen für *published*-Komponenten können nur Klassentypen oder Eigenschaften verwendet werden.

Nachdem jetzt fast alle Begriffe vorgestellt wurden, die auch im **Symbol-Browser** angezeigt werden, soll auch dieser noch kurz dargestellt werden.

Mit diesem – vor allem bei großen Projekten – außerordentlich nützlichen Werkzeug kann man **dateiübergreifend** nach globalen Bezeichnern im gesamten Projekt suchen. Voraussetzung ist allerdings, daß das aktuelle Projekt kompiliert ist. Er kann dann entweder über *Suchen|Symbol anzeigen, Ansicht| Symbolan-zeige* oder über das lokale Menü des Editors *Zeige Symbol beim Cursor an* aufgerufen werden.

Läßt man sich z. B. das Symbol *TObject* anzeigen, wird auf der Seite Vererbung die Hierarchie aller Nachfolger von *TObject* angezeigt:

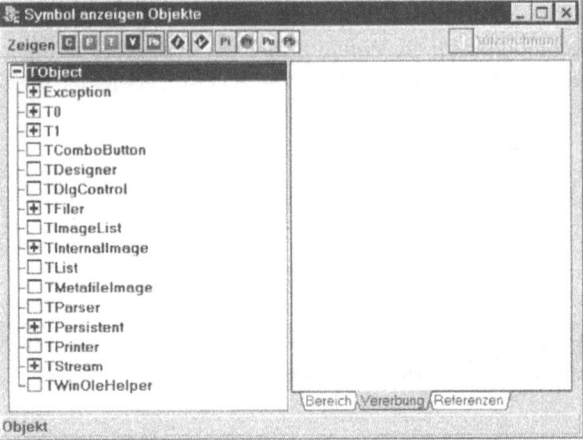

In diesem Beispiel sind T0 und T1 zwei selbstdefinierte Klassen, die übrigen sind die Nachfolger von *TObject* in der Objekthierarchie von Delphi. Dabei kann man durch Anklicken der Plus- oder Minus-Symbole weitere Nachfolger ein- oder ausblenden:

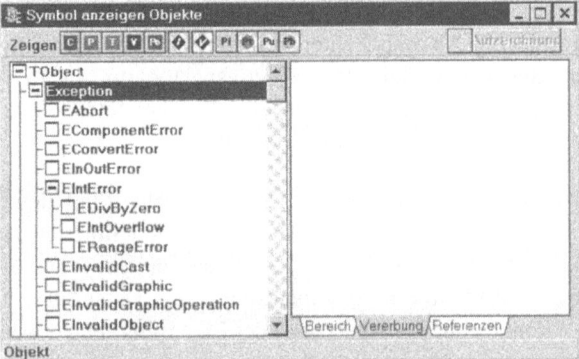

Offensichtlich erhält man für die Klasse *Exception* genau die Hierarchie, die schon in Abschnitt 4.8 (Exception-Handling) dargestellt wurde.

Auf der Seite Referenzen werden alle Stellen im Quelltext angezeigt, in denen das jeweilige Symbol auf der linken Seite verwendet wird:

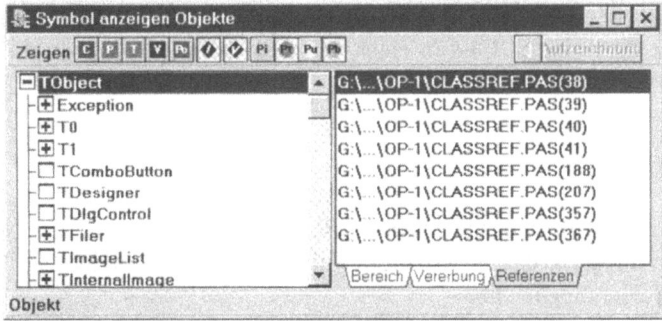

Hier kann man die einzelnen Verweise auf der rechten Seite anklicken und kommt so direkt an die entsprechende Stelle im Editor.

Auf der Seite „Bereich" lassen sich alle Bezeichner aus der links angewählten Klasse anzeigen. Über die Schaltflächen nach *Zeigen* kann man die angezeigten Elemente nach verschiedenen Kriterien ausfiltern (Konstanten, Funktionen/Prozeduren, Typen, Variablen usw.):

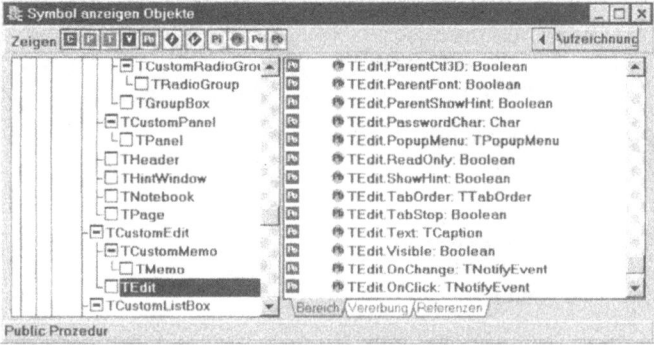

Auch wenn in den bisherigen Beispielen nur Klassen verwendet wurden: Der Symbol-Browser ist keineswegs auf Klassen beschränkt und erlaubt die Anzeige von beliebigen globalen Symbolen – siehe dazu das lokale Menü des Symbol-Browsers (über die rechte Maustaste) und die Delphi-Hilfe.

Anmerkung für C++-Programmierer: Die Zugriffsrechte *private*, *public* und *protected* haben im wesentlichen dieselbe Bedeutung wie in C++. Allerdings ist dort der Zugriff auf geschützte Komponenten unabhängig davon, ob zwei Klassen in derselben Datei definiert sind oder nicht. Zugriff auf *private*-Komponenten haben außer den Klassenkomponenten nur Funktionen, die als *friend* bezeichnet werden. In Object Pascal sind also alle Klassen in derselben Unit *friends* im Sinne von C++.

In C++ sind in einer mit *struct* definierten Klasse alle Komponenten per default *public*, wie bei einer mit *object* und *class* definierten Klasse in Object Pascal. Im Gegensatz dazu sind in C++ in einer mit *class* definierten Klasse alle Komponenten per default *private*.

Aufgaben 6.12

1. Ergänzen Sie die Objekte aus der Aufgabe im letzten Abschnitt so um Sichtbarkeitsangaben, daß außerhalb der definierenden Unit kein Zugriff auf die Datenfelder möglich ist:

   a) *TBruch*

   b) *TComplex*

2. Die Klassen T0 und T1 sollen folgendermaßen definiert sein:

```
type T0 = class
            a:Integer;
            constructor init0(a_,i_,o_:Integer);
          private
            i:Integer;
          protected
            o:Integer;
          end;

type T1 = class(T0)
            a:T0;
          private
            i:T0;
          protected
            o:T0;
          end;
```

Welche der folgenden Zugriffe

```
procedure Test;
var x1:T1;
begin
x1.a.a := 17;        x1.a.i := 17;        x1.a.o := 17;
x1.i.a := 17;        x1.i.i := 17;        x1.i.o := 17;
x1.o.a := 17;        x1.o.i := 17;        x1.o.o := 17;
end;
```

sind zulässig, wenn

   a) T0 und T1 in derselben Unit definiert sind?

   b) T0 und T1 in verschiedenen Units definiert sind?

6.13 Abstrakte Methoden, Basisklassen und Erweiterbarkeit

Die in den bisherigen Beispielen schon mehrfach verwendeten Klassen *TBruch*
und *TComplex*

```
type TBruch = class
        z,n:LongInt;
        procedure Init(z_,n_:LongInt);
        procedure Add(s:TBruch);
        procedure Sub(s:TBruch);
        ...
        function ToStr:string;
      end;

type TComplex = class
        re,im:Extended;
        procedure Init(re_,im_:Extended);
        procedure Add(s:TComplex);
        procedure Sub(s:TComplex);
        ...
        function ToStr:string;
      end;
```

haben viele Gemeinsamkeiten: So hat die Methode *ToStr* in beiden Klassen
denselben Datentyp (als Prozedurtyp). Wenn jetzt beide Klassen einen gemeinsamen Vorgänger hätten, könnte man *ToStr* für den Vorgänger als virtuelle
Methode definieren und in jedem der Nachfolger überschreiben.

Allerdings ist ein solcher gemeinsamer Vorgänger zunächst nicht einfach zu
finden: Welche gemeinsamen Datenfelder soll er haben? Die beiden Extended-
Felder von *TComplex* sind sicher nicht geeignet, da diese auch an *TBruch* vererbt
werden und dort überhaupt keinen Sinn machen. Aus demselben Grund sind die
beiden LongInt-Felder von *TBruch* genausowenig geeignet.

Wenn es aber schon keine gemeinsamen Datenfelder gibt – was sollen dann die
Methoden überhaupt machen? Am besten nichts! Wenn man eine Basisklasse
definiert, die nur den Zweck hat, einen gemeinsamen Vorgänger für die Nachfolger zu bilden, braucht diese auch nichts zu machen: Man wird die Funktion
ToStr auch nie für diese **Basisklasse** aufrufen wollen.

Die Definition

```
type TBasisklasse = class
        function ToStr:string; virtual;
      end;

function TBasisklasse.ToStr:string;
begin
end;
```

ist deshalb als gemeinsamer Vorgänger völlig ausreichend für

```
type TComplex = class(TBasisklasse)
       { Datenfelder und Methoden wie bisher }
       function ToStr:string;override;
    end;

type TBruch = class(TBasisklasse)
       { Datenfelder und Methoden wie bisher }
       function ToStr:string;override;
    end;
```

Dabei ist die Definition einer „leeren" Methode wie *TBasisklasse.ToStr* typisch:
Man bezeichnet eine Methode mit einem leeren Anweisungsteil üblicherweise als
abstrakte Methode.

Im Gegensatz zur objektorientierten Programmierung sind Prozeduren bzw.
Funktionen mit einem leeren Anweisungsteil in der klassischen Programmierung
meist völlig sinnlos, da der Aufruf einer solchen Prozedur nur eine etwas
umständliche Art ist, nichts zu machen.

Allerdings wird man den Anweisungsteil einer abstrakten Methode meist doch
nicht ganz leer lassen. Da es praktisch immer ein Fehler ist, eine solche Methode
aufzurufen (man hat die Definition des Nachfolgers vergessen), empfiehlt es sich,
beim Aufruf einer solchen Methode eine Fehlermeldung auszugeben. In Turbo
Pascal war dafür die Anweisung *abstract* vorgesehen, die einen Laufzeitfehler
erzeugt hat. In Object Pascal kann man bei Klassen nach *virtual* das reservierte
Wort *abstract* angeben:

```
type TBasisklasse = class
            function ToStr:string; virtual;abstract;
       end;
```

Damit wird die Vereinbarung der abstrakten Methode

```
function TBasisklasse.ToStr:TString; { überflüssig }
begin
end;
```

nicht mehr notwendig. Der Aufruf einer solchen abstrakten Methode führt zu
einem Laufzeitfehler.

Mit einem gemeinsamen Vorgänger und dessen virtuellen Funktionen kann man
für verschiedene Nachfolger und damit für verschiedene Datentypen mit einer
einzigen Prozedur ein gleichartiges Verhalten definieren. Dazu verwendet man
bei der Vereinbarung dieser Prozedur

– in der Parameterliste formale Parameter des gemeinsamen Basistyps,

– im Anweisungsteil virtuelle Funktionen des gemeinsamen Basistyps.

Beispiel: Angenommen, man möchte drei Variablen des Datentyps *TBruch* bzw. *TComplex* auf genau dieselbe Art und Weise ausgeben. Das ist mit einer Prozedur wie

```
procedure Display(Form:TForm1;a,b,c:TBasisklasse);
begin { sehr einfaches Beispiel - eine Eingabemaske
          mit einem Datensatz aus einer kaufmännischen
          Anwendung wäre aussagekräftiger, aber auch
          umfangreicher }
with Form do
  begin
    Label1.Caption := a.ToStr;
    Label2.Caption := b.ToStr;
    Label3.Caption := c.ToStr;
  end;
end;
```

möglich, weil diese die virtuellen Funktionen *ToStr* der aktuellen Parameter aufruft. Damit werden mit

```
var b1,b2,b3:TBruch;
    c1,c2,c3:TComplex;
```

durch

```
Display(Form1,b1,b2,b3);
```

die Werte von b1, b2 und b3 als Bruch und durch

```
Display(Form1,c1,c2,c3);
```

die Werte von c1, c2 und c3 als komplexe Zahl ausgegeben.

Wenn man dagegen die Prozedur *Display* ohne die Techniken der objektorientierten Programmierung realisieren will, liegt es nahe, die verschiedenen Datentypen in einem neuen Datentyp zusammmenfassen. Dafür bietet sich ein Record mit Varianten an, in dem jede Variante einen der Datentypen darstellt. In der Ausgabeprozedur kann man dann über das Erkennungsfeld entscheiden, welcher Fall vorliegt.

Beispiel:
```
type TZahlV = record
        case za:(zaBruch,zaComplex) of
          zaBruch:  (z,n:LongInt);
          zaComplex:(re,im:Extended);
        end;

function ToStr(z:TZahlV):string;
begin
with z do
  case za of
    zaBruch:  result:=IntToStr(z)+'/'+IntToStr(n);
    zaComplex: result:=FloatToStr(re)+'+'+
```

```
                                            FloatToStr(im)+'i';
        end;
    end;

    procedure Display(Form:TForm1;z1,z2,z3:TZahlV);
    begin
    with Form do
      begin
        Label1.Caption := ToStr(z1);
        Label2.Caption := ToStr(z2);
        Label3.Caption := ToStr(z3);
      end;
    end;
```

Nehmen wir an, unser Programm müßte jetzt um einen Aufruf von *Display* erweitert werden, bei dem außer den Datentypen *TComplex* und *TBruch* auch noch andere Datentypen dargestellt werden können (z. B. *T2DPunkt* und *T3DPunkt*):

–   Bei den nicht-objektorientierten Varianten der Prozedur *Display* ist für eine solche Erweiterung eine Änderung dieser Prozedur notwendig.

In unserem trivialen Beispielprogramm ist eine solche Änderung ziemlich unproblematisch. Wenn dagegen die zu ändernde Prozedur komplizierter ist, kann schon eine einfache Erweiterung recht aufwendig werden. Ganz allgemein bringt jeder Eingriff in ein Programm immer die Gefahr mit sich, daß Programmteile, die bisher funktioniert haben, anschließend nicht mehr funktionieren. Das gilt besonders, wenn man das Programm nicht selbst geschrieben hat. Dazu kommt ein unter Umständen recht umfangreicher und damit kostspieliger Test des gesamten Programms.

–   Soll dagegen die objektorientierte Version von *Display* erweitert werden, ist dazu keine Änderung dieser Prozedur notwendig, wenn der Datentyp, um den die Darstellung erweitert wird, ein Nachfolger von *TBasisklasse* ist. Für den neuen Datentyp muß lediglich die Methode *ToStr* definiert werden. Wird *Display* danach mit einem solchen neuen Parameter aufgerufen, bringt dieser seine eigene Prozedur *ToStr* mit. **Beim Entwurf der Prozedur muß überhaupt noch nicht bekannt sein, mit welchen Nachfolgern des formalen Parameters sie später aufgerufen wird.**

Diese Möglichkeit, die Funktionalität eines Programms zu erweitern, ohne dessen Quelltext zu ändern, bezeichnet man als **Erweiterbarkeit** oder **Wiederverwendbarkeit**. Sie ergibt sich direkt aus

1.   der erweiterten Wertzuweisungskompatibilität im Rahmen einer Objekthierarchie und

2.   der späten Bindung von virtuellen Methoden.

Man kann das auch so ausdrücken: Die überschreibende virtuelle Methode bringt ihre eigene Funktionalität mit.

Die Möglichkeit, Programme ohne Änderung des Quelltextes zu erweitern, ist vor allem bei der Anpassung umfangreicher Programme an neue Anforderungen ein wichtiger Beitrag zur Sicherung der Softwarequalität: Da der Quelltext der bestehenden Programmteile nicht verändert wird, ist sichergestellt, daß auch deren Funktionalität nicht verändert wird. Wiederverwendbare Software ist deshalb auch eines der Schlagworte des **Software Engineering**.

Wenn man ein Programm so konstruieren will, daß es möglichst leicht erweitert werden kann, führt das zu einer anderen Sicht der **Objekthierarchie** als bisher:

- In den bisherigen Abschnitten waren die Klassen vorgegeben. Bei der Suche nach einer Objekthierarchie hat man sich vor allem an den Datenfeldern orientiert. Eine Klasse, die gegenüber einer anderen zusätzliche Datenfelder hatte, war ein potentieller Nachfolger. Mit dieser Vorgehensweise ergab sich z. B. die Objekthierarchie *T1DPunkt*, *T2DPunkt* usw.

- Bei der Konstruktion eines Programms mit dem Ziel der Erweiterbarkeit wird dagegen eine Objekthierarchie systematisch konstruiert: **Jede Methode, bei der die Möglichkeit einer späteren Erweiterung besteht, ist ein Kandidat für die Suche nach einem Vorgänger.** Dieser Vorgänger wird oft eine abstrakte Methode sein.

Da das bisher verwendete Beispiel (die Prozedur *Display*) vielleicht etwas zu einfach war, um die Vorteile der objektorientierten Erweiterbarkeit deutlich vor Augen zu führen, hier noch ein etwas praxisnäheres Szenario:

Stellen Sie sich einfach vor, sie müßten Delphi schreiben (irgend jemand muß das schließlich machen) – oder noch schlimmer, sie wären dafür verantwortlich, daß eine Gruppe von Programmierern Delphi 3.0 in den nächsten drei Monaten fertigstellt. Stellen Sie sich weiter vor, ein Kollege wäre für die Komponente *TEdit* verantwortlich und Sie für *TEditMask*. Beide Komponenten haben viele Gemeinsamkeiten, die bereits realisiert sind. Der nächste Schritt wäre die Erweiterung der gemeinsamen Basis um die Besonderheiten der jeweiligen Komponenten.

Wenn jetzt alle diese Erweiterungen immer wieder zu Änderungen an der bereits fertiggestellten Basis führen, wird diese nie richtig stabil: Die Entwickler ziehen sich laufend selbst den Boden unter den Füßen weg.

Sind die Gemeinsamkeiten der beiden Komponenten dagegen so durch eine Basisklasse realisiert, daß sich die Erweiterungen als virtuelle Nachfolger realisieren lassen, braucht an der bereits realisierten Basis nichts oder nur wenig geändert zu werden. Damit reduziert sich der Aufwand für die Erweiterungen gegenüber der nicht objektorientierten Version beträchtlich.

Übrigens gibt es diese gemeinsame Basis für die beiden Komponenten *TEditMask* und *TEdit* tatsächlich, sie heißt *TCustomEdit*. Ganz generell sind alle Klassen von Delphi, deren Namen mit *TCustom* beginnen, Basisklassen für andere und realisieren Gemeinsamkeiten der Nachfolger.

In diesem Zusammenhang soll nochmals extra darauf hingewiesen werden, daß eine **Klasse mit virtuellen Methoden** auch noch **nach ihrem Entwurf erweitert** werden kann. Dafür genügen in Object Pascal die kompilierte Unit (die DCU-Datei) und in C++ die obj-Datei sowie eine Beschreibung der Klassen. Jeder Delphi-Programmierer kann die Komponenten von Delphi erweitern, ohne daß er dazu den Quelltext der Komponenten benötigt. Genausogut kann ein Delphi-Programmierer einem Anwender vorkompilierte Klassen zur Verfügung stellen, ohne dazu seinen Quelltext preisgeben zu müssen. Diese kann der Anwender dann nach Bedarf erweitern.

Anmerkung für C++-Programmierer: Den abstrakten Methoden von Object Pascal entsprechen in C++ die *rein virtuellen Funktionen* (*pure virtual functions*) (Stroustrup: The C++ Progr. Lang, 1991, 6.3). Im Gegensatz zu Object Pascal können in C++ keine Instanzen von Klassen angelegt werden, die rein virtuelle Funktionen enthalten.

Aufgaben 6.13

1. Schreiben Sie eine Funktion *Flaeche*, die für die als Parameter übergebenen Figuren

TQuadrat	{ Datentyp, der ein Quadrat darstellt }
TRechteck	{ Datentyp, der ein Rechteck darstellt }
TKreis	{ Datentyp, der einen Kreis darstellt }

   die Fläche berechnet. Entwerfen Sie dazu eine geeignete wiederverwendbare Objekthierarchie, so daß der Funktion *Flaeche* später auch noch andere Figuren übergeben werden können.

2. In einer betriebswirtschaftlichen Anwendung sollen verschiedene Datensätze T1, T2 usw. vorkommen. Durch eine einzige, erweiterbare Prozedur *print* sollen die Datenfelder eines jeden solchen Datensatzes ausgedruckt werden können. Entwerfen Sie eine geeignete Klassenhierarchie (ohne Details).

3. Entwerfen Sie eine Klasse, mit der man den Graphen einer Funktion „f(x:Extended):Extended“ auf einer *TImage*-Komponente in einem Formular zeichnen kann.

Der Konstruktor *init* soll ein neues Formular mit einer *TImage*-Komponente erzeugen. Die Parameter sollen die Welt-Koordinaten (im Gegensatz zu den Pixel-Koordinaten von *TImage*) des Bildbereichs angeben, in dem die Funktion gezeichnet wird: (x0_,y0_) für links unten und (x1_,y1_) rechts oben:

```
constructor init(x0_,y0_,x1_,y1_:Extended);
```

Durch die Methode *CoordGrid* sollen Gitterlinien auf das Image gezeichnet und mit Maßangaben beschriftet werden. *StepX* und *stepY* sind die Abstände dieser Linien in X- und Y-Richtung (in Welt-Koordinaten):

```
procedure CoordGrid(stepX,stepY:Extended);
```

Die Methode *plot* soll die eigentliche Funktion zeichnen:

```
procedure plot;
```

Für den Algorithmus zum Zeichnen des Graphen der Funktion können Sie sich an den Ausführungen in Abschnitt 3.18 orientieren.

a) Diese Klasse soll dadurch wiederverwendet werden, daß die Funktion, deren Graph gezeichnet werden soll, in einem Nachfolger der Klasse definiert wird.

b) Wie schon in Zusammenhang mit virtuellen Methoden festgestellt wurde, kann man Wiederverwendbarkeit auch mit Prozedurparametern erreichen. Da in a) nur eine einzige Methode überschrieben wird, ist diese Vorgehensweise nicht einmal mit Nachteilen verbunden.

Realisieren Sie das Zeichnen des Graphen über eine Methode, der die zu zeichnende Funktion als Parameter übergeben wird:

```
procedure plotf(f:TRealFunc);
```

6.14 Programmbausteine und -gerüste

Die im letzten Abschnitt beschriebene Erweiterung von Basisklassen kann man gezielt einsetzen, wenn man für verschiedene Datenstrukturen ähnliche oder gleichartige Aufgaben durchführen will:

– Diejenigen Operationen, die für alle Nachfolger gleich sind, werden in
  Basisklassen implementiert.

– Diejenigen Operationen, die für einen Datentyp spezifisch sind, werden in
  Nachfolgern konkretisiert.

Betrachten wir als erstes Beispiel einen **Stack** (siehe Aufgabe 3.17.4 und
Abschnitt 5.2), der mit einem Array a realisiert werden soll. Ein Stackpointer
sptr gibt dabei den Index des obersten Elements auf dem Stack an. Mit *push* wird
durch

```
inc(sptr);
a[sptr] := e;
```

ein neues Element e auf den Stack gelegt, falls die Obergrenze des Arrays nicht
überschritten ist, und *pop* liefert das oberste Element des Stacks, falls dieser nicht
leer ist:

```
pop := a[sptr];
dec(sptr);
```

Ein Stack für Integer-Werte kann dann durch die folgende Klasse realisiert
werden:

```
type TIntegerStack = class
        sptr:Integer;
        a:array[1..10] of Integer;
        procedure init;
        procedure push(x:Integer);
        function pop:Integer;
     end;

procedure TIntegerStack.push(x:Integer);
begin { hier fehlt noch eine Prüfung auf Stack-Überlauf }
inc(sptr);
a[sptr] := x;
end;

...
```

Eine Klasse für einen Stack mit Gleitkommazahlen wäre damit weitgehend
identisch: Lediglich der Datentyp *Integer* wird durch *Extended* ersetzt:

```
type TExtendedStack = class
        sptr:Integer;
        a:array[1..10] of Extended;
        procedure init;
        procedure push(x:Extended);
        function pop:Extended;
     end;
```

Wenn man jetzt alle diejenigen Klassenkomponenten zusammenfassen will, die unabhängig vom Datentyp der Stack-Elemente sind, liegt es nahe, diese in einer eigenen Basisklasse zu implementieren:

```
TStackBase = class
      sptr:Integer;
      procedure init;
      procedure push(x:???);
      function pop:???;
   end;
```

Die Komponenten, die vom Datentyp der Stack-Elemente abhängen, werden dann in einem Nachfolger der Basisklasse konkretisiert:

```
TIntStack = class(TStackBase)
    a:array[1..10] of Integer;
end;
```

Dabei stellt sich natürlich sofort die Frage, welcher Datentyp an *push* übergeben wird: Wenn die ganze Konstruktion überhaupt Sinn machen soll, muß dieser Datentyp mit jedem Datentyp kompatibel sein, der in einer konkreten Implementation einmal auf den Stack gelegt werden soll.

Dafür bieten sich einerseits generische Pointer (Datentyp *Pointer*) an. Ein solcher Pointer kann die Adresse einer Variablen eines beliebigen Datentyps enthalten und ist mit jedem Pointertyp kompatibel. Da generische Pointer aber in Zusammenhang mit rekursiven Datenstrukturen (siehe Abschnitt 7.4) noch ausgiebig verwendet werden, wird hier eine andere Konstruktion gewählt, die direkt auf Klassen aufbaut.

Dazu wird ein Datentyp mit einem weiteren Basistyp konstruiert:

```
type TElement = class
      end;
```

Zu diesem sind dann beliebige Nachfolger kompatibel:

```
TInteger = class(TElement)
   i:Integer;
end;

TExtended = class(TElement)
   e:Extended;
end;
```

Damit bietet sich der folgende Basistyp an:

```
type TStackBase = class
        constructor Create(n:Integer);
        function empty:Boolean;
        function full:Boolean;
        procedure push(x:TElement);
        function pop:TElement;
        protected
        max,sptr:Integer;
     end;
```

Ein Teil der Methoden der Klasse *TStackBase* läßt sich sofort angeben:

```
constructor TStackBase.Create(n:Integer);
begin
max  := n;
sptr := 0;
end;

function TStackBase.empty:Boolean;
begin
result := sptr <= 0;
end;

function TStackBase.full:Boolean;
begin
result := sptr => max;
end;
```

Bei der Implementation von *push* ist allerdings der Ansatz

```
procedure TStackBase.push(x:TElement);
begin { hier fehlt noch eine Bereichsprüfung }
inc(sptr);
a[sptr] := x; { <-- das geht nicht }
end;
```

nicht möglich, da in *TStackBase* das Array a noch nicht bekannt ist. Da dieses
Array die einzige Komponente ist, die Schwierigkeiten macht, liegt es nahe, die
Zuweisung an a in eine abstrakte virtuelle Funktion zu verpacken.

```
TStackBase = class
        constructor Create(n:Integer);
        procedure push(x:TElement);
        function pop:TElement;
     protected
       max,sptr:Integer;
       procedure put(i:Integer;x:TElement);virtual;
                                            abstract;
       function get(i:Integer):TElement;virtual;
                                            abstract;
     end;
```

Mit *put* und *get* können dann *push* und *pop* im Basistyp realisiert werden:

```
procedure TStackBase.push(x:TElement);
var i:TElement;
begin
if sptr < max then
  begin
    inc(sptr);
    put(sptr,x);
  end
else ShowMessage('Stack overflow');
end;

function TStackBase.pop:TElement;
begin
if sptr >= 1 then
  begin
    result := get(sptr);
    dec(sptr);
  end
else ShowMessage('Stack underflow');
end;
```

Put und *get* werden dann in einem konkreten Nachfolger von *TStackBase* überschrieben:

```
type TInteger = class(TElement)
       i:Integer;
     end;

     TIntStack = class(TStackBase)
       a:array[1..10] of TInteger;
       constructor Create(n:Integer);
       procedure put(i:Integer;x:TElement);override;
       function get(i:Integer):TElement;override;
     end;

constructor TIntStack.Create(n:Integer);
var i:Integer;
begin
inherited Create(n);
for i := 1 to n do a[i] := TInteger.Create;
end;

procedure TIntStack.put(i:Integer;x:TElement);
begin
a[i].i := TInteger(x).i;
end;

function TIntStack.get(i:Integer):TElement;
begin
TInteger(result) := a[i];
end;
```

Damit haben wir mit *TStackBase* einen **Programmbaustein** für einen Stack als
Basisklasse realisiert. Dieser Baustein enthält bereits einen Teil der Datenfelder
und Methoden, die man für einen in der Praxis verwendbaren Stack benötigt. In

einem Nachfolger der Basisklasse muß dann nur noch der Teil der Anweisungen realisiert werden, der für das konkrete Anwendungsobjekt notwendig ist.

Diese Reduzierung des Anpassungsaufwands für einen konkreten Datentyp fällt zwar bei einem so einfachen Beispiel wie hier kaum ins Gewicht. Bei komplizierteren Datenstrukturen können aber auf diese Art umfangreiche und fehleranfällige Algorithmen in einen Basistyp gepackt und für verschiedene Datenstrukturen weiterverwendet werden.

Die hier angewandte Vorgehensweise läßt sich auf beliebige Datenstrukturen übertragen. Die dabei entwickelte Klassenhierarchie unterscheidet sich von den bisherigen Beispielen dadurch, daß nicht nur Methoden, sondern auch **Datentypen Nachfolger eines Basistyps** sind.

Betrachten wir als weiteres Beispiel für einen Programmbaustein das Sortieren durch Auswahl, das schon in Abschnitt 3.17 vorgestellt wurde. Dieses Verfahren wird durch den folgenden Algorithmus beschrieben:

```
for i := 1 to n-1 do
   begin
      min := i;
      for j := i+1 to n do
         if a[j] < a[min] then min := j;
      x := a[i];
      a[i] := a[min];
      a[min] := x;
   end;
```

Will man mit diesem Verfahren jetzt anstatt eines Integer-Arrays ein Array eines anderen Datentyps sortieren, dann muß man den Quellcode für jeden solchen Datentyp entsprechend ändern. Eine solche Anpassung ist außerdem auch jedesmal dann notwendig, wenn man den Sortierbegriff ändern will.

Eine genauere Betrachtung dieses Sortierverfahrens zeigt, daß die folgenden Operationen die einzigen sind, die vom Datentyp der Komponenten des Arrays abhängen:

1. der Vergleich von zwei Array-Elementen bei der Bestimmung des Minimums und

2. das Vertauschen von zwei Array-Elementen.

Alle übrigen Operationen sind unabhängig vom Datentyp der Komponenten.

Damit liegt es nahe, diese beiden Operationen als abstrakte virtuelle Methoden in einer Klasse zu definieren und diese später für einen konkreten Datentyp der Array-Komponenten zu überschreiben:

```
type TASortBase = class
        n:Integer;
        constructor Create(n_:Integer);
        function kleiner(i,j:Integer):Boolean;virtual;
                                               abstract;
        procedure vertausche(i,j:Integer);virtual;
                                               abstract;
         procedure sort;
      end;

constructor TASortBase.Create(n_:Integer);
begin
n := n_;
end;

procedure TASortBase.sort;
var i,j,min:Integer;
begin
for i := 1 to n do
  begin
    min := i;
    for j := i+1 to n do
      if kleiner(j,min) then min := j;
    vertausche(i,min);
  end;
end;
```

Wenn man dann ein Array von Datensätzen des Typs

```
type record_1 = record
                   Name:string;
                   Tag, Monat, Jahr:Integer;
                end;
```

sortieren will, kann man einen Nachfolger von *TASortBase* so definieren:

```
const max_n = 100;

type TSortArray = array[1..max_n] of record_1;
     PSortArray = ^TSortArray;
     Sortierbegriff = (Name,Datum);

     TASort = class(TASortBase)
        a:PSortArray;
        s:Sortierbegriff;
        constructor Create(a_:PSortArray;
                           S_:Sortierbegriff;n_:Integer);
        function kleiner(i,j:Integer):Boolean;override;
        procedure vertausche(i,j:Integer);override;
     end;

constructor TASort.Create(a_:PSortArray;
                              S_:Sortierbegriff;n_:Integer);
begin
inherited Create(n_);
S := S_;
```

```
a := a_;
end;

function TASort.kleiner(i,j:Integer):Boolean;
begin
case S of
  Name:  kleiner := a^[i].name < a^[j].name;
  Datum: if a^[i].Jahr <> a^[j].Jahr then
           kleiner := a^[i].Jahr < a^[j].Jahr
         else if a^[i].Monat <> a^[j].Monat then
           kleiner := a^[i].Monat < a^[j].Monat
         else kleiner := a^[i].Tag < a^[j].Tag;
end;
end;

procedure TASort.vertausche(i,j:Integer);
var x:record_1;
begin
x := a^[i];
a^[i] := a^[j];
a^[j] := x;
end;
```

Dabei ist es keineswegs zwingend, daß das Array wie hier auf dem Heap angelegt wird. Diese Klasse kann dann folgendermaßen verwendet werden:

```
var a:PSortArray;
    i:Integer;
    s:TASort;
begin
New(a);
{ Weise dem Array a^ Werte zu }
s := TASort.Create(a,Datum,max_n);
s.sort;
s.Free;
```

Anmerkungen für C++-Programmierer: Die in diesem Abschnitt behandelten Verfahren würde man in C++ meist mit Templates realisieren.

Aufgabe 6.14

In Abschnitt 5.11 über Rekursion wurde der Quicksort vorgestellt. Entwerfen Sie für dieses Sortierverfahren eine Basisklasse, in der die vom Datentyp des Arrays unabhängigen Teile dieses Verfahrens realisiert sind. Testen Sie diese Klasse mit einem geeigneten Nachfolger.

6.15 Typinformationen zur Laufzeit

In den letzten beiden Abschnitten wurde dargestellt, wie durch eine geschickte
Konstruktion eines Vorgängers eine erweiterbare Klassenhierarchie aufgebaut
werden kann. Im Rahmen dieser Hierarchie kann dann dieselbe Methode (z. B.
ToStr) für verschiedene Nachfolger verwendet werden.

Betrachtet man die beiden Klassen

```
type TBruch = class
      z,n:LongInt;
      procedure Init(z_,n_:LongInt);
      procedure Add(s:TBruch);
      procedure Sub(s:TBruch);
      ...
      function ToStr:string;
    end;

type TComplex = class
      re,im:Extended;
      procedure Init(re_,im_:Extended);
      procedure Add(s:TComplex);
      procedure Sub(s:TComplex);
      ...
      function ToStr:string;
    end
```

dann haben diese nicht nur die Funktion *ToStr* gemeinsam, sondern auch noch
die Prozeduren *Add*, *Sub* usw. Überträgt man die im letzten Abschnitt entwickelte Vorgehensweise, erscheint es naheliegend, einen gemeinsamen Vorgänger wie
etwa

```
type TZahl = class
      procedure Add(s:TZahl);virtual;abstract;
      procedure Sub(s:TZahl);virtual;abstract;
      ...
      function ToStr:string;virtual;abstract;
    end;
```

zu konstruieren, von dem dann *TBruch* und *TComplex* Nachfolger sind:

```
type TBruch = class(TZahl)
      z,n:LongInt;
      constructor Init(z_,n_:LongInt);
      procedure Add(s:TBruch);override;
      procedure Sub(s:TBruch);override;
      { ... }
      function SoStr:string;override;
    end;
```

```
type TComplex = class(TZahl)
        re,im:Extended;
        constructor Init(re_,im_:Extended);
        procedure Add(s:TComplex);override;
        procedure Sub(s:TComplex);override;
        { ... }
        function ToStr:string;override;
     end
```

Allerdings läßt sich dieser Ansatz so nicht realisieren, da die Prozeduren *add*, *sub* usw. im Nachfolger eine andere Parameterliste haben als im Vorgänger. Wie schon am Ende von Abschnitt 6.7 gezeigt wurde, müssen virtuelle Nachfolger dieselbe Parameterliste wie die überschriebenen Vorgänger haben.

Um den gemeinsamen Vorgänger doch noch zu retten, könnte man versuchen, alle gemeinsamen Operationen bereits im Vorgänger zu definieren:

```
type TZahl = class
        procedure Add(s:TZahl);
        procedure Sub(s:TZahl);
        { ... }
        function ToStr:string;virtual;abstract;
     end;
```

Über die erweiterte Wertzuweisungskompatibilität kann dann *Add* von und mit beliebigen Nachfolgern von *TZahl* aufgerufen werden. Auf diese Weise kann man dann Brüche und komplexe Zahlen addieren, wie das in der Mathematik auch möglich ist:

```
procedure TForm1.Button1Click(Sender: TObject);
var b,c:TZahl;
begin
b := TBruch.Init(1,2);
c := TComplex.Init(3,4);

b.add(b); Memo1.Lines.Add(b.ToStr);
c.add(b); Memo1.Lines.Add(c.ToStr);
c.add(c); Memo1.Lines.Add(c.ToStr);
end;
```

Allerdings müssen dazu bei der Vereinbarung von *Add* die verschiedenen Kombinationen der Parameter berücksichtigt werden.

Das ist mit dem Operator **is** möglich, über den der Typ einer Klasse während der Laufzeit geprüft werden kann. Mit diesem Operator können Ausdrücke der Form

I is C

gebildet werden, wobei I eine Klasseninstanz und C eine Klasse ist. Ein solcher Ausdruck hat den Datentyp *Boolean* mit dem Wert *true*, wenn I eine Instanz der Klasse C oder eines Nachfolgers von C ist, und andernfalls den Wert *false*. Damit ist „I is C" *true*, wenn I mit der Klasse C zuweisungskompatibel ist.

In Abhängigkeit vom Ergebnis einer solchen Typprüfung kann die Klasse dann mit einem Typecast auf diesen Typ konvertiert werden:

```
procedure TZahl.Add(s:TZahl);
begin
if (self is TComplex) and (s is TComplex) then
  TComplex(self).Add(TComplex(s))
else if (self is TComplex) and (s is TBruch) then
  TComplex(self).re := TComplex(self).re +
                                 TBruch(s).Z/TBruch(s).N
else if (self is TBruch) and (s is TComplex) then
  raise EInvOp.Create
      ('Kann zu einem Bruch keine komplexe Zahl addieren')
else if (self is TBruch) and (s is TBruch) then
  TBruch(self).Add(TBruch(s))
else
  raise EInvOp.Create
               ('Unzulässige Kombination von Operanden');
{ dazu wurde zuvor eine eigene Exception definiert:
  type EInvOp = class(Exception); }
end;
```

Hier werden bei der Addition von zwei komplexen Zahlen bzw. zwei Brüchen die Methoden der jeweiligen Klassen aufgerufen, z. B.:

```
procedure TComplex.Add(s:TComplex);
begin
re := re + s.re;
im := im + s.im;
end;
```

Die so erhaltene Basisklasse ist in gewisse Weise das Gegenteil der Basisklassen aus dem letzten Abschnitt:

- Dort wurde nur der kleinste gemeinsame Nenner der Nachfolger in die Basisklassen gepackt.

- Hier ist dagegen die gesamte Funktionalität der Nachfolger bereits in den Basisklassen enthalten.

Der Nachteil einer solchen Klassenhierarchie ist der **vollständige Verlust der Erweiterbarkeit** ohne Quelltextänderung: Jede Erweiterung muß direkt im Quelltext der Basismethode durchgeführt werden. Dasselbe Ergebnis hätte man auch mit varianten Records erreichen können, bei denen jede Variante einen eigenen Datentyp darstellt. Diese Lösung wäre bezüglich der Ausführungszeit sogar schneller, da die Auswertung der Typinformationen während der Laufzeit zeitaufwendiger ist als während der Kompilation.

Obwohl wir bei dieser Konstruktion ähnlich vorgegangen sind wie im letzten Abschnitt, haben wir eine Klassenhierarchie erhalten, die nur selten Vorteile bringen wird. Das Ergebnis dieses „Irrwegs" können wir folgendermaßen zusammenfassen: **Erweiterbarkeit läßt sich nur mit virtuellen Methoden erreichen**. Die Definition konkreter Aktionen in Vorgängern zerstört die Erweiterbarkeit und bringt meist keine Vorteile.

Die Auswertung von Typinformationen zur Laufzeit (Runtime Type Information, **RTTI**) ist deswegen aber nicht immer sinnlos. Es gibt Situationen, in denen sich diese (mehr oder weniger sinnvoll, siehe Aufgabe 6.15) anwenden lassen.

Angenommen, Sie möchten in verschiedenen Komponenten eines Formulars einheitlich auf bestimmte Ereignisse reagieren. Da ein Ereignis (z. B. ein Mausklick) immer der Komponente zugeteilt wird, für die es ausgelöst wurde, kann man das gewünschte Verhalten dadurch erreichen, daß man dieses für das OnClick-Ereignis jeder einzelnen Komponente definiert. Das führt aber dazu, daß dieselbe Aktion für jede solche Komponente redundant definiert werden muß.

Diese Redundanz kann folgendermaßen verringert werden: Man definiert das einheitliche Verhalten nur ein einziges Mal als Ereignisbehandlungsroutine:

```
procedure TForm1.CopyOnDblClick(Sender: TObject);
begin
if Sender is TEdit then
  begin
    TEdit(Sender).SelectAll;
    TEdit(Sender).CopyToClipboard;
  end
else if Sender is TMemo then
  begin
    TMemo(Sender).SelectAll;
    TMemo(Sender).CopyToClipboard;
  end
end;
```

Diese Methode wird dann einmal (etwa beim Erzeugen des Formulars) den Methodenzeigern der jeweiligen Ereignisse zugewiesen:

```
procedure TForm1.FormCreate(Sender: TObject);
begin
Edit1.OnDblClick := CopyOnDblClick;
Edit2.OnDblClick := CopyOnDblClick;
Memo1.OnDblClick := CopyOnDblClick;
end;
```

Durch die Anweisungen in *CopyOnDblClick* wird der gesamte Text in einem Edit- oder Memo-Feld markiert und in die Zwischenablage kopiert. Will man das einheitliche Verhalten später ändern, muß man diese Änderungen nur ein einziges Mal in der Prozedur *CopyOnDblClick* durchführen.

In Zusammenhang mit dem Operator *is* soll schließlich auch noch der Operator **as** vorgestellt werden. Auf der linken Seite von *as* kann eine Objektinstanz I und auf der rechten ein Klassentyp C angegeben werden:

I as C

Das Ergebnis dieses Ausdrucks ist dasselbe wie der Typecast C(I), falls I mit der Klasse C zuweisungskompatibel ist. Ist diese Bedingung nicht erfüllt, wird die Exception *EInvalidCast* ausgelöst. Im Gegensatz zu C(I) wird der Typecast *(I as C)* allerdings während der Laufzeit und nicht schon während der Kompilation ausgeführt und ist folglich zeitaufwendiger.

Damit läßt sich dasselbe Ergebnis wie oben auch so erreichen:

```
procedure TForm1.CopyOnDblClick(Sender: TObject);
begin
if Sender is TEdit then
 with Sender as TEdit do
  begin
    SelectAll;
    CopyToClipboard;
  end
else if Sender is TMemo then
 with Sender as TMemo do
  begin
    SelectAll;
    CopyToClipboard;
  end
end;
```

In diesem Beispiel ist allerdings die doppelte Laufzeittypprüfung in den Ausdrük-ken mit *is* und *as* unnötig: Nachdem man mit *is* festgestellt hat, welchen Datentyp *Sender* hat, kann man *Sender* schneller mit einem Typecast *TEdit(Sender)* bei der Kompilation umwandeln.

Anmerkung für C++-Programmierer: Angesichts der Mißbrauchsmöglichkeiten, die mit der Auswertung von Typinformationen zur Laufzeit verbunden sind, hat Stroustrup ausdrücklich auf dieses Sprachelement verzichtet: „Es ist sehr verführerisch, Laufzeitinformationen zu verwenden, wo virtuelle Funktionen viel besser wären." (Stroustrup 1991, Abschnitt 13.5.5). Ein Beispiel dafür ist der am Anfang dieses Abschnitts eingeschlagene Irrweg. Stroustrup zeigt allerdings, wie sich solche Informationen simulieren lassen. Der Entwurf für den C++-Standard vom 28. 4. 1995 enthält solche Sprachelemente ebenso wie die meisten C++-Compiler.

Aufgabe 6.15

In einem Formular mit einigen Steuerelementen (z. B. Buttons, Labels usw.) sollen diese an eine andere Position gesetzt werden, sobald sich der Cursor über ihnen befindet.

Diese Aufgabe ist ein Beitrag zum verbreiteten Vorurteil, daß Windows-Programme immer benutzerfreundlich sind. Es wird nicht empfohlen, diese oder ähnliche Techniken in Programmen einzusetzen, die an Kunden ausgeliefert werden.

6.16 Klassenreferenztypen und Klassenmethoden

Nachdem in den letzten drei Abschnitten vor allem allgemeine Konzepte der objektorientierten Programmierung behandelt wurden, wenden wir uns in diesem und den nächsten Abschnitten weiteren Sprachelementen von Object Pascal zu.

Die in diesem Abschnitt behandelten Themen hängen eng mit der Tabelle der virtuellen Methoden (VMT) zusammen, die Object Pascal für jede Klasse (den Datentyp) anlegt. Die VMT darf nicht mit einer Objektinstanz verwechselt werden, die in einem Variablenvereinbarungsteil vereinbart und durch den Aufruf eines Konstruktors erzeugt wird. Wenn in einem Variablenvereinbarungsteil eine, zwei oder drei Objektinstanzen desselben Klassentyps deklariert werden und für jede ein Konstruktor aufgerufen wird, gibt es eine, zwei oder drei Objektinstanzen. Unabhängig davon gibt es aber für jede Klasse immer nur eine VMT.

Klassenreferenztypen sind Datentypen, die Klassen darstellen können: Einer Variablen eines Klassenreferenztyps kann als Wert ein Klassentyp (also ein Datentyp!) zugewiesen werden. Die zugewiesene Klasse muß dabei mit der Klasse wertzuweisungskompatibel sein, mit der die Klassenreferenz definiert wurde.

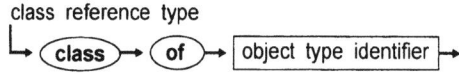

class reference type

Beispiele: Object Pascal verwendet unter anderem die folgenden Klassenreferenztypen:

```
ExceptClass     = class of Exception;
TFormClass      = class of TForm;
TControlClass   = class of TControl;
TComponentClass = class of TComponent;
```

Mit diesen Datentypen sind nach den Vereinbarungen

```
var ecv:ExceptClass;
    fcv:TFormClass;
    contcv:TControlClass;
    compcv:TComponentClass;
```

die folgenden Wertzuweisungen möglich:

```
ecv := Exception;
fcv := TForm;
contcv := TControl;
compcv := TComponent;
```

Die Möglichkeit, einer Variablen einen Datentyp zuweisen zu können, erscheint auf den ersten Blick vielleicht überraschend: Bei anderen Datentypen als Klassen gibt es diese Möglichkeit nicht. Sie beruht aber einfach darauf, daß eine Variable eines Klassenreferenztyps die Adresse der VMT der zugewiesenen Klasse enthält.

Klassenreferenztypen können zum Aufruf von Konstruktoren verwendet werden, deren aktueller Klassentyp zum Zeitpunkt der Kompilation noch nicht bekannt ist.

Beispiel: Mit der Funktion *CreateControl* kann während der Laufzeit des Programms ein beliebiges Steuerelement (ein Nachfolger von *TControl*) erzeugt werden:

```
function CreateControl(ControlClass:TControlClass
                      ; const ControlName: string;
                      X, Y, W, H: Integer): TControl;
begin
Result := ControlClass.Create(Form1);
with Result do
  begin
    Parent := Form1;
    Name := ControlName;
    SetBounds(X, Y, W, H);
    Visible := true;
  end;
end;
```

Dazu übergibt man beim Aufruf von *CreateControl* als aktuellen Parameter einen Nachfolger von *TControl* wie z. B. den Datentyp *TEdit* oder *TButton*. In *CreateControl* werden dann *TEdit.Create* bzw. *TButton.Create* aufgerufen:

```
procedure TForm1.CreateClick(Sender: TObject);
begin
CreateControl(TEdit, 'Ed1',1,1,100,25);
CreateControl(TButton, 'But1',1,100,100,25);
end;
```

Will man die so erzeugten Steuerelemente im Programm ansprechen, kann man den Funktionswert von *CreateControl* einem Steuerelement zuweisen. Da die Steuerelemente *TEdit* bzw. *TButton* Nachfolger von *TControl* sind und nicht umgekehrt, ist hier ein Typecast notwendig:

```
var E1:TEdit;
    B1:TButton;

procedure TForm1.CreateClick(Sender: TObject);
begin
E1:=TEdit(CreateControl(TEdit,'Ed1',1,1,100,25));
E1.Text := 'xxx';
B1 := TButton(CreateControl(TButton,'But1',
                                       1,100,100,25));
B1.Caption := 'yyy';
B1.OnClick := Button1Click;
end;
```

Wenn der aktuelle Parameter für eine Klassenreferenz **virtuelle Konstruktoren** hat, werden diese wie virtuelle Methoden aufgerufen.

Beispiel: Da der Konstruktor *Create* von *TControl* virtuell ist, kann dieser in einem Nachfolger mit *override* überschrieben werden:

```
type TEdit11 = class(TEdit)
        constructor Create(AOwner: TComponent);
                                           override;
     end;

constructor TEdit11.Create(AOwner: TComponent);
begin
inherited Create(AOwner);
{ ... }
end;
```

Wird *CreateControl* mit einem Parameter des Typs *TEdit11* aufgerufen, führt der Aufruf von *ControlClass.Create* zum Aufruf des virtuellen Konstruktors von *TEdit11*. Ohne die Angabe *override* wird dagegen der Konstruktor von *TEdit* aufgerufen.

Wenn eine Methode keinerlei Daten einer Objektinstanz verwendet, spricht technisch nichts dagegen, diese Methode aufzurufen, ohne daß zuvor im Variablenvereinbarungsteil eine Klasseninstanz angelegt wurde.

Genau das ist mit sogenannten Klassenmethoden möglich: **Klassenmethoden** sind Methoden, die aufgerufen werden können, ohne daß zuvor eine Objektinstanz erzeugt wurde. Damit können Klassenmethoden von Klassenreferenztypen aufgerufen werden.

Eine Methode wird dadurch als Klassenmethode deklariert, daß bei ihrer Deklaration vor dem Prozedur- oder Funktionskopf *class* angegeben wird:

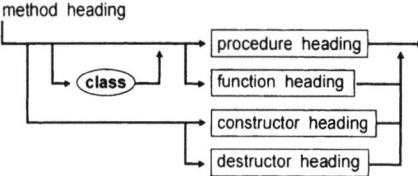

Beispiel: Object Pascal verwendet in der Basisklasse *TObject* die folgenden Klassenmethoden:

```
TObject = class {Auszug, nur die Klassenmethoden}
   ...
   class function InitInstance(Instance: Pointer):
                                          TObject;
   class function ClassName: ShortString;
   class function ClassNameIs(const Name: string):
                                          Boolean;
   class function ClassParent: TClass;
   class function ClassInfo: Pointer;
   class function InstanceSize: LongInt;
   class function InheritsFrom(AClass: TClass):
                                          Boolean;
   class function MethodAddress(const Name:
                          ShortString): Pointer;
   class function MethodName(Address: Pointer):
                                       ShortString;
   class function NewInstance: TObject; virtual;
   ...
end; { Einzelheiten siehe Delphi-Hilfe }
```

Diese Klassenmethoden stehen in allen Nachfolgern von *TObject* und damit in allen Klassen zur Verfügung, falls sie nicht überschrieben werden.

Die Verwendung von Klassenmethoden soll an einem einfachen Beispiel illustriert werden: Die Klassenmethode *ClassParent* enthält immer den Datentyp des Vorgängers der Klasse im Rahmen der Objekthierarchie und *ClassName* den Namen der Klasse als String. Damit werden durch

```
procedure TForm1.Button1Click(Sender: TObject);
var C: TClass;
begin
C := Sender.ClassType; { Datentyp der Klasse }
while C <> nil do
  begin
    Memo1.Lines.Add(C.ClassName);
    C := C.ClassParent;
  end;
end;
```

die Namen aller Vorgängerklassen (in der Objekthierarchie) ausgegeben. Da *TObject* keinen Vorgänger hat, ist in diesem Objekt der Wert von *ClassParent* gleich *nil*, so daß *TObject* als letztes ausgegeben wird. Dabei ist *TClass* der Klassenreferenztyp

```
type TClass = class of TObject;
```

und die Methode von *TObject*

```
function ClassType:TClass;
```

gibt den Datentyp des aktuellen Objekts zurück.

Die Klassenmethoden von *TObject* sind die Grundlage für die **Typinformationen**, die für eine Klasse **zur Laufzeit** zur Verfügung stehen.. Wenn man die Operatoren *is* oder *as* verwendet, führt das zu Operationen wie in diesem letzten Beispiel. Offensichtlich sind diese Operatoren also relativ zeitaufwendig.

Da selbstdefinierte Klassenmethoden nicht auf Datenfelder von Objektinstanzen zugreifen können, ist mit ihnen im wesentlichen nur ein Aufruf der Klassenfunktionen von *TObject* möglich.

Der Aufruf von Methoden allein über den Datentyp – ohne daß zuvor eine Variable dieses Datentyps angelegt wurde – ist nur mit Klassenmethoden oder Konstruktoren möglich. Alle anderen Methoden können nur aufgerufen werden, wenn zuvor eine Objektinstanz der Klasse erzeugt wurde.

Vermutlich gibt es nicht allzuviele Anwendungen, die selbstdefinierte Klassenmethoden benötigen. Borland verwendet diese Konstruktion in den veröffentlichten Quelltexten außer in *TObject* nur selten (in den mir vorliegenden Quelltexten nur in Graphics.Pas).

Abschließend soll noch darauf hingewiesen werden, daß der Datentyp *class* ohne weitere Angaben eine **Vorwärtsreferenz** (**Vorausdeklaration**) ist: Bei der Definition von *TClass* wird *TObject* verwendet, und die Definition von *TObject* verwendet *TClass:*

```
TObject = class; { Vorwärtsreferenz }

TClass = class of TObject;

TObject = class
          ...
          class function ClassParent: TClass;
          function ClassType: TClass;
          ...
      end;
```

Aufgabe 6.16

Zeigen Sie für einige Klassen (z. B. die Vorgänger von *TButton*) den von einer Objektinstanz dieser Klasse belegten Speicherplatz an.

6.17 Visuelle Programmierung und Properties (Eigenschaften)

Bereits bei der ersten Begegnung mit dem Objektinspektor haben wir *Properties* (Eigenschaften) kennengelernt und diese wie Variablen benutzt: Einer *Property* wurde ein Wert zugewiesen, und eine *Property* wurde wie eine Variable in einem Ausdruck verwendet.

Eine *Property* kann allerdings mehr sein als nur eine Variable: Mit einer *Property* können Methoden und Datenfelder zum Lesen bzw. Schreiben verbunden sein. Wenn mit einer *Property*

– eine Methode zum Lesen verbunden ist, wird diese Methode aufgerufen, wenn die *Property* in einem Ausdruck verwendet (gelesen) wird.

– eine Methode zum Schreiben verbunden ist, wird diese aufgerufen, wenn der *Property* ein Wert zugewiesen wird.

– ein Datenfeld zum Lesen verbunden ist, wird der Wert dieses Datenfeldes verwendet, wenn die *Property* in einem Ausdruck verwendet (gelesen) wird.

– ein Datenfeld zum Schreiben verbunden ist, wird der an die *Property* zugewiesene Wert diesem Datenfeld zugewiesen.

Die mit einer *Property* verbundenen Methoden oder Datenfelder werden bei der Deklaration der *Property* nach *read* oder *write* angegeben.

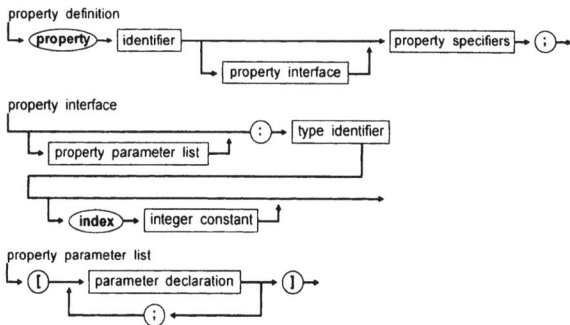

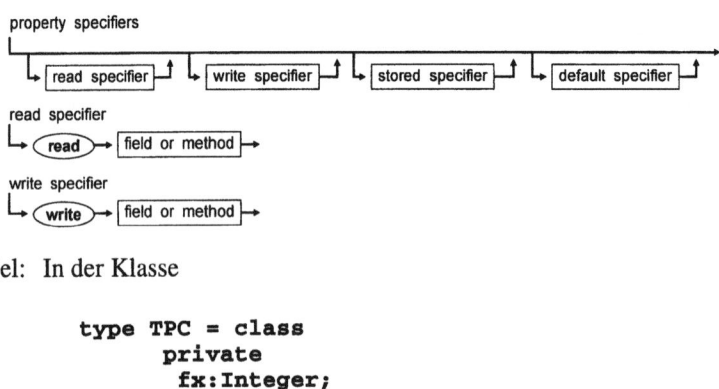

Beispiel: In der Klasse

```
type TPC = class
       private
        fx:Integer;
       public
        procedure setx(x_:Integer);
        property x:Integer read fx write setx;
       end;

procedure TPC.setx(x_:Integer);
begin
fx := x_*x_;
end;
```

wird eine *Property* x vom Datentyp *Integer* definiert. Durch die Angabe *write setx* wird festgelegt, daß beim Beschreiben der *Property*
(also bei einer Wertzuweisung an x) die Prozedur *setx* aufgerufen wird.

Da in *read fx* keine Methode angegeben wird, sondern ein Datenfeld,
wird beim Lesen der Eigenschaft x (also z. B. bei der Zuweisung v := x
an eine Variable v) keine Methode aufgerufen, sondern der Wert von
fx zugewiesen.

Die Klasse TPC kann folgendermaßen verwendet werden:

```
procedure TForm1.propClick(Sender: TObject);
var p:TPC;
    x:Integer;
begin
p := TPC.Create;
p.x := 17; { führt zum Aufruf von setx(17) }
x := p.x; { wie x := p.fx }
end;
```

Für einen Benutzer sieht eine *Property* wie ein „ganz normales Datenfeld" aus.
Sie unterscheidet sich von einem solchen Datenfeld aber dadurch, daß der Zugriff
auf eine *Property* (wenn diese gelesen oder beschrieben wird) mit Anweisungen
verbunden werden kann. Der Datentyp einer *Property* kann ein beliebiger Datentyp außer einem *file*-Typ sein.

Durch die Angaben nach *read* oder *write* wird für eine *Property* festgelegt, wie
auf diese zugegriffen wird. Eine *Property* muß mindestens eine *read-* oder *write-*

Angabe enthalten. Wenn eine *Property* nur eine *read*-Angabe enthält, kann diese nur gelesen werden, und wenn sie nur eine *write*-Angabe enthält, kann sie nur beschrieben werden.

Die Angaben nach *read* oder *write* müssen Datenfelder oder Methoden aus derselben Klasse oder aus einem Vorgänger sein. Eine *Property* kann nicht als eigenständige Variable, sondern nur als Klassenkomponente definiert werden.

Beispiel: **var x:property; { nicht möglich }**

Der Datentyp (als Prozedurtyp) einer Lese- oder Schreibmethode ist durch den Datentyp der Eigenschaft eindeutig festgelegt:

- Wird nach *read* eine Methode angegeben, muß das eine Funktion ohne Parameter sein, deren Funktionswert denselben Datentyp hat wie die *Property*. Der Funktionswert dieser Funktion ist dann der Wert, den die *Property* zuweist, wenn sie gelesen wird.

- Wird nach *write* eine Methode angegeben, muß das eine Prozedur mit einem einzigen Werte- oder Konstantenparameter sein, der denselben Datentyp hat wie die *Property*. Bei einer Zuweisung an die *Property* wird dann diese Prozedur mit dem Wert als aktuellem Parameter aufgerufen, der zugewiesen wird.

Beispiel: Für die Eigenschaft e mit dem Datentyp *TTyp* müssen die Lese- und Schreibmethoden r und w mit den folgenden Prozedurköpfen vereinbart werden:

```
type PClass = class
    ...
    function r:TTyp;
    procedure w(x:TTyp);
    property p:TTyp read r write w;
```

Wird nach *read* oder *write* ein Datenfeld angegeben, muß dieses denselben Datentyp haben wie die *Property*.

Die Methoden zum Lesen oder Schreiben einer **Property** können **virtuell** sein. Damit kann die Verwendung einer Eigenschaft in einem Nachfolger mit anderen Operationen als im Vorgänger verbunden sein. Außerdem kann eine Eigenschaft mit einem Datenfeld durch eine Eigenschaft mit Lese- und Schreibmethoden überschrieben werden.

Beispiel: **OClass = class**
    fe:TTyp;
    property e:TTyp read fe write fe;
end;

```
PClass = class(OClass)
  function r:TTyp;
  procedure w(x:TTyp);
  property e:TTyp read r write w;
end;
```

Nach diesen Ausführungen muß wohl nicht mehr eigens darauf hingewiesen werden, daß sich eine Eigenschaft grundlegend von einer Variablen unterscheidet, obwohl sie wie eine solche verwendet werden kann. Diese Unterschiede haben insbesondere zur Folge:

- Eine Eigenschaft kann nicht als Variablenparameter an eine Prozedur oder Funktion übergeben werden.

- Von einer Eigenschaft kann man nicht mit dem Adreßoperator @ die Adresse bestimmen.

Beide Möglichkeiten sind selbst dann ausgeschlossen, wenn nach *read* und *write* ein Datenfeld angegeben wird: Ein Nachfolger kann diese Datenfelder durch Lese- und Schreibmethoden überschreiben.

Eine als **published** gekennzeichnete Eigenschaft wird im **Objektinspektor** angezeigt, wenn die Komponente in die Komponentenpalette installiert wird. Allerdings können nur solche Eigenschaften als *published* gekennzeichnet werden, deren Datentyp ein ordinaler Datentyp, ein Gleitkommatyp (ohne *Real*), ein String, eine kleine Menge (mit einem Basistyp von weniger als 15 Elementen), ein Klassentyp oder ein Methodenzeiger ist.

Delphi verwendet *Properties* ausgiebig: Alle Datenfelder, die im Objektinspektor angezeigt werden, sind *Properties*.

Beispiel: Falls im Lieferumfang Ihrer Delphi-Version die VCL-Quelltexte enthalten sind, finden sie dort zahlreiche Beispiele, ebenso im Verzeichnis Demos. Stellvertretend ein einziger Auszug daraus:

```
property Color:TColor read GetColor write
                              SetColor ...;
```

Das **Sprachelement** *Property* ist eng mit der **visuellen Programmierung** verbunden:

- Durch die Möglichkeit, mit der Zuweisung von Werten automatisch weitere Aktionen zu verbinden, kann mit der Änderung eines Wertes direkt die Änderung der visuellen Darstellung verknüpft werden.

   Beispiele: Wird die Eigenschaft *Top* einer visuellen Komponente verändert, ändert sich nicht nur der Wert des Datenfeldes, das diese Eigenschaft darstellt, sondern außerdem die graphische Darstellung dieser Komponente: Sie wird an der alten Position entfernt und an der neuen Position neu gezeichnet. Klickt man in einer Gruppe von RadioButtons einen an, wird der zuvor angeklickte deaktiviert.

– *Properties* mit dem Sichtbarkeitsattribut *published* werden im Objektinspektor angezeigt und können dort auch verändert werden. Sie sind damit die Grundlage für die visuelle Gestaltung eines Programms zur Entwurfszeit.

Anmerkung für C++-Programmierer: *Properties* können mit einem überladenen Zuweisungsoperator in C++ verglichen werden. Ein solcher Operator ist allerdings immer für die ganze Klasse und nicht nur wie bei einer Property für ein einzelnes Datenfeld.

Aufgabe 6.17

Definieren Sie eine einfache Klasse mit einer Eigenschaft mit Lese- und Schreibmethoden. Verfolgen Sie im Debugger schrittweise, zu welchen Aufrufen Zuweisungen von und an diese Eigenschaft führen.

6.17.1 Array-Properties

Über sogenannte *Array-Properties* kann man Eigenschaften mit Parametern definieren. Dazu wird bei der Definition einer Eigenschaft nach ihrem Namen in eckigen Klammern eine Parameterliste angegeben:

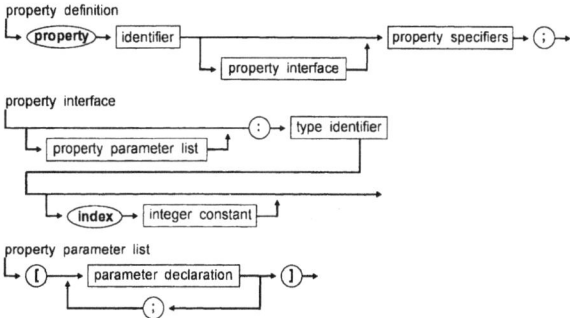

Als Zugriffsangaben nach einer *read-* oder *write-*Angabe können nur Methoden und keine Feldbezeichner angegeben werden.

– Die Methode nach der *read-*Angabe muß dabei eine Funktion mit derselben Parameterliste sein, wie sie in eckigen Klammern in der Eigenschaft angegeben wurde. Der Ergebnistyp der Funktion muß derselbe sein wie der Datentyp der *Property*.

Wenn der Wert der Eigenschaft gelesen wird (also z. B. einer Variablen zugewiesen wird), müssen nach der Eigenschaft in eckigen Klammern aktuelle Parameter angegeben werden. Mit diesen Parametern wird die *read*-Funktion aufgerufen, und der zugewiesene Wert ist dann der Funktionswert dieser Funktion.

– Die Methode nach der *write*-Angabe muß eine Prozedur sein, deren Parameterliste mit denselben Parametern wie die *read*-Funktion beginnt. Zusätzlich muß ein weiterer Parameter des Datentyps der *Property* angegeben werden.

Wenn der Eigenschaft ein Wert zugewiesen wird, müssen in eckigen Klammern ebenfalls aktuelle Parameter angegeben werden. Dabei wird dann die *write*-Prozedur aufgerufen, wobei die ersten Parameter die sind, die nach der Eigenschaft angegeben wurden, und der letzte der zugewiesene Wert ist.

Beispiel: Nach den Vereinbarungen

```
type TParam = string; { ein beliebiger Datentyp }
TFeld = Extended;     { ein beliebiger Datentyp }

TArrProp = class
   procedure put(p:TParam;f:TFeld);
   function get(p:TParam):TFeld;
   property prop[p:TParam]:TFeld read get write put;
end;

function TArrProp.get(p:TParam):TFeld;
begin
{ ... }
end;

procedure TArrProp.put(p:TParam;f:TFeld);
begin
{ ... }
end;

var a:TArrprop;
    x:Extended;
```

entsprechen die folgenden Zuweisungen jeweils den als Kommentaren angegebenen Methodenaufrufen:

```
a.prop['lll'] := 1.3; { a.put('lll',1.3); }
x := a.prop['lll'];   { x := a.get('lll'); }
```

Array-Properties sind keineswegs auf Parameterlisten mit einem einzigen Parameter beschränkt:

Beispiel:
```
type TParam1 = string;
     TParam2 = string;

TArrProp2 = class
```

```
      procedure put(p1:TParam1;p2:TParam2;f:TFeld);
      function get(p1:TParam1;p2:TParam2):TFeld;
      property prop[p1:TParam1;p2:TParam2]:TFeld
                                   read get write put;
   end;

   function TArrProp2.get(p1:TParam1;p2:TParam2):TFeld;
   begin
   {...}
   end;

   procedure TArrProp2.put(p1:TParam1;p2:TParam2;
                                        f:TFeld);
   begin
   {...}
   end;

   var a2:TArrProp2;

   {...}
   a2.prop['aaa','bbb'] := 17.01;
   x := a2.prop['ccc','ddd'];
```

Der Begriff *Array* in der Bezeichnung *Array-Properties* ist irreführend, wenn man ihn auf die syntaktischen Möglichkeiten bezieht: Ein Array kann nur mit ordinalen Werten indiziert werden, während einer *Array-Property* ein beliebiger Datentyp als Parameter übergeben werden kann.

Bezüglich der Verwendung in den meisten Anwendungen ist er allerdings doch wieder gerechtfertigt: Eine Schreibweise wie

   a.prop[p] := x;

macht meist nur dann Sinn, wenn p ein ordinaler Datentyp ist. Durch

   a.prop[17]

wird dann ein 17. Element angesprochen. Ob die Elemente dabei als Array, als verkettete Liste, Datei oder sonst irgendwie gespeichert sind, wird über die Zugriffsfunktionen geregelt.

Bei einer einzigen *Array-Property* in einer Klasse kann nach der Definition das Wort *default* angegeben werden. Diese *Property* kann dann allein über den Namen der Klasse angesprochen werden.

Beispiel: Ergänzt man im letzten Beispiel die Definition der *Property* durch *default*,

```
   TArrProp2 = class
      procedure put(p1:TParam1;p2:TParam2;f:TFeld);
      function get(p1:TParam1;p2:TParam2):TFeld;
```

```
        property prop[p1:TParam1;p2:TParam2]:TFeld
                            read get write put;default;
    end;
```

kann man diese *Property* auch über den Namen der Klasse allein
ansprechen:

```
x := a2.prop['ccc','ddd'];
x := a2['ccc','ddd'];
```

Wenn eine Klasse eine *default Array-Property* hat, wird diese an alle Nachfolger
vererbt und kann in keinem Nachfolger überschrieben werden.

Object Pascal verwendet *default Array-Properties* ausgiebig. Einige Beispiele:

```
1. TStrings = class(TPersistent)
       ...
       property Strings[Index: Integer]: string read Get
                                        write Put; default;
       ...
   end;

2. TCanvas = class(TPersistent)
       ...
       property Pixels[X, Y: Integer]: TColor
                       read GetPixel write SetPixel; default;
       ...
   end;

3. TList = class(TObject)
       ...
       property Items[Index: Integer]: Pointer
                                read Get write Put; default;
       ...
   end;
```

Array-Properties können nicht als *published* deklariert werden.

6.17.2 Indexangaben

Bei der Definition einer *Property* kann nach dem reservierten Wort *Index* eine
Ganzzahl im Bereich –32767..32767 angegeben werden.

Verwendet man diese Syntax, kann man nach *read* und *write* nur Methoden und keine Datenfelder angegeben.

Beim Zugriff auf eine Eigenschaft mit einer Indexangabe wird automatisch der jeweilige Index als Parameter an die Lese- oder Schreibmethode übergeben. Deshalb muß in diesen Methoden ein Parameter für den Index vorhanden sein. In der Lesemethode ist das der letzte und in der Schreibmethode der vorletzte Parameter.

Beispiel: Nach den Vereinbarungen

```
type TIndProp = class
     private
       procedure Put(i:Integer;f:TFeld);
       function Get(i:Integer):TFeld;
     published
       property m1:TFeld index 0 read Get write
                                               Put;
       property m2:TFeld index 1 read Get write
                                               Put;
     end;

function TIndProp.get(i:Integer):TFeld;
begin
Form1.Memo1.Lines.Add('i='+IntToStr(i));
end;

procedure TIndProp.Put(i:Integer;f:TFeld);
begin
Form1.Memo1.Lines.Add('i='+IntToStr(i));
end;

var ti:TIndProp;
```

entsprechen die folgenden Zuweisungen den Methodenaufrufen, die als Kommentar angegeben sind:

```
ti := TIndProp.Create;
ti.m1 := 18; { t1.put(0,18)  }
x := Ti.m1;  { x := ti.get(0)}
ti.m2 := 19; { ti.put(1,19)  }
x := ti.m2;  { x := ti.get(1)}
```

Damit können mit Indexangaben für verschiedene *Properties* dieselben Zugriffs-methoden verwendet werden. Oft wird man in der Methode in einer *case*-Anweisung für die verschiedenen Indexparameter verschiedene Aktionen auswählen.

Weitere Beispiele zu Methoden mit Indexangaben findet man in *source\samples\-calendar.pas*.

6.17.3 Speicherangaben

Die Definition einer Eigenschaft kann Speicherangaben und Standardwerte enthalten:

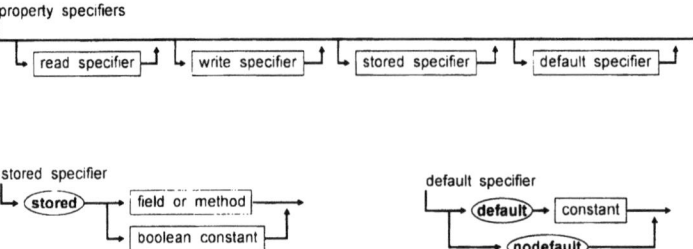

Diese Angaben steuern für Komponenten, die aus der Komponentenpalette in ein Projekt übernommen wurden (visuelle Programmierung), wie die Werte der im Objektinspektor gesetzten Eigenschaften gespeichert werden. Sie wirken sich nicht auf das sonstige Verhalten einer Eigenschaft während der Laufzeit des Programms aus. Ebensowenig beeinflussen sie die Möglichkeiten, wie eine Eigenschaft in einem Programm verwendet werden kann. Damit sind diese Angaben nur für solche Komponenten von Bedeutung, die als selbstdefinierte Komponenten in die Komponentenpalette aufgenommen werden.

Wenn eine Komponente in die Komponentenpalette installiert wird, werden die als *published* gekennzeichneten Eigenschaften im Objektinspektor angezeigt. Diesen Eigenschaften können beim visuellen Entwurf eines Programms Werte zugewiesen werden, die dann in einer DFM-Datei gespeichert werden, falls sie von den Standardwerten abweichen. Die DFM-Datei wird in die EXE-Datei des Programms aufgenommen. Beim Start eines Programms liest dieses die DFM-Datei und baut aus diesen Angaben das Formular auf.

Ohne die Angabe *default* nach einer Eigenschaft hat diese keinen Standardwert, so daß in diesem Fall der Wert der Eigenschaft immer gespeichert wird. Wenn man dagegen bei einer Eigenschaft nach *default* einen Standardwert angibt, wird der Wert der Eigenschaft nur gespeichert, wenn er von diesem Standardwert abweicht.

Eine *default*-Angabe ist nur bei Eigenschaften möglich, die keine Array-Eigenschaften sind.

Nach einer *store*-Angabe kann durch eine boolesche Konstante oder eine Methodenfunktion mit einem booleschen Ergebnis festgelegt werden, ob die Eigenschaft überhaupt gespeichert wird oder nicht.

Durch Standard- und Speicherangaben wird lediglich die Zeit für das Laden eines Formulars verkürzt. Bei den meisten Anwendungen besteht keine Notwendigkeit für solche Angaben.

6.17.4 Überschriebene Eigenschaften

In einem Nachfolger können die Zugriffsrechte, Zugriffsmethoden und Speicherangaben einer Eigenschaft gegenüber einem Vorgänger geändert werden, wenn man nur die *Property* ohne ein *Property interface* (siehe Syntaxdiagramm) angibt.

Im einfachsten Fall gibt man nur *Property* und den Namen einer ererbten *Property* an. Wenn diese Angabe in einem *public*-Abschnitt gemacht wird und die *Property* im Vorgänger in einem *protected*-Abschnitt definiert wurde, hat die *Property* für die aktuelle Klasse das Zugriffsrecht *public*.

Außerdem kann *read*, *write*, *stored*, *default* oder *nodefault* angegeben werden. Jede solche Angabe überschreibt die entsprechenden Angaben für den Vorgänger.

6.18 Die Objekthierarchie von Delphi

Alle Objekte in der Objekthierarchie von Delphi sind Nachfolger von *TObject*. Nachdem bisher immer nur einzelne Komponenten von *TObject* vorgestellt wurden, hier *TObject* als Ganzes:

```
TObject = class;

TClass = class of TObject;

TObject = class
  constructor Create;
  procedure Free;
  class function InitInstance(Instance:Pointer):TObject;
  procedure CleanupInstance;
  function ClassType: TClass;
  class function ClassName: ShortString;
  class function ClassNameIs(const Name:string):Boolean;
  class function ClassParent: TClass;
  class function ClassInfo: Pointer;
  class function InstanceSize: LongInt;
  class function InheritsFrom(AClass: TClass): Boolean;
  procedure Dispatch(var Message);
  class function MethodAddress(const Name: ShortString):
                                                  Pointer;
  class function MethodName(Address:Pointer):
                                              ShortString;
  function FieldAddress(const Name:ShortString):Pointer;
  procedure DefaultHandler(var Message); virtual;
  class function NewInstance: TObject; virtual;
  procedure FreeInstance; virtual;
  destructor Destroy; virtual;
end;
```

TObject hat die folgenden direkten Nachfolger (aus dem Symbol-Browser):

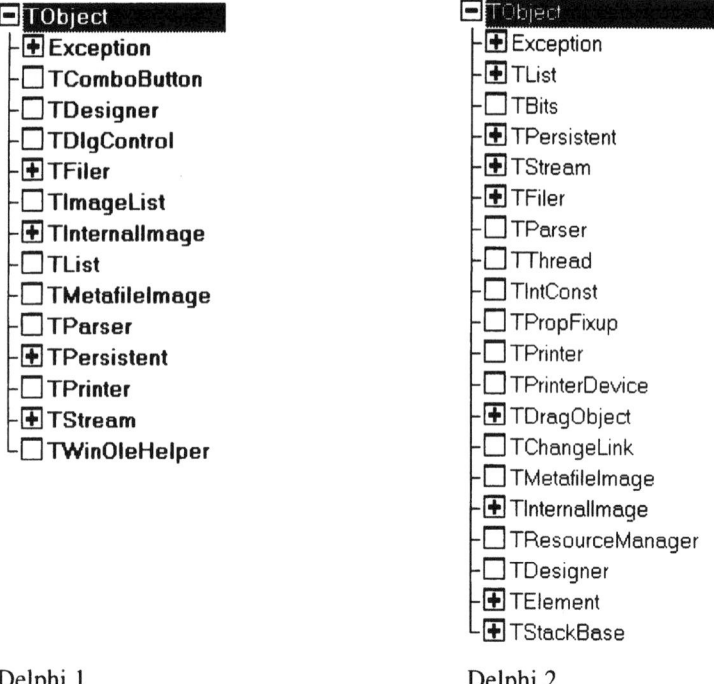

Delphi 1   Delphi 2

Einige dieser Objekte werden von Delphi intern verwendet und sind weder in der
Delphi-Hilfe noch in den Handbüchern dokumentiert (z. B. *TParser*, *TCombo-
Button*).

Die meisten Objekte sind jedoch beschrieben, so daß hier nur ein Überblick über
die Objekthierarchie folgen soll:

- **Exception** ist die Basisklasse für alle Exceptions. Daraus lassen sich eigene
  Exception-Klassen ableiten wie

  ```
  type TMyException = class(Exception);
       TMyDivByIntOExC = class(EDivByZero);
  ```

- **TPrinter** stellt die Schnittstelle zu einem Drucker unter Windows zur
  Verfügung. Dieser Drucker hat eine Zeichenfläche (Canvas), auf die man wie
  auf die Zeichenfläche eines *TImage*-Objekts zeichnen kann:

  ```
  procedure TForm1.PrintClick(Sender: TObject);
  var p:TPrinter;  { "uses Printers" notwendig }
      i:TImage;
  begin
  i := TImage.Create(Form1);
  i.Picture.LoadFromFile('f:\CHEMICAL.BMP');
  p := TPrinter.Create;
  ```

```
if PrintDialog1.Execute then
  begin
    p.BeginDoc;
    p.Canvas.Rectangle(5,5,100,100);
    p.Canvas.Draw(200,200,i.Picture.Graphic);
    p.EndDoc; { damit der Druckjob beginnt }
  end;
p.Free;
end;
```

Diese Schnittstelle bietet allerdings keine geeigneten Funktionen, um eine Textdatei auszudrucken. Mehr dazu in Abschnitt 7.3.3.

– **TPersistent** ist die abstrakte Basisklasse für alle Objekte, die in sogenannten Streams geladen und gespeichert werden können. Ein Stream kann Daten in einer Datei oder im Hauptspeicher darstellen.

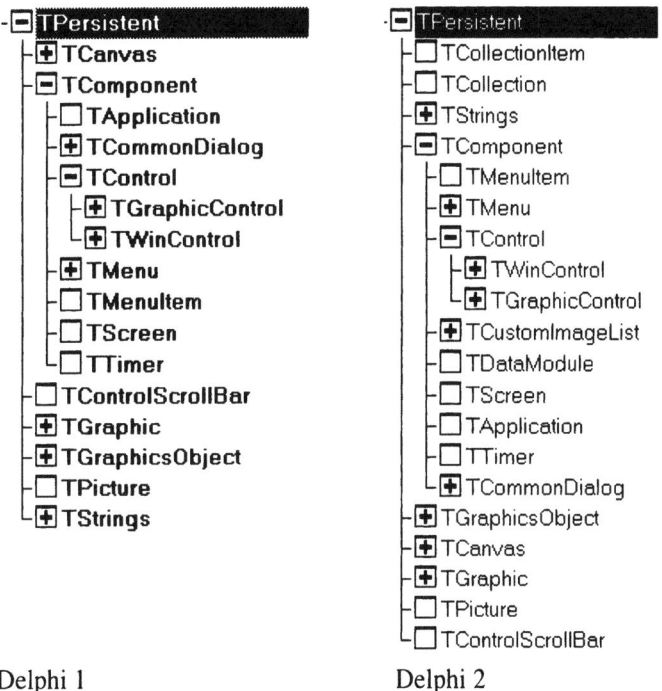

Delphi 1   Delphi 2

TComponent ist die Basisklasse für alle Komponenten, und zwar sowohl die visuellen (vor allem die Nachfolger von *TControl*) als auch die nichtvisuellen (wie *TTimer* oder *TApplication*).

Im Gegensatz zu *TPersistent* kann *TComponent* andere Komponenten enthalten. Diese Möglichkeit wird durch die folgenden Eigenschaften und Methoden realisiert, die damit in allen Nachfolgern (insbesondere den Steuerelementen als Nachfolger von *TControl*) zur Verfügung stehen:

– constructor **Create**(AOwner: TComponent); virtual;

Im Gegensatz zu der von *TObject* geerbten Methode *Create* muß für die Klasse *TComponent* und ihre Nachfolger der Eigentümer der Komponente angegeben werden.

Außerdem ist *Create* hier ein **virtueller Konstruktor**. Dieser kann in einem Nachfolger mit *override* überschrieben werden. Siehe dazu die Ausführungen über **virtuelle Konstruktoren** in Abschnitt 6.16.

– property **Owner**: TComponent;

Owner enthält den Eigentümer der Komponente. Ein Formular ist der Eigentümer aller Komponenten, die es enthält. Das Hauptformular (z. B. *Form1*) gehört der *Application*, die im Hauptprogramm der DPR-Datei gestartet wird.

Wenn der Eigentümer einer Komponente zerstört wird (mit *destroy*, z. B. nach dem Aufruf von *Free*), werden damit alle Komponenten zerstört, die zu dieser Komponente gehören.

Der Eigentümer einer Komponente darf nicht mit der Eigenschaft *Parent* verwechselt werden: Diese ist nur für *TWinControls* definiert und gibt an, ob ein solches Windows-Steuerelement in einem anderen enthalten ist (wie z. B. drei RadioButtons in einer RadioGroup). *Parent* und *Owner* können verschiedene Komponenten sein: Falls ein Steuerelement (z. B. ein Button) in eine GroupBox plaziert wird, ist das Formular der *Owner*, die GroupBox aber *Parent*.

– property **ComponentCount**: Integer;

Diese Eigenschaft enthält die Anzahl der Komponenten, die bezüglich der Eigenschaft *Owner* zu dieser Komponente gehören.

– property **Components[Index: Integer]**: TComponent;

Diese Eigenschaft ist das Array der Komponenten, die zu dieser Komponente gehören. Die Komponenten können angesprochen werden durch

Components[0] .. Components[ComponentCount–1]

Components sollten nicht mit *Controls* verwechselt werden: *Controls* enthält die Steuerelemente, die bezüglich der Eigenschaft *Parent* zu einem *WinControl* gehören.

Beispiel: Über die Laufzeit-Typinformation kann der Datentyp einer Komponente abgefragt und mit einem Typecast auf das entsprechende Objekt konvertiert werden:

```
{ lösche alle Edit-Felder im Formular }
for I := 0 to ComponentCount-1 do
 if Components[I] is TEdit then
   TEdit(Components[I]).Text := '';
```

– property **Name**: TComponentName; { = string[63] }

Diese Eigenschaft enthält den Namen der Komponente, also z. B. 'Button1', 'Button2' usw.

Beispiel: Die Namen von sämtlichen Komponenten des Formulars *Form1* werden in ein Memo-Fenster geschrieben durch

```
procedure TForm1.Button1Click(Sender: TObject);
var i: Integer;
begin
for I := 0 to ComponentCount-1 do
  Memo1.Lines.Add(Components[i].Name);
end;
```

– function **FindComponent**(const AName: string): TComponent;

Diese Funktion gibt die Komponente mit dem als Parameter übergebenen Namen zurück. Damit kann man die Komponenten eines Formulars allein über ihren Namen ansprechen.

Beispiel: Mit der bereits im vorletzten Abschnitt vorgestellten Prozedur *CreateControl* wird während der Laufzeit des Programms eine Komponente erzeugt:

```
CreateControl(TEdit1,'Eddi17',1,1,100,10);
```

Wird der Funktionswert von *CreateControl* keiner Variablen des Datentyps *TEdit* zugewiesen, kann man über keine Variable direkt auf *Eddi17* zugreifen. Mit *FindComponent* kann man eine Komponente jedoch während der Laufzeit eines Programms allein über ihren Namen suchen. Der Funktionswert ist dann die gesuchte Komponente, die mit einem Typecast auf den entsprechenden Datentyp konvertiert werden kann:

```
procedure TForm1.B2Click(Sender: TObject);
var c:TComponent;
begin
c := FindComponent('Eddi17');
if c is TEdit then
  Button2.Caption := TEdit(c).Text;
end;
```

TControl ist die Basisklasse für die sogenannten Steuerelemente (Controls). Das sind visuelle (also sichtbare) Komponenten. Viele zusätzliche Datenfelder und

Methoden dieser Objekte befassen sich damit, wie das Steuerelement dargestellt
wird: Ort, Größe, Farbe und Aufschrift.

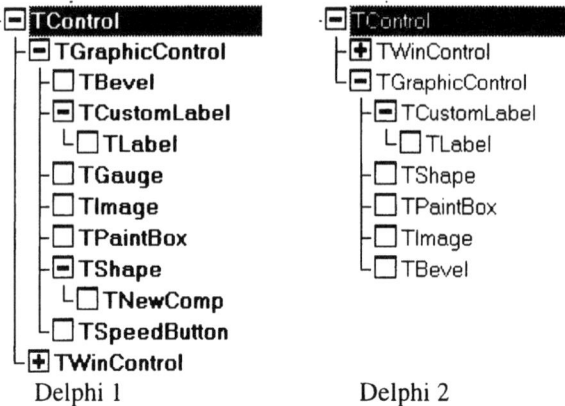

Delphi 1   Delphi 2

Die speziellen Windows-Steuerelemente sind Nachfolger der Klasse *TWinControl*
und werden anschließend besprochen.

TControl erweitert *TComponent* unter anderem um die folgenden Eigenschaften
und Methoden:

```
property Top: Integer;      { y-Koordinate der linken oberen Ecke }
property Left: Integer;     { x-Koordinate der linken oberen Ecke }
property Height: Integer;   { Höhe des Steuerelements }
property Width: Integer;    { Breite des Steuerelements }
```

Alle diese Angaben sind in Pixeln und beziehen sich auf das Formular. Für
Formulare beziehen sich diese Eigenschaften auf den Bildschirm. Für die
Dialogboxen *TFindDialog* und *TReplaceDialog* stehen sie nur zur Laufzeit
zur Verfügung und haben per Voreinstellung den Wert –1. Alle sind
published und stehen damit auch im Objektinspektor zur Verfügung.

```
procedure Setbounds(ALeft, ATop, AWidth, AHeight: Integer);
```

setzt die Werte für *Left*, *Top*, *Width*, *Height* mit einem einzigen Prozeduraufruf.

```
property ClientHeight: Integer;
property ClientWidth: Integer;
property ClientRect: TRect;
property ClientOrigin: TPoint;
```

Diese Eigenschaften beziehen sich auf den sogenannten Client-Bereich des
Steuerelements. Das ist der nutzbare Bereich, und dieser ist für die meisten

Steuerelemente (außer Formularen) derselbe wie der durch *Top*, *Left*, *Width* und *Height* definierte Bereich.

property **Visible**: Boolean;

bestimmt, ob die Komponente angezeigt wird oder nicht.

procedure **Show**;
function **ShowModal**: Integer;
procedure **Hide**;

Show macht ein Steuerelement sichtbar, indem die Eigenschaft *visible* auf *true* gesetzt wird. Eventuell werden auch noch weitere Aktionen ausgeführt. *ShowModal* zeigt ein Formular modal an, so daß dieses Formular erst geschlossen werden muß, bevor andere Formulare dieser Anwendung angezeigt werden können. *Hide* macht die Komponente unsichtbar, indem *visible* auf *false* gesetzt wird.

property **Enabled**: Boolean;

steuert, ob die Komponente auf Maus-, Tastatur- oder Timer-Ereignisse reagiert.

procedure **Update**;

ruft eine Windows-Funktion auf, so daß alle anstehenden Paint-Messages abgearbeitet werden.

procedure **Refresh**;
procedure **Repaint**;

Refresh löscht und zeichnet das Steuerelement neu, *Repaint* zeichnet das Steuerelement ohne vorheriges Löschen neu.

Alle bisher für *TControl* dargestellten Eigenschaften sind *public* oder *published* und stehen damit in jedem Nachfolger zur Verfügung. Weitere Eigenschaften sind *protected* und werden nur in bestimmten Nachfolgern als *published* freigegeben:

property **Color**: TColor
property **Font**: TFont
property **ParentColor**: Boolean
property **ParentFont**: Boolean
property **PopupMenu**: TPopupMenu
property **Text**: TCaption

Weitere Eigenschaften von *TControl* definieren, wie ein Steuerelement auf Ereignisse wie Mausklicks reagiert. Auch diese Eigenschaften sind *protected* und
werden erst in Nachfolgern als *published* freigegeben:

property **OnClick**: TNotifyEvent
property **OnDblClick**: TNotifyEvent
property **OnMouseDown**: TMouseEvent
property **OnMouseMove**: TMouseMoveEvent
property **OnMouseUp**: TMouseEvent

TWinControl ist ein Nachfolger von *TControl*, aus dem alle Steuerelemente von
Windows (wie *TButton*, *TBitBtn* usw.) abgeleitet werden.

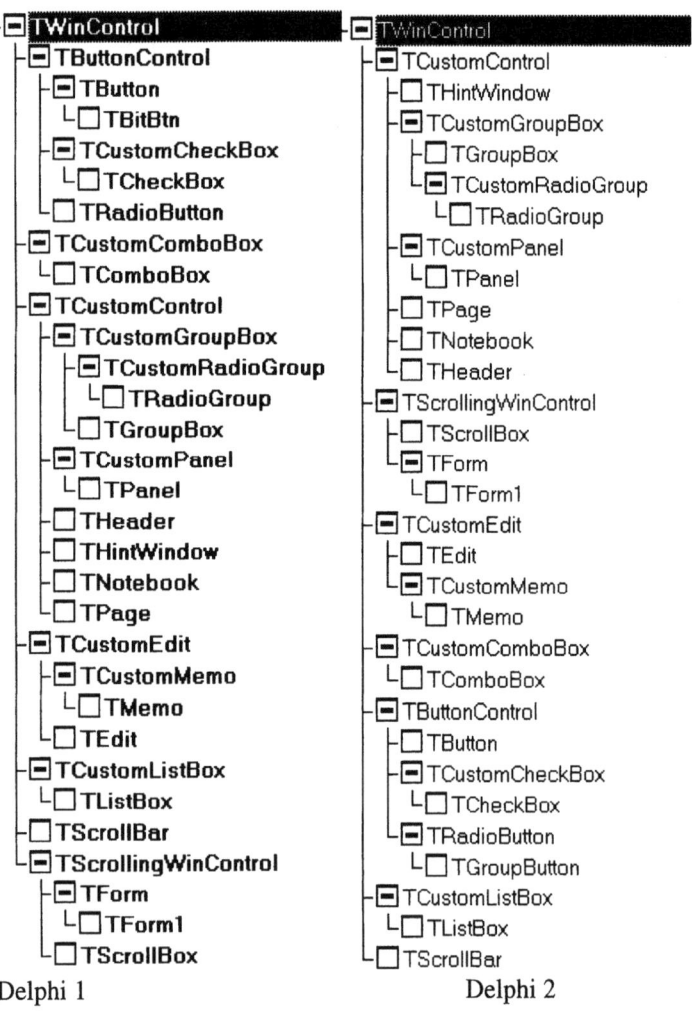

Delphi 1   Delphi 2

Die Steuerelemente von Windows unterscheiden sich von den Steuerelementen von *TControl* vor allem in den folgenden Punkten:

– Windows-Steuerelemente können ein *Handle* haben.

Ein *Handle* stellt für Windows die interne Nummer des Fensters dar. Alle Windows-Funktionen verwenden diese Nummer zur Identifikation des Fensters. Ein *Handle* wird in *TWinControl* dargestellt durch die Eigenschaft

> property **Handle**: HWnd

Damit können sämtliche Funktionen der Windows-API (Application Programm Interface) verwendet werden, die einen solchen *Handle* benötigen.

Die Windows-API enthält sämtliche Funktionen und Datenstrukturen von Windows. Borland hat diese Bibliothek nach Object Pascal portiert, so daß alle ihre Funktionen auch in Delphi zur Verfügung stehen. In der Online-Hilfe von Delphi 1 findet man unter „Windows API" (Delphi 1) eine Beschreibung dieser Funktionen in Pascal. Unter Delphi 2 erhält man mit „winhelp win32.hlp" im Verzeichnis „delphi 2.0\help" eine Beschreibung dieser Funktionen in der Programmiersprache C. In „Source\rtl\win-\windows.pas" findet man die Prozedurköpfe in Pascal.

Delphi enthält die meisten Windows-Funktionen in seinen Komponenten. Allerdings kann es doch vorkommen, daß man auf Windows-Funktionen zugreifen will, die nicht in irgendwelchen Delphi-Komponenten enthalten sind. Über die Delphi-Schnittstelle zur Windows-API kann der gesamte Funktionsumfang von Windows in Delphi genutzt werden.

Beispiel: Für die Zeichenfläche *Canvas* (z. B. in *TForm*) stehen zahlreiche Zeichenfunktionen zur Verfügung, z. B. *LineTo* und *MoveTo*:

```
procedure CanvasCross(x,y,w:Integer);
begin {Kreuz mit Mittelpunkt (x,y) und Breite w}
with Form1,Canvas do
  begin
    MoveTo(x-w,y); {positioniert Zeichenstift}
    LineTo(x+w,y); {zeichnet eine Linie}
    MoveTo(x,y-w);
    LineTo(x,y+w);
  end;
end;
```

Dieselben Funktionen sowie zahlreiche weitere stehen auch in der Windows-API zur Verfügung:

```
procedure WinAPICross(h:HWnd;x,y,w:Integer);
begin
MoveTo(h,x-w,y);
LineTo(h,x+w,y);
```

```
MoveTo(h,x,y-w);
LineTo(h,x,y+w);
end;
```

Mit diesen Prozeduren sind die beiden Aufrufe gleichwertig:

```
CanvasCross(50,50,100);
WinAPICross(Form1.Canvas.Handle,50,50,100);
```

– Windows-Steuerelemente können den Fokus haben.

Wenn eine Komponente den Fokus hat, werden dieser alle Tastatureingaben zugeteilt. Die folgenden Methoden und Eigenschaften hängen direkt mit dem Fokus zusammen:

function **Focused**: Boolean;{ gibt an, ob das Steuerelement den Fokus hat }
procedure **SetFocus**;   { gibt dem Steuerelement den Fokus }
property **HelpContext**: THelpContext
    { bestimmt den Hilfetext, der beim Drücken von F1 angezeigt wird, wenn
    das Steuerelement den Fokus hat }

property **TabOrder**: TTabOrder
    { Position des Steuerelements in der Tab-Ordnung des *Parent*-Steuerele-
    ments; diese Position gibt an, in welcher Reihenfolge die Komponenten
    den Fokus erhalten, wenn die Tab-Taste gedrückt wird }

property **TabStop**: Boolean
    { der Wert dieser Eigenschaft entscheidet, ob das Steuerelement durch das
    Drücken der Tab-Taste erreicht werden kann }

Zusätzlich zu den Ereignissen für *TControls* sind die folgenden Ereignisse definiert:

property **OnEnter**: TNotifyEvent   { wenn die Komponente den Fokus }
property **OnExit**: TNotifyEvent   { erhält oder verliert }

property **OnKeyDown**: TKeyEvent   { wenn die Komponente den }
property **OnKeyPress**: TKeyPressEvent { Fokus hat und eine Taste }
property **OnKeyUp**: TKeyEvent   { gedrückt wird }

– Windows-Steuerelemente können andere Windows-Steuerelemente enthalten.
Diese Möglichkeit wird über die bereits in *TComponent* enthaltene Methode
Parent realisiert.

Aufgabe 6.18

Verändert man die Größe eines Formulars während der Laufzeit eines Programms, behalten die Komponenten dieses Fensters ihre ursprüngliche Position und Größe. Damit kann ein Button, der beim Entwurf des Programms in der Mitte des Formulars zentriert war, völlig außerhalb der Mitte liegen.

Schreiben Sie eine Unit *Resizun* mit einer Klasse *TResize* und einer Methode *resize*. Beim ersten Aufruf des Konstruktors sollen die Positionsangaben *top*, *down*, *width* und *height* aller Komponenten des Formulars in einem Array gespeichert werden. Bei jedem Aufruf von *resize* sollen dann die Positionsangaben aufgrund der aktuellen Größe des Fensters neu berechnet und gesetzt werden (z. B. mit *SetBounds*).

Resize kann beim Ereignis *OnResize* aufgerufen und in *OnFormCreate* erzeugt werden.

6.19 Botschaften (Messages)

Windows ist ein ereignisorientiertes System, das alle Ereignisse (z. B. Benutzereingaben in Form von Mausklicks, Tastatureingaben usw.) für ein Programm entgegennimmt. Diese Ereignisse werden dann als sogenannte Botschaften an das Programm gesendet, für das sie bestimmt sind.

Obwohl es in Zusammenhang mit Botschaften üblich ist, vom „Versenden" zu sprechen, ist dieser Begriff in gewisser Weise irreführend: Das Versenden von Botschaften hat nichts mit einem E-Mail-System oder Ähnlichem zu tun. Vielmehr stehen hinter dem Begriff „**Versenden von Botschaften**" die folgenden beiden Techniken: Entweder werden Botschaften (vor allem für Benutzereingaben) in eine Warteschlange (die sogenannte *message queue*) der Anwendung abgelegt, oder Windows ruft direkt eine sogenannte *Window-Prozedur* auf, in der die Botschaften für das Fenster dann verarbeitet werden.

Da unter Windows aber mehrere Programme gleichzeitig gestartet sein können, von denen jedes mehrere Fenster haben kann, hat der Begriff „Versenden" doch wieder eine gewisse Berechtigung: Bei jeder Botschaft muß der Adressat (das Programm oder das Fenster) bestimmt werden.

6.19.1 Die Message Queue und die Window-Prozedur

Die Botschaften aus der *message queue* werden in einer Schleife verarbeitet, die meist als *message loop* bezeichnet wird. Jedes Windows-Programm hat eine solche *message loop*. In Delphi ist diese in der Methode *TApplication.Run* enthalten, die im Hauptprogramm (der DPR-Datei) aufgerufen wird:

```
procedure TApplication.Run;
begin { aus source\vcl\forms.pas, etwas vereinfacht }
...
repeat if not ProcessMessage then Idle;
until Terminated;
...
end;
```

ProcessMessage holt mit *PeekMessage* eine Botschaft nach der anderen aus der Warteschlange. Falls der Ereignisbehandlungsroutine *OnMessage* von *TApplication* eine Methode zugewiesen wurde, wird zunächst diese über *FOnMessage* aufgerufen:

```
function TApplication.ProcessMessage: Boolean;{protected}
var Handled: Boolean; { aus source\vcl\forms.pas }
    Msg: TMsg;
begin
  Result := false;
  if PeekMessage(Msg, 0, 0, 0, PM_REMOVE) then
  begin    { anstelle von PeekMessage wird oft auch }
    ...    { GetMessage verwendet }
    Handled := false;
    if Assigned(FOnMessage) then FOnMessage(Msg,Handled);
    if not Handled and ... then
      begin
        ...
        TranslateMessage(Msg);
        DispatchMessage(Msg);
      end;
    ...
  end;
end;
```

Wenn in *OnMessage* die boolesche Variable *Handled* nicht auf *true* gesetzt wurde, wird anschließend *TranslateMessage* aufgerufen. Diese Funktion übersetzt sogenannte virtuelle Tastaturcodes (z. B. *WM_KeyDown*) in Zeichenbotschaften und legt die dabei erhaltenen *WM_Char*-Botschaften anschließend in die *message queue* der Anwendung.

DispatchMessage sendet die Botschaft an das Fenster (Formular, Edit-Fenster usw.), für das die Botschaft bestimmt ist. Genauer ausgedrückt: *DispatchMessage* ruft die sogenannte **Window-Prozedur** dieses Fensters auf. Jedes Fenster besitzt eine solche *Window-Prozedur*. In einem Programm mit einem Formular, einem Edit-Fenster und einem Memo-Fenster hat jede dieser drei Komponenten eine eigene *Window-Prozedur*.

In der *Window-Prozedur* eines Steuerelements sind die Reaktionen auf die Ereignisse definiert, die für das Steuerelement charakteristisch sind. Dazu gehören neben anderen die Ereignisse „Anklicken" und „Drücken einer Taste". Jedes solche Ereignis führt dann zum Aufruf der *Window-Prozedur*.

Diese Art der Bearbeitung von Botschaften in der *message loop* ist übrigens auch der Grund dafür, daß ein Programm, das längere Zeit in einer Schleife verbringt, nicht auf Eingaben reagiert: Da Benutzereingaben meist in die *message queue* abgelegt werden, werden diese einfach nicht abgeholt, wenn man nicht explizit *Application.ProcessMessages* aufruft.

Timer-Ereignisse (Datentyp *TTimer*) werden ähnlich behandelt: Wenn ein Timer „tickt", wird eine *WM_Timer*-Botschaft in die *message queue* abgelegt. Bis zum Abholen der Botschaft kann allerdings eine gewisse Zeit vergehen, so daß man bei kurzen Intervallen (z. B. 100 Millisekunden) nicht erwarten kann, daß Timer-Ereignisse mit der in *Interval* angegebenen Frequenz stattfinden. Die Ungenauigkeit von Timer-Ereignissen wird dadurch verstärkt, daß pro Sekunde maximal 18,2 solche Timer-Ticks stattfinden (ca. alle 55 ms, wie unter DOS). Damit führt ein Timer-Intervall von 50 zu etwa gleich vielen Ticks wie das Intervall 1.

Nach diesen Ausführungen bestehen also die folgenden Möglichkeiten, auf Botschaften zu reagieren:

1. auf Botschaften für eine Anwendung, indem man das Ereignis *OnMessage* für *TApplication* definiert;

2. auf Botschaften für ein Steuerelement, indem man die *Window-Prozedur* anpaßt.

6.19.2 Botschaften für eine Anwendung

Wird der Eigenschaft *OnMessage* von *TApplication* eine Methode zugewiesen, kann man auf Botschaften aus der *message queue* reagieren, bevor diese an die *Window-Prozedur* des Steuerelements weitergeleitet werden. Der Methodenzeiger muß dabei den Datentyp *TMessageEvent* haben:

```
TMessageEvent = procedure (var Msg: TMsg; var Handled:
                                     Boolean) of object;
```

Der Parameter *Msg* hat dabei die folgende Datenstruktur:

```
TMsg = record
  hnd: HWnd;         { das Handle (interne Nummer) des
              Fensters, für das die Botschaft bestimmt ist }
  message: Word;     { identifiziert die Art der Botschaft }
  wParam: Word;      { Daten, abhängig von der Art }
  lParam: LongInt;   {   der Botschaft }
  time: LongInt;     { Zeitpunkt der Botschaft }
  pt: TPoint;        { Mauskoordinaten }
end;
```

Mit dem Parameter *Handled* kann man festlegen, ob die Botschaft anschließend an die *Window-Prozedur* weitergeleitet wird oder nicht. Setzt man *Handled* auf *true*, wird die Botschaft nicht weitergeleitet.

Beispiele: 1. Die Methode

```
procedure TForm1.ShowXY(var Msg: TMsg;
                          var Handled: Boolean);
var x,y:string;
begin
x := IntToStr(Msg.pt.x);
y := IntToStr(Msg.pt.y);
Label1.Caption := '('+x+','+y+')';
end;
```

zeigt die aktuelle Mauskoordinate unabhängig davon an, ob sich der Mauszeiger über einer bestimmten Komponente befindet oder nicht. Sie kann dem Ereignis *OnMessage* beim Erzeugen des Formulars zugewiesen werden:

```
procedure TForm1.FormCreate(Sender: TObject);
begin
Application.OnMessage := ShowXY;
end;
```

2. Die Methode

```
procedure TForm1.ShowMess(var Msg: TMsg; var
                            Handled: Boolean);
const n:Integer =0;
begin
inc(n);
Memo1.Lines.Add(IntToStr(n)+': '
                        +IntToStr(Msg.Message));
end;
```

schreibt alle Botschaften in ein Memo-Fenster. Man erhält so einen Eindruck von der Vielzahl der Botschaften, die Windows einer Anwendung sendet.

Mit Delphi wird das Programm **WinSight** ausgeliefert. Damit kann man sich die Meldungen wesentlich „luxuriöser" als mit dieser Version von *ShowMess* anzeigen lassen.

6.19.3 Selbstdefinierte Message-Handler für Windows-Steuerelemente

Mit *TWinControl* enthält jeder Nachfolger (und damit jedes Steuerelement von Windows) eine *Window-Prozedur*, die die Botschaften an das Steuerelement auf eine vordefinierte Art bearbeitet.

Diese vordefinierte Botschaftenbehandlung ist für viele Anwendungen ausreichend. Falls das vordefinierte Verhalten eines Steuerelements jedoch abgeändert oder erweitert werden soll, kann man einen **Message-Handler** (eine Botschaftenbehandlungsroutine) definieren, der genau die Botschaft behandelt, auf die man reagieren will.

Dazu geht man folgendermaßen vor:

1. Ein Message-Handler ist eine als Prozedur definierte Methode in der Klasse, deren Reaktion auf ein Ereignis verändert werden soll. Dabei wird als *method directive* der Pfad über *message* gewählt:

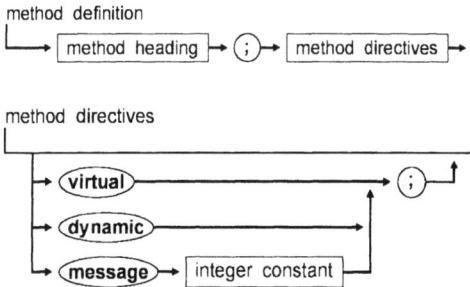

Hier definiert die Ganzzahlkonstante nach *message* die Nummer der Botschaft, deren Verhalten überschrieben wird. In der Datei messages.pas (bzw. messages.inc) sind für alle von Windows vordefinierten Botschaften symbolische Konstanten definiert. Die Bedeutung dieser ca. 200 Konstanten wird in der Delphi-Hilfe erklärt. Alle Botschaften von Windows beginnen mit WM_ für „windows message". Einige Beispiele:

```
wm_keydown= $0100;      { wenn eine Taste gedrückt wird }
wm_keyup= $0101;        { wenn eine Taste losgelassen wird }
wm_mousemove= $0200;    { wenn sich die Maus bewegt }
wm_rbuttondown= $0204;  { wenn die rechte Maustaste gedrückt wird }
wm_rbuttonup= $0205;    { wenn die rechte Maustaste losgelassen wird}
wm_rbuttondblclk= $0206; { Doppelklick auf die rechte Maustaste }
```

Für die ersten drei dieser Ereignisse können bei den meisten Komponenten auch im Objektinspektor (unter Ereignisse) Ereignisbehandlungsroutinen definiert werden. Wie die letzten drei Beispiele zeigen, ermöglichen Message-Handler aber weitergehende Möglichkeiten. Allerdings sollte man solche Erweiterungen nur mit Bedacht einsetzen, da das Programm dann vom ansonsten recht einheitlichen Verhalten von Windows-Programmen abweicht.

Der Name der Prozedur ist nebensächlich. Borland empfiehlt allerdings, als Namen für einen Message-Handler den Namen der Botschaft ohne das Unterstrichzeichen zu verwenden.

2. Dem Message-Handler wird ein untypisierter Variablenparameter mit dem
   Namen *Message* übergeben. Dieser Parameter ist deswegen untypisiert, weil
   das Format der Botschaften für verschiedene Ereignisse verschieden ist. So
   haben alle Mausbotschaften den Datentyp

```
type TWMMouse = record
        Msg: Cardinal;
        Keys: Word;
         case Integer of
           0: (XPos: Integer;        {Mauskoordinaten}
               YPos: Integer);
           1: (Pos: TPoint;          {Mauskoordinaten}
               Result: LongInt);     {Ergebnis, für manche
                                      Botschaften notwendig}
       end;
```

während alle *WM_Char*-Botschaften den Datentyp

```
type TWMKey = record
        Msg: Cardinal;
        CharCode: Word;
        KeyData: LongInt;
        Result: LongInt;
       end;
```

haben. Alle diese Datentypen sind in der Unit *Messages* definiert und in der
Delphi-Hilfe beschrieben. Der Name des Datentyps ergibt sich aus dem
Namen der Botschaft ohne das Unterstrichzeichen, wobei ein T (für Type) an
den Anfang gesetzt ist.

3. In den Anweisungsteil des Message-Handlers schreibt man die Anweisungen,
   die als Reaktion auf das Ereignis stattfinden sollen.

   Hier kann mit *inherited* der Message-Handler des Vorgängers aufgerufen
   werden. Dabei muß anders als bei virtuellen Methoden weder der Name des
   Vorgängers noch der Parameter *Message* übergeben werden. Für verschiedene Arten von Botschaften (wie z. B. *wm_Paint*) ist der Aufruf des Vorgängers obligatorisch: Geschieht das nicht, kann das dazu führen, daß sich
   Windows „aufhängt".

Beispiele: 1. *TRButtonEdit* ist eine Edit-Komponente, die im Gegensatz zu
              TEdit auch auf die rechte Maustaste reagiert:

```
              type TRButtonEdit = class(TEDit)
                procedure WMRButtonDown(var M: TWMMouse);
                                     message wm_rbuttondown;
              end;
```

```
procedure TRButtonEdit.WMRButtonDown(var M:
                                    TWMMouse);
begin
Form1.Memo1.Lines.Add('RB down');
end;
```

2. Durch den folgenden Message-Handler wird die aktuelle Position des Mauszeigers in einem Label angezeigt, wenn sich der Mauszeiger auf dem Formular befindet. Befindet er sich dagegen auf einer zum Formular gehörigen Komponente, wird seine Position nicht angezeigt, da dann die Komponente und nicht das Formular die Botschaften erhält.

```
type TForm1 = class(TForm)
        ...
        procedure WMMouseMove(var Msg:
            TWMMouseMove); message WM_MouseMove;
        ...
     end;

procedure TForm1.WMMouseMove(var Msg:
                            TWMMouseMove);
var x,y:Integer;
begin
x := Msg.xpos;
y := Msg.ypos;
Label1.Caption := '('+IntToStr(x)+','
                                +IntToStr(y)+')';
inherited;
end;
```

Dasselbe Ergebnis erhält man auch, wenn man für das Ereignis *OnMouseMove* eine Ereignisbehandlungsroutine definiert.

Delphi definiert auf diese Weise die Reaktion seiner visuellen Komponenten auf die Botschaften, auf die diese reagieren sollen. Ein kleiner Auszug:

```
TControl = class(TComponent)
   {...}
   procedure WMLButtonDown(var Message: TWMLButtonDown);
                           message WM_LBUTTONDOWN;
   procedure WMRButtonDown(var Message: TWMRButtonDown);
                           message WM_RBUTTONDOWN;
   procedure WMMButtonDown(var Message: TWMMButtonDown);
                           message WM_MBUTTONDOWN;
```

Diese Message-Handler rufen dann die Ereignisbehandlungsroutinen auf, die im Objektinspektor unter Ereignisse zur Verfügung stehen.

6.19.4 Botschaften versenden

Botschaften spielen unter Windows eine zentrale Rolle. Viele Funktionen, die Windows zur Verfügung stellt, werden über Botschaften aufgerufen. Für das Versenden von Botschaften stehen vor allem die folgenden Funktionen der Windows-API zur Verfügung:

```
function SendMessage(Wnd: HWnd; Msg, wParam: Word;
                            lParam: LongInt): LongInt;
function PostMessage(Wnd: HWnd; Msg, wParam: Word;
                            lParam: LongInt): Bool;
```

Diese beiden Funktionsköpfe sind aus der Online-Hilfe von Delphi 1. Unter Delphi 2 sind die Parameter gleich, haben aber 32-bit-Datentypen anstelle von Word.

PostMessage legt eine Botschaft in die *message queue* desjenigen Programms ab, zu dem das Fenster gehört, dessen *Handle* als Parameter *Wnd* angegeben wird. Diese Botschaft wird aus der *message queue* im Rahmen der *message loop* entnommen und bearbeitet.

SendMessage ruft die *Window-Prozedur* des Fensters auf, dessen *Handle* als erster Parameter übergeben wird. Im Gegensatz zu *PostMessage* ist dieser Aufruf erst dann beendet, wenn die Botschaft verarbeitet wurde. Der Aufruf von *PostMessage* ist dagegen beendet, ohne daß die Botschaft bearbeitet wurde.

Diese Funktionen werden von Windows selbst ausgiebig benutzt (vor allem *SendMessage*) und stehen auch für eigene Anwendungen zur Verfügung. Das folgende Beispiel soll nur einen Eindruck davon vermitteln, wie ein großer Teil des Grundverhaltens von Steuerelementen bereits in Windows definiert ist und von dort über Botschaften aufgerufen werden kann:

Beispiel: Die folgende Prozedur gibt bei jeder Änderung im Memo-Feld die aktuelle Zeilen- und Spaltenposition des Cursors als Aufschrift auf *Label1* aus:

```
procedure TForm1.Memo1Change(Sender: TObject);
var Z,S,ZL:Integer;
begin
Z := SendMessage(Memo1.Handle,EM_LINEFROMCHAR,
                            Memo1.SelStart,0);
S := SendMessage(Memo1.Handle,EM_LINEINDEX,Z,0);
ZL:= SendMessage(Memo1.handle,EM_LINELENGTH,S,0);
S := Memo1.SelStart-S;
Label1.Caption := 'Z='+IntToStr(Z)+' S='
                            +IntToStr(S);
end;
```

Unter der Beschreibung der Botschaft *EM_SETLIMITTEXT* findet man den Hinweis, daß einzeilige Edit-Fenster auf 32766 Bytes beschränkt sind und mehrzeilige (z. B. Memos) auf 65535 Bytes. Unter Windows 3.x ist diese Grenze 30000 Bytes (siehe *EM_LIMITTEXT*).

Die symbolischen Konstanten für die verschiedenen Botschaften sind in *Messages.pas* definiert. Sie sind in Gruppen zusammengefaßt, die jeweils mit den angegebenen Anfangsbuchstaben beginnen:

Window Messages:	WM_*	Button Notification Codes:	BN_*
ListBox Messages:	LB_*	Combo Box Messages:	CB_*
Edit Control Messages:	EM_*	Scroll Bar Messages:	SBM_*
Dialog Messages:	DM_*		

Über diese Anfangsbuchstaben kann man sich in der Delphi-Hilfe einen Überblick über die Botschaften verschaffen.

Gelegentlich kann es sinnvoll sein, eigene Botschaften zu definieren, die man dann ebenfalls mit *SendMessage* oder *PostMessage* versendet und auf die man dann in einem eigenen Message-Handler oder in einer eigenen *Window-Prozedur* reagiert. Damit die Konstanten, die man für solche Botschaften vergibt, nicht zufällig mit denen für andere Botschaften identisch sind, ist die Konstante *WM_User* definiert:

```
{ Private Window Messages Start Here }
WM_USER              = $0400;
```

Die Nummern ab *WM_User* bis zu $7FFF kann man für eigene Botschaften vergeben.

6.19.5 Die Behandlung von Botschaften in der VCL

Im folgenden wird dargestellt, wie Botschaften durch die verschiedenen Ebenen der Objekthierarchie von Delphi durchgereicht werden.

Wie schon früher festgestellt wurde, enthält *TWinControl* (und damit jeder Nachfolger, also jedes Windows-Steuerelement) eine sogenannte *Window-Prozedur*, die alle Botschaften von Windows für dieses Steuerelement entgegennimmt. Diese Prozedur ist die Methode *MainWndProc*, die selbst keinerlei Behandlung der Botschaften durchführt, sondern lediglich für das vordefinierte Exception-Handling sorgt:

```
procedure TWinControl.MainWndProc(var Message: TMessage);
begin
  try
    try
      WndProc(Message);
    finally
      FreeDeviceContexts;
      FreeMemoryContexts;
    end;
```

```
except
  Application.HandleException(Self);
  end;
end;
```

Eine erste Behandlung von Botschaften findet in der virtuellen Prozedur *WndProc* statt. Hier werden bestimmte Botschaften für das aktuelle Steuerelement auf eine spezifische Weise behandelt:

```
procedure TWinControl.WndProc(var Message: TMessage);
                                                  { override }
begin
{ spezifische Behandlung der Botschaften für das aktuelle
  Steuerelement }
...
inherited WndProc(Message);
end;
```

WndProc kann in jedem Nachfolger von *TWinControl* überschrieben und so an spezielle Anforderungen angepaßt werden. Für einen Button wird so z. B. definiert, daß dieser durch Anklicken den Fokus erhält:

```
procedure TButtonControl.WndProc(var Message: TMessage);
begin{Vorgänger von TButton, aus source\vcl\StdCtrls.pas}
  case Message.Msg of
    WM_LBUTTONDOWN, WM_LBUTTONDBLCLK:
      if ... and not Focused then
      begin
        FClicksDisabled := true;
        Windows.SetFocus(Handle);
        FClicksDisabled := false;
        if not Focused then Exit;
      end;
  ...
  inherited WndProc(Message);
end;
```

Mit *inherited* wird der Vorgänger aufgerufen, der ebenfalls ein vordefiniertes Verhalten realisiert. In *TControl.WndProc* wird unter anderem bei einer Bewegung der Maus *Application.HintMouseMessage* aufgerufen:

```
procedure TControl.WndProc(var Message: TMessage);
                                                  { virtual }
begin
{ ... }
case Message.Msg of
  WM_MOUSEMOVE: Application.HintMouseMessage(Self,
                                                Message);
{ ... }
Dispatch(Message);
end;
```

Als letzte Anweisung in *TControl.WndProc* wird die in *TObject* definierte Methode *Dispatch* aufgerufen:

```
TObject = class
   ...
   procedure Dispatch(var Message);
   procedure DefaultHandler(var Message); virtual;
   ...
end;
```

Dispatch ruft die vor- oder selbstdefinierten Message-Handler für das aktuelle Steuerelement auf. Falls für die aktuelle Botschaft kein Message-Handler definiert ist, wird *DefaultHandler* aufgerufen. Über den Aufruf von *DefaultHandler* wird der größte Teil des Standardverhaltens von Fenstern unter Windows realisiert.

Diese Ausführungen lassen sich folgendermaßen zusammenfassen: Beim Aufruf der *Window-Prozedur* eines Steuerelements (meist durch *SendMessage* oder *DispatchMessage*) werden nacheinander die folgenden Prozeduren aufgerufen:

1. MainWndProc   (statisch)

2. WndProc   (virtuell)

3. Dispatch   (statisch)

4. DefaultHandler (virtuell)

Damit kann man die Reaktion eines Steuerelements auf eine Botschaft folgendermaßen anpassen:

1. Will man eine Botschaft abfangen, bevor diese *Dispatch* und damit die vor- und selbstdefinierten Message-Handler erreicht, überschreibt man für ein Steuerelement die virtuelle Prozedur *WndProc*.

2. Durch einen eigenen Message-Handler wird eine Botschaft in *Dispatch* behandelt. Diese Technik wurde im vorletzten Abschnitt beschrieben.

3. Will man eine Botschaft behandeln, die nicht durch *Dispatch* behandelt wurde, kann man *DefaultHandler* überschreiben.

Beispiel: In *TForm1* wird *WndProc* überschrieben, so daß die aktuellen Mauskoordinaten in *Button1* angezeigt werden, wenn sich die Maus über dem Formular befindet:

```
type TForm1 = class(TForm)
        ...
        procedure WndProc(var Message: TMessage);
                                          override;
        ...
     end;
```

```
procedure TForm1.WndProc(var Message: TMessage);
var x,y:Integer;
begin
if (WM_Mousefirst <= Message.Msg) and
                (Message.Msg <= WM_Mouselast) then
  begin
    x := TWMMouseMove(Message).xpos;
    y := TWMMouseMove(Message).ypos;
    Button1.Caption := '('+IntToStr(x)+','
                                    +IntToStr(y)+')';
  end;
inherited WndProc(Message);
end;
```

Da *WndProc* nicht nur die Mausbotschaften erhält, sondern außerdem noch viele andere, werden die Mausbotschaften in der *if*-Anweisung herausgefiltert.

Ein Fenster erhält die Botschaft *WM_NCHitTest* („Non Client Hit Test"), wenn die Maus über dem Fenster bewegt oder eine Maustaste gedrückt oder losgelassen wird. Der zugehörige Botschafts-Record hat den Datentyp

```
type TWMNCHitTest = record
        Msg: Cardinal;
        Unused: Cardinal;
        case Integer of
          0: (XPos: SmallInt;
              YPos: SmallInt);
          1: (Pos: TSmallPoint;
              Result: LongInt);
     end;
```

Dieses Ereignis wird normalerweise nicht in der *Window-Prozedur* behandelt, sondern im *DefaultHandler*. Dabei wird in *Result* ein Wert zurückgegeben, der angibt, in welchem Teil des Fensters sich der Cursor befindet. Ein Auszug aus diesen Werten (eine vollständige Liste findet man in der Delphi-Hilfe unter WM_NCHitTest):

HTBOTTOM	Der Cursor befindet sich am unteren Rand eines Fensters
HTCAPTION	Der Cursor befindet sich in der Titelzeile
HTCLIENT	Der Cursor befindet sich im Client-Bereich
HTHSCROLL	Der Cursor befindet sich in einem horizontalen Scrollbalken
HTMENU	Der Cursor befindet sich in einem Menü

Ändert man jetzt den Rückgabewert *HtClient* auf *HtCaption*, wird Windows „vorgeschwindelt", daß der Cursor über der Titelzeile ist, obwohl er sich in Wirklichkeit im Client-Bereich befindet:

```
procedure TForm1.WMNCHitTest(var M: TWMNCHitTest);
begin
  inherited;
  if M.Result = htClient then
    M.Result := htCaption;
end;
```

Damit kann das Fenster auch mit einer gedrückten linken Maustaste bewegt werden, wenn sich der Cursor über dem Client-Bereich befindet. Ein Doppelklick auf den Client-Bereich vergrößert das Fenster auf Maximalgröße, und der nächste Doppelklick verkleinert das Fenster wieder.

Diese Technik kann auch auf andere Steuerelemente übertragen werden. Allerdings erhalten diese anschließend keine *MouseMove*-Botschaften mehr, so daß z. B. in einem Edit-Feld keine Eingaben möglich sind. Damit ist diese Technik der „verbogenen Botschaften" nicht geeignet, Steuerelemente über ein Formular zu bewegen. Diese Aufgabe wird man deswegen besser mit den Drag- und Drop-Techniken realisieren.

Aufgaben 6.19

1. Wie schon erwähnt wurde, stellt Windows einen großen Teil seiner Funktionen über Botschaften zur Verfügung. Dazu gehören für Eingabefenster (*TEdit* und *TMemo*) die Botschaften

WM_Copy	{ kopiert den markierten Bereich in die Zwischenablage }
WM_Cut	{ löscht den markierten Bereich }
WM_Paste	{ kopiert die Zwischenablage in das Eingabefenster }

   Schreiben Sie Prozeduren, die diese Funktionen mit *SendMessage* realisieren.

2. In einem Formular mit verschiedenen Edit-Fenstern soll nach dem Drücken der Enter-Taste automatisch das nächste Edit-Fenster den Fokus erhalten, ohne daß extra die Tab-Taste gedrückt wird.

   Die Weitergabe des Fokus kann man dadurch erreichen, daß man dem Formular die Botschaft *WM_NEXTDLGCTL* sendet, wobei die Parameter *wParam* und *lParam* den Wert 0 bekommen.

   Diese Botschaft kann man von jedem Edit-Fenster an das Formular senden, wenn das Ereignis *OnKeyPress* eintritt und die Enter-Taste (*CharCode* = 13) gedrückt wird.

   Noch einfacher ist es, wenn man für das Formular die Eigenschaft *KeyPreview* auf *true* setzt und diese Botschaft beim Ereignis *OnKeyPress* versendet, wenn die Enter-Taste gedrückt wird.

3. Entwerfen Sie eine Komponente *TTabEdit* als Nachfolger von *TEdit*. Über eine boolesche Eigenschaft *EnterNextDlgCtl* soll entschieden werden können, ob die Eingabe der Enter-Taste den Fokus auf das nächste Dialogfeld übergibt oder nicht. Sie können sich dazu an der letzten Aufgabe orientieren.

4. Entwerfen Sie eine Komponente *TFocusColorEdit* als Nachfolger von *TEdit*. Diese soll automatisch eine auswählbare Hintergrundfarbe erhalten, sobald sie den Fokus erhält. Verliert sie den Fokus, soll sie wieder die in *Color* festgelegte Hintergrundfarbe erhalten und ansonsten mit *TEdit* identisch sein.

   Sie können dazu die Botschaften *WM_SetFocus* und *WM_Killfocus* abfangen. Diese werden einem Dialogelement immer dann zugesandt, wenn es den Fokus erhält oder verliert.

5. Entwerfen Sie eine Komponente *TResizableMemo* als Nachfolger von *TMemo*. Wenn die linke Maustaste über dieser Komponente gedrückt wird, soll der rechte Rand bei jeder Mausbewegung an die aktuelle x-Koordinate der Mausposition angepaßt werden.

6. Entwerfen Sie eine Komponente *TColBorderLabel*, die ein Label mit einem farbigen Rand darstellt. Die Farbe der Randlinien soll durch eine Eigenschaft *BorderColor* und deren Dicke durch die Eigenschaft *BorderWidth* dargestellt werden. Die boolesche Eigenschaft *ShowBorder* soll entscheiden, ob der farbige Rand dargestellt wird oder nicht.

   Falls der Eigenschaft *BlinkIntervall* (Datentyp Integer) ein Wert größer Null zugewiesen wird, soll der Rand blinken. Dazu kann ein Timer verwendet werden, der mit dem in *BlinkIntervall* angegebenen Zeitintervall tickt: Bei jedem Tick wird der Rand neu gezeichnet.

   Als Vorgänger kann man *TCustomLabel* verwenden: Dieser Vorgänger hat einen Canvas, in den man die Randlinien zeichnen kann.

7. Viele Zeichenprogramme verwenden zum Zeichnen von Figuren (Linien, Rechtecke, Kreise usw.) sogenannte „Gummibandfiguren":

   Dabei merkt sich das Programm beim Drücken der linken Maustaste die Anfangsposition der zu zeichnenden Figur. Bei jeder Mausbewegung wird dann die zuvor gezeichnete Figur wieder gelöscht und bis zur aktuellen Mausposition neu gezeichnet. Durch dieses Neuzeichnen bei jeder Mausbewegung entsteht der Eindruck, daß die Figur mit einem Gummiband gezogen wird.

   Das Löschen und Neuzeichnen der Figur ist besonders einfach, wenn für *Canvas.Pen.Mode* der Wert *pmNot* gewählt wird (siehe dazu außerdem die Beschreibung von *SetROP2* in der Delphi-Hilfe). Dieser Modus bewirkt, daß anschließende Zeichenoperationen mit der inversen Bildschirmfarbe durchgeführt werden. Damit bewirken zwei aufeinanderfolgende Zeichenoperationen, daß der ursprüngliche Zustand wiederhergestellt wird, ohne daß man sich um die Hintergrundfarbe kümmern muß (was bei einem mehrfarbigen Hintergrund recht mühsam sein kann).

Entwerfen Sie eine Komponente *TRubberShape* als Nachfolger von *TImage*, auf der man so Linien, Kreise und Rechtecke zeichnen kann. Diese Komponente ist bereits ein kleines Graphikprogramm, mit dem man einfache Zeichnungen erstellen kann:

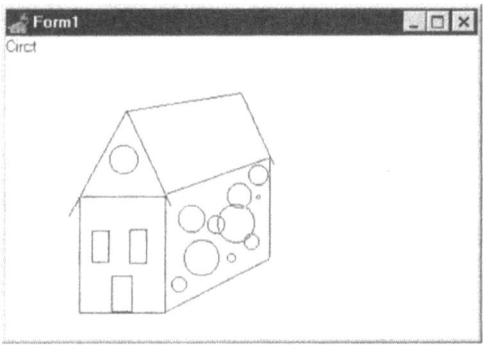

6.20 Die Erweiterung der Komponentenpalette

Die Palette der vordefinierten Komponenten kann einfach um eigene Komponenten erweitert werden. Solche selbstdefinierten Komponenten sind im Prinzip „ganz normale Objekte". Bei ihrer Definition müssen lediglich die folgenden Besonderheiten berücksichtigt werden:

1. Eine selbstdefinierte Komponente muß als Nachfolger von *TComponent* definiert werden. Um den Anpassungsaufwand gering zu halten, wird man allerdings nur selten *TComponent* als unmittelbaren Vorgänger wählen. Statt dessen wird man aus den in Delphi verfügbaren Komponenten diejenige auswählen, die mit der gewünschten die meisten gemeinsamen Eigenschaften hat.

2. Die selbstdefinierte Komponente wird in einer Unit definiert, die im Interface-Teil die Prozedur *Register* enthält. Diese wird im Implementationsteil mit Aufrufen von *RegisterComponents* definiert. Dabei wird angegeben, welche Komponente auf welcher Palettenseite registriert wird.

Diese Schritte werden von Delphi automatisch durchgeführt, wenn man die Unit mit *Datei|neue Komponente anlegen* anlegt.

Beispiel:
```
unit Tacho;

...

procedure Register;

implementation

procedure Register;
begin
  RegisterComponents('Beispiele', [TTacho]);
end;

...
```

3. Alle Datenfelder und Ereignisse, die im Objektinspektor angezeigt werden sollen, werden als *published* gekennzeichnet, sofern sie nicht schon im Vorgänger *published* sind.

4. Will man eine Komponente mit einem eigenen Konstruktor versehen, der beim Erzeugen der Komponente automatisch aufgerufen wird, muß dieser den Konstruktor *Create* mit *override* überschreiben. Ein solcher Konstruktor ist beispielsweise dann notwendig, wenn eine Komponente mit gewissen Werten initialisiert werden muß.

Der Grund für diese Forderung liegt darin, daß beim Erzeugen einer Komponente der virtuelle Konstruktor *Create* von *TComponent* aufgerufen wird. Dieser Aufruf führt aber nur dann zum Aufruf des Konstruktors des Nachfolgers, wenn *Create* mit *override* überschrieben wird.

5. Da die Installation in die Komponentenpalette etwas zeitaufwendig ist, empfiehlt es sich, die Komponente zunächst gründlich zu testen. Dazu kann man folgendermaßen vorgehen:

Die zu testende Komponente wird in einen *public*-Abschnitt eines Formulars aufgenommen. Als Reaktion auf ein Ereignis (z. B. das Erzeugen des Formulars in *FormCreate*) wird die Komponente über einen expliziten Aufruf ihres Konstruktors *Create* angelegt. Anschließend muß der Eigenschaft *Parent* ein Wert zugewiesen werden (meist *self*). Diese beiden Zuweisungen werden bei visuell erzeugten Formularen automatisch ausgeführt.

Beispiel:

```
unit TachTest;     { zum Testen der Komponente TTacho }

interface
uses SysUtils, ..., Dialogs,
     Tacho; { <-- 1. Unit mit der Komponente angeben }

type
  TForm1 = class(TForm)
    procedure FormCreate(Sender:TObject);    { <-- 2. }
```

```
private
  { Private-Deklarationen }
public
  { Public-Deklarationen }
  Tacho:TTacho;{ <-- 3. Komponente manuell einfügen }
end;

var Form1: TForm1;

implementation
{$R *.DFM}

procedure TForm1.FormCreate(Sender: TObject);
begin
Tacho:=TTacho.Create(Self);  { <-- 4. Komp. erzeugen }
Tacho.Parent:=Self;       { <-- 5. nicht vergessen !!! }
{ hier kann man der Komponente weitere Eigenschaften
  zuweisen, die man später im Objektinspektor setzt  }
end;

end.
```

6. Mit *Optionen\Komponente installieren* (Delphi 1) bzw. *Komponente\Installieren* (Delphi 2) wird die Komponente in die Komponentenpalette aufgenommen.

Auch wenn es bei der Installation von eigenen Komponenten nur selten Probleme geben dürfte: Es kann doch vorkommen, daß man versehentlich Komponenten aus der Komponentenbibliothek löscht. Diese ist in den Dateien *complib.dcl* (Delphi 1) bzw. *cmplib32.dcl* (Delphi 2) enthalten und kann von der CD wieder kopiert werden. Falls man sie um eigene Komponenten erweitert hat, empfiehlt es sich, Sicherheitskopien anzulegen.

Als kleines Beispiel soll eine einfache Komponente *TTacho* entworfen werden, die wie ein Tachometer Werte graphisch darstellt:

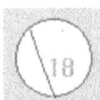

Das Beispiel soll vor allem zeigen, wie selbstdefinierte Komponenten konstruiert werden. Es ist nicht meine Absicht, einen Tachometer mit „allen Schikanen" zu basteln, bei dem man vor lauter Erweiterungen die wesentlichen Konstruktionsschritte nicht mehr sieht.

Als Vorgänger für diese Komponente wird *TShape* gewählt, da diese Komponente alle Elemente enthält, die für den Tachometer benötigt werden. Insbesondere kann als Form für *TShape* ein Kreis gewählt werden.

Zusätzlich zu den Komponenten von *TShape* soll *TTacho* die Felder

> *min*   { für den kleinsten darstellbaren Wert }
> *max*   { für den größten darstellbaren Wert }
> *color* { für die Farbe der Tachonadel }
> *pos*   { für die Anzeigeposition }

enthalten. Damit alle diese Werte im Objektinspektor gesetzt werden können, werden sie als *Properties* definiert, die *published* sind. Die Datenfelder, mit denen diese *Properties* arbeiten, heißen entsprechend *fmin*, *fmax*, *fcolor* und *fpos*. Als weiteres Datenfeld wird *fpos_alt* definiert, das die alte Position des Tacho-zeigers enthält, damit dieser wieder gelöscht werden kann.

Beim Beschreiben des Wertes von *pos* soll die Tachonadel graphisch aktualisiert werden. Dazu wird die Zugriffsprozedur *setpos* definiert. Auf alle anderen Daten-felder soll direkt zugegriffen werden, so daß keine weiteren Zugriffsmethoden notwendig sind.

Damit wird der Datentyp *TTacho* durch die folgende Unit definiert. Hier ist lediglich die Funktion *setpos* etwas umfangreicher, in der die alte Tachonadel gelöscht und die neue gezeichnet wird.

```
unit Tacho;

interface

uses
  SysUtils, WinTypes, WinProcs, Messages, Classes, Graphics,
  Controls, Forms, Dialogs, ExtCtrls;

type
  TTacho = class(TShape)
    constructor Create(Owner:TComponent);override;
    private
      fpos,fpos_alt,
      fmin,fmax:Integer;
      fcolor:TColor;
      procedure setpos(i:Integer);
    published
      property OnClick;
      property color:TColor read fcolor write fcolor
                                          default  0;
      property min:Integer read fmin write fmin default 0;
      property max:Integer read fmax write fmax
                                          default 100;
      property pos:Integer read fpos write setpos;
  end;

procedure Register;

implementation
```

```
procedure Register;
begin
  RegisterComponents('Beispiele', [TTacho]);
end;


constructor TTacho.Create(Owner:TComponent);
begin
inherited Create(Owner);
min := 0;
max := 100;
end;


procedure TTacho.setpos(i:Integer);

   procedure newLine;

      procedure drawLine(y0:Integer);
      { zeichne die Linie von unten-Mitte zum Endpunkt }

         function y(x0:Integer):TPoint;
         { berechne den Endpunkt auf dem Kreisbogen }
         var x,r:Extended;
         begin
         { min <= x0 <= max }
         x := 1.0*width*(x0-min)/(max-min);
                             { 1.0 damit kein Integer-Overflow }
         { 0 <= x <= w }
         result.x := round(x);
         r := width/2;
         { 0 <= x <= 2r }
         x := x - r;
         { -r <= x <= r }
         result.y := round(r-sqrt(r*r - x*x));
         end;

      var P:TPoint;
      begin
      Canvas.MoveTo(height div 2,width);
      P := y(y0);
      Canvas.LineTo(P.x,P.y);
      end;

   begin
   Canvas.Font.Color := clGray;
   Canvas.TextOut(height div 2,width div 2,
                                   IntToStr(fpos)+' ');

   Canvas.Pen.Color := clWhite; { Hintergrundfarbe löscht }
   DrawLine(fpos_alt);          {   den alten Zeiger }
   Canvas.Pen.Color := color;   { zeichnet neuen Zeiger }
   DrawLine(fpos);
   end;

begin
if i > fmax then i := fmax
else if i < fmin then i := fmin;
{ fmin <= i <= fmax }
```

```
fpos_alt := fpos; { damit der alte Zeiger wieder gelöscht
                                              werden kann }
fpos := i;
newLine;
end;

end.
```

Nachdem man diese Komponente in die Komponentenpalette aufgenommen hat, steht sie dort wie die vordefinierten Komponenten zur Verfügung und kann durch einfaches Anklicken in ein Formular übernommen werden:

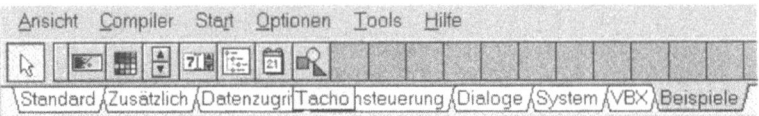

Die als *published* deklarierten Eigenschaften des Vorgängers *TShape* sowie die von *TTacho* werden im Objektinspektor angezeigt:

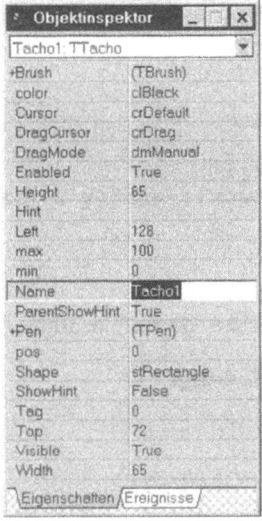

Weitere Beispiele für selbstdefinierte Komponenten findet man im Handbuch Komponentenentwicklung (Borland 1995), das zu den Handbüchern von Delphi gehört.

Außerdem findet man im Internet viele Komponenten. Eine der derzeit größten Sammlungen ist vermutlich die „Delphi Superpage"

http://SunSite.Informatik.RWTH-Aachen.DE/delphi/

Zusätzliche Verweise auf weitere WWW-Seiten mit meist ebenfalls zahlreichen Komponenten findet man bei Borland

http://www.borland.com/
http://www.borland.com/Product/Lang/Delphi/Delphi.html

Aufgabe 6.20

Erweitern Sie die Komponentenpalette um die in den Aufgaben des letzten Abschnitts entwickelten Komponenten

TColBorderLabel

TResizableMemo

TTabEdit

TFocusColorEdit

TRubberShape

7 Datenverwaltung und ein kleines Projekt

In diesem Kapitel werden einige elementare Algorithmen und Datenstrukturen zur Verwaltung von Daten vorgestellt. Gleichzeitig wird das Ziel verfolgt, ein etwas größeres Programm zu schreiben, als das bei den vorangehenden Aufgaben geschah.

Mit den bisher behandelten Aufgaben sollten vor allem Sprachelemente und zugehörige Programmiertechniken geübt werden. Die Lösungen dieser Aufgaben erforderten zwar gelegentlich etwas Tüftelei: In den meisten Fällen waren sie aber eher klein und unabhängig von anderen Programmteilen.

Bei Aufgabenstellungen aus der Praxis sieht das oft ganz anders aus: Hier sind die Algorithmen häufig relativ einfach, stehen aber mit anderen Programmteilen in enger Verbindung. Aus der Notwendigkeit, daß diese Programmteile zusammenpassen müssen, ergibt sich eine eigene Form von Komplexität.

Deshalb werden in den Abschnitten über Arrays und Dateien einige Aufgaben behandelt, die nicht nur isoliert funktionieren sollen, sondern auch mit den Lösungen der anderen Aufgaben zusammenwirken. Dabei entsteht dann **ein „richtiges" kleines Anwendungsprogramm**, das nicht nur wie viele der bisherigen Beispiele aus einem einzigen Formular besteht.

Damit der Leser die neuen Sprachelemente auch ohne das Projekt erarbeiten kann, sind sie immer am Anfang eines Abschnitts zusammengefaßt und können so auch unabhängig von den Aufgaben bearbeitet werden.

Lassen Sie sich nicht durch die etwas langwierigen Vorbereitungen für das Projekt abschrecken. Diese sind einerseits für größere Projekte typisch und andererseits die Voraussetzung dafür, daß wir später zügig vorwärtskommen.

7.1 Projektvorbereitungen

Die meisten Aufgaben in diesem Kapitel werden im Kontext einer Bank formuliert, sind aber keineswegs auf kaufmännische Anwendungen beschränkt. Die vorgestellten Verfahren lassen sich immer dann anwenden, wenn Daten in einem Array oder in Dateien gespeichert werden sollen, unabhängig davon, ob es sich um Daten aus kommerziellen, technischen oder anderen Anwendungen handelt.

Stellen Sie sich einfach folgende Ausgangssituation vor:

Nach langer Zeit treffen Sie in Ihrer Stammkneipe zufällig einen früheren Schulfreund wieder, der inzwischen Direktor seiner eigenen, äußerst erfolgreichen Bank ist. Diese Bank arbeitet derzeit noch völlig ohne EDV und Ihr Freund, der Bankdirektor, überlegt derzeit, ob er diese demnächst einführen soll. Aus dem Gespräch geht allerdings nicht hervor, wie diese Bank ohne EDV so erfolgreich sein kann oder ob sie gerade deswegen so erfolgreich ist.

Nachdem Sie ihm erzählt haben, daß Sie gerade programmieren lernen, schlägt er Ihnen vor, für seine Bank ein Programm zur Verwaltung der Konten zu schreiben. Dabei soll zunächst von einem stark vereinfachten Bankbetrieb ausgegangen werden, der Ähnlichkeiten mit der Führung von Sparkonten hat:

Die Bank führt 100 Konten, deren Nummern zwischen 1000 und 1099 liegen. Die vorläufig einzig möglichen Bankgeschäfte seien Einzahlungen auf und Abhebungen von Konten.

Bisher werden die Ein- und Auszahlungen in Karteikarten eingetragen:

Konto-nummer	Konto-inhaber	Datum TT.MM.JJ			Bewegungs art	Betrag
1019	Q. König	13	12	95	–	1234.56
		13	12	95	–	789.01
		14	12	95	+	23.45

Diese Kontobewegungen werden dann mit den Kontoständen verrechnet. Dabei werden Kontoauszüge geschrieben, in denen ein Kontoinhaber eine Übersicht über die Kontobewegungen und den neuen Kontostand erhält.

Mit diesem Bankprogramm sollen dann solche Kontobewegungen ein- und ausgegeben und in Arrays und Dateien gespeichert werden.

Beginnen wir mit der Arbeit:

Aufgabe 7.1: Vorbereitungen

1. Legen Sie (mit *Datei|neue Anwendung* unter Delphi 2 bzw. mit *Datei|Neues Projekt* unter Delphi 1) ein neues Projekt an.

   Speichern Sie die Projektdatei (die DPR-Datei) unter dem Namen *Bank* und die zugehörige Unit sowie das Formular unter dem Namen *BankMain*.

2. Definieren Sie das Formular *BankMain* als MDI-Formular, indem Sie die Eigenschaft *FormStyle* im Objektinspektor auf den Wert *fsMDIForm* setzen.

   Später werden zu diesem Formular untergeordnete Formulare definiert. Bei diesen erhält die Eigenschaft *FormStyle* dann den Wert *fsMDIChild*.

3. Als Datentyp für die Kontobewegungen unseres Bankprogramms bietet sich der folgende Record vom Typ *TKontobewegung* an. Da dieser Datentyp sowohl für die Aufgaben in Zusammenhang mit den Array-Übungen als auch mit den Datei-Übungen benötigt wird, soll dieser in einer eigenen Unit *BankUnit* definiert werden. In diese Unit werden später noch einige weitere Deklarationen aufgenommen, die von verschiedenen anderen Programmteilen benötigt werden:

   ```
   unit BankUnit; (Dateiname BankUnit.pas)

   interface

   type TKontobewegung = record
           Kontonr: Integer;
           NameInhaber:string[20];
           Datum : record
                      Tag,
                      Monat,
                      Jahr: Integer;
                    end;
           Bewart: Char;
           Betrag: Currency { Delphi 2 };
         end;

   implementation
   end;
   ```

4. Fügen Sie dem Projekt *Bank* ein neues Formular hinzu (in Delphi 1 und 2 mit *Datei|neues Formular*). Dieses Formular soll für die Eingabe und Anzeige von Kontobewegungen verwendet werden und den Namen *KontoMskForm* (Dateiname KontoMsk.pas) erhalten:

Dieses Formular wird als Basisformular für andere Formulare verwendet, die später definiert werden. Es soll keine Buttons wie *Daten speichern* o. ä. enthalten. Da diese Aktionen für die jeweiligen Anwendungen spezifisch sind, werden diese erst in den Nachfolgern definiert.

Sie können dazu die Lösung der Aufgabe 1 aus Abschnitt 6.1 verwenden. Definieren Sie dieses Formular als untergeordnetes MDI-Formular, indem Sie den Wert für *FormStyle* auf *fsMDIChild* setzen. Entfernen Sie es außerdem aus der Liste der automatisch erzeugten Formulare, indem Sie es unter *Optionen|Projekt|Formulare* in die Liste der verfügbaren Formulare verschieben.

Beim Anklicken des Buttons *Abbruch* soll die Methode *close* aufgerufen werden. Da Delphi als Voreinstellung für MDI-Formulare beim Aufruf von *close* ein Formular minimiert und nicht schließt, soll außerdem beim Ereignis *OnClose* (in der Prozedur *FormClose*) *Action* den Wert *caFree* erhalten, damit das Formular doch geschlossen wird:

```
procedure TKontoMaskForm.AbbruchClick(Sender:TObject);
begin
Close;
end;

procedure TKontoMaskForm.FormClose(Sender: TObject;
                          var Action: TCloseAction);
begin
Action := caFree;
end;
```

Mit den beiden Methoden

```
function TKontoMaskForm.FormToKB:TKontobewegung;
{ überträgt die Edit-Felder des Formulars in den
                                    Funktionswert }

procedure TKontoMaskForm.KBtoForm(k:TKontobewegung);
{ überträgt die Werte des Parameters k in die Edit-
                               Felder des Formulars }
```

sollen die Werte einer Kontobewegung den Edit-Feldern des Formulars zuge-wiesen bzw. die Edit-Felder des Formulars in eine Kontobewegung übertra-gen werden.

Erleichterte Zwischenbemerkung: Damit sind die etwas mühsamen Vorbereitun-gen abgeschlossen. Die Aufgaben in den nächsten beiden Abschnitten sind etwas interessanter und haben Ergebnisse, bei denen man auch „etwas sieht".

7.2 Datenverwaltung mit Arrays

In diesem Abschnitt werden einige Aufgaben behandelt, die typisch für die Arbeit mit Arrays sind. Die Aufgaben werden im Kontext unseres Bankprogramms behandelt und setzen die Formulare und Units aus dem letzten Abschnitt „Vorbereitungen" voraus.

Aufgabe 7.2.1: Das Hauptmenü

Erweitern Sie das Formular *BankMain* um ein *MainMenu* mit dem Titel *Arrays*. Dieses Menü soll die Einträge *Daten eingeben*, *Daten ausgeben* und *Daten erzeugen* enthalten:

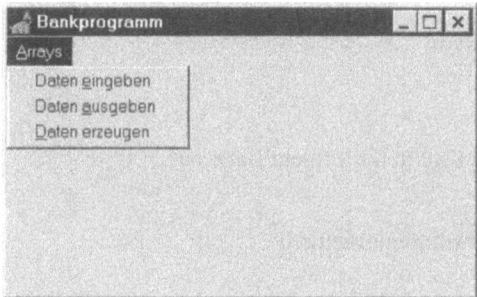

Die Anweisungen, die bei der Anwahl eines dieser Menüpunkte ausgeführt wer-den sollen, werden in den folgenden Aufgaben entwickelt.

Aufgabe 7.2.2: Die Ausgangsversion der Unit BankArUn

In einer Unit mit dem Namen *BankArUn* sollen alle diejenigen Prozeduren und Datenstrukturen zusammengefaßt werden, die in Zusammenhang mit den Aufgaben aus diesem Abschnitt stehen und die nicht zu einem eigenen Formular gehören.

In dieser Unit wird zunächst ein Array *A* mit *Max_Index* Datensätzen des Datentyps *TKontobewegung* (aus der BankUnit) definiert. *Max_Index* kann in Delphi 2 fast beliebig groß gewählt werden. Die Obergrenze für Delphi 1 liegt bei ca. 1000 (was für unsere Beispiele auch gut reicht).

Im Array A werden dann die Kontobewegungen gespeichert. Die zuerst eingegebene unter A[1], die zweite unter A[2] usw. Die Variable *Satzzahl* soll immer die Anzahl der bisher eingegebenen Datensätze enthalten:

A[1]
.
.
A[Satzzahl]

Beim Start des Programms wird der Wert für *Satzzahl* auf 0 gesetzt. Nach jeder Eingabe einer Kontobewegung wird der Wert dieser Variablen um 1 erhöht bzw. bei jeder Löschung eines Datensatzes um 1 reduziert.

```
unit BankArUn; (Dateiname BankArUn.pas)

interface
uses BankUnit;

const Max_index = 2000; { 1000 für Delphi 1 }
var Satzzahl:Integer=0;
    A:array[1..Max_Index] of TKontobewegung;

implementation

end.
```

Nehmen Sie diese Unit in das Projekt Bank auf.

Aufgabe 7.2.3: Testdaten erzeugen

1. Damit die im folgenden entwickelten Prozeduren getestet werden können, sollten viele Kontobewegungen zur Verfügung stehen. Da es aber mühsam ist, viele Datensätze einzutippen, soll in der Unit *BankUnit* eine Funktion *Zufalls_KB* vereinbart werden, die eine Kontobewegung mit zufälligen, aber plausiblen Daten erzeugt:

Kontonr:	eine Zahl im Bereich 1000..1099
Tag, Monat, Jahr:	Zahlen im Bereich 1..31, 1..12, 1995..1996 (ohne Prüfung auf Plausibilität)
Bewart:	'+' oder '−'
Betrag:	eine Extended-Zahl zwischen 0,01 und 300,00
NameInhaber	soll aus einer Liste von Vornamen und Nachnamen „zusammengeklebt" werden.

Die Vor- und Nachnamen können in zwei durch 0..9 indizierten Arrays stehen. Damit zu einer bestimmten Kontonummer immer derselbe Kontoinhaber erzeugt wird, soll die vorletzte Ziffer der Kontonummer den Vornamen und die letzte den Nachnamen bestimmen. Die letzten beiden Ziffern von *KontoNr* erhält man durch

```
z := KontoNr mod 100,
```

und daraus die vorletzte durch *z div 10* und die letzte durch *z mod 10*.

Da hier immer wieder zufällige Werte in einem bestimmten Bereich benötigt werden, aber die Funktion *Random(x)* nur Zufallswerte im Bereich 0..(x–1) liefert, bietet sich die Vereinbarung einer Funktion an, die einen Zufallswert in einem Bereich erzeugt, dessen Grenzen als Parameter übergeben werden:

```
function Zuf(a,b:Integer):Integer;
begin
Zuf := a + Random(b-a+1);
end;
```

Bewart kann dann in Abhängigkeit von *Zuf(0,1)* eines der Zeichen '+' oder '–' zugewiesen werden.

2. Bei der Anwahl des Menüpunktes *Arrays|Daten erzeugen* im Hauptmenü des Bankprogramms sollen mit der Funktion *Zufalls_KB* Kontobewegungen erzeugt werden. Die Anzahl der gewünschten Datensätze kann mit der Funktion *InputQuery* abgefragt werden.

Achten Sie darauf, daß nur maximal so viele Datensätze erzeugt werden, wie im Array A dargestellt werden können, und daß *Satzzahl* immer die Anzahl der in A dargestellten Datensätze enthält.

7.2.1 Vererbung von visuell erzeugten Formularen

In Delphi 2 kann man nicht nur Nachfolger von Klassen definieren, die man manuell in einer Unit geschrieben hat: Auch Formulare, die mit den Mitteln der visuellen Programmierung erzeugt wurden, können Basisklassen für Nachfolgerformulare sein (visual forms inheritance). Diese Technik soll jetzt am Beispiel von Nachfolgern des Formulars *KontoMskForm* illustriert werden.

In Delphi 1 bestehen entsprechende Möglichkeiten nur eingeschränkt: Formulare können als sogenannte Schablonen zentral abgelegt und dann kopiert werden. Will man das Formular *KontoMskForm* weiterverwenden, muß es zuerst unter *Optionen|Galerie|Formularschablonen|Hinzufügen* verfügbar gemacht werden. Danach kann es mit *Datei|neues Formular|Schablonen* in das aktuelle Projekt übernommen werden.

In Delphi 2 ist das etwas einfacher: Unter *Datei|Neu* werden verschiedene Formulare angeboten, insbesondere auch die des aktuellen Projekts (Register *Bank*):

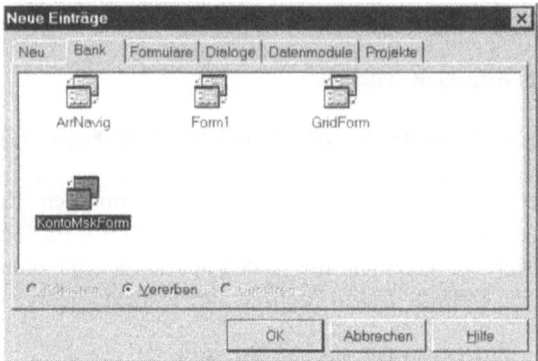

Nach dem Anklicken des gewünschten Formulars (hier *KontoMskForm*) wird ein neues Formular erzeugt, das ein Nachfolger des angewählten Vorgängers ist:

```
unit ArrNavUn;

interface

uses
  Windows, Messages, SysUtils, Classes, Graphics,
  Controls, Forms, Dialogs, KontoMsk, StdCtrls;

  type
    TArrNavig = class(TKontoMskForm)
      ...
  end;

var
  ArrNavig: TArrNavig;

implementation
...
```

Neben der einfacheren Bedienung hat Delphi 2 in diesem Zusammenhang einen weiteren gravierenden Vorteil gegenüber Delphi 1: Da Formulare unter Delphi 1 aus der Galerie kopiert werden, wirken sich spätere Änderungen an einem Basisobjekt nicht im Nachfolger aus. Unter Delphi 2 werden die Objekte dagegen zentral verwaltet, so daß sich spätere Änderungen im Basisobjekt auch auf den Nachfolger auswirken.

Welche dieser Möglichkeiten man im Einzelfall nutzen will, kann man über einen der drei unteren RadioButtons auswählen. Bei Formularen im aktuellen Projekt besteht nur die Möglichkeit, ein Formular zu vererben.

Aufgabe 7.2.4: Daten in einem Array speichern und anzeigen

Entwerfen Sie als Nachfolger des Formulars *KontoMaskForm* ein Formular *ArrNavig*:

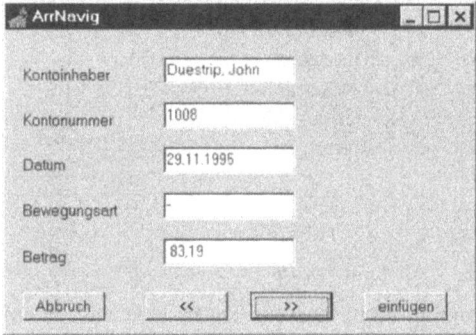

Die zugehörige Unit soll unter dem Namen *ArrNavUn.pas* gespeichert werden.

1. Fügen Sie dem Formular *ArrNavig* einen Button *einfügen* hinzu. Beim Anklicken dieses Buttons sollen die Daten aus den Edit-Feldern durch den Aufruf der Methode *FormToKB* in eine Kontobewegung umgewandelt und im Array A gespeichert werden.

2. Damit man die Daten im Array auch anzeigen kann, soll dieses Formular um zwei Buttons mit der Aufschrift „<<" und „>>" erweitert werden. Beim Anklicken dieser Buttons soll jeweils der vorherige oder der nächste Datensatz angezeigt werden.

   Die Buttons „<<" und „>>" sollen beim ersten bzw. letzten Datensatz disabled bzw. enabled werden.

3. Dieses Formular soll im Hauptmenü des Bankformulars unter *Daten eingeben* erzeugt und aufgerufen werden.

Aufgabe 7.2.5: Ein Basisformular für die tabellarische Anzeige von Daten

Mit dem Formular *ArrNavig* kann man immer nur einen einzigen Datensatz anzeigen. Für die gleichzeitige Anzeige von mehreren Datensätzen wird man meist eine tabellarische Darstellung vorziehen:

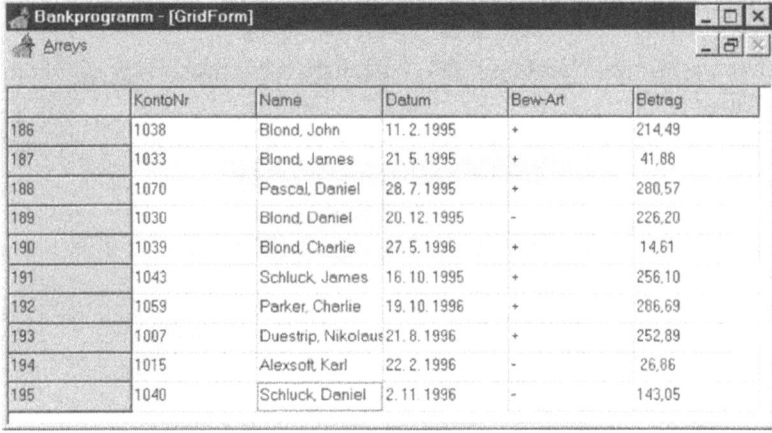

Damit dieses Formular nicht nur für Datensätze aus einem Array verwendet werden kann, soll zunächst ein Basisformular definiert werden. Dieses soll das grundlegende Verhalten und Aussehen definieren. Für das Basisformular wird dann in der nächsten Aufgabe ein Nachfolger definiert, der die Daten aus einem Array mit Kontobewegungen anzeigt. In Zusammenhang mit Dateien wird dann ein weiterer Nachfolger definiert, der Kontobewegungen aus einer Datei anzeigt.

1. Entwerfen Sie ein MDI-Child Formular *TBaseGridForm* mit einem *String-Grid*, mit dem man immer 10 Kontobewegungen gleichzeitig anzeigen kann.

    Dieses Formular soll eine virtuell abstrakte Funktion *get(i:Integer)* enthalten, die immer den i-ten Datensatz als Funktionswert zurückgibt. Diese Funktion kann in einer Prozedur *showPage* zur Anzeige von 10 Datensätzen aufgerufen werden. Dabei ist es sinnvoll, den Index des in der ersten Zeile angezeigten Datensatzes in einer Variablen *first* (mit dem Attribut *private*) zu hinterlegen.

2. Als Reaktion auf die Tasten *Bild↑*, *Bild↓*, die Cursor-Pfeiltasten ↑, ↓ sowie auf *Pos1* und *Ende* soll die Anzeige entsprechend aktualisiert werden. Diese Tastatureingaben können beim Ereignis *OnKeyDown* des *StringGrids* abgefragt werden und stehen über die symbolischen Konstanten VK_PRIOR, VK_NEXT, VK_UP, VK_DOWN, VK_END, VK_HOME (in der aufgeführten Reihenfolge) zur Verfügung.

Aufgabe 7.2.6: Ein Nachfolgerformular für die Anzeige von Array-Daten

Definieren Sie einen Nachfolger *TArrGridForm* des Formulars *TBaseGridForm*, mit dem man die Daten aus einem Array anzeigen kann. In diesem Formular muß im wesentlichen nur die virtuelle Funktion *get* überschrieben werden.

Dieses Formular soll über *Arrays|Daten ausgeben* angezeigt werden.

7.2.2 Suchen und Sortieren

In diesem Abschnitt werden einige grundlegende Techniken behandelt, mit denen man nach Daten in einem Array suchen kann. Da diese Techniken alle entweder recht einfach oder aber direkte Anwendungen von bereits behandelten Algorithmen sind, werden alle als Aufgaben formuliert.

Aufgabe 7.2.7: Lineares Suchen

Die einfachste Technik, nach einem Datensatz mit einem gewissen Merkmal zu suchen, besteht darin, alle vorhandenen Datensätze der Reihe nach (linear) auf dieses Merkmal hin zu untersuchen. Diese Vorgehensweise wird als lineares Suchen bezeichnet.

Erweitern Sie die Datenanzeige aus der letzten Aufgabe um eine Suchfunktion. Der Suchbegriff soll in einem Edit-Fenster eingegeben werden. Nach dem Anklicken eines Buttons soll der gefundene Datensatz in der ersten Zeile des String-Gitters angezeigt werden. Die Suche soll immer bei dem ersten angezeigten Datensatz beginnen.

Falls kein Datensatz mit einer solchen Kontonummer gefunden wird, soll eine entsprechende Meldung ausgegeben werden.

Aufgabe 7.2.8: Sortieren durch Auswahl

Das Sortieren durch Auswahl wurde in Abschnitt 3.17 für Zahlen vorgestellt. In Abschnitt 6.14 wurde eine Basisklasse für dieses Verfahren definiert.

Schreiben Sie einen Nachfolger *TKBASort* von *TASortBase*, mit dem Kontobewegungen nach verschiedenen Sortierbegriffen sortiert werden können:

```
type TSortierbegriff = (sbKontoNr,sbName,sbDatum,
                                   sbKontonrundDatum);

var Sortierbegriff:TSortierbegriff;
```

Der boolesche Funktionswert der Funktion *kleiner* soll angeben, ob die Kontobewegung A[i] bezüglich dem globalen *Sortierbegriff* vor A[j] kommt oder nicht:

```
function kleiner(i,j:Integer):Boolean;override;
```

Beim Sortierbegriff *sbKontoNr* sollen die beiden Datensätze nach der Kontonummer verglichen werden, bei *sbName* nach dem Namen, bei *sbKonto-NrundDatum* zunächst nach der Kontonummer und, falls diese gleich ist, nach dem Datum.

Die Datensätze des Arrays A sollen nach dem Anklicken eines entsprechenden
RadioButtons sortiert und anschließend in der sortierten Reihenfolge angezeigt
werden:

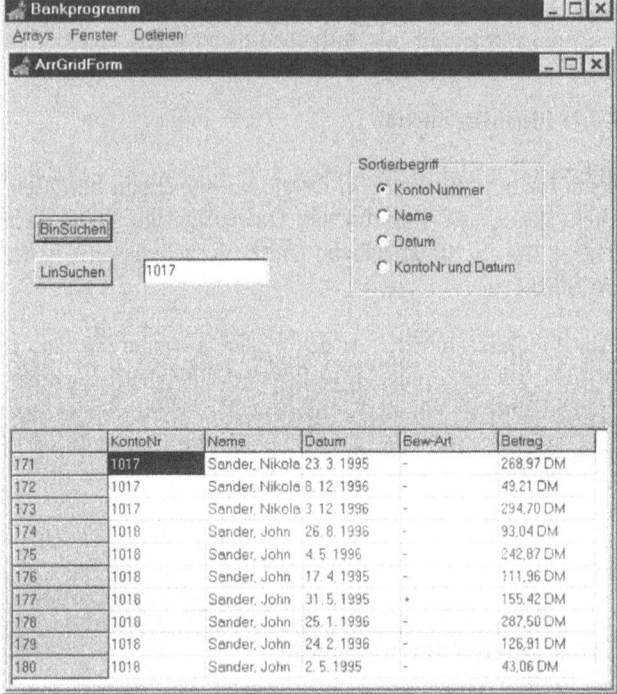

Aufgabe 7.2.9: Kontobewegungen mit dem Quicksort sortieren

Der Quicksort wurde in Abschnitt 5.11 über Rekursion vorgestellt. In Abschnitt
6.14 wurde eine Basisklasse für dieses Verfahren definiert.

Schreiben Sie einen Nachfolger *TKBQSort* von *TQSortBase*, mit dem Kontobewegungen nach verschiedenen Sortierbegriffen sortiert werden können (siehe
auch die letzte Aufgabe).

Aufgabe 7.2.10: Binäres Suchen

In einem sortierten Array kann ein Datensatz schneller gefunden werden als in
einem nicht sortierten, wenn man beim Suchen die Anordnung der Datensätze
berücksichtigt.

Um nach einem Datensatz mit einer bestimmten Kontonummer zu suchen, kann
man folgendermaßen vorgehen:

– Zuerst wird der Index M des mittleren Datensatzes berechnet.

– Dann wird überprüft, ob die Kontonummer des Datensatzes mit dem Index M kleiner als die gesuchte Kontonummer ist. Trifft dies zu, wird die weitere Suche auf den Bereich beschränkt, der rechts durch M–1 begrenzt wird. Andernfalls wird geprüft, ob die Kontonummer des Datensatzes mit dem Index M größer als die gesuchte Kontonummer ist. In diesem Fall wird die weitere Suche auf den Bereich beschränkt, der links durch M+1 begrenzt ist.

– Treffen beide Bedingungen nicht zu, ist der gesuchte Datensatz gefunden.

Diese Schritte werden nun solange wiederholt, bis der gesuchte Datensatz gefunden ist oder sich herausstellt, daß ein Datensatz mit der gesuchten Kontonummer nicht vorhanden ist.

Da der Suchbereich bei diesem Verfahren schrittweise halbiert wird, bezeichnet man es auch als **binäres Suchen**. In einem Array mit n Elementen sind etwa $\log_2(n)$ Schritte notwendig: Arrays mit 1000 bzw. 1000000 Datensätzen werden in höchstens 10 bzw. 20 Schritten durchsucht.

Schreiben Sie eine Funktion *binaer_suchen*, die im Array A in Abhängigkeit vom gewählten Sortierbegriff nach einem Datensatz mit einem bestimmten Wert sucht. Der Index des gesuchten Datensatzes kann in einer lokalen Funktion durch binäres Suchen bestimmt und als deren Funktionswert zurückgegeben werden. Falls der gesuchte Datensatz nicht gefunden wird, kann das durch den Funktionswert –1 zum Ausdruck gebracht werden.

7.3 Dateien

Daten in einem Programm wurden bisher vor allem in Variablen dargestellt. Diese Variablen stellen Speicherzellen im Hauptspeicher des Rechners dar, die nach dem Ende des Programms wieder an das Betriebssystem zurückgegeben werden. Damit kann man nach dem Ende des Programms nicht mehr auf die Daten zugreifen. Will man Daten über die Laufzeit eines Programms hinaus erhalten, müssen diese auf sogenannten **externen Datenträgern** gespeichert werden. Solche externen Datenträger sind meist Magnetplatten (Festplatten oder Disketten), Magnetbänder, Speicherchips, optische Speichermedien (CD-ROMs oder MO-Disks) oder einfach Papier, auf dem Daten ausgedruckt werden.

Neben der dauerhaften Speicherung von Daten unterscheiden sich externe Datenträger meist auch durch ihre größere Speicherkapazität vom Hauptspeicher. Allerdings ist der Zugriff auf extern gespeicherte Daten langsamer als der auf Daten im Hauptspeicher, da bei der einer Festplatte immer zuerst der Schreib-/Lesekopf mechanisch über den Datensatz positioniert werden muß.

Durch das Speichermedium werden auch die Zugriffsmöglichkeiten auf die Daten
bestimmt:

– Über einen Drucker können Daten nur ausgegeben werden.

– Bei Magnetbändern kann man meist nur einen Datensatz nach dem anderen
  schreiben bzw. in der gespeicherten Reihenfolge lesen. Diese Art der Bearbeitung einer Datei wird als **sequentiell** bezeichnet und steht grundsätzlich
  für alle Speichermedien zur Verfügung.

– Auf Festplatten kann man auf einen Datensatz mit einer bestimmten Positionsnummer direkt zuzugreifen. Diese Möglichkeit wird als **Direktzugriff**
  oder **wahlfreier Zugriff** bezeichnet (siehe dazu Abschnitt 7.3.4). Man findet
  diesen meist bei auf Magnetplatten gespeicherten Dateien, wenn alle Datensätze dieselbe Länge haben und deshalb die Adresse eines Datensatzes auf
  dem Datenträger berechnet werden kann.

  Im Gegensatz zu Magnetbändern kann man bei Magnetplatten auch mehrere
  Dateien auf einem einzigen Datenträger simultan bearbeiten.

Eine Gesamtheit von Daten, die auf einem externen Datenträger unter einem
Namen gespeichert ist, wird als Datei oder File bezeichnet. In einem Pascal-
Programm wird eine Datei durch eine Variable dargestellt, deren Datentyp ein
file-**Typ** (*file type*) ist:

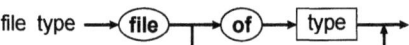

Hier bezeichnet *type* den Datentyp der Komponenten. Das kann ein beliebiger
Datentyp außer einem *file*-Typ sein. Wird *of type* weggelassen, handelt es sich
um einen untypisierten Dateityp. Außerdem ist der vordefinierte Datentyp **Text**
ein *file*-Typ (siehe Abschnitt 7.3.3). Eine Variable, deren Datentyp ein *file*-Typ
ist, wird als *file*-**Variable** bezeichnet.

Beispiele: **var**   **D:file of TKontobewegung;**
           Txt: file of Char;
           intfile: file of Integer;
           SF: file of string[20];
           ArrF:file of array[1..10,-9..7] of Extended;

Eine *file*-Variable stellt eine möglicherweise leere Folge von Komponenten desselben Datentyps dar. Für die Arbeit mit Dateien ist es oft hilfreich, sich unter
einer *file*-Variablen (bzw. der durch sie dargestellten Datei) eine Folge von
Datensätzen auf einem Magnetband vorzustellen:

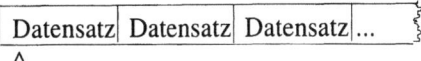

Datensatz| Datensatz| Datensatz| ...

Dieses Modell liegt (vor allem aus historischen Gründen) den meisten Operationen mit Dateien zugrunde und gilt auch für Dateien auf Festplatten.

Zu einer *file*-Variablen gehört insbesondere ein sogenannter *file*-**Zeiger**, der immer auf eine bestimmte Komponente der Datei zeigt. Sie können sich diesen *file*-Zeiger als einen Schreib-/Lesekopf vorstellen, der immer an einer bestimmen Position über dem Magnetband steht. Wenn ein Datensatz in die Datei geschrieben wird, wird dieser ab der momentanen Position des Schreib-/Lesekopfs auf das Magnetband geschrieben. Der Schreib-/Lesekopf steht anschließend am Anfang des nächsten Komponente.

Diese Darstellung zeigt einige wichtige Unterschiede zwischen Arrays und Files:

- In einem **Array** kann man eine bestimmte Komponente über ihren Index direkt ansprechen (z. B. A[i]).

- In einem **file** kann man eine bestimmte Komponente nie direkt ansprechen. Statt dessen muß der *file*-Zeiger („Schreib-/Lesekopf") an den Anfang der entsprechenden Komponente positioniert werden. Anschließend kann diese Komponente gelesen bzw. an dieser Stelle geschrieben werden.

- Im Gegensatz zu einem Array muß die Anzahl der Komponenten eines Files beim Entwurf eines Programms nicht festgelegt werden.

Durch die beiden vordefinierten Prozeduren

procedure **Assign**(var f; FileName: string);
procedure **AssignFile**(var f; FileName: string);

wird einer *file*-Variablen eine externe Datei zugeordnet. Dabei ist *f* eine beliebige *file*-Variable und *FileName* ein String, der einen zulässigen Dateinamen nach dem Schema

Drive:\DirName\...\DirName\FileName

enthält. Nach dem Aufruf von *AssignFile* werden alle Operationen mit der *file*-Variablen in der Datei durchgeführt, die als String angegeben wurde. Die Verbindung zwischen *f* und der externen Datei gilt bis zum nächsten Aufruf von *Assign* bzw. *AssignFile* mit *f*. Die beiden Prozeduren dürfen nicht mit einer *file*-Variablen verwendet werden, die bereits geöffnet ist.

In den Vorgängerversionen von Object Pascal war nur die Prozedur *Assign* definiert. Da aber viele Delphi-Objekte eine Methode haben, die ebenfalls *Assign* heißt, wurde der Name *AssignFile* zusätzlich zur Verfügung gestellt, um

Namenskonflikte zu vermeiden. Vom Ergebnis her sind die beiden Prozeduren identisch.

Eine *file*-Variable darf nicht in einem Ausdruck verwendet werden. Insbesondere sind keine Wertzuweisungen an eine *file*-Variable zulässig. Zur Bearbeitung von Dateien sind eine Reihe von Prozeduren vordefiniert, die jetzt vorgestellt werden.

7.3.1 Sequentielle Dateibearbeitung

Nach dem Aufruf von *Assign* bzw. *AssignFile* kann mit *Rewrite* eine neue Datei angelegt und geöffnet werden. Diese erhält den Namen, der bei *Assign* angegeben wurde:

>   procedure **Rewrite**(var F: file);

Falls eine Datei mit diesem Namen bereits existiert, wird sie gelöscht und durch eine neue, leere Datei mit diesem Namen ersetzt. Falls *F* schon geöffnet war, wird die Datei zuerst geschlossen und dann erneut geöffnet.

Der *file*-Pointer steht nach *Rewrite* am Anfang der neuen, leeren Datei. Im Modell mit dem Schreib-/Lesekopf über dem Magnetband kann man sich das so vorstellen, daß der zur Datei gehörende Schreib-/Lesekopf am Anfang eines leeren Magnetbands steht:

> | (Magnetband)
>   ^   (Schreib-/Lesekopf)

Für eine typisierte Datei ist f anschließend im Read/Write-Modus, d. h. die Datei kann geschrieben oder gelesen werden.

Durch das Öffnen wird eine Datei beim Betriebssystem zur Verwendung reserviert. Außerdem werden Speicherbereiche reserviert, in denen Datensätze beim Lesen und Schreiben gepuffert werden.

In eine zum Schreiben geöffnete typisierte Datei kann man mit

>   procedure **Write**(F, V1 [, V2,...,Vn]);

eine oder mehrere Variablen schreiben. Dabei muß jede Variable den Datentyp haben, der bei der Deklaration der *file*-Variablen angegeben wurde.

Nach jedem Schreiben einer Variablen steht der *file*-Zeiger am Anfang der nächsten *file*-Komponente. Falls der *file*-Zeiger vor dem Schreiben einer Variablen am Ende der Datei steht, wird die Datei erweitert.

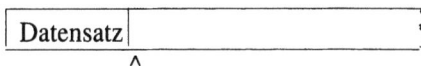

Durch den Aufruf von *Write* wird ein Datensatz allerdings nur „logisch" und nicht unbedingt physikalisch in die externe Datei geschrieben: Genaugenommen wird der Datensatz nur dem Betriebssystem übergeben und in einen Zwischenpuffer abgelegt. Das Betriebssystem schreibt die Daten erst dann in die externe Datei, wenn der Zwischenpuffer voll ist. Auf die Programmlogik hat diese Zwischenspeicherung keine Auswirkungen. Falls aber ein Programm abstürzt, bevor der Zwischenpuffer in die Datei geschrieben wurde, kann es vorkommen, daß ein Datensatz mit *Write* geschrieben und trotzdem nicht in der externen Datei gespeichert wurde.

Nach Abschluß der Schreib- bzw. Leseoperationen kann die Verbindung zwischen der externen Datei und der *file*-Variablen mit einer der beiden Prozeduren

    procedure **Close**(var F);
    procedure **CloseFile**(var F);

wieder aufgehoben werden. Dabei werden alle Daten aus den Zwischenpuffern in die externe Datei geschrieben. Danach wird die Datei geschlossen, wobei die Reservierung der Datei vom Betriebssystem aufgehoben wird. Da viele Delphi-Komponenten eine Methode enthalten, die *Close* heißt, stehen wie bei *Assign* zur Vermeidung von Namenskonflikten zwei verschiedene Prozeduren zum Schliesen einer Datei zur Verfügung.

Beispiel: Nach den Vereinbarungen

```
var f:file of TKontobewegung;
    k:TKontobewegung;
```

wird durch die folgenden Anweisungen eine Datei mit einem Datensatz des Datentyps *TKontobewegung* angelegt:

```
AssignFile(f,'c:\Kb.dat');
Rewrite(f);
Write(f,k);
CloseFile(f);
```

Nachdem wir jetzt gesehen haben, wie man eine Datei anlegt, soll als nächstes gezeigt werden, wie man eine Datei liest.

Eine *file*-Variable, die zuvor mit *AssignFile* einer bereits bestehenden externen Datei zugeordnet wurde, kann mit

    procedure **Reset**(var F : file); { für eine typisierte Datei } geöffnet werden. Der *file*-Zeiger steht danach am Anfang der Datei und für eine typisierte Datei ist f anschließend im Read/Write-Modus, so daß die Datei geschrieben oder gelesen werden kann.

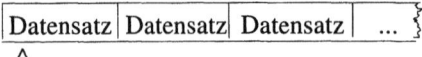

Existiert die bei *AssignFile* angegebene externe Datei nicht, hat das einen Laufzeitfehler zur Folge. Ist f beim Aufruf von *Reset* bereits geöffnet, wird die Datei zuerst geschlossen und dann erneut geöffnet.

Mit der Prozedur *Read* kann man einen oder mehrere Datensätze aus einer Datei, die im Read- oder im Read/Write-Modus ist, in die Variablen V1, V2 usw. einlesen:

> procedure **Read**(F , V1 [, V2,...,Vn]); { für typisierte Files }

Danach steht der *file*-Zeiger hinter dem zuletzt gelesenen Datensatz:

Da man bei einer Datei zunächst meist nicht weiß, wieviele Datensätze diese enthält, kann man mit der booleschen Funktion *eof* abfragen, ob der *file*-Zeiger hinter dem letzten Zeichen der Datei steht.

> function **Eof**(var F): Boolean;

Nach dem Aufruf von *Rewrite* ist *eof(f) true*. Nach dem Aufruf von *Reset* ist *eof(f) true*, falls die Datei leer ist, und andernfalls *false*.

Wird die *file*-Variable f ausgelassen, wird in einem Textfenster-Programm die Standardeingabe (Tastatur) abgefragt. In einem Windows-Programm hat das einen Laufzeitfehler zur Folge.

Beispiel: Die im letzten Beispiel angelegte Datei kann folgendermaßen gelesen werden:

```
AssignFile(f,'c:\KB-Test\kb.kb');
reset(f);
while not eof(f) do
  begin
    read(f,k);
    { k bearbeiten  }
  end;
CloseFile(f);
```

Wenn man eine *file*-**Variable als Parameter** an eine Prozedur oder Funktion übergeben will, muß man beachten, daß für *file*-Variablen keine Wertzuweisung möglich ist. Deshalb kann die *file*-Variable nicht als Werteparameter übergeben werden, sondern nur als Variablen- oder Konstantenparameter. Da der Datentyp „file of ..." kein Bezeichner ist, muß für einen solchen Datentyp ein Bezeichner als Name vereinbart werden.

Beispiel: Nach der Vereinbarung

```
type TKBFile = file of TKontobewegung;
```

kann eine *file*-Variable als Variablen- oder Konstantenparameter übergeben werden:

```
procedure test1(var f:TKBFile);
{ ... }

procedure test2(const f:TKBFile);
{ ... }
```

Die Übergabe einer *file*-Variablen als Werteparameter ist dagegen nicht möglich und wird vom Compiler bemängelt:

```
procedure test3(f:TKBFile);
{ ... }
```

Im letzten Teil dieses Abschnitts werden analog zum vorangehenden Abschnitt wieder eine Reihe von Aufgaben behandelt, die die Arbeit mit Dateien illustrieren sollen. Auch diese Aufgaben werden im Kontext des Bankprogramms formuliert.

Aufgabe 7.3.1

Erweitern Sie das Bankprogramm aus dem letzten Abschnitt um ein Hauptmenü *Datei*, das die folgenden Menüpunkte enthält:

Daten eingeben
Daten ausgeben
Daten erzeugen
Datei drucken

Aufgabe 7.3.2: Daten in eine Datei schreiben bzw. aus einer Datei lesen

Entwerfen Sie wie in der Aufgabe 7.2.4 des Abschnitts 7.2.1 ein Formular *DatNavig* als Nachfolger des Formulars *KontoMskForm*.

Dieses Formular soll unter *Datei|Daten eingeben* nach einem *OpenDialog* angezeigt werden. Damit beim Anlegen einer neuen Datei nicht versehentlich eine bereits bestehende Datei zerstört wird, sollen im *OpenDialog* nur Dateien aus einem bestimmten Verzeichnis (z. B. 'c:\kb-Test') mit der Endung 'kb' angezeigt werden. Damit außerdem nicht jedesmal mühsam ein neuer Name eingetippt werden muß, soll als Name 'kb' vorgeschlagen werden.

Das Formular *DatNavig* soll drei Buttons mit der Aufschrift „<<", „>" und „*speichern*" erhalten. Damit keine Datensätze überschrieben werden, soll *speichern* disabled werden, wenn der Dateizeiger nicht am Ende der Datei steht (*eof(f)=true*).

Nach dem Anklicken des Buttons *speichern* soll der im Formular angezeigte Datensatz in die Datei geschrieben werden. Nach dem Anklicken von „<<" soll der erste Datensatz der Datei angezeigt werden und nach dem Anklicken von „>" der jeweils nächste. Wenn es keinen nächsten Datensatz gibt (*eof(f)=true*), soll der Button „>" disabled werden.

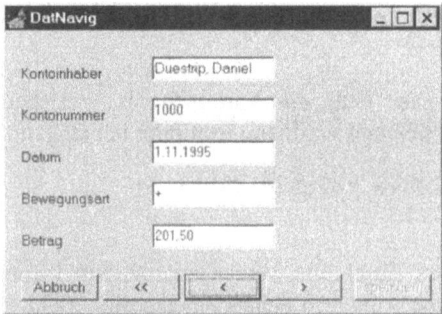

Beim Schließen der DatNavig-Fensters soll die Datei geschlossen werden.

Überlegen Sie, ob es nicht sinnvoll wäre, die Sperre des Buttons *speichern* zu entfernen, um so den aktuell angezeigten Datensatz korrigieren und korrigiert in die Datei schreiben zu können.

Aufgabe 7.3.3: Testdateien anlegen

Unter *Dateien|Daten erzeugen* soll nach einem *OpenDialog* eine Datei von Kontobewegungen erzeugt werden. Verwenden Sie dazu die Funktion *Zufalls_KB* aus Aufgabe 7.2.3.

Mit einem *InputQuery*-Fenster kann dabei zunächst gefragt werden, wieviele Datensätze in die Datei geschrieben werden sollen.

Aufgabe 7.3.4: Linear suchen

Erweitern Sie das Formular *DatNavig* um einen Button *LinSuchen*. Nach dem Anklicken dieses Buttons soll in der Datei ab der aktuellen Position nach dem nächsten Datensatz gesucht werden, dessen Namen den String enthält, der für den Namen des Kontoinhabers in einem Edit-Fenster eingegeben wurde.

Falls ein Datensatz gefunden wird, soll dieser angezeigt werden. Andernfalls soll mit *ShowMessage* darauf hingewiesen werden, daß kein solcher Datensatz gefunden wurde.

7.3.2 I/O-Fehler und EInOutError-Exceptions

Bei jedem Aufruf einer der vordefinierten Prozeduren und Funktionen zur Dateibearbeitung (also bei *Reset, Rewrite, Read, Write* und *CloseFile*) kann ein **I/O-Fehler** (Ein-/Ausgabefehler) auftreten. Einzige Ausnahme: Bei *AssignFile* ist kein solcher Fehler möglich, da hier nur Speicherbereiche initialisiert werden, ohne daß dabei irgendwelche I/O-Operationen stattfinden.

Beispiele: *Reset* bei einer nicht existierenden Datei,
           Rewrite auf eine Datei mit einem unzulässigen Dateinamen,
           Write auf eine volle Platte,
           Read nach dem Dateiende usw.

Mit dem **Compilerbefehl $I** kann gesteuert werden, ob der Compiler Code erzeugt, mit dem das Ergebnis einer I/O-Operation automatisch geprüft wird oder nicht. Wenn dieser Schalterbefehl mit {$I+} aktiviert ist (Voreinstellung), wird nach jedem Fehler bei einer I/O-Operation die Exception *EInOutError* ausgelöst.

Beispiel:
```
AssignFile(f,'\\\'); { Diese Datei kann sicher }
Rewrite(f);{ nicht mit Rewrite angelegt werden. Beim
             Aufruf von Rewrite wird deshalb eine
             Exception ausgelöst. }
```

Sind die automatischen I/O-Checks dagegen mit {$I–} deaktiviert, wird bei einem I/O-Fehler keine Exception ausgelöst. In diesem Fall **muß** allerdings **nach jeder I/O-Operation** die Funktion *IOResult* aufgerufen werden. Diese Funktion gibt den Fehlercode 0 zurück, falls die I/O-Operation erfolgreich war, und andernfalls einen von 0 verschiedenen Wert. Durch den Aufruf von *IOResult* wird außerdem ein interner Fehlercode gelöscht, der nach jedem I/O-Fehler gesetzt wird. Hat dieser einen von 0 verschiedenen Wert, werden alle weiteren I/O-Operationen ignoriert.

Beispiel: Durch die folgenden Anweisungen wird die Meldung „I/O-Fehler: 161" ausgegeben. Diese Meldung bedeutet, daß beim Aufruf von *Rewrite* ein Fehler aufgetreten ist.

```
AssignFile(f,'\\\'); { Diese Datei kann sicher }
{$I-}      { nicht mit Rewrite angelegt werden. }
Rewrite(f);
{$I+}
k := IOResult;
```

```
if k <> 0 then
    ShowMessage('I/O-Fehler: '+IntToStr(k));
```

Würde man hier auf die Variable k verzichten und statt dessen zweimal *IOResult* abfragen, würde der Fehlercode in *IOResult* bereits bei der ersten Abfrage gelöscht. *ShowMessage* würde dann immer „I/O-Fehler: 0" ausgegeben:

```
if IOResult <> 0 then
    ShowMessage('I/O-Fehler: '+IntToStr(IOResult));
```

Würde man auf die Abfrage von *IOResult* verzichten, würde in

```
AssignFile(f,'\\\'); { Diese Datei kann sicher }
{$I-}        { nicht mit Rewrite angelegt werden. }
Rewrite(f);
Write(f,k);
```

das auf *Rewrite* folgende *Write* zwar ausgeführt. Da aber der bei *Rewrite* gesetzte Fehlercode noch nicht gelöscht wurde, wird durch *Write* der Wert von k nicht in die Datei geschrieben.

Da der interne Fehlercode bei jedem Aufruf der Funktion **IOResult** gelöscht wird, sollte man diesen Funktionswert **nicht in eine „Liste der überwachten Ausdrücke"** aufnehmen. Der Funktionswert wird dann hier zwar korrekt angezeigt, aber bei dieser Anzeige gelöscht, so daß die nächste Abfrage im Programm den Wert 0 zurückgibt.

Der von *IOResult* zurückgegebene Wert gibt Hinweise auf die Ursache des aufgetretenen Fehlers. Einige Beispiele:

100   nach *Read* aus einer typisierten Datei, wenn *Eof=true* war,
101   nach *CloseFile*, *Write*, *Writeln* oder *Flush*, wenn der Datenträger voll ist,
102   nach *Reset*, *Rewrite*, *Append*, *Rename* oder *Erase*, wenn für die Dateivariable zuvor nicht *Assign* oder *AssignFile* aufgerufen wurde,
103   nach *CloseFile*, *Read*, *Write*, *Seek*, *Eof*, *FilePos*, *FileSize*, *Flush*, *BlockRead* oder *BlockWrite*, wenn die Datei nicht geöffnet ist.

In der Delphi-Hilfe habe ich keine weiteren Informationen über die Bedeutung der Fehlernummer 161 aus dem letzten Beispiel gefunden. Die Funktion

function **SysErrorMessage**(ErrorCode: Integer): string;

gibt in Delphi 2 für Win32-ErrorCodes einen String zurück, der den Fehlercode beschreibt. Für die Fehlernummer 161 ist das der Text „Die Pfadangabe ist ungültig". Für die Fehlernummern 100, 101 usw. erhält man allerdings Texte, die nichts mit Dateien zu tun haben.

Wenn I/O-Checks aktiviert sind ({$I+}), wird durch einen I/O-Fehler immer eine **Exception** der Klasse *EInOutError* ausgelöst. Eine Instanz dieser Exception enthält manchmal im String *Message* einen Klartext, der den Fehler beschreibt. Zusätzlich zum Vorgänger *Exception* enthält *EInOutError* außerdem noch das Datenfeld *ErrorCode*, dessen Wert gerade der Wert von *IOResult* ist.

Beispiel: Die folgenden Anweisungen erzeugen die Fehlermeldung „Dateizugriff verweigert, EC=5":

```
AssignFile(f,'k:\test');{ K: ist mein CD-ROM-    }
try           { Laufwerk. Darauf kann keine Datei }
  Rewrite(f);{ mit Rewrite angelegt werden.       }
except
  on E:EInOutError do
    ShowMessage(E.Message+', EC='+IntToStr(E.
                                     ErrorCode));
end;
```

Verwendet man dagegen den Dateinamen '\\\' (wie oben), erhält man nur die Fehlermeldung „I/O-Fehler 161".

Damit stehen mit Exceptions mindestens dieselben Informationen wie mit dem schon unter Turbo Pascal verfügbaren Funktionswert von *IOResult* zur Verfügung. Darüber hinaus hat das **Exception-Handling** gegenüber der klassischen Technik aber einige weitere, entscheidende **Vorteile**: Da man mit einer einzigen *try-except*-Anweisung mehrere I/O-Operationen überwachen kann, ist die Behandlung von I/O-Fehlern wesentlich einfacher als mit der Abfrage von *IOResult*. Insbesondere besteht keine Gefahr, daß nach einer I/O-Operation die Abfrage von *IOResult* vergessen wird.

Beispiel: Bettet man die gesamte Bearbeitung einer Datei in einen *try-except*-Block ein, wird jede I/O-Anweisung genauso überwacht, als ob man nach jeder I/O-Operation das Ergebnis von *IOResult* abfragen würde:

```
{$I+} {Voreinstellung, für Exception-Handling
       notwendig. Mit $I- werden keine Exceptions
       ausgelöst. }
try
  AssignFile(f,'c:\KB-test\kb.kb');
  reset(f);
  while not eof(f) do
    begin
      read(f,k);
      { k bearbeiten  }
    end;
  CloseFile(f);
except on e:EInOutError do
  ShowMessage(E.Message);
end;
```

Wenn in diesem Beispiel beim Lesen der Datei (mit read(f,k)) oder bei der Bearbeitung eines Datensatzes ein Fehler auftritt, verzweigt das Programm anschließend in den *except*-Abschnitt, ohne daß die Datei geschlossen wird. Diese Datei ist dann solange für die Bearbeitung von diesem oder auch einem anderen Programm aus gesperrt, bis dieses Programm beendet wird.

Mit einem **Ressourcen-Schutzblock** kann man sicherstellen, daß eine Datei auch nach einem I/O-Fehler wieder geschlossen wird. Dazu bettet man die Anweisungen nach dem Öffnen der Datei in einen *try-finally*-Abschnitt ein, wobei die Datei im *finally-end*-Abschnitt geschlossen wird. Dieser letzte Abschnitt wird dann immer ausgeführt, auch wenn bei der Bearbeitung der Datei ein Fehler auftritt.

Beispiel: In den folgenden Anweisungen wird durch *try-finally* sichergestellt, daß die Datei *kb.kb* auch nach einem I/O-Fehler wieder freigegeben wird:

```
try
  AssignFile(f,'c:\KB-test\kb.kb');
  reset(f);
  try
    while not eof(f) do
      begin
        read(f,k);
        { k bearbeiten  }
      end;
  finally
    CloseFile(f);
  end;
except on e:EInOutError do
  ShowMessage(E.Message);
end;
```

In letzten Beispiel ließ sich der Ressourcen-Schutzblock relativ einfach formulieren, da alle Dateioperationen in einem einzigen Strukturblock stattfinden. In der Komponente *DatNavig* aus der letzten Aufgabe ist das auf den ersten Blick nicht ganz so einfach: Hier finden die verschiedenen Dateioperationen in verschiedenen Blöcken statt, so daß es nicht möglich ist, diese mit einer *try-finally*-Anweisung zu verbinden.

Da man nach aber nach einem I/O-Fehler in diesem Formular vermutlich ohnehin nicht vernünftig weiterarbeiten kann, liegt es nahe, den Anwender in einer *try-except*-Anweisung auf den Fehler hinzuweisen und die Datei und das Formular dann zu schließen.

Aufgabe 7.3.5: Exception-Handling

Erweitern Sie die Prozeduren, mit denen man in der Unit *DatNavUn* durch eine Datei navigieren kann, um ein Exception-Handling, bei dem alle Dateioperationen überwacht werden.

Inwiefern unterscheidet sich der Programmablauf bei einem Fehler mit einem solchen selbstdefinierten Exception-Handling vom vordefinierten Exception-Handling von Delphi (siehe Abschnitt 4.8.4).

7.3.3 Textdateien und Drucken

In fast allen bisherigen Programmen wurden Texte (Meldungen, Daten usw.) immer nur am Bildschirm ausgegeben. In diesem Abschnitt wird dargestellt, wie Texte auch über einen Drucker oder in eine Datei ausgegeben werden können.

Das ist mit sogenannten Textdateien möglich. Das sind spezielle *file*-Variablen mit dem Dateityp **Text** oder **TextFile**. Dieser Datentyp hat Ähnlichkeiten mit Dateityp *file of Char*, kann aber im Gegensatz dazu nicht nur Zeichen (Komponententyp *Char*) lesen oder schreiben, sondern ebenso Ganzzahlen, Gleitkommazahlen, boolesche Werte und Strings. In einer *write*-Anweisung können beliebige Ausdrücke der zulässigen Ausgabetypen gemischt werden, ebenso in einer *read*-Anweisung beliebige Variablen dieser Datentypen.

> procedure **Read**([var F: Text;] V1 [, V2,...,Vn]);

> procedure **Write**([var F: Text;] P1 [,P2,...,Pn]); { bei Textdateien }

Textdateien besitzen zusätzlich noch eine Zeilenstruktur, die mit der vordefinierten booleschen Funktion *eoln* (*end of line*) abgefragt werden kann. Im Gegensatz zu anderen Dateitypen sind außerdem die Prozeduren **Readln** (Lesen bis zum nächsten Zeilenende) und **Writeln** (nach dem Schreiben ein Zeilenende setzen) definiert.

Eine Textdatei ist im Gegensatz zu einer mit *file of type* vereinbarten Datei nach *Rewrite* im write-only-Modus, so daß in diese Datei nur geschrieben werden kann.

Beispiel: Nach der Vereinbarung einer Textdatei

```
var t:TextFile;
```

kann diese wie eine „ganz normale" typisierte Datei geöffnet werden. In den folgenden *writeln*-Anweisungen werden Ausdrücke verschiedener Datentypen in die Datei *c:\kb-test\text.txt* geschrieben.

```
AssignFile(t,' c:\kb-test\test.txt');
Rewrite(t);
Writeln(t,'Das ist ein string',5:2,pi:10:2)
CloseFile(t);
```

Mit

```
procedure ToStrT(var t:Text;K:TKontobewegung);
begin
with K,Datum do
   Writeln(t ,Kontonr,' ',NameInhaber,
 ' ':25-length(NameInhaber), Tag:4,'.',Monat:2,'.',
                          Jahr,Bewart:2,Betrag:8:2);
end;
```

kann eine Kontobewegung in eine Textdatei geschrieben werden.

Hier muß insbesondere beachtet werden, daß die Textdatei wie jeder *file*-**Parameter als Variablenparameter** übergeben wird. Da für Werteparameter automatisch eine Zuweisung des aktuellen an den formalen Parameter erfolgt, hätte das eine Zuweisung von *file*-Variablen zur Folge, die nicht definiert ist. Ein Werteparameter würde deshalb zu einer Fehlermeldung des Compilers führen.

Der Zugriff auf DOS-Geräte (Devices) ist (zumindest im Prinzip) über reservierte Dateinamen möglich wie

„Con" für die Ausgabe an den Bildschirm und Eingabe von der Tastatur,
„Prn" für den Standarddrucker,
„Lpt1", „Lpt2" für die Parallel-Ports,
„Com1", „Com2" für die Seriell-Ports.

Fehlt in *writeln* (bzw. *write*) eine Ausgabedatei, so erfolgt die Ausgabe über die vordefinierte Ausgabedatei *Output*, die man sich in einem Textfenster-Programm durch

```
var Output:text;
```

vereinbart und durch

```
Assign(Output,'Con:');
Rewrite(Output);
```

geöffnet vorstellen kann. In einem Windows-Programm, das kein Textfenster-Programm ist, kann diese Initialisierung allerdings nicht stattfinden. Das hat zur Folge, daß ein *writeln* ohne Textdatei zu einem Laufzeitfehler führt. Für den Aufbau einer Kommunikation über eine serielle Schnittstelle werden die entsprechenden Windows-API-Funktionen anstelle von Textdateien mit Com1 usw. empfohlen.

Aus einer mit *Reset* geöffneten Textdatei kann mit den Prozeduren **Readln** und **Read** gelesen werden. Mit *readln* kann man eine ganze Zeile in eine String-Variable einlesen. Für das genaue Format wird auf die Delphi-Hilfe verwiesen.

Der **Drucker** kann mit dem Dateinamen 'prn' als Textdatei geöffnet werden

```
var p:TextFile;
...
AssignFile(p,'prn');
Rewrite(p);
```

und außerdem mit der vordefinierten Prozedur *AssignPrn*:

```
AssignPrn(p);
Rewrite(p);
```

In beiden Fällen werden Ausgaben an die Textdatei p (mit *write* bzw. *writeln*) anschließend ausgedruckt. Allerdings führt *AssignPrn* eine Initialisierung des Druckers mit Standardschriften durch, was bei *AssignFile* nicht erfolgt. Die Ausdrucke können sich deshalb unterscheiden.

Damit können alle Zeilen eines *TStrings*-Objekts, wie es unter anderem in Memos verwendet wird, durch die folgende Prozedur ausgedruckt werden:

```
procedure PrintStrings(Strings: TStrings);
var Prn: TextFile; { Borland Techinfo NUMBER: 2809 }
    i: Word;
begin
AssignPrn(Prn);
try
  Rewrite(Prn);
  try
    for i := 0 to Strings.Count - 1 do
      Writeln(Prn, Strings.Strings[i]);
  finally
    CloseFile(Prn);
  end;
except
 on EInOutError do
   MessageDlg('Error Printing text.',mtError,[mbOk],0);
end;
end;
```

Delphi verwendet zum Drucken über eine mit *AssignPrn* geöffnete TextFile-Variable das vordefinierte Objekt **Printer** vom Typ *TPrinter* aus der Unit *Printers*. Dieses Objekt hat unter anderem eine Eigenschaft *Canvas*, und deren aktueller Wert der Eigenschaft *Font* bestimmt die Schriftart. Über weitere Eigenschaften und Methoden des Printer-Objekts bestehen zahlreiche Möglichkeiten zur Gestaltung von Ausdrucken.

Im folgenden Beispiel werden zuerst die verfügbaren Fonts in einem Memo-Fenster angezeigt. Dann wird ein PrintDialog aufgerufen, dessen Einstellungen den

folgenden Ausdruck beeinflussen. Anschließend wird die „config.sys" ausgedruckt, wobei die Schriftgröße in jeder Zeile um zwei Punkte erhöht wird:

```
procedure TForm1.PrintTestClick(Sender: TObject);
var t,p:Textfile;
    z:string;
    i:Integer;
begin
Memo1.Lines := Printer.Fonts; { die verfügbaren Fonts }
if PrintDialog1.Execute then
  begin
    AssignFile(t,'c:\config.sys');  Reset(t);
    AssignPrn(p); { uses Printers } Rewrite(p);
    i := 5;
    while not eof(t) do
      begin
        Readln(t,z);
        Printer.Canvas.Font.Size := i;  { <--- }
        Writeln(p,z);
        inc(i,2);
      end;
    CloseFile(p); CloseFile(t);
  end;
end;
```

Dabei entsteht etwa der folgende Ausdruck:

DEVICE=F:\win95\himem.sys
DEVICE=F:\win95\emm386.exe noems x=d000-d0ff
Rem Für Teles.S0: Device=c:\dos\emm386.exe noems x=d000-d0ff
Files=100
numlock=off
DOS=high,umb

Für verschiedene Objekte stehen außerdem noch spezielle Methoden zum
Drucken zur Verfügung. So können ein Formular und ein *RichEdit*-Objekt mit
der Methode *Print* ausgedruckt werden.

In Abschnitt 8.1.6 wird die *QuickReport*-Komponente vorgestellt, mit der Ausdrucke von Daten aus einer Datenbank visuell gestaltet werden können. In Abschnitt 8.2.1 wird gezeigt, wie man von Delphi aus auf sehr einfache Weise Textdateien im Format von „Word für Windows" erstellen kann, falls dieses Programm auf dem Rechner installiert ist.

Aufgabe 7.3.6: Eine Datei ausdrucken

Unter *Dateien\Datei drucken* soll nach einem *OpenDialog* eine Datei von Kontobewegungen in eine Textdatei ausgedruckt werden.

Schreiben Sie dazu eine Prozedur *Listendruck*, mit der die Kontobewegungen der auszudruckenden Datei wie in dem Beispielausdruck ausgegeben werden:

```
Datei: c:\kb.dat                                      Seite 1
Kto. Kontoinhaber              Datum      Betrag

1004 Duestrip, Donald          31. 9.1996   +   21.75
1099 Prince, Charlie           15. 1.1996   -  168.61
1011 Mieze, Alexander           6.11.1996   -  174.06
```

1. Jede Seite soll mit einem „Blattkopf" beginnen, der in der ersten Zeile den Dateinamen und die aktuelle Seitenzahl enthält und in der zweiten Zeile die Bedeutung der darunter aufgeführten Daten erläutert. Darauf soll eine Leerzeile folgen.

   Die dazu erforderlichen Anweisungen sollen in einer Prozedur *Blattkopf* zusammengefaßt werden, die in der Prozedur Listenausdruck lokal vereinbart wird.

2. Die Anzahl der Zeilen, die auf eine Seite gedruckt werden können, hängt von der Schriftgröße und vom Papierformat ab. Nehmen Sie deshalb an, daß auf eine Seite 72 Zeilen gedruckt werden können. Davon sollen maximal 60 bedruckt werden. Damit diese Prozedur ohne großen Aufwand an andere Papierformate angepaßt werden kann, sollen die Anzahl der Druckzeilen pro Seite sowie die Anzahl der Zeilen pro Seite als Variablen vereinbart werden.

   Sobald auf eine Seite mehr Zeilen gedruckt sind, als die Variable *Druckzeilen_pro_Seite* angibt, soll ein Blattvorschub (z. B. als eine Folge von Leerzeilen) erfolgen. Auch nach dem Ausdruck des letzen Datensatzes der Datei soll ein Blattvorschub erfolgen. Der Blattvorschub soll in einer lokalen Prozedur mit dem Namen *Blattvorschub* ausgeführt werden.

3. Am Ende jeder Seite soll die Summe der Beträge aller Kontobewegungen mit der Bewegungsart '+' und die aller Kontobewegungen mit der Bewegungsart '–' gedruckt werden.

4. Die letzte Seite soll (außer wenn eine leere Datei ausgedruckt wird) nicht nur aus einem Blattkopf bestehen können.

Da der Ausdruck in eine Datei erfolgt und nicht auf einen Drucker, wird auf alle Feinheiten der Druckgestaltung verzichtet.

7.3.4 Dateibearbeitung im Direktzugriff

Bei Dateien auf Magnetplatten ist im Gegensatz zu Dateien auf Magnetbändern ein **Direktzugriff** auf einen Datensatz mit einer bestimmten Nummer möglich. Damit kann der Schreib-/Lesekopf an den Anfang eines bestimmten Datensatzes gesetzt werden, ohne daß sämtliche Komponenten davor sequentiell gelesen werden müssen. Diese Zugriffsmöglichkeit wird auch als **wahlfreier Zugriff** (**random access**) bezeichnet. Voraussetzung dafür ist allerdings, daß alle Komponenten der Datei gleich groß sind. Das trifft für typisierte und untypisierte Dateien zu, nicht jedoch für Textdateien.

In Object Pascal ist der Direktzugriff auf eine *file*-Komponente mit einer bestimmten Positionsnummer mit der vordefinierten Prozedur

   seek(fileVar, PosNr)

möglich. Dabei steht *fileVar* für eine typisierte *file*-Variable und *PosNr* für einen Ganzzahlausdruck, der die Positionsnummer angibt. Dabei ist zu beachten, daß die erste *file*-Komponente die Positionsnummer 0, die zweite die Positionsnummer 1 usw. hat.

Nach der Ausführung dieser Prozedur steht der *file*-Zeiger am Anfang der *file*-Komponente mit der angegebenen Positionsnummer. Eine darauf folgende *read*-Anweisung liest dann diese *file*-Komponente ein, während eine auf *seek* folgende *write*-Anweisung diese *file*-Komponente überschreibt.

Beispiel: Nach *seek(f,1)* steht der *file*-Zeiger am Anfang der *file*-Komponente mit der Positionsnummer 1. Das ist allerdings nicht der erste Datensatz der Datei:

> | Datensatz 0 | Datensatz 1 | Datensatz 2 | .. |
> |---|---|---|---|
>   ^

Damit ist es insbesondere möglich, einen Datensatz wieder an derselben Position in eine Datei zu schreiben, von der er gelesen wurde. Dazu muß nur der *file*-Pointer vor dem Schreiben um eine Position zurückgesetzt werden. In Object Pascal gibt die vordefinierte Funktion

   FilePos(fileVar)

die aktuelle Position des *file*-Zeigers an.

Damit ist auch die Frage aus Aufgabe 7.3.2 beantwortet, ob man Datensätze einer Datei mit den Techniken der sequentiellen Dateiverarbeitung korrigieren kann: Der Dateizeiger steht nach dem Lesen eines Datensatzes am Ende dieses Datensatzes, d. h. am Anfang des nächsten. Wenn der korrigierte Datensatz anschließend in die Datei geschrieben wird, wird dadurch der nächste Satz überschrieben. Mit den Techniken der sequentiellen Dateiverarbeitung besteht also keine direkte Möglichkeit, einen Datensatz aus einer Datei zu lesen, zu korrigieren und diesen dann an dieselbe Stelle in der Datei zurückzuschreiben.

Aufgabe 7.3.7

Erweitern Sie das Formular *DatNavig* um einen Button Korrektur, durch den der
aktuell angezeigte Datensatz an der Position in die Datei zurückgeschrieben
wird, von der er gelesen wurde.

Erweitern Sie *DatNavig* außerdem um einen Button <, mit dem man einen
Datensatz rückwärts blättern kann.

Dateizugriff über Schlüsseltabellen

Der Direktzugriff ist die Grundlage vieler Verfahren für einen schnellen und
effizienten Zugriff auf die Datensätze einer Datei. Solche Verfahren beruhen im
wesentlichen darauf, daß man neben den Datensätzen der Datei die Schlüsselwerte (z. B. die Kontonummer) dieser Datensätze einschließlich ihrer Dateipositionen im Hauptspeicher (z. B. in einem Array) verwaltet. Wenn man dann nach
einem Datensatz mit einem bestimmten Schlüsselwert sucht, sucht man diesen
zuerst im Hauptspeicher und greift dann über die Dateiposition im Direktzugriff
auf den Datensatz der Datei zu.

Allerdings setzt dieses Verfahren voraus, daß im Arbeitsspeicher des Rechners
genügend Platz für alle Schlüsselwerte einer Datei ist.

Aufgabe 7.3.8

Entwerfen Sie einen Nachfolger *TDatGridForm* von *TBaseGridForm*, der über
eine Schlüsseltabelle auf die Datensätze in einer Datei von Kontobewegungen
zugreift. Die Schlüsselwerte sollen beim Erzeugen des Objekts geladen werden.

Sortieren von Dateien mit Schlüsseltabellen

Wenn man die Datensätze einer Datei im Direktzugriff lesen und schreiben kann,
ist es zwar technisch möglich, diese so zu vertauschen, daß sie anschließend
sortiert sind. Da jedoch die Lese- und Schreibzugriffe zeitaufwendig sind, kann
man auf diese Weise keine vertretbaren Ausführungszeiten für das Sortieren
einer Datei erwarten.

Wesentlich schnellere Ergebnisse erhält man, wenn man die Datensätze der
Datei in ein Array einliest, dieses sortiert und dann die sortierten Datensätze in
eine Datei schreibt. Da die Datenfelder, nach denen man eine Datei sortieren
will, meist nur ein Teil des gesamten Datensatzes sind, ist es meist sinnvoll, mit
diesen Sortierfeldern eine Schlüsseltabelle aufzubauen und diese zu sortieren.
Über die Dateipositionen in der Schlüsseltabelle können dann die Datensätze
sortiert in eine neue Datei geschrieben werden.

Falls dabei der Hauptspeicher nicht ausreicht, um alle Datensätze einer großen Datei aufzunehmen, kann man diese Vorgehensweise mehrfach wiederholen. Man erhält dann eine Folge von sortierten Dateien, die insgesamt dieselben Daten enthalten wie die ursprüngliche Datei. In Abschnitt 7.3.7 wird gezeigt, wie man mehrere sortierte Dateien zu einer einzigen zusammenmischen kann.

Aufgaben 7.3.9

1. Entwerfen Sie einen Nachfolger *TKeyKtoNrQSort* des Objekts *TQSortBase* (siehe Abschnitt 6.14), mit dem man eine Schlüsseltabelle aus der letzten Aufgabe sortieren kann.

2. Schreiben Sie eine Prozedur *write_sorted*, die aus dieser Schlüsseltabelle eine sortierte Datei erzeugt.

7.3.5 Untypisierte Dateien

Wenn bei der Deklaration einer Datei kein Datentyp für die *file*-Komponenten angegeben wird, bezeichnet man die *file*-Variable als untypisierte Datei.

Beispiel: **var f1,f2:file;**

Solche Dateien werden im wesentlichen als Folge von Bytes behandelt. Dafür stehen anstelle von *Read* und *Write* die Funktionen **BlockRead** und **BlockWrite** zur Verfügung. Weitere Informationen dazu findet man in der Delphi-Hilfe.

Im folgenden Beispiel wird eine Datei mit dem Namen *source_fn* in eine Datei mit dem Namen *dest_fn* kopiert. Durch ein *BlockRead* werden dabei maximal *SizeOf(Buf)* (=2048) Bytes aus der Quelldatei in das Array *Buf* eingelesen. Diese werden mit *BlockWrite* in die Zieldatei geschrieben. Falls die Anzahl der gelesenen Zeichen 0 ist, ist das Ende der Quelldatei erreicht. Wenn die Anzahl der gelesenen und der geschriebenen Zeichen verschiedenen ist, konnten nicht alle Zeichen in die Zieldatei geschrieben werden, z. B. weil der Datenträger voll ist:

```
var FromF, ToF: file;
    NumRead, NumWritten: Integer;
    Buf: array[1..2048] of Char;
begin
AssignFile(FromF, source_fn);
Reset(FromF, 1);    { Datensatzgröße = 1 }
AssignFile(ToF, dest_fn); { Öffnen der Ausgabedatei }
Rewrite(ToF, 1);    { Datensatzgröße = 1 }
repeat  BlockRead(FromF, Buf, SizeOf(Buf), NumRead);
        BlockWrite(ToF, Buf, NumRead, NumWritten);
until (NumRead = 0) or (NumWritten <> NumRead);
CloseFile(FromF);
CloseFile(ToF);
end;
```

7.3.6 File-Sharing, Zugriffsrechte und Record-Locking

In unserem Bankprogramm ist die Anzeige der Daten aus einer Datei (über *Dateien\Daten ausgeben*) als MDI-Child-Fenster realisiert. Damit können in mehreren Fenstern gleichzeitig verschiedene Dateien angezeigt werden.

Wenn man allerdings dieselbe Datei in zwei verschiedenen Fenstern anzeigen möchte, geht das schief: Mit den bisher behandelten Techniken kann eine Datei in Delphi 2 nur ein einziges Mal geöffnet sein. Jeder Versuch, eine bereits offene Datei erneut zu öffnen, wird mit einem I/O-Fehler honoriert. In Delphi 1 erhält man zwar keinen I/O-Fehler: Wenn aber zwei Programme gleichzeitig dieselbe Datei öffnen und Daten in diese schreiben, enthält die Datei anschließend nicht alle geschriebenen Daten.

Beispiel: Die folgenden Anweisungen führen in Delphi 2 zu einem I/O-Fehler beim zweiten *Assign*. Mit Borland Pascal und Delphi 1 tritt kein I/O-Fehler auf, aber in der Datei c:\test.txt sind anschließend nicht alle 4 Werte enthalten, die in die beiden *file*-Variablen geschrieben wurden:

```
const fn= 'c:\test.txt';
...
Assign(f1,fn); Reset(f1); { zweimal derselbe }
Assign(f2,fn); Reset(f2); { Dateiname }
i1 := 1;       i2 := 2;
Write(f1,i1);  Write(f1,i1);
Write(f2,i2);  Write(f2,i2);
Close(f1);     Close(f2);
```

Nun ist es zwar nur selten notwendig, dieselbe Datei in einem einzigen Programm gleichzeitig mehrfach zu öffnen. Falls ein Programm von mehreren Benutzern in einem **Netzwerk** gleichzeitig ausgeführt wird, kann es allerdings notwendig sein, daß mehrere Programme gleichzeitig auf dieselbe Datei zugreifen. Da es in diesem Zusammenhang völlig gleichgültig ist, ob eine Datei von demselben oder von verschiedenen Programmen mehrfach geöffnet wird, können wir die „Netzwerkfähigkeit" unseres Bankprogramms mit mehreren simultan geöffneten MDI-Child-Fenstern testen.

Die dafür notwendigen Techniken unterscheiden sich unter DOS (Turbo Pascal, Borland Pascal und Delphi 1) deutlich von denen unter Win32 (Windows 95, NT und Delphi 2).

In Turbo Pascal und Delphi 1 bestimmt der Wert der globalen Systemvariablen *FileMode* das Zugriffsrecht auf eine Datei. *FileMode* hat als Voreinstellung den Wert 2, was Lese- und Schreibzugriff bedeutet. Weitere Standardwerte sind:

```
0  Read only
1  Write only
2  Read/Write
```

Diese Werte belegen offensichtlich gerade die 3 rechten Bits in *FileMode*. Die Zugriffsrechte von anderen Benutzern ergeben sich ab DOS 3.0 aus den Bits 4–7 in dieser Variablen. Verwendet man die folgenden symbolischen Konstanten, kann man das Zugriffsrecht auf eine Datei durch die Addition von *fmOpen*- und *fmShare*-Konstanten setzen:

```
fmOpenRead       = $0000;    fmShareCompat    = $0000;
fmOpenWrite      = $0001;    fmShareExclusive = $0010;
fmOpenReadWrite  = $0002;    fmShareDenyWrite = $0020;
                             fmShareDenyRead  = $0030;
                             fmShareDenyNone  = $0040;
```

Die Zugriffsrechte für die einzelnen Kombinationen ergeben sich dabei aus der folgenden Tabelle (aus Brown/Kyle: Interrupt List, Release 42):

```
Values of DOS file sharing behavior:

             |     Second and subsequent Opens
    First    |Compat   Deny    Deny    Deny    Deny
    Open     |         All     Write   Read    None
             |R W RW  R W RW  R W RW  R W RW  R W RW
    - - - - -|- - - - - - - - - - - - - - - - - -
    Compat R |Y Y Y   N N N   1 N N   N N N   1 N N
           W |Y Y Y   N N N   N N N   N N N   N N N
          RW |Y Y Y   N N N   N N N   N N N   N N N
    - - - - -|
    Deny   R |C C C   N N N   N N N   N N N   N N N
    All    W |C C C   N N N   N N N   N N N   N N N
          RW |C C C   N N N   N N N   N N N   N N N
    - - - - -|
    Deny   R |2 C C   N N N   Y N N   N N N   Y N N
    Write  W |C C C   N N N   N N N   Y N N   Y N N
          RW |C C C   N N N   N N N   N N N   Y N N
    - - - - -|
    Deny   R |C C C   N N N   N Y N   N N N   N Y N
    Read   W |C C C   N N N   N N N   N Y N   N Y N
          RW |C C C   N N N   N N N   N N N   N Y N
    - - - - -|
    Deny   R |2 C C   N N N   Y Y Y   N N N   Y Y Y
    None   W |C C C   N N N   N N N   Y Y Y   Y Y Y
          RW |C C C   N N N   N N N   N N N   Y Y Y
Legend: Y = open succeeds, N = open fails with error code
        05h
        C = open fails, INT 24 generated
        1 = open succeeds if file read-only, else fails with
                                                  error code
        2 = open succeeds if file read-only, else fails with
                                                       INT 24
```

Beispiel: Die folgende Prozedur öffnet eine Datei unter Turbo Pascal und Delphi 1 so, daß diese gelesen und geschrieben werden kann. Andere Programme können diese Datei zum Lesen öffnen, nicht jedoch zum Schreiben:

```
procedure open;     { funktioniert nur für Turbo
          Pascal und Delphi 1, nicht für Delphi 2 }
begin
fileMode := fmOpenRead + fmShareDenyWrite;
Assign(f, 'c:\test.txt');
Reset(f);
end;
```

In Delphi 2 ist die Variable *FileMode* ebenfalls definiert. Verwendet man diese wie unter Turbo Pascal oder Delphi 1, hat das allerdings nicht denselben Effekt: Ein mehrfacher Zugriff auf dieselbe Datei wird verweigert.

Um unter Delphi 2 Dateien mit anderen Zugriffsrechten als denen zu öffnen, die man mit *Reset* und *Rewrite* erhält, kann man die folgenden Funktionen und Prozeduren verwenden. Diese sind in der Unit *SysUtils* definiert (Source unter „Source\rtl\sys\SYSUTILS.PAS") und ermöglichen eine einfachere Benutzung der teilweise unübersichtlich vielfältigen Windows-API-Funktionen *CreateFile*, *ReadFile*, *WriteFile*, *SetFilePointer* und *CloseHandle*:

function **FileOpen**(const FileName: string; Mode: Integer): Integer;

> *FileOpen* öffnet die Datei mit dem als *FileName* angegebenen Namen und vergibt dabei die als *Mode* angegeben Zugriffsrechte. Als *Mode* kann man eine Kombination (mit *or* oder +) der *fmOpen*- und *fmShare*-Konstanten (siehe oben) verwenden. Diese symbolischen Konstanten sind in Delphi 2 vordefiniert.

> Ein positiver Rückgabewert bedeutet, daß die Funktion erfolgreich ausgeführt wurde. Dieser Rückgabewert ist dann der sogenannte *file*-Handle (eine eindeutige, interne Kennziffer von Windows für die Datei), die man beim Lesen und Schreiben der Datei angeben muß.

> Der Rückgabewert −1 bedeutet, daß ein Fehler aufgetreten ist.

function **FileCreate**(const FileName: string): Integer;

> *FileCreate* legt eine neue Datei an. Der Funktionswert entspricht dem von *FileOpen*. Die Datei ist zum Lesen und Schreiben geöffnet.

function **FileRead**(Handle: Integer; var Buffer; Count: Integer): Integer;

> *FileRead* liest *Count* Bytes aus der Datei mit dem angegebenen *Handle* in den als Buffer angegebenen Speicherbereich. Der Funktionswert ist die Anzahl der tatsächlich gelesenen Zeichen. Ist dieser kleiner als *Count*, wurde das Ende der Datei erreicht. Der Funktionswert −1 bedeutet, daß ein Fehler aufgetreten ist. Damit kann man diese Funktion ähnlich wie *BlockRead* verwenden.

function **FileWrite**(Handle: Integer; const Buffer; Count: Integer): Integer;

> *FileWrite* schreibt *Count* Bytes aus dem als *Buffer* angegebenen Speicher-
> bereich in die als *Handle* angegebene Datei. Der Funktionswert ist die
> Anzahl der tatsächlich geschriebenen Zeichen bzw. −1, falls ein Fehler
> aufgetreten ist.

function **FileSeek**(Handle, Offset, Origin: Integer): Integer;

> *FileSeek* setzt den Filepointer der durch *Handle* bezeichneten Datei auf
> *Offset* Bytes relativ zum durch *Origin* bezeichneten Ausgangspunkt. Die
> möglichen Werte für *Origin* sind 0, 1 und 2 und bedeuten:
>
> *Origin*=0: *Offset* ist relativ zum Anfang der Datei
> *Origin*=1: *Offset* ist relativ zur aktuellen Position des Filepointers
> *Origin*=2: *Offset* ist relativ zum Ende der Datei
>
> Der Funktionswert ist die neue Position relativ zum Dateianfang bzw. −1,
> falls ein Fehler aufgetreten ist.

procedure **FileClose**(Handle: Integer);

> *FileClose* schließt die Datei mit dem angegeben *Handle*

Die folgenden Anweisungen öffnen eine Datei unter Delphi 2 so, daß diese von
mehreren Programmen gleichzeitig gelesen werden kann, wenn das Symbol
SharedFileAccess für die bedingte Kompilation definiert ist. Falls dieses nicht
definiert ist, wird die Datei mit dem Namen *fn* mit den konventionellen Prozeduren *AssignFile* und *Reset* für eine einzige Anwendung geöffnet:

```
{$ifdef SharedFileAccess}
var KBfileHandle:Integer;
{$Endif}

{$ifdef SharedFileAccess}
KBFileHandle:=FileOpen(fn,fmOpenRead or
                                    fmShareDenyWrite);
if KBFileHandle > 0 then
{$else}
AssignFile(f,fn);
{$I-}Reset(f);{$I+}
k :=IOResult;
if k=0 then
{$Endif}
  begin
    { bearbeite die Datei }
  end
else ShowMessage(fn+' kann nicht geöffnet werden);
end;
```

Wenn man mit den Funktionen arbeitet, die ein Handle zur Identifikation einer Datei verwenden, gibt es keine spezielle Funktion wie *eof*, mit der man erkennen kann, ob das Ende der Datei erreicht wurde oder nicht. Statt dessen muß man nach jedem *FileRead* prüfen, ob die gewünschte Anzahl von Bytes gelesen werden konnte. War das nicht möglich, wurde das Ende der Datei erreicht. Damit liegt es nahe, die Datei in einer Schleife „while true do" zu lesen und mit einem *goto* oder *exit* zu verlassen:

```
{$ifdef SharedFileAccess}
while true do { "Endlosschleife" }
  begin
    BytesRead := FileRead(KBFileHandle,K,SizeOf(K));
    if BytesRead<SizeOf(K) then goto 99; {Schleifenende}
{$else}
while not eof(f) do
  begin
    Read(f,K);
{$Endif}
    { Datensatz bearbeiten }
  end;
{$ifdef SharedFileAccess}
99:...
{$Endif}
```

Ein Direktzugriff auf einen Datensatz kann folgendermaßen realisiert werden:

```
{$ifdef SharedFileAccess}
if FileSeek(KBFileHandle, SizeOf(K)*KT[i].fpos, 0) >= 0
                               { Erfolg, -1 Mißerfolg } then
  FileRead(KBFileHandle,K,SizeOf(K))
else ShowMessage('Fehler bei FileSeek');
{$else}
Seek(f,KT[i].fpos);
Read(f,K);
{$Endif}
```

Die beiden Varianten zum Schließen einer Datei sind in den folgenden Anweisungen enthalten:

```
{$ifdef SharedFileAccess}
FileClose(KBFileHandle);
{$else}
CloseFile(f);
{$Endif}
```

Mit **FileStream-Objekten** (*TFileStream*) ist eine etwas bequemere Verwendung von *FileOpen*, *FileCreate*, *FileRead* usw. möglich, da diese Klasse den File-Handle automatisch mitverwaltet. Wie die Implementation in „Sources\VCL\Classes.pas" zeigt, setzt diese Klasse direkt auf diesen Funktionen auf:

```
constructor TFileStream.Create(const FileName: string;
                                         Mode: Word);
begin
  if Mode = fmCreate then
  begin
    FHandle := FileCreate(FileName);
    if FHandle < 0 then
      raise EFCreateError.CreateResFmt(SFCreateError,
                                         [FileName]);
  end else
  begin
    FHandle := FileOpen(FileName, Mode);
    if FHandle < 0 then
      raise EFOpenError.CreateResFmt(SFOpenError,
                                         [FileName]);
  end;
end;
```

Die Methode *Read* wird vom Vorgänger *THandleStream* übernommen:

```
function THandleStream.Read(var Buffer; Count: LongInt):
                                         LongInt;
begin
  Result := FileRead(FHandle, Buffer, Count);
  if Result = -1 then Result := 0;
end;
```

TFileStream bietet sich damit als Vorgänger für eine Klasse an, mit der man Dateien mit einem speziellen Record-Typ bearbeiten kann. *Create* und *Destroy* kann man dabei in der Regel direkt vom Vorgänger übernehmen, so daß man oft nur für *Read* und *Write* geeignete Nachfolger definieren muß.

Wenn man eine Datei nur zum Lesen öffnet, spricht meist nicht viel dagegen, daß mehrere Anwender diese Datei gleichzeitig lesen. Haben dagegen mehrere Benutzer das Recht, in eine Datei zu schreiben, muß sichergestellt werden, daß sich verschiedene Benutzer nicht gegenseitig ihre Daten überschreiben.

Dazu ist es allerdings nicht notwendig, eine gesamte Datei für andere Benutzer zu sperren. Unter Win32 (Delphi 2) kann mit der Windows-API-Funktion *lockfile* auch nur ein Teil einer Datei gesperrt werden (**Record-Locking**). Diese Funktion ist in der Delphi-Hilfe (win32.hlp) folgendermaßen beschrieben:

```
BOOL LockFile(
  HANDLE hFile,                    // handle of file to lock
  DWORD dwFileOffsetLow,           // low-order word of lock region offset
  DWORD dwFileOffsetHigh,          // high-order word of lock region offset
  DWORD nNumberOfBytesToLockLow,   // low-order word of length to lock
  DWORD nNumberOfBytesToLockHigh   // high-order word of length to lock  );
```

Lassen Sie sich nicht von der ungewohnten C++-Syntax abschrecken: Alles rechts von // sind Kommentare, *LockFile* ist eine Funktion mit einem booleschen

Funktionswert, und die Datentypen der Parameter stehen vor und nicht wie in Pascal hinter den Parametern. Da der Datentyp DWORD eine vorzeichenlose 32-bit-Zahl bezeichnet, kann man dieser Funktion 4 positive Ganzzahlparameter übergeben. *Handle* bezeichnet die interne Nummer der Datei.

Auch wenn diese Funktion in der Delphi-Hilfe in der Syntax von C++ beschrieben ist, kann sie in Object Pascal als Pascal-Funktion aufgerufen werden. In „Source\rtl\win\WINDOWS.PAS" wird der Funktionskopf dieser und zahlreicher anderer Windows-API-Funktionen in Pascal übersetzt:

> function **LockFile**(hFile: THandle; dwFileOffsetLow, dwFileOffsetHigh:
> DWORD;nNumberOfBytesToLockLow, nNumberOfBytesToLockHigh:
> DWORD): BOOL; stdcall;

Die dabei verwendeten Datentypen sind ebenfalls in Windows.pas definiert:

> DWORD = Integer;
> BOOL = LongBool;
> THandle = Integer;

Damit kann diese Funktion folgendermaßen verwendet werden:

```
if lockfile(KBFileHandle,(p-1)*recSize,0,recSize,0) then
   ShowMessage('erfolgreich gesperrt')
    { Datensatz war nicht gesperrt und kann bearbeitet
                                                werden }
 else
   ShowMessage('war bereits gesperrt')
    { Datensatz ist bereits gesperrt, später wieder
                                             versuchen }
```

Mit der Funktion *unlockfile* kann ein Datensatz wieder freigegeben werden. Diese hat in C++- und in Pascal den folgenden Funktionskopf:

> BOOL **UnlockFile**(
>   HANDLE hFile,   // handle of file to unlock
>   DWORD dwFileOffsetLow,   // low-order word of lock region offset
>   DWORD dwFileOffsetHigh,   // high-order word of lock region offset
>   DWORD cbUnlockLow,   // low-order word of length to unlock
>   DWORD cbUnlockHigh   // high-order word of length to unlock
>   );

> function **UnlockFile**(hFile: THandle;
>   dwFileOffsetLow, dwFileOffsetHigh: DWORD;
>   nNumberOfBytesToUnlockLow,nNumberOfBytesToUnlockHigh:DWORD)
>   : BOOL; stdcall;

Aufgaben 7.3.10

1. Entwerfen Sie einen Nachfolger der Klasse *TFileStream*, mit dem man eine Datei mit Datensätzen des Datentyps *TKontobewegung* anlegen, lesen und schreiben kann.

2. Erweitern Sie die Funktionen der Unit *DatGridU* über Symbole zur bedingten Kompilation so, daß die in dieser Unit verwendeten Dateien allein über die Änderung dieses Symbols wahlweise für einen Mehrbenutzerzugriff oder einen Einzelbenutzerzugriff verwendet werden können.

   Sie können dazu die Programmfragmente aus den Beispielen dieses Abschnitts verwenden.

   Testen Sie diese Erweiterungen, indem Sie im Bankprogramm über *Dateien\Daten ausgeben* dieselbe Datei in mehreren Formularen gleichzeitig anzeigen.

3. Definieren Sie für das *StringGrid* im Formular *DatGridU* einen Nachfolger der Behandlungsroutine für das Ereignis *KeyDown*. In dieser Routine soll als Reaktion auf das Drücken der Return-Taste (key=vk_Return) der Datensatz in der Zeile, in der sich der Cursor befindet, mit *lockfile* gesperrt werden. Falls das nicht möglich ist, weil der Datensatz bereits gesperrt ist, soll das angezeigt werden. Als Reaktion auf das Drücken der Escape-Taste soll der Datensatz dann wieder mit *unlockfile* freigegeben werden.

   Testen Sie die lock-Funktionen, indem Sie dieselbe Datei in zwei oder mehr Formularen anzeigen.

7.3.7 Sortieren, Mischen und Gruppenverarbeitung

Viele Aufgaben in Zusammenhang mit der Verarbeitung von Dateien setzen voraus, daß die Dateien sortiert sind.

In Abschnitt 7.3.4 haben wir eine Datei dadurch sortiert, daß wir die Schlüsselwerte in ein Array eingelesen, dieses sortiert und die sortierten Daten dann wieder in eine Datei geschrieben haben. Falls dafür bei einer großen Datei der Hauptspeicher nicht ausreicht, kann man so nacheinander Teilabschnitte der Datei sortieren. Man erhält dann eine Folge von sortierten Dateien, die insgesamt dieselben Daten enthalten wie die ursprüngliche Datei.

Mit den anschließend beschriebenen Mischverfahren können die sortierten Teildateien dann wieder zu einer einzigen sortierten Datei zusammengefügt werden. Auf diese Weise können beliebig große Dateien unabhängig vom verfügbaren Hauptspeicher sortiert werden.

Mischen von Dateien

Beginnen wir zunächst damit, zwei sortierte Dateien zu einer einzigen sortierten Datei zusammenzumischen.

Beispiel: Aus den beiden Dateien

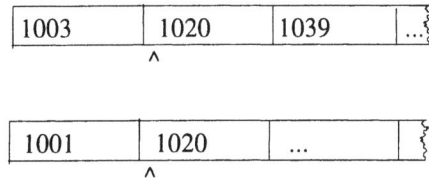

soll durch das Mischen die folgende neue Datei erzeugt werden:

Dazu kann man folgendermaßen vorgehen:

Falls beide Dateien mindestens einen Datensatz enthalten, wird von jeder Datei ein Datensatz gelesen. Wenn der Vergleich des zuletzt von Datei[1] gelesenen Datensatzes K[1] mit dem zuletzt von Datei[2] gelesenen Satz K[2] ergibt, daß K[1] bezüglich der Sortierfolge vor K[2] kommt, wird K[1] in die Mischdatei übertragen und anschließend der nächste Satz von Datei[1] gelesen. Andernfalls wird K[2] in die Mischdatei übertragen und der nächste Satz von Datei[2] gelesen.

Mit den Vereinbarungen

```
const n = 2; { Anzahl der zu mischenden Dateien }
var Datei:array[1..n] of file of TKontobewegung;
    Mischdatei:file of TKontobewegung;
    fertig: array[1..n] of Boolean;
    K:array[1..n] of TKontobewegung;
```

kann der Datensatz aus der i-ten Datei mit der folgenden Prozedur in die Mischdatei übertragen werden:

```
procedure uebertrage(i:Integer);
begin
Write(Mischdatei,K[i]);
if not eof(Datei[i]) then Read(Datei[i],K[i])
else fertig[i] := true;
end;
```

Hier wird der nächste Datensatz aus derjenigen Datei gelesen, aus der er übertragen wurde. K[i] enthält immer den zuletzt gelesenen und noch nicht übertragenen Datensatz der i-ten Datei, und *fertig[i]* gibt an, ob die i-te Datei vollständig

übertragen wurde. Dieses Verfahren wird so lange wiederholt, wie die zuletzt
gelesenen Sätze von *Datei[1]* und *Datei[2]* verglichen werden können:

```
while (not fertig[1]) and (not fertig[2]) do
  if Kleiner(Sortierbegriff,K[1],K[2]) then uebertrage(1)
    else uebertrage(2);
```

Wenn die Schleifenbedingung nicht mehr erfüllt ist, kann

fertig[1] or fertig[2]

vorausgesetzt werden, d. h. mindestens (sogar genau) eine der beiden Dateien ist
vollständig übertragen. Da die zu mischenden Dateien sortiert sind, müssen nur
noch alle restlichen Datensätze der andern Datei in die Mischdatei übertragen
werden. Die Prozedur als Ganzes:

```
procedure Mischen_2;
{$R+}
const n = 2; { Anzahl der zu mischenden Dateien }
var Dateiname:array[1..n] of string;
    DateinameMischdatei:string;
    Datei:array[1..n] of file of TKontobewegung;
    fertig: array[1..n] of Boolean;
    Mischdatei:file of TKontobewegung;
    K:array[1..n] of TKontobewegung;

    procedure InitialisiereAlleVariablen;
    var i:Integer;
    begin
    Dateiname[1] := 'c:\kb-test\kb1.kb';
    Dateiname[2] := 'c:\kb-test\kb2.kb';
    DateinameMischDatei := 'c:\kb-test\kbm.kb';
    for i := 1 to n do
      begin
        AssignFile(Datei[i],DateiName[i]);
        Reset(Datei[i]);
        fertig[i] := false;
        if not eof(Datei[i]) then
          Read(Datei[i],K[i])
        else fertig[i] := true;
      end;
    Assign(Mischdatei,DateinameMischdatei);
    Rewrite(Mischdatei);
    end;

    procedure uebertrage(i:Integer);
    begin
    Write(Mischdatei,K[i]);
    if not eof(Datei[i]) then Read(Datei[i],K[i])
    else fertig[i] := true;
    end;

    procedure AlleDateienSchliessen;
    var i:Integer;
    begin
```

```
    for i := 1 to n do CloseFile(Datei[i]);
    CloseFile(Mischdatei);
    end;

begin
InitialisiereAlleVariablen;
while (not fertig[1]) and (not fertig[2]) do
  if Kleiner(Sortierbegriff,K[1],K[2]) then uebertrage(1)
    else uebertrage(2);
while not fertig[1] do uebertrage(1);
while not fertig[2] do uebertrage(2);
AlleDateienSchliessen;
end;
```

Dieses Verfahren läßt sich leicht auf mehr als zwei Dateien übertragen. In

```
while (not fertig[1]) and (not fertig[2]) do
  if Kleiner(Sortierbegriff,K[1],K[2]) then uebertrage(1)
    else uebertrage(2);
```

wird der Datensatz aus der Datei mit dem kleinsten zuletzt gelesenen Satz in die Mischdatei übertragen. Bei mehr als zwei Dateien kann man die Nummer der Datei mit dem kleinsten zuletzt gelesenen Satz folgendermaßen bestimmen:

```
function Minindex:Integer;
var i, Min:Integer;
begin
Min := 1;
for i := 2 to n do
   if fertig[Min] then Min := i
   else if (not fertig[i]) and (not fertig[Min]) then
     if Kleiner(Sortierbegriff,K[i],K[Min]) then Min:=i;
Minindex := Min;
end;
```

Dieses Verfahren ist offenbar analog zur Bestimmung des minimalen Index beim Auswahlsort. Allerdings dürfen bei der Suche nach der kleinsten Array-Komponente von K nur die Komponenten zum Vergleich herangezogen werden, für die in den entsprechende Dateien nicht bereits der letzte Satz übertragen wurde, d. h. *fertig[i]=true* gilt. Wenn dann trotzdem *fertig[Minindex]=true* gilt, sind alle zu mischenden Dateien in die Mischdatei übertragen.

Damit werden die n Dateien durch die folgende Schleife gemischt:

```
while not bearbeitet[Minindex] do Uebertrage(Minindex);
```

Gruppenverarbeitung

Bei vielen Aufgaben der Array- bzw. Dateiverarbeitung sind in einer Folge von Datensätzen aufeinanderfolgende Datensätze mit einem gemeinsamen Merkmal als zusammengehörig zu betrachten. Solche zusammengehörigen Daten werden

dann auch als Gruppe bezeichnet und eine Änderung der Gruppe als Gruppenwechsel.

Wenn z. B. eine Datei von Kontobewegungen nach der Kontonummer sortiert ist,
können Datensätze mit derselben Kontonummer als eine Gruppe betrachtet
werden. In diesem Fall würde man eine Gruppe von Datensätzen mit derselben
Kontonummer als Gruppe der Stufe 1 bezeichnen. Eine typische Aufgabe dieser
Art wäre es dann, aus einer solchen Datei den folgenden Ausdruck zu erzeugen:

```
Datei: C:\KB-Test\kb.sor   Ein-/Auszahlungen      Seite 1

1000   Duestrip, Daniel
       1995     2. 1     +   231.17
       1995     1.11     +   201.50
       1996     7. 7     +   142.28
       Summe Kontonummer 1000:...........  574.95

1001   Duestrip, Alek
       1995     7.11     -   228.94
       1996    10.11     +   132.73
       Summe Kontonummer 1001:...........  -96.21

1002   Duestrip, Q.
       1995    13. 9     -    31.83
       1996     1. 8     +   151.95
       Summe Kontonummer 1002:...........  120.12

1003   Duestrip, James
       1995     3. 7     -   139.20
       1995    24. 7     +   224.01
       1995    27.11     +   157.12
       Summe Kontonummer 1003:...........  241.93
```

Eine solche Gruppenverarbeitung wird durch zwei verschachtelte Schleifen erreicht, bei der die äußere Schleife der äußeren Gruppenbedingung (Dateiende)
und die innere der inneren Gruppenbedingung (gleiche Kontonummer) entspricht. Jede Schleifenbedingung der „tieferen" Schleife besteht aus der Schleifenbedingung der nächsthöheren Schleife sowie einer weiteren Bedingung für die
jeweilige Gruppenstufe. Dieses **Staffelschema** ist in der folgenden Prozedur
realisiert:

```
procedure TGW1.ProcessFile;
begin
Vor1GS0;
Lese_naechsten_Satz;
while not Dateiende do
  begin
    Vor1GS1;
    Setze_Gruppenkennzeichen_fuer_Stufe_1;
    { damit die Schleife mindestens einmal ausgeführt
                                             wird }
    while (not GW_Stufe_1) and (not DateiEnde) do
    begin
```

```
        Bearbeite_DS;
        Lese_naechsten_Satz;
      end;
    NachlGS1;
  end;
NachlGS0;
end;
```

Ist die Datei innerhalb einer Gruppe noch nach einem weiteren Kriterium
sortiert, können diese Datensätze ebenfalls als Gruppe betrachtet werden. In
unserem Bankprogramm würde man durch Sortieren mit dem Sortierbegriff =
sbKontonrundDatum eine solche Datei erhalten, in der Datensätze mit derselben
Kontonummer und Jahreszahl als Gruppe betrachtet werden. Da hierbei eine
Gruppe bereits in einer „Obergruppe" enthalten ist, spricht man auch von einer
Gruppe der Stufe 2:

```
Datei: C:\KB-Test\kb.sor   Ein-/Auszahlungen          Seite 1

1000   Duestrip, Daniel
       1995      2. 1      +  231.17
       1995      1.11      +  201.50
       Summe 1995:............... 432.67

       1996      7. 7      +  142.28
       Summe 1996:............... 142.28

       Summe Kontonummer 1000:.......... 574.95

1001   Duestrip, Alek
       1995      7.11      -  228.94
       Summe 1995:............... -228.94

       1996     10.11      +  132.73
       Summe 1996:............... 132.73

       Summe Kontonummer 1001:........... -96.21
```

Einen solchen Gruppenwechsel der Stufe 2 erhält man mit dem Staffelschema

```
procedure TGW2.ProcessFile;
begin
VorlGS0;
Lese_naechsten_Satz;
while not Dateiende do
  begin
    VorlGS1;
    Setze_Gruppenkennzeichen_fuer_Stufe_1;
    { damit die Schleife mindestens einmal ausgeführt
                                              wird }
    while (not GW_Stufe_1) and (not DateiEnde) do
      begin
        VorlGS2;
        Setze_Gruppenkennzeichen_fuer_Stufe_2;
        { damit die Schleife mindestens einmal ausgeführt
```

```
                                                          wird }
      while (not GW_Stufe_2) and
            (not GW_Stufe_1) and (not DateiEnde) do
        begin
          Bearbeite_DS;
          Lese_naechsten_Satz;
        end;
      NachlGS2;
    end;
  NachlGS1;
end;
NachlGS0;
end;
```

Falls man eine Folge von Daten nicht in Gruppen unterteilt, spricht man auch von einer **Gruppe der Stufe 0**. Die sequentielle Bearbeitung von allen Datensätzen einer Datei ist in diesem Sinn eine Gruppenverarbeitung der Stufe 0 (z. B. die Prozedur *Listendruck*). Nach dem Staffelschema entspricht das der folgenden Prozedur:

```
procedure TGW0.ProcessFile;
begin
VorlGS0;
Lese_naechsten_Satz;
while not Dateiende do
  begin
    Bearbeite_DS;
    Lese_naechsten_Satz;
  end;
NachlGS0;
end;
```

Hier erscheint der zweifache Aufruf von *Lese_naechsten_Satz* auf den ersten Blick vielleicht als etwas umständlich. Dasselbe Ergebnis könnte man auch mit einem einfachen Aufruf am Anfang der Schleife erreichen. Da aber die Prozeduren *ProcessFile* von *TGW1* und *TGW2* in den zugehörigen Vorlaufprozeduren *VorlGS1* bzw. *VorlGS2* Daten vom nächsten Datensatz benötigen (z. B. für Überschriften), wurde diese Variante gewählt, damit die gemeinsame Struktur der verschiedenen Prozeduren zum Ausdruck kommt.

Wir werden in Abschnitt 8.1.6 mit der Komponente *QuickReport* eine weitere Möglichkeit kennenlernen, wie man Ausdrucke mit Gruppenwechseln erzeugen kann.

Aufgabe 7.3.11: Mischen mit Folgeprüfung

Wenn man die Prozedur *Mischen_n* auf Dateien anwendet, die nicht sortiert sind, wird die gemischte Datei auch nicht sortiert sein. Erweitern Sie diese Prozedur deswegen so, daß die Sortierfolge der Mischdatei beim Schreiben eines neuen Satzes dadurch geprüft wird, daß dieser neue Satz mit dem zuletzt in die Mischdatei geschriebenen Satz verglichen wird.

Da beim Schreiben des ersten Satzes kein zuletzt in die Mischdatei geschriebener Satz zum Vergleich auf die Sortierfolge zur Verfügung steht, soll in diesem Fall eine Prüfung der Sortierfolge unterbleiben. Die Anzahl der Sortierfehler soll mitgezählt und am Schluß am Bildschirm ausgegeben werden.

Aufgabe 7.3.12: Gruppenwechsel-Klassen

Überarbeiten Sie die Prozedur *Listenausdruck* (Aufgabe 7.3.7) zu einer Klasse *TGW0*, deren Methode *ProcessFile* eine Datei von Kontobewegungen wie diese Prozedur ausdruckt.

Ein Nachfolger *TGW1* von *TGW0* soll eine nach der Kontonummer sortierte Datei von Kontobewegungen wie im Beispielausdruck zum Gruppenwechsel der Stufe 1 ausdrucken. Dabei sollen die folgenden Anforderungen erfüllt werden:

1. Jede Seite soll mit einem Blattkopf beginnen (wie in *Listenausdruck*).

2. Eine Seite bietet Platz für 72 Druckzeilen, von denen nicht mehr als 60 mit Kontobewegungen bedruckt werden sollen. Ab der 60sten Zeile sollen nur Summenzeilen gedruckt werden.

3. Auf einer neuen Seite dürfen unmittelbar nach dem Blattkopf keine Summenzeilen gedruckt werden.

4. Aufeinanderfolgende Kontobewegungen mit derselben Kontonummer sollen als Gruppe betrachtet werden. Am Anfang einer Gruppe sollen die Kontonummer und der Name des Kontoinhabers in einer eigenen Zeile gedruckt werden.

5. Alle Datensätze in derselben Gruppe sollen ohne die Kontonummer gedruckt werden, außer wenn es der erste Satz auf einer neuen Seite ist. In diesem Fall soll auch die Kontonummer gedruckt werden.

6. Am Ende einer Gruppe soll der Saldo der Beträge dieser Gruppe ausgedruckt werden.

7. Nach der letzten Kontobewegung soll der Gesamtsaldo aller Kontobewegungen ausgedruckt werden.

Damit (wie in 5. gefordert) die Daten einer Kontobewegung sowohl mit als auch ohne die Kontonummer ausgedruckt werden können, kann die zu verarbeitende Kontobewegung einer Variablen zugewiesen werden, die zum Drucken aufbereitet wird. Diesem „Drucksatz" wird z. B. die Kontonummer 0 zugewiesen, wenn diese nicht ausgedruckt werden soll. Der Drucksatz wird dann durch eine Prozedur ausgedruckt, die z. B. *Drucke_Zeile* heißt. In dieser Prozedur wird die Kontonummer des Drucksatzes nur gedruckt, wenn sie von 0 verschieden ist.

7.4 Rekursive Datenstrukturen

Die Ausführungen in diesem Abschnitt knüpfen direkt an den Abschnitt 3.19
über Pointer an. Zur Erinnerung: Eine Pointervariable p

```
var p:^TTyp; { TTyp steht für irgendeinen Datentyp }
```

enthält die Adresse einer Variablen p^ des Basistyps. Diese Variable p^ wird
meist mit *New* oder *GetMem* während der Laufzeit des Programms auf dem Heap
angelegt. Die Variable p^ unterscheidet sich durch ihre Adressierung von einer
statischen Variablen s:

```
var s:TTyp;
```

Bei einer statischen Variablen s stellt der Compiler zum Zeitpunkt der Kompilation eine feste Zuordnung zwischen der Adresse der Variablen und ihrem
Namen her: Unter dem Namen s wird immer ein ganz bestimmter Speicherbereich adressiert, und diese Adresse kann im Programm nicht verändert werden.
Eine Pointer-Variable p^ ist dagegen eine Variable an der Adresse, die in p
enthalten ist: Weist man p eine neue Adresse zu, ist p^ eine Variable an der
neuen Adresse.

Wie schon in Abschnitt 3.19 angemerkt wurde, bieten Pointervariablen in
Zusammenhang mit rekursiven Datentypen die Möglichkeit, sehr flexible Daten-
strukturen zu entwerfen. Derart flexible Datenstrukturen sind mit statischen
Variablen nicht oder nur sehr viel schwieriger zu realisieren.

Ein **rekursiver Datentyp** ist ein Record-Typ, der einen oder mehrere Zeiger auf
sich selbst enthält. In Zusammenhang mit rekursiven Datentypen werden die
Records auch als **Knoten** bezeichnet.

```
Beispiel: type TNode = record
                       Daten:string;
                       next:^TNode;
                     end;
```

Erzeugt man jetzt (z. B. mit *New* oder *GetMem*) mehrere Variablen des Datentyps *TNode*, kann man in jedem Record der Komponente *next* die Adresse eines
nächsten Datensatzes zuweisen und so eine verkettete Liste von Datensätzen
erzeugen:

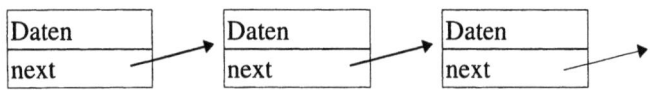

In dieser Graphik soll der letzte Pfeil, der auf keinen Knoten zeigt, andeuten, daß
der Wert des **Pointers** *next* **undefiniert** ist.

Allerdings hat man so noch keine Variable mit der Adresse des ersten Elements der Liste. Deshalb vereinbart man meist einen weiteren Datentyp, der gerade eine solche Adresse darstellen kann. Diesen Datentyp verwendet man dann ebenfalls für den Verweis auf das nächste Element, so daß man die „direkte Rekursion" aus dem letzten Beispiel durch eine „indirekte Rekursion" ersetzt.

Beispiel: `type PNode = ^TNode; { Zeiger auf einen Knoten }`

```
TNode = record   { Knoten }
  Daten:string;
  next:PNode;
end;
```

In diesem Beispiel kann eine Variable des Datentyps *PNode* die Adresse einer Variablen des Datentyps *TNode* darstellen.

Das letzte Element einer verketteten Datenstruktur kennzeichnet man meist dadurch, daß man dem Zeiger auf das nächste Element den Wert *nil* zuweist. Graphisch wird dieser Wert meist durch einen schwarzen Punkt dargestellt:

•

Damit erhält die **verkettete Liste** einen eindeutigen Anfang (z. B. mit einer Variablen *first* des Typs *PNode*) und ein eindeutiges Ende:

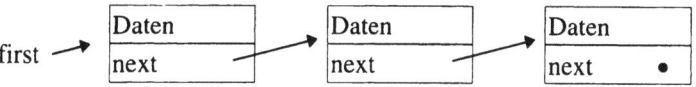

Die Typvereinbarung aus dem letzten Beispiel ist insofern ungewöhnlich, als bei der Definition von *PNode* der zunächst noch nicht definierte Datentyp *TNode* verwendet wird. Eine solche Verwendung von noch nicht definierte Typen ist nur bei der Vereinbarung von Zeigertypen möglich: Zeigertypen sind die einzigen Datentypen, die bei einer Vereinbarung verwendet werden dürfen, ohne daß sie zuvor vereinbart werden müssen. Der Datentyp, auf den ein solcher Zeigertyp zeigt, muß dann allerdings in demselben Typvereinbarungsteil definiert werden.

Es ist nicht möglich, die Reihenfolge der Vereinbarungen zu vertauschen. Die Typvereinbarung

```
TNode = record
        Daten:string;
        next:PNode;
      end;
PNode = ^TNode;
```

wird vom Compiler bemängelt, da in dem Datentyp *TNode*, der kein Zeigertyp ist, ein Verweis auf den noch nicht definierten Datentyp *PNode* erfolgt.

Mit rekursiven Datentypen können während der Laufzeit eines Programms flexible Datenstrukturen aufgebaut werden, die einem beliebigen **endlichen Graphen** entsprechen, wenn man die dynamischen Variablen mit den **Ecken** und die Zeigervariablen mit den **Kanten** identifiziert.

Die Algorithmen zur Konstruktion von solchen verketteten Strukturen sind der Gegenstand dieses Abschnitts.

7.4.1 Verkettete Listen

Betrachten wir nun etwas genauer, wie mit den Typvereinbarungen

```
type PListNode = ^TListNode;      {Zeiger auf einen Knoten}
     TListNode = record  {Knoten einer verketteten Liste}
       Daten:string;
       next:PListNode;
     end;
```

und der Variablen L

```
var L:PListNode;
```

die folgende Datenstruktur erzeugt werden kann:

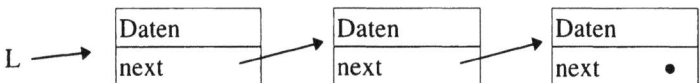

Dazu kann man folgendermaßen vorgehen:

1. Am Anfang soll die Liste leer sein. Das bringt man dadurch zum Ausdruck, daß L auf *nil* und damit auf kein weiteres Listenelement zeigt:

   ```
   L := nil;
   ```

   Diese Konstellation wird durch die folgende Graphik dargestellt:

   L ⟶ •

2. Neue Listenelemente werden dann zunächst einer Hilfsvariablen H^ des Datentyps *TListNode* zugewiesen. Diese Hilfsvariable sei mit

   ```
   var H:PListNode;
   ```

   vereinbart und durch

   ```
   New(H)
   ```

   erzeugt. Dadurch ergibt sich:

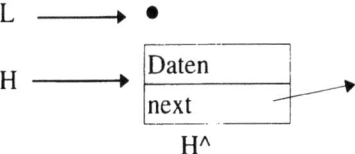

Daten können H^ dann z. B. folgendermaßen zugewiesen werden:

```
H^.Daten := Edit1.Text;
```

3. H^ kann durch die folgenden Anweisungen in die Liste L eingehängt werden:

```
{3.1} H^.next := L;    { H^.next erhält den Wert nil }
{3.2} L := H;          { L erhält die Adresse von H  }
```

Damit ist die folgende Datenstruktur entstanden:

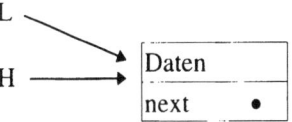

Die Reihenfolge, in der die Anweisungen 3.1 und 3.2 ausgeführt wurden, ist dabei wesentlich. Hätte man diese Reihenfolge vertauscht, d. h. durch

```
L := H;          { L erhält die Adresse von H }
H^.next := L;    { H^.next zeigt jetzt auf H^ }
```

ersetzt, hätte man diese Struktur erhalten:

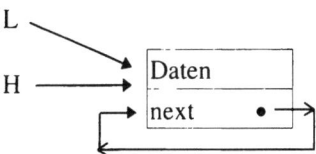

Das Ende der Liste ist jetzt nicht mehr durch eine Abfrage auf den Wert *nil* erkennbar. Die so entstandene Struktur hat offensichtlich eine gewisse Analogie zu einer Endlosschleife.

Die Anweisungen unter 1.–3. können durch die folgende Prozedur zusammengefaßt werden:

```
procedure InsertAfter(D:string;var L:PListNode);
{ hängt einen Knoten nach L in die Liste ein,
  auf die L zeigt }
var H:PListNode;
begin
New(H);           {1}
```

```
H^.Daten := D;
H^.next := L;        {2}
L := H;              {3}
end;
```

Wendet man diese Prozedur auf eine Liste L an, die bereits ein oder mehrere Listenelemente enthält,

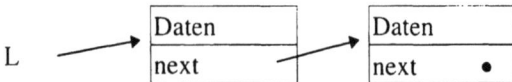

ergibt sich:

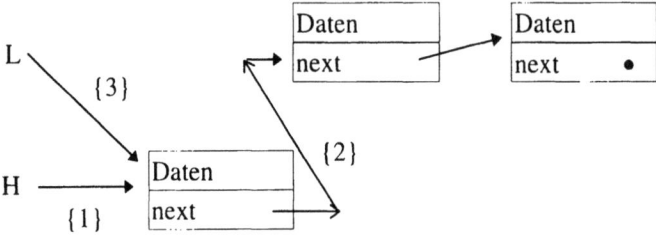

Damit werden durch einen Aufruf von *InsertAfter(D,L)* neue Elemente auch in eine nichtleere Liste nach L eingehängt.

Da für die lokale Variable H die mit

```
new(H);
```

erzeugte Variable H^ auf dem Heap und nicht auf dem Stack angelegt wird, ist die Existenz von H^ nicht auf den Block beschränkt, in dem sie erzeugt wurde. Damit kann eine globale Zeigervariable auch auf eine dynamische Variable zeigen, die lokal erzeugt wurde.

Dagegen gelten für die Existenz von Zeigervariablen alle üblichen Regeln: H ist außerhalb des Blocks, in dem H vereinbart wurde, nicht existent. Da aber die in H enthaltene Adresse der globalen Variablen L zugewiesen wird, enthält L^ nach dieser Zuweisung den Wert von H^.

Listen, bei denen neue Elemente am Anfang eingehängt werden, bezeichnet man auch als „**Last-in-first-out**"-Listen (**LIFO**), da die zuletzt eingefügten Elemente am Anfang kommen. Damit wird durch

```
var first:PNode=nil;

procedure TForm1.LIFOClick(Sender: TObject);
begin
am_Anfang_einhaengen(Edit1.Text,first);
end;
```

eine solche LIFO-Liste aufgebaut. Da der Zeiger *first* auf den Anfang der Liste vor dem ersten Aufruf dieser Prozedur den Wert *nil* haben muß, wird *first* entsprechend initialisiert.

LIFO-Listen können auch zur Implementation eines **Stacks** verwendet werden: Das „oberste" Element des Stacks entspricht dabei dem ersten Listenelement. Dieses Element ist das einzige, auf das ein direkter Zugriff möglich ist. Auf alle anderen Elemente der Liste kann man nur indirekt zugreifen. Siehe dazu die Aufgaben 1 und 2 am Ende dieses Abschnitts.

Da bei einer verketteten Liste der Zeiger auf das erste Element und die entsprechenden Prozeduren unmittelbar zusammengehören, liegt es nahe, eine solche Liste als abstrakten Datentyp (ADT) zu implementieren:

```
type PStringListNode = ^TStringListNode;
     TStringListNode = record
       Daten:string;
       next:PStringListNode;
     end;

     TLIFOStringList = class
       first:PStringListNode;
       constructor Create;
       procedure Insert(D:string);
     end;

constructor TLIFOStringList.Create;
begin
inherited Create;
first := nil;
end;

procedure TLIFOStringList.Insert(D:string);
var H:PStringListNode;
begin { wie InsertAfter }
New(H);
H^.Daten := D;
H^.next := first;
first := H;
end;
```

Um alle Elemente einer **Liste** wieder **auszugeben**, kann man sich mit einer Hilfsvariablen H vom Anfang bis zum Ende durchhangeln:

```
procedure TLIFOStringList.ShowAll;
var H: PStringListNode;
begin
H := first;
while H <> nil do
  begin
    Form1.Memo1.Lines.Add(H^.Daten);
    H := H^.next;
```

```
    end;
end;
```

Durch diese Prozedur werden die Listenelemente in der Reihenfolge ausgegeben, in der sie sich in der Liste befinden. Da durch *Insert* neue Elemente immer am Anfang eingehängt werden, werden die Listenelemente so in der umgekehrten Reihenfolge ausgegeben, in der sie eingegeben wurden.

Will man ein neues Element immer **am Ende** einer Liste **einhängen**, kann man sich bei jedem neuen Element bis zum Ende der Liste durchhangeln und das neue Element dann dort einfügen. Dieses Durchhangeln ist jedoch zeitaufwendig und kann vermieden werden, wenn man einen **Zeiger** *last* vereinbart, der immer **auf das letzte Element** der Liste zeigt:

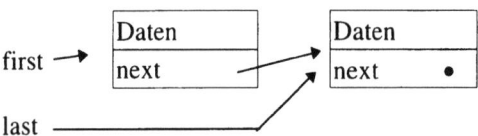

Ein neues Listenelement H^ wird dann durch die Anweisungen

```
Last^.next := H;        (1)
H^.next := nil;         (2)
```

am Ende der Liste L eingehängt. Mit

```
Last := H;              (3)
```

zeigt *last* anschließend wieder auf das jetzt letzte Element der Liste:

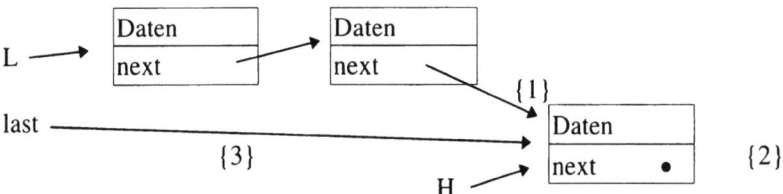

Diese Anweisungen werden durch die folgende Prozedur zusammengefaßt:

```
procedure InsertAtEnd(D:string;var last:PListNode);
{ Fügt nach last einen neuen letzten Knoten in die
  Liste ein. Last zeigt anschließend auf diesen Knoten. }
var H:PListNode;
begin
New(H);
H^.Daten := D;
last^.next := H; {1}
```

```
H^.next := nil;    {2}
last := H;         {3}
end;
```

Allerdings funktioniert dieses Verfahren nur bei nichtleeren Listen. Wendet man es auf eine Liste L an, die keine Elemente enthält,

```
first  ──────▶  • (nil)
last   ──────▶  • (nil)
```

dann ist in der Anweisung

```
last^.next := H
```

last^.next nicht definiert und führt meist zu einer allgemeinen Schutzverletzung. Das Einfügen des ersten Elements in eine noch leere Liste muß deshalb gesondert behandelt werden. Dazu kann die Prozedur *InsertAfter(...,first)* verwendet werden:

```
var first: PNode = nil;
    last:  PNode = nil;

procedure TForm1.FIFOClick(Sender: TObject);
begin
if last = nil then
  begin
    InsertAfter(Form1.Edit1.Text,first);
    last := first;
  end
else InsertAtEnd(Form1.Edit1.Text,last);
end;
```

Eine Liste, bei der Knoten am Ende eingehängt und am Anfang entnommen werden, bezeichnet man auch als „**First-in-first-out**"-Liste (**FIFO**) oder als **Queue**. FIFO-Listen werden oft zur Simulation von Warteschlangen verwendet. Solche Warteschlangen können sich bilden, wenn Ereignisse in der Reihenfolge ihres Eintreffens bearbeitet werden (Fahrkartenausgabe, Bankschalter, Kasse in einem Supermarkt usw.).

```
type TFIFOStringList = class
        first,
        last:PStringListNode;
        constructor Create;
        procedure Insert(D:string);
        procedure Free;
     end;

constructor TFIFOStringList.Create;
begin
inherited Create;
first := nil;
last := nil;
end;
```

```
procedure TFIFOStringList.Insert(D:string);
var H:PStringListNode;
begin
New(H);
H^.Daten := D;
if last = nil then
  begin { InsertAfter }
    H^.next := first;
    first := H;
    last := first;
  end
else
  begin { InsertAtEnd }
    last^.next := H;
    H^.next := nil;
    last := H;
  end;
end;
```

Als nächstes Beispiel soll eine aufsteigend **sortierte Liste** aufgebaut werden. Neue Elemente sollen an der Stelle in die Liste eingefügt werden, an die sie ihrem Ordnungsbegriff entsprechend gehören:

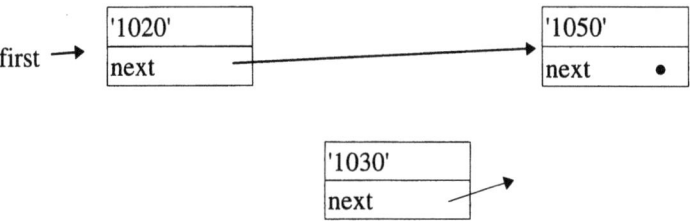

neues Listenelement mit dem Wert '1030'

Offensichtlich läßt sich dieses Einfügen einfach durch ein „Umhängen der Pointer" erreichen:

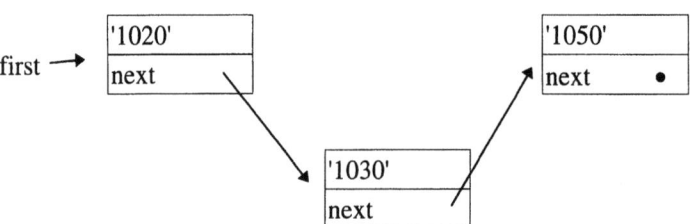

neues Listenelement mit dem Wert '1030'

Um die Position zu bestimmen, an der der neue Knoten einzufügen ist, kann man sich in einer nichtleeren Liste mit einer Hilfsvariablen p durch die Liste durchhangeln:

```
p := first;
while p^.next <> nil do
  if p^.next^.Daten > D then
    p := p^.next;
```

Der neue Knoten mit den Daten D ist dann unmittelbar nach $p^\wedge.next$ einzufügen, wenn

```
p^.next^.Daten > D
```

gilt. Dazu kann die Prozedur *InsertAfter(D,p^.next)* verwendet werden. Durch diesen Aufruf wird ein neuer Knoten zwischen $p^\wedge.next$ und dem Knoten eingehängt, auf den $p^\wedge.\ next$ zeigt.

Diese Vorgehensweise kann jedoch nur dann angewandt werden, wenn die folgenden Voraussetzungen erfüllt sind:

1. Damit

   ```
   while p^.next <> nil do
   ```

   überhaupt definiert ist, muß p <> *nil* sein. p = *nil* kann aber aufgrund der Konstruktion der *while*-Schleife nur vor der Ausführung der Schleife eintreten, wenn *first* = *nil* gilt.

   In diesem Fall ist die Liste leer und ein neues Element wird eingefügt durch

   ```
   InsertAfter(D,first)
   ```

2. Die Einfügeposition kann nur dann durch die Bedingung

   ```
   p^.next^.Daten > D
   ```

   bestimmt werden, wenn die Liste mindestens zwei Knoten enthält (*first^* und *first^.next^*). Falls jedoch

   ```
   first^.Daten > D
   ```

   gilt, ist der neue Eintrag am Anfang der Liste einzuhängen, was wieder durch

   ```
   InsertAfter(D,first)
   ```

   erfolgen kann. Wenn dagegen die Bedingung *first^.Daten > D* nicht erfüllt ist, wird der neue Knoten nach *first^.next* eingehängt. Dieser Fall wird unter 3. behandelt.

3. Falls die Bedingung

```
p^.next^.Daten > D
```

nie eintritt, wird der neue Knoten durch die bisher betrachteten Anweisungen nicht in die Liste eingehängt. Diese Bedingung tritt aber genau dann nie ein, wenn kein Listenelement größer ist als das neue.

In diesem Fall ist das neue Element am Ende der Liste einzuhängen. Da man sich in der *while*-Schleife mit p bis auf das letzte Element durchgehangelt hat, kann man den neuen Knoten mit *InsertAfter(D,p^.next)* einhängen.

Damit wird eine sortierte Liste durch die folgende Prozedur aufgebaut:

```
procedure iterativ_sortiert_einfuegen(var first:
                                          PListNode);
var p: PListNode;
    eingehaengt: Boolean;
    D:string;
begin
D := Form1.Edit1.Text; { "Nutzdaten" }
if first = nil then InsertAfter(D,first)
else if first^.Daten > D then InsertAfter(D,first)
else
  begin
    p := first;
    eingehaengt := false;
    while (p^.next <> nil) and (not eingehaengt) do
      if p^.next^.Daten > D then
        begin
          InsertAfter(D,p^.next);
          eingehaengt := true;
        end
      else p := p^.next;
    if not eingehaengt then InsertAfter(D,p^.next);
  end;
end;
```

Im letzten *else*-Zweig der *if*-Anweisung von *iterativ_sortiert_einfuegen* wird dieselbe Anweisung (nämlich *InsertAfter*) ausgeführt wie in den ersten beiden Zweigen, nur mit *p.next* anstelle von *first*. Da p vor der Ausführung der *while*-Schleife den Wert *first* erhält und in der Schleife durch den jeweils nächsten Zeiger ersetzt wird, kann diese iterative Prozedur durch die folgende rekursive Prozedur ersetzt werden:

```
procedure rekursiv_sortiert_einfuegen(var L:PListNode);
var D:string;
begin
D := Form1.Edit1.Text; { "Nutzdaten" }
if L = nil then InsertAfter(D, L)
else if D < L^.Daten then InsertAfter(D, L)
else rekursiv_sortiert_einfuegen(L^.next);
end;
```

Offensichtlich ist die rekursive Version wesentlich kürzer als die iterative. Diese Beobachtung ist nicht auf das sortierte Einfügen beschränkt: Rekursive Funktionen und Prozeduren sind häufig zur Bearbeitung rekursiver Datenstrukturen angemessen.

Als nächstes soll eine rekursive Prozedur vorgestellt werden, mit der ein Knoten aus einer Liste „ausgehängt" werden kann:

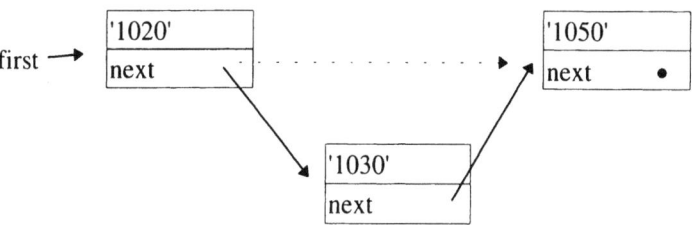

Offensichtlich wird dieses Aushängen einfach durch ein Umhängen der Zeiger erreicht:

p := p^.next

Durch das Umhängen der Zeiger wird allerdings der von p^ belegte Speicher nicht freigegeben. Eine solche Freigabe ist nur mit speziellen Prozeduren möglich wie z. B. *dispose*. Damit ist eine rekursive Prozedur zum Entfernen von Knoten mit bestimmten Daten D durch *remove* gegeben:

```
procedure remove(D:string;var p:PListNode);
var H:PListNode;
begin
if p = nil then ShowMessage(D+' nicht vorhanden')
else if p^.Daten = D then
  begin
    H := p;
    p := p^.next; { p^ aushaengen }
    dispose(H);
  end
else remove(D, p^.next);
end;
```

Unter Delphi 1 kann man sich mit den Funktionen *MemAvail* bzw. *MaxAvail* Informationen über den freien bzw. belegten Heap-Speicher geben lassen. Da die Speicherverwaltung unter Windows 95 bzw. NT aber völlig anders ist als unter 16-bit-Windows, liefern diese Funktionswerte unter Delphi 2 nicht mehr die gewünschten Informationen. Diese erhält man mit der Windows-API-Funktion *GetHeapStatus*. Für nähere Informationen wird auf die Delphi-Hilfe verwiesen.

```
procedure TForm1.HeapStatusClick(Sender: TObject);
var S:THeapStatus;
begin
S := GetHeapStatus;
```

```
with S do
  begin
    Memo1.Lines.Add(
    '  OS: TotalAddrSpace    '+IntToStr(TotalAddrSpace)+
    '  = TotalUncommitted: '+IntToStr(TotalUncommitted)+
    '  + TotalCommitted: '+IntToStr(TotalCommitted));
    Memo1.Lines.Add(
    '  Dyn.Mem.:  TotalFree: '+IntToStr(TotalFree)+
    '  TotalAllocated: '+IntToStr(TotalAllocated));
    Memo1.Lines.Add(
    '  TotalFree: '+IntToStr(TotalFree)+
    '  = FreeSmall: '+IntToStr(FreeSmall)+
    '  + FreeBig: '+IntToStr(FreeBig)+
    '  + Unused: '+IntToStr(Unused));
    Memo1.Lines.Add(
    '  Overhead: '+IntToStr(Overhead)+
    '  HeapErrorCode: '+IntToStr(HeapErrorCode));
  end;
end;
```

Mit den Angaben in der Zeile „Dyn. Mem." kann man sich dann davon überzeugen, daß durch die Prozedur *remove* der zuvor belegte Speicherplatz auch tatsächlich wieder freigegeben wird. Ein solcher Test empfiehlt sich immer, wenn man mit dynamischen Variablen arbeitet: Wenn Speicher nur reserviert, aber nie mehr freigegeben wird, kann das dazu führen, daß die Geschwindigkeit des Systems nachläßt.

Vergleich von verketteten Listen und Arrays

In einer dynamisch erzeugten verketteten Liste können ähnlich wie in einem Array Daten gespeichert und verwaltet werden. Einige Vor- und Nachteile dieser beiden Datenstrukturen sollen deshalb kurz verglichen werden.

– Die Größe eines Arrays muß normalerweise zum Zeitpunkt der Kompilation festgelegt sein. Wenn man die während der Laufzeit notwendige Größe zum Zeitpunkt der Kompilation nicht kennt, muß man eine maximal mögliche Größe reservieren (falls man diese überhaupt kennt). Das kann dazu führen, daß man mehr **Speicherplatz** reserviert als tatsächlich benötigt wird.

Den Speicherplatz für dynamische Datenstrukturen kann man dagegen bei Bedarf reservieren und auch wieder freigeben, wenn man ihn nicht mehr benötigt.

– Für eine dynamische Variable ist neben dem Speicherplatz für die eigentlichen „Nutzdaten" noch **Speicherplatz für die Adresse** (in der Zeigervariablen, 2 oder 4 Bytes) notwendig. Speichert man eine Folge von kleinen Datensätzen (z. B. einzelne Zeichen) in einer verketteten Liste, kann das mit einem beträchtlichen Overhead verbunden sein.

Die Adresse eines Array-Elements wird dagegen über den Index berechnet und belegt deshalb keinen eigenen Speicherplatz.

- Der **Zugriff auf das n-te Element** eines Arrays ist einfach über den Index möglich. Da man auf das n-te Element einer verketteten Liste in der Regel keinen direkten Zugriff hat, muß man sich zu diesem meist relativ zeitaufwendig durchhangeln. In Zusammenhang mit binären Suchbäumen werden wir allerdings Datenstrukturen kennenlernen, bei denen der Suchaufwand geringer ist.

- Will man in eine **sortierte Folge von Daten** neue Elemente einzufügen bzw. Elemente entfernen, ohne die Sortierfolge zu zerstören, muß man in einer verketteten Liste nur die entsprechenden Zeiger umhängen. In einem Array müssen dagegen alle folgenden Elemente verschoben werden.

- In einem Array kann man jeden **Zugriff auf** Elemente außerhalb der zulässigen Grenzen mit Bereichsprüfungen {$R+} erkennen. Greift man über Pointer auf **unzulässige Adressen** zu, ist eine allgemeine Schutzverletzung nur wahrscheinlich, aber nicht sicher.

Offensichtlich kann man nicht generell sagen, daß eine dieser beiden Datenstrukturen besser ist. Statt dessen muß man in jedem Einzelfall die jeweils am besten passende Datenstruktur auswählen.

7.4.2 Programmbausteine mit generischen Pointern

In den bisherigen Beispielen waren alle Operationen mit verketteten Listen für den Datentyp der Knoten spezifisch: Mit der Prozedur

```
procedure InsertAfter(D:string;var L:PListNode);
```

können nur solche verketteten Listen bearbeitet werden, deren Knoten den Datentyp *PListNode* haben. Listen, deren Knoten z. B. Integer-Daten als „Nutzdaten" haben, erfordern eigene Prozeduren, die sich lediglich im Datentyp der Knoten unterscheiden.

Solche typgebundenen Operationen lassen sich einfach und sicher benutzen. Bei ihrer Verwendung kann man nicht viel falsch machen, da der Compiler alle Operationen abfängt, die die relativ strengen Regeln der Typbindung verletzen. Andererseits kann es bei Listen mit verschiedenen Knotentypen auch recht lästig sein, dieselben Algorithmen mehrfach redundant zu verwalten.

Da der vordefinierte Datentyp **Pointer** zu allen Pointer-Datentypen kompatibel ist, bezeichnet man ihn auch als **generischen Pointertyp**. Mit diesem Datentyp kann man verkettete Datenstrukturen aufbauen, die vom Datentyp der Knoten

unabhängig sind. Dazu speichert man in einem solchen Knoten nicht die eigentlichen Nutzdaten, sondern nur deren Adresse:

```
type PGPListNode = ^TPListNode;
     TGPListNode = record
        Daten:Pointer; { <--- Die Adresse der Nutzdaten }
        next:PPListNode;
     end;

     TGPListClass = class
        first,
        last:PGPListNode;
        constructor Create;
        procedure Insert(D:Pointer);
     end;
```

Die Algorithmen für die Methoden dieser Klasse sind bis auf den Datentyp identisch mit denen für die Klasse *TFIFOStringList*. Mit dieser Klasse können dann
verkettete Listen mit Knoten eines beliebigen Datentyps bearbeitet werden:

```
procedure Test_TGPLClass_Integers;
var p:TGPLClass;
    h:PGPListNode;
    s:^Integer;
    i:Integer;
begin
p := TGPLClass.Create;
for i := 1 to 10 do
  begin
    New(s);
    s^ := i;
    p.Insert(s); { Knoten mit Integer-Daten }
  end;
h := p.First;
while h <> nil do
  begin
    s := h.daten;
    Form1.Memo1.Lines.Add(IntToStr(s^));
    h := h^.next;
  end;
end;
```

Allerdings muß der Benutzer dieser Klasse jetzt die Knoten für die verkettete
Liste selbst erzeugen. Da der Datentyp *Pointer* zu jedem Pointer-Typ kompatibel
ist, muß dabei darauf geachtet werden, daß der Datentyp der in die Liste eingefügten Knoten mit dem aus der Liste gelesenen Datentyp identisch ist. In der
Prozedur *Test_TGPLClass_Integers* kann der Wert *h.daten* auch einem Pointer
auf einen String zugewiesen werden, ohne daß der Compiler vor einer solchen
unzulässigen Operation warnen kann:

```
var str:^string;
...
s := h.daten;
str := h.daten; { wird vom Compiler nicht abgefangen }
```

Das hat dann meist eine allgemeine Schutzverletzung zur Folge.

Ähnlich wie mit der Klasse *TGPListClass* kann man mit der in Delphi vordefinierten Klasse **TList** Listen mit Pointern verwalten. Unter anderem stehen die folgenden Methoden zur Verfügung, mit denen man Pointer einfügen und löschen kann:

> function **Add**(Item: Pointer): Integer;
> { fügt ein neues Element ein und gibt die Position des Elements als Funktionswert zurück (0 für das erste Element) }

> procedure **Insert**(Index: Integer; Item: Pointer);
> { fügt ein neues Element an der Position Index in die Liste ein }

> function **Remove**(Item: Pointer): Integer;
> { entfernt das Element, auf das Item zeigt, aus der Liste }

> procedure **Sort**(Compare: TListSortCompare);
> { sortiert die Liste mit dem Quicksort; dabei ist *Compare* eine Funktion, die zwei Listenelemente bezüglich ihrer Sortierfolge vergleicht }

Obwohl der Name dieser Klasse vielleicht erwarten läßt, daß *TList* seine Elemente als verkettete Liste verwaltet, sind diese in einem Array enthalten:

```
PPointerList = ^TPointerList;
TPointerList = array[0..MaxListSize-1] of Pointer;
```

Dieses Array ist gerade der Datentyp der Default-Property *List*:

> property **List**: PPointerList;

Durch interne Mechanismen wird sichergestellt, daß sich die Größe dieses Arrays dem erforderlichen Speicherplatz anpaßt. Damit kann *TList* wie eine verkettete Liste mit generischen Pointern verwendet werden.

7.4.3 Baumstrukturen

Die verketteten Listen aus dem letzten Abschnitt wurden mit rekursiven Datentypen gebildet, die einen einzigen Verweis auf sich enthalten. Wenn eine rekursive Datenstruktur mehr als einen Verweis auf sich enthält, wird diese auch als **Baumstruktur** bezeichnet.

Baumstrukturen sollen im folgenden am Beispiel von **binären Suchbäumen** illustriert werden. Die Knoten eines solchen Baumes enthalten einen Schlüsselwert, eventuell weitere Daten sowie Zeiger auf einen linken und rechten Knoten: Der linke Knoten stellt einen binären Suchbaum dar, dessen Schlüsselwerte alle kleiner sind als der des darüber liegenden Knotens. In dem Baum, der zum rechten Knoten gehört, sind alle Schlüsselwerte größer.

Als konkretes Beispiel soll ein binärer Suchbaum entwickelt werden, der als Schlüsselwerte die Kontonummern aus einer Datei von Kontobewegungen enthält. Zu jedem Schlüsselwert werden die Positionsnummern der Datensätze in eine verketteten Liste eingehängt, bei der ein Zeiger immer auf das letzte Element dieser Liste zeigt.

Der Baum soll zunächst beim sequentiellen Lesen der Datei aufgebaut werden. Danach können die Positionsnummern der Datensätze mit einem bestimmten Schlüsselwert in dem Baum gesucht werden. Über diese Positionsnummern kann dann im Direktzugriff auf die Datensätze mit dem Schlüsselwert zugegriffen werden.

Beispiel: Durch die Datei mit den Schlüsselwerten

1040	1011	1030	1070	1030	1011	1050	1080	1070	1070
Pos 0	1	2	3	4	5	6	7	8	9

soll der folgende Baum aufgebaut werden:

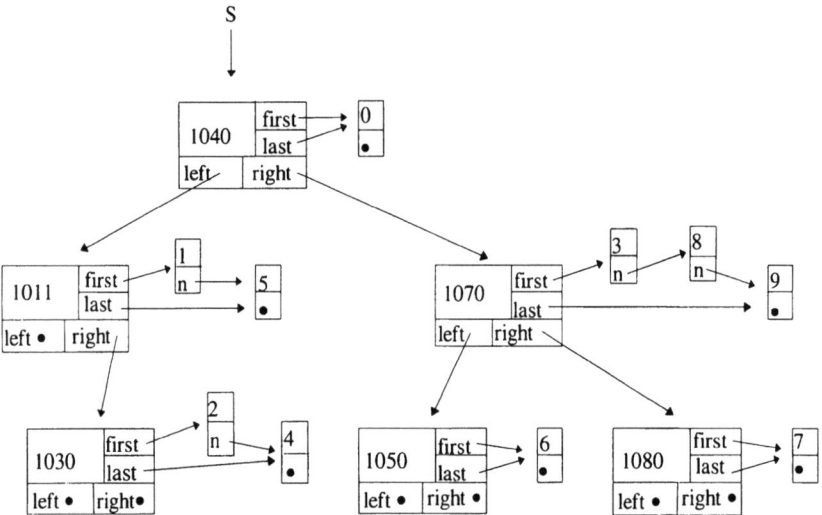

Der Aufbau eines solchen Baumes ist mit den folgenden Datentypen möglich:

```
type PFPListNode = ^TFPListNode;

     TFPListNode = record
       FilePos:Integer; { für die Dateiposition }
       next: PFPListNode;
     end;

     PFPTreeNode = ^TFPTreeNode;

     TFPTreeNode = record
       Key:Integer; { für die Kontonummer }
       first,
       last: PFPListNode;
       left,
       right: PFPTreeNode;
     end;
```

Die Felder in einem Knoten des Typs *TFPTreeNode* haben die folgende Bedeutung:

- *key* ist der Schlüsselwert,
- *first* ist ein Zeiger auf eine verkettete Liste mit den Positionsnummern,
- *last* ist ein Zeiger auf das letzte Element der verketteten Liste,
- *left* ist ein Zeiger auf einen Knoten, der nur Schlüsselwerte enthält, die kleiner als der Schlüsselwert in diesem Knoten sind,
- *right* ist ein Zeiger auf einen Knoten, der nur Schlüsselwerte enthält, die größer als der Schlüsselwert in diesem Knoten sind.

Ein neuer Knoten mit dem Schlüsselwert *key* und der Positionsnummer *pos* wird dann durch die folgende Prozedur in den Baum eingehängt:

```
procedure InsertFPNode(key,pos:Integer;
                                 var S:PFPTreeNode);
begin
if S = nil then NewTreeNode(key,pos,S)
else if key < S^.key then InsertFPNode(key,pos,S^.left)
else if key > S^.key then InsertFPNode(key,pos,S^.right)
else CreateLastListNode(pos,S^.Last);
end;
```

Dabei wird durch die rekursiven Aufrufe erreicht, daß ein neuer Knoten gemäß dem Ordnungsbegriff *key* im linken oder rechten Teilbaum eingehängt wird.

NewTreeNode erzeugt einen neuen Knoten mit dem Schlüsselwert *key*, auf den der aktuelle Parameter für S anschließend zeigt. Der Wert *pos* wird in einen ersten Knoten einer verketteten Liste eingetragen, auf deren erstes Element *first* und auf deren letztes Element *last* zeigt. Die Anweisungen, mit denen das erste Element dieser verketteten Liste erzeugt wird, entsprechen denen von *TFIFO-StringList.Insert*:

```
procedure NewTreeNode(key,pos:Integer;var S:PFPTreeNode);

  procedure CreateFirstListNode(Pos:Integer;
                                var first,last:PFPListNode);
  { Erzeugt einen neuen Listenknoten und fügt diesen am
    Anfang der Liste first ein. First und last zeigen
    anschließend auf diesen neuen Knoten. }
  var H:PFPListNode;
  begin
  New(H);
  H^.FilePos := Pos;
  H^.next := first;
  first    := H;
  Last     := H;
  end;

var H:PFPTreeNode;
begin { NewTreeNode }
New(H);
H^.key   := key;
H^.left  := nil;
H^.right := nil;
H^.first := nil;
H^.Last  := nil;
CreateFirstListNode(Pos,H^.first,H^.last);
S := H;
end;   { NewTreeNode }
```

Durch *CreateLastListNode* wird eine Positionsnummer *pos* in eine nichtleere Liste von Positionsnummern am Ende eingehängt und der Zeiger auf das letzte Element umgehängt.

```
procedure CreateLastListNode(pos:Integer;
                             var last:PFPListNode);
{ Erzeugt einen neuen Listen-Knoten und fügt diesen nach
  last ein. Last zeigt anschließend auf das letzte
  Element. }
var H:PFPListNode;
begin
New(H);
H^.FilePos := Pos;
last^.next := H;
H^.next := nil;
last := H;
end;
```

Durch die Prozedur *CreateKeyTree* wird dann ein binärer Suchbaum aufgebaut, der die Schlüsselwerte und die Positionsnummern enthält:

```
var S: PFPTreeNode;
    f: file of TKontobewegung;
```

```
procedure CreateKeyTree(var S:PFPTreeNode);
var Suchnr:Integer;
    pos: Integer;
    K:TKontobewegung;
begin
Assign(f,'C:\kb-test\2000.kb');
Reset(f);
S := nil;
pos := -1;
while not eof(f) do
  begin
    Read(f,K);
    pos := pos + 1;
    InsertFPNode(K.Kontonr,pos,S);
  end;
end;
```

Eine häufige Operation mit einem binären Suchbaum ist die **Suche nach dem Knoten mit einem bestimmten Schlüsselwert**. Da der Binärbaum so aufgebaut ist, daß alle kleineren Schlüsselwerte links und alle größeren rechts vom aktuellen Knoten eingehängt sind, braucht man nach einem kleineren Schlüssel als dem im aktuellen Knoten nur links und nach einem größeren nur rechts weitersuchen. Diese Vorgehensweise wird durch die Funktion *SearchNode* realisiert. *SearchNode* gibt einen Zeiger auf den Knoten mit dem gesuchten Schlüsselwert zurück, wenn ein solcher vorhanden ist, und andernfalls den Wert *nil*:

```
function SearchNode(key:Integer;S:PFPTreeNode):
                                        PFPTreeNode;
begin
result := nil;
if S <> nil then
  begin
    if key<S^.key then result:=SearchNode(key,S^.left)
    else if key>S^.key then result:=SearchNode(key,
                                               S^.right)
    else result:=S;
  end;
end;
```

Falls der Baum, in dem mit *SearchNode* gesucht wird, einigermaßen ausgeglichen ist, halbiert sich der verbleibende Suchbereich mit jedem Rekursionsschritt. Damit ist der Knoten mit dem gesuchten Schlüsselwert in einem Baum mit n Knoten in etwa $\log_2(n)$ Rekursionsschritten gefunden. Offensichtlich ist die Suche in einem binären Suchbaum ähnlich schnell wie die mit binärem Suchen in einem sortierten Array.

Alle Datensätze, deren Positionen in einer verketteten Liste enthalten sind, werden durch *PrintFPList* ausgegeben:

```
procedure PrintFPList(L:PFPListNode);
var K:TKontobewegung;
begin
while L <> nil do
  begin
    seek(f,L^.FilePos);
    Read(f,K);
    Form1.Memo1.Lines.Add(ToStr(K));
    L := L^.next;
  end;
end;
```

Mit dieser Prozedur wird dann in

```
procedure TForm1.TreeSearchClick(Sender: TObject);
var N:PFPTreeNode;
begin
N := SearchNode(StrToInt(Edit1.Text),S);
if N <> nil then PrintFPList(N^.first);
end;
```

nach dem Knoten N^ mit einem bestimmten Schlüsselwert gesucht und die Datensätze in der Liste *N^.first* ausgegeben.

Eine weitere häufige Operation auf binären Suchbäumen ist das **Durchlaufen aller Knoten**. Mit derselben Begründung wie bei *SearchNode* gibt *TraverseFPTree* alle Elemente des Baumes in aufsteigender Reihenfolge aus:

```
procedure TraverseFPTree(S:PFPTreeNode);
begin
if S <> nil then
  begin
    TraverseFPTree(S^.left);
    PrintFPList(S.first);
    TraverseFPTree(S^.right);
  end;
end;
```

Offensichtlich sind binäre Suchbäume sehr effiziente Datenstrukturen. Wie die Aufgaben am Ende dieses Abschnitts zeigen, lassen sich zahlreiche Probleme mit solchen Bäumen lösen.

Für jedes solche Problem hat man im wesentlichen dieselben Datenstrukturen und Operationen: Lediglich der Datentyp des Schlüsselwerts in den Baumknoten bzw. der Daten in den Listenknoten ist bei den verschiedenen Bäumen verschieden. Deshalb soll jetzt **mit generischen Pointern eine abstrakte Basisklasse für binäre Suchbäume** entwickelt werden.

Die Datentypen für die Baum- und Listenknoten entsprechen denen des bisher behandelten Beispiels. Lediglich in den mit { <--- } gekennzeichneten Zeilen wurde der Datentyp durch *Pointer* ersetzt. *TGPListNode* und *TGPListNode* sind dieselben Datentypen wie im Abschnitt über generische Pointer:

```
type PGPListNode = ^TGPListNode;
     TGPListNode = record
       Daten:Pointer;          { <--- }
       next:PGPListNode;
     end;

     PGPTreeNode = ^TGPTreeNode;
     TGPTreeNode = record
       Key:Pointer;            { <--- }
       first,
       last: PGPListNode;
       left,
       right: PGPTreeNode;
     end;
```

In der abstrakten Basisklasse *TGPSearchTree* ist dann T ein Zeiger auf einen binären Suchbaum mit generischen Pointern:

```
TGPSearchTree = class
  T: PGPTreeNode;
  constructor Create;
  procedure Insert(key,ListData:Pointer);
  function less(p1,p2:Pointer):Boolean;virtual;abstract;
  function greater(p1,p2:Pointer):Boolean;virtual;
                                            abstract;
  function SearchNode(key:Pointer):Pointer;
  procedure ProcessNode(L:PGPTreeNode);virtual;abstract;
  procedure TraverseTree;
end;
```

Da der Vergleich von zwei Datenfeldern vom konkreten Datentyp abhängt, müssen *less* und *greater* im Nachfolger definiert werden. Ebenso die Verarbeitung eines Knotens in *ProcessNode*.

Der Konstruktor *Create* initialisiert lediglich den Zeiger T auf *nil*:

```
constructor TGPSearchTree.Create;
begin
t := nil;
end;
```

Das Einfügen eines neuen Knotens bzw. von Daten in die verkettete Liste erfolgt wie in *InsertFPNode*. In *TGPSearchTree.Insert* wurden lediglich die Datentypen der lokalen Variablen angepaßt sowie der Name des Parameters *pos* durch *Listdata* ersetzt. Da der Name des Knotens zur Klasse gehört, wurde dieser aus der Parameterliste entfernt:

```
procedure TGPSearchTree.Insert(key,ListData:Pointer);

  procedure NewTreeNode(key,ListData:Pointer;
                                    var S:PGPTreeNode);

    procedure CreateFirstListNode(ListData:Pointer;
                             var first,last:PGPListNode);
    var H:PGPListNode;
    begin
    { alles wie in InsertFPNode, aber mit ListData
      anstelle von pos }
    end;

  var H:PGPTreeNode;
  begin { newTreeNode }
  { ListData anstelle von pos }
  end;  { newTreeNode }

  procedure CreateLastListNode(ListData:Pointer;
                                  var last:PGPListNode);
  var H:PGPListNode;
  begin
  { ListData anstelle von pos }
  end;

  procedure Insert_(key,ListData:Pointer;
                                    var S:PGPTreeNode);
  begin { Insert_ }
  if S = nil then NewTreeNode(key,ListData,S)
  else if less(key,S^.key) then Insert_(key,ListData,
                                               S^.left)
  else if greater(key,S^.key) then Insert_(key,ListData,
                                               S^.right)
  else CreateLastListNode(ListData,S^.Last);
  end;    { Insert_ }

begin
Insert_(key,ListData,T);
end;
```

Den Knoten mit einem bestimmten Schlüsselbegriff kann man mit *SearchNode* suchen. Auch diese Prozedur ist völlig analog zu der im Beispiel mit den Datei-positionen:

```
function TGPSearchTree.SearchNode(key:Pointer):Pointer;

  function Search(key:Pointer;Node:PGPTreeNode):
                                        PGPTreeNode;
  begin
  Result := nil;
  if T <> nil then
    begin
      if less(key,T^.key) then result :=
                                    Search(key,T^.left)
      else if greater(key,T^.key) then result :=
                                    Search(key,T^.right)
      else result := T;
    end;
  end;

begin
result := Search(key,T);
end;
```

Entsprechend *TraverseTree* zum Durchlaufen eines Baumes:

```
procedure TGPSearchTree.TraverseTree;

  procedure Traverse(W:PGPTreeNode);
  begin
  if W <> nil then
    begin
      Traverse(W^.left);
      ProcessNode(W);
      Traverse(W^.right);
    end;
  end;

begin
Traverse(T);
end;
```

Aufgaben 7.4

1. Eine verkettete Liste, bei der neue Elemente immer am Anfang eingehängt werden, kann zur Implementation eines Stacks verwendet werden: Der Zeiger auf die verkettete Liste zeigt dabei immer auf das oberste Element des Stacks.

   Schreiben Sie eine Klasse, die einen **Stack** mit einer verketteten Liste implementiert. Als Elemente des Stacks sollen Strings verwendet werden. Diese Klasse soll die folgenden Methoden enthalten:

   Create   ist der Konstruktor, der die Klasse anlegt und initialisiert

   push   legt ein neues Element auf den Stack

pop   entfernt das oberste Element vom Stack, falls dieser nicht leer
           ist; dabei soll auch der von diesem Element belegte Speicher-
           platz freigegeben werden

Is*Empty* gibt den booleschen Wert *true* zurück, falls der Stack leer ist,
           und andernfalls den Wert *false*.

2. Realisieren Sie den Stack der letzten Aufgabe mit generischen Pointern.

3. Schreiben Sie eine Klasse, die eine **Queue** mit einer verketteten Liste implementiert. Dabei soll ein Zeiger immer auf das letzte Element der Queue
   zeigen. Als Elemente der Queue sollen Strings verwendet werden. Diese
   Klasse soll die folgenden Methoden enthalten:

   Create   ist der Konstruktor, der die Klasse anlegt und initialisiert

   Insert   fügt ein neues Element am Anfang der Liste ein

   Remove   entfernt das letzte Element aus der Queue, falls diese nicht leer
              ist; dabei soll auch der von diesem Element belegte Speicher-
              platz freigegeben werden

   Is*Empty* gibt den booleschen Wert *true* zurück, falls die Queue leer ist,
              und andernfalls den Wert *false*.

4. Realisieren Sie die Queue aus dem letzten Beispiel mit generischen Pointern.

Die nächsten beiden Aufgaben sind Anwendungen von binären Suchbäumen. Da
diese Baumstruktur eine große Ähnlichkeit mit *TTreeNode* aus dem Beispiel in
diesem Abschnitt hat, können Sie sich daran orientieren.

5. Schreiben Sie ein Programm, das eine Liste mit allen verschiedenen Wörtern
   aus einem Text erstellt (**Konkordanzliste**). Diese Wörter sollen dann alphabetisch ausgegeben werden, wobei auf jedes Wort die Nummern der Zeilen
   folgen sollen, in denen es vorkommt.

   Für diese Aufgabe bietet sich ein binärer Suchbaum an, der die Wörter als
   Schlüsselbegriffe enthält. Zu jedem Knoten des Baums werden in einer verketteten Liste die Zeilennummern gespeichert.

   Für die Zerlegung einer Textzeile in einzelne Wörter können Sie sich an der
   Funktion *Zahl_lesen* in Abschnitt 5.8 orientieren.

6. Um alle **doppelten Dateien** auf einer oder mehreren Festplatten zu finden,
   kann man einen binären Suchbaum aufbauen, der die Namen von allen
   Dateien enthält. Doppelte Dateien werden dann in eine verkettete Liste eingehängt.

In diesem Zusammenhang stellt sich die Frage, wann zwei Dateien als gleich betrachtet werden sollen. Der Name ist dafür nicht unbedingt als Kriterium geeignet: Zwei Dateien mit demselben Namen können verschiedene Inhalte haben und zwei Dateien mit verschiedenen Namen denselben.

Am sichersten wäre es, wenn man alle Dateien mit derselben Größe zeichenweise vergleichen würde. Das wäre allerdings sehr zeitaufwendig. Ein pragmatischer Kompromiß ist ein Schlüssel, bei dem die Dateigröße und der Dateiname zu einem einzigen String zusammengesetzt werden (z. B. „325config.sys", wenn die Datei „config.sys" 325 Bytes groß ist). Mit diesem Schlüssel werden nur diejenigen Dateien als gleich betrachtet, die denselben Namen und dieselbe Dateigröße haben.

Für das Durchsuchen aller Dateien auf einem Laufwerk können Sie sich an Aufgabe 5.11.3 orientieren.

8 Verschiedenes

In diesem Kapitel werden einige Themen behandelt, die nicht mehr im engeren Sinne zur Sprache Object Pascal gehören, die aber für viele Anwendungen nützlich sein können. Sie machen Delphi zu einem außerordentlich vielseitigen Entwicklungsinstrument, das viel mehr ist als nur ein Compiler für Object Pascal.

Angesichts des teilweise beträchtlichen Umfangs dieser Themen ist keine vollständige Darstellung beabsichtigt. Statt dessen werden nur einige wichtige Aspekte an Beispielen illustriert. Diese sollen dem Leser den Einstieg erleichtern und ihn zu einer weiteren Beschäftigung mit dem jeweiligen Thema anregen. Ein kurzer Überblick:

– In Delphi ist eine leistungsfähige Datenbank mit zahlreichen Tools enthalten. Damit können Daten oft auf einfachere Weise in Dateien gespeichert werden, als das mit den Sprachelementen aus Abschnitt 7.3 möglich ist.

– OLE: Hier wird unter anderem gezeigt, wie mit Delphi Dokumente im Format von *Word für Windows* angelegt werden können.

– DLLs sind Bibliotheken mit Funktionen, die unabhängig von dem Programm übersetzt und gespeichert werden, das ihre Funktionen verwendet.

– Da in Delphi auch die Funktionen der Windows-API zur Verfügung stehen, kann man mit Delphi auch Programme schreiben, die nur diese Funktionen und keine Klassen der VCL verwenden.

– Im Abschnitt „Multitasking und Threads" wird gezeigt, wie geeignete Funktionen im Hintergrund gestartet werden.

– Meßwert-Erfassung: Unter Delphi 1 können mit speziellen Meßwert-Erfassungskarten elektrische Signale von einem Programm eingelesen und ausgegeben werden.

Anders als in den vorangehenden Kapiteln haben die Abschnitte in diesem Kapitel keine inhaltlichen Gemeinsamkeiten und enthalten auch keine Übungsaufgaben.

8.1 Datenbanken

Die Ausführungen in diesem Abschnitt sollen kein Lehrbuch über Datenbanken ersetzen – dazu ist dieses Thema zu umfangreich. Sie sollen aber einen kurzen Überblick darüber geben, welche Möglichkeiten Delphi in diesem Bereich bietet. Für weitere Informationen wird auf die Delphi-Hilfe verwiesen.

In Datenbanken werden Daten wie in Dateien (siehe Abschnitt 7.3) dauerhaft auf einem Datenträger gespeichert. Für Dateien stehen dafür im wesentlichen nur Operationen zum Lesen und Schreiben eines Datensatzes zur Verfügung. Alle weiteren Operationen (Suchen, Verwaltung von Schlüsseltabellen usw. – siehe Abschnitt 7.3.4) müssen auf der Basis dieser elementaren Operationen in jeder Anwendung programmiert werden.

Viele dieser Aufgaben treten in verschiedenen Anwendungen immer wieder in ähnlicher Form auf. Deshalb stellen Datenbanken fertige Anweisungen für solche Operationen zur Verfügung. Damit können viele Aufgaben in Zusammenhang mit der Verwaltung von Daten mit Datenbanken einfacher gelöst werden als mit den Techniken der Dateiverarbeitung. Außerdem stehen für Datenbanken meist auch Tools zur Verfügung, mit denen man Dateien anlegen, anzeigen und editieren kann.

Die folgenden Ausführungen orientieren sich an Delphi 2. Sie gelten mit kleineren Abweichungen auch für Delphi 1.

8.1.1 TTable

Eine Datenbank besteht aus einer oder mehreren **Tabellen**. Jede dieser Tabellen ist im wesentlichen eine Folge von Datensätzen, die man sich als

```
file of record f1:T1; f2:T2; ..., fn:Tn end;
```

vereinbart vorstellen kann. Einen Datensatz in einer Tabelle bezeichnet man auch als **Zeile** der Tabelle und die Gesamtheit der Werte zu einem Datenfeld des Records als **Spalte**.

Wir werden zunächst nur mit Datenbanken arbeiten, die aus einer einzigen Tabelle bestehen. Solche Datenbanken entsprechen also weitgehend den in Abschnitt 7.3 behandelten Dateien. Häufig bestehen Datenbanken jedoch aus vielen Tabellen, deren Datenfelder in Beziehung zueinander stehen.

Eine Tabelle kann man durch Anweisungen in einem Programm definieren, und wir werden das später auch machen. Damit wir jedoch auch die Datenbank-Tools von Delphi kennenlernen, soll unsere erste Tabelle zunächst mit der **Datenbankoberfläche** von Delphi angelegt werden. Diese steht unter *Tools* in der Menüleiste von Delphi zur Verfügung und ermöglicht es, Tabellen in den Formaten von Paradox, dBASE und SQL anzulegen, anzuzeigen, zu sortieren, zu ändern und abzufragen.

Unter *Datei|Neu|Tabelle* kann man hier eine neue Tabelle anlegen, indem man ihre Struktur definiert. Dazu definiert man alle Felder, die zu einem Datensatz der Tabelle gehören:

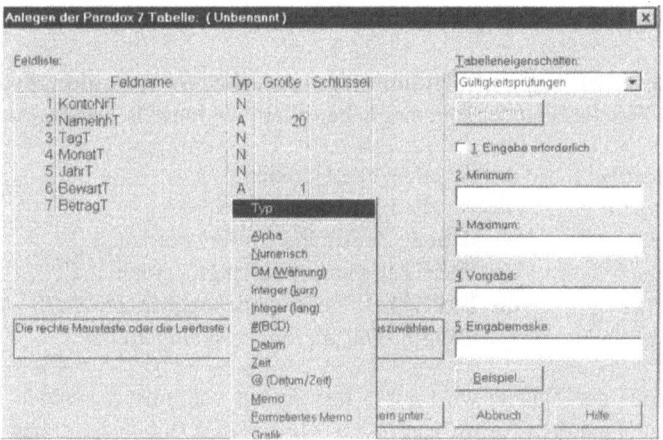

In diesem Beispiel wurde eine Tabelle definiert, deren Satzaufbau dem in den Abschnitten 7.1–7.3 verwendeten Datentyp *TKontobewegung* entspricht. Damit die Datenfelder eines solchen Records und eines Datensatzes aus der Tabelle leicht unterschieden werden können, enden alle Feldnamen in der Tabelle mit einem T.

Nachdem man diese Tabelle gespeichert hat (für die folgenden Ausführungen unter „c:\db\kb.db"), kann man sie in einem Delphi-Programm mit einer *TTable*-Komponente ansprechen. Diese findet man als zweite Komponente unter dem Register *Datenzugriff* in der Komponentenpalette:

Table

Die Verbindung zwischen der *TTable*-Komponente und der Tabelle wird dadurch hergestellt, daß man im Objektinspektor oder im Programm für *DatabaseName* das Verzeichnis und für *TableName* den Dateinamen der Tabelle angibt:

```
procedure TForm1.FormCreate(Sender: TObject);
begin
Table1.DatabaseName := 'c:\db';
Table1.TableName := 'kb.db';
end;
```

Damit man auf die Tabelle zugreifen kann, muß diese zuerst mit *Open* geöffnet oder ihre Eigenschaft *Active* auf *true* gesetzt werden. Beide Operationen sind vom Ergebnis her gleichwertig und setzen die Tabelle in den Modus *dsBrowse*, in dem Datensätze angezeigt, aber nicht verändert werden können.

Die Eigenschaft **State** enthält immer den aktuellen Wert für den Modus, in dem sich die Tabelle befindet. Die möglichen Werte und ihre Bedeutung sind:

dsInactive:	die Tabelle ist geschlossen
dsBrowse:	die Tabelle kann angezeigt werden
dsEdit:	die aktuelle Zeile kann editiert werden
dsInsert:	eine neue Zeile kann eingefügt werden
dsSetKey:	die Tabelle befindet sich im sogenannten *SetKey*-Modus
dsCalcFields:	das Ereignis *OnCalcFields* ist eingetreten

Der Modus der Tabelle wird durch den Aufruf von entsprechenden Prozeduren geändert. Nach dem Aufruf von *Insert*, *Append* und *Delete* kann man Datensätze mit den folgenden Methoden des Objekts *TTable* in die Tabelle einfügen oder löschen:

procedure **Insert**;
procedure **Append**;
procedure **Delete**;

Insert setzt die Tabelle in den Modus *dsInsert* und erzeugt einen neuen, leeren Datensatz an der aktuellen Position. *Append* ist wie ein Insert am Ende der Tabelle. Mit

procedure **Edit**;

setzt man den aktuellen Datensatz in den Modus *dsEdit*, wonach dieser verändert werden kann. *Post* schreibt den aktuellen Datensatz in die Tabelle und sollte nach jedem *Edit*, *Insert* oder *Append* aufgerufen werden:

procedure **Post**;

Allerdings muß *Post* nicht immer explizit aufgerufen werden: Nach jeder Positionsänderung (z. B. mit *first*, *next*, *last*) wird *Post* implizit aufgerufen, wenn die Tabelle im Einfügemodus ist, außerdem durch das nächste *Insert* oder *Append*.

Die einzelnen Felder eines Datensatzes kann man mit

function **FieldByName**(const FieldName: string): TField;

unter dem Namen ansprechen, unter dem sie mit der Datenbankoberfläche angelegt wurden. Die Konversion des Datentyps von Object Pascal auf den Datentyp
der Datenbank ist mit einer der folgenden Eigenschaften von *TField* möglich:

property **AsInteger**: LongInt;
property **AsString**: string;
property **AsFloat**: Double;

Beispiel: `Table1.FieldByName('KontoNrT').AsInteger := 1017;`

Ebenso kann man die Felder einer Tabelle über die Default-Eigenschaft *Field-
Values* ansprechen. Diese Eigenschaft hat den Datentyp *Variant*, der verschiedene Datentypen darstellen kann:

property **FieldValues**[const FieldName: string]: Variant; default;

Beispiel: `Table1['KontoNrT'] := 1017;`

Die folgende Prozedur ergänzt die mit der Datenbankoberfläche angelegte
Tabelle um 50 Datensätze. Um sowohl den Zugriff mit *FieldByName* als auch
über die *default*-Eigenschaft zu illustrieren, wurden beide Techniken gemischt:

```
procedure TForm1.DatenAnlegenClick(Sender: TObject);
var i:Integer;
    KB:TKontobewegung;
begin
Table1.Active := true;
for i := 1 to 50 do
  begin
    KB := Zufalls_KB;
    Table1.Append;
    Table1['KontoNrT'] := KB.Kontonr;
    Table1['NameInhT'] := KB.NameInhaber;
    Table1['TagT']     := KB.Datum.Tag;
    Table1['MonatT']   := KB.Datum.Monat;
    Table1.FieldByName('JahrT').AsInteger:=KB.Datum.Jahr;
    Table1.FieldByName('BewartT').AsString:=KB.Bewart;
    Table1.FieldByName('BetragT').AsFloat:=KB.Betrag;
    Table1.Post;
  end;
end;
```

Mit den folgenden Methoden kann man **durch eine Tabelle navigieren**:

procedure **First**;   { bewegt den Cursor auf den ersten Datensatz }
procedure **Next**;   { bewegt den Cursor auf den nächsten Datensatz }
procedure **Prior**;   { bewegt den Cursor auf den vorigen Datensatz }

procedure **Last**;   { bewegt den Cursor auf den letzten Datensatz }

Mit den Eigenschaften *EOF* und *BOF* kann man feststellen, ob sich der Cursor am Anfang oder am Ende der Tabelle befindet:

property **EOF**: Boolean;   { „end of file" }
property **BOF**: Boolean;   { „beginning of file" }

Die sequentielle Bearbeitung aller Datensätze einer Tabelle ist damit wie im folgenden Beispiel möglich:

```
procedure TForm1.SumClick(Sender: TObject);
var Summe: Currency;
begin
Summe := 0;
Table1.first;
while not Table1.Eof do
  begin
    Summe:=Summe+Table1.FieldByName('BetragT').AsFloat;
    Table1.Next;
  end;
Sum.Caption := FloatToStr(Summe);
end;
```

Mit einer **DBGrid**-Komponente kann man Daten aus einer **Tabelle anzeigen**, verändern, löschen und neue Datensätze einfügen. Diese Komponente steht neben anderen Komponente zur Datenanzeige unter dem Register Datensteuerung zur Verfügung:

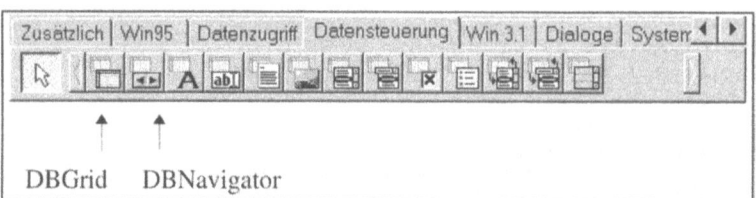

Die Verbindung zwischen einem *DBGrid* und einer Tabelle wird durch eine **DataSource**-Komponente hergestellt: Der Eigenschaft *DataSet* der *DataSource* wird die anzuzeigende Tabelle zugewiesen. Diese *DataSource*-Komponente wird dann der Eigenschaft *DataSource* des Anzeigefelds zugewiesen:

```
procedure TForm1.FormCreate(Sender: TObject);
begin
Table1.DatabaseName := 'c:\db';
Table1.TableName := 'kb.db';
DataSource1.DataSet := Table1;    {wird im OI angeboten}
DBGrid1.DataSource := DataSource1; {wird im OI angeboten}
end;
```

Sowohl die Eigenschaft *DataSet* als auch *DataSource* werden im Objektinspektor
der jeweiligen Komponente zur Auswahl angeboten, nachdem man diese auf das
Formular gesetzt hat:

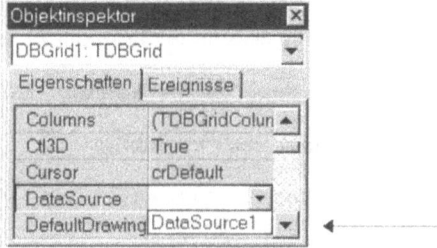

Aktiviert man anschließend die Tabelle mit *Open* oder indem man *Active* auf
true setzt,

```
procedure TForm1.DBGridShowClick(Sender: TObject);
begin
Table1.Active := true;
end;
```

wird die Tabelle im *DBGrid* angezeigt:

KontoNrT	NameInhT	TagT	MonatT	JahrT	BewartT	BetragT
1031	Blond, Alek	6	5	1995	+	142.44 DM
1007	Duestrip, Nikolausi	27	1	1995	-	110.38 DM
1077	Pascal, Nikolausi	11	9	1996	-	92,00 DM
1016	Sander, Imanuel	11	6	1995	-	83,71 DM
1048	Schluck, John	5	11	1995	-	292,94 DM
1049	Schluck, Charlie	28	10	1995	+	43,06 DM

Wenn man dieses Programm zweimal gleichzeitig startet und in einem der
beiden Programme denselben Datensatz ändern will, mit dessen Änderung man
bereits im anderen Programm begonnen hat, erhält man die Meldung, daß der
Datensatz von einem anderen Anwender gesperrt ist. Daran erkennt man, daß in
dieser Datenbank bereits ein **Record-Locking** integriert ist.

Eine **DBNavigator**-Komponente bietet eine einfache Möglichkeit, **durch ein
DBGrid zu navigieren,** Datensätze einzugeben, zu löschen und zu editieren:

Diese wird im Register *Datensteuerung* der Komponentenpalette angeboten und wird wie das *DBGrid* dadurch mit einer Datenquelle verbunden, daß ihrer Eigenschaft *DataSource* eine Datenquelle zugewiesen wird. Diese Zuweisung ist gerade die letzte Zeile der so erweiterten Prozedur *FormCreate*:

```
procedure TForm1.FormCreate(Sender: TObject);
begin
Table1.DatabaseName := 'c:\db';
Table1.TableName := 'kb.db';
DataSource1.DataSet := Table1;
DBGrid1.DataSource := DataSource1;
DBNavigator1.DataSource:=DataSource1;
end;
```

Mit der Eigenschaft

property **Filter**: string;

einer *TTable* kann man Bedingungen für die angezeigten Datensätze festlegen. Damit der Filter wirksam ist, muß die Eigenschaft *Filtered* auf *true* gesetzt sein:

property **Filtered**: Boolean;

In einem Filter-String können Feldnamen und Konstanten mit den Operatoren <, >, >=, <=, = und <> kombiniert werden. Aus solchen „einfachen Bedingungen" können mit *and*, *not* und *or* komplexere aufgebaut werden.

Beispiele: `Table1.Filter := 'KontoNrT < 1020';`
`Table1.Filter := 'KontoNrT < 1050 and`
`                              (BewArtT=''+'')';`
`Table1.Filter := '(KontoNrT < 1050) and`
`                              (not(MonatT=2))';`

Den Filter kann man auch von einem Memo-Fenster einlesen:

```
procedure TForm1.FilterClick(Sender: TObject);
begin
Table1.Filter := Memo1.Text;
end;
```

Mit der Eigenschaft *LoadFromFile* des Memos können komplexere Abfragen als Textdateien geladen werden. Aktiviert man das Filtern von Datensätzen (hier mit einer *CheckBox*)

```
procedure TForm1.CheckBox1Click(Sender: TObject);
begin
Table1.Filtered := CheckBox1.Checked;
end;
```

werden nur die Datensätze im *DBGrid* angezeigt, die die Bedingung im aktuellen
Filter-String erfüllen:

Setzt man dagegen die Eigenschaft *Filtered* auf *false*, werden unabhängig vom
Wert des Filter-Strings alle Datensätze angezeigt.

Die Eigenschaften *First*, *Next* usw. arbeiten immer auf dem gefilterten Datensatz.
Damit wird in *SumClick* nur die Summe der Datensätze berechnet, die die Filter-
bedingung erfüllten:

```
procedure TForm1.SumClick(Sender: TObject);
var Summe: Currency;
begin
Summe := 0;
Table1.First;
while not Table1.Eof do
  begin
    Summe:=Summe+Table1.FieldByName('BetragT').AsFloat;
    Table1.Next;
  end;
Sum.Caption := FloatToStr(Summe);
end;
```

Über den String der Eigenschaft *Filter* können nur solche Bedingungen formuliert werden, die sich aus dem Vergleich von Feldnamen mit Konstanten ergeben.
Allgemeinere Filterbedingungen kann man über das Ereignis *OnFilterRecord*
formulieren. Dieser Event-Handler wird beim Lesen eines jeden Datensatzes
ausgeführt. Über den Parameter *Accept* kann man festlegen, ob ein Datensatz
angezeigt wird oder nicht. Durch den folgenden Event-Handler werden nur die
Datensätze angezeigt, die den Substring in Edit1.Text enthalten:

```
procedure TForm1.Table1FilterRecord(DataSet: TDataSet;
                               var Accept: Boolean);
begin
Accept := pos(Edit1.Text,Table1.FieldByName('NameInhT').
                               AsString) > 0;
end;
```

Mit der Funktion *Locate* kann man einen Datensatz suchen, dessen Felder im
String *KeyFields* die Werte *KeyValues* haben:

function **Locate**(const KeyFields: string; const KeyValues: Variant;
                                              Options: TLocateOptions): Boolean;

Falls ein Datensatz gefunden wurde, ist der Funktionswert *true* und andernfalls
false:

```
procedure TForm1.locateKnrClick(Sender: TObject);
begin
Table1.Locate('KontoNrT',1077,[loPartialKey]);
end;
```

Wie die bisherigen Ausführungen gezeigt haben, ist die Arbeit mit Tabellen recht
einfach und flexibel. Allerdings ist die Identifikation der Datenfelder durch
Strings auch mit einem gewissen Risiko verbunden: Falls der angegebene Name
nicht dem Namen eines Datenfelds entspricht, wird dieser Fehler erst zur Laufzeit des Programms entdeckt. Bei der Arbeit mit Dateien können solche Fehler
nicht auftreten, da der Compiler prüft, ob der angesprochene Feldname auch
einem tatsächlichen Feld des Records entspricht.

8.1.2 Indizierte Tabellen

Mit einem Index (oder Schlüssel) kann man eine Sortierfolge für eine Tabelle
definieren. Da über einen Index außerdem die physikalischen Positionen der
Datensätze verwaltet werden, beschleunigt ein Schlüssel die Suche nach Datensätzen und ermöglicht Operationen, die auf Tabellen ohne Index nicht möglich
sind.

Ein Schlüssel kann aus einem oder mehreren Feldern einer Tabelle bestehen. In
der Datenbankoberfläche wird ein Index dadurch definiert, daß man die Spalte
„Schlüssel" markiert. Diese Felder müssen immer die ersten der Tabelle sein.
Falls man in einer bereits definierten Tabelle Felder in einen Schlüssel aufneh-
men will, die nicht unmittelbar aufeinanderfolgen, muß man die Reihenfolge der
Felder vertauschen.

Bei Paradox- und dBASE-Tabellen müssen alle Zeilen einer Tabelle verschiedene
Schlüsselwerte haben. Falls die Schlüsselwerte in einer Tabelle nicht von sich
aus **eindeutig** sind, kann man die Eindeutigkeit dadurch erzwingen, daß man ein
zusätzliches Feld mit dem Typ **Zähler** einfügt. Für dieses Feld werden dann
automatisch fortlaufend neue Werte erzeugt, so daß der Schlüssel immer eindeutig ist.

In der folgenden Abbildung der Datenbankoberfläche wurde ein Zählerfeld
LfdNR definiert, mit dem das Feld *KontoNrT* ein eindeutiger Schlüssel wird:

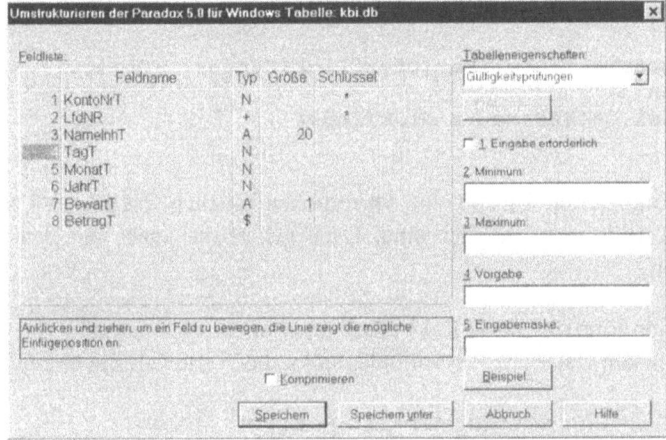

Der so über die Spalte „Schlüssel" definierte Index einer Tabelle ist der sogenannte **Primärindex**. Neben dem Primärindex können ein oder mehrere Sekun-
därindizes definiert werden. Ein **Sekundärindex** ermöglicht eine alternative
Sortierfolge und kann wie ein Primärindex aus einem oder mehreren Feldern
bestehen.

In der Datenbankoberfläche kann ein Sekundärindex unter „Tabelleneigen-
schaften" definiert werden In der folgenden Abbildung wurde ein zusam-
mengesetzter Sekundärindex definiert, der die Datensätze zuerst nach der Kontonummer und innerhalb der Kontonummer nach dem Datum sortiert:

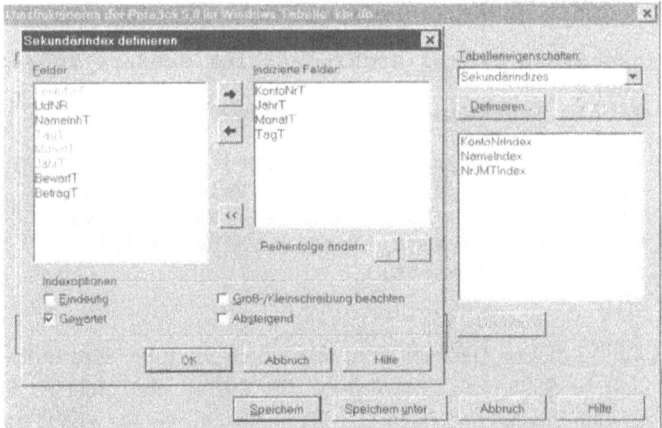

Nachdem man einen Primärindex definiert hat, werden alle Datensätze der
Tabelle automatisch in der Reihenfolge angezeigt, die sich gemäß diesem Index
ergibt. Will man die Datensätze in der Reihenfolge anzeigen, die sich aufgrund

eines Sekundärindexes ergibt, weist man der Eigenschaft *IndexName* den Namen
des gewünschten Sekundärindexes zu:

```
procedure TForm1.SecIndexClick(Sender: TObject);
begin
Table1.IndexName :='NrJMTIndex';
end;
```

In einer indizierten Tabelle sind Operationen möglich, die in einer nicht indizierten Tabelle nicht möglich sind. Dazu gehört die Suche mit den folgenden
Methoden:

function **FindKey**(const KeyValues: array of const): Boolean;
{ sucht den Datensatz, dessen Indexfelder die Werte von *KeyValues* haben }

procedure **FindNearest**(const KeyValues: array of const);
{ sucht den ersten Datensatz, dessen Werte >= den *KeyValues* sind }

Beide Methoden setzen die Tabelle in den Modus *dsSetKey*. Mit

procedure **SetKey**;

ist das auch explizit möglich. Durch den Aufruf dieser Methode wird ein sogenannter Suchpuffer angelegt, der aus den Schlüsselfeldern der Tabelle besteht.
Diesen Datenfeldern kann man wie dem aktuellen Datensatz Werte zuweisen und
dann mit den folgenden beiden Methoden nach einem Datensatz mit diesen
Werten suchen:

function **GotoKey**: Boolean;
procedure **GotoNearest**;

Beispiel:
```
procedure TForm1.SrchIndexClick(Sender: TObject);
begin
Table1.IndexName :='NrJMTIndex';
Table1.SetKey;
Table1.FieldByName('KontoNrT').Value := 1017;
Table1.FieldByName('JahrT').Value := 1995;
{Table1.FieldByName('MonatT').Value := 4;
Table1.FieldByName('TagT').Value := 5;}
Table1.GotoNearest;
end;
```

Falls man wie in diesem Beispiel nicht alle Felder setzt, die zum Index gehören,
empfiehlt sich die Suche mit *GotoNearest*: Da *SetKey* alle Felder im Suchpuffer
löscht, wirkt sich das Nicht-Setzen von Werten nicht wie die Suche nach „wild-
cards" aus, sondern als Suche nach Nullwerten.

Ähnlich wie mit einem Filter kann man in einer indizierten Tabelle den Bereich
der angezeigten Elemente mit den folgenden Methoden beschränken:

```
procedure SetRangeStart;
procedure SetRangeEnd;
procedure ApplyRange;
procedure CancelRange;
```

Dazu weist man nach dem Aufruf *SetRangeStart* einem oder mehreren Feldern die Anfangswerte des angezeigten Bereichs zu. Entsprechend definiert man das Ende des angezeigten Bereichs durch Zuweisungen von *SetRangeEnd*. Bei Paradox- und dBASE-Tabellen müssen das Felder sein, auf denen ein Index definiert ist. In SQL-Datenbanken müssen diese Felder in der Eigenschaft *IndexFieldNames* angegeben sein. Ein anschließender Aufruf von *ApplyRange* beschränkt die Anzeige dann auf den so definierten Bereich. Mit *CancelRange* kann dieser wieder gelöscht werden.

Beispiel:
```
procedure TForm1.SecIndexClick(Sender: TObject);
begin
  Table1.IndexName :='NrJMTIndex';
  Table1.SetRangeStart;
  Table1.FieldByName('KontoNrT').Value := 1010;
  Table1.FieldByName('JahrT').Value := 1995;
  Table1.SetRangeEnd;
  Table1.FieldByName('KontoNrT').Value := 1020;
  Table1.FieldByName('JahrT').Value := 1995;
  Table1.ApplyRange;
end;
```

Selbstverständlich können Datenbanken nicht nur von der Datenbankoberfläche aus angelegt werden. Für alle diese Operationen stehen in einem *TTable*-Objekt geeignete Methoden zur Verfügung. Die folgende Prozedur *CreateDBClick* legt eine Datenbank mit den Datenfeldern *KontoNrS*, *NameInhS* und *KontoStdS* an. Das Feld *KontoNrS* wird als Primärindex definiert:

```
procedure TForm1.CreatDBClick(Sender: TObject);
var i:Integer;
begin
with Table2 do
begin
  Active := false;
  DatabaseName := 'c:\DB';
  TableName := 'St1.db';
  TableType := ttParadox;
  with FieldDefs do
  begin
    Clear;
    Add('KontoNrS', ftInteger, 0, false);
    Add('NameInhS', ftString, 20, false);
    Add('KontoStdS', ftCurrency,0, false);
  end;
  with IndexDefs do
  begin
    Clear;
```

```
    Add('KontoNrIndex','KontoNrS',[ixPrimary,ixUnique]);
  end;
CreateTable;
end;
```

In dieser Tabelle kann man die **Kontostände** zu den Kontobewegungen darstellen, mit denen wir bisher gearbeitet haben. Datensätze für diese Tabelle können z. B. folgendermaßen erzeugt werden:

```
Table2.Active := true;
for i := 1000 to 1099 do
  begin
    Table2.Append;
    Table2['KontoNrS'] := i;
    Table2['NameInhS'] := '';
    Table2['KontoStdS']  := 0;
    Table2.Post
  end;
```

Eine **Datenbank** besteht in vielen Anwendungen aus mehreren Tabellen, die inhaltlich miteinander verknüpft sind.

Im folgenden soll die **Verknüpfung** der Anzeige **von Tabellen** über *MasterFields* und *MasterSource* am Beispiel einer Datei von Kontobewegungen mit einer Datei von Kontoständen illustriert werden. Durch beide Tabellen kann man unabhängig voneinander navigieren, wenn man für jede Tabelle ein *DBGrid*, eine *DataSource* und einen *DBNavigator* auf das Formular setzt und diese wie in den bisherigen Beispielen initialisiert:

```
procedure TForm1.FormCreate(Sender: TObject);
begin
Table1.DatabaseName := 'c:\DB';
Table1.TableName := 'kb.db';
Table1.Active := true;
DataSource1.DataSet := Table1;
DBGrid1.DataSource := DataSource1;
DBNavigator1.DataSource := DataSource1;

Table2.DatabaseName := 'c:\DB';
Table2.TableName := 'St1.db';
Table2.Active := true;
DataSource2.DataSet := Table2;
DBGrid2.DataSource := DataSource2;
DBNavigator2.DataSource := DataSource2;
end;
```

Über die Eigenschaft *MasterSource* einer Tabelle kann man eine *DataSource* angeben, von der die Tabelle ihre Daten beziehen soll:

property **MasterSource**: TDataSource;
property **MasterFields**: string;

In dem String *MasterFields* gibt man dann die Datenfelder an, über die die
beiden Tabellen verknüpft sind. Für diese Datenfelder muß ein Index definiert
sein. Wenn sich jetzt der aktuelle Datensatz in der Master-Tabelle ändert, werden
in der damit verbundenen Tabelle nur die Datensätze angezeigt, deren Schlüssel
dem in der Master-Tabelle entspricht:

```
procedure TForm1.ConnectClick(Sender: TObject);
begin
Table1.MasterSource := DataSource2;
Table1.MasterFields  := 'KontoNrT'; {muß ein Index sein}
end;
```

Durch die erste der beiden Zuweisungen wird die Tabelle der Kontostände als
Master-Tabelle für die Kontobewegungen definiert. In der zweiten Zuweisung
wird die Kontonummer als Feld definiert, über das die Tabellen verknüpft sind.

Wenn man jetzt durch die Tabelle mit den Kontoständen navigiert, werden in der
Tabelle der Kontobewegungen nur die Datensätze mit der aktuellen Kontonummer angezeigt:

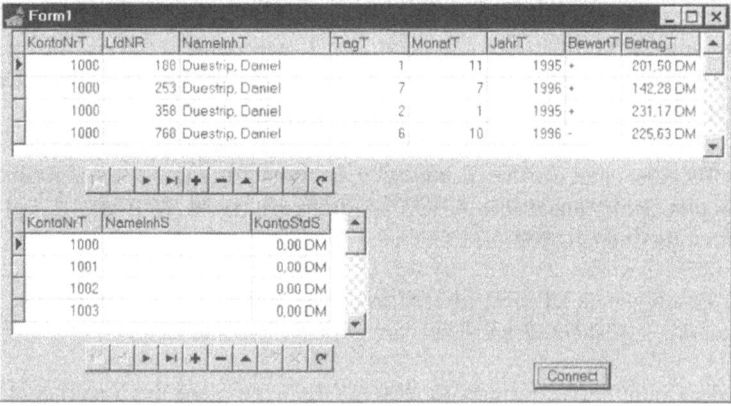

Da sich die Navigationsmethoden *First*, *Next*, *EOF* usw. immer auf den aktuell
angezeigten Bereich beziehen, braucht man bei Gruppenwechsel-Aufgaben (siehe
Abschnitt 7.3.7) den übergeordneten Gruppenbegriff nicht mehr abzufragen. Die
folgende Prozedur berechnet zu jeder Kontonummer in *Table2* aufgrund der
Kontobewegungen in *Table1* den neuen Kontostand:

```
procedure TForm1.SumClick(Sender: TObject);
var Summe: Currency;
begin
Table2.First;
while not Table2.EOF do
  begin
    Summe := 0;
    Table1.First;
    while not Table1.EOF do
```

```
   begin
     if Table1['BewartT'] = '+' then
         Summe := Summe + Table1['BetragT']
     else if Table1['BewartT'] = '-' then
         Summe := Summe - Table1['BetragT']
     else ShowMessage('Falsche Bewegungsart');
     Table1.Next;
   end;
 Table2.Edit;
 Table2['KontoStdS'] := Summe;
 Table2.Post;
 Table2.next;
end;
end;
```

8.1.3 SQL-Abfragen

SQL (Standard Query Language – strukturierte Abfragesprache) ist eine Sprache, die sich für Datenbanken als Standard durchgesetzt hat. Obwohl das „Query" im Namen nahelegt, daß mit SQL nur Datenbankabfragen möglich sind, können damit auch zahlreiche andere Aufgaben für Datenbanken durchgeführt werden.

Delphi unterstützt SQL-Abfragen mit der Komponente *TQuery*, die man im Register „Datenzugriff" der Komponentenpalette findet. Der verfügbare Umfang der SQL-Anweisungen hängt vom Datenbanktyp ab:

– für Paradox- und dBASE-Tabellen im Umfang das sogenannte „locale SQL", das eine Untermenge des ANSI-Standards ist (siehe dazu die „Local-SQL-Hilfe" im Ordner „Borland Delphi 2.0"),

– für Datenbanken auf dem lokalen InterBase Server das InterBase SQL (siehe dazu die „Local-InterBase-Hilfe" im Ordner „Borland Delphi 2.0"),

– in der Client/Server-Edition der gesamte Sprachumfang des Server-SQLs.

SQL ist eine recht umfangreiche Sprache. Deshalb sollen die folgenden Ausführungen keine Einführung in SQL sein, sondern lediglich zeigen, wie von Delphi aus SQL-Befehle abgesetzt werden können.

Eine *TQuery*-Komponente hat Ähnlichkeiten mit einem *TTable*-Objekt: Beide haben einen gemeinsamen Vorgänger *TDBDataSet*. Nachdem man eine *TQuery*-Komponente auf ein Formular gesetzt hat, kann man sie wie eine *TTable*-Tabelle initialisieren und mit einem *DBGrid* verbinden:

```
procedure TForm1.OpenSQLClick(Sender: TObject);
begin
DataSource1.DataSet := Query1; {wird im OI angeboten}
DBGrid1.DataSource := DataSource1; {wird im OI angeboten}
DBNavigator1.DataSource := DataSource1; {wird im OI ang.}
end;
```

Eine *TQuery*-Komponente enthält ein Objekt *SQL* vom Typ *TStrings*:

property **SQL**: TStrings;

Diesem Objekt weist man den Text der SQL-Anweisung zu, die anschließend mit *Open* oder *ExecSQL* ausgeführt wird. Nachdem man eine SQL-Abfrage ausgeführt hat, muß *Close* aufgerufen werden, bevor man den Text ändern kann.

```
procedure TForm1.SQLBClick(Sender: TObject);
begin
Query1.Close;
Query1.SQL.Clear;
Query1.SQL.Add('SELECT * FROM "c:\db\KB.db"');
Query1.Open;
end;
```

Hier wird der komplette Pfadname der Datenbank angegeben. Weist man der Eigenschaft *DatabaseName* das Verzeichnis zu, in dem sich die Datenbank befindet

```
Query1.DatabaseName := 'c:\DB';
```

kann man die Datenbank unter ihrem Dateinamen ansprechen:

```
Query1.SQL.Add('SELECT * FROM KB');
```

„SELECT *" bewirkt, daß alle Spalten der Tabelle angezeigt werden. Will man nur ausgewählte Spalten anzeigen, gibt man deren Namen nach Select an:

```
Query1.SQL.Add('SELECT KontoNrT,BetragT FROM KB');
```

Nach „WHERE" kann man eine Bedingung angeben, die die Auswahl der Datensätze einschränkt:

```
Query1.SQL.Add('SELECT * FROM KB
              WHERE KontoNrT > 1020 and BetragT < 100');
```

Im Gegensatz zu einer *TTable* kann man mit einer *TQuery* verschiedene Tabellen verknüpfen. Das soll an der Verknüpfung von zwei Tabellen über einen Parameter illustriert werden. Die Quelle für den Parameter wird dabei durch die letzte Anweisung in *ConnectSQLClick* definiert:

```
procedure TForm1.ConnectSQLClick(Sender: TObject);
begin
Query1.DatabaseName := 'c:\DB';
```

```
DataSource1.DataSet := Query1;
DBGrid1.DataSource := DataSource1;
DBNavigator1.DataSource := DataSource1;
Query1.DataSource := DataSource2;
end;
```

Durch die folgende SQL-Anweisung werden Daten aus zwei verschiedenen Tabellen angezeigt. Diese Daten sind wie im *MasterSource*-Beispiel aus dem letzten Abschnitt über den Parameter *KontoNrT* verknüpft. Daß der Wert *KontoNrT* als Parameter verwendet wird, bringt man durch den Doppelpunkt in „:KontoNrT" zum Ausdruck. Dieser Parameter erhält seine Werte dann aus der mit der *TQuery* verknüpften *DataSource*:

```
procedure TForm1.SQLBClick(Sender: TObject);
begin
Query1.Close;
Query1.SQL.Clear;
Query1.SQL.Add('SELECT KontoNrT,KontoStdS');
Query1.SQL.Add('From KB, ST1');
Query1.SQL.Add('Where KB.KontoNrT = :KontoNrT ');
Query1.Open;
end;
```

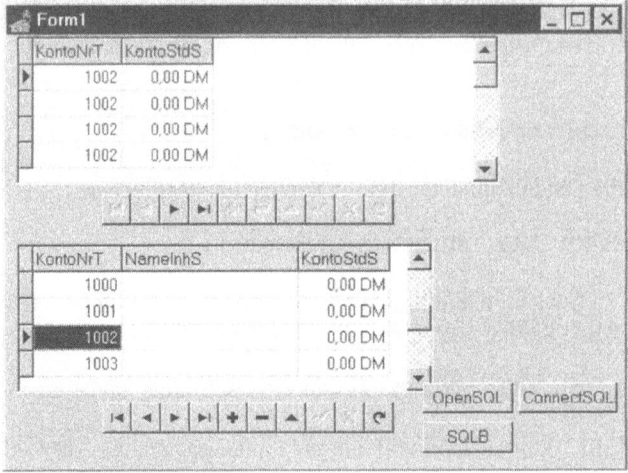

Scrollt man hier durch das untere *DBGrid2*, werden im oberen *DBGrid1* nur die Datensätze mit der aktuellen Kontonummer im unteren *DBGrid* angezeigt.

8.1.4 Datenbanken, Transaktionen und Cached Updates

Angenommen eine Tabelle (bzw. Datei) von Kontoständen soll aufgrund einer Tabelle (bzw. Datei) von Kontobewegungen aktualisiert werden. Dann muß eine Kontobewegung nach ihrer Verrechnung als verbucht gekennzeichnet werden, damit sie nicht eventuell ein zweites Mal gebucht wird.

Wenn jetzt einer der beiden Datensätze in die Datenbank geschrieben wird, der zweite aber nicht (z. B. wegen eines Stromausfalls), wäre die Datenbank in einem inkonsistenten Zustand. Um solche unangenehmen Situationen zu vermeiden, bearbeitet man solche Datenbankoperationen meist als sogenannte Transaktionen. Als **Transaktion** bezeichnet man eine Gruppe von Anweisungen, die entweder als Ganzes oder überhaupt nicht ausgeführt werden soll.

In Delphi stehen für Transaktionen in der Komponente **TDatabase** die folgenden Methoden zur Verfügung:

StartTransaction startet eine Transaktion,

Commit überträgt die Änderungen seit dem Beginn der letzten Transaktion an die Datenbank und beendet die Transaktion,

Rollback macht alle Änderungen seit dem Beginn der letzten Transaktion rückgängig und beendet die Transaktion.

Eine *TTable*-Komponente enthält eine Eigenschaft *Database* des Datentyps *TDatabase*. Damit kann man Transaktionen für Tabellen realisieren.

Wie in den letzten Beispielen soll auch in den nächsten ein Formular mit einer *TTable*, einem *DBGrid*, einem *DBNavigator* und den folgenden Initialisierungen vorausgesetzt werden:

```
Table1.DatabaseName := 'c:\DB';
Table1.TableName := 'kbi.db'; { Primärindex für Cached
                                Updates und Refresh notwendig }
Table1.CachedUpdates := false;
Table1.Active := true;
DataSource1.DataSet := Table1;
DBGrid1.DataSource := DataSource1;
DBNavigator1.DataSource := DataSource1;
```

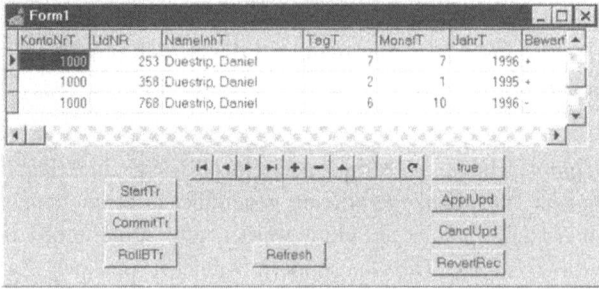

Zur Veranschaulichung der Transaktionsoperationen sollen diese als Reaktionen auf ButtonClicks definiert werden:

```
procedure TForm1.StartTrClick(Sender: TObject);
begin
Table1.Database.TransIsolation := tiDirtyRead;
{ tiDirtyRead für Paradox- und dBASE-Tabellen notwendig }
Table1.Database.StartTransaction;
end;

procedure TForm1.CommitTrClick(Sender: TObject);
begin
Table1.Database.Commit;
end;

procedure TForm1.RollBTrClick(Sender: TObject);
begin
Table1.Database.Rollback;
end;

procedure TForm1.RefreshClick(Sender: TObject);
begin
Table1.Refresh;
end;
```

Durch die Zuweisung an *TransIsolation* (in *StartTrClick*) wird die sogenannte „Isolierung" der Transaktion definiert. Der Wert *tiDirtyRead* bedeutet, daß Datensätze gelesen werden können, auch wenn deren Änderungen noch nicht mit *Commit* bestätigt wurden. Damit kann ein anderes Programm den geänderten Datensatz lesen, obwohl die Änderung eventuell später mit *Rollback* wieder zurückgenommen wird.

Hätte *TransIsolation* den Wert *tiReadCommitted* (die Voreinstellung), könnten andere Programme nur die Daten lesen, deren Änderungen mit *Commit* bestätigt wurden. Da für Paradox- und dBASE-Tabellen aber nur der Wert *tiDirtyRead* zulässig ist, wurde diese Zuweisung notwendig.

Startet man jetzt eine Transaktion und ändert dann im *DBGrid* einen oder mehrere Datensätze, werden alle Änderungen nach einem *Rollback* wieder rückgängig gemacht und nach einem *Refresh* angezeigt. Startet man dieses Programm gleichzeitig ein zweites Mal, kann man sich die Auswirkungen von *tiDirtyRead* veranschaulichen.

Mit *CachedUpdates* kann allerdings auch für dBASE- und Paradox-Tabellen eine Isolation von Datenbankoperationen gegenüber anderen Benutzern erreicht werden. Sind *CachedUpdates* aktiviert, werden alle Änderungen der Tabellendaten nicht direkt in die Tabelle, sondern zunächst in einen Zwischenpuffer (Cache) geschrieben. Durch diese Pufferung wird außerdem in einer vernetzten Datenbank die Belastung des Netzes reduziert.

property **CachedUpdates**: Boolean;
{ Setzt man diese Eigenschaft auf *true*, werden CachedUpdates aktiviert. }

Die Aktualisierungen der Datenbank erfolgt dann durch den Aufruf von

procedure **ApplyUpdates**

Dadurch werden alle anstehenden Transaktionen in die Datenbank geschrieben, was einem *Commit* entspricht. Dies betrifft alle Transaktionen seit dem letzten *ApplyUpdates* oder seitdem *CachedUpdates* auf *true* gesetzt wurde. Durch

procedure **CancelUpdates;**

werden alle anstehenden Transaktionen gelöscht, was einem Rollback entspricht. Alle Änderungen des aktuellen Datensatzes können mit

procedure **RevertRecord**;

wieder rückgängig gemacht werden.

Erweitert man das Beispielprogramm von oben um die folgenden Reaktionen auf ButtonClicks, kann man sich Auswirkungen von gepufferten Updates veranschaulichen:

```
procedure TForm1.CUpTrueClick(Sender: TObject);
begin
Table1.CachedUpdates := not Table1.CachedUpdates;
if Table1.CachedUpdates then
  CUpTrue.Caption :='true'
else CUpTrue.Caption :='false';
end;

procedure TForm1.ApplUpdClick(Sender: TObject);
begin
Table1.ApplyUpdates;
end;

procedure TForm1.CanclUpdClick(Sender: TObject);
begin
Table1.CancelUpdates;
end;

procedure TForm1.RevertRecClick(Sender: TObject);
begin
Table1.RevertRecord;
end;
```

8.1.5 Die BDE am Beispiel von ODBC und MS Access Datenbanken

In den bisherigen Beispielen haben wir uns überhaupt nicht um das Format gekümmert, in dem wir unsere Datenbank angelegt haben. In allen *TTable*-Tabellen haben wir die Voreinstellung *TableType=ttDefault* unverändert übernommen und so mit Tabellen im Paradox-Format gearbeitet.

Über die Borland Database Engine (BDE) kann man von Delphi aus aber auch zahlreiche weitere Datenbankformate ansprechen. Wie das geht, soll am Beispiel von Microsoft Access Datenbanken gezeigt werden.

Der Zugriff auf dieses Datenbankformat ist mit ODBC-Treibern möglich. ODBC (Open Database Connectivity) ist ein von Microsoft entwickelter Standard für Datenbanktreiber, der SQL unterstützt. Über solche Treiber und die BDE kann Delphi dann auf Datenbankformate zugreifen, die nicht direkt unterstützt werden.

ODBC ist ein recht weit verbreiteter Standard. Da ODBC-Treiber für viele Datenbankformate verfügbar sind, zeigen die folgenden Ausführungen beispielhaft, wie man auf alle diese Formate zugreifen kann. Die Treiber erhält man meist vom Hersteller der Datenbank. Nach ihrer Installation findet man sie in der Systemsteuerung von Windows 95 unter *32bit ODBC*:

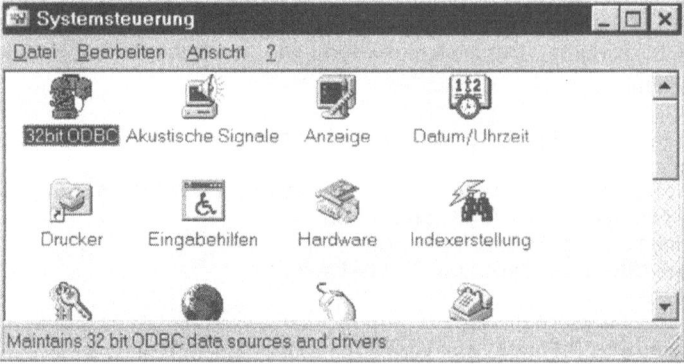

Nach dem Start dieses Programms erhält man eine Liste der Datenbankformate, für die ODBC-Treiber verfügbar sind:

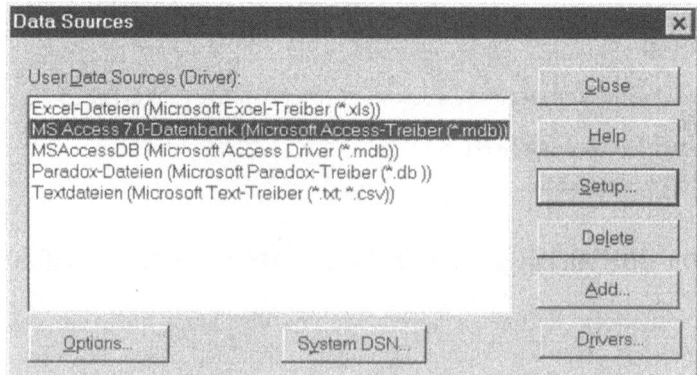

Mit *Add* kann man einen ODBC-Treiber auswählen:

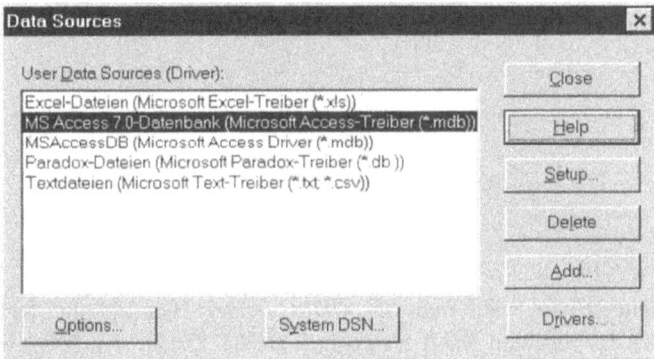

Mit *Select* wählt man dann im Setup die Datei aus, die man anschließend ansprechen will. Als *Data Source Name* kann ein beliebiger Name angeben werden,
unter dem man die Datenbank anschließend unter der BDE anspricht:

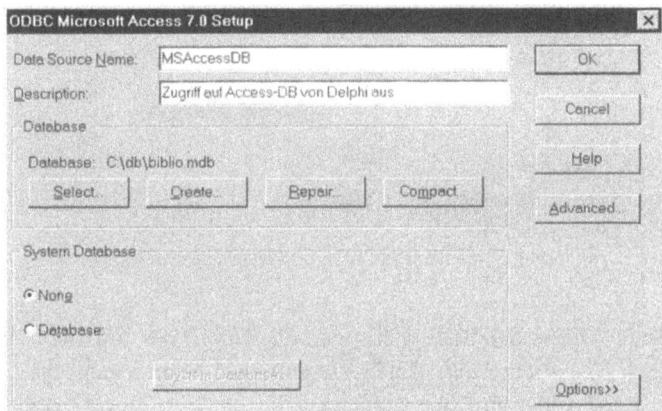

Damit ist die Auswahl des ODBC-Treibers abgeschlossen. Nachdem man diesen
Dialog mit OK geschlossen hat, schließt man alle Anwendungen, die die BDE
benutzen und startet die **BDE-Konfiguration**:

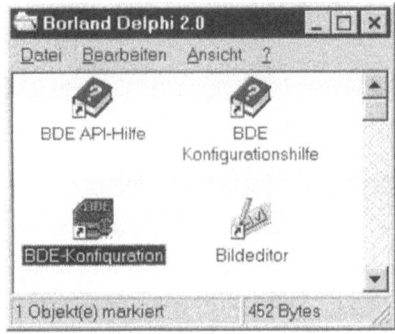

Auf der Seite *Drivers* wählt man *New ODBC Driver*. Hier gibt man für SQL Link Driver „Access" ein und wählt als *Default ODBC Driver* den *Microsoft Access Driver* aus. Daraufhin kann man als *Default Data Source Name* den Namen der Datenbank auswählen, den man bei der Konfiguration des ODBC-Treibers angegeben hat:

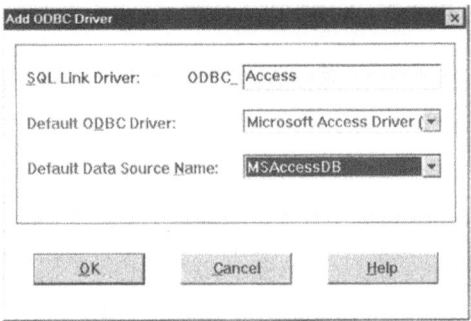

Auf der Seite Aliases der BDE wählt man als *Alias Type* „ODBC_Access" und vergibt einen *New Alias Name*. Unter diesem Alias-Namen kann die Datenbank dann unter Delphi angesprochen werden:

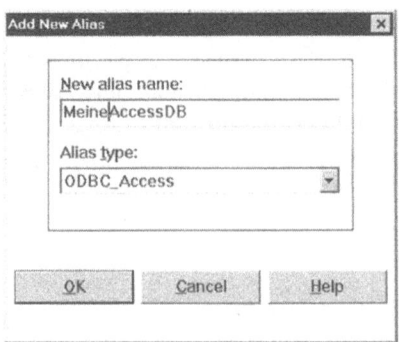

Damit ist die BDE-Konfiguration abgeschlossen und wird gespeichert.

Unter Delphi kann diese Datenbank dann bei einer *TTable* als *DatabaseName* ausgewählt werden:

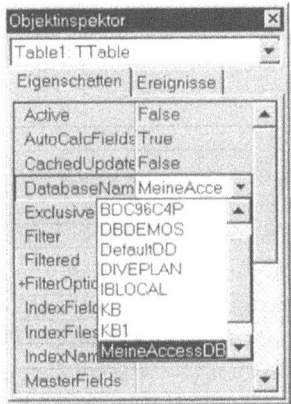

Das war schon alles. Jetzt kann man auf die Tabelle *Table1* genauso zugreifen wie bisher auf die Tabellen, bei denen *TableType=ttDefault* war.

Fassen wir die Möglichkeiten der BDE kurz zusammen:

- Mit der BDE kann man von Delphi aus auf verschiedene Datenbankformate zugreifen. Dazu gehören insbesondere alle Datenbanken, für die ODBC-Treiber vorliegen. Der Zugriff auf diese Formate unterscheidet sich nicht von dem auf die Standardformate Paradox und dBASE.

- Damit ist es insbesondere nicht notwendig, die Daten aus einer Datenbank in ein anderes Format zu exportieren, wobei nur ein Zugriff auf den Datenbestand zum Zeitpunkt der Konvertierung möglich ist.

- Mit SQL steht eine einheitliche Abfragesprache für die verschiedenen Formate zur Verfügung.

- Verschiedene Tabellen in einem Programm können verschiedene Formate haben. Damit kann ein Programm mit verschiedenen Datenbanken arbeiten.

Für weitere Informationen wird auf die „BDE Konfigurationshilfe" im Ordner „Borland Delphi 2.0" verwiesen.

8.1.6 QuickReport

Zum Lieferumgang von Delphi 2 gehört *QuickReport*. Das ist eine Sammlung von Komponenten, mit denen man Ausdrucke (vor allem von Tabellen) visuell gestalten kann.

Die folgenden Ausführungen sollen nur einen ersten Eindruck der Möglichkeiten von *QuickReport* vermitteln. Eine ausführliche Beschreibung findet man in *qrmanual.doc* im Verzeichnis *Delphi 2.0\quickrpt* und eine Beispielanwendung in *delphi 2.0\demos\quickrpt*.

Die *QuickReport*-Komponenten findet man auf der Seite *QReport* der Komponentenpalette:

Die folgenden Beispiele orientieren sich wieder an dem schon bisher verwendeten Beispiel einer Tabelle mit Kontobewegungen. Dazu wird ein Formular mit einer *TTable* und einer *TDataSource* vorausgesetzt, das im Objektinspektor oder im Programm folgendermaßen initialisiert ist:

```
procedure TForm1.FormCreate(Sender: TObject);
begin
Table1.DatabaseName := 'c:\DB';
Table1.TableName := 'kb.db';
DataSource1.DataSet := Table1;
Table1.Active := true;
QuickReport1.DataSource := DataSource1;
end;
```

Auf das Formular wird außerdem eine *QuickReport*-Komponente gesetzt. Deren Eigenschaft *DataSource* wird *DataSource1* zugewiesen, die mit *Table1* verbunden ist. Die Schriftart des Formulars sollte auf eine TrueType-Schrift gesetzt sein.

Ein Ausdruck wird aus sogenannten **Bändern** zusammengesetzt. Die Eigenschaft *BandType* eines solchen Bandes bestimmt, wann das Band gedruckt wird. Ein Auszug der möglichen Werte:

rbTitle   Das Band wird einmal am Anfang des Ausdrucks gedruckt.

rbPageHeader Das Band wird am Anfang einer jeden Seite gedruckt.

rbDetail   Das Band wird für jeden Datensatz einmal ausgedruckt.

rbPageFooter Das Band wird am Ende einer jeden Seite gedruckt.

rbSummary   Das Band wird einmal am Ende des Ausdrucks gedruckt.

Was in einem solchen Band gedruckt werden soll legt man dadurch fest, daß man die folgenden Komponenten auf das Band setzt:

QRLabel   druckt den Text der Eigenschaft *Caption,*

QRMemo   druckt den mehrzeiligem Text der Eigenschaft *Lines,*

QRDBText   druckt den Wert des Datenfeldes, das in der Eigenschaft
             DataField angegeben ist.

Jede dieser Komponenten hat zahlreiche Eigenschaften, über die man die Schriftart, -größe usw. einstellen kann.

Das folgende Formular enthält 5 solcher Bänder, wobei jedes einen der oben beschriebenen Bandtypen hat. Den *QRDBText*-Feldern im *rbDetail*-Band wurden
in der Eigenschaft *DataField* die entsprechenden Felder der Tabelle zugewiesen:

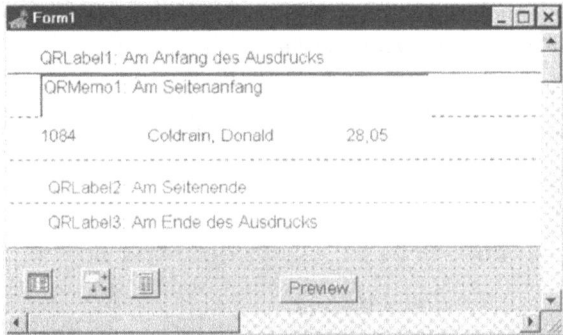

Damit erhält man einen Ausdruck, der etwa folgendermaßen aussieht:

Dieser Ausdruck wird durch einen Aufruf von **Preview** in einem Fenster angezeigt:

```
procedure TForm1.PreviewClick(Sender: TObject);
begin
QuickReport1.Preview;
end;
```

Setzt man im Objektinspektor für die zugehörige *TTable* die Eigenschaft *Active* auf *true*, erhält man mit einem Doppelklick auf die *TQuickReport*-Komponente bereits zur Entwurfszeit einen Preview.

Seitenzahlen usw. erhält man mit einer *TQRSysData*-Komponente.

Mit einem QuickReport kann man **nicht nur Daten aus einer Datenbank** ausdrucken, sondern ganz beliebige Daten. Dazu gibt man **keine** *DataSource* an und definiert statt dessen eine Ereignisbehandlungsroutine für das Ereignis *OnNeedData* der QuickReport-Komponente. In dieser Routine setzt man den Parameter *MoreData* auf *true*, wenn anschließend weitere Druckzeilen folgen, und andernfalls auf *false*.

Das folgende Formular enthält einen *QuickReport* mit zwei Bändern (*BandType* = *rbDetail* und *rbTitle*) und zwei Labeln:

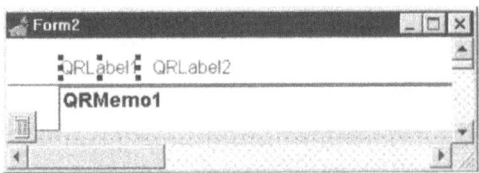

Die folgende Reaktion auf das Ereignis *OnNeedData* der QuickReport-Komponente druckt dann die ersten 10 Quadratzahlen aus:

```
procedure TForm2.QuickReport1NeedData(var MoreData:
                                            Boolean);
begin
if i <= 10 then { vorher initialisieren }
  begin
    QRLabel1.Caption := IntToStr(i)+': ';
    QRLabel2.Caption := IntToStr(i*i);
    inc(i);
    MoreData := true;
  end
else MoreData := false;
end;
```

Damit erhält man den folgenden Ausdruck mit Quadratzahlen:

Mit der Komponente *TQRGroup* lassen sich Aufgaben der **Gruppenverarbeitung** auf einfache Weise realisieren. Das Feld, bei dessen Änderung ein Gruppenwechsel ausgelöst wird, gibt man in *DataField* an und die Stufe in *Level*.

```
QRGroup1.DataSource := DataSource1;
QRGroup1.DataField := 'KontoNrT';
QRGroup1.Level := 1;
QRGroup1.HeaderBand := QRBand2;
QRGroup1.FooterBand := QRBand4;
```

Die Bänder, die bei einem Gruppenwechsel gedruckt werden sollen, werden als *HeaderBand* und *FooterBand* angegeben. Gruppenüberschriften und Schlußzeilen können als Reaktionen auf die Ereignisse *BeforePrint* bzw. *AfterPrint* aufbereitet werden:

```
var Summe:Currency;

procedure TForm3.QRBand2BeforePrint(var PrintBand:
                                              Boolean);
begin
Summe := 0;
QRLabel2.Caption := IntToStr(Table1['KontoNrT'])+
                              ': '+Table1['NameInhT'];
end;

procedure TForm3.QRBand3AfterPrint(BandPrinted: Boolean);
begin
if Table1['BewartT']='+' then
  Summe := Summe + Table1['BetragT']
else if Table1['BewartT']='-' then
  Summe := Summe - Table1['BetragT']
else { hier wäre eine Fehlermeldung notwendig }
end;

procedure TForm3.QRBand4BeforePrint(var PrintBand:
                                              Boolean);
begin
QRLabel3.Caption := 'Summe: '+FloatToStr(Summe);
end;
```

Damit erhält man dann z. B. den folgenden Ausdruck:

Unter *Datei\Neu\Formulare* findet man außerdem einige vordefinierte *Quick-Report*-Formulare:

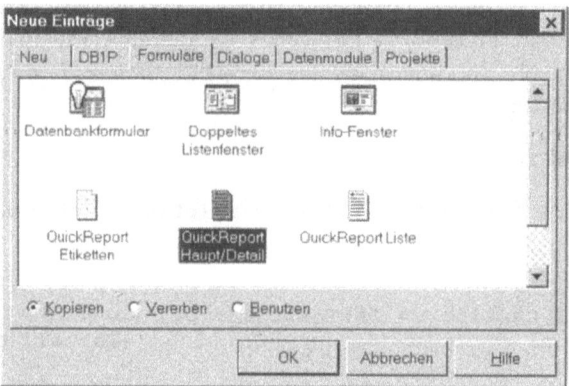

8.2 OLE

Mit den Ausführungen in diesem Abschnitt ist keine vollständige Behandlung des Themas OLE beabsichtigt. Es soll nur an einigen Beispielen kurz aufzeigt werden, wie diese Möglichkeiten unter Delphi 2 genutzt werden können.

OLE ist ein Akronym für „Object Linking und Embedding": Damit wurde ursprünglich nur das Ziel verfolgt, mit einem Programm Daten darstellen zu können, die ein anderes Programm erzeugt hat. Im Lauf der Zeit wurden die mit OLE verbundenen Konzepte aber immer mehr erweitert, so daß OLE inzwischen sehr viel mehr ist als nur das „Verknüpfen und Einbetten von Objekten".

Mit der Version 2.0 wurden sogenannte Automatisierungsobjekte in den OLE-Standard integriert. Ein Automatisierungsobjekt ist eine Klasseninstanz, die in einem Programm (dem sogenannten Server) definiert ist und die ihre Eigenschaften und Methoden anderen Programmen (den Clients) zur Verfügung stellt. Damit kann das Client-Programm Funktionen des Server-Programms aufrufen.

Da Automatisierungsobjekte meines Erachtens interessantere Möglichkeiten bieten als das Verknüpfen und Einbetten von Objekten, soll mit diesen begonnen werden.

8.2.1 Ein einfacher OLE-Client

Mit der Funktion

> function **CreateOleObject**(const ClassName:string):Variant; {uses OLEAuto}

kann man einen **OLE-Server** starten. Der Name, unter dem dieser unter Windows registriert ist, wird als Parameter angegeben. Für „Word for Windows" (im folgenden kurz „Winword") ist dieser Name „Word.Basic".

Der Funktionswert enthält dann einen Verweis auf den OLE-Server. Über diesen Funktionswert kann man dann auf die Methoden und Eigenschaften zugreifen, die der Server zur Verfügung stellt. Für Winword sind das alle Befehle, die unter WordBasic (der Programmiersprache von Winword) zur Verfügung stehen.

Beispiel:
```
procedure TForm1.CreateClick(Sender: TObject);
var Winword:Variant;
begin
WinWord := CreateOLEObject('Word.Basic');
Winword.DateiNeu;
Winword.Einfügen('mit Delphi erzeugt');
Winword.DateiSpeichernUnter('c:\test');
end;
```

Durch diese Anweisungen wird zunächst Winword als OLE-Server im Hintergrund gestartet. *Winword.DateiNeu* erzeugt dann ein neues Dokument, in das mit *Winword. Einfügen* der Text „mit Delphi erzeugt" eingefügt wird. In der letzten Zeile wird dieses Dokument unter dem Namen 'C:\test.doc' als Winword-Datei gespeichert.

Alle Aufrufe von Methoden eines OLE-Servers werden erst zur Laufzeit übersetzt. Der Compiler prüft nicht, ob der OLE-Server den angegebenen Befehl auch tatsächlich ausführen kann. Falls ein solcher Befehl nicht verfügbar ist, wird eine Exception ausgelöst.

Wie die Anweisung „Winword.Einfügen" zeigt, sind Namen für Methoden von OLE-Servern nicht auf die übliche Syntax von Bezeichnern beschränkt. Diese dürfen keine Umlaute wie „ü" enthalten. Das Beispiel zeigt außerdem, daß dieses Programm nur mit der deutschen Version von WordBasic funktioniert: In der englischen Version ist der Befehl „Einfügen" nicht bekannt.

Daß Methoden von OLE-Servern oft sehr viele Parameter haben, sieht man am Beispiel der WordBasic-Anweisung *FormatZeichen*:

FormatZeichen   [.Punkt = Zahl] [, .Durchstreichen = Zahl] [, .Verborgen = Zahl] [, .Kapitälchen = Zahl] [, .Großbuchstaben = Zahl] [, .Hochgestellt = Zahl] ..., [, .Schriftart = Text] [, .Fett = Zahl] [, .Kursiv = Zahl] [, .Standard] [, .Registerkarte = Zahl] { Auszug aus der WordBasic-Hilfe }

Hier sind alle Parameter in eckigen Klammern optional.

Es wäre sehr lästig, wenn man bei jedem Aufruf einer solchen Methode für jeden formalen einen aktuellen Parameter angeben müßte. Insbesondere müßte man für jeden Parameter, den man nicht verändern will, zuerst die aktuellen Werte holen und diese dann zurückschreiben. Deshalb ist es sehr angenehm, daß für die Übergabe von Parametern an die aufgerufenen Methoden eine erweiterte Syntax gilt, bei der man dem Namen des formalen den Wert eines aktuellen Parameters zuweisen kann. Parameter, die nicht verändert werden sollen, kann man einfach auslassen.

Die Anweisungen im folgenden Beispiel formatieren die erste Zeile des Winword-Dokuments mit einer Schriftgröße von 20 Punkt in fetter Schrift. Die nächsten 10 Zeilen werden in der Schriftart Arial mit einer Schriftgröße von 10 Punkt formatiert.

```
procedure TForm1.Create2Click(Sender: TObject);
var Winword:Variant;
    i:Integer;
begin
WinWord := CreateOLEObject('Word.Basic');
Winword.DateiNeu;
Winword.FormatZeichen(Punkt := 20, Fett := 1);
```

```
Winword.Einfügen('Fette Überschrift in 20 Punkt');
Winword.EinfügenAbsatz;
Winword.FormatZeichen(Punkt := 10, Fett := 0,
                                      SchriftArt := 'Arial');
for i := 1 to 10 do
  begin
    Winword.Einfügen('Zeilen Nr.'+IntToStr(i)+
                                  ' in Arial, 10 Punkt');
    Winword.EinfügenAbsatz;
  end;
```

Das nächste Beispiel zeigt, wie Text von einem Winword-Dokument in ein Delphi-Programm eingelesen werden kann: Dabei wird das Dokument Wort für Wort markiert. Jedes so markierte Wort wird dann in die String-Variable s1 und die zugehörige Seitenzahl in s2 kopiert. Auf diese Weise kann über einen binären Suchbaum eine Konkordanzliste mit den Seitenzahlen von Winword aufgebaut werden.

```
procedure TForm1.readClick(Sender: TObject);
var s1,s2:string;
    Winword:Variant;
begin
WinWord := CreateOLEObject('Word.Basic');
Winword.DateiÖffnen(Name := 'c:\op.DOC',
                                  Schreibgeschützt := 1);
Winword.BeginnDokument;
repeat Winword.MarkierungAktuellWort;
       Winword.WortRechts(1, 1);
       Winword.BearbeitenKopieren;
       s1:=Winword.Markierung;{kopiert mark. Wort in s1}
       s2:=Winword.AuswInfo(3);{kopiert Seitenzahl in s2}
       Memo1.Lines.Add(s1+': '+s2);
       Winword.ZeichenRechts (1);
until Winword.AmEndeDesDokuments;
end;
```

Dieses Programm ist wie viele OLE-Programme auch mit einem Pentium-Prozessor mit 133 MHz nicht besonders schnell. Die Beispiele zeigen aber, wie mit OLE-Automatisierungsobjekten ein Datenaustausch zwischen verschiedenen Programmen möglich ist. Ohne diese Techniken müßte man das interne Datenformat von Winword-Dokumenten kennen und bearbeiten, um alle Wörter aus einem Winword-Dokument in ein Pascal-Programm einzulesen.

8.2.2 Ein einfacher OLE-Server

Ein OLE-Automatisierungsserver wird am einfachsten dadurch erzeugt, daß man unter *Dateineu* ein Automatisierungsobjekt auswählt. Danach muß man einen Klassennamen angeben:

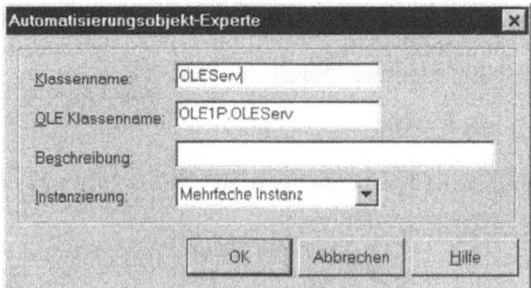

Delphi erzeugt daraufhin eine Unit mit einem Nachfolger eines *TAutoObject*:

```
unit Unit1;

interface

uses
  OleAuto;

type
  OLEServ = class(TAutoObject)
  private
    { Private-Deklarationen }
  automated
    { Automated-Deklarationen }
  end;

implementation

procedure RegisterOLEServ;
const
  AutoClassInfo: TAutoClassInfo = (
    AutoClass: OLEServ;
    ProgID: 'OLE1P.OLEServ';
    ClassID: '{1125102F-FB54-11CF-8EA4-004001413B62}';
    Description: '';
    Instancing: acMultiInstance);
begin
  Automation.RegisterClass(AutoClassInfo);
end;

initialization
  RegisterOLEServ;
end.
```

Diese Klasse unterscheidet sich von den bisher behandelten Klassen vor allem dadurch, daß sie den Abschnitt **automated** enthält. In diesem Abschnitt definiert man die Methoden, die der Automatisierungsserver zur Verfügung stellt:

```
type
  OLEServ = class(TAutoObject)
  private
    i:Integer;
  automated
```

```
      function OLEService:Integer;
   end;

implementation
uses Dialogs,Controls;

function OLEServ.OLEService:Integer;
begin
case MessageDlg('Viele Grüße vom OLE-Server, i='
             +IntToStr(i), mtCustom,[mbYes,mbNo,mbOK],0) of
   mrNo :i := 0;{Der Benutzer hat den Button No gedrückt}
   mrOK :inc(i);{Der Benutzer hat den Button OK gedrückt}
   mrYes:dec(i);{Der Benutzer hat den Button Yes gedrückt}
end;
result := i;
end;
```

Hier ist *OLEService* eine Funktion, die einen Wert zurückgibt.

Um den OLE-Server verwenden zu können, muß er zunächst ein einziges Mal
unter Windows registriert werden. Dazu gibt man unter *Start|Parameter* oder auf
der Kommandozeile (z. B. in einem DOS-Fenster) einen der folgenden beiden
Parameter an:

```
/regserver
-regserver
```

Falls man die Registrierung später wieder aufheben möchte, startet man das Programm mit einem der Parameter

```
/unregserver
-unregserver
```

Bei dieser Registrierung wird der OLE-Server unter der *ProgID* in die Windows-
Registry eingetragen, die in der von Delphi automatisch erzeugten Prozedur
RegisterOLEServ steht (siehe oben). Nach dieser Registrierung kann man den
Server von einem Client aus aufrufen:

```
procedure TForm1.Button1Click(Sender: TObject);
var s:Variant;
    i:Integer;
begin
s := CreateOLEObject('OLE1P.OLEServ');
i := s.OLEService;
Button1.Caption := IntToStr(i);
end;
```

8.2.3 Verknüpfen und Einbetten von OLE-Objekten

Die Ausführungen in diesem Abschnitt befassen sich mit dem schon in früheren
OLE-Versionen und insbesondere auch in Delphi 1 verfügbaren Einbetten und
Verknüpfen von OLE-Objekten. Sie haben außer dem Namen nur relativ wenig

mit den OLE-Automatisierungstechniken aus den letzten beiden Abschnitten gemeinsam.

In diesem Zusammenhang werden die folgenden Begriffe verwendet:

- Ein **OLE-Server** ist ein Programm, das ein OLE-Objekt erzeugen und bearbeiten kann.

- Ein **OLE-Container** ist ein Programm, das ein OLE-Objekt enthalten kann.

- Ein **OLE-Objekt** besteht aus Daten, die von einem OLE-Server und -Container gemeinsam verwendet werden können. Solche Daten sind typischerweise Dokumente, Bilder, Daten von einem Kalkulationsprogramm usw.

Die Grundidee beim Einbetten und Verknüpfen ist einfach: Ein Programm (der OLE-Container) soll auch Daten darstellen können, die es nicht selbst erzeugt hat. Zur Bearbeitung dieser Daten wird dasjenige Programm (der OLE-Server) aufgerufen, das diese Daten erzeugt hat. Nach dieser Bearbeitung wird im OLE-Container das aktualisierte Objekt dargestellt. Damit kann ein OLE-Container ein OLE-Objekt bearbeiten, ohne daß er sämtliche Funktionen und Datenformate des OLE-Servers nachbilden muß.

Der Schwerpunkt liegt hier auf der Darstellung der OLE-Objekte und dem Aufruf des OLE-Servers als Programm. Anders als bei Automatisierungsobjekten besteht hier keine Möglichkeit, einzelne Funktionen des OLE-Servers aufzurufen.

Verknüpfte Objekte werden in eigenständigen Dateien dargestellt. Im Gegensatz dazu werden **eingebettete Objekte** im Exe-File des OLE-Containers gespeichert.

In Delphi wird das Einbetten und Verknüpfen von OLE-Objekten mit einer Komponente realisiert, die *TOleContainer* heißt. Diese steht auf der Seite System der Komponentenpalette zur Verfügung.

Für die folgenden Beispiele wird ein MDI-Programm (*FormStyle = fsMDIForm*) verwendet, bei dem ein *TOleContainer* (*Align = alClient*) auf das MDI-Child-Formular (*FormStyle = fsMDIChile*) gesetzt wurde:

```
type
  TOleMdiChild = class(TForm)
    OleContainer1: TOleContainer;
    procedure FormClose(Sender: TObject;
                        var Action: TCloseAction);
  { ... }
end;

implementation

{$R *.DFM}
```

```
procedure TOleMdiChild.FormClose(Sender: TObject;
                                 var Action: TCloseAction);
begin
Action := caFree;
end;
```

Mit

procedure **CreateLinkToFile**(const FileName: string; Iconic: Boolean);

kann eine Datei mit einem *TOleContainer* verknüpft werden:

```
procedure TForm1.LinkToOLEObject1Click(Sender: TObject);
begin
OpenDialog1.Filter := 'Übliche OLE File Typen
      (*.avi;*.doc;*.wav;*.bmp)|*.avi;*.doc;*.wav;*.bmp';
if OpenDialog1.Execute then
  begin
    TOleMdiChild.Create(Application);
    TOleMdiChild(ActiveMDIChild).OLEContainer1.
            CreateLinkToFile(OpenDialog1.FileName,false);
  end;
end;
```

Die Zuordnung der Datei zu dem OLE-Server erfolgt dabei über die unter Windows registrierte Namenserweiterung im Dateinamen. Diese Zuordnungen werden im Windows-Explorer unter *Ansicht|Optionen|Dateitypen* angezeigt.

Durch den Aufruf dieser Prozedur erhält man eine Verknüpfung mit einem OLE-Objekt in jeweils einem eigenen MDI-Fenster:

Ein Doppelklick auf eines dieser Fenster ruft dann das Programm auf, das für die Bearbeitung dieses Objekts unter Windows eingetragen ist, also hier Winword, PaintBrush oder ein DOS-Fenster.

Ein neues OLE-Objekt kann mit der Funktion

function **InsertObjectDialog**: Boolean;

erzeugt werden wie in

```
procedure TForm1.neuMDIClick(Sender: TObject);
begin
with TOLEMdiChild.Create(Application) do
  OLEContainer1.InsertObjectDialog;
end;
```

Diese Funktion ruft den Windows-Dialog „Objekte einfügen" auf, der sämtliche
verfügbaren OLE-Server zur Auswahl anbietet:

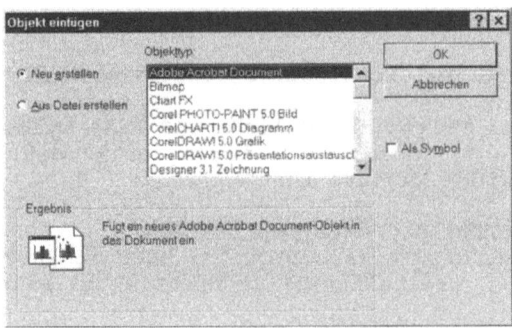

Nachdem dem OLE-Container auf diese Weise ein Objekt zugewiesen wurde,
kann es mit

    procedure **SaveToFile**(const FileName: string);

gespeichert werden:

```
procedure TForm1.OLEspeichern1Click(Sender: TObject);
begin
if TOLEMdiChild(ActiveMDIChild) <> nil then
  with TOLEMdiChild(ActiveMDIChild) do
    OleContainer1.SaveToFile('c:\test.ole');
end;
```

Beim Dateinamen für ein solches OLE-Objekt ist die Namenserweiterung un-
wesentlich. Mit

    procedure **LoadFromFile**(const FileName: string);

kann ein OLE-Objekt in einen OLE-Container geladen werden:

```
procedure TForm1.OLEladen1Click(Sender: TObject);
begin
with TOLEMdiChild.Create(Application) do
  if OpenDialog1.Execute then
    OleContainer1.LoadFromFile(OpenDialog1.FileName);
end;
```

8.3 Dynamic Link Libraries (DLLs)

Eine *dynamic link library* (DLL) enthält Anweisungen und Daten, die von mehreren Programmen verwendet werden können. Damit bietet eine DLL ähnliche Möglichkeiten wie eine Unit. Trotzdem bestehen zwischen Units und DLLs deutliche Unterschiede:

– Während eine Unit ihre Deklarationen nur anderen Pascal-Programmen zur Verfügung stellen kann, stehen die Funktionen einer DLL beliebigen anderen Windows-Programmen zur Verfügung, unabhängig davon, in welcher Programmiersprache diese geschrieben sind.

– Die Anweisungen einer Unit werden **statisch** zu dem Programm **gelinkt**, das die Unit verwendet: Der Compiler nimmt alle benötigten Anweisungen der verwendeten Units in das EXE-File auf. Wenn drei verschiedene Programme dieselbe Unit verwenden, wird der Code aus dieser Unit in alle drei EXE-Dateien aufgenommen. Werden alle drei Programme gleichzeitig gestartet, belegt derselbe Code dreimal Platz im Hauptspeicher.

Im Gegensatz dazu ist eine DLL eine eigenständige Datei, deren Funktionen zur Laufzeit eines Programms aufgerufen werden (**dynamisches Linken**). Dabei wird eine DLL nur ein einziges Mal in den Hauptspeicher geladen, auch wenn mehrere Programme Funktionen der DLL aufrufen.

Offensichtlich haben sowohl Units als auch DLLs Vorteile und Nachteile:

– Bei der Verwendung von Units ist die EXE-Datei für die Ausführung eines Programms ausreichend. Ein Programm, das DLLs verwendet, kann eventuell erst während der Laufzeit feststellen, daß eine DLL fehlt.

– Werden mehrere Programme, die dieselbe Unit verwenden, gleichzeitig gestartet, belegt derselbe Code mehrfach Speicherplatz. Bei einer DLL können dagegen mehrere Programme denselben Code verwenden.

– Ändert man Funktionen in einer DLL (ohne die Übergabeparameter zu ändern), muß lediglich die geänderte DLL ausgewechselt werden, ohne daß die gesamte Anwendung neu kompiliert werden muß.

Units können auch Variablen und Datentypen zur Verfügung stellen, während DLLs nur Prozeduren und Funktionen exportieren können.

Eine DLL wird in Object Pascal gemäß dem folgenden Syntaxdiagramm aufgebaut:

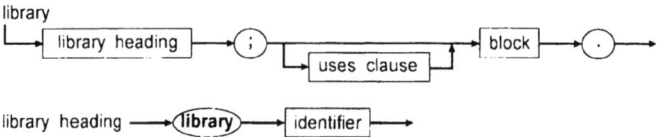

Dieses Syntaxdiagramm unterscheidet sich von dem für ein Programm nur dadurch, daß anstelle von *program* das reservierte Wort *library* verwendet wird. Der Compiler erzeugt dann ein File mit der Namenserweiterung „.DLL". Eine solche *library* wird am einfachsten dadurch angelegt, daß man unter *Datei|neu* eine DLL auswählt. Genausogut kann aber auch in einer DPR-Datei das Wort *program* manuell durch *library* ersetzt werden.

Beispiel: `library DLL1;`

```
uses
  SysUtils,
  Classes;

function Min(X, Y: Integer): Integer; export;
begin             { export nur in Delphi 1 notwendig }
if X < Y then Min := X
else Min := Y;
end;

function Max(X, Y: Integer): Integer;
begin
if X > Y then Max := X
else Max := Y;
end;

exports Min, Max;

begin
end.
```

Dieses Beispiel unterscheidet sich außerdem durch die Verwendung von **export** und **exports** von einem „normalen" Pascal-Programm. Die Angabe *export* ist nur in Delphi 1 notwendig und bewirkt, daß der Compiler speziellen Code erzeugt, durch den die Routine exportierbar wird. Der eigentliche Export einer Routine findet allerdings erst durch ihre Auflistung in einer *exports*-Klausel statt. Will man die Routine von einer anderen Programmiersprache als Pascal ansprechen, ist in Delphi 2 meist die Anweisung „stdcall" empfehlenswert. Diese bewirkt, daß die Übergabe der Parameter auf eine unter Windows standardisierte Form erfolgt:

```
function Max(X, Y: Integer): Integer; stdcall;
```

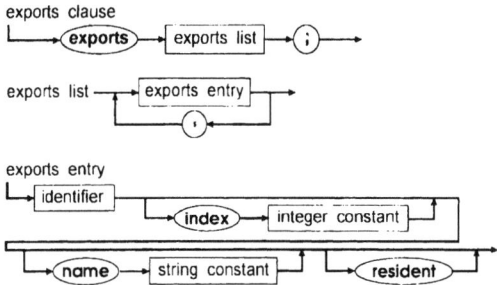

Die im letzten Beispiel exportierten Funktionen können folgendermaßen verwendet werden:

```
function Min(X, Y: Integer): Integer; external 'DLL1';
function Max(X, Y: Integer): Integer; external 'DLL1';
{ Unter Windows NT muß die Erweiterung angegeben werden
  'DLL1.DLL', unter Windows 3.x darf sie nicht angegeben
  werden. }

procedure TForm1.Button1Click(Sender: TObject);
begin
Button1.Caption := IntToStr(Min(3,4));
end;
```

Dabei ist zu beachten, daß eine importierte Funktion mit derselben Parameterliste wie in der DLL deklariert wird. Der Compiler kann nicht erkennen, daß die folgende Import-Deklaration von der Export-Deklaration abweicht und zu einem Laufzeitfehler führt:

```
function Min(X, Y: Extended): Integer; external 'DLL1';
function Max(X, Y: Extended): Integer; external 'DLL1';
```

Wenn man eine Prozedur oder Funktion wie in diesem Beispiel mit einer *external*-Deklaration in ein Programm einbindet, wird diese beim Start des Programms geladen.

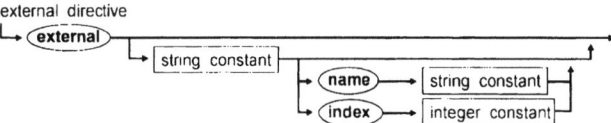

Für die Bedeutung der Angaben nach *name* und *index* bei einem *export entry* und einer *external directive* wird auf die Delphi-Hilfe verwiesen.

Die DLL wird dabei etwa in der folgenden Reihenfolge in diesen Verzeichnissen gesucht (leichte Abweichungen unter Windows 3.x und NT):

1. im Verzeichnis, von dem die Anwendung gestartet wurde,
2. im aktuellen Verzeichnis,

3. im Windows-System-Verzeichnis, das man mit *GetSystemDirectory* erhält,
4. im Windows-Verzeichnis, das man mit *GetWindowsDirectory* erhält,
5. in den Verzeichnissen der Umgebungsvariablen *Path*.

Wenn die DLL beim Start des Programms nicht gefunden wird, kann das Programm auch nicht ausgeführt werden. Falls die DLL bereits geladen ist, wird diese kein zweites Mal geladen. Statt dessen wird ihr sogenannter Referenzzähler erhöht. Beim Ende des Programms wird dieser Zähler um 1 reduziert. Wenn er den Wert 0 erreicht, wird der von der DLL belegte Speicher wieder freigegeben.

Wird eine Prozedur oder Funktion aus einer DLL nicht während der gesamten Laufzeit eines Programms benötigt, kann es sinnvoll sein, diese nur bei Bedarf zu laden. Das ist mit der Funktion

> function **LoadLibrary**(LibFileName: PChar): THandle;

möglich. Der Funktionswert von *LoadLibrary* ist der Handle der DLL, wenn diese geladen werden konnte, bzw. ein Fehlercode. Die Adresse einer Funktion der DLL erhält man mit

> function **GetProcAddress**(Module: THandle; ProcName: PChar): TFarProc;

Da *GetProcAddress* Groß- und Kleinschreibung unterscheidet, muß man hier auf die korrekte Schreibweise achten. Den Funktionswert weist man dann einer Prozedurvariablen für die Funktion zu. Wenn eine DLL nicht mehr benötigt wird, ruft man die folgende Prozedur mit dem Handle der DLL auf. Dadurch wird der Referenzzähler um 1 reduziert.

> procedure **FreeLibrary**(LibModule: THandle);

Beispiel:
```
procedure TForm1.Button1Click(Sender: TObject);
type TMin=function(X, Y: Integer): Integer;
var h:THandle;
    Min:TMin;
begin
h := LoadLibrary('DLL1');
try
  if h<HINSTANCE_ERROR then raise Exception.Create(
                        'Kann DLL1 nicht laden');
  @Min := GetProcAddress(h,'Min');
  { @Min := GetProcAddress(h,'min'); 'm'--> Fehler!}
  if @Min <> nil then
    Button1.Caption := IntToStr(Min(3,4))
  else ShowMessage(IntToStr(GetLastError));
finally
  FreeLibrary(h);
end;
end;
```

Mit DLLs kann man von Delphi aus auch Funktionen aufrufen, die nicht in Object Pascal geschrieben sind. Beispielsweise stehen die Windows-API-Funktionen über DLLs zur Verfügung. In „source\rtl\win\windows.pas" findet man unter anderem die folgenden Deklarationen:

```
interface
    function FreeLibrary(hLibModule: HMODULE): BOOL; stdcall;
    function GetProcAddress(hModule: HMODULE; lpProcName: LPCSTR):
                                                FARPROC; stdcall;
    function LoadLibrary(lpLibFileName: PChar): HMODULE; stdcall;
    ...
 implementation
    function FreeLibrary; external kernel32 name 'FreeLibrary';
    function GetProcAddress; external kernel32 name 'GetProcAddress';
    function LoadLibrary; external kernel32 name 'LoadLibraryA';
```

Hier wird im Interface-Teil der vollständige Prozedurkopf (einschließlich der Parameterliste) angegeben. Im Implementationsteil findet man dagegen nur noch den Namen der Routine. Auf diese Weise wird zu den Funktionen der DLL eine Parameterliste in Pascal definiert.

Die Namen der Funktionen, die eine DLL zur Verfügung stellt, kann man sich mit dem Programm *tdump* (im Verzeichnis „Delphi 2.0\BIN\") anzeigen lassen. Durch den Aufruf „tdump c:\win95\system\KERNEL32.DLL" erhält man unter anderem

```
Exports from KERNEL32.dll
  680 exported name(s), 780 export addresse(s)...
    Ordinal RVA       Name
    ------- --------  ----
    ...
    0270    0001bb98  FreeLibrary
    0371    00006c18  GetProcAddress
    0494    00007433  LoadLibraryA
```

Eine DLL kann auch Formulare oder andere Objekte zur Verfügung stellen, die mit den VCL-Klassen von Delphi erzeugt wurden. Für das folgende Beispiel wird zunächst mit *Datei|neu* eine DLL angelegt. Dieser DLL wird dann mit *Datei|neu* ein Formular hinzugefügt, das automatisch aus der Liste der automatisch erzeugten Formulare entfernt wird (siehe *Projekt|Optionen Formulare*). Dieses Formular kann jetzt mit den Mitteln der visuellen Programmierung gestaltet werden. Im folgenden Beispiel *DLLForm2* wurde ein Button und ein Edit-Fenster hinzugefügt.

Die zu exportierende Funktion wird dann in eine Prozedur oder Funktion gepackt, die von der DLL exportiert wird. In dieser Prozedur wird das Formular erzeugt und anschließend wieder freigegeben. Dabei ist zu beachten, daß die

Anzeige des Formulars nicht mit *Show*, sondern mit *ShowModal* erfolgt: Formulare in einer DLL sollten immer mit *ShowModal* und nie mit *Show* angezeigt werden, da die Verwendung von *Show* nicht immer die gewünschten Ergebnisse erzielt.

```
unit DLLForm2;

interface

uses
  Windows, Messages, SysUtils, Classes, Graphics,
  Controls, Forms, Dialogs, StdCtrls;

type
  TForm1 = class(TForm)
    Edit1: TEdit;
    Button1: TButton;
    procedure Button1Click(Sender: TObject);
  private
    { ... }
  end;

procedure GetFormData(var s:Shortstring);stdcall;

implementation

{$R *.DFM}

procedure TForm1.Button1Click(Sender: TObject);
begin
close;
end;

procedure GetFormData(var s:Shortstring);stdcall;
var Form1: TForm1; { die globale Deklaration im
                     Interface-Teil wurde hierher kopiert }
begin
Form1 := TForm1.Create(nil);
Form1.ShowModal;
s:=Form1.Edit1.Text;
Form1.Free;
end;

end.
```

Die DLL besteht dann nur aus den folgenden Anweisungen:

```
library DLL2;
uses
  SysUtils,
  Classes,
  DLLForm2 in 'DLLForm2.pas' {Form1};{von Delphi erzeugt}

exports  GetFormData;
```

```
begin
end.
```

Die von dieser DLL exportierte Funktion kann dann folgendermaßen verwendet werden:

```
procedure GetFormData(var s:Shortstring);stdcall;
                                     external 'DLL2';
procedure TForm1.Button2Click(Sender: TObject);
var s:Shortstring;
begin
GetFormData(s);
Button2.Caption := s;
end;
```

In diesem Beispiel wurde der Datentyp *ShortString* anstelle von *String* verwendet. Benutzt eine DLL den Datentyp *String*, muß man als erste Unit immer die Unit *shareMem* benutzen. Durch diese wird beim Start des Programms ein spezieller *memory manager* in DELPHIMM.DLL geladen. Diese DLL muß beim Start des Programms vorhanden sein.

8.4 Windows API-Programme

In diesem Abschnitt soll nur kurz und ohne große Erläuterungen gezeigt werden, wie man mit Delphi Windows-Programme allein mit den Windows-API-Funktionen und ohne die Klassen der VCL schreiben kann. Programmierer, die schon Windows-Programme mit einem C-Compiler geschrieben haben, sehen hier die Parallelen zur Windows-Programmierung ohne die Verwendung visueller Hilfsmittel.

Als Beispiel wird das Programm verwendet, das Petzold 1992 in seinem Klassiker „Programmierung unter Windows" als erstes Programm vorstellt. Dieses schreibt lediglich den Text „Hello, Windows!" in ein Fenster.

Offensichtlich ist dieses Programm erheblich komplizierter als ein Programm, das mit den Techniken der visuellen Programmierung erzeugt wurde: Dort wird dasselbe Ergebnis im wesentlichen mit einer einzigen Programmzeile erreicht. Sein Umfang ist jedoch mit ca. 8 KB (ohne Debug-Informationen, unter Delphi 2) deutlich geringer als der eines entsprechenden Delphi-Programms (ca. 160 KB), das die Klassen der VCL verwendet.

Vermutlich wird nur selten eine Veranlassung bestehen, mit Delphi auf diese Art zu programmieren. Das Beispielprogramm soll deswegen nur zeigen, daß es geht und wie es geht.

```
program Petzold1; { nach Petzold 1992, S. 34 }
```

```
uses Windows, Messages;

const AppName = 'HelloWin';

function WndProc(hwnd_: HWnd; Message_, WParam,
                LParam: LongInt): LongInt; stdcall; export;
var hdc_: HDC;
    ps: TPaintStruct;
    rect: TRect;
begin
WndProc := 0;
case Message_ of
  wm_Destroy: begin
    PostQuitMessage(0);
    Exit;
  end;
  wm_Paint: begin
    hdc_ := BeginPaint(hwnd_, ps);
    GetClientRect(hwnd_, rect);
    DrawText(hdc_, PChar('Hello, Windows!'), -1, rect,
        Dt_SingleLine or DT_Center or DT_VCenter);
    EndPaint(hwnd_, ps);
  end;
end; { of case }
WndProc:=DefWindowProc(hwnd_, Message_, WParam, LParam);
end;

function WinRegister: Boolean;
var WindowClass: TWndClass;
begin
WindowClass.Style := cs_hRedraw or cs_vRedraw;
WindowClass.lpfnWndProc := @WndProc;
WindowClass.cbClsExtra := 0;
WindowClass.cbWndExtra := 0;
WindowClass.hInstance := hInstance;
WindowClass.hIcon := LoadIcon(0, idi_Application);
WindowClass.hCursor := LoadCursor(0, idc_Arrow);
WindowClass.hbrBackground := GetStockObject(White_Brush);
WindowClass.lpszMenuName := nil;
WindowClass.lpszClassName := AppName;
Result := RegisterClass(WindowClass) <> 0;
end;

function WinCreate: HWnd;
begin
Result := CreateWindow(AppName, // Fensterklassenname
  'Das erste Programm', // Titelleiste
  ws_OverlappedWindow,  // Fensterstil
  cw_UseDefault,        // Fensterposition, x
  cw_UseDefault,        // Fensterposition, y
  cw_UseDefault,        // horizontale Größe
  cw_UseDefault,        // vertikale Größe
  0,                    // Handle Parent-Window
  0,                    // Handle Menü
  hInstance,            // Handle Programmkopie
  nil);                 // Spezialparameter
end;
```

```
var Msg: TMsg;
    hwnd_: HWnd;
begin { WinMain }
if not WinRegister then Exit;
hwnd_ := WinCreate;
if hwnd_ = 0 then Exit;

ShowWindow(hwnd_, CmdShow);
UpdateWindow(hwnd_);

while GetMessage(Msg, 0, 0, 0) do
  begin
    TranslateMessage(Msg);
    DispatchMessage(Msg);
  end;
Halt(Msg.wParam);
end.
```

8.5 Multitasking und Threads

Zu den wichtigsten technischen Neuerungen von Win32 (der gemeinsamen Basis von Windows 95 und Windows NT) gegenüber 16-bit-Windows gehört das präemptive **Multitasking**. Dieses ermöglicht die quasi-parallele Ausführung von Programmen und sogenannten **Threads**.

In diesem Zusammenhang bezeichnet man ein Programm, das in den Hauptspeicher geladen (gestartet) wurde, als **Prozeß**. Zu jedem Prozeß gehören ein privater Adreßraum, Code, Daten usw. Jedes Programm wird mit einem Thread (dem sogenannten primären Thread) gestartet, kann aber weitere Threads erzeugen. Viele Programme unter Windows bestehen nur aus einem einzigen Thread.

Ein Thread ist die Basiseinheit von Anweisungen, der das Betriebssystem CPU-Zeit zuteilt: Jeder Thread, der CPU-Zeit benötigt, erhält vom Betriebssystem eine Zeiteinheit (Zeitscheibe, *timeslice*) zugeteilt. Innerhalb dieser Zeit werden die Anweisungen dieses Threads ausgeführt. Sobald die Zeit abgelaufen ist, entzieht das Betriebssystem diesem Thread die CPU und teilt sie eventuell einem anderen Thread zu. Da jede Zeitscheibe relativ klein ist (Größenordnung 20 Millisekunden), entsteht so auch bei einem Rechner mit nur einem Prozessor der Eindruck, daß mehrere Programme gleichzeitig ablaufen. Unter Windows NT können verschiedene Threads auch auf mehrere Prozessoren verteilt werden. Voraussetzung ist allerdings ein Rechner mit mehreren Prozessoren.

Unter Windows 3.x ist dagegen nur ein sogenanntes kooperatives Multitasking möglich: Hier wird einem Programm die CPU nicht durch das Betriebssystem entzogen, sondern es muß diese selbst freigeben. Alle Ausführung in diesem Abschnitt beziehen sich deshalb auf Win32 und auf Delphi 2: Unter Windows 3.x und Delphi 1 stehen die entsprechenden Funktionen nicht zur Verfügung.

8.5.1 Windows-API-Funktionen für Threads

Ein Thread wird mit der Windows-API-Funktion **CreateThread** erzeugt. Diese
ist in „Source\rtl\SYS\SYSTEM.PAS" folgendermaßen deklariert:

function **CreateThread(**
    SecurityAttributes: Pointer; // Adresse der Sicherheitsattribute des Threads
    StackSize: Integer; // Größe des Stacks des Threads; 0 ergibt die Größe
                        // des Stacks des primären Threads (üblicher Wert)
    ThreadFunc: TThreadFunc; // siehe unten
    Parameter: Pointer; // ein 32-bit-Parameter des Threads – meist die
                        // Adresse einer Struktur
    CreationFlags: Integer; // 0 bewirkt, daß die Thread-Funktion unmittelbar
                        // anschließend gestartet wird
    var ThreadId: Integer): Integer; stdcall; // 32-bit Thread-Identifier
external kernel name 'CreateThread';

Dabei ist *ThreadFunc* die Adresse der Funktion, die von dem Thread ausgeführt
werden soll. Diese Funktion muß den folgenden Prozedurtyp haben:

type **TThreadFunc** = function(Parameter: Pointer): Integer;

Beispielsweise kann die folgende Funktion als Thread-Funktion gestartet werden:

```
function ThreadFunction(P:Pointer):LongInt;stdcall;
var dc:HDC;
    i:Integer;
    s:string;
begin
dc := GetDC(Form1.Handle);
for i := 1 to 100000 do
  begin
    s := IntToStr(i);
    { Form1.Label1.Caption := s; }{ gibt Probleme }
    TextOut(dc,10,10,PChar(s),Length(s));
  end;
ReleaseDC(Form1.Handle,DC);
end;
```

Hier wird die Ausgabe nicht in ein Label geschrieben, weil die meisten Funktionen der VCL nicht von einer Thread-Funktion aufgerufen werden dürfen. Der
Grund für diese Einschränkung wird später beschrieben, ebenso, wie sie
umgangen werden kann.

In den folgenden Beispielen werden für alle anderen Parameter die Werte Null
oder *nil* übergeben. Durch die folgende Prozedur wird die Funktion *Thread-
Function* als Thread gestartet:

```
procedure TForm1.OneThreadClick(Sender: TObject);
var hThread:THandle;
```

```
      ThreadID:DWord;
begin
hThread := CreateThread(nil, // SecurityAttributes
              0,              // StackSize
              @ThreadFunction,
              nil,            // Parameter
              0,              // CreationFlags
              ThreadID);
if hThread=0 then ShowMessage('Fehler ...');
end;
```

Startet man diese Prozedur, wird die Thread-Funktion im Hintergrund ausgeführt. Das Fenster, das zu dieser Funktion gehört, kann auch während der Ausführung der Thread-Funktion mit der Maus über den Bildschirm gezogen werden. Wenn man dieses Fenster durch ein anderes verdeckt und es dann wieder anklickt, ist es wieder im Vordergrund.

Ruft man die *ThreadFunction* dagegen nicht in einem Thread, sondern als „ganz normale" Funktion auf, kann man das Fenster während der Ausführung des Programms nicht über den Bildschirm bewegen:

```
procedure TForm1.NoThreadClick(Sender: TObject);
begin
ThreadFunction(nil);
end;
```

Als nächstes soll eine Funktion von zwei verschiedenen Threads gestartet und zweimal gleichzeitig (parallel) ausgeführt werden. Diese Funktion soll eine globale Variable g in einer Schleife um 1 erhöhen und wieder reduzieren:

```
var g:Integer;

function ThreadFunction2(P:Pointer):LongInt;stdcall;
var dc:HDC;
    i,j:Integer;     s:string;
begin
g := -1;
j := 0;
dc := GetDC(Form1.Handle);
for i := 1 to 1000 do
  begin
    g := g+1;
    sleep(1);{setzt die Ausführung für 1 Millisekunde aus}
    if g <> 0 then
      begin
        inc(j);
        s := IntToStr(j);
        TextOut(dc,10,10,PChar(s),Length(s));
      end;
    g := g-1;
  end;
ReleaseDC(Form1.Handle,DC);
end;
```

Bei der Ausführung dieser Funktion sollte man eigentlich erwarten, daß die Bedingung „g<>0" nie eintritt: Der ursprüngliche Wert g = −1 wird am Anfang der Schleife um 1 erhöht und am Ende um 1 reduziert, so daß g bei der Prüfung dieser Bedingung immer den Wert 0 hat. Startet man diese Funktion allerdings zweimal parallel, stellt man fest, daß diese Annahme keineswegs immer zutrifft:

```
procedure TForm1.TwoThreadsClick(Sender: TObject);
var hThread:THandle;
    ThreadID:DWord;
begin
g := -1;
hThread := CreateThread(nil,0,@ThreadFunction2,
                                   nil,0,ThreadID);
if hThread=0 then ShowMessage('Fehler');
hThread := CreateThread(nil,0,@ThreadFunction2,
                                   nil,0, ThreadID);
if hThread=0 then ShowMessage('Fehler');
end;
```

Bei der Ausführung dieser Prozedur kommt es hin und wieder vor, daß durch *TextOut* Werte angezeigt werden, deren Ursache ein von 0 verschiedener Wert von g ist. Der Grund für dieses auf den ersten Blick überraschende Verhalten ist die Tatsache, daß die Ausführung einer Thread-Funktion durch das Betriebssystem jederzeit unterbrochen werden kann, insbesondere zwischen den beiden Anweisungen „g := g + 1" und „g := g − 1". Wenn dann g einen anderen Wert als −1 hat, wird dieser Wert durch die andere Task eventuell ebenfalls um 1 erhöht. Um die Wahrscheinlichkeit zu erhöhen, daß eine solche Situation eintritt, wurde hier ein Aufruf von *sleep* in diese Funktion aufgenommen. Dieser Aufruf bewirkt, daß die Ausführung der Funktion um die als Parameter übergebene Anzahl von Millisekunden unterbrochen wird.

Auf diese Weise können durch die parallele Ausführung von Thread-Funktionen andere Ergebnisse auftreten, als wenn die Thread-Funktionen allein ausgeführt werden. Der Grund für diese unterschiedlichen Ergebnisse liegt im Zugriff der beiden Thread-Funktionen auf dieselbe globale Variable.

Ein Programmabschnitt, dessen Ausführung nicht durch einen anderen Thread unterbrochen werden darf, bezeichnet man als **kritischen Abschnitt** (critical section). Eine solche Unterbrechung kann dadurch verhindert werden, daß eine Thread-Funktion beim Eintritt in einen kritischen Abschnitt prüft, ob sich nicht gerade eine andere Funktion in dem kritischen Abschnitt befindet. Falls das zutrifft, muß die Thread-Funktion warten, bis die andere Funktion den kritischen Abschnitt freigibt.

Für die Synchronisation von Thread-Funktionen stehen unter Win32 die folgenden Windows-API-Funktionen zur Verfügung:

procedure **InitializeCriticalSection**(var lpCriticalSection:
$$\text{TRTLCriticalSection}); \text{stdcall};$$
{ initialisiert den kritischen Abschnitt, der durch den übergebenen Parameter dargestellt wird }

procedure **EnterCriticalSection**(var lpCriticalSection:
$$\text{TRTLCriticalSection}); \text{stdcall};$$
{ fordert den Eintritt in den kritischen Abschnitt an, der zu dem Parameter gehört; ist der kritische Abschnitt belegt, wartet die Funktion so lange, bis er wieder freigegeben wird }

procedure **LeaveCriticalSection**(var lpCriticalSection:
$$\text{TRTLCriticalSection}); \text{stdcall};$$
{ gibt den kritischen Abschnitt wieder frei, der zum Parameter gehört }

procedure **DeleteCriticalSection**(var lpCriticalSection:
$$\text{TRTLCriticalSection}); \text{stdcall};$$
{ gibt alle System-Ressourcen wieder frei, die durch den als Parameter dargestellten kritischen Abschnitt belegt werden }

Diese Prozeduren können folgendermaßen verwendet werden:

```
function ThreadFunction2(P:Pointer):LongInt;stdcall;
var dc:HDC;
    i,j:Integer;
    s:string;
begin
EnterCriticalSection(CS_);
g := -1;
LeaveCriticalSection(CS_);
dc := GetDC(Form1.Handle);
j := 0;
for i := 1 to 1000 do
  begin
    EnterCriticalSection(CS_);
    g := g+1;
    sleep(1);
    if g <> 0 then
      begin
        inc(j);
        s := IntToStr(j);
        TextOut(dc,10,10,PChar(s),Length(s));
      end;
    g := g-1;
    LeaveCriticalSection(CS_);
  end;
ReleaseDC(Form1.Handle,DC);
end;
```

Dabei ist vorausgesetzt, daß die Variable, die einen kritischen Bereich darstellt, vorher entsprechend initialisiert wurde:

```
var CS_:TRTLCriticalSection;

procedure TForm1.InitClick(Sender: TObject);
begin
  InitializeCriticalSection(CS_);
end;
```

8.5.2 Threads und die VCL

Die Notwendigkeit für die Synchronisation des Zugriffs von Thread-Funktionen auf globale Variablen ist auch der Grund dafür, daß in einer Thread-Funktion die meisten Funktionen der VCL nicht aufgerufen werden dürfen. Da die meisten Klassen der VCL zahlreiche globale Daten enthalten, können diese bei parallelen Zugriffen korrumpiert werden. Würde man alle diese globalen Daten der VCL jetzt durch *EnterCriticalSection* usw. gegen solche Zugriffe schützen, wäre die VCL wesentlich größer und langsamer geworden. Damit die Funktionen der VCL auch in einer Thread-Funktion aufgerufen werden können, stellt Delphi die Klasse *TThread* zur Verfügung:

```
EThread = class(Exception);      { Source\vcl\CLASSES.PAS }

TThreadMethod = procedure of object;
TThreadPriority = (tpIdle, tpLowest, tpLower, tpNormal,
                   tpHigher, tpHighest, tpTimeCritical);

TThread = class
  private
   ...
  protected
    procedure Execute; virtual; abstract;
    procedure Synchronize(Method: TThreadMethod);
    ...
  public
    constructor Create(CreateSuspended: Boolean);
    procedure Suspend; // unterbricht den Thread
    procedure Resume;  // setzt die Ausführung fort
    property Priority: TThreadPriority read GetPriority
             write SetPriority;// Priorität des Threads
    property OnTerminate: TNotifyEvent read FOnTerminate
                                write FOnTerminate;
   ...
  end;
```

Der Konstruktor *Create* ruft über die Methode *BeginThread* die Funktion *CreateThread* auf. Diese startet die Thread-Funktion, wenn für *CreateSuspended* der Wert *false* übergeben wird:

```
constructor TThread.Create(CreateSuspended: Boolean);
var Flags: Integer;              { Source\vcl\CLASSES.PAS }
begin
  inherited Create;
...
Flags := 0;
if CreateSuspended then Flags := CREATE_SUSPENDED;
FHandle:=BeginThread(nil, 0, @ThreadProc, Pointer(Self),
                                      Flags, FThreadID);
end;

function BeginThread(SecurityAttributes: Pointer;
   StackSize:Integer; ThreadFunc:TThreadFunc; Parameter:
   Pointer; CreationFlags:Integer; var ThreadId:Integer):
                                                  Integer;
var P: PThreadRec; { Source\rtl\sys\SYSTEM.PAS }
begin
...
result := CreateThread(SecurityAttributes, StackSize,
             @ThreadWrapper, P, CreationFlags, ThreadID);
end;
```

In der Klasse *TThread* ist **Execute** eine abstrakte Methode, die in einem Nach-folger überschrieben werden muß. In diese Methode schreibt man die Anweisun-gen, die als Thread-Funktion ausgeführt werden sollen.

Methoden der VCL können über **Synchronize** aufgerufen werden. Dazu packt man alle Aufrufe von VCL-Methoden in eine Prozedur des Typs *TThreadMethod* und ruft diese Prozedur dann mit *Synchronize* auf. Während der Ausführung von *Synchronize* wird der primäre Thread des Programms vorübergehend angehalten, damit keine Konflikte beim Zugriff auf globale Daten eintreten können.

Ein Thread-Objekt wird am einfachsten über *Datei|neu Thread-Objekt* angelegt. Dadurch wird ein Nachfolger von *TThread* definiert, der bereits einen Rahmen für die Methode *Execute* enthält. In diesen Rahmen werden die Anweisungen der Thread-Funktion eingefügt.

Beispiel: **unit ThrdVCL1;**

```
interface

uses Classes;

type
  ThreadVCL1 = class(TThread)
  private
    fi:Integer;
  protected
    procedure Execute; override;
    procedure UseVCL;
  end;

implementation
```

```
uses Thread1,SysUtils;

procedure ThreadVCL1.UseVCL;
begin
Form1.Label1.Caption := IntToStr(fi);
end;

procedure ThreadVCL1.Execute;
var i:Integer;
begin
for i := 1 to 10000 do
  begin
    fi := i;
    Synchronize(UseVCL);
  end;
end;

end.
```

Da während der Ausführung von *Synchronize* der primäre Thread angehalten wird, sollten die Anweisungen der synchronisierten Funktion möglichst kurz sein. Würde man im letzten Beispiel anstelle von

```
Form1.Label1.Caption := IntToStr(fi);
```

die gesamte Schleife synchronisieren, würde der primäre Thread während der gesamten Ausführung der Schleife angehalten. Damit wäre aber der gesamte Effekt des Multithreadings zunichte gemacht.

Durch die Synchronisation sind Aufrufe von *Synchronize* mit einem gewissen Zeitaufwand verbunden. Ersetzt man im letzten Beispiel in *Execute* den Aufruf von

```
Synchronize(UseVCL);
```

durch

```
UseVCL;
```

(was nicht immer schiefgehen muß), ist die Ausführung der Schleife etwa 5mal schneller.

Nach der Ausführung von *Execute* wird *OnTerminate* aufgerufen, falls diese Methode definiert ist. Hier kann man z. B. das Thread-Objekt wieder freigeben.

8.6 Meßwert-Erfassung

Die Ausführungen in diesem Abschnitt behandeln die nur in einem relativ kleinen Kreis bekannte Anwendung von PCs zum Messen und Steuern von elektrischen Größen.

Dazu bieten zahlreiche Hersteller Meßwert-Erfassungskarten an. Über die Eingänge einer solchen Karte kann man die Werte von Sensoren (Lichtschranken, Temperatur-Meßgeräte, Entfernungssensoren usw.) einlesen und über die Ausgänge Aktoren (Relais, Motoren, Regler usw.) steuern.

Unter MS-DOS und 16-bit-Windows kann ein Programm direkt auf die sogenannten I/O-Ports zugreifen. Diese Ports sind ein eigener Adreßraum, der vom normalen Hauptspeicher völlig unabhängig ist. Über diesen Adreßraum werden Peripheriegeräte adressiert wie z. B. Controller für die serielle oder parallele Schnittstelle, Festplatten-Controller, Graphikkarten usw.

In diesem I/O-Adreßraum sind nicht alle Adressen durch die Standardkomponenten eines PCs belegt. Die freien Adressen können von Erweiterungskarten verwendet werden, die in einen Steckplatz auf der Hauptplatine des Rechners gesteckt werden. Zahlreiche Hersteller bieten z. B. Meßwert-Erfassungskarten an, mit denen elektrische Signale von einem Programm eingelesen oder ausgegeben werden können.

Win32 ist im Gegensatz zu MS-DOS und 16-bit-Windows als hardware-unabhängige Plattform spezifiziert. Deswegen haben Programme unter Win32 (und damit unter Windows 95, NT und Delphi 2) keine Privilegien für einen direkten Zugriff auf Hardware-Adressen. Ein solcher Zugriff ist nur über spezielle Treiber möglich. Die folgenden Ausführungen gelten deshalb nur für Delphi 1 unter 16-bit-Windows.

Typische Funktionen von solchen Meßwert-Erfassungskarten sind:

- Digitaler Input: Falls auf einer Eingangsleitung ein bestimmter Spannungspegel anliegt, setzt die Karte ein zugehöriges Bit im Adreßraum der Karte auf 1. Andernfalls hat dieses Bit den Wert 0.
- Digitaler Output: Setzt man ein bestimmtes Bit auf der Karte auf 1, erzeugt die Karte einen Spannungspegel auf einer Ausgangsleitung.
- Analoger Input: Wandelt die elektrische Spannung auf einer Eingangsleitung in einen binären Wert um.
- Analoger Output: Wandelt einen binären Wert in eine Spannung auf einer Ausgangsleitung um.

Die I/O-Ports werden in Delphi 1 durch das vordefinierte Array **Port** dargestellt.
Port[x] ist dabei der Byte-Wert an der Adresse x im I/O-Adressraum.

Die folgenden Beispiele sind für eine spezielle Meßwert-Erfassungskarte (ME-30
der Fa. Meilhaus) spezifisch und können nicht auf andere Karten übertragen
werden. Da die prinzipielle Vorgehensweise jedoch bei den meisten Karten
ähnlich ist, sollen sie exemplarisch zeigen, wie man eine Meßwert-Erfassungskarte ansprechen kann.

Beim digitalen Input liegen auf einem solchen Byte meist 8 verschiedene Ein-
gangsleitungen. Die Funktion *read_digin_channel* liest einen solchen Eingang
und gibt als Funktionswert 0 oder 1 zurück:

```
const Basis:Integer = $700;
type bit = 0..1;

function read_digin_channel(channel:Byte):bit;
var P:Byte;
begin
P:=Port[Basis+8];
case channel of
   12 { A6 }: result := (P shr 6) and 1;
   13 { A4 }: result := (P shr 4) and 1;
   14 { A2 }: result := (P shr 2) and 1;
   15 { A0 }: result := (P      ) and 1;
   28 { A7 }: result := (P shr 7) and 1;
   29 { A5 }: result := (P shr 5) and 1;
   30 { A3 }: result := (P shr 3) and 1;
   31 { A1 }: result := (P shr 1) and 1;
else
   ShowMessage('Invalid Channel '+IntToStr(channel));
end;
end;
```

Mit *write_digout_channel* kann man auf einer digitalen Ausgangsleitung einen
Spannungspegel setzen oder zurücknehmen:

```
procedure write_digout_channel(channel:Byte;value:bit);
var P,r:Byte;
begin
P:=Port[Basis+8];
case channel of
   12 { A6 }: r := 1 shl 6;
   13 { A4 }: r := 1 shl 4;
   14 { A2 }: r := 1 shl 2;
   15 { A0 }: r := 1;
   28 { A7 }: r := 1 shl 7;
   29 { A5 }: r := 1 shl 5;
   30 { A3 }: r := 1 shl 3;
   31 { A1 }: r := 1 shl 1;
else
   ShowMessage('Invalid Channel '+IntToStr(channel));
end;
```

```
case value of
  1: Port[Basis+8] := Port[Basis+8] or r;
  0: Port[Basis+8] := Port[Basis+8] and (not r);
end;
end;
```

Die Funktion *read_anin* liest einen analogen Eingang und gibt die Spannung als Funktionswert zurück. Da eine Wandlung eine gewisse Zeit braucht, muß man ein bestimmtes Bit abfragen, das angibt, ob die Wandlung abgeschlossen ist:

```
function read_anin(Kanal:Integer;var i:Integer):Integer;
VAR byte_1:Byte;
    Wandlung_beendet:Boolean;
begin
Port[Basis+3]:=$92;{Kontrollregister PIO 1, muß $92 sein}
Port[Basis+2]:=Kanal*$10+2;{starte Wandlung nach Freigabe
                                                über Bit 1}
Port[Basis+2]:=Kanal*$10+1; {starte Wandlung}
i := 0;
repeat byte_1 := Port[Basis+1];
       Wandlung_beendet := (byte_1 AND $40) = 0; {bit D6
                                                in Byte 1}
       inc(i);
until Wandlung_beendet;
read_anin := ((byte_1 AND $0F) SHL 8)+Port[Basis];
end;
```

Mit *write_8_bit_an_out* kann man auf einer Ausgangsleitung einen Spannungspegel setzen:

```
type anout_mode_type = (monopolar,bipolar);
     DAC_type = 1..2; {DACNo : Nummer des D/A-Wandlers}

procedure write_8_bit_an_out(mode:anout_mode_type;
                             DACNo:DAC_type;voltage:Real);
var msb : Byte;
begin
case Mode of
 monopolar: msb:=ROUND((voltage/10)*255);
 bipolar:   msb:=ROUND((voltage*(128/-10))+128);
end;
case DACNo of
 1: Port[Basis+$14] := msb;
 2: Port[Basis+$15] := msb;
end; {case DACNo of}
end;
```

9 Lösungen

Die Lösungen sind auch im Internet unter der Adresse

http:\www.springer.de

verfügbar. Folgen Sie dazu unter „Subject Area: Computer Science" dem Verweis

Samples, Supplements & Electronic Publications

9.1 Lösungen Kapitel 2

Lösung Aufgabe 2.2

```
unit Haushsan;

interface

uses
  SysUtils, WinTypes, WinProcs, Messages, Classes, Graphics,
  Controls, Forms, Dialogs, StdCtrls;

type
  TForm1 = class(TForm)
    LVorname: TLabel;
    LNachname: TLabel;
    Vorname: TEdit;
    Nachname: TEdit;
    LOrdnungwird: TLabel;
    Ordnungswidrigkeit: TEdit;
    Bussgeld: TEdit;
    LBussgeld: TLabel;
    LFaktor: TLabel;
    speichern_Button: TButton;
    loeschen_Button: TButton;
    EndeButton: TButton;
    procedure loeschen_ButtonClick(Sender: TObject);
    procedure EndeButtonClick(Sender: TObject);
  private
    { Private-Deklarationen }
  public
```

```
    { Public-Deklarationen }
  end;

var
  Form1: TForm1;

implementation

{$R *.DFM}

procedure TForm1.loeschen_ButtonClick(Sender: TObject);
begin
Vorname.Clear;
Nachname.Clear;
Ordnungswidrigkeit.Clear;
Bussgeld.Clear;
end;

procedure TForm1.EndeButtonClick(Sender: TObject);
begin
Close;
end;

end.
```

Lösung Aufgabe 2.3

```
unit Labels;

interface

uses
  SysUtils, WinTypes, WinProcs, Messages, Classes, Graphics,
  Controls, Forms, Dialogs, StdCtrls;

type
  TForm1 = class(TForm)
    Label1: TLabel;
    Button1: TButton;
    Button2: TButton;
    Button3: TButton;
    Button4: TButton;
    Button5: TButton;
    Button6: TButton;
    procedure Button1Click(Sender: TObject);
    procedure Button2Click(Sender: TObject);
    procedure Button3Click(Sender: TObject);
    procedure Button4Click(Sender: TObject);
    procedure Button5Click(Sender: TObject);
    procedure Button6Click(Sender: TObject);
  private
    { Private-Deklarationen }
  public
    { Public-Deklarationen }
  end;

var Form1: TForm1;

implementation

{$R *.DFM}
```

```
procedure TForm1.Button1Click(Sender: TObject);
begin
Label1.Caption := 'Label links';
Label1.Alignment := taLeftJustify;
end;

procedure TForm1.Button2Click(Sender: TObject);
begin
Label1.Caption := 'Label rechts';
Label1.Alignment := taRightJustify;
Label1.Color := clYellow;
end;

procedure TForm1.Button3Click(Sender: TObject);
begin
Label1.Visible := false;
end;

procedure TForm1.Button4Click(Sender: TObject);
begin
Label1.Visible := true;
end;

procedure TForm1.Button5Click(Sender: TObject);
begin
Label1.Left := 0;
end;

procedure TForm1.Button6Click(Sender: TObject);
begin
Label1.Left := Form1.ClientWidth-Label1.Width;
end;

end.
```

Lösung Aufgaben 2.4

1. **Taschenrechner mit Ganzzahldatentypen**

```
unit Tr1;

interface

uses
  SysUtils, WinTypes, WinProcs, Messages, Classes, Graphics,
  Controls, Forms, Dialogs, StdCtrls;

type
  TForm1 = class(TForm)
    Edit1: TEdit;
    Edit2: TEdit;
    Edit3: TEdit;
    Label1: TLabel;
    Label2: TLabel;
    Button1: TButton;
    Button2: TButton;
    procedure Button1Click(Sender: TObject);
    procedure Button2Click(Sender: TObject);
  private
    { Private-Deklarationen }
  public
```

```
   { Public-Deklarationen }
  end;

var Form1: TForm1;

implementation

{$R *.DFM}

procedure TForm1.Button1Click(Sender: TObject);
begin
Edit3.Text := IntToStr(StrToInt(Edit1.Text) +
                                    StrToInt(Edit2.Text));
end;

procedure TForm1.Button2Click(Sender: TObject);
begin
Edit1.Clear;
Edit2.Clear;
Edit3.Clear;
Edit1.Setbounds(0,0,100,20);
end;

end.
```

2. Diese Lösung ist in der Lösung der nächsten Aufgabe enthalten.

3. **Taschenrechner mit Gleitkommadatentypen**

```
unit Tr4;

interface

uses
  SysUtils, WinTypes, WinProcs, Messages, Classes, Graphics,
  Controls, Forms, Dialogs, StdCtrls;

type
  TForm1 = class(TForm)
    Edit1: TEdit;
    Edit2: TEdit;
    Edit3: TEdit;
    Button1: TButton;
    Button2: TButton;
    Button3: TButton;
    Button4: TButton;
    Label1: TLabel;
    Label2: TLabel;
    Button5: TButton;
    procedure Button1Click(Sender: TObject);
    procedure Button2Click(Sender: TObject);
    procedure Button3Click(Sender: TObject);
    procedure Button4Click(Sender: TObject);
    procedure Button5Click(Sender: TObject);
  private
    { Private-Deklarationen }
  public
    { Public-Deklarationen }
  end;

var Form1: TForm1;

implementation
```

```
{$R *.DFM}

procedure TForm1.Button1Click(Sender: TObject);
begin
Label1.Caption := '+';
Edit3.Text := FloatToStr(StrToFloat(Edit1.Text) +
                                     StrToFloat(Edit2.Text));
end;

procedure TForm1.Button2Click(Sender: TObject);
begin
Label1.Caption := '-';
Edit3.Text := FloatToStr(StrToFloat(Edit1.Text) -
                                     StrToFloat(Edit2.Text));
end;

procedure TForm1.Button3Click(Sender: TObject);
begin
Label1.Caption := '*';
Edit3.Text := FloatToStr(StrToFloat(Edit1.Text) *
                                     StrToFloat(Edit2.Text));
end;

procedure TForm1.Button4Click(Sender: TObject);
begin
Label1.Caption := '/';
Edit3.Text := FloatToStr(StrToFloat(Edit1.Text) /
                                     StrToFloat(Edit2.Text));
end;

procedure TForm1.Button5Click(Sender: TObject);
begin
Edit1.Clear;
Edit2.Clear;
Edit3.Clear;
end;

end.
```

Lösung Aufgabe 2.5

```
unit A25;

interface

uses Windows, Messages, SysUtils, Classes, Graphics,
     Controls, Forms, Dialogs, StdCtrls;

type
  TForm1 = class(TForm)
    Memo1: TMemo;
    ListBox1: TListBox;
    ComboBox1: TComboBox;
    Edit1: TEdit;
    Button1: TButton;
    procedure Button1Click(Sender: TObject);
  private
   { ... }
  end;

var Form1: TForm1;
```

```
implementation

{$R *.DFM}

procedure TForm1.Button1Click(Sender: TObject);
begin
Memo1.Lines.Add(Edit1.Text);
ListBox1.Items.Add(Edit1.Text);
ComboBox1.Items.Add(Edit1.Text);
end;

end.
```

Lösung Aufgabe 2.6

```
unit Ereig;

interface

uses
  SysUtils, WinTypes, WinProcs, Messages, Classes, Graphics,
  Controls, Forms, Dialogs, StdCtrls;

type
  TForm1 = class(TForm)
    Button1: TButton;
    OnClick: TEdit;
    OnEnter: TEdit;
    MouseDown: TEdit;
    MouseUp: TEdit;
    MouseMove: TEdit;
    KeyPress: TEdit;
    KeyUp: TEdit;
    KeyDown: TEdit;
    OnExit: TEdit;
    Clear: TButton;
    Label1: TLabel;
    Label2: TLabel;
    Label3: TLabel;
    Label4: TLabel;
    Label5: TLabel;
    Label6: TLabel;
    Label7: TLabel;
    Label8: TLabel;
    Label9: TLabel;
    MouseKoord: TEdit;
    Label10: TLabel;
    procedure Button1Click(Sender: TObject);
    procedure Button1Enter(Sender: TObject);
    procedure Button1Exit(Sender: TObject);
    procedure Button1KeyDown(Sender: TObject; var Key: Word;
                                          Shift: TShiftState);
    procedure Button1KeyPress(Sender: TObject; var Key: Char);
    procedure Button1KeyUp(Sender: TObject; var Key: Word;
                                          Shift: TShiftState);
    procedure Button1MouseDown(Sender: TObject; Button:
                TMouseButton; Shift: TShiftState; X, Y: Integer);
    procedure Button1MouseMove(Sender: TObject;
                          Shift: TShiftState; X,Y: Integer);
    procedure Button1MouseUp(Sender: TObject; Button:
                TMouseButton; Shift: TShiftState; X, Y: Integer);
```

```
    procedure ClearClick(Sender: TObject);
    procedure FormMouseMove(Sender: TObject;
                            Shift: TShiftState; X, Y: Integer);
  private
    { Private-Deklarationen }
  public
    { Public-Deklarationen }
  end;

var Form1: TForm1;

implementation

{$R *.DFM}

procedure TForm1.Button1Click(Sender: TObject);
begin
OnClick.Text := 'OnClick';
end;

procedure TForm1.Button1Enter(Sender: TObject);
begin
OnEnter.Text := 'OnEnter';
end;

procedure TForm1.Button1Exit(Sender: TObject);
begin
OnExit.Text := 'OnExit';
end;

procedure TForm1.Button1KeyDown(Sender: TObject;
                            var Key: Word;  Shift: TShiftState);
begin
KeyDown.Text := chr(Key);
end;

procedure TForm1.Button1KeyPress(Sender: TObject; var Key: Char);
begin
KeyPress.Text := Key;
end;

procedure TForm1.Button1KeyUp(Sender: TObject;
                            var Key: Word; Shift: TShiftState);
begin
KeyUp.Text := chr(key);
end;

procedure TForm1.Button1MouseDown(Sender: TObject; Button:
                TMouseButton; Shift: TShiftState; X, Y: Integer);
begin
MouseDown.Text := 'MouseDown';
end;

procedure TForm1.Button1MouseMove(Sender: TObject; Shift:
                            TShiftState; X, Y: Integer);
begin
MouseMove.Text := 'MouseMove';
end;

procedure TForm1.Button1MouseUp(Sender: TObject; Button:
                TMouseButton; Shift: TShiftState; X, Y: Integer);
begin
MouseUp.Text := 'MouseUp';
end;
```

```
procedure TForm1.ClearClick(Sender: TObject);
begin
OnClick.Clear;
OnEnter.Clear;
MouseDown.Clear;
MouseUp.Clear;
MouseMove.Clear;
KeyPress.Clear;
KeyUp.Clear;
KeyDown.Clear;
OnExit.Clear;
end;

procedure TForm1.FormMouseMove(Sender: TObject;
                               Shift: TShiftState; X, Y: Integer);
begin
MouseKoord.Text := IntToStr(x)+','+IntToStr(y);
end;

end.
```

Lösung Aufgabe 2.7

```
unit IfBsp;

interface

uses
  SysUtils, WinTypes, WinProcs, Messages, Classes, Graphics,
  Controls, Forms, Dialogs, StdCtrls;

type
  TForm1 = class(TForm)
    CheckBox1: TCheckBox;
    RadioButton1: TRadioButton;
    CheckBox2: TCheckBox;
    RadioButton3: TRadioButton;
    Button1: TButton;
    Button2: TButton;
    Label1: TLabel;
    CheckBox3: TCheckBox;
    procedure Button2Click(Sender: TObject);
  private
    { Private-Deklarationen }
  public
    { Public-Deklarationen }
  end;

var Form1: TForm1;

implementation

{$R *.DFM}

procedure TForm1.Button2Click(Sender: TObject);
begin
if CheckBox1.Checked then Button1.Enabled := false
else Button1.Enabled := true;
if CheckBox2.Checked then Button1.Caption := 'Datei'
else Button1.Caption := 'Drucker';
if CheckBox3.Checked then Button1.Hide
```

```
  else Button1.Show;
  Label1.Caption := 'Extra Info';
  if RadioButton1.Checked then Label1.Show
  else Label1.Hide;
  end;

end.
```

Lösung Aufgabe 2.8

Damit die Container-Komponente für die drei Buttons *OK*, *Hilfe* und *Abbruch* optisch nicht erkennbar ist, muß ein Panel gewählt werden, bei dem *BevelInner* und *BevelOuter* beide auf *bvNone* gesetzt sind.

Lösung Aufgabe 2.9: Analogrechner

```
unit Analogr;

interface

uses
  SysUtils, WinTypes, WinProcs, Messages, Classes, Graphics,
  Controls, Forms, Dialogs, StdCtrls;

type
  TForm1 = class(TForm)
    Label1: TLabel;
    Label2: TLabel;
    Label3: TLabel;
    a: TScrollBar;
    b: TScrollBar;
    d: TScrollBar;
    Label4: TLabel;
    Label5: TLabel;
    Label6: TLabel;
    Edit1: TEdit;
    Edit2: TEdit;
    Edit3: TEdit;
    x: TEdit;
    y: TEdit;
    Label7: TLabel;
    Label8: TLabel;
    Label9: TLabel;
    procedure aChange(Sender: TObject);
    procedure bChange(Sender: TObject);
    procedure dChange(Sender: TObject);
  private
    { Private-Deklarationen }
  public
    { Public-Deklarationen }
  end;

var Form1: TForm1;

implementation

{$R *.DFM}
```

```
{ Die Anweisungen in aChange, bChange und cChange sind alle
  gleich. Es ist sicher nicht schön, denselben Quelltext mehrfach
  identisch im Programm zu haben. Aber in diesem einführenden Teil
  ist das am einfachsten. Sobald Prozeduren bekannt sind, wird man
  das natürlich in einer Prozedur machen. }

procedure TForm1.aChange(Sender: TObject);
begin
if b.Position*b.Position <> a.Position*d.Position then
  x.Text := FloatToStr((b.Position - d.Position)/
                       (b.Position*b.Position - a.Position*d.Position))
else x.Text := 'Division durch 0';
if b.Position <> d.Position then
  y.Text := FloatToStr((b.Position - a.Position)/
                       (b.Position*b.Position - a.Position*d.Position))
else x.Text := 'Division durch 0';
Edit1.Text := IntToStr(a.Position);
Edit2.Text := IntToStr(b.Position);
Edit3.Text := IntToStr(d.Position);
end;

procedure TForm1.bChange(Sender: TObject);
begin
{ identisch mit aChange }
end;

procedure TForm1.dChange(Sender: TObject);
begin
{ identisch mit aChange }
end;

end.
```

Lösung Aufgabe 2.10

Die Lösung ist in der Lösung von Aufgabe 2.12 enthalten.

Lösung Aufgabe 2.11

Die Lösung ist in der Lösung von Aufgabe 2.12 enthalten.

Lösung Aufgabe 2.12

```
unit Menu1;

interface

uses
  SysUtils,  WinTypes,  WinProcs,  Messages,  Classes,  Graphics,
Controls,
  Forms, Dialogs, Menus,menu1fm2, StdCtrls;

type
  TForm1 = class(TForm)
    MainMenu1: TMainMenu;
    D1: TMenuItem;
```

```
      NeueDateiffnen1: TMenuItem;
      Dateispeichern1: TMenuItem;
      Bearbeiten1: TMenuItem;
      Suchen1: TMenuItem;
      Drucker1: TMenuItem;
      Drucken1: TMenuItem;
      Druckereinrichten1: TMenuItem;
      PopupMenu1: TPopupMenu;
      Farben1: TMenuItem;
      Schriftart1: TMenuItem;
      Formular1: TMenuItem;
      OpenDialog1: TOpenDialog;
      SaveDialog1: TSaveDialog;
      FontDialog1: TFontDialog;
      ColorDialog1: TColorDialog;
      PrintDialog1: TPrintDialog;
      PrinterSetupDialog1: TPrinterSetupDialog;
      FindDialog1: TFindDialog;
      Memo1: TMemo;
      procedure Formular1Click(Sender: TObject);
      procedure Farben1Click(Sender: TObject);
      procedure Schriftart1Click(Sender: TObject);
      procedure NeueDateiffnen1Click(Sender: TObject);
      procedure Dateispeichern1Click(Sender: TObject);
      procedure Suchen1Click(Sender: TObject);
      procedure Drucken1Click(Sender: TObject);
      procedure Druckereinrichten1Click(Sender: TObject);
    private
      { Private-Deklarationen }
    public
      { Public-Deklarationen }
    end;

var
  Form1: TForm1;

implementation

{$R *.DFM}

procedure TForm1.Formular1Click(Sender: TObject);
begin
Form2.ShowModal;
end;

procedure TForm1.Farben1Click(Sender: TObject);
begin
If ColorDialog1.Execute then
  Form1.Color := ColorDialog1.Color;
End;

procedure TForm1.Schriftart1Click(Sender: TObject);
begin
If FontDialog1.Execute then
  Memo1.Font := FontDialog1.Font;
end;

procedure TForm1.NeueDateiffnen1Click(Sender: TObject);
begin
OpenDialog1.Filter := 'Textdateien|*.TXT';
If OpenDialog1.Execute then
  Memo1.Lines.LoadFromFile(OpenDialog1.FileName)
end;
```

```
procedure TForm1.Dateispeichern1Click(Sender: TObject);
begin
SaveDialog1.Filter := 'Textdateien|*.TXT';
If SaveDialog1.Execute then
  Memo1.Lines.SaveToFile(SaveDialog1.FileName)
end;

procedure TForm1.Suchen1Click(Sender: TObject);
begin
FindDialog1.Execute;
end;

procedure TForm1.Drucken1Click(Sender: TObject);
begin
If PrintDialog1.Execute then
  Form1.Print;
end;

procedure TForm1.Druckereinrichten1Click(Sender: TObject);
begin
PrinterSetupDialog1.Execute;
end;

end.


unit Menu1fm2;

interface

uses
  SysUtils, WinTypes, WinProcs, Messages, Classes, Graphics,
  Controls, Forms, Dialogs, StdCtrls;

type
  TForm2 = class(TForm)
    Label1: TLabel;
  private
    { Private-Deklarationen }
  public
    { Public-Deklarationen }
  end;

var Form2: TForm2;

implementation
{$R *.DFM}

end.
```

Lösung Aufgabe 2.14: MediaPlayer

```
procedure TForm1.DateioeffnenClick(Sender: TObject);
begin          {Aufgabe und Lösung: Alexander Kaiser}
  if OpenDialog1.Execute then
    begin
      MediaPlayer1.FileName := OpenDialog1.FileName;
      MediaPlayer1.DeviceType := dtAutoSelect;
      MediaPlayer1.Open;
    end;
end;
```

9.2 Lösungen Kapitel 3

In einigen der folgenden Lösungen wurden lokale Variablen verwendet, obwohl dieses Konzept erst in Kapitel 5 vorgestellt wird. Lokale Variablen werden innerhalb einer Prozedur vereinbart und nicht wie die bisher im Text behandelten globalen Variablen außerhalb. Das Ergebnis der Lösungen unterscheidet sich aber nicht von dem bei einer globalen Vereinbarung.

Lösung Aufgabe 3.2: Zulässige Variablenamen

```
var x kleiner y:Integer; { Blanks sind in Variablennamen nicht
            zulässig; entweder alle Bezeichner durch Kommas trennen
            oder diese mit _ verbinden. }
Preis_in_$:Integer; { "$" nicht zulässig in Bezeichnern }
Zinssatz_in_%:Integer;{"%" nicht zulässig }
x/y:Integer; { "/" nicht zulässig in Bezeichnern }
unit1:Integer; { der Name der Unit kann nicht verwendet werden }
BeGin:Integer; { das reservierte Wort begin ist nicht zulässig }
Einwohner_von_Lörrach:Integer; { der Umlaut ö ist in
                              Bezeichnern nicht zulässig }
```

Lösung Aufgabe 3.3: Ganzzahldatentypen

1.
```
b := b + 1;     { 0 }
c := c - 1;     { 255 }
j := i div 8;   { 3 }
k := i div -8;  { -3 }
l := i mod 8;   { 4 }
m := i mod -8;  { 4 }
```

2.
```
var frei:Integer;

procedure TForm1.FormResize(Sender: TObject);
begin
frei := (Form1.ClientWidth-Button1.Width-Button2.Width) div 3;
Button1.Left := frei;
Button2.Left := 2*frei + Button1.Width;
end;
```

3. Fibonacci-Zahlen

```
var i,n,fib,f1,f2:LongInt;

procedure TForm1.FibonacciClick(Sender: TObject);
begin
f2 := 0;
f1 := 1;
for i := 2 to 30 do
  begin
    fib := f1 + f2;
    Memo1.Lines.Add(IntToStr(i)+': '+IntToStr(fib));
    f2 := f1;
    f1 := fib;
  end;
end;
```

4. Pythagoräische Zahlentripel

```
var a,b,c:Integer;
begin
for a := 1 to 50 do
 for b := a to 50 do
  for c := 1 to a*a+b*b do
   if a*a+b*b=c*c  then
      Memo1.Lines.Add(' a='+IntToStr(a)+' b='+
                                    IntToStr(b)+'c= '+ IntToStr(c));
end;
```

5. Dieses Programm gibt bei Delphi 1 die ersten 15 und bei Delphi 2 die ersten 31
   Zweierpotenzen aus.

```
    0: 1
    1: 2
    2: 4
    3: 8
    4: 16
    ...
    30: 1073741824
    31: -2147483648
```

6. (i div j)*(j div i) = 1, falls i=j, und 0 für alle anderen Werte.

Lösung Aufgabe 3.4: Gaußsche Osterformel

```
    var A,B,C,D,E,M,N,OTag,PTag:Integer;
    j:Integer;
    s:string;
    ...
    s := '';
    if J < 1583 then s := ' Formel gilt nicht '
    else if J < 1700 then begin M := 22; N := 2; end
    else if J < 1800 then begin M := 23; N := 3; end
    else if J < 1900 then begin M := 23; N := 4; end
    else if J < 2100 then begin M := 24; N := 5; end
    else if J < 2200 then begin M := 24; N := 6; end
    else if J < 2300 then begin M := 25; N := 0; end
    else s := ' Formel gilt nicht ';
    A := J mod 19;
    B := J mod 4;
    C := J mod 7;
    D := (19*A + M) mod 30;
    E := (2*B + 4*C + 6*D + N) mod 7;
    if 22 + D + E in [1..31] then
      begin
        OTag :=22 + D + E;
        PTag := OTag+49;
        s := s+IntToStr(j)+' Ostern: '+IntToStr(OTag)+
                                        '. März Pfingsten: ';
        if PTag>31+30+31 { Tage im März + April + Mai } then
          s := s+IntToStr(PTag-92) + '. Juni'
        else if PTag > 30+31 { Tage im April + Mai } then
          s := s+IntToStr(PTag-61) + '. Mai'
        else s := s + ' unmöglich'; {Wegen OTag >= 22 ist PTag >= 71}
      end
    else
```

```
    begin
      OTag := D + E - 9;
      PTag := OTag+49;
      if OTag = 26 then OTag := 19
      else if (OTag=25) and (D=28) and (E=6) and (A>10)
                                                 then OTag := 18;
      s:= s+IntToStr(j)+' Ostern: '+IntToStr(OTag)+
                                        '. April Pfingsten: ';
      if PTag > 30+31 { Tage im April + Mai } then
        s := s+IntToStr(PTag-61) + '. Juni'
      else if PTag > 30 { Tage im April } then
        s := s+IntToStr(PTag-30) + '. Mai'
      else s := s + ' unmöglich'; {wegen OTag >= -9 ist PTag >= 40}
    end;
  Memo1.Lines.Add(s);
```

Lösung Aufgabe 3.5: Gleitkommadatentypen

1. {1.} { i := j / k; der Gleitkommawert j/k kann keiner
                               Ganzzahlvariablen zugewiesen werden }
   {2.} { i := x div k; der Operator div ist auf
                               Gleitkommawerte nicht anwendbar }
   {3.} { i := 3(j+k); Multiplikationszeichen fehlt }
   {4.} i := j div k div k;   {i = 0}
   {5.} i := j div trunc(z/y);   {i = 3}
   {6.} i := j div trunc(y - z/y); {führt zu einer Division durch 0 }

2. **Daniels Notenprogramm**

```
   unit Note; { Aufgabe und Lösung von Daniel Kaiser }

   interface

   uses
    SysUtils, WinTypes, WinProcs, Messages, Classes,
    Graphics, Controls, Forms, Dialogs, Menus, StdCtrls, ExtCtrls;

   type
     TForm1 = class(TForm)
       Memo1: TMemo;
       Durchschnitt: TEdit;
       ButtonDurchschnitt: TButton;
       RBDeutsch: TRadioButton;
       RBMathe: TRadioButton;
       RBEnglisch: TRadioButton;
       RBFranz: TRadioButton;
       RBChemie: TRadioButton;
       ButtonSave: TButton;
       procedure ButtonDurchschnittClick(Sender: TObject);
       procedure RBDeutschClick(Sender: TObject);
       procedure RBMatheClick(Sender: TObject);
       procedure RBEnglischClick(Sender: TObject);
       procedure RBFranzClick(Sender: TObject);
       procedure RBChemieClick(Sender: TObject);
       procedure ButtonSaveClick(Sender: TObject);
     private
       { Private-Deklarationen }
     public
       { Public-Deklarationen }
     end;
```

```
var
  Form1: TForm1;

implementation
{$R *.DFM}

var i,n:Integer;
    summe:Extended;

procedure TForm1.ButtonDurchschnittClick(Sender:TObject);
begin
summe :=0;
n := Memo1.Lines.Count;
for i :=0 to n-1 do
  summe := summe+StrToFloat(Memo1.Lines[i]);
durchschnitt.text  := FloatToStr(summe/n );
end;

procedure TForm1.RBDeutschClick(Sender: TObject);
begin
if RadioButton1.Checked then
  Memo1.Lines.LoadFromFile('c:\daniel\note.deu');
end;

procedure TForm1.RBMatheClick(Sender: TObject);
begin
if RadioButton2.Checked then
  Memo1.Lines.LoadFromFile('c:\daniel\note.mat');
end;

procedure TForm1.RBEnglischClick(Sender: TObject);
begin
if RadioButton3.Checked then
  Memo1.Lines.LoadFromFile('c:\daniel\note.eng');
end;

procedure TForm1.RBFranzClick(Sender: TObject);
begin
if RadioButton4.Checked then
  Memo1.Lines.LoadFromFile('c:\daniel\note.fra');
end;

procedure TForm1.RBChemieClick(Sender: TObject);
begin
if RadioButton5.Checked then
  Memo1.Lines.LoadFromFile('c:\daniel\note.che');
end;

procedure TForm1.ButtonSaveClick(Sender: TObject);
begin
if RadioButton1.Checked then
  Memo1.Lines.SaveToFile('c:\daniel\note.deu');
if RadioButton2.Checked then
  Memo1.Lines.SaveToFile('c:\daniel\note.mat');
if RadioButton3.Checked then
  Memo1.Lines.SaveToFile('c:\daniel\note.eng');
if RadioButton4.Checked then
  Memo1.Lines.SaveToFile('c:\daniel\note.fra');
if RadioButton5.Checked then
  Memo1.Lines.SaveToFile('c:\daniel\note.che');
end;

end.
```

3. Berechne π nach der Regentropfenmethode

```
procedure TForm1.ButtonRegentropfenClick(Sender:TObject);
var i,n,Treffer:Integer;
    x,y:Extended;
begin
n := StrToInt(NRegentr.Text);
Treffer := 0;
for i := 1 to n do
  begin
    x := Random;
    y := Random;
    if x*x +y*y < 1 then inc(Treffer);
  end;
RegentrErg.Text := FloatToStr(4*Treffer/n);
end;
```

4. Die Fakultät und das Problem des Handlungsreisenden

Wie die Ausgabe

1! = 1	2! = 2
3! = 6	4! = 24
5! = 120	6! = 720
7! = 5040	8! = 40320
9! = 362880	10! = 3628800
11! = 39916800	12! = 479001600
13! = 1932053504	14! = 1278945280
15! = 2004310016	16! = 2004189184
17! = -288522240	

von

```
var n,f,i:LongInt;

procedure TForm1.IFakultClick(Sender: TObject);
begin
for n := 1 to 30 do
  begin
    f := 1;
    for i := 1 to n do f := f*i;
    Memo1.Lines.Add(IntToStr(n)+'! = '+IntToStr(f));
  end;
end;
```

zeigt, wächst die Fakultät relativ schnell an, so daß bereits für n=17 negative Werte auftreten. Eine genauere Betrachtung zeigt, daß auch einige Werte vorher so nicht sein können.

Obwohl von der Problemstellung her nur ganzzahlige Werte möglich sind, ist es naheliegend, auf Gleitkommawerte zu wechseln:

```
var n:LongInt;
    f:Extended;

procedure TForm1.EFakultClick(Sender: TObject);
begin
for n := 1 to 30 do
  begin
```

```
        f := 1;
        for i := 1 to n do f := f*i;
        Memo1.Lines.Add(IntToStr(n)+'! = '+FloatToStr(f)+
                                     ' t='+FloatToStr(f/1000000.0)+
                              ' j='+FloatToStr(f/(1000000.0*60*60*24*365))));
    end;
  end;
```

Die hierbei ausgegebenen Werte

```
    ...
    10! = 3628800 t=3,6288 j=1,1506849E-7:
    ...
    15! = 1307674368000 t=1307674,4 j=0,041466082:
    ...
    20! = 2,43290200817664E18 t=2,432902E12 j=77146,817:
    21! = 5,10909421717094E19 t=5,1090942E13 j=1620083,1:
    22! = 1,12400072777761E21 t=1,1240007E15 j=35641829:
    23! = 2,5852016738885E22 t=2,5852017E16 j=8,1976207E8:
    24! = 6,20448401733239E23 t=6,204484E17 j=1,967429E10:
```

zeigen, daß bereits ab n=25 Rechenzeiten notwendig sind, die länger sind als die geschätze Lebensdauer des Universums.

5. **Reihenfolge der Summation bei Gleitkommadatentypen**

```
var i,n:LongInt;
    s,us,os:Single;
    r,ur,ol:Real; { or ist ein reserviertes Wort }
    d,ud,od:Double;
    e,ue,oe:Extended;
    Start,Ende:TDateTime;
    ex:Extended;

procedure TForm1.ReihenfolgeSumClick(Sender: TObject);
begin
n := 1000000;
us := 0; ur := 0; ud := 0; ue :=0;
Start := Time;
for i:= 1 to n do
  begin
    e := (1/i)*(1/i); { 1/(i*i) ergibt für i=65536 Division by 0 }
    s := e; { Da (1/i)*(1/i) den Datentyp Extended }
    r := e; { hat, ist s := e gleichwertig zu        }
    d := e; { s := (1/i)*(1/i) usw.                    }
    us := us + s;
    ur := ur + r;
    ud := ud + d;
    ue := ue + e;
  end;
os := 0; ol := 0; od := 0; oe := 0;
for i:= n downto 1 do
  begin
    e := (1/i)*(1/i);
    s := e;
    r := e;
    d := e;
    os := os + s;
    ol := ol + r;
    od := od + d;
    oe := oe + e;
```

```
  end;
Ende := Time;

Memo1.Lines.Add('n='+IntToStr(n)+' Laufzeit='+TimeToStr(Ende-
                         Start)+' Laufzeit='+FloatToStr((LongInt(24)*
                                         60*60*(Ende-Start))));
Memo1.Lines.Add('os='+FloatToStr(os));
Memo1.Lines.add('us='+FloatToStr(us+
                                 ' ds='+FloatToStr(abs(os-us))));
Memo1.Lines.Add('or='+FloatToStr(ol));
Memo1.Lines.Add('ur='+FloatToStr(ur)+' dr='+
                                 FloatToStr(abs(ol-ur)));
Memo1.Lines.Add('od='+FloatToStr(od));
Memo1.Lines.Add('ud='+FloatToStr(ud+
                                 ' dd='+FloatToStr(abs(od-ud))));
Memo1.Lines.Add('oe='+FloatToStr(oe));
Memo1.Lines.Add('ue='+FloatToStr(ue+
                                 ' de='+FloatToStr(abs(oe-ue))));

Memo1.Lines.Add('oe='+FloatToStrF(oe,ffGeneral,20,4));
Memo1.Lines.Add('ue='+FloatToStrF(ue,ffGeneral,20,4)+
                                 ' de='+FloatToStr(abs(oe-ue))));

ex := pi*pi/6;
Memo1.Lines.Add('ex='+FloatToStr(ex));
end;
```

Diese Prozedur erzeugt die folgenden Werte:

```
n=1000000 Laufzeit=00:00:05 Laufzeit=5,33000000000015
os=1,64493298530579
us=1,64472532272339 ds=0,000207662582397461
or=1,64493306684926
ur=1,64493316263543 dr=9,57861630013213E-8
od=1,64493306684873
ud=1,64493306684877 dd=4,50750547997814E-14
oe=1,64493306684873
ue=1,64493306684873 de=1,64798730217797E-17
oe=1,64493306684872644
ue=1,64493306684872645 de=1,64798730217797E-17
ex=1,64493406684823
```

Die Werte von *os* und *us* sind die Lösungen von Teilaufgabe 1, die übrigen Werte von Teilaufgabe 2. Der Unterschied der Werte von *os* und *us*, die beide bei einer exakten Rechnung ohne Rundungsfehler gleich sein müßten, ergibt sich daraus, daß bei der Summation von unten die Summe immer etwa 1 ist. Bei 8 signifikanten Stellen wirken sich aber alle Summanden ab i=1000 nicht mehr auf das Ergebnis aus. Bei der Summation von oben werden dagegen auch die kleinen Summanden berücksichtigt.

Für den Datentyp *Extended* stimmen die Summen offensichtlich recht genau mit dem exakten Wert ex=π^2/6 überein.

Daß dabei die beiden Extended-Summen übereinstimmen, ist eher eine optische Täuschung, da diese intern 19–20 signifikante Stellen haben, von denen aber mit FloatToStr nur 15 angezeigt werden.

6. Numerische Integration mit der Trapezregel:

```
var a,b,s,t,h:Extended;
    i,n:Integer;

procedure TForm1.IntegratClick(Sender: TObject);
begin
a := 0;
b := 1;
n := 10000;
s := (sqrt(1-a*a) + sqrt(1-b*b))/2;
h := (b-a)/n;
for i := 1 to n-1 do
  s := s + sqrt(1-sqr(a+i*h));
t := s*h;
Memo1.Lines.Add('T='+FloatToStr(4*t));
end;
```

Mit n=10000 erhält man T=3,14159147761132, und dieser Wert stimmt auf den ersten 6 Stellen mit π=3.14159 26535 89793 23846 26433... überein.

7. Das Geburtstagsproblem von Mises

```
procedure TForm1.MisesClick(Sender: TObject);
var q:Extended;
    i:Integer;
begin
q := 1;
for i := 1 to 50 do
  begin
    q := q*(365-i+1)/365;
    if i mod 5 = 0 then
      Memo1.Lines.Add(Format('i=%.2d  p=%.4f',[i,1-q]));
  end;
end;
```

Diese Prozedur gibt die folgenden Werte aus:

```
i=05 p=0,0271
i=10 p=0,1169
i=15 p=0,2529
i=20 p=0,4114
i=25 p=0,5687
i=30 p=0,7063
...
```

Eine genauere Betrachtung zeigt, daß ab i=23 die Wahrscheinlichkeit > 0,5 ist:

```
i=22 p=0,4757
i=23 p=0,5073
i=24 p=0,5383
```

Dieses Ergebnis wird meist als überraschend empfunden, da intuitiv oft i=365/2 erwartet wird.

Lösung Aufgabe 3.7: Der Datentyp String

1.
```
Datum := '1.1.1995';
tstr  := Copy(Datum,1,pos('.',Datum)-1);
Tag   := StrToInt(tstr);
Delete(Datum,1,pos('.',Datum));
p := pos('.',Datum);
mstr  := Copy(Datum,1,p-1);
Monat := StrToInt(mstr);
jstr  := Copy(Datum,p+1,length(Datum)-p+1);
Jahr := StrToInt(jstr);
```

Dasselbe Ergebnis erhält man auch mit den vordefinierten Funktionen

procedure **DecodeDate**(Date: TDateTime; var Year, Month, Day: Word);
function **StrToDate**(const S: string): TDateTime;

2. Telefonverzeichnis

```
const Telefonliste = 'c:\telefon.1';

procedure TForm1.FormCreate(Sender: TObject);
begin
Memo2.Lines.LoadFromFile(Telefonliste);
end;

procedure TForm1.speichernClick(Sender: TObject);
begin
Memo2.Lines.SaveToFile(Telefonliste);
end;

procedure TForm1.telefonClick(Sender: TObject);
begin
for i:= 1 to Memo2.Lines.Count do
if pos(UpperCase(Edit1.Text),UpperCase(Memo2.Lines[i])) > 0 then
   Memo1.Lines.Add(Memo2.Lines[i]);
end;
```

3.
```
s := '1.234';        { Var s: string }
for i := 1 to length(s) do
  if s[i]='.' then s[i] := ',';
e := StrToFloat(s); { Var e: Extended }
```

4.
```
procedure TForm1.ZinsenClick(Sender: TObject);
var K,z:Currency;
    p:Integer;
    s:string;
begin
K := StrToFloat(form1.Edit1.Text);
for p := 5 to 15 do
  begin
    z := K*p/100;
    s := Format('K=%8.2f p=%2d%% z=%7.2f',[k,p,z]);
    Memo1.Lines.Add(s);
  end;
end;
```

5. Binärdarstellung

```
procedure TForm1.binaerClick(Sender: TObject);
var i,n:Integer;
    s:string;
begin
n := StrToInt(Edit1.Text);
s := '';
for i := 1 to 8*SizeOf(n) do
  begin
    if odd(n) then s := '1'+s
    else s := '0'+s;
    n := n shr 1;
  end;
Memo1.Lines.Add(s);
end;
```

6. Soundex-Verfahren

```
procedure TForm1.soundexClick(Sender: TObject);
var s,t1,t2,snd,code:string;
    i,p,j:Integer;
begin
      { ABCDEFGHIJKLMNOPQRSTUVWXYZ }
code := '01230120022455012623010202';
s := Edit1.Text;
t1 := UpperCase(s);
t2 := '';
{ entferne alle Zeichen, die keine Buchstaben sind. }
for i := 1 to length(t1) do
  if ('A'<=t1[i]) and (t1[i]<= 'Z')
    then t2 := t2+t1[i];
{ ersetze jedes Buchstabenpaar durch den Buchstaben. }
for i := 1 to length(t2) do
  if (i < length(t2)) and (t2[i]=t2[i+1])
    then delete(t2,i,1);
{ erzeuge den Soundex-Code snd. }
snd := S[1];
for i := 2 to length(t2) do
  if length(snd) < 4 then
    begin
      j := ord(t2[i])-ord('A')+1;
      if code[j] <> '0' then
        snd := snd + code[j];
    end;

for i := length(snd) to 4-1 do snd := snd + '0';
Memo1.Lines.Add(s+': '+snd);
end;
```

Lösung Aufgabe 3.8: Aufzählungstypen

```
unit enumauf;

...

type
  TForm1 = class(TForm)
    GroupBox1: TGroupBox;
    Dialog: TRadioButton;
```

```
      single: TRadioButton;
      none: TRadioButton;
      sizeable: TRadioButton;
      procedure DialogClick(Sender: TObject);
      procedure singleClick(Sender: TObject);
      procedure sizeableClick(Sender: TObject);
      procedure noneClick(Sender: TObject);
      ...
    end;

var
  Form1: TForm1;

implementation

{$R *.DFM}

procedure TForm1.DialogClick(Sender: TObject);
begin
Form1.Borderstyle := bsDialog;
end;

procedure TForm1.singleClick(Sender: TObject);
begin
Form1.Borderstyle := bsSingle;
end;

procedure TForm1.noneClick(Sender: TObject);
begin
Form1.Borderstyle := bsNone;
end;

procedure TForm1.sizeableClick(Sender: TObject);
begin
Form1.Borderstyle :=bsSizeable;
end;

end.
```

Lösung Aufgabe 3.9: Boolesche Datentypen

1. a) `Grossbuchstabe := ('A' <= c) and (c <= 'Z');`
   b) `Buchstabe := (('A' <= c) and (c <= 'Z')) or`
   `(('a' <= c) and (c <= 'z'));`
   c) `alphanumerisch := Buchstabe  or (('0' <= c) and (c <= '9'));`

2. Offensichtlich erhält man die üblicherweise durch „=>" dargestellte Implikation mit dem Operator „<=".

3. `Schaltjahr :=((Jahr mod 4 = 0) and`
   `(Jahr mod 100 <> 0)) or (Jahr mod 400 = 0);`

4. `vorher := (j1<j2) or [(j1=j2) and {(m1<m2) or`
   `[(m1=m2) and (t1< t2)]}];`

5. Der Wert einer booleschen Variablen b kann mit b := not b; „umgeschaltet" werden:

   `procedure TForm1.Button1Click(Sender: TObject);`

```
begin
ffnen1.Enabled := not ffnen1.Enabled;
{ zum Unterpunkt Öffnen des Menüs }
GroupBox1.Visible := not GroupBox1.Visible ;
end;
```

Lösung Aufgabe 3.11: Die Systematik der einfachen Datentypen

1. Ohne Bereichsprüfung:

```
var    a: (v1,v2,v3);
       u:-3..7;

a := high(a); { a = v3; }
inc(a);       { a erhält das Bitmuster der Binärzahl 4 }
u := low(i);  { u = -3 }
u := pred(i); { u = -2 }
```

Mit Bereichsprüfung:

```
a := high(a); { a = v3; }
inc(a);       { Laufzeitfehler, die nächste Anweisung wird
                    nicht mehr erreicht }
```

2.
```
procedure TForm1.Button1Click(Sender: TObject);
begin
if Form1.Borderstyle = High(TFormBorderStyle) then
  Form1.Borderstyle := Low(TFormBorderStyle)
else Form1.Borderstyle := succ(Form1.Borderstyle);
Button1.Caption := IntToStr(ord(Form1.Borderstyle));
end;
```

Lösung Aufgabe 3.12: Mengen

1.
```
unit setaufg;

interface

...
type
  TForm1 = class(TForm)
    fett: TCheckBox;
    kursiv: TCheckBox;
    unterstrichen: TCheckBox;
    durchgestrichen: TCheckBox;
    Label1: TLabel;
    procedure fettClick(Sender: TObject);
    procedure kursivClick(Sender: TObject);
    procedure unterstrichenClick(Sender: TObject);
    procedure durchgestrichenClick(Sender: TObject);
    ...
end;

var
  Form1: TForm1;

implementation
```

```
{$R *.DFM}

procedure TForm1.fettClick(Sender: TObject);
begin
if fett.checked then Label1.Font.Style :=
  Label1.Font.Style+[fsBold]
else Label1.Font.Style := Label1.Font.Style-[fsBold];
end;

procedure TForm1.kursivClick(Sender: TObject);
begin
if kursiv.checked then Label1.Font.Style :=
  Label1.Font.Style+[fsItalic]
else Label1.Font.Style := Label1.Font.Style-[fsItalic];
end;

procedure TForm1.unterstrichenClick(Sender: TObject);
{ analog zu den ersten beiden Prozeduren }

procedure TForm1.durchgestrichenClick(Sender: TObject);
{ analog zu den ersten beiden Prozeduren }

end.
```

2.
```
var Ja,JaNein,Nein:set of Char;

JaNein := ['j','J','n','N'];
Ja      := ['j','J'];
Nein    := ['n','N'];

if c in JaNein then {...}
if c in Nein then {...}
if c in Ja then {...}
```

Lösung Aufgaben 3.17: Arrays

1. **Sieb des Eratosthenes**

```
{$R+}
const n=10000;
var prim:array[1..n] of Boolean;

procedure TForm1.EratosthenesClick(Sender: TObject);
var i,j:Integer;
begin
for i := 1 to n do prim[i] := true;
for i := 2 to n do
  if prim[i] then
    for j := i to n div i do
      prim[j*i] := false;

for i := 2 to n do
 if prim[i] then
   Memo1.Lines.Add(IntToStr(i));
end;
```

2.
```
{$R+}
const max_n = 100;
      min_n = 1;
var A:array[min_n..max_n] of string[20];
```

```
        Satzzahl:Integer=min_n-1;

procedure TForm1.einfuegenClick(Sender: TObject);
begin
if Satzzahl < max_n then
  begin
    inc(Satzzahl);
    A[Satzzahl] := Edit1.Text;
  end
else ShowMessage('Das array ist voll');
end;


var i:Integer;

procedure TForm1.ausgebenClick(Sender: TObject);
begin
Memo1.Lines.Add('Datensätze im Array A: ');
for i := min_n to Satzzahl do
  Memo1.Lines.Add(IntToStr(i)+': '+A[i]);
end;



var LoeschNrStr:string;
    LoeschNr,ErrCode:Integer;

procedure TForm1.LoeschenClick(Sender: TObject);
begin
if  InputQuery('Datensatz löschen', 'Bitte geben Sie den Index des
                  zu löschenden Datensatzes ein:', LoeschNrStr) then
  begin
    val(LoeschNrStr,LoeschNr,ErrCode);
    if ErrCode = 0 then
      begin
        if (min_n<=LoeschNr) and (LoeschNr<=Satzzahl) then
            begin
              for i:= LoeschNr to Satzzahl do
                A[i] := A[i+1];
              dec(Satzzahl);
            end
          else ShowMessage('Unzulässiger Index: '
                                        +IntToStr(LoeschNr));
      end
    else ShowMessage('"'+LoeschNrStr+'" ist keine Zahl"');
  end;
end;
```

3. Auswahlsort

```
var min,i,j:Integer;
    x:string[20];

procedure TForm1.AuswahlSortClick(Sender: TObject);
begin
for i := 1 to Satzzahl-1 do
  begin
    min := i;
    for j := i+1 to Satzzahl do
      if A[j] < A[min] then min := j;
    x := a[i];
    a[i] := a[min];
    a[min] := x;
  end;
end;
```

4. Stack

```
{$R+}
const StackSize = 5;
var Stack:array[0..StackSize] of string[20];
    StackPtr:Integer;

procedure TForm1.pushClick(Sender: TObject);
begin
if StackPtr < StackSize then
  begin
    inc(StackPtr);
    Stack[StackPtr] := Edit1.Text;
    Memo1.Lines.Add('pushed: '+ Stack[StackPtr]);
  end
else Memo1.Lines.Add('Stack overflow');
end;

procedure TForm1.popClick(Sender: TObject);
begin
if StackPtr > 0 then
  begin
    Memo1.Lines.Add('popped: '+ Stack[StackPtr]);
    dec(StackPtr);
  end
else Memo1.Lines.Add('Stack Underflow');
end;
```

5. Monte-Carlo-Simulation des Geburtstagsproblems von Mises

```
{$R+}
var g:array[1..365] of Integer;
    Anzahl_Versuche,
    Anzahl_Personen,
    Anzahl_Treffer:Integer;
    gefunden:Boolean;
    i,j:Integer;

procedure TForm1.MisesMCClick(Sender: TObject);
begin
Anzahl_Versuche := 1000;
Anzahl_Personen := 23;
Anzahl_Treffer :=0;
for i := 1 to Anzahl_Versuche do
  begin
    for j := 1 to 365 do g[j] := 0;
    for j := 1 to Anzahl_Personen do
        inc(g[Random(365)+1]);
    gefunden := false;
    for j := 1 to 365 do
      if g[j] > 1 then gefunden := true;
    if gefunden then inc(Anzahl_Treffer);
  end;
Memo1.Lines.Add('n='+IntToStr(Anzahl_Personen)+' w='
                    +FloatToStr(Anzahl_Treffer/Anzahl_Versuche))
{
Die Simulationsergebnisse mit 1000 Versuchen stimmen recht gut mit
den exakten Werten (in Klammern) überein:

  n=23 w=0,5      (exakter Wert für n=23  p=0,5073)
  n=23 w=0,54
  n=23 w=0,486
```

```
n=23 w=0,493
n=23 w=0,504

n=10 w=0,12      (exakter Wert für n=10  p=0,1169)
n=20 w=0,398     (exakter Wert für n=20  p=0,4114)
n=30 w=0,722     (exakter Wert für n=30  p=0,7063)
```

überein.

```
}
end;
```

6. **Tröpfel-Verfahren zur Berechnung der ersten 5000 Stellen von π**

```
const Stellen = 1000;
      max = 10*Stellen div 3;

var Q,U,A:array[0..max] of Integer; { Q: Zwischenspeicher }

{$R+,Q+}
procedure TForm1.pidropClick(Sender: TObject);
var i,j,n,S,qi:Integer;
    Start,Ende:Extended;
    PiStr:string; { erhält die Ziffern von pi }
begin
PiStr := 'pi=';

Start := Time; { um die Laufzeit zu messen }
for i := 0 to max do A[i] := 2;

qi := 0;
for n := 1 to Stellen do
  begin
    U[max] := 0;
    for i := max downto 1 do
      begin
        S    := U[i]*i+10*A[i];
        A[i]     := S mod (2*i-1);
        U[i-1] := S div (2*i-1);
      end;
    S := U[0];
    A[1] := S mod 10;
    s    := s div 10;
{ ab hier Teil 2 der Aufgabe }
    if s= 9 then
      begin  { S zwischenspeichern }
        Q[qi] := s;
        inc(qi);
      end
    else if s= 10 then
      begin
        { erhöhe alle bisher zwischengespeicherten Werte }
        for j := 0 to qi-1 do
          if Q[j] < 9 then inc(Q[j])
          else Q[j] := 0;
        { alle bisher zwischengespeicherten Werte ausgeben }
        for j := 0 to qi-1 do
          PiStr := PiStr+IntToStr(Q[j]); { siehe Bem. 1 }
        { 0 zwischenspeichern }
        qi := 1;
        Q[0] := 0;
```

```
                    end
                 else
                   begin
                      { alle bisher zwischengespeicherten Werte ausgeben }
                      for j := 0 to qi-1 do
                        PiStr := PiStr+IntToStr(Q[j]); { siehe Bem. 1 }
                      { s zwischenspeichern }
                      qi := 1;
                      Q[0] := s;
                   end;
           { bis hier Teil 2 der Aufgabe }
              end;

        Ende := Time;

        i := 0; { vergleiche die beiden Strings zum Test }
        j := 1; { hier ist PiStr ein String mit den Ziffern von pi }
        while (j < length(PiStr)) and  (j < length(pi1000)) do
           begin
              if PiStr[j] =pi1000[j] then inc(i);
              inc(j);
           end;

        Memo1.Lines.Add('Laufzeit='+TimeToStr(Ende-Start)+'
        Laufzeit='+FloatToStr((LongInt(24)*60*60*(Ende-Start)))));
        Memo1.Lines.Add('n='+IntToStr(Stellen)+' gleich: '+IntToStr(i));
        Memo1.Lines.Add(PiStr);
        end;
```

{ Bem. 1:   hier werden einfach alle Ziffern an den String PiStr
            angeklebt; da Strings in Delphi 1 nur maximal 255 Zeichen
            lang sein können, funktioniert das unter Delphi 1 so nur
            für die ersten 255 Stellen. }

Lösung Aufgaben 3.18: Graphik

1. Zeichne Zufallsgeraden

```
   const max_l = 50;

   var l:array[1..max_l,1..4] of Integer;
       r,g,b:Byte;
       i:Integer;

   procedure TForm1.Button1Click(Sender: TObject);
   begin
   for i := 1 to max_l do
     begin
        Canvas.Pen.Color :=clBtnFace;
        Canvas.MoveTo(l[i,1],l[i,2]);
        Canvas.LineTo(l[i,3],l[i,4]);
     end;

   for i := 1 to max_l do
     begin
        l[i,1] := Random(ClientWidth);
        l[i,2] := Random(ClientHeight);
        l[i,3] := Random(ClientWidth);
        l[i,4] := Random(ClientHeight);
     end;
```

```
for i := 1 to max_1 do
  begin
    r := Random(256);
    g := Random(256);
    b := Random(256);
    Canvas.pen.color :=(b shl 16)+(g shl 8)+r;
    Canvas.MoveTo(l[i,1],l[i,2]);
    Canvas.LineTo(l[i,3],l[i,4]);
  end;
```

2. Räuber-Beute-Modell

```
procedure TForm1.RBPlotClick(Sender: TObject);
const zb = 0.05;  fb = 0.001;
      sr = 0.05;  fr = 2*fb;
var r,r_alt,b,b_alt:Extended;
    px,py, pr,pb,pr_alt,pb_alt:Integer;
begin
PaintForm.Caption := 'Räuber-Beute-Modell';
PaintForm.Width := 600;
PaintForm.Height := 400;
PaintForm.Show;

PaintForm.Image1.Canvas.Pen.Color := clRed;

{ Startwerte: }
r_alt := 100; b_alt := 50;

{ zur Skalierung der y-Werte }
{x0 := 0;}  y0 := 300; { x1 := 1000;} y1 := -10;

for px := 0 to PaintForm.Image1.width-1 do
  begin

    r := r_alt - sr*r_alt + fr*r_alt*b_alt;
    b := b_alt + zb*b_alt - fb*r_alt*b_alt;
    Memo1.Lines.Add(Format('r=%.4g b=%.4g',[r,b]));

    { transformiere y in Bild-Koordinaten }
    pr_alt := pr;
    pb_alt := pb;
    pr := round((r-y0)*PaintForm.ClientHeight/(y1-y0));
    pb := round((b-y0)*PaintForm.ClientHeight/(y1-y0));

    PaintForm.Image1.Canvas.MoveTo(px-1,pr_alt);
    PaintForm.Image1.Canvas.Pen.Color := clRed;
    if px = 0 then PaintForm.Image1.Canvas.MoveTo(px,pr)
    else PaintForm.Image1.Canvas.LineTo(px,pr);

    PaintForm.Image1.Canvas.MoveTo(px-1,pb_alt);
    PaintForm.Image1.Canvas.Pen.Color := clBlue;
    if px = 0 then PaintForm.Image1.Canvas.MoveTo(px,pb)
    else PaintForm.Image1.Canvas.LineTo(px,pb);

    PaintForm.Image1.Canvas.MoveTo(pr_alt,pb_alt);
    PaintForm.Image1.Canvas.Pen.Color := clGreen;
    if px = 0 then PaintForm.Image1.Canvas.MoveTo(pr,pb)
    else PaintForm.Image1.Canvas.lineTo(pr,pb);

    r_alt := r;
    b_alt := b;
  end;
end;
```

9.3 Lösungen Kapitel 4

Lösung Aufgaben 4.2

1. n ungerade, d. h. n div 2 = (n–1)/2

	x	n	p
	x_0	n_0	p_0
`p := p*x`			p_0*x_0
`n := n div 2`		$(n_0-1)/2$	
`x := x*x`	x_0*x_0		

$$p*x^n = (p_0*x_0)*(x_0*x_0)^{(n0-1)/2} = p_0*x_0*x_0^{n0-1} = p_0*x_0^{n0} = u^v$$

2. n gerade, d. h. n div 2 = n/2:

	x	n	p
	x_0	n_0	p_0
`n := n div 2`		$n_0/2$	
`x := x*x`	x_0*x_0		

$$p*x^n = p_0*(x_0*x_0)^{(n0/2)} = p_0*x_0^{n0} = u^v$$

3.

	s	i
	s_0	i_0
`i := i + 1`		$i_0 + 1$
`s := s + i`	$s_0 + i_0 + 1$	

Damit gilt anschließend

$$s = s_0 + (i_0 + 1)= 1 + 2 + ... + i_0 + (i_0 + 1)$$

$$= 1 + 2 + ... + (i-1) + i$$

4.

	s	i
	s_0	i_0
`i := i + 1`		$i_0 + 1$
`s := s + i*i`	$s_0 + (i_0+1)*(i_0+1)$	

Damit gilt anschließend $s = 1*1 + 2*2 + ... + i*i$

5.

	s	i
	s_0	i_0
$s := s + i*i$	$s_0 + i_0*i_0$	
$i := i + 1$		$i_0 + 1$

Damit gilt anschließend $\quad s \quad = 1*1 + 2*2 + ... + i_0*i_0 + i_0*i_0$
$$= 1*1 + 2*2 + ... + 2*(i-1)*(i-1)$$

und nicht die gefragte Invarianz.

Lösung Aufgaben 4.4.1

1. a) `if x=17 then Edit1.Text := 'Volltreffer';`

   Prüfungen auf Gleichheit mit einer Gleitkommavariablen haben nicht immer das erwartete Ergebnis.

   b) `if i>=1 and i<=10 then Edit1.Text := 'Volltreffer';`

   Syntaktisch nicht korrekt: Verknüpfte Bedingungen müssen geklammert werden.

   c) `if b and (i=j*x) then Edit1.Text := 'Volltreffer';`

   Bis auf die Prüfung auf Gleichheit mit einer Gleitkommavariablen korrekt.

   d) ```
if Punkte >= 0 then Edit1.Text := 'Extremes Pech'
else if Punkte >= 20 then Edit1.Text := 'Ziemliches Pech'
else if Punkte >= 40 then
                  Edit1.Text := 'Ein wenig Glück gehabt';
```

   Syntaktisch korrekt, aber „<" mit „>" verwechselt (der zweite oder dritte else-Zweig wird nie erreicht).

2. ```
var Note:Integer;

if Note=1 then Edit1.Text := 'sehr gut!!!'
else if Note=2 then Edit1.Text := 'gut'
else if Note=3 then Edit1.Text := 'na ja'
else if Note=4 then Edit1.Text := 'schwach'
else if (Note=5) or (Note=6) then Edit1.Text := 'durchgefallen'
else Edit1.Text := 'Was für eine Note ist '+IntToStr(Note);
```

3. a) `(x >= 0) and (x <= 100)`

   b) `(x = 1) or (c <> 'j')`

   c) `(i < 1) and (i > 10).` Da diese Bedingung für kein i erfüllt sein kann, wird S2 nie ausgeführt.

4.
```pascal
var Lagergruppe, Materialgruppe:Char;
    LA_Summe,LB_Summe,MA_Summe,MB_Summe,MC_Summe,Summe:Extended;

if Lagergruppe = 'A' then
  begin
    if Materialgruppe = 'A' then
      begin
        LA_Summe := LA_Summe + Summe;
        MA_Summe := MA_Summe + Summe;
      end
    else if Materialgruppe = 'B' then
      begin
        LA_Summe := LA_Summe + Summe;
        MB_Summe := MB_Summe + Summe;
      end
    else if Materialgruppe = 'C' then
      begin
        LA_Summe := LA_Summe + Summe;
        MC_Summe := MC_Summe + Summe;
      end
    else Edit1.Text := 'Unzulässige Materialgruppe in Lager A'
  end
else if Lagergruppe = 'B' then
  begin
    if Materialgruppe = 'A' then
      begin
        LB_Summe := LB_Summe + Summe;
        MA_Summe := MA_Summe + Summe;
      end
    else if Materialgruppe = 'B' then
      begin
        LB_Summe := LB_Summe + Summe;
        MB_Summe := MB_Summe + Summe;
      end
    else Edit1.Text := 'Unzulässige Materialgruppe in Lager B'
  end
else Edit1.Text := 'Unzulässige Lagergruppe in Lager B';
```

5.
```pascal
var J1,J2,M1,M2,T1,T2:Integer;
    vorher,vorher_oder_gleich :Boolean;
...
if J1 <> J2 then vorher := J1 < J2
else { J1 = J2.Datum.Jahr }
    if M1 <> M2 then vorher := M1 < M2
else { (J1 = J2) and (M1 = M2) }
    vorher := T1 < T2;
```

Falls die boolesche Variable *vorher_oder_gleich* genau dann den Wert *true* erhalten soll, wenn das erste Datum zeitlich vor dem zweiten liegt oder gleich dem zweiten ist, muß lediglich die letzte Zeile auf <= geändert werden:

```pascal
if J1 <> J2 then vorher_oder_gleich := J1 < J2
else { J1 = J2 }
    if M1 <> M2 then vorher_oder_gleich := M1 < M2
else { (J1 = J2) and (M1 = M2) }
    vorher_oder_gleich := T1 <= T2;
```

6. Steuerformel

Die naheliegende Lösung, die Genauigkeitsanforderungen (drei Nachkommastellen usw.) durch eine Rechnung mit einem Ganzzahldatentyp zu erfüllen, scheitert am zu kleinen Darstellungsbereich des Datentyps *LongInt*.

Als erste Näherung zunächst eine Lösung mit dem Datentyp *Extended*, bei der Genauigkeitsanforderungen nicht berücksichtigt sind:

```
var xe,Est_Ext,ye,Est_e:Extended;
...
if abs(xe/54) < 1.0*maxint then xe := trunc(xe/54)*54.0;
                                              { Absatz 2 }
{  1.   54.0   anstelle   von   54,   damit   das   Ergebnis   der
          Multiplikation vom Typ Extended ist (sonst würden größere
          Produkte als maxint zu einem integer overflow führen).
    2.   Da die Funktion trunc(x) nur für Werte zwischen -maxint-1
          und maxint definiert ist, werden nur solche Werte von x
          auf durch 54 teilbare Beträge abgerundet (Absatz (2)). }
if xe <= 5616 then ESt_e := 0
{  Die Bedingung (0 <= x) and (x <= 5616) würde ESt für negative
          Werte von x (negative Einkommen sind mit Abschreibungen oder
          Verlusten möglich) undefiniert lassen.       }
else if xe <= 8153 then Est_e := 0.19*xe-1067
{  Die Bedingung (x > 5616) braucht hier nicht mehr geprüft zu
          werden, da sie sich bereits aus der Negation der letzten
          Bedingung ergibt. }
else if xe <= 120041 then
  begin
     ye := (xe - 8100)/10000;
     Est_e := (151.94*ye + 1900)*ye + 472
  end
else Est_e := 0.53*xe - 22842;
if Est_e < MaxLongInt then ESt_ext := trunc(Est_e)
else Est_ext := -1;
    { Absatz 3, letzter Satz: runde den Steuerbetrag auf volle DM -
      nur im Definitionsbereich der Funktion trunc }
```

Bei der folgenden Lösung werden die Genauigkeitsanforderungen vor allem mit der Funktion *Int* berücksichtigt:

```
var:xc,Est_comp,yc,st_c,c1,Est_c:Comp;
...
xc := Int(xc/54)*54; { Absatz (2), runde auf durch 54 teilbaren
                       Betrag }
if xc <= 5616 then ESt_c := 0
else if xc <= 8153 then Est_c := Int(190*xc-1067000){in 1/1000 DM}
else if xc <= 120041 then
  begin
     yc := xc-8100;     {y = ein zehntausendstel, letzter Satz (1)}
     c1 := Int(15194*yc/1000) + 1900000;
     Est_c := Int(c1*yc/10000) + 472000;
  end
else Est_c := Int(530*xc) -22842000;
ESt_comp := Int(Est_c/1000);
end;
```

Vergleicht man diese beiden Ansätze wie in

```
var i:LongInt;
    s:string;
begin
for i := 5000 to 200000 do
   if i mod 50=0 then
      begin
        xc := i;
        xe := i;

        { hier die Anweisungen von oben einfügen }

        if ESt_comp <> ESt_ext then
         begin
           FmtStr(s,'%8s  %9s  %9s  %9s',
             ['x='+IntToStr(i),
              ' e='+FloatToStr(ESt_ext),
              ' c='+FloatToStr(ESt_comp),
              ' e-c='+FloatToStr(ESt_ext-ESt_comp)]);

           Memo1.Lines.Add(s);
         end;
      end;
```

stellt man fest, daß sie sich nur für relativ wenige Werte (ca. 55) um maximal 1 DM unterscheiden. In allen diesen Fällen zeigt ein Vergleich mit der Steuertabelle (Werte bis 120041 DM), daß die Lösung mit *Comp* richtig ist. Das liegt allerdings nicht am Datentyp, sondern an der Rundung mit Int. Ersetzt man in der Lösung mit *Comp* den Datentyp durch *Extended*, erhält man dasselbe Ergebnis wie mit *Comp*.

Unter Delphi 2 erhält man mit dem Datentyp *Currency* die einfachste Lösung:

```
var ESt,y:Currency;
begin
x := Int(x/54)*54;
if x <= 5616 then ESt := 0
else if x <= 8153 then Est := 0.19*x-1067
else if x <= 120041 then
   begin
     y := (x-8100)/10000;
     Est := (151.94*y + 1900)*y +472;
   end
else Est := 0.53*x -22842;
ESt := Int(Est);
end;
```

Lösung Aufgaben 4.4.2: Case-Anweisung

```
1. case Lagergruppe of
   'A': case Materialgruppe of
        'A': begin
               LA_Summe := LA_Summe + Summe;
               MA_Summe := MA_Summe + Summe;
             end;
        'B': begin
               LA_Summe := LA_Summe + Summe;
               MB_Summe := MB_Summe + Summe;
```

```
                 end;
          'C': begin
                    LA_Summe := LA_Summe + Summe;
                    MC_Summe := MC_Summe + Summe;
                 end;
          else Edit1.Text := 'Unzulässige Materialgruppe in Lager A';
          end;
   'B': case Materialgruppe of
          'A': begin
                    LB_Summe := LB_Summe + Summe;
                    MA_Summe := MA_Summe + Summe;
                 end;
          'B': begin
                    LB_Summe := LB_Summe + Summe;
                    MB_Summe := MB_Summe + Summe;
                 end;
          else Edit1.Text := 'Unzulässige Materialgruppe in Lager B';
          end;
   else Edit1.Text := 'Unzulässige Lagergruppe in Lager B';
```

2. Da die Abfragen nicht durch eine Prüfung auf Gleichheit mit einer Konstanten gebildet werden, ist eine Lösung mit *case* nicht möglich.

3. Die Auswahl der Berechnungsvorschrift zur Berechnung der Einkommensteuer kann nicht in einer *case*-Anweisung erfolgen, da die Bedingungen nicht durch eine Prüfung auf Gleichheit gebildet werden und der Datentyp der zum Vergleich herangezogenen Ausdrücke ein Gleitkommadatentyp ist.

Lösung Aufgaben 4.4.3

1. Aus Platzgründen steht „t" für „true" und „f" für „false".

a)

p	q	r	q or r	p and (q or r)	p and q	p and r	(p and q) or (p and r)
t	t	t	t	t	t	t	t
t	t	f	t	t	t	f	t
t	f	t	t	t	f	t	t
t	f	f	f	f	f	f	f
f	t	t	t	f	f	f	f
f	t	f	t	f	f	f	f
f	f	t	t	f	f	f	f
f	f	f	f	f	f	f	f

b)

p	q	r	q and r	p or (q and r)	p or q	p or r	(p or q) and (p or r)
t	t	t	t	t	t	t	t
t	t	f	f	t	t	t	t
t	f	t	f	t	t	t	t
t	f	f	f	t	t	t	t
f	t	t	t	t	t	t	t
f	t	f	f	f	t	f	f
f	f	t	f	f	f	t	f
f	f	f	f	f	f	f	f

c)

p	q	r	p and q	(p and q) or r	q or r	p and (q or r)	
t	t	t	t	t	t	t	
t	t	f	t	t	t	t	
t	f	t	f	t	t	t	
t	f	f	f	f	f	f	
f	t	t	f	t	t	f	←
f	t	f	f	f	t	f	
f	f	t	f	t	t	f	←
f	f	f	f	f	f	f	

"(p and q) or r" und "p and (q or r)" sind also nicht gleichwertig.

2. a) (x >= 0) and (x <= 100)

b) (x = 1) or (c <> 'j')

c) (i < 1) and (i > 10). Da diese Bedingung für kein i erfüllt sein kann, wird S2 nie ausgeführt.

3. S1: (1 <= x) and (x <= 10)
S2: (10 < x) and (x <= 15)

S3: (15 > x)
S4: (x < 1)

4. Im letzten else-Zweig gilt die Negation der beiden vorangehenden Bedingungen:

not((x >= y) and (x >= z)) and not ((y >= x) and (y >= z))

Diese sind wegen de Morgan gleichwertig mit:

((x < y) or (x < z)) and ((y < x) or (y < z))

Zweimal "ausmultiplizieren" mit den Distributivgesetzen ergibt:

[(x<y) and (y<x)] or [(x<y) and (y<z)] or
**   [(x<z) and (y<x)] or [(x<z) and (y<z)]**

Hier wurden die 4 mit or verknüpften Ausdrücke extra mit eckigen Klammern zusammengefaßt. Der erste dieser eckig geklammerten Ausdrücke hat immer den Wert false, während alle 3 weiteren jeder für sich gerade bedeuten, daß z das Maximum der drei Werte x, y und z ist.

5. In den Aufgaben 4.2.1 und 4.2.2 wurden bereits die folgenden beiden Invarianten nachgewiesen:

n gerade: $\{ p*x^n = u^v \}$
                  $n := n \ div \ 2;$
                  $x := x*x;$
                 $\{ p*x^n = u^v \}$

n ungerade:

$$\{\ p*x^n = u^v\ \}$$
```
                    p := p*x;
                    n := n div 2;
                    x := x*x;
```
$$\{\ p*x^n = u^v\ \}$$

Das sind aber gerade die Anweisungsfolgen, die durch

```
if odd(n) then p := p*x;
n := n div 2;
x := x*x;
```

ausgeführt werden, wenn n gerade oder ungerade ist. Damit gilt die gefragte Invarianz

```
{ p*x^n = u^v }
if odd(n) then p := p*x;
n := n div 2;
x := x*x;
{p*x^n = u^v }
```

Lösung Aufgabe 4.5.2

1.
```
procedure TForm1.WZinsenClick(Sender: TObject);
begin
Kapital := 100;
Zinssatz := 6;
n := 10;
Jahre := 0;
Memo1.Lines.Clear;
while Jahre < n do
  begin
    Kapital := Kapital*(1 + Zinssatz/100);
    Jahre := Jahre + 1;
    Memo1.Lines.Add('Nach '+IntToStr(Jahre)+' Jahren: '+
                            FloatToStrF(Kapital,ffFixed,8,2));
  end;
end;
```

Lösung Aufgaben 4.5.3

1. **Hypothek**

```
var Restschuld,Zinsen,Tilgungsrate,Zinssatz,Annuitaet:Currency;
    Jahre:Integer;

procedure TForm1.HypothekClick(Sender: TObject);
begin
Restschuld := 1000;
Zinssatz := 7;
Tilgungsrate := 3;
Annuitaet := Restschuld*(Zinssatz+Tilgungsrate)/100;
Jahre := 0;

Memo1.Lines.Add(Format('Hypothek: %m Annuitaet: %m',
                            [Restschuld,Annuitaet]));
```

```
repeat Zinsen := Restschuld*Zinssatz/100;
        Restschuld := Restschuld - (Annuitaet - Zinsen);
        inc(Jahre);
        Memo1.Lines.Add(Format('Ende %d.Jahr:
                               Restschuld=%m Zinsen=%m Tilgung=%mg',
                        [Jahre,Restschuld,Zinsen,Annuitaet-Zinsen]));
until Restschuld <= 0;
end;
```

2. a) **Mandelbrot-Fraktale**

```
unit AGraph;

interface

uses Windows, Messages, SysUtils, Classes, Graphics,
                    Controls, Forms, Dialogs, StdCtrls, ExtCtrls;

type
  TForm1 = class(TForm)
  ...
end;

var
  Form1: TForm1;

  { Anfangswerte für die Mandelbrot-Fraktale, nur für
                                Aufgabenteil b) im Interface-Teil }
  x0 :Extended= -2; { links oben }
  y0 :Extended= 1.25;

  x1 :Extended= 0.5; { rechts unten }
  y1 :Extended= -1.25;

implementation

uses PaintFrm;
{$R *.DFM}

var aborted:Boolean=false;

{$R+}
procedure TForm1.ApfelmannClick(Sender: TObject);
const max_it =  50 {100,200};
var x,y,x_it,y_it,x_it_alt,y_it_alt, sqr_x,sqr_y, pr_xy,
    dist:Extended;

    color:TColor;
    height,Width,
    i,px,py:Integer;
begin
PaintForm.Width := 400;
PaintForm.Height := 400;
PaintForm.Image1.Align := alClient;
PaintForm.Show;
aborted := false;
px := 0;
repeat py := 0;
        repeat i := 0;

                x := x0 + px*(x1-x0)/PaintForm.Image1.Width;
                y := y0 + py*(y1-y0)/PaintForm.Image1.Height;
```

```
                    x_it_alt := x;
                    y_it_alt := y;

                 repeat inc(i);
{ Eigentlich müssen diese Berechnungen durchgeführt werden:
                    x_it := x_it_alt*x_it_alt -
                                    y_it_alt*y_it_alt + x;
                    y_it := 2*x_it_alt*y_it_alt + y;
                    dist := x_it*x_it+y_it*y_it;
   Die folgenden Operationen sparen aber einige Multiplikationen:
}
                    sqr_x := sqr(x_it_alt);
                    sqr_y := sqr(y_it_alt);
                    x_it := sqr_x - sqr_y + x;
                    pr_xy := x_it_alt*y_it_alt;
                    y_it := pr_xy + pr_xy + y;
                    dist := sqr_x + sqr_y;
                    x_it_alt := x_it;
                    y_it_alt := y_it;
                 until (i > max_it) or (dist > 4);
                 if i > max_it then Color := clBlack
                 else Color :=  PaletteIndex(1 + i mod 16);
                 PaintForm.Image1.Canvas.Pixels[px,py] :=color;
                 inc(py);
          until (py>=PaintForm.Image1.Height-1) or aborted;
          inc(px);
          Application.ProcessMessages;
until (px >= PaintForm.Image1.Width-1) or aborted;
Paintform.Image1.Picture.SaveToFile('c:\test.bmp');
end;

procedure TForm1.resetClick(Sender: TObject);
begin
x0 := -2; { links oben }
y0 := 1.25;
x1 := 0.5; { rechts unten }
y1 := -1.25;
end;

procedure TForm1.AbbruchClick(Sender: TObject);
begin
Aborted := true;
end;

b)
unit paintfrm;

interface

uses Windows, Messages, SysUtils, Classes, Graphics,
                              Controls, Forms, Dialogs,  ExtCtrls;

type
  TPaintform = class(TForm)
    Image1: TImage;
    procedure Image1MouseDown(Sender: TObject; Button:
               TMouseButton; Shift: TShiftState; X, Y: Integer);
    procedure Image1MouseUp(Sender: TObject; Button: TMouseButton;
       Shift: TShiftState; X, Y: Integer);
  private
    { Private-Deklarationen }
  public
    { Public-Deklarationen }
```

```
  end;

var
  paintform: TPaintform;

implementation
uses AGraph;
{$R *.DFM}

var x_start,y_start:Extended;

procedure TPaintform.Image1MouseDown(Sender: TObject;
                                     Button: TMouseButton;
  Shift: TShiftState; X, Y: Integer);
begin
x_start := x0+(x1-x0)*x/Image1.Width;
y_start := y0+(y1-y0)*y/Image1.Height;
end;

procedure TPaintform.Image1MouseUp(Sender: TObject;
        Button: TMouseButton;Shift: TShiftState; X, Y: Integer);
begin
x1 := x0+(x1-x0)*x/Image1.Width;
y1 := y0+(y1-y0)*y/Image1.Height;

x0 := x_start;
y0 := y_start;
end;
```

Lösung Aufgaben 4.5.4

1. 1. $n <= 0$ und n gerade.

2. Fall I: $i <= 0$. Der Schleifenkörper wird nie ausgeführt, also erhält man auch keine Endlosschleife.

   Fall II: $i > 0$. Da für $i > 0$ stets i div $2 < i$ gilt, wird i bei jeder Ausführung des Schleifenkörpers verkleinert.

   Also erhält man für keinen Wert von i eine Endlosschleife. Dagegen würde die Schleifenbedingung ($i >= 0$) anstelle von ($i > 0$) zu einer Endlosschleife führen, da 0 div $2 = 0$.

3. Fall I: $i >= n$: Der Schleifenkörper wird nie ausgeführt.

   Fall II: $i < n$: Für jeden Wert von i ist $i + 1 > i$.

   Damit wird i bei jeder Ausführung vergrößert und erhält schließlich den Wert n. Auch diese Schleife wird also nie zur Endlosschleife.

4. Bei einer Prüfung von Gleitkommawerten auf Gleichheit können Ungenauigkeiten in der Zahldarstellung dazu führen, daß eine erwartete Gleichheit doch nicht eintritt. Deshalb sollten Schleifen nie durch eine Prüfung von Gleitkommawerten auf Gleichheit kontrolliert werden.

Eine Kontrolle der Schleife durch die Bedingung r >= 10 wäre allerdings relativ unproblematisch. Jedoch bietet auch diese Bedingung keine Sicherheit dafür, daß der Schleifenkörper so oft ausgeführt wird, wie man das gerne hätte. Es kann durchaus vorkommen, daß er einmal zu oft oder einmal zu wenig ausgeführt wird.

5. Wird für i > 0 immer zur Endlosschleife, da die Kontrollvariable in der Schleife nicht verändert wird.

   Wie die Lösungen der Aufgaben 2. und 3. nahelegen, ist die **endliche Wiederholung** einer Schleife z. B. dann gesichert, wenn diese durch eine ganzzahlige Variable i kontrolliert wird, wobei entweder

   1. die wiederholte Ausführung des Schleifenkörpers stets i >= n (bzw. i > n) voraussetzt und i bei jeder Wiederholung verkleinert wird oder

   2. die wiederholte Ausführung des Schleifenkörpers stets i <= n (bzw. i < n) voraussetzt und i bei jeder Wiederholung vergrößert wird.

   Insbesondere sollte eine Schleife nie durch eine Prüfung von zwei Gleitkommawerten auf Gleichheit kontrolliert werden, da Ungenauigkeiten bei der Darstellung von Gleitkommawerten leicht zu Endlosschleifen führen.

6. siehe 2.

2. 1. Mit den Regeln von de Morgan ergibt sich aus

   not((n > 0) and (c <> 'q'))

   die Bedingung (n <= 0) or (c = 'q').

   2. Die Bedingung (n <= 0) aus der Lösung von 1. läßt sich zu (n = 0) verschärfen.

Lösung Aufgaben 4.5.5

1. a) n = 4

	f	i
f := 1	1	
for i := 2 to n do		
i := 2		2
f := f*i	1*2 = 2	
i := i+1		3
f := f*i	2*3 = 6	
i := i+1		4
f := f*i	6*4 = 24	
	24	? (undefiniert)

b) u = 3, v = 5

	x	y	z	$x<>0$
x := u	3			
y := v		5		
z := 0			0	
while x <> 0 do				
x <> 0				true
if odd(x) then			0 + 5	
z := z + y			= 5	
y := y*2		2*5=10		
x := x div 2	3 div 2 = 1			
x <> 0				true
if odd(x) then			5+10 =	
z := z + y			15	
y := y*2		2*10= 20		
x := x div 2	1 div 2 = 0			
x <> 0				false
	0	20	15	

c) u = 0, v = 5

	x	y	z	$x <> 0$
x := u	0			
y := v		5		
z := 0			0	
while x <> 0 do				
	0	5	0	

d) u = 3, v = 2

	p	n	x	$n > 0$
p := 1	1			
n := v		2		
x := u			3	
while n > 0 do				
n > 0				true
if odd(n) then p := p*x				
n := n div 2		1		
x := x * x			3*3=9	
n > 0				true
if odd(n) then p := p*x	1*9=9			
n := n div 2		0		
x := x * x			9*9=81	
n > 0				false
	9	0	81	

2. In Aufgabe 4.4.3.5 wurde nachgewiesen, daß die Beziehung

$$p*x^n = u^v$$

eine Invariante für diese Anweisungen ist. Diese Beziehung gilt wegen

```
p := 1;
n := v;
x := u;
```

auch vor der ersten Ausführung der *while*-Schleife. Da nach dem Verlassen der Schleife n=0 gilt, falls die Prozedur mit n >= 0 aufgerufen wird, ist das Ergebnis der gesamten Anweisungsfolge

$p = u^v$.

Nach Aufgabe 4.5.4.1.2 wird diese Schleife auch nicht zu einer Endlosschleife, falls beim Aufruf der Schleife n >= 0 gilt.

Damit wird diese Schleife immer verlassen, und anschließend gilt tatsächlich

$p = u^v$.

3.
```
function ggT(x,y:Integer):Integer;
var r:Integer;
begin
{ x=x0, y=y0, ggT(x,y) = ggT(x0,y0) }
while y <> 0 do        { Ablaufprot. für den Schleifenkörper   }
   begin           {                     x       y       r     }
      { ggT(x,y)=ggT(x0,y0)             x0      y0      r0     }
      r := x mod y;  {                                x0 mod y0 }
      x := y;        {                         y0               }
      y := r;        {                                x0 mod y0 }
                 { ggT(x,y) = ggT(y0,x0 mod y0) = ggT(x0,y0) }
      { ggT(x,y)=ggT(x0,y0) }
   end;
{ ggT(x,y) = ggT(x0,y0) und y=0 }
ggT := x;
end;
```

4. Am Anfang des Schleifenkörpers gilt nach den ersten Durchläufen der *while*-Schleife jeweils

$i = 1, s = 0$,

$i = 2, s = p[n]$

$i = 3, s = p[n]*x + p[n-1]$

$i = 4, s = p[n]*x^2 + p[n-1]*x + p[n-2]$

Diese Beziehungen lassen die Schleifeninvariante

$$s = p[n]*x^{i-2} + p[n-1]*x^{i-3} + ... + p[n-i+2]*x^0$$

erwarten, was sich mit dem symbolischen Ablaufprotokoll (anstelle von i_0 wurde io geschrieben, da ich – oder mein Textverarbeitungssystem – nicht doppelt tief indizieren kann).

i	s
io	$s_0 = p[n]*x^{io-2} + p[n-1]*x^{io-3} + \ldots + p[n - io + 2]$

$s := s*x + p[n-i+1]$

$s_0*x+p[n-i+1]$
$= p[n]*x^{io-1} + p[n-1]*x^{io-2} + \ldots + p[n-io+2]*x + p[n-j+1]$

$i := i + 1;$

io+1

$p[n]*x^{i-2} + p[n-1]*x^{i-3} + \ldots + p[n-i-3]*x + p[n-i+2]$

auch tatsächlich zeigen läßt. Damit gilt nach dem Verlassen der *while*-Schleife wegen i=n+2 tatsächlich die Behauptung.

Daß die Schleife auch verlassen wird, ergibt sich aus der Konstruktion der Schleife: Ausgehend von i := 1 wird i hochgezählt, bis i einen Wert größer als n hat.

Lösung Aufgaben 4.8: Exception-Handling

1. Da zu s=0 dieselben negativen und positiven Werte summiert werden und alle Exceptions behandelt werden, hat s anschließend den Wert 0.

2. Die Prozedur *nested1* erzeugt die Ausgabe

```
A
F1
E
```

und *nested2* die Ausgabe:

```
A
E
F1
```

Die jeweils im *finally*-Abschnitt erzeugte Exception wird in diesen Prozeduren nicht behandelt.

9.4 Lösungen Kapitel 5

Lösung Aufgaben 5.3

1. Die Variable c kann lokal vereinbart werden.

2. a)
```
procedure TForm1.verschachteltClick(Sender: TObject);
var i,j,k:Integer;
    s:string;

  procedure A;
  var j:Char;
```

```
procedure B;
var i,j:Real;

    procedure C;
    var i,j,k:string[20];
    begin {Prozeduren: A,B,C; var i,j,k:string[20]; s:string}
    i := 'ckt'; j := 'ra';k := 'vert';
    s := s+k+j+i+' ';
    end;

begin {B} {Prozeduren: A,B,C;var i,j:Real;k:int; s:string}
C; i := 1; j := 2;
s:= s + FloatToSTr(i)+' + '+FloatToStr(j)+' = '+FloatToStr(k);
end; { B }

procedure I;
var t,j,k:string[20];

    procedure D;
    var t,j,k:Char;
    begin {Prozeduren: A,B,I,D;var i:int;t,j,k:Char; s:string}
    t := 'a'; j := 'D'; k := 's';
    s := s + j + t + k;
    end;

    procedure E;
    var t,j,k:Char;
    begin {Prozeduren: A,B,I,D,E;var i:int;t,j,k:Char;s:string}
    t := 's'; j := 'i'; k := 't';
    s := s+' '+j+t+k+ ' ';
    end;

begin {I}{Prozeduren: A,B,I,D,E; var i:int;
                                t,j,k:str[20];s:string}
D;
E;
t := 'nz sch'; j := 'ja ga'; k := 'ön ';
s := s+j+t+k;
end;  {I}

begin {A} {Prozeduren: A, B, I; var i,k:int;j:Char;s:string}
I;
B;
end;  {A}

begin {Prozeduren: A; var i, j, k:Integer; s:string}
s := '';
i := 0; j := i; k := 7;
A;
Memo1.Lines.Add(FloatToSTr(i)+' + '+FloatToStr(j)+
                                    ' = '+FloatToStr(k));
Memo1.Lines.Add(s);
end;
```

b) $0 + 0 = 7$

Das ist ja ganz schön vertrackt $1 + 2 = 7$

Lösung Aufgaben 5.5

1. ```
   procedure vertausche (var a,b:string);
   var c:string;
   begin
   c := a;
   a := b;
   b := c;
   end;

   procedure TForm1.Button1Click(Sender: TObject);
   var c,a,b:string;
   begin
   a := 17;
   b := 18;
   vertausche;
   end;
   ```

2. ```
   procedure assert(const cond:Boolean;const t:string);
   begin
   if not cond then
     MessageDlg('Assertion nicht erfüllt '+#13+t,
                                     mtInformation,[mbOk], 0);
   end;
   ```

Lösung Aufgaben 5.6

1. a)
   ```
       function ggT(x,y:LongInt):LongInt;
       var r:Integer;
       begin
       while y <> 0 do
         begin
           result := x mod y;
           x := y;
           y := result;
         end;
       result := x;
       end;
   ```

   b)
   ```
       function Fak(n:LongInt):LongInt;
       var i:Integer;
       begin
       result := 1;
       for i := 1 to n do result := result*n;
       end;
   ```

   c)
   ```
       function diff_sek(Ende,Start:Double):string;
       begin
       result := FloatToStrF((Ende-Start)*24.0*60*60,ffFixed,8,2);
       end;
   ```

   d)
   ```
       function Potenz(u:Extended;v:Integer):Extended;
       var x,p:Extended;
           n:Integer;
       begin
       p := 1;
       n := abs(v); { falls v negativ ist }
   ```

```
    x := u;
    while n > 0 do
      begin
        if odd(n) then p := p*x;
        n := n div 2;
        if n <> 0 then x := x * x;
      end;
    if v >= 0 then Potenz := p
    else if p<>0 then Potenz := 1/p { falls v negativ ist }
    else Potenz := 0;   { willkürliche Festsetzung für 0^0 }
    end;
```

2. ```
   procedure TForm1.ZinsenClick(Sender: TObject);

       function Zinseszins(Kapital,Zinssatz:Extended;
                                         Jahre:Integer):Extended;
       var n:Integer;
       begin
       n := 0;
       while n < Jahre do
         begin
           Kapital := Kapital*(1 + Zinssatz/100);
           n := n + 1;
         end;
       result := Kapital;
       end;

   var Kapital:Extended;
       Jahre,Zinsen:Integer;
   begin
   Kapital := 100;
   Form2.StringGrid1.Font.Name := 'Courier';
   Form2.StringGrid1.ColCount := 20;
   Form2.StringGrid1.RowCount := 16;
   for Jahre := 0 to Form2.StringGrid1.RowCount-1 do
     for Zinsen := 0 to Form2.StringGrid1.ColCount-1 do
       if (Jahre = 0) and (Zinsen=0) then
         Form2.StringGrid1.Cells[Zinsen,Jahre] :=' '
       else if Jahre = 0 then
         Form2.StringGrid1.Cells[Zinsen,Jahre]
                                     := FloatToStr(2.5+Zinsen/2)
       else if Zinsen = 0 then
         Form2.StringGrid1.Cells[Zinsen,Jahre] :=IntToStr(Jahre)
       else
         Form2.StringGrid1.Cells[Zinsen,Jahre] :=
                 FloatToStrF(Zinseszins(Kapital,2.5+Zinsen/2,Jahre),
                                         ffNumber,8,2);
   Form2.Show;
   end;
   ```

3. ```
   function Horner(p:array of Extended;x:Extended;
                                   var Ableitung:Extended):Extended;
   var i:Integer;
   begin
   result := p[High(p)];
   Ableitung := 0;
   for i := 1 to High(p) do
     begin
       Ableitung := Ableitung*x + result;
       result := result*x + p[High(p)-i];
     end;
   end;
   ```

4. Binomialkoeffizienten

a) Wie die Aufgabe mit der Fakultät schon gezeigt hat, wachsen die Fakultäten sehr schnell an und liegen bereits ab n=13 außerhalb des darstellbaren Ganzzahlbereichs. Da durch eine Gleitkommaberechnung aber die Ganzzahligkeit der Ergebnisse verlorengeht, erscheint eine Rechnung mit Gleitkommazahlen zunächst nicht als praktikabler Ausweg.

Eine genauere Betrachtung der Formel für bin(n,k) zeigt, daß sich zwei Faktoren im Zähler und im Nenner immer wegkürzen. Damit erhält man bin(n,k) mit

```
function Ibin(n,k:Integer):Integer;  {Delphi 2: 32 Bit}
var i:Integer;
begin
result := 1;
for i := 1 to k do
  result := result * (n-i+1) div i;
end;
```

Da aber auch mit dieser Version für n=30 negative Werte auftreten, ist diese Lösung nicht praktikabel. Ein Versuch mit Extended-Werten zeigt, daß der Wertebereich dieses Datentyps groß genug ist, daß sogar die „unbedachte" Verwendung der Fakultätsfunktion

```
function FBin(n,k:Integer):Extended;
var i:Integer;
begin
result := Fak(n)/(Fak(k)*Fak(n-k));
{ bin(n,k) = n!/(k!*(n-k)!) }
end;
```

plausible Werte für die Binomialkoeffizienten ergibt:

```
procedure TForm1.FakBinomClick(Sender: TObject);
var s:string;
    n,k:Integer;
begin
for n := 200 to 210 do
  begin
    s := '';
    for k := 0 to n do
      s := s+Format('%g',[Fbin(n,k)])+' ';
    Memo1.Lines.Add(s);
  end;
end;
```

b) Die Histogramme der Binomialverteilung werden mit der folgenden Prozedur in ein *Image* gezeichnet:

```
procedure EBinomialHistogramm(Image:TImage;n:Integer);
var i,w,h:Integer;
    max:Extended;
begin
Image.Canvas.Pen.Color := clBlack;
w := Image.Width;
h := Image.Height;
max := Ebin(n,n div 2);
for i := 0 to n do
  Image.Canvas.Rectangle(i*w div (n+1),h-0,
```

```
                    (i+1)*w div    (n+1),round(h-h*(Ebin(n,i)/max)));
  end;
```

5. `procedure Fibonacci;`

```
    function fib(n:Integer):LongInt;
    var i,fnm1,fnm2:LongInt;
    begin
    if n <= 0 then fib := 0
    else if n = 1 then fib := 1
    else if n >= 2 then
      begin
        fnm2 := 0;
        fnm1 := 1;
        result := 0;
        for i := 2 to n do
          begin
            result := fnm1 + fnm2;
            fnm2 := fnm1;
            fnm1 := result;
          end;
      end;
    end;

    function fib_gs(n:Integer):Single;
    var x0,x1:Single;
    begin
    x0 := (1+sqrt(5))/2;
    x1 := (1-sqrt(5))/2;
    result := (Potenz(x0,n) - Potenz(x1,n))/sqrt(5);
    end;

    function fib_gr(n:Integer):Real;
    var x0,x1:Real;
    begin
    x0 := (1+sqrt(5))/2;
    x1 := (1-sqrt(5))/2;
    result := (Potenz(x0,n) - Potenz(x1,n))/sqrt(5);
    end;

    function fib_ge(n:Integer):Extended;
    var x0,x1:Extended;
    begin
    x0 := (1+sqrt(5))/2;
    x1 := (1-sqrt(5))/2;
    result := (Potenz(x0,n) - Potenz(x1,n))/sqrt(5);
    end;

  var i:Integer;
  begin
  for i := 0 to 50 do
    Form1.Memo1.Lines.Add(Format('fib(%d)=%d s=%g r=%g
                  e=%g ',[i,fib(i),fib_gs(i),fib_gr(i),fib_ge(i)]));
  end;
```

Dabei werden u.. a. die folgenden Werte ausgegeben:

```
fib(39)=63245986 s=63246012 r=63245986,0009766
      e=63245986
fib(40)=102334155 s=102334200 r=102334155,001587
      e=102334155
```

Offensichtlich sind die Werte für n=39 und 40 bei der Rechnung mit dem Datentyp *LongInt* und *Extended* gleich. Die Differenzen der *Real*- und *Single*-Ergebnisse sind die Folge von Rundungsfehlern:

6. a)
```
function ESt(x:Currency):Currency;
   var y:Currency;
   begin
   x := Int(x/54)*54;
   if x <= 5616 then ESt := 0
   else if x <= 8153 then Est := 0.19*x-1067
   else if x <= 120041 then
     begin
        y := (x-8100)/10000;
        Est := (151.94*y + 1900)*y +472;
     end
   else Est := 0.53*x -22842;
   ESt := Int(Est);
   end;
```

 b)
```
function Splitting(x:Comp):Comp;
   begin
   Splitting := 2*ESt(x/2);
   end;
```

7.
```
function vorher(T1,M1,J1,T2,M2,J2:Integer):Boolean;
   begin
   if J1 <> J2 then vorher := J1 < J2
   else { J1 = J2 }
       if M1 <> M2 then vorher := M1 < M2
   else { (J1 = J2) and (M1 = M2) }
       vorher := T1 < T2;
   end;
```

Lösung Aufgabe 5.8

```
function unsigned_real(s:string; var i:Integer):Extended;
{ Nachbildung der Syntax des Syntaxdiagramms für unsigned real,
  wie in objlang.pdf S.6 }

   function Ziffernfolge_lesen:string;
   begin
   result := '';
   while (i <= length(s)) and (s[i] in ['0'..'9']) do
     begin
        result := result + s[i];
        inc(i);
     end;
   Ziffernfolge_lesen := result;
   end;

   function Skalierungsfaktor:string;
   begin
   result := 'E';
   inc(i);
   if (i <= length(s)) and (s[i] in ['+','-']) then
     begin
      result := result+s[i];
      inc(i);
     end;
```

```
    Skalierungsfaktor := result + Ziffernfolge_lesen;
    end;


var z:string;
begin
z := Ziffernfolge_lesen;
if (i+1 <= length(s)) and (s[i] = '.') then
  begin
    inc(i);
    z := z + ',' + Ziffernfolge_lesen;
    if upCase(s[i]) = 'E' then z := z + Skalierungsfaktor;
  end
else if UpCase(s[i])='E' then z := z + Skalierungsfaktor;
unsigned_real := StrToFloat(z);
end;
```

Lösung Aufgaben 5.10

1. a) **Newton-Raphson-Verfahren:** Die Ableitung wird durch einen Näherungswert ersetzt

```
procedure Newton_Nullstelle(x0:Extended;f:real_func;
                                  var i:Integer;var x:Extended);
{ i zählt die Iterationen - zur Vermeidung von Endlosschleifen }
var Abl,h:Extended;{ Abl: Näherungswert für die Ableitung bei x0 }
begin
h := 0.00001; { für die Berechnung der Ableitung: möglichst klein
                aber doch so groß, daß f(x+h)<>f(x) }
i := 0;
x := x0;
repeat x0 :=x; { Startwert für die nächste Iteration }
       inc(i);
       Abl := (f(x0 + h) - f(x0))/h;
       x := x0 - f(x0)/Abl;
until (abs(x-x0) < eps) or (i > 100);
end;
```

   b) **Newton-Raphson-Verfahren:** Die Ableitung wird ebenfalls als Funktion übergeben.

```
procedure Newton_Nullstelle_mit_Abl(x0:Extended;
                 f,abl:real_func; var i:Integer; var x:Extended);
{ i zählt die Iterationen - zur Vermeidung von Endlosschleifen }
begin
i := 0;
x := x0;
repeat x0 :=x; { Startwert für die nächste Iteration }
       inc(i);
       x := x0 - f(x0)/Abl(x0);
until (abs(x-x0) < eps) or (i > 100);
end;
```

   c) Testen mit der Funktion $f(x) = x^2 - r$ und Vergleich der Ergebnisse mit sqrt(r).

```
var r: Integer; { damit r an die Quadratfunktion übergeben werden
            kann, ohne die Parameterliste zu ändern - nicht schön }

function quadrat(x:Extended):Extended;far;
begin
```

```
quadrat := x*x - r;
end;

function quadrat_abl(x:Extended):Extended;far;
begin
quadrat_abl := 2*x;
end;

procedure Teste_Newton1;
var i:Integer;
    x:Extended;
begin
for r := 1 to 100 do
  begin
    Newton_Nullstelle(r, quadrat_, i, x);
    Form1.Memo1.Lines.Add(Format('r=%g it=%d newt=%g sqrt=%g d=%g'
                               ,[1.0*r,i,x,sqrt(r),abs(x-sqrt(r))]));
    Newton_Nullstelle_mit_abl(r, quadrat_,quadrat_abl, i, x);
    Form1.Memo1.Lines.Add(Format('r=%g it=%d newt=%g sqrt=%g d=%g'
                               ,[1.0*r,i,x,sqrt(r),abs(x-sqrt(r))]));
  end;
end;
```

Viele Ergebnisse sind identisch, die übrigen unterscheiden sich auf der letzten signifikanten Stelle. Wie der mitgeführte Zähler i zeigt, sind in diesem Testprogramm nie
mehr als 9 Iterationen notwendig.

2. a) Die Funktionen Trapezsumme und Simpsonsumme:

```
function Trapez_Regel(a,b:Extended; n:LongInt;
                                    f:real_func):Extended; far;
var s,h:Extended;
    i:LongInt;
begin
s := (f(a)+f(b))/2;
h := (b-a)/n;
for i := 1 to n-1 do
  s := s + f(a+i*h);
Trapez_Regel := s*h;
end;

function Simpson_Regel(a,b:Extended; n:LongInt;
                                    f:real_func):Extended; far;
var s,h:Extended;
    i:LongInt;
begin
s := f(a)-f(b);
h := (b-a)/n;
for i := 0 to (n div 2)-1 do
  s := s + 4*f(a+(2*i+1)*h) + 2*f(a+2*(i+1)*h);
Simpson_Regel := s*h/3;
end;
```

b) Die Prozedur *iterate* wiederholt ein Integrationsverfahren mit der halben Schrittweite.

```
type Integrations_verfahren = function(a,b:Extended;
                                  n:LongInt; f:real_func):Extended;

function iterate(a,b:Extended;f:real_func;
                             i:Integrations_verfahren):Extended;
const eps = 1e-8;
```

```
var x_alt,x:Extended;
    n:LongInt;
begin
x_alt := i(a,b,1,f);
x     := i(a,b,2,f);
n := 2;
while abs(x - x_alt) > eps do
  begin
    x_alt := x;
    n := 2*n;
    x := i(a,b,n,f);
  end;
iterate := x;
end;
```

c) Testprogramm für die Integrationsverfahren:

```
var q2,q1,q0:Extended;

function quadrat(x:Extended):Extended; far;
begin
quadrat := q2*x*x + q1*x + q0;
end;

function quadrat_Stamm(x:Extended):Extended;
begin
quadrat_Stamm := q2*x*x*x/3 + q1*x*x/2 + q0*x;
end;

procedure Teste_Integration;
var s,t,x, a,b:Extended;
    i,j:Integer;
begin
q2 := 1; q1 := 0; q0 := 0;
for i := -10 to 10 do
  for j := i+1 to 10 do
    begin
      a := i; b := j;
      t := iterate(a,b,quadrat,Trapez_regel);
      s := iterate(a,b,quadrat,Simpson_regel);
      x := quadrat_Stamm(b) - quadrat_Stamm(a);
      Form1.Memo1.Lines.Add(Format('t=%g  s=%g  x=%g',[t,s,x]));
Application.ProcessMessages;
    end;
end;
```

Lösung Aufgaben 5.11

1. a) ```
   function ggT(m,n:LongInt):LongInt;
     begin
     if n=0 then ggT := m
     else ggT := ggT(n, m mod n);
     end;
   ```

   b) ```
   function Fak(n:LongInt):LongInt;
     begin
     if n <= 0 then Fak := 1
     else Fak := n*Fak(n-1);
     end;
   ```

c)
```
function Fib(n:LongInt):LongInt;
begin
if n <= 0 then fib := 0
else if n = 1 then fib := 1
else fib := fib(n-1) + fib(n-2);
end;
```

2. Mit der Funktion

```
function id_lesen(s:string; var i:Integer):string;
begin { ähnlich wie die Syntax für einen identifier }
result := '';
while (i <= length(s)) and (UpCase(s[i]) in ['A'..'Z','_']) do
  begin
    result := result + UpCase(s[i]);
    inc(i);
  end;
end;
```

muß in die Funktion Faktor für *sin* und *cos* sowie die Konstanten *pi* und *piq* lediglich der Zweig

```
else if upCase(s[i]) in ['A'..'Z'] then
begin
  id := id_lesen(s,i);
  whitespace_ueberlesen(s,i);
  if id = 'PI' then factor := pi
  else if id='PIQ' then factor := pi*pi
  else if s[i]='(' then
    begin
      inc(i); { Funktionsklammer übergehen }
      if id='SIN' then factor := sin(expr)
      else if id='COS' then factor := cos(expr)
      else
        begin
          factor := 0;
          errormessage('invalid function',i-2);
        end;
      if s[i]=')' then inc(i) { Funktionsklammer }
      else errormessage('")" erwartet',i);
    end
  else errormessage('"(" erwartet',i);
end
```

aufgenommen werden. Eine Testprozedur kann z. B. so aussehen:

```
procedure teste_parser;

  procedure teste(s:string;erg:Extended);
  var r:Extended;
  begin
  r := parse2(s);
  if erg <> r then Form1.Memo1.Lines.Add(s+'='+FloatToStr(r)+
                                  ' nicht: '+FloatToStr(Erg));
  end;

begin
teste(' 1+2/(1 + 1 )   ',   2);
teste('4 - 5 + (10 / 10)', 0);
teste(' 1/sin(1) ',     1.188395105778);
teste('sin(3)*sin(3)+cos(3)*cos(3)   ',1);
```

```
{ ... }
end;
```

3. a) `procedure SearchSubdirs(const Pfad,Mask:string);`

```
    procedure Ausgabe(Name:string);
    begin
    Form1.ListBox1.Items.Add(IntToStr(i)+' '+Pfad+Name)
    end;

var DirInfo: TSearchRec;
    found:Integer;
begin
found := FindFirst(Pfad+Mask, faAnyfile, DirInfo);
while found = 0 do
  begin
    if ((DirInfo.Attr and faDirectory)<>0) and
                               (Dirinfo.Name[1]<>'.')then
      SearchSubdirs(Pfad+DirInfo.Name+'\',Mask)
    else if ((Dirinfo.Attr and faDirectory)<>0)
                                  and(DirInfo.Name[1]='.')
        then { Datenträgerbezeichnung }
    else if (DirInfo.Attr and faVolumeID)<>0 then
    else Ausgabe(DirInfo.Name);
    found := FindNext(DirInfo);
  end;
FindClose(DirInfo); { nur für Delphi 2 notwendig }
end;
```

b) Hier ist lediglich die Ausgabe z. B. folgendermaßen zu erweitern

```
procedure Ausgabe(Name:string);
begin
inc(i);
if length(SubString) = 0 then
  Form1.ListBox1.Items.Add(IntToStr(i)+' '+Pfad+Name)
else if pos(SubString,Name) > 0 then
  Form1.ListBox1.Items.Add(IntToStr(i)+' '+Pfad+Name);
end;
```

und der Substring in der Parameterliste zu übergeben:

```
procedure SearchSubdirs(const Pfad,Mask,SubString:string);
```

Der Aufruf der Suchfunktion kann z. B. erfolgen wie in

```
procedure TForm1.sucheClick(Sender: TObject);
var d,Mask:string40;
begin
i := 0;
Memo1.Clear;
ListBox1.Clear;
Mask := Edit1.Text;
d := DriveComboBox1.Drive;
SearchSubdirs(d+':\','*.*',Mask);
end;
```

4. Ackermann-Funktion

```
function ack(n,m:LongInt):LongInt;
begin
if n=0 then ack := m+1
else if m=0 then ack := ack(n-1,1)
else ack :=ack(n-1,ack(n,m-1));
end;
```

9.5 Lösungen Kapitel 6

Lösung Aufgaben 6.1

1.  ```
    unit Bank1;

    interface

    uses
        SysUtils, WinTypes, WinProcs, Messages, Classes,
        Graphics, Controls, Forms, Dialogs, StdCtrls, Mask;

    type
      TForm1 = class(TForm)
        LKontonr: TLabel;
        LNameInhaber: TLabel;
        ENameInhaber: TEdit;
        LDatum: TLabel;
        LBewart: TLabel;
        LBetrag: TLabel;
        BDatenuebernehmen: TButton;
        BAbbruch: TButton;
        EKontonr: TMaskEdit;
        EDatum: TMaskEdit;
        EBewart: TMaskEdit;
        EBetrag: TMaskEdit;
        procedure BDatenuebernehmenClick(Sender: TObject);
        procedure FormCreate(Sender: TObject);
        procedure BAbbruchClick(Sender: TObject);
      private
        { Private-Deklarationen }
      public
        { Public-Deklarationen }
      end;

    var
      Form1: TForm1;

    implementation
    {$R *.DFM}

    var K: record
            Kontonr: Integer;
            NameInhaber:string[20];
            Datum : record
               Tag,
               Monat,
               Jahr: Integer;
              end;
    ```
    ```

```
            Bewart: Char;
            Betrag: Real;
          end;

procedure TForm1.BDatenuebernehmenClick(Sender: TObject);
var dt:TDateTime;
    WJahr, WMonat, WTag: Word;
begin
try
  K.Kontonr  := StrToInt(EKontonr.Text);
except
  ShowMessage('Unzulässige Kontonummer: '+EKontonr.Text);
  EBewart.SetFocus;
end;
K.NameInhaber := ENameInhaber.Text;
try
  dt := StrToDate(EDatum.Text);
  { DecodeDate(dt,Word(K.Datum.Jahr), Word(K.Datum.Monat),
                            Word(K.Datum.Tag)); funktioniert nicht. }
  DecodeDate(dt,WJahr,WMonat,WTag);
  Datum.Jahr := WJahr;
  Datum.Monat:= WMonat;
  Datum.Tag  := WTag;
except
  ShowMessage('Unzulässiges Datum: '+EDatum.Text);
  EDatum.SetFocus;
end;
if (length(EBewart.Text) >= 1) and (EBewart.Text[1] in
                                            ['+','-']) then
  K.Bewart := EBewart.Text[1]
else
  begin
    ShowMessage('Bitte + oder - eingeben');
    EBewart.SetFocus;
  end;
try
  K.Betrag := StrToFloat(EBetrag.Text);
except
  ShowMessage('Unzulässiger Betrag: '+EBetrag.Text);
  EBetrag.SetFocus;
end;
end;


procedure Datenuebernehmen_mit_with;
var dt:TDateTime;
begin { nur die Zuweisungen }
with Form1, K, Datum do
  begin
    Kontonr  := StrToInt(EKontonr.Text);
    NameInhaber := ENameInhaber.Text;
    dt := StrToDate(EDatum.Text);
    DecodeDate(dt,Word(Jahr), Word(Monat), Word(Tag));
    Bewart := EBewart.Text[1];
    Betrag := StrToFloat(EBetrag.Text);
  end;
end;


procedure TForm1.FormCreate(Sender: TObject);
var aktuelles_Datum: TDateTime;
    Tag,Monat,Jahr: Integer;
begin
aktuelles_Datum := Now;
EDatum.Text := DateToStr(aktuelles_Datum);
end;
```

```
procedure TForm1.BAbbruchClick(Sender: TObject);
begin
Close;
end;

end.
```

2. a) Graphische Darstellung

Adresse								Telefon		Kto-nr.	Kto. std.	Kred.-limit
An-rede	Name		Anschrift				Aus-land	Telefon				
	Vor-name	Nach name	Plz	Ort	Str.	Hsnr		Vor-wahl	Tel. nr.			

b) Typvereinbarungsteil

```
var G:record
        Adresse:record
              Anrede: string[20];
              Name:record
                    Vorname,
                    Nachname:string[20];
                  end;
              Anschrift :record
                    PLZ, {wegen Ausland als String}
                    Ort,
                    Strasse:string[20];
                    Hausnummer:string[20];{wegen 7b}
                  end;
              Ausland: string[20];
              Telefon: record
                    Vorwahl:string[20];{wegen führender Nullen}
                    Telnr:string[20];
                  end;
          end;
        Kontonr:Integer;
        Kontostand,
        Kreditlimit: Extended;
      end;
```

c) Die Datenfelder können ohne *with*-Anweisung folgendermaßen angesprochen werden:

```
G.Adresse.Anrede;              G.Adresse.Name.Vorname;
G.Adresse.Name.Nachname;       G.Adresse.Anschrift.PLZ;
G.Adresse.Anschrift.Ort;       G.Adresse.Anschrift.Strasse;
G.Adresse.Anschrift.Hausnummer;
G.Adresse.Ausland;             G.Adresse.Telefon.Vorwahl;
G.Adresse.Telefon.Telnr;       G.Kontonr;
G.Kontostand;                  G.Kreditlimit;
```

d) Da die Namen aller Datenfelder verschieden sind, können diese auch mit einer *with*-Anweisung angesprochen werden:

```
with G, Adresse, Name, Anschrift, Telefon do
  begin { nur als Beispiel }
      Anrede;          Vorname;      Nachname;    PLZ;     Ort;
      Strasse;         Hausnummer;   Ausland;     Vorwahl;
      Telnr;           Kontonr;      Kontostand;  Kreditlimit;
  end;
```

3. `var B: record`
```
                Position: Integer;
                Mannschaftsname: string[40];
                Punkte,
                Tore,
                Heimtore,
                Auswaertstore:record
                                Erzielt,
                                Eingefangen: Integer;
                              end;
        end;
```

4. Nein, da in

```
    Erzielt := IntToStr(Edit1.Text);
```

nicht klar ist, welche der Record-Komponenten

   Punkte, Tore, Heimtore, Auswaertstore

gemeint ist.

Lösung Aufgaben 6.2

1. `var p:record`
```
            x:Extended;
            case pa:(p1d,p2d,p3d) of
              p1d:();
              p2d:(y:Extended);
              p3d:(y_,z:Extended);
            end; { Mit x und y werden sowohl die Koordinaten
                   der Variante p2d als auch die von p3d
                   angesprochen. y_ sorgt lediglich dafür,
                   daß z nicht auf derselben Adresse wie x liegt. }

      s1,xs,ys,zs:string;
   ...
   xs := FloatToStr(p.x);
   if p.pa in [p2d,p3d] then
     ys := FloatToStr(p.y);
   if p.pa in [p3d] then
     zs := FloatToStr(p.z);

   with p do
     case pa of
       p1d: s1 := '('+xs+')';
       p2d: s1 := '('+xs+','+ys+')';
       p3d: s1 := '('+xs+','+ys+','+zs+')';
     end;
```

2. a) `type TTyp = record r1,r2:Extended; end;{als Beispiel}`
```
      function Zero1:TTyp;
      var v:record
              case i:Integer of
                0:(v:TTyp);
                1:(a:array[1..SizeOf(TTyp)] of Byte);
```

```
            end;
        i:Integer;
  begin
  for i := 1 to SizeOf(TTyp) do
    v.a[i] := 0;
  result := v.v;
  end;
```

b)
```
   function Zero2:TTyp;
   type TCastArr = array[1..SizeOf(TTyp)] of Byte;
   var i:Integer;
   begin
   for i := 1 to SizeOf(TTyp) do
     TCastArr(result)[i] := 0;
   end;
```

Lösung Aufgaben 6.3

1. ADT zur Bruchrechnung, prozedural

```
function kuerze_Bruch(q:TBruch):TBruch;
var g:LongInt;
begin
g := ggT(q.z,q.n);
try
  result.z := q.z div g;
  result.n := q.n div g;
except
  on E:Exception do;
end;
end;

function add_Bruch(q1,q2:TBruch):TBruch;
var k:LongInt;
begin
result.z := q1.z*q2.n + q2.z*q1.n;
result.n := q1.n*q2.n;
result := kuerze_Bruch(result);
end;

function sub_Bruch(q1,q2:TBruch):TBruch;
begin
result.z := q1.z*q2.n - q2.z*q1.n;
result.n := q1.n*q2.n;
result := kuerze_Bruch(result);
end;

function mult_Bruch(q1,q2:TBruch):TBruch;
begin
result.z := q1.z*q2.z;
result.n := q1.n*q2.n;
result := kuerze_Bruch(result);
end;

function divby_Bruch(q1,q2:TBruch):TBruch;
begin
result.z := q1.z*q2.n;
result.n := q1.n*q2.z;
result := kuerze_Bruch(result);
end;
```

```
function Bruch_gleich(q1,q2:TBruch):Boolean;
begin
Bruch_gleich := q1.z*q2.n = q1.n*q2.z;
end;

function BruchToStr(q:TBruch):string;
begin
result := IntToStr(q.z)+'/'+IntToStr(q.n);
end;
```

2. ```
   type TComplex = record
           re,im:Extended;
        end;

   function TComplex_init(re_,im_:Extended):TComplex;
   begin
   result.re := re_;
   result.im := im_;
   end;

   function TComplex_add(a,b:TComplex):TComplex;
   begin
   result.re := a.re + b.re;
   result.im := a.im + b.im;
   end;

   function TComplex_sub(a,b:TComplex):TComplex;
   begin
   result.re := a.re - b.re;
   result.im := a.im - b.im;
   end;

   function TComplex_mult(a,b:TComplex):TComplex;
   var r,i:Extended;
   begin
   result.re := a.re*b.re - a.im*b.im;
   result.im := a.re*b.im + a.im*b.re;
   end;

   function TComplex_divby(a,b:TComplex):TComplex;
   var Nenner:Extended;
   begin
   Nenner := b.re*b.re+b.im*b.im;
   result.re := (a.re*b.re + a.im*b.im)/Nenner;
   result.im := (a.im*b.re - a.re*b.im)/Nenner;
   { Division durch Null noch abfangen }
   end;

   function TComplex_gleich(a,b:TComplex):Boolean;

       function real_gleich(r1,r2:Extended):Boolean;
       const epsilon =1E-15;
       { schnelle Lösung, verbesserungsfähig }
       begin
       if r1=r2 then real_gleich := true
       else if r2 = 0 then real_gleich := abs(r1) < epsilon
       else real_gleich := abs((r1-r2)/r2) < epsilon;
       {real_gleich :=  abs(r1-r2) < Epsilon;}
       end;

   begin
   TComplex_gleich:=real_gleich(a.re,b.re) and real_gleich(a.im,b.im)
   end;
   ```
   ```

```
function TComplex_ToStr(a:TComplex):string;
begin
result := FloatToStr(a.re)+'+'+FloatToStr(a.im)+'i';
end;

procedure test_complex;

   function plus_minus_rand(range:Extended):Extended;
   { erzeugt eine Zufallszahl im Bereich -range .. +range }
   begin
   plus_minus_rand := 2*random*range -range;
   end;

const max_value = 1000;
var a,c,d:TComplex;
    i:LongInt;
begin
for i := 1 to 10000 do
  begin
    c := TComplex_init(plus_minus_rand(max_value),
                                plus_minus_rand(max_value));
    d := c;
    a := TComplex_init(plus_minus_rand(max_value),
                                plus_minus_rand(max_value));
    c := TComplex_add(a,c);        { c := c + a }
    c := TComplex_sub(c,a);        { c := c - a }
    c := TComplex_mult(c,a);       { c := c * a }
    c := TComplex_divby(c,a);      { c := c / a }
    if not TComplex_gleich(c,d) then
       Form1.Memo1.Lines.Add(TComplex_ToStr(c)+TComplex_ToStr(d));
  end;
end;
```

Lösung Aufgaben 6.4

```
1. type T3DPunkt = object
        x,y,z:Extended;
        procedure Init(x_,y_,z_:Extended);
        function ToStr:string;
        function ConvertToStr:string; virtual;
      end;

   procedure T3DPunkt.Init(x_,y_,z_:Extended);
   begin
   x := x_;
   y := y_;
   z := z_;
   end;

   function T3DPunkt.ConvertToStr:string;
   begin
   Result := ToStr;
   end;

   function T3DPunkt.ToStr:string;
   begin
   Result := '('+FloatToStr(x) + '|' + FloatToStr(y)+
             '|' + FloatToStr(z)+')';
   end;
```

2. Brüche als Objekt im alten Objektmodell:

```
type TBruch = object
      z,n:LongInt;
      procedure Init(z_,n_:LongInt);
      procedure Add(s:TBruch);
      procedure Sub(s:TBruch);
      procedure Mult(s:TBruch);
      procedure DivBy(s:TBruch);
      function gleich(d:TBruch):Boolean;
      procedure kuerze;
      function ToStr:string;{virtual;}
    end;

procedure TBruch.Init(z_,n_:LongInt);
begin
z := z_;
n := n_;
kuerze;
end;


function ggT(x,y:LongInt):LongInt;
begin
x := abs(x);
y := abs(y);
while y <> 0 do
begin
  result := x mod y;
  x := y;
  y := result;
end;
result := x;
end;

function kgV(x,y:LongInt):LongInt;
begin
try
  kgV := x*y div ggT(x,y);
except
  on E:Exception do ;
end;
end;

procedure TBruch.kuerze;
var g:LongInt;
begin
g := ggT(z,n);
try
  z := z div g;
  n := n div g;
except
  on E:Exception do ;
end;
end;

procedure TBruch.Add(s:TBruch);
var k:LongInt;
begin
z := z*s.n + s.z*n;
n := n*s.n;
kuerze;
end;
```

```
procedure TBruch.Sub(s:TBruch);
begin
z := (z*s.n - s.z*n);
n := n*s.n;
kuerze;
end;

procedure TBruch.Mult(s:TBruch);
begin
z := z*s.z;
n := n*s.n;
kuerze;
end;

procedure TBruch.DivBy(s:TBruch);
begin
z := z*s.n;
n := n*s.z;
kuerze;
end;

function TBruch.gleich(d:TBruch):Boolean;
begin
gleich := (z*d.n = n*d.z)
end;

function TBruch.ToStr:string;
begin
result := IntToStr(z)+'/'+IntToStr(n);
end;
```

3. **Komplexe Zahlen als Objekt im alten Objektmodell:**

```
type TComplex = object
        re,im:Extended;
        procedure Init(re_,im_:Extended);
        procedure Add(s:TComplex);
        procedure Sub(s:TComplex);
        procedure Mult(s:TComplex);
        procedure DivBy(s:TComplex);
        function gleich(d:TComplex):Boolean;
        function ToStr:string;
     end;

procedure TComplex.Init(re_,im_:Extended);
begin
re := re_;
im := im_;
end;

procedure TComplex.Add(s:TComplex);
begin
re := re + s.re;
im := im + s.im;
end;

procedure TComplex.Sub(s:TComplex);
begin
re := re - s.re;
im := im - s.im;
end;
```

```
procedure TComplex.Mult(s:TComplex);
var r,i:Extended;
{ ohne Hilfsvariable werden re und im überschrieben }
begin
r := re*s.re - im*s.im;
i := re*s.im + im*s.re;
re := r;
im := i;
end;

procedure TComplex.DivBy(s:TComplex);
var r,i,Nenner:Extended;
begin
Nenner := s.re*s.re+s.im*s.im;
r := (re*s.re + im*s.im)/Nenner;
i := (s.re*im - re*s.im)/Nenner;
{ Division durch Null noch abfangen }
re := r;
im := i;
end;

function TComplex.gleich(d:TComplex):Boolean;

    function real_gleich(r1,r2:Extended):Boolean;
    const epsilon =1E-15; { schnelle Lösung, verbesserungsfähig }
    begin
    if r1=r2 then real_gleich := true
    else if r2 = 0 then real_gleich := abs(r1) < epsilon
    else real_gleich := abs((r1-r2)/r2) < epsilon;
    real_gleich :=  abs(r1-r2) < Epsilon;
    end;

begin
gleich := real_gleich(re,d.re) and real_gleich(im,d.im)
end;

function TComplex.ToStr:string;
begin
result := FloatToStr(re)+'+'+FloatToStr(im)+'i';
end;
```

Lösung Aufgabe 6.5

```
type T1DPunkt = object
     x:Extended;
     procedure Create(x_:Extended);
     function ToStr:string;
     function ConvertToStr:string;
    end;

procedure T1DPunkt.Create(x_:Extended);
begin
x:= x_;
end;

function T1DPunkt.ToStr:string;
begin
ToStr := ConvertToStr;
end;
```

```
function T1DPunkt.ConvertToStr:string;
begin
ConvertToStr := FloatToStr(x);
end;

type T2DPunkt = object(T1DPunkt)
        y:Extended;
        procedure Create(x_,y_:Extended);
        function ConvertToStr:string;
     end;

procedure T2DPunkt.Create(x_,y_:Extended);
begin
inherited Create(x_);
{ T1DPunkt.Create(x_); wäre genausogut möglich }
y := y_;
end;

function T2DPunkt.ConvertToStr:string;
begin
ConvertToStr := '('+FloatToStr(x) + '|' + FloatToStr(y)+')';
end;

type T3DPunkt = object(T2DPunkt)
        z:Extended;
        procedure Create(x_,y_,z_:Extended);
        function ConvertToStr:string;
     end;

procedure T3DPunkt.Create(x_,y_,z_:Extended);
begin
inherited Create(x_,y_);
z := z_;
end;

function T3DPunkt.ConvertToStr:string;
begin
ConvertToStr := '('+FloatToStr(x) + '|' +
                FloatToStr(y)+ '|' + FloatToStr(z)+')';
end;
```

In der folgenden Tabelle steht *T1D* für *T1DPunkt*, *T2D* für *T2DPunkt* usw. Auch die einzelnen Methoden sind sinngemäß abgekürzt. Ein Aufruf der Methode in der linken Spalte wird dann für das jeweilige Objekt in einen Aufruf der Methode in der Tabelle übersetzt:

	var p1:T1D;	var p2:T2D;	var p3:T3D;
Create	T1D.Create	T2D.Create	T3D.Create
ToStr	T1D.ToStr	T1D.ToStr	T1D.ToStr
Convert	T1D.Convert	T2D.Convert	T3D.Convert

In *ToStr* wird immer *T1DPunkt.ConvertToStr* aufgerufen.

Lösung Aufgaben 6.6

```
2. type T1DPunkt = object
           x:Extended;
           constructor Init(x_:Extended);
           function ToStr:string;
           function ConvertToStr:string;virtual;
           function Length:Extended;
           function Length_:Extended;virtual;
           procedure Show;virtual;
           procedure Hide;virtual;
       end;

   type T2DPunkt = object(T1DPunkt)
           y:Extended;
           constructor Init(x_,y_:Extended);
           function ConvertToStr:string;virtual;
           function Length_:Extended;virtual;
           procedure Show;virtual;
           procedure Hide;virtual;
       end;

   type T3DPunkt = object(T2DPunkt)
           z:Extended;
           constructor Init(x_,y_,z_:Extended);
           function ConvertToStr:string;virtual;
           function Length_:Extended;virtual;
       end;
```

Die Implementation der Methoden ergibt sich aus dem Text und aus der Aufgabenstellung.

a) Die VMTs der Objekte:

	T1DPunkt	T2DPunkt	T3DPunkt
1. ConvertToStr	@T1D.Conv	@T2D.Conv	@T3D.Conv
2. Length_	@T1D.Length_	@T2D.Length_	@T3D.Length_
3. Show	@T1D.Show	@T2D.Show	@T2D.Show
4. Hide	@T1D.Hide	@T2D.Hide	@T2D.Hide

Hier wurde der Name der Methode *ConvertToStr* als *Conv* abgekürzt.

```
b) p1.Length; { ruft p1.Length_ auf }
   p2.Length; { ruft p2.Length_ auf }
   p3.Length; { ruft p3.Length_ auf }

   Show_(p1); { ruft p1.Show auf }
   Show_(p2); { ruft p2.Show auf }
   Show_(p3); { ruft p2.Show auf }
```

Lösung Aufgaben 6.7

```
1. type T1DPunkt = class
           x:Extended;
           constructor Create(x_:Extended);
           function ToStr:string;
```

```
            function ConvertToStr:string; virtual;
        end;

constructor T1DPunkt.Create(x_:Extended);
begin
inherited Create;
x := x_;
end;

function T1DPunkt.ToStr:string;
begin
ToStr := ConvertToStr;
end;

function T1DPunkt.ConvertToStr:string;
begin
ConvertToStr := FloatToStr(x);
end;

type T2DPunkt = class(T1DPunkt)
        y:Extended;
        constructor Create(x_,y_:Extended);
        function ConvertToStr:string;override;
    end;

constructor T2DPunkt.Create(x_,y_:Extended);
begin
inherited Create(x_);
y := y_;
end;

function T2DPunkt.ConvertToStr:string;
begin
ConvertToStr := '('+FloatToStr(x) + '|' + FloatToStr(y)+')';
end;

type T3DPunkt = class(T2DPunkt)
        z:Extended;
        constructor Create(x_,y_,z_:Extended);
        function ConvertToStr:string;override;
    end;

constructor T3DPunkt.Create(x_,y_,z_:Extended);
begin
inherited Create(x_,y_);
z := z_;
end;

function T3DPunkt.ConvertToStr:string;
begin
ConvertToStr := '('+FloatToStr(x) + '|' +
                FloatToStr(y)+ '|' + FloatToStr(z)+')';
end;

procedure TestPtClass;
var p1:T1DPunkt;
    p2:T2DPunkt;
    p3:T3DPunkt;
    s:string;
begin
p1 := T1DPunkt.Create(12.34);
p2 := T2DPunkt.Create(34,56);
p3 := T3DPunkt.Create(7,8,9);
```

```
s := p1.ToStr;
s := p2.ToStr;
s := p3.ToStr;

p1.Free;
p2.Free;
p3.Free;
end;
```

Lösung Aufgaben 6.8

```
type TMDIChildFormImg=class(TForm)
       Image:TImage;
       constructor Create(Form:TForm);
     end;

constructor TMDIChildFormImg.Create(Form:TForm);
var OD:TOpenDialog;
begin
OD := TOpenDialog.Create(Form);
OD.filter := 'Bitmap Files|*.bmp';
if OD.Execute then
  begin
    inherited Create(Form);
    Formstyle := fsMDIChild; { das Hauptformular muß im
            Objektinspektor auf Formstyle fsMDIForm gesetzt sein }
    Caption := OD.FileName;
    Image := TImage.Create(Self);
    Image.Align := alClient;
    Image.Parent :=Self;
    Image.Autosize := true;
    Image.Picture.LoadFromFile(OD.FileName);
  end;
OD.Free;
end;

procedure CreateMDIChildImage;
var M:TMDiChildFormImg;
begin
M := TMDIChildFormIMg.Create(Form1);
end;
```

Lösung Aufgaben 6.9

1. { nichtvisuell erzeugtes Formular mit Button }

```
procedure TForm1.Button2Click(Sender: TObject);
begin
BF := TFormWithButton.Create{New}(Self);
end;

type TMDINonVisChildForm = class(TForm)
       Memo:TMemo;
       B:TButton;
       procedure FormClose(Sender: TObject;
                                    var Action: TCloseAction);
       procedure Button1Click(Sender: TObject);
       constructor CreateNew(Form:TForm);
```

```
        end;

procedure TMDINonVisChildForm.FormClose(Sender: TObject;
                                    var Action: TCloseAction);
begin
Action := caFree;
end;

procedure TMDINonVisChildForm.Button1Click(Sender: TObject);
begin
Memo.Lines.Add('Button clicked ');
end;

constructor TMDINonVisChildForm.CreateNew(Form:TForm);
begin
inherited CreateNew(Form);
Parent := self;
OnClose := FormClose;
Formstyle := fsMDIChild; { das Hauptformular muß im
            Objektinspektor auf Formstyle fsMDIForm gesetzt sein }
Caption := 'MDI-Fenster';

Memo := TMemo.Create(Self);
Memo.align := alClient;
Memo.Parent := Self;

B := TButton.Create(Self);
B.Parent := Self;
B.Caption := 'Created';
B.OnClick := Button1Click; { <<--- }
end;

procedure TForm1.neuClick(Sender: TObject);
begin
TMDINonVisChildForm.CreateNew(self);
end;

procedure TForm1.OeffnenClick(Sender: TObject);
var M:TMDINonVisChildForm;
begin
if OpenDialog1.Execute then
  begin
    M := TMDINonVisChildForm.CreateNew(Form1);
    M.Memo.Lines.LoadFromFile(OpenDialog1.FileName);
    M.Caption := OpenDialog1.FileName;
  end;
end;

procedure TForm1.speichernClick(Sender: TObject);
var M:TMDINonVisChildForm;
begin
if ActiveMDIChild is TVisMDIChFo then
  begin
    M := TMDINonVisChildForm(ActiveMDIChild);
    if M.Caption<>'' then M.Memo.Lines.SaveToFile(M.Caption)
    else speichernunter1Click(Sender);
  end
else ShowMessage('Das aktive Formular ist kein MDIChildForm');
end;
```

```
procedure TForm1.speichernunter1Click(Sender: TObject);
begin
if ActiveMDIChild is TMDINonVisChildForm then
  if SaveDialog1.Execute then
    begin
      TMDINonVisChildForm(ActiveMDIChild).Caption
        := SaveDialog1.FileName;
      SpeichernClick(Sender);
      end
  else
else ShowMessage('Das aktive Formular ist kein MDIChildForm');
end;

procedure TForm1.Schliessen1Click(Sender: TObject);
begin
ActiveMDIChild.Close;
end;

procedure TForm1.berlappendClick(Sender: TObject);
begin
Cascade;
end;

procedure TForm1.nebeneinanderClick(Sender: TObject);
begin
TileMode := tbVertical;
Tile;
end;

procedure TForm1.untereinanderClick(Sender: TObject);
begin
TileMode := tbHorizontal;
Tile;
end;

procedure TForm1.allealsIconClick(Sender: TObject);
begin
ArrangeIcons;
end;

procedure TForm1.alleschliessenClick(Sender: TObject);
var i:Integer;
begin
for i := MDIChildCount-1 downto 0 do
  MDIChildren[i].Close;
end;
```

2.
```
   procedure TForm1.ClickAction1(Sender: TObject);
   begin
   Button1.Caption := 'Action 1';
   end;

   procedure TForm1.ClickAction2(Sender: TObject);
   begin
   Button1.Caption := 'Action 2';
   end;

   procedure TForm1.RadioButton1Click(Sender: TObject);
   begin
   Button1.OnClick := ClickAction1;
   end;
```

```
procedure TForm1.RadioButton2Click(Sender: TObject);
begin
Button1.OnClick := ClickAction2;
end;


procedure TForm1.RadioButton3Click(Sender: TObject);
begin
Button1.OnClick := Button1Click;
end;
```

3.
```
procedure TForm1.AddMenu(Sender: TObject);
var M1,M2,Destination:TMenuItem;
begin
M1 := TMenuItem.Create(Form1);
M1.Caption := 'Dyn. Menu';
M1.OnClick := ClickAction1;
MainMenu1.Items.add(M1);
{ add fügt einen Menü-Unterpunkt am Ende ein }

M2 := TMenuItem.Create(Form1);
M2.Caption := 'Dyn. Item';
M2.OnClick := ClickAction2;
Destination := MainMenu1.Items[MainMenu1.Items.Count-1];
{ Destination ist das Menüelement, dem das neue Menüelement
                                      hinzugefügt wird }
Destination.Add(M2);
{ Destination.Insert(Source.Count,M2);
  mit Insert kann man ein Menüelement an einer bestimmten Position
                                      einfügen }
end;


procedure TForm1.Button3Click(Sender: TObject);
var ToDelete:TMenuItem;
begin
ToDelete := MainMenu1.Items[MainMenu1.Items.Count-1];
MainMenu1.Items.Remove(ToDelete);
{ löscht das jeweils letzte Menü }
end;
```

Lösung Aufgaben 6.10

```
type TComplex = class
      private
        re,im:Extended;
      public
        constructor Create(re_,im_:Extended);
        procedure Add(s:TComplex);
        procedure Sub(s:TComplex);
        procedure Mult(s:TComplex);
        procedure DivBy(s:TComplex);
        function gleich(d:TComplex):Boolean;
        function ToStr:string;
      end;


constructor TComplex.Create(re_,im_:Extended);
begin
inherited Create;
re := re_;
im := im_;
end;
```

```
procedure TComplex.Add(s:TComplex);
begin
re := re + s.re;
im := im + s.im;
end;

procedure TComplex.Sub(s:TComplex);
begin
re := re - s.re;
im := im - s.im;
end;

procedure TComplex.Mult(s:TComplex);
var r,i:Extended; { ohne Hilfsvariable werden re und im
                                                 überschrieben }
begin
r := re*s.re - im*s.im;
i := re*s.im + im*s.re;
re := r;
im := i;
end;

procedure TComplex.DivBy(s:TComplex);
var r,i,Nenner:Extended;
begin
Nenner := s.re*s.re+s.im*s.im;
r := (re*s.re + im*s.im)/Nenner;
i := (s.re*im - re*s.im)/Nenner;
{ Division durch Null noch abfangen }
re := r;
im := i;
end;

function TComplex.gleich(d:TComplex):Boolean;

   function real_gleich(r1,r2:Extended):Boolean;
   const epsilon =1E-15;
   { schnelle Lösung, noch verbesserungsfähig }
   begin
   if r1=r2 then real_gleich := true
   else if r2 = 0 then real_gleich := abs(r1) < epsilon
   else real_gleich := abs((r1-r2)/r2) < epsilon;
   {real_gleich :=  abs(r1-r2) < Epsilon;}
   end;

begin
gleich := real_gleich(re,d.re) and real_gleich(im,d.im)
end;

function TComplex.ToStr:string;
begin
result := FloatToStr(re)+'+'+FloatToStr(im)+'i';
end;

procedure test_complex;

   function plus_minus_rand(range:Extended):Extended;
   { erzeugt eine Zufallszahl im Bereich -range .. +range }
   begin
   plus_minus_rand := 2*random*range - range;
   end;

const max = 1000;
var a,c,d:TComplex;
```

```
        i:LongInt;
begin
c := TComplex.Create;
d := TComplex.Create;
a := TComplex.Create;
for i := 1 to 10000 do
  begin
    c.Init(plus_minus_rand(max),plus_minus_rand(max));
    d := c;
    a.Init(plus_minus_rand(max),plus_minus_rand(max));
    c.Add(a);      { c := c + a }
    c.Sub(a);      { c := c - a }
    c.DivBy(a);    { c := c * a }
    c.Mult(a);     { c := c / a }
    if not c.gleich(d) then
      Form1.Memo1.Lines.Add(c.ToStr+d.ToStr);
  end;
c.Free;
d.Free;
a.Free;
end;
```

Lösung Aufgaben 6.11

Nur für *TComplex*: Die Lösung für *TBruch* ist analog dazu.

```
unit TComplUn;

interface

type TComplex = class
        re,im:Extended;
        constructor Create(re_,im_:Extended);
        procedure Add(s:TComplex);
        procedure Sub(s:TComplex);
        procedure Mult(s:TComplex);
        procedure DivBy(s:TComplex);
        function gleich(d:TComplex):Boolean;
        function ToStr:string;
      end;


implementation
uses SysUtils; { für FloatToStr notwendig }

constructor TComplex.Create(re_,im_:Extended);
begin
inherited Create;
re := re_;
im := im_;
end;

... { Rest analog zur letzten Aufgabe }
```

Lösung Aufgaben 6.12

1. Im Vergleich zur letzten Aufgabe wurden lediglich *private* und *public* eingefügt. Die Lösung für *TBruch* ist analog dazu.

```
type TComplex = class
      private
        re,im:Extended;
      public
        constructor Create(re_,im_:Extended);
        procedure Add(s:TComplex);
        procedure Sub(s:TComplex);
        procedure Mult(s:TComplex);
        procedure DivBy(s:TComplex);
        function gleich(d:TComplex):Boolean;
        function ToStr:string;
      end;
```

2. a) Alle Zugriffe sind zulässig.

   b) Nur der erste Zugriff `x1.a.a := 17;` ist zulässig.

Lösung Aufgaben 6.13

```
1. type TBasisFigur = class
          function Flaeche:Extended;virtual;abstract;
        end;

        TQuadrat = class(TBasisFigur)
          a:Extended;
          constructor Init(a_:Extended);
          function Flaeche:Extended;override;
        end;

        TRechteck = class(TBasisFigur)
          a,b:Extended;
          constructor Init(a_,b_:Extended);
          function Flaeche:Extended;override;
        end;

        TKreis = class(TBasisFigur)
          r:Extended;
          constructor Init(r_:Extended);
          function Flaeche:Extended;override;
        end;

   constructor TQuadrat.Init(a_:Extended);
   begin
   a := a_;
   end;

   function TQuadrat.Flaeche:Extended;
   begin
   result := a*a;
   end;
```

```
constructor TRechteck.init(a_,b_:Extended);
begin
a := a_;
b := b_;
end;

function TRechteck.Flaeche:Extended;
begin
result := a*b;
end;

constructor TKreis.init(r_:Extended);
begin
r := r_;
end;

function TKreis.Flaeche:Extended;
begin
result := r*r*pi;
end;

function Flaeche(f:TBasisFigur):Extended;
begin
result := F.Flaeche;
end;

procedure TForm1.Button1Click(Sender: TObject);
var Q:TQuadrat;
    R:TRechteck;
    K:TKreis;
    B:TBasisFigur;
begin
Q := TQuadrat.init(2);
R := TRechteck.init(3,4);
K := TKreis.init(5);
Memo1.Lines.Add('Q = '+FloatToStr(Flaeche(Q)));
Memo1.Lines.Add('R = '+FloatToStr(Flaeche(R)));
Memo1.Lines.Add('K = '+FloatToStr(Flaeche(K)));

{ Polymorphie kann man auch folgendermaßen realisieren: }
B := Q;
Memo1.Lines.Add('Q = '+FloatToStr(Flaeche(B)));
B := R;
Memo1.Lines.Add('R = '+FloatToStr(Flaeche(B)));
B := K;
Memo1.Lines.Add('K = '+FloatToStr(Flaeche(B)));
end;
```

2. Definiere eine gemeinsame Basisklasse für die verschiedenen Datensätze. In dieser Basisklasse wird für *print* eine virtuell abstrakte Prozedur definiert, die in jedem Nachfolger überschrieben wird.

```
type TB = class { Basisklasse }
       procedure print; virtual; abstract;
     end;

     T1 = class(TB)
       { spezifische Datenfelder für T1 }
       procedure print; override;
     end;
```

```
          T2 = class(TB)
            { spezifische Datenfelder für T2 }
            procedure print; override;
          end;

  procedure T1.print;
  begin
  { ... drucke die Datenfelder von T1 }
  end;

  procedure T2.print;
  begin
  { ... drucke die Datenfelder von T2 }
  end;
```

3.
```
  type TRealFunc = function (x:Extended):Extended;

  type TFktPlotBase = class(TForm)
        Img:TImage;
        constructor init(x0_,y0_,x1_,y1_:Extended);
        procedure CoordGrid(stepX,stepY:Extended);
        procedure plot;
        procedure plotf(f:TRealFunc);
        function f(x:Extended):Extended;virtual;abstract;
       private
        x0,y0,x1,y1:Extended;
        function ix(x:Extended):Integer;
        function iy(y:Extended):Integer;
      end;

  constructor TFktPlotBase.init(x0_,y0_,x1_,y1_:Extended);
  begin
  inherited CreateNew(Form1);
  Parent := self;
  show;
  Setbounds(0,0,800,800);
  Img := TImage.Create(self);
  Img.Align := alClient;
  Img.Parent := self;
  Img.Show;
  x0 := x0_; y0 := y0_;
  x1 := x1_; y1 := y1_;
  end;

  function TFktPlotBase.ix(x:Extended):Integer;
  { transformiert Welt-Koordinaten in Img-Koordinaten }
  begin
  result := round((x-x0)*Img.Width/(x1-x0));
  end;

  function TFktPlotBase.iy(y:Extended):Integer;
  { transformiert Welt-Koordinaten in Img-Koordinaten }
  begin
  result := round((y-y0)*Img.Height/(y1-y0));
  end;

  procedure TFktPlotBase.CoordGrid(stepX,stepY:Extended);
  var x,y:Extended;
  begin
  Img.Canvas.Pen.Width := 1;
  x := x0;
  while x <= x1 do { vertikale Gitterlinien }
    begin
```

```
      Img.Canvas.TextOut(ix(x),Img.Height-20,Format('%.2g',
                                                         [x]));
      Img.Canvas.MoveTo(ix(x),0);
      Img.Canvas.LineTo(ix(x),Img.Height);
      x := x + stepX;
    end;
  y := y0;
  while y <= y1 do { horizontale Gitterlinien }
    begin
      Img.Canvas.TextOut(0,iy(y),Format('%.2g',[y]));
      Img.Canvas.MoveTo(0,iy(y));
      Img.Canvas.LineTo(Img.Width,iy(y));
      y := y + stepY;
    end;
end;


procedure TFktPlotBase.plot;
var px:Integer;
    x:Extended;
begin
Img.Canvas.Pen.Color := clRed;
Img.Canvas.MoveTo(round(x0),iy(f(x0)));
for px := 1 to Img.Width-1 do
  begin
    { transformiere px in Welt-Koordinaten }
    x := x0 + px*(x1-x0)/Img.Width;
    Img.Canvas.LineTo(px,iy(f(x)));
  end;
end;


type TSinPlot = class(TFktPlotBase)
       function f(x:Extended):Extended;override;
     end;


function TSinPlot.f(x:Extended):Extended;
begin
f := sin(x);
end;


{ Aufgabenteil b) }


procedure TFktPlotBase.plotf(f:TRealFunc);
var px:Integer;
    x:Extended;
begin
Img.Canvas.Pen.Color := clRed;
Img.Canvas.MoveTo(round(x0),iy(f(x0)));
for px := 1 to Img.width-1 do
  begin
    { transformiere px in Welt-Koordinaten }
    x := x0 + px*(x1-x0)/Img.Width;
    Img.Canvas.LineTo(px,iy(f(x)));
  end;
end;


function sin_(x:Extended):Extended;
begin
result := sin(x);
end;


procedure TForm1.plot1Click(Sender: TObject);
var F:TFktPlotBase;
    FS:TSinPlot;
```

```
begin { zeigt die Verwendung der Klassen } { Aufgabenteil a) }
FS := TSinPlot.init(-10,-1,4,1);
FS.CoordGrid(2,1);
FS.plot;

{ Aufgabenteil b) }
F := TFktPlotBase.init(-10,-1,10,1);
F.CoordGrid(2,0.5);
F.Plotf(sin_);
end;
```

Lösung Aufgabe 6.14

```
unit QSortBU; { Unit mit Basisklasse für den Quicksort }
interface

type TQSortBase = class
       n:Integer;
       constructor Create(n_:Integer);
       procedure set_pivot(i:Integer);virtual;abstract;
       function kleiner(i:Integer):Boolean;virtual;abstract;
       function groesser(i:Integer):Boolean;virtual;abstract;
       procedure vertausche(i,j:Integer);virtual;abstract;
       procedure sort;
     end;

implementation

constructor TQSortBase.Create;
begin
inherited Create;
n := n_;
end;

procedure TQSortBase.sort;
{$R+}
   procedure Sort_(l, r: Integer);
   var i, j, x: Integer;
   begin
     i := l;
     j := r;
     set_pivot((l+r) DIV 2);
     repeat
       while kleiner(i) do i := i + 1;
       while groesser(j) do j := j - 1;
       if i <= j then
         begin
           vertausche (i,j);
           i := i + 1;
           j := j - 1;
         end;
     until i > j;
     if l < j then Sort_(l, j);
     if i < r then Sort_(i, r);
   end;

begin;
  Sort_(1,n);
end;

end.
```

Ein konkreter Nachfolger zum Sortieren eines Arrays von Datensätzen eines Datentyps *TKontobewegung* ist dann folgendermaßen gegeben:

```
type TSortierbegriff=(sbKontoNr,sbName,sbDatum,sbKontonrundDatum);

type TKBQSort = class(TQSortBase)
     Pivot:TKontobewegung;
     sb:TSortierbegriff;
     constructor Create(n_:Integer;sb_:TSortierbegriff);
     procedure set_pivot(i:Integer);override;
     function kleiner(i:Integer):Boolean;override;
     function groesser(i:Integer):Boolean;override;
     procedure vertausche(i,j:Integer);override;
     end;

constructor TKBQSort.Create(n_:Integer;sb_:TSortierbegriff);
begin
inherited Create(n_);
sb := sb_;
end;

{ in den folgenden beiden Funktionen vergleicht BankUnit.kleiner
  zwei Datensätze des Datentyps TKontobewegung bezüglich dem
  Sortierbegriff sb }

function TKBQSort.kleiner(i:Integer):Boolean;
begin
result := BankUnit.Kleiner(sb,A[i],Pivot);
end;

function TKBQSort.groesser(i:Integer):Boolean;
begin
result := BankUnit.Kleiner(sb,Pivot,A[i]);
end;

procedure TKBQSort.set_pivot(i:Integer);
begin
Pivot := a[i];
end;

procedure TKBQSort.vertausche(i,j:Integer);
var h:TKontobewegung;
begin
h := A[i];
A[i] := A[j];
A[j] := h;
end;
```

Die auf den ersten Blick vielleicht naheliegende Lösung, die Elemente mit den
Nummern i und (l+r)div 2 zu vergleichen, führt zu falschen Ergebnissen, da beim
Vertauschen auch das Element (l+r)div 2 vertauscht werden kann.

Aus diesem Grund wurden hier Vergleichsfunktionen verwendet, die sicherstellen,
daß immer dasselbe Element zum Vergleich herangezogen wird (das mit *set_pivot*
gesetzte *pivot*). Eine Alternative wäre, beim Vertauschen darauf zu achten, ob das
Vergleichselement betroffen ist:

```
procedure Sort_(1, r: Integer); { thanks to Björn Hils }
var i, j, x: Integer;
begin
  i := 1;
  j := r;
  x := (l+r) DIV 2;                    { <-- }
  repeat
    while kleiner(i,x) do i := i + 1;
    while kleiner(x,j) do j := j - 1;
    if i <= j then
      begin
        vertausche (i,j);
        if x=i then x := j        { <-- }
        else if x=j then x := i;  { <-- }
        i := i + 1;
        j := j - 1;
      end;
  until i > j;
  if 1 < j then Sort_(1, j);
  if i < r then Sort_(i, r);
end;
```

Bei dieser Lösungsvariante ist nur eine Vergleichsfunktion notwendig, außerdem ist
die Prozedur *set_pivot* überflüssig.

Lösung Aufgaben 6.15

```
procedure TForm1.MickysMouseMove(Sender: TObject; Shift:
                                 TShiftState; X, Y: Integer);
var fh,fw,T,L,W,H,i,j:Integer;
    s:string;
    c:Char;
begin
if Sender is TButton then
  begin
    fh := Form1.ClientHeight;
    fw := Form1.ClientWidth;
    T := TButton(Sender).Top;
    L := TButton(Sender).Left;
    W := TButton(Sender).Width;
    H := TButton(Sender).Height;
    if T > H then T := T-H
    else if L > W  then L := L-W
    else
      begin
        T := Random(fh-H-1);
        L := Random(fw-W-1);
      end;
    TButton(Sender).SetBounds(L,T,W,H);
  end
else if Sender is TEdit then
  begin
    TEdit(Sender).Font.Size := X; { Random(30) }
    if Random(10) = 1 then
      Memo1.visible := not Memo1.visible;
  end
else if Sender is TMemo then
  with TMemo(Sender) do
    for i := 0 to Lines.Count-1 do
      begin
```

```
            s := Lines[i];
            for j := 1 to Length(s) do
              if Random(30)= 1 then
                begin
                  c := s[j];
                  s[j] := s[length(s)-j+1];
                  s[length(s)-j+1] := c;
                end;
            Lines[i] := s;
        end;
end;
```

Diese Ereignisbehandlungsroutine kann den gewünschten Ereignissen folgendermaßen zugewiesen werden:

```
procedure TForm1.FormCreate(Sender: TObject);
begin
Button1.OnMouseMove := MickysMouseMove;
Memo1.OnMouseMove   := MickysMouseMove;
Edit1.OnMouseMove   := MickysMouseMove;
Button1.Caption     := 'Drück mich';
end;
```

Lösung Aufgaben 6.16

```
procedure TForm1.Button3Click(Sender: TObject);
var C: TClass;
begin
C := Sender.ClassType; { Datentyp der Klasse }
{ bzw. C := TEdit;   C := TMemo; C := TRichEdit; }
while C <> nil do
  begin
    Memo1.Lines.Add(C.ClassName+' Size='+
                                    IntToStr(C.InstanceSize));
    C := C.ClassParent;
  end;
end;
```

Lösung Aufgaben 6.18

```
unit Resizun;
{ diese Lösung ist sehr einfach realisiert und soll nur die
  Technik aufzeigen }
interface
uses forms,Controls;

const maxResWin = 50; { müßte meist reichen }

type TWinCoord = record
        Top,
        Left,
        Width,
        Height:Integer;
     end;
```

```
      TResize = class
        procedure resize(form:TForm);
       private
        initialized:Boolean;
        sc:array[0..maxResWin] of TWinCoord;
        fsw,fsh,
        faw,fah:Integer;
        procedure Init(Form:TForm);
      end;

implementation

procedure TResize.Init(form:TForm);
var i:Integer;
begin
fsw := Form.width; { Breite des Formulars beim Start }
fsh := Form.height;
with Form do
  for I := 0 to ComponentCount-1 do
    begin                { Größe der Komponenten beim Start }
      sc[i].top     := TWinControl(Components[i]).top;
      sc[i].left    := TWinControl(Components[i]).left;
      sc[i].height  := TWinControl(Components[i]).height;
      sc[i].width   := TWinControl(Components[i]).width;
    end;
initialized := true; { wird bei Create automatisch auf }
end;                  { false gesetzt }

procedure TResize.Resize(form:TForm);

    function xt(x:Integer):Integer;
    begin  { rechnet x-Koordinaten um }
    result := round(1.0*x*faw/fsw);
    end;

    function yt(y:Integer):Integer;
    begin  { rechnet y-Koordinaten um }
    result := round(1.0*y*fah/fsh);
    end;

var i:Integer;
begin
if not initialized then init(form);
faw := Form.Width; { Breite des aktuellen Formulars }
fah := Form.Height;
with Form do
  for I := 0 to ComponentCount -1 do
    if false then { Position und Größe anpassen }
    (TWinControl(Components[i])).SetBounds(xt(sc[i].left),
          yt(sc[i].top),xt(sc[i].width), yt(sc[i].height))
    else          { nur die Position anpassen }
    (TWinControl(Components[i])).SetBounds(xt(sc[i].left),
          yt(sc[i].top), sc[i].width, sc[i].height);
end;

end.
```

Diese Unit kann dann folgendermaßen in einem Programm verwendet werden:

```
var tr:TResize;

procedure TForm1.FormCreate(Sender: TObject);
begin
```

```
tr := TResize.Create;
end;

procedure TForm1.FormResize(Sender: TObject);
begin
tr.Resize(form1);
end;
```

Lösung Aufgaben 6.19

1. In „Source\Vcl\StdCtrls.pas" sind diese Funktionen folgendermaßen realisiert:

```
procedure TCustomEdit.CopyToClipboard;
begin
  SendMessage(Handle, WM_COPY, 0, 0);
end;

procedure TCustomEdit.CutToClipboard;
begin
  SendMessage(Handle, WM_CUT, 0, 0);
end;

procedure TCustomEdit.PasteFromClipboard;
begin
  SendMessage(Handle, WM_PASTE, 0, 0);
end;
```

2.
```
procedure TForm1.FormKeyPress(Sender: TObject; var Key: Char);
begin { falls KeyPreview auf true gesetzt ist }
if Key = #13 then
  Form1.Perform(WM_NEXTDLGCTL,0,0);
{ dasselbe Ergebnis erzielt man mit
  SendMessage(form1.Handle,WM_NEXTDLGCTL,0,0); }
end;
```

3.–7. Diese Lösungen sind in der folgenden Unit enthalten:

```
unit ACompPaU;

interface

uses Messages, Windows, Classes, Graphics, Controls, StdCtrls,
ExtCtrls;


{ Aufgabe 3: TTabEdit }

type TTabEdit = class(TEdit)
      private
        FEnterNextDlgCtl:Boolean;
        procedure WMNextDlgCtl(var Msg:TWMChar);message WM_Char;
      published
        property EnterNextDlgCtl:Boolean read
                      FEnterNextDlgCtl write FEnterNextDlgCtl;
      end;
```

```
{ Aufgabe 4: TFocusColorEdit }

type TFocusColorEdit = class(TEdit)
      private
        prevColor,
        FFocusColor:TColor;
        procedure WMSetFocus(var Msg:TWMSetFocus);
                                          message WM_SetFocus;
        procedure WMKillFocus(var Msg:TWMKillFocus);
                                          message WM_KillFocus;
        procedure SetFocusColor(C:TColor);
      published
        property FocusColor:TColor read FFocuscolor
                                   write SetFocusColor;
    end;

{ Aufgabe 5: TResizableMemo }

type TResizableMemo = class(TMemo)
      private
        LB_Down :Boolean;
        procedure WMLButtonDown(var Msg:TWMLButtonDown);
                                       message WM_LButtonDown;
        procedure WMLButtonUp(var Msg:TWMLButtonUp);
                                       message WM_LButtonUP;
        procedure WMMouseMove(var Msg:TWMLButtonUp);
                                       message WM_MouseMove;
    end;

{ Aufgabe 6: TColBorderLabel }

type
  TColBorderLabel = class(TCustomLabel)
  private
    FBColor : TColor;
    FBWidth : Integer;
    FShow   : Boolean;
    FTimer  : TTimer;
    FInterval:Integer;
    procedure SetColor(Value : TColor);
    procedure SetWidth(Value : Integer);
    procedure SetInterval(Value : Integer);
    procedure Show(Value : Boolean);
    procedure TimerEvent(Sender: TObject);
  protected
    procedure Paint; override;
  public
    constructor Create(AOwner: TComponent);override;
  published
    { eigene properties }
    property BorderColor : TColor read FBColor write SetColor;
    property BorderWidth : Integer read FBWidth write SetWidth;
    property ShowBorder : Boolean read FShow write Show ;
    property BlinkInterval:Integer read FInterval write
                                              SetInterval;

    { TCustomEdit veröffentlicht nur wenige Eigenschaften; durch
      die folgenden Deklarationen werden die unsichtbaren
      Eigenschaften der Vorgänger sichtbar }

    property Align;          property Alignment;
    property Autosize;       property Caption;
    property Color;          property Cursor;
```

```
      property DragCursor;      property DragMode;
      property Enabled;         property FocusControl;
      property Font;            property ParentColor;
      property ParentFont;      property ParentShowHint;
      property ShowAccelChar;   property ShowHint;
      property Transparent;     property Visible;
      property WordWrap;

      property OnClick;         property OnDblClick;
      property OnDragDrop;      property OnDragOver;
      property OnEndDrag;       property OnMouseDown;
      property OnMouseMove;     property OnMouseUp;
   end;

{ Aufgabe 7: TRubberShape }

type TRubberShape = class(TImage)
      rsShape:(rsLine,rsRectangle,rsCircle);
     private
      LB_Down:Boolean;
      x_Start,y_Start,
      x,y,r:Integer;
      procedure WMLButtonDown(var Msg:TWMLButtonDown);
                                     message WM_LButtonDown;
      procedure WMLButtonUp(var Msg:TWMLButtonUp);
                                      message WM_LButtonUP;
      procedure WMMouseMove(var Msg:TWMLButtonUp);
                                       message WM_MouseMove;
      procedure WMRuttonDblClick(var Msg:
                      TWMLButtonDown);message WM_RButtonDblClk;
     end;

implementation
uses Forms;

{ Aufgabe 3: TTabEdit }

procedure TTabEdit.WMNextDlgCtl(var Msg:TWMChar);
begin
if Msg.CharCode = 13 then
  SendMessage(TForm(Owner).handle,wm_NextDlgCtl,0,0)
else inherited
end;

{ Aufgabe 4: TFocusColorEdit }

procedure TFocusColorEdit.SetFocusColor(C:TColor);
begin
FFocusColor := C;
end;

procedure TFocusColorEdit.WMSetFocus(var Msg:TWMSetFocus);
begin
prevColor := Color;
FFocusColor := clYellow;
Color := FFocusColor;
inherited;
end;

procedure TFocusColorEdit.WMKillFocus(var Msg:TWMKillFocus);
begin
Color := prevColor;
inherited;
```

```
end;

{ Aufgabe 5: TResizableMemo }

procedure TResizableMemo.WMLButtonDown(var Msg:TWMMouseMove);
begin
LB_Down := true;
Cursor := crHSplit;
inherited;
end;

procedure TResizableMemo.WMLButtonUp(var Msg:TWMMouseMove);
begin
LB_Down := false;
Cursor := crDefault;
inherited;
end;

procedure TResizableMemo.WMMouseMove(var Msg:TWMMouseMove);
begin
if LB_Down then Width := Msg.xPos;
inherited;
end;

{ Aufgabe 6: TColBorderLabel }

constructor TColBorderLabel.Create(AOwner: TComponent);
begin
  inherited Create(AOwner);
  Canvas.Pen.Width := FBWidth;
  Canvas.Pen.Color := FBColor;
  FTimer := TTimer.Create(self);
  FTimer.OnTimer := TimerEvent;
  FTimer.Interval := 300;
  FTimer.Enabled := true;
end;

procedure TColBorderLabel.Paint;
begin
  inherited paint;
  if FShow then
   begin
     Canvas.MoveTo(0,0);
     Canvas.LineTo(Width-1,0);
     Canvas.LineTo(Width-1,Height-1);
     Canvas.LineTo(0,Height-1);
     Canvas.LineTo(0,0);
   end
end;

procedure TColBorderLabel.SetColor(value:TColor);
begin
  FBColor := value;
  Canvas.Pen.Color := value;
  paint;
end;

procedure TColBorderLabel.SetWidth(value:Integer);
begin
  FBWidth := value;
  Canvas.Pen.Width := Value;
  paint;
end;
```

```
procedure TColBorderLabel.SetInterval(value:Integer);
begin
  FInterval := value;
  if FInterval > 0 then
    begin
      FTimer.Interval := value;
      FTimer.enabled := true;
    end
  else
    FTimer.enabled := false;
end;

procedure TColBorderLabel.TimerEvent(Sender:TObject);
begin
ShowBorder := not ShowBorder;
end;

procedure TColBorderLabel.Show(value:Boolean);
begin
  FShow := value;
  Paint;
end;

{ Aufgabe 7: TRubberShape }

procedure TRubberShape.WMLButtonDown(var Msg:TWMMouseMove);
begin
LB_Down := true;
x_Start := Msg.Pos.x;
y_Start := Msg.Pos.y;
x := x_Start;
y := y_Start;
r := 0;
Canvas.Pen.Mode := pmNot;
Cursor := crHSplit;
inherited;
end;

procedure TRubberShape.WMLButtonUp(var Msg:TWMMouseMove);
begin
LB_Down := false;
Cursor := crDefault;
Canvas.Pen.Mode := pmBlack;
inherited;
end;

procedure TRubberShape.WMMouseMove(var Msg:TWMMouseMove);

   procedure RectLine(x1,y1,x2,y2:Integer);
   begin
   Canvas.PolyLine([Point(x1,y1),Point(x2,y1),
                        Point(x2,y2),Point(x1,y2),Point(x1,y1)]);
   end;

   procedure CircLine(x,y,r:Integer);
   begin
   Canvas.Arc(x-r,y-r,x+r,y+r,0,0,0,0);
   end;

var p:PPoint;
begin
if LB_Down then
  begin
```

```
      Canvas.MoveTo(x_Start,y_Start);
      case rsShape of
        rsLine:Canvas.LineTo(x,y);
        rsRectangle: RectLine(x_Start,y_Start,x,y);
        rsCircle:CircLine(x_Start,y_Start,r);
      end;
      x := Msg.Pos.x;
      y := Msg.Pos.y;
      r := round(sqrt(sqr(x-x_Start)+sqr(y-y_Start)));
      Canvas.MoveTo(x_Start,y_Start);
      case rsShape of
        rsLine:Canvas.LineTo(x,y);
        rsRectangle:RectLine(x_Start,y_Start,x,y);
        rsCircle:CircLine(x_Start,y_Start,r);
      end;
    end;
inherited;
end;

procedure TRubberShape.WMRuttonDblClick(var Msg:TWMLButtonDown);
var s:string;
begin
if rsShape < high(rsShape) then inc(rsShape)
else rsShape := low(rsShape);
if      rsShape=rsLine then s := 'Line'
else if rsShape=rsRectangle then s := 'Rect'
else if rsShape=rsCircle then s := 'Circ'
else s := 'Undef';
Canvas.TextOut(0,0,s);
end;

end.
```

Lösung Aufgaben 6.20

In den Interface-Teil der Unit mit den Lösungen des letzten Abschnitts ist lediglich die Deklaration

```
procedure Register;
```

aufzunehmen und in den Implementationsteil:

```
procedure Register;
begin
  RegisterComponents('Beispiele', [TTabEdit]);
  RegisterComponents('Beispiele', [TColBorderLabel]);
  RegisterComponents('Beispiele', [TFocusColorEdit]);
  RegisterComponents('Beispiele', [TRubberShape]);
  RegisterComponents('Beispiele', [TResizableMemo]);
end;
```

9.6 Lösungen Kapitel 7

Lösung Aufgabe 7.1: Vorbereitungen

```
unit KontoMsk;

interface

uses
  Windows, Messages, SysUtils, Classes, Graphics,
  Controls, Forms, Dialogs, StdCtrls,
  { manuell nachgetragen: } BankUnit;

type
  TKontoMaskForm = class(TForm)
    LKontoinh: TLabel;
    Abbruch: TButton;
    EKontoinh: TEdit;
    LKontoNr: TLabel;
    EKontonr: TEdit;
    LDatum: TLabel;
    EDatum: TEdit;
    LBewart: TLabel;
    EBewart: TEdit;
    LBetrag: TLabel;
    EBetrag: TEdit;
    procedure AbbruchClick(Sender: TObject);
    procedure FormClose(Sender:TObject; var Action:TCloseAction);
  private

  protected
    function FormToKB:TKontobewegung;
    procedure KBtoForm(k:TKontobewegung);
    { Private-Deklarationen }
  public
    { Public-Deklarationen }
  end;

var
  KontoMaskForm: TKontoMaskForm;

implementation

{$R *.DFM}

function TKontoMaskForm.FormToKB:TKontobewegung;
var dt:TDateTime;
    WJahr, WMonat, WTag: Word;
begin
with result do
  begin
    try
      Kontonr   := StrToInt(EKontonr.Text);
    except
      ShowMessage('Unzulässige Kontonummer: ' +EKontonr.Text);
      EKontoNr.SetFocus;
    end;
    NameInhaber := EKontoinh.Text;
    try
      dt := StrToDate(EDatum.Text);
      DecodeDate(dt,WJahr,WMonat,WTag);
```

```
      Datum.Jahr  := WJahr;
      Datum.Monat:= WMonat;
      Datum.Tag   := WTag;
    except
      ShowMessage('Unzulässiges Datum: '+EDatum.Text);
      EDatum.SetFocus;
    end;
    if (length(EBewart.Text)>=1) and (EBewart.Text[1] in
                                                ['+','-']) then
      Bewart := EBewart.Text[1]
    else
      begin
        ShowMessage('Bitte + oder - eingeben');
        EBewart.SetFocus;
      end;
    try
      Betrag := StrToFloat(EBetrag.Text);
    except
      ShowMessage('Unzulässiger Betrag: '+EBetrag.Text);
      EBetrag.SetFocus;
    end;
  end;
end;

procedure TKontoMaskForm.KBtoForm(k:TKontobewegung);
var aktuelles_Datum: TDateTime;
    dt:TDateTime;
begin
EKontoNr.Text   := IntToStr(k.KontoNr);
EKontoinh.Text  := k.NameInhaber;
EBewart.Text    := k.Bewart;
with K,Datum do
  EDatum.Text := IntToStr(Tag)+'.'+IntToStr(Monat)
                                  +'.'+IntToStr(Jahr);
EBetrag.Text    := Format('%m',[k.Betrag]);
EBetrag.Text    := Format('%6.2f',[k.Betrag]);
end;

procedure TKontoMaskForm.AbbruchClick(Sender: TObject);
begin
Close;
end;

procedure TKontoMaskForm.FormClose(Sender: TObject;
                                   var Action: TCloseAction);
begin
Action := caFree;
end;

end.
```

Lösung Aufgabe 7.2.3.1: Zufalls_KB

```
function Zufalls_KB:TKontobewegung; { in BankUnit.pas }
const Max_n = 10;

Nachname:array[0..Max_n-1] of string[10] =
   ('Duestrip, ','Sander, ',  'König, ',  'Blond, ',
    'Schluck, ', 'Parker, ',  'Kannt, ',  'Pascal, ',
    'Coldrain, ','Prince, ');
Vorname:array[0..Max_n-1] of string[10] =
```

```
   ('Daniel',    'Alek',      'Q.',       'James',
   'Donald',     'Karl',      'Imanuel',  'Nikolausi',
   'John',       'Charlie');

   function Zuf(a,b:Integer):Integer;
   begin
   Zuf := a + Random(b-a+1);
   end;

var z:Integer;
begin
with result,Datum do
  begin
    KontoNr := Zuf(1000,1099);
    z := Kontonr mod 100;
    NameInhaber:= concat(Nachname[z div Max_n],
                                        Vorname[z mod Max_n]);

    Tag := Zuf(1,31);
    Monat := Zuf(1,12);
    Jahr := Zuf(1995,1996);
    if Zuf(0,1)=0 then BewArt := '+' else BewArt := '-';
    Betrag := Zuf(1,30000)/100;
  end;
end;
```

Lösung Aufgabe 7.2.3.2: Zufalls_KB

```
{$R+}    { in BankMain.pas }
procedure TForm1.ArrayDatenErzeugenClick(Sender:TObject);
var i,n,err:Integer;
    s:string;
    InputOK:Boolean;
begin
repeat InputOK := InputQuery('Testdaten erzeugen',
                    'Anzahl der zu erzeugenden Datensätze', s);
       Val(s,n,err);
       if (err<>0) and InputOK then
          ShowMessage('Unzulässige Eingabe: '+s);
until (not InputOK) or (InputOK and (err=0));
if InputOK and (err=0) then
  begin
    if  n + Satzzahl > Max_index then
       begin { damit nicht mehr Datensätze erzeugt werden
                           als freie Array-Elemente vorhanden sind }
          n := Max_index - Satzzahl;
          ShowMessage('Es werden nur ' + IntToStr(n)+
                                     ' Datensätze angelegt!');
       end;
    for i := Satzzahl + 1 to Satzzahl + n do
       A[i] := Zufalls_KB;
    Satzzahl := Satzzahl + n;
  end;
end;
```

Lösung Aufgabe 7.2.4: Daten in einem Array speichern und anzeigen

```
unit ArrNavUn; { ArrNavUn.pas }

interface
```

```
uses
  Windows, Messages, SysUtils, Classes, Graphics,
  Controls, Forms, Dialogs, KontoMsk, StdCtrls;

type
  TArrNavig = class(TKontoMaskForm)
    prev: TButton;
    next: TButton;
    einfuegen: TButton;
    procedure prevClick(Sender: TObject);
    procedure nextClick(Sender: TObject);
    procedure einfuegenClick(Sender: TObject);
    procedure FormCreate(Sender: TObject);
  private
    Index:Integer; { public - nicht schön }
    procedure enable_disable_Buttons;
  public
  end;

var ArrNavig: TArrNavig;

implementation
uses BankArUn;
{$R *.DFM}

procedure TArrNavig.enable_disable_Buttons;
begin
next.Enabled := Index < Satzzahl;
prev.Enabled := Index > 1;
end;
```

Lösung Aufgabe 7.2.4.1

```
procedure TArrNavig.einfuegenClick(Sender: TObject);
begin
  inherited;
if BankArUn.Satzzahl < BankArUn.max_Index then
  begin
    inc(BankArUn.Satzzahl);
    BankArUn.A[Satzzahl] := FormToKB;
  end
else
  ShowMessage('Alles belegt');
Index := Satzzahl;
enable_disable_Buttons;
end;
```

Lösung Aufgabe 7.2.4.2

```
procedure TArrNavig.prevClick(Sender: TObject);
begin
  inherited; { "inherited" von Delphi erzeugt }
if (1<Index) and (Index <= Satzzahl) then
  begin
    dec(Index);
    KBtoForm(BankArUn.A[Index]);
  end;
enable_disable_Buttons;
end;
```

```
procedure TArrNavig.nextClick(Sender: TObject);
begin
  inherited;{ "inherited" von Delphi erzeugt }
if (1<=Index) and (Index < Satzzahl) then
  begin
    Inc(Index);
    KBtoForm(BankArUn.A[Index]);
  end;
enable_disable_Buttons;
end;

procedure TArrNavig.FormCreate(Sender: TObject);
{ nur notwendig, damit die Buttons von Anfang
  an richtig angezeigt werden }
begin
  inherited;
Index := 1;
enable_disable_Buttons;
end;
```

Lösung Aufgabe 7.2.4.3

```
procedure TForm1.Dateneingeben1Click(Sender: TObject);
begin
ArrNavUn.ArrNavig := TArrNavig.Create(Form1);
ArrNavUn.ArrNavig.WindowState  := wsMaximized;
if BankArUn.Satzzahl >= BankArUn.max_Index then
  ShowMessage('Alles belegt');
end;
```

Lösung Aufgabe 7.2.5: Ein Basisformular für die tabellarische Anzeige von Daten

```
unit BasGridU;

interface

uses
  Windows, Messages, SysUtils, Classes, Graphics,
  Controls, Forms, Dialogs, Grids, StdCtrls, Menus,
  BankUnit { manuell eingefügt };

type
  TBaseGridForm = class(TForm)
    StringGrid: TStringGrid;
    procedure StringGridKeyDown(Sender: TObject; var Key:
                                     Word; Shift: TShiftState);
    procedure FormClose(Sender: TObject;var Action: TCloseAction);
  protected
    first:Integer;   { Nummer des ersten angezeigten Datensatzes }
    max_recs:Integer;   { maximale Anzahl verfügbarer Datensätze }
    NoOfGridRows:Integer; { Anzahl der Zeilen des Grids }
    procedure ToRow(row,pos:Integer;K:TKontobewegung);
  public
    constructor Create(Form:TForm;max_recs_,noLines_:Integer);
    procedure ShowPage;
    function get(i:Integer):TKontobewegung;virtual;abstract;
  end;
```

```
implementation
{$R *.DFM}

const NoOfGridCols = 6;
      { Spaltenpositionen der Datenfelder }
      col_Lno    = 0;  col_Ktonr  = 1;
      col_Name   = 2;  col_Datum  = 3;
      col_Bewart = 4;  col_Betrag = 5;

constructor TBaseGridForm.Create(Form:TForm;max_recs_,
                                            noLines_:Integer);
begin
inherited Create(Form);
max_recs := max_recs_;
noOfGridRows := noLines_;
Parent := self;

Setbounds(0, 0, Form.ClientWidth, Form.ClientHeight);

FormStyle := fsMDIChild; { im Objektinspektor gesetzt }

StringGrid.Parent := self;
StringGrid.align := alBottom;

StringGrid.rowCount := noOfGridRows+1;
StringGrid.colCount := NoOfGridCols;

StringGrid.DefaultColWidth := ClientWidth div (NoOfGridCols{+1});
StringGrid.DefaultRowHeight := 20;
StringGrid.Height:=(NoOfGridRows+2)*(StringGrid.DefaultRowHeight);

StringGrid.Cells[col_KtoNr,0]  := 'KontoNr';
StringGrid.Cells[col_Name,0]   := 'Name';
StringGrid.Cells[col_Datum,0]  := 'Datum';
StringGrid.Cells[col_Bewart,0] := 'Bew-Art';
StringGrid.Cells[col_Betrag,0] := 'Betrag';

first := 1;
ShowPage;
end;


procedure TBaseGridForm.ToRow(row,pos:Integer;K:TKontobewegung);
{ stellt die Kontobewegung K in der Zeile row dar; pos wird als
  laufende Nummer in die linke Spalte eingetragen }
begin
StringGrid.Cells[col_Lno,row]   := IntToStr(pos);
StringGrid.Cells[col_Ktonr,row] := IntToStr(K.KontoNr);
StringGrid.Cells[col_Name,row]  := K.NameInhaber;
with K.Datum do
  StringGrid.Cells[col_Datum,row]  := IntToStr(Tag)
                      +'. '+IntToStr(Monat)+'. '+IntToStr(Jahr);
StringGrid.Cells[col_Bewart,row] := K.Bewart;
StringGrid.Cells[col_Betrag,row] := Format('%m',[K.Betrag]);
end;

procedure TBaseGridForm.ShowPage;
var i:Integer;
begin
for i := first to first + NoOfGridRows-1 do
  if (1<=i) and (i <= max_recs) then
    toRow(i-first+1,i,get(i));
end;
```

```
procedure TBaseGridForm.FormClose(Sender: TObject;
                                  var Action: TCloseAction);
begin
Action := caFree;
end;

end.
```

Lösung 7.2.5.2

```
procedure TBaseGridForm.StringGridKeyDown(Sender:
               TObject; var Key: Word;  Shift: TShiftState);
var changed:Boolean;
begin
changed := true;
case key of
  VK_PRIOR:if first - NoOfGridRows >= 1 then
             first := first-NoOfGridRows
           else first := 1;
  VK_NEXT: if first + 2*NoOfGridRows < max_recs then
             first := first+NoOfGridRows
           else if max_recs >= NoOfGridRows then
             first := max_recs-NoOfGridRows+1
           else first := 1;
  VK_UP:   if first > 1 then dec(first);
  VK_DOWN: if first <= max_recs-NoOfGridRows then inc(first);
  VK_END:  if max_recs >= NoOfGridRows then
             first := max_recs-NoOfGridRows+1
           else first := 1;
  VK_HOME: first := 1;
else changed := false;
end;
if changed then ShowPage;
end;
```

Lösung Aufgabe 7.2.6: Ein Nachfolgerformular für die Anzeige von Array-Daten

```
unit ArrGridU;

interface

uses
  Windows, Messages, SysUtils, Classes, Graphics,
  Controls, Forms, Dialogs, BasGridU, Menus, StdCtrls,
  Grids, BankUnit { manuell eingefügt };

type
  TArrGridForm = class(TBaseGridForm)
   procedure StringGridKeyDown(Sender: TObject;
                               var Key: Word; Shift: TShiftState);
  private
    Sortierbegriff:TSortierBegriff;
    function get(i:Integer):TKontobewegung;override;
    { Private-Deklarationen }
  public
    constructor Create(Form:TForm;max_recs_,noLines_:Integer);
    { Public-Deklarationen }
  end;
```

```
var ArrGridForm: TArrGridForm;

implementation
uses BankArUn, BankMain;
{$R *.DFM}

constructor TArrGridForm.Create(Form:TForm;max_recs_,
                                            noLines_:Integer);
begin
inherited Create(Form,max_recs_,noLines_);
end;

function TArrGridForm.get(i:Integer):TKontobewegung;
begin
result := A[i];
end;

procedure TArrGridForm.StringGridKeyDown(Sender: TObject;
                        var Key: Word;  Shift: TShiftState);
begin
{ Damit auch die Datensätze angezeigt werden, die erzeugt werden,
  während die Anzeige im ArrGridForm geöffnet ist. Überschreibt
  man die Methode StringGridKeyDown in der Unit BasGridU nicht,
  wird max_recs nicht auf den aktuellen Wert gesetzt. }
max_recs := BankArUn.Satzzahl;
inherited; { ruft StringGridKeyDown im Basisobjekt
                                        TBaseGridForm auf }
end;

end.
```

Lösung Aufgabe 7.2.7: Lineares Suchen

```
procedure TArrGridForm.BLinSuchenClick(Sender: TObject);

    function Linear_suchen(von:Integer;SuchNr:Integer):Integer;
    var i:Integer;
        gefunden:Boolean;
    begin
    gefunden := false;
    i := von;
    while (i <= Satzzahl) and not gefunden do
      begin
        gefunden := A[i].KontoNr=SuchNr;
        inc(i);
      end;
    if gefunden then result := i-1
    else result := -1;
    end;

var i,SuchNr:Integer;
begin
  inherited;
try
  SuchNr  := StrToInt(ESuchbegriff.Text);
  i := Linear_suchen(first+1,SuchNr);
  if i > 0 then
    begin
      first := i;
      ShowPage;
    end
```

```
  else ShowMessage('Nicht gefunden');
except
  on E:Exception do
    ShowMessage(ESuchbegriff.Text+' ist keine Zahl');
end;
end;
```

Lösung Aufgabe 7.2.8: Sortieren durch Auswahl

```
type TKBASort = class(TASortBase)
        sb:TSortierbegriff;
        constructor Create(n_:Integer;sb_:TSortierbegriff);
        function kleiner(i,j:Integer):Boolean;override;
        procedure vertausche(i,j:Integer);override;
      end;

constructor TKBASort.Create(n_:Integer;sb_:TSortierbegriff);
begin
inherited Create(n_);
sb := sb_;
end;

function TKBASort.kleiner(i,j:Integer):Boolean;
begin
result := BankUnit.kleiner(sb,A[i],A[j]);
end;

procedure TKBASort.vertausche(i,j:Integer);
var h:TKontobewegung;
begin
h := A[i];
A[i] := A[j];
A[j] := h;
end;

function Kleiner(const sb:TSortierbegriff;
                          const K1,K2:TKontobewegung):Boolean;
begin
case sb of
    sbKontoNr: Kleiner := K1.KontoNr < K2.KontoNr;
    sbName: Kleiner := K1.NameInhaber < K2.NameInhaber;
    sbDatum: if (K1.Datum.Jahr <> K2.Datum.Jahr)
            then Kleiner := (K1.Datum.Jahr < K2.Datum.Jahr)
         else { K1.Datum.Jahr = K2.Datum.Jahr }
            if (K1.Datum.Monat <> K2.Datum.Monat)
               then Kleiner := (K1.Datum.Monat < K2.Datum.Monat)
         else {(K1.Jahr = K2.Jahr) and (K1.Monat = K2.Monat) }
            Kleiner := (K1.Datum.Tag < K2.Datum.Tag);
    sbKontonrundDatum: if (K1.KontoNr <> K2.KontoNr)
                      then Kleiner := K1.KontoNr < K2.KontoNr
         else { K1.Kontonr = K2.Kontonr }
            if (K1.Datum.Jahr <> K2.Datum.Jahr)
             then Kleiner := (K1.Datum.Jahr < K2.Datum.Jahr)
         else { (K1.Ktonr = K2.Ktonr) and (K1.Jahr = K2.Jahr }
            if (K1.Datum.Monat <> K2.Datum.Monat)
               then Kleiner := (K1.Datum.Monat < K2.Datum.Monat)
         else { K1.K = K2.K and K1.J = K2.J and K1.M = K2.M }
            Kleiner := (K1.Datum.Tag < K2.Datum.Tag);
  else ShowMessage('Unvorhergesehener Sortierbegriff');
end { of case }
end;
```

Lösung Aufgabe 7.2.9: Kontobewegungen mit dem Quicksort sortieren

```
type TKBQSort = class(TQSortBase)
      Pivot:TKontobewegung;
      sb:TSortierbegriff;
      constructor Create(n_:Integer;sb_:TSortierbegriff);
      procedure set_pivot(I:Integer);override;
      function kleiner(i:Integer):Boolean;override;
      function groesser(i:Integer):Boolean;override;
      procedure vertausche(i,j:Integer);override;
    end;

constructor TKBQSort.Create(n_:Integer;sb_:TSortierbegriff);
begin
inherited Create(n_);
sb := sb_;
end;

function TKBQSort.kleiner(i:Integer):Boolean;
begin
result := BankUnit.kleiner(sb,A[i],Pivot);
end;

function TKBQSort.groesser(i:Integer):Boolean;
begin
result := BankUnit.kleiner(sb,Pivot,A[i]);
end;

procedure TKBQSort.set_pivot(i:Integer);
begin
Pivot := a[i];
end;

procedure TKBQSort.vertausche(i,j:Integer);
var h:TKontobewegung;
begin
h := A[i];
A[i] := A[j];
A[j] := h;
end;
```

Lösung Aufgabe 7.2.10: Binäres Suchen

```
procedure TArrGridForm.BBinSuchenClick(Sender: TObject);

  function BinaerSuchen(const x:TKontobewegung):Integer;
  var Suchnr,i:Integer;
      L,R,M:Integer;
      gefunden:Boolean;
  begin
  L := 1;
  R := Satzzahl;
  gefunden := false;
  while (L<=R) and not gefunden do
    begin
      { A sortiert ==> A[L].K <= A[R].K }
      M := (L + R) div 2;
      { A[L].K <= A[M].K <= A[R].K }
      if kleiner(Sortierbegriff,A[M],x) then L := M+1
```

```
        else if kleiner(Sortierbegriff,x,A[M]) then R := M-1
          else gefunden := true;
      end;
    if gefunden then Result := M else Result := -1;
  end;

var i:Integer;
    x:TKontobewegung;
begin
x.KontoNr   := StrToInt(ESuchbegriff.Text);
i := BinaerSuchen(x);
if i > 0 then
  begin
    first := i;
    ShowPage;
  end
else ShowMessage('Nicht gefunden');
end;
```

Lösung Aufgabe 7.3.2: Daten in eine Datei schreiben bzw. aus einer Datei lesen

```
unit DatNavUn;

interface

uses
  Windows, Messages, SysUtils, Classes, Graphics,
  Controls, Forms, Dialogs, KontoMsk, StdCtrls,
  BankDatU, BankUnit { manuell eingefügt };

type
  TDatNavig = class(TKontoMaskForm)
    first: TButton;
    next: TButton;
    speichern: TButton;
    prev: TButton;
    korr: TButton;
    procedure firstClick(Sender: TObject);
    procedure nextClick(Sender: TObject);
    procedure speichernClick(Sender: TObject);
    procedure AbbruchClick(Sender: TObject);
    procedure FormClose(Sender: TObject;
                                    var Action: TCloseAction);
    procedure prevClick(Sender: TObject);
    procedure korrClick(Sender: TObject);
  private
    f:file of TKontobewegung;
    K:TKontobewegung;
    procedure enable_disable_Buttons;
  public
    constructor Create(Form:TForm;fn:string);
  end;

var DatNavig: TDatNavig;

implementation
{$R *.DFM}

constructor TDatNavig.Create(Form:TForm;fn:string);
begin
inherited Create(Form);
```

```
AssignFile(f,fn);
Rewrite(f);
enable_disable_Buttons;
end;

procedure TDatNavig.enable_disable_Buttons;
begin
speichern.enabled := eof(f);
next.enabled := not eof(f);
end;

procedure TDatNavig.speichernClick(Sender: TObject);
begin
  inherited;
if eof(f) then
  begin
    K := FormToKB;
    Write(f,K);
  end;
enable_disable_Buttons;
end;

procedure TDatNavig.nextClick(Sender: TObject);
var i,fh,fp:Integer;
begin
  inherited;
if not eof(f) then
  begin
    Read(f,K);
    KBToForm(K);
  end;
enable_disable_Buttons;
end;

procedure TDatNavig.firstClick(Sender: TObject);
begin
  inherited;
reset(f);
if not eof(f) then
  begin
    Read(f,K);
    KBToForm(K);
  end;
enable_disable_Buttons;
end;

procedure TDatNavig.AbbruchClick(Sender: TObject);
begin
  inherited; { ruft im Vorgänger Close auf }
end;

procedure TDatNavig.FormClose(Sender: TObject;
                                      var Action: TCloseAction);
{ wird aufgerufen, wenn das Formular geschlossen wird (Ereignis
  OnClose) }
begin
  inherited;
CloseFile(f);
end;
```

Dieses Formular kann folgendermaßen erzeugt werden:

```
procedure TForm1.DateiDatenEingebenClick(Sender:TObject);
{ damit das Formular DatNavig nicht beim Start des Programms
  automatisch erzeugt wird, muß es aus der Liste der automatisch
  erzeugten Formulare entfernt werden }
var DatNavig:TDatNavig;
begin
OpenDialog1.DefaultExt := 'kb';
OpenDialog1.InitialDir := 'C:\KB-Test';
OpenDialog1.FileName := 'kb';
OpenDialog1.Filter := 'Kontobewegungen|*.kb';
if OpenDialog1.Execute then
  DatNavig := TDatNavig.Create(Form1,OpenDialog1.FileName);
end;
```

Nach dem Lesen eines Datensatzes steht der *file*-Pointer am Ende dieses Datensatzes und damit außer beim Dateiende am Anfang des nächsten Datensatzes. Würde man den aktuell angezeigten Datensatz (den zuletzt gelesenen) in die Datei schreiben, würde dieser den nächsten Datensatz überschreiben. Es ist deshalb nicht sinnvoll, die Sperre für *speichern* aufzuheben, wenn der *file*-Pointer nicht am Dateiende steht.

Wir werden allerdings in Zusammenhang mit dem Direktzugriff Techniken kennenlernen, mit denen man einen Datensatz an eine beliebige Position in einer Datei schreiben kann. Damit kann ein Datensatz insbesondere auch wieder in seine ursprüngliche Position geschrieben werden.

Lösung Aufgabe 7.3.3: Testdateien anlegen

```
procedure TForm1.DateiErzeugenClick(Sender: TObject);
var i,n,n1,err:Integer;
    s:string;
    f:file of TKontobewegung;
    K:TKontobewegung;
    InputOK:Boolean;
begin
repeat InputOK := InputQuery('Testdaten erzeugen',
                   'Anzahl der zu erzeugenden Datensätze', s);
       Val(s,n1,err);
       if err=0 then n := n1
       else if InputOK then
           ShowMessage('Unzulässige Eingabe: '+s);
until (not InputOK) or (InputOK and (err=0));
if InputOK and (err=0) then
  begin
    OpenDialog1.DefaultExt := 'kb';
    OpenDialog1.InitialDir := 'C:\KB-Test';
    OpenDialog1.FileName := 'kb';
    OpenDialog1.Filter := 'Kontobewegungen|*.kb';
    if OpenDialog1.Execute then
      begin
        AssignFile(f,OpenDialog1.FileName);
        Rewrite(f);
        for i := 1 to n do
          begin
            K := Zufalls_KB;
            Write(f,K);
          end;
        CloseFile(f);
      end
```

end;
end;

Lösung Aufgabe 7.3.4: Linear suchen

```
procedure TDatNavig.LinSuchenClick(Sender: TObject);
var gefunden:Boolean;
    SuchStr:string;
begin
  inherited;
begin
gefunden:= false;
SuchStr := EKontoInh.Text; { ein Edit-Fenster }
while (not eof(f)) and not gefunden do
  begin
    Read(f,K);
    if pos(AnsiUpperCase(SuchStr),
                         AnsiUpperCase(K.NameInhaber))>0 then
      gefunden := true;
  end;
if not gefunden then
  ShowMessage('Kein solcher Datensatz vorhanden')
else KBtoForm(K);
end;
```

Lösung Aufgabe 7.3.5: Exception-Handling

Stellvertretend für alle anderen Prozeduren:

```
procedure TDatNavig.nextClick(Sender: TObject);
var i,fh,fp:Integer;
begin
try
  inherited;
  if not eof(f) then
    begin
      { zum Testen:
        while not eof(f) do Read(f,k); }
      Read(f,K);
      KBToForm(K);
    end;
  enable_disable_Buttons;
except
  on E:Exception do
    ShowMessage('Datensatz konnte nicht gelesen werden'#13+#10+
                                                E.Message);
end;
end;
```

In diesen Beispielen unterscheidet sich der Programmablauf nur dadurch vom vordefinierten Exception-Handling, daß nach einem I/O-Fehler der *except*-Block in dieser Prozedur ausgeführt wird. Ohne ein Exception-Handling in dieser Prozedur würde unmittelbar anschließend das vordefinierte Exception-Handling von

procedure TWinControl.**MainWndProc**(var Message: TMessage);

greifen, weil alle Prozeduren als Reaktion auf Mausklicks aufgerufen werden. Durch ein Exception-Handling auf dieser tieferen Ebene sind konkretere Fehlermeldungen möglich.

Lösung Aufgabe 7.3.6: Eine Datei ausdrucken

```
procedure ToStrT(var t:text;K:TKontobewegung);
begin
with K,Datum do
  Writeln(t,Kontonr,' ',NameInhaber,' ':25-length(NameInhaber)
          ,Tag:4,'.',Monat:2, '.',Jahr, Bewart:2,Betrag:8:2);
end;


procedure Listendruck(fn:string);
var Zeilen_pro_Seite, Seitenzahl, Zeilenzahl:Integer;
    p:TextFile;
    Zugsumme,Abgsumme:Currency;
    Fehlerzahl:Integer;

    procedure Blattkopf;
    begin
    Seitenzahl := Seitenzahl + 1;
    Writeln(p,'Datei: ',fn,'Seite ':77-length(fn)-7 ,Seitenzahl);
    Writeln(p,'Kto. ','Kontoinhaber','Datum':25,'Betrag':10);
    Writeln(p);
    Zeilenzahl := 3;
    end;

    procedure Blattvorschub;
    var i:Integer;
    begin
    Writeln(p,'Summe der Zugänge: ',Zugsumme:8:2,
                              ' Abgänge: ',Abgsumme:8:2);
    Writeln(p,'Anzahl der fehlerhaften Datensätze: ',Fehlerzahl);
    for i := Zeilenzahl+1 to Zeilen_pro_Seite do
      Writeln(p);
    { diese for-Schleife kann auch durch Write(#12) ersetzt
      werden, da das Ascii-Zeichen Nr. 12 einen Blattvorschub
      bewirkt }
    end;

var f:file of TKontobewegung;
    K:TKontobewegung;
    Druckzeilen_pro_Seite:Integer;
begin
Zeilen_pro_Seite := 24; { das läßt sich leichter nachzählen }
Druckzeilen_pro_Seite := 22;
AssignFile(f,fn);
Reset(f);
AssignFile(p,'C:\KB-Test\test.txt');
Rewrite(p);
Seitenzahl := 0;
Zugsumme   := 0;
Abgsumme   := 0;
Fehlerzahl := 0;
Blattkopf;
while not eof(f) do
  begin
    Read(f,K);
    if K.Bewart='+' then Zugsumme := Zugsumme + K.Betrag
```

```
      else if K.Bewart='-' then Abgsumme := Abgsumme+K.Betrag
      else Fehlerzahl := Fehlerzahl+1;
      if Zeilenzahl >= Druckzeilen_pro_Seite - 2 then
        begin { -2 wegen Summenzeilen im Blattvorschub }
          Blattvorschub;
          Blattkopf;
        end;
      ToStrT(p,K);
      Zeilenzahl := Zeilenzahl + 1;
    end;
  Blattvorschub;
  CloseFile(f);
  CloseFile(p);
  end;
```

Lösung Aufgabe 7.3.7

```
  procedure TDatNavig.prevClick(Sender: TObject);
  var p:LongInt;
  begin
    inherited;
  p := FilePos(f);
  if p>1 then
    begin
      System.Seek(f,p-2);
      { der aktuell angezeigte Satz hat die Position p-1, da
        der fp beim Lesen eine Position weitergerückt ist }
      Read(f,K);
      KBToForm(K);
    end;
  enable_disable_Buttons;
  end;

  procedure TDatNavig.korrClick(Sender: TObject);
  var p:LongInt;
  begin
    inherited;
  p := FilePos(f);
  System.Seek(f,p-1);
  { der aktuell angezeigte Satz hat die Position p-1, da
    der fp beim Lesen eine Position weitergerückt ist }
  K := FormToKB;
  Write(f,K);
  enable_disable_Buttons;
  end;
```

Lösung Aufgabe 7.3.8

```
  unit DatGridU;

  interface

  uses
    Windows, Messages, SysUtils, Classes, Graphics, Controls, Forms,
    Dialogs, BasGridU, Grids, BankUnit, ComCtrls, StdCtrls;

  type
    TDatGridForm = class(TBaseGridForm)
      procedure FormClose(Sender:TObject;var Action:TCloseAction);
```

```
  private
    f:file of TKontobewegung;
    K:TKontobewegung;
    procedure LoadKeys;
    function get(i:Integer):TKontobewegung;override;
  public
    constructor Create(Form:TForm;noLines_:Integer;fn:string);
  end;

var
  DatGridForm: TDatGridForm;
...
implementation

const Max_keys=3000;
type TKey = record
       Kontonr,Tag,Monat,Jahr:Integer;
     end;

     TKeyRec = record
                 key:TKey; { für Kontonr }
                 fpos:Integer;
               end;

{$R+}
var KT:array[1..Max_keys] of TKeyRec;
    Anzahl_keys:Integer;

procedure TDatGridForm.loadKeys;
begin
Anzahl_Keys := 0;
while not eof(f) and (Anzahl_keys < Max_keys) do
  begin
    Read(f,K);
    inc(Anzahl_keys);
    KT[Anzahl_keys].fpos := Anzahl_keys-1;
    KT[Anzahl_keys].key.Kontonr := K.Kontonr;
    KT[Anzahl_keys].key.Jahr := K.Datum.Jahr;
    KT[Anzahl_keys].key.Monat := K.Datum.Monat;
    KT[Anzahl_keys].key.Tag := K.Datum.Tag;
  end;
if not eof(f) then
  ShowMessage('Nicht alle Datensätze geladen!');
end;

constructor TDatGridForm.Create(Form:TForm;noLines_:
                                       Integer;fn:string);
begin
AssignFile(f,fn);
{$I-}
Reset(f);
{$I+}
if IOResult = 0 then
  begin
    loadKeys;
    inherited Create(Form,Anzahl_Keys,noLines_);
  end
else ShowMessage('Datei kann nicht geöffnet werden');
end;

function TDatGridForm.get(i:Integer):TKontobewegung;
begin
seek(f,KT[i].fpos);
Read(f,K);
```

```
Result := K;
end;

procedure TDatGridForm.FormClose(Sender: TObject;
  var Action: TCloseAction);
begin
  inherited;
closeFile(f);
end;
```

Lösung Aufgabe 7.3.9

```
type TKeyKtoNrQSort = class(TQSortBase)
      Pivot:TKey;
      constructor Create(n_:Integer);
      procedure set_pivot(i:Integer);override;
      function kleiner(i:Integer):Boolean;override;
      function groesser(i:Integer):Boolean;override;
      procedure vertausche(i,j:Integer);override;
    end;

constructor TKeyKtoNrQSort.Create(n_:Integer);
begin
inherited Create(n_);
end;

function TKeyKtoNrQSort.kleiner(i:Integer):Boolean;
begin
if KT[i].key.KontoNr <> Pivot.Kontonr then
  Result := KT[i].key.KontoNr < Pivot.Kontonr
else if KT[i].key.Jahr <> Pivot.Jahr then
  Result := KT[i].key.Jahr < Pivot.Jahr
else if KT[i].key.Monat <> Pivot.Monat then
  Result := KT[i].key.Monat < Pivot.Monat
else Result := KT[i].key.Tag < Pivot.Tag;
end;

function TKeyKtoNrQSort.groesser(i:Integer):Boolean;
begin
if KT[i].key.KontoNr <> Pivot.Kontonr then
  Result := KT[i].key.KontoNr > Pivot.Kontonr
else if KT[i].key.Jahr <> Pivot.Jahr then
  Result := KT[i].key.Jahr > Pivot.Jahr
else if KT[i].key.Monat <> Pivot.Monat then
  Result := KT[i].key.Monat > Pivot.Monat
else Result := KT[i].key.Tag > Pivot.Tag;
end;

procedure TKeyKtoNrQSort.set_pivot(i:Integer);
begin
Pivot := KT[i].key;
end;

procedure TKeyKtoNrQSort.vertausche(i,j:Integer);
var h:TKeyRec;
begin
h := KT[i];
KT[i] := KT[j];
KT[j] := h;
end;
```

```
procedure TDatGridForm.write_sorted;
var i:Integer;
    f2:file of TKontobewegung;
    K:TKontobewegung;
begin
AssignFile(f2,'C:\KB-Test\kb.sor');
Rewrite(f2);
for i := 1 to Anzahl_keys do
  begin
    seek(f,KT[i].fpos);
    Read(f,K);
    Write(f2,K);
  end;
CloseFile(f2);
end;
```

Lösung Aufgaben 7.3.10: Shared File Access

```
1.  type TKBFileHandler = class(TFileStream) { uses Classes }
        private
          feof:Boolean;
        public
          function Read(var K:TKontobewegung):Integer;
          function Write(K:TKontobewegung):Integer;
          property eof:Boolean read feof;
        end;

    function TKBFileHandler.Read(var K:TKontobewegung):Integer;
    begin
    result := inherited Read(K,SizeOf(K));
    feof := result < SizeOf(K); { eof ist nur nach dem Lesen
                                      eines Datensatzes sinnvoll }
    end;

    function TKBFileHandler.Write(K:TKontobewegung):Integer;
    begin
    result := inherited Write(K,SizeOf(K));
    end;
```

Diese Klasse kann folgendermaßen verwendet werden:

```
procedure TForm1.Button1Click(Sender: TObject);
var f:TKBFileHandler;
    K:TKontobewegung;
    i:Integer;
begin
f := TKBFileHandler.Create('c:\kb-test\kbf.dat',fmCreate);
for i := 1 to 3 do
  f.Write(Zufalls_KB);
f.Destroy;

f := TKBFileHandler.Create('c:\kb-test\kbf.dat',fmShareExclusive);
f.Read(K);
while not f.eof do
  begin
    Memo1.Lines.Add(ToStr(K));
    f.Read(K);
  end;
f.Destroy;
end;
```

```
2.  {$ifdef SharedFileAccess}
    var KBfileHandle:Integer;
    {$Endif}

    constructor TDatGridForm.Create(Form:TForm;
                                    noLines_:Integer;fn:string);
    var k:Integer;
    begin
    {$ifdef SharedFileAccess}
    KBFileHandle := FileOpen(fn,fmOpenRead or fmShareDenyWrite);
    if KBFileHandle > 0 then
    {$else}
    AssignFile(f,fn);
    {$I-}Reset(f);{$I+}
    k :=IOResult;
    if k=0 then
    {$Endif}
      begin
        LoadKeys;
        inherited Create(Form,Anzahl_Keys,noLines_);
      end
    else ShowMessage('Datei kann nicht geöffnet werden');
    end;

    procedure TDatGridForm.LoadKeys;
    var QS:TKeyKtoNrQSort;
    {$ifdef SharedFileAccess}
        eof_:Boolean;
        BytesRead:Integer;
    label 99;
    {$Endif}
    begin
    Anzahl_Keys := 0;
    {$ifdef SharedFileAccess}
    eof_ := false;
    while Anzahl_keys <= Max_keys do
      begin
        BytesRead := FileRead(KBFileHandle,K,SizeOf(K));
        eof_ := BytesRead<SizeOf(K);
    if eof_ then goto 99;
    {$else}
    while not eof(f) and (Anzahl_keys < Max_keys) do
      begin
        Read(f,K);
    {$Endif}
        inc(Anzahl_keys);
        KT[Anzahl_keys].fpos := Anzahl_keys-1;
        KT[Anzahl_keys].key.Kontonr := K.Kontonr;
        KT[Anzahl_keys].key.Jahr := K.Datum.Jahr;
        KT[Anzahl_keys].key.Monat := K.Datum.Monat;
        KT[Anzahl_keys].key.Tag := K.Datum.Tag;
      end;
    {$ifdef SharedFileAccess}
    99:if not eof_ then
    {$else}
    if not eof(f) then
    {$Endif}
      ShowMessage('Nicht alle Datensätze geladen!');
    QS := TKeyKtoNrQSort.Create(Anzahl_keys-1);
    QS.Sort;
    QS.Free;
    end;
```

```
function TDatGridForm.get(i:Integer):TKontobewegung;
begin
{$ifdef SharedFileAccess}
if FileSeek(KBFileHandle, SizeOf(K)*KT[i].fpos, 0) >= 0 {
                                          Erfolg, -1 Mißerfolg } then
  FileRead(KBFileHandle,K,SizeOf(K))
else ShowMessage('Fehler bei FileSeek');
{$else}
Seek(f,KT[i].fpos);
Read(f,K);
{$Endif}
Result := K;
end;

procedure TDatGridForm.FormClose(Sender: TObject;
                                 var Action: TCloseAction);
begin
  inherited;
{$ifdef SharedFileAccess}
FileClose(KBFileHandle);
{$else}
CloseFile(f);
{$Endif}
end;
```

3.
```
   procedure TDatGridForm.StringGridKeyDown(Sender: TObject;
                                 var Key: Word; Shift: TShiftState);
   const recSize = SizeOf(TKontobewegung);
   var p:Integer; { Position }
   begin
     inherited;
   {$ifdef SharedFileAccess}
   p := StringGrid.Row+First-1;
   if key=vk_Return then
     begin
       if LockFile(KBFileHandle,(p-1)*recSize,0,recSize,0) then
         ShowMessage('Erfolgreich gesperrt')
       else
         ShowMessage('War bereits gesperrt')
     end
   else if key=vk_Escape then
     begin
       if UnlockFile(KBFileHandle,(p-1)*recSize,0,recSize,0) then
         ShowMessage('Erfolgreich freigegeben')
       else
         ShowMessage('War bereits freigegeben')
     end;
   {$Endif}
   end;
```

Lösung Aufgabe 7.3.11: Mischen mit Folgeprüfung

Die Folgeprüfung wird durch die Erweiterungen der Prozedur Mischen_n erreicht:

{ zusätzliche Variablen für Folgeprüfung }

```
   Altsatz:TKontobewegung;
   Anzahlfolgefehler:Integer;
   Erstersatz:Boolean;
```

{ zusätzliche Initialisierungen für Folgeprüfung }

```
  Anzahlfolgefehler := 0;
  Erstersatz := true;
```

{ zusätzliche Initialisierungen für Folgeprüfung }

```
    procedure uebertrage(i:Integer);

        procedure Folgepruefung;
        begin
        if Kleiner(Sortierbegriff,K[i],Altsatz) then
          Anzahlfolgefehler := Anzahlfolgefehler + 1;
        end;

      begin
  { zusätzliche Initialisierungen für Folgeprüfung }
      if Erstersatz then Erstersatz := false
        else Folgepruefung;
      Altsatz := K[i];
  { Ende zusätzliche Initialisierungen für Folgeprüfung }
      Write(Mischdatei,K[i]);
      if not eof(Datei[i]) then Read(Datei[i],K[i])
      else fertig[i] := true;
      end;
```

Lösung Aufgabe 7.3.12: Gruppenwechsel-Klassen

```
type TGW0 = class
        DateiEnde:Boolean;
        Summe:Currency;
        Zeilen_pro_Seite,Druckzeilen_pro_Seite,Zeilenzahl,Seitenzahl,
        AnzahlFehler:Integer;
        K,Drucksatz,Altsatz:TKontobewegung;
        f:file of TKontobewegung;
        t:TextFile;
        DatFn,TextFn:string;
        constructor Create(DatFn_,Textfn_:string);
        procedure Blattkopf;
        procedure Blattvorschub;
        procedure Drucke_Zeile;
        procedure VorlGS0;
        procedure Lese_naechsten_Satz;
        procedure Bearbeite_DS;
        procedure NachlGS0;
        procedure ProcessFile;
     end;

procedure TGW0.ProcessFile;
begin
VorlGS0;
Lese_naechsten_Satz;
while not Dateiende do
  begin
    Bearbeite_DS;
    Lese_naechsten_Satz;
  end;
NachlGS0;
end;
```

```
type TGW1 = class(TGW0)
        GS1Summe:Currency;
        procedure VorlGS1;
        procedure Setze_Gruppenkennzeichen_fuer_Stufe_1;
        function GW_Stufe_1:Boolean;
        procedure Bearbeite_DS;
        procedure Drucke_Zeile;
        procedure ProcessFile;
        procedure NachlGS1;
     end;


procedure TGW1.ProcessFile;
begin
VorlGS0;
Lese_naechsten_Satz;
while not Dateiende do
  begin
     VorlGS1;
     Setze_Gruppenkennzeichen_fuer_Stufe_1;
     { damit die Schleife mindestens einmal ausgeführt wird }
     while (not GW_Stufe_1) and (not DateiEnde) do
       begin
         Bearbeite_DS;
         Lese_naechsten_Satz;
       end;
     NachlGS1;
  end;
NachlGS0;
end;



constructor TGW0.Create(DatFn_,TextFn_:string);
begin
inherited Create;
DatFn := DatFn_;
Assign(f,DatFn_);
Reset(f);
TextFn := TextFn_;
Assign(t,TextFn_);
Rewrite(t);
end;

procedure TGW0.Blattkopf;
{ anlog zu Blattkopf in Listen_druck }
begin
Seitenzahl := Seitenzahl + 1;
Writeln(t,'Datei: ',DatFn,'     Ein-/Auszahlungen ',
                                   'Seite ':15,Seitenzahl);
Writeln(t);
Writeln(t);
Zeilenzahl := 3;
Drucksatz := K; { damit am Anfang einer neuen Seite der erste
                  Datensatz vollstaendig ausgedruckt wird }
end;

procedure TGW0.Blattvorschub;{ genau wie ListenDruck, Aufgabe 7.3.6 }
begin
Writeln(t,'Anzahl der fehlerhaften Datensätze: ',AnzahlFehler);
Write(t,#12);
end;


procedure TGW0.Drucke_Zeile;
begin
```

```
Ausg1zeilig(t,K);
Zeilenzahl := Zeilenzahl + 1;
end;

procedure TGW0.Vor1GS0; { wird zu Beginn einer Gruppe der Stufe 0 }
begin                    { ausgeführt                             }
DateiEnde := false;
Zeilen_pro_Seite := 72;
Druckzeilen_pro_Seite := 60;
Summe := 0;
Seitenzahl := 0;
AnzahlFehler := 0;
Blattkopf;
end;

procedure TGW0.Bearbeite_DS;
begin
if Zeilenzahl >= Druckzeilen_pro_Seite then
  begin
    Blattvorschub;
    Blattkopf;
    Drucksatz.Kontonr := K.Kontonr;
    { der erste DS auf einer neuen Seite soll die Kontonr enthalten }
  end;
if K.Bewart = '+' then
  Summe := Summe + K.Betrag
else if K.Bewart = '-' then
  Summe := Summe - K.Betrag
else inc(AnzahlFehler);
Drucke_Zeile;
end;

procedure TGW0.Lese_naechsten_Satz;
begin
Altsatz := K;{ Altsatz ist der zuletzt verarbeitete Satz der Gruppe }
if not eof(f) then Read(f,K)
else DateiEnde := true;
Drucksatz := K;
Drucksatz.Kontonr := 0; { innerhalb einer Gruppe soll die Kontonr. }
                        { nicht ausgedruckt werden                 }
end;

procedure TGW0.Nach1GS0;
{ Anweisungen, die am Ende einer Gruppe der Stufe 0
  ausgeführt werden                                       }
begin
Writeln(t,'Gesamtsumme':72,Summe:8:2);
Writeln(t,'Anzahl der als falsch erkannten Saetze: ',AnzahlFehler);
Zeilenzahl := Zeilenzahl+2;
Blattvorschub;
Close(f);
Close(t);
end;


procedure TGW1.Vor1GS1; { Anweisungen, die zu Beginn einer Gruppe }
begin                    { der Stufe 1 ausgeführt werden            }
GS1Summe := 0;
Drucksatz.KontoNr := 0; { damit am Anfang einer Gruppe
                          die Kontonummer nicht ausgedruckt wird   }
Writeln(t,K.KontoNr,' ':2,K.NameInhaber);
Zeilenzahl := Zeilenzahl + 1;
end;
```

```
function TGW1.GW_Stufe_1:Boolean;
{ Bedingung für eine Gruppenwechsel der Stufe 1 }
begin
result := Altsatz.Kontonr <> K.Kontonr;
end;

procedure TGW1.Setze_Gruppenkennzeichen_fuer_Stufe_1;
begin
{ damit die Schleife mindestens einmal ausgeführt wird }
Altsatz.Kontonr := K.Kontonr;
end;

procedure TGW1.Bearbeite_DS;
begin
Drucksatz.Kontonr := 0;
if Zeilenzahl >= Druckzeilen_pro_Seite then
  begin
    Blattvorschub;
    Blattkopf;
    Drucksatz.Kontonr := K.Kontonr;
    { der erste DS auf einer neuen Seite soll die Kontonr enthalten }
  end;
if K.Bewart = '+' then
  GS1Summe := GS1Summe + K.Betrag
else if K.Bewart = '-' then
  GS1Summe := GS1Summe - K.Betrag
else inc(AnzahlFehler);
Drucke_Zeile;
end;

procedure TGW1.Drucke_Zeile;
begin
with Drucksatz,Datum do
  begin
    if Kontonr = 0 then Write(t,' ':6)
    else Write(t,Kontonr,' ':2);
    if Jahr = 0 then Write(t,' ':6)
    else Write(t,Jahr,' ':2);
    Writeln(t,Tag:5,'.',Monat:2,Bewart:6,Betrag:8:2);
  end;
Zeilenzahl := Zeilenzahl + 1;
end;

procedure TGW1.NachlGS1; { Anweisungen, die am Ende einer Gruppe der}
begin                    { Stufe 1  ausgeführt werden              }
Summe := Summe + GS1Summe;
Writeln(t,' ':6,'Summe Kontonummer ',Altsatz.Kontonr,':',
                                '...........',GS1Summe:8:2);
Writeln(t);
Zeilenzahl := Zeilenzahl+2;
end;
```

Lösung Aufgaben 7.4: Rekursive Datenstrukturen

Aufgabe 7.4.1: Stack als Klasse

```
type TStack = class
        constructor Create;
        procedure push(s:string);
        function pop:string;
```

```
      function IsEmpty:Boolean;
    private
      top:PStringListNode;
    end;

constructor TStack.Create;
begin
inherited Create;
top := nil;
end;

procedure TStack.push(s:string);
var H:PStringListNode;
begin { wie InsertAfter }
New(H);
H^.next := nil;
H^.Daten := s;
H^.next := top;
top := H;
end;

function TStack.pop:string;
var H:PStringListNode;
begin
if top=nil then Result := 'Stack war leer'
else
  begin
    H := top;
    result := top^.Daten;
    top := top.next;
    Dispose(H);
  end;
end;

function TStack.IsEmpty:Boolean;
begin
result := top=nil;
end;

var St:TStack;  { z. B. bei FormCreate erzeugen }

{ zum Testen: }

procedure TForm1.StackPushClick(Sender: TObject);
begin
st.push(Edit1.Text);
end;

procedure TForm1.StackPopClick(Sender: TObject);
begin
if not st.isEmpty then
  Form1.Memo1.Lines.Add(st.pop)
else Form1.Memo1.Lines.Add('nix da')
end;
```

Aufgabe 7.4.2: Stack als Klasse mit generischen Pointern

```
type TGPStack = class
     constructor Create;
     procedure push(D:Pointer);
     function pop:Pointer;
     function IsEmpty:Boolean;
   private
```

```
        top:PGPListNode;
    end;

constructor TGPStack.Create;
begin
inherited Create;
top := nil;
end;

procedure TGPStack.push(D:Pointer);
var H: PGPListNode;
begin { wie InsertAfter }
New(H);
H^.Daten := D;
H^.next := top;
top := H;
end;

function TGPStack.pop:Pointer;
var H:PGPListNode;
begin
if top=nil then Result := nil
else
  begin
    H := top;
    result := top.Daten;
    top := top.next;
    dispose(H);
  end;
end;

function TGPStack.IsEmpty:Boolean;
begin
result := top=nil;
end;

var GPSt:TGPStack; { z. B. bei FormCreate erzeugen }

{ zum Testen: }

procedure TForm1.GPStackPushClick(Sender: TObject);
var s:^string;
begin
New(s);
s^ := Edit1.Text;
GPSt.push(s);
end;

procedure TForm1.GPStackPopClick(Sender: TObject);
var s:^string;
begin
if not GPSt.isEmpty then
  begin
    s := GPSt.pop;
    Form1.Memo1.Lines.Add(s^)
  end
else Form1.Memo1.Lines.Add('nix da')
end;
```

Aufgabe 7.4.3: Queue als Klasse

```
type TQueue = class
        constructor Create;
        procedure Insert(s:string);
        function Remove:string;
        function IsEmpty:Boolean;
      private
        first,
        last:PStringListNode;
      end;

constructor TQueue.Create;
begin
inherited Create;
first := nil;
last := nil;
end;

procedure TQueue.Insert(s:string);
var H:PStringListNode;
begin
New(H);
H^.Daten := s;
if last = nil then
  begin { am Anfang einfügen }
    H^.next := first;
    first := H;
    last := first;
  end
else
  begin { am Ende einfügen }
    last^.next := H;
    H^.next := nil;
    last := H;
  end;
end;

function TQueue.Remove:string;
var H:PStringListNode;
begin
if first=nil then Result := 'Stack war leer'
else
  begin
    H := first;
    result := first^.Daten;
    first := first^.next;
    if first=nil then last := nil;
    dispose(H);
  end;
end;

function TQueue.IsEmpty:Boolean;
begin
result := first=nil;
end;

var Q:TQueue;  { z. B. bei FormCreate erzeugen }

{ zum Testen: }

procedure TForm1.QInsertClick(Sender: TObject);
begin
```

```
Q.Insert(Edit1.Text);
end;

procedure TForm1.QRemoveClick(Sender: TObject);
begin
if not Q.isEmpty then
  Form1.Memo1.Lines.Add(Q.Remove)
else Form1.Memo1.Lines.Add('nix da')
end;
```

Aufgabe 7.4.4: Queue als Klasse mit generischen Pointern

```
type TGPQueue = class
        constructor Create;
        procedure Insert(s:Pointer);
        function Remove:Pointer;
        function IsEmpty:Boolean;
      private
        first,
        last:PGPListNode;
      end;

constructor TGPQueue.Create;
begin
inherited Create;
first := nil;
last := nil;
end;

procedure TGPQueue.Insert(s:Pointer);
var H:PGPListNode;
begin
New(H);
H^.Daten := s;
if last = nil then
  begin { am Anfang einfügen }
    H^.next := first;
    first := H;
    last := first;
  end
else
  begin { am Ende einfügen }
    last^.next := H;
    H^.next := nil;
    last := H;
  end;
end;

function TGPQueue.remove:Pointer;
var H:PGPListNode;
begin
if first=nil then
  Result := nil
else
  begin
    H := first;
    result := first.Daten;
    first := first^.next;
    if first=nil then last := nil;
{     dispose(H); }
  end;
end;
```

```
function TGPQueue.IsEmpty:Boolean;
begin
result := first=nil;
end;


var GPQ:TGPQueue;   { z. B. bei FormCreate erzeugen }

{ zum Testen: }

procedure TForm1.GPQInsertClick(Sender: TObject);
var s:^string;
begin
New(s);
s^ := Edit1.Text;
GPQ.Insert(s);
end;


procedure TForm1.GPQRemoveClick(Sender: TObject);
var s:^string;
begin
if not GPQ.isEmpty then
  begin
    s := GPQ.remove;
    Form1.Memo1.Lines.Add(s^);
  end
else Form1.Memo1.Lines.Add('nix da')
end;
```

Aufgabe 7.4.5: Konkordanzliste mit Klasse und generischen Pointern

```
type TXRef = class(TGPSearchTree)
      t:Text;
      function less(p1,p2:Pointer):Boolean;override;
      function greater(p1,p2:Pointer):Boolean;override;
      procedure ProcessNode(L:PGPTreeNode);override;
     end;

function TXRef.less(p1,p2:Pointer):Boolean;
var s1,s2:string;
begin
s1 := string(p1^);
s2 := string(p2^);
result := s1 < s2;
end;


function TXRef.greater(p1,p2:Pointer):Boolean;
var s1,s2:string;
begin
s1 := string(p1^);
s2 := string(p2^);
result := s1 > s2;
end;


procedure TXRef.ProcessNode(L:PGPTreeNode);
const Druckpos_Seitenzahl = 25;
      n_pl = {8} 80; { Anzahl Zahlen pro Zeile im Ausdruck }
      fw_pn = 6;     { Feldbreite eine Zahl im Ausdruck }
var niLine:Integer;
    X:PGPListNode;
    PKey:^string;
    PLno:^Integer;
begin
PKey := L.Key;
```

```
Write(t,PKey^,' ':Druckpos_Seitenzahl-length(PKey^),':');
x := L.first;
niLine := 0;
while x <> nil do
  begin
    if niLine = n_pl then
        begin
          Writeln(t);
          niLine := 0;
          Write(t,' ':Druckpos_Seitenzahl+1);
        end;
      niLine := niLine+1;
      PLno := x^.Daten;
      Write(t,PLno^:fw_pn);
      x := x^.next;
  end;
Writeln(t);
end;

procedure XRef(Dateiname:string);
var WordList:TXRef;

  procedure parseLine(Zeile:string;ZeilenNr:Integer);
  const ZeichenWortAnfang = ['a'..'z','A'..'Z',
                      'ä','Ä','ö','Ö','ü','Ü','ß'];
       ZeichenImWort = ZeichenWortAnfang +['0'..'9','_','-'];
  var Wort:string;
      PWort:^string;
      PLno:^Integer;
      i:Integer;
  begin
  i := 0;
  while i < length(Zeile) do
    begin
      inc(i);
      if zeile[i] in ZeichenWortAnfang then
        begin
          Wort := zeile[i];
          inc(i);
          while (zeile[i] in ZeichenImWort) and (i<=length(Zeile))
                                                              do
            begin
              Wort := Wort+zeile[i];
              inc(i);
            end;
          New(PWort);
          New(PLno);
          PWort^ := Wort;
          PLno^ := ZeilenNr;
          WordList.Insert(PWort,PLno);
        end;
    end;
  end;

var infile,lnout,outfile:Text;
    ZeilenNr:Integer;
    Zeile:string;
var i:Integer;
begin
WordList := TXRef.Create;

ZeilenNr := 0;
AssignFile(lnout,Dateiname+'.lnr');
ReWrite(lnout);
```

```
AssignFile(infile,Dateiname+'.txt');
Reset(infile);
while not eof(infile) do
  begin
    Readln(infile,Zeile);
    ZeilenNr := ZeilenNr + 1;
    Writeln(Lnout,ZeilenNr:4,': ',Zeile);
    parseLine(Zeile,ZeilenNr);
  end;
CloseFile(infile);
CloseFile(lnout);

AssignFile(WordList.t,Dateiname+'.cnl');
ReWrite(WordList.t);
WordList.TraverseTree;
CloseFile(WordList.t);
end;

procedure TForm1.XRefCClick(Sender: TObject);
begin
XRef('c:\test');
end;
```

Aufgabe 7.4.6: Doppelte Dateien suchen, mit Klassen

```
type TFindDups = class(TGPSearchTree)
       constructor Create(Paths:array of string;mask:string);
       function less(p1,p2:Pointer):Boolean;override;
       function greater(p1,p2:Pointer):Boolean;override;
       procedure ProcessNode(L:PGPTreeNode);override;
     end;

constructor TFindDups.Create(Paths:array of string;mask:string);

  procedure SearchSubdirs(const Pfad,Mask:string);
  var DirInfo: TSearchRec;
      found:Integer;
      PKey,PName:^string;
  begin
  found := FindFirst(Pfad+Mask, faAnyfile, DirInfo);
  while found = 0 do
    begin
      if ((Dirinfo.Attr and faDirectory)<>0) and
                                     (Dirinfo.Name[1]<>'.') then
        SearchSubdirs(Pfad+Dirinfo.Name+'\',Mask)
      else if ((Dirinfo.Attr and
                   faDirectory)<>0)and(Dirinfo.Name[1]='.') then
      else if (Dirinfo.Attr and faVolumeID)<>0 then
      else
        begin
          New(PKey);
          New(PName);
          PName^ := Pfad+DirInfo.Name;
          PKey^  := IntToStr(DirInfo.Size)+DirInfo.Name;
          Insert(PKey,PName);
        end;
      found := FindNext(DirInfo);
    end;
  FindClose(DirInfo); { nur für Delphi 2 notwendig }
  end;

var i:Integer;
begin
```

```
inherited Create;
for i := low(Paths) to High(Paths) do
    SearchSubdirs(Paths[i],Mask);
end;

function TFindDups.less(p1,p2:Pointer):Boolean;
var s1,s2:string;
begin
s1 := string(p1^);
s2 := string(p2^);
result := s1 < s2;
end;

function TFindDups.greater(p1,p2:Pointer):Boolean;
var s1,s2:string;
begin
s1 := string(p1^);
s2 := string(p2^);
result := s1 > s2
end;

procedure TFindDups.ProcessNode(L:PGPTreeNode);
var s:^string;
    p: PGPListNode;
begin
if L.first^.next <> nil then { mehr als ein Listenelement }
  begin
    p := L.first;
    while p <> nil do
      begin
        s := p^.Daten;
        Form1.Memo1.Lines.Add(s^);
        p := p^.next;
      end;
  end;
end;

procedure TForm1.DupFilesGPCClick(Sender: TObject);
var d:TFindDups;
begin
d := TFindDups.Create(['c:\','d:\'],'*.*');
d.TraverseTree;
end;
```

Literaturverzeichnis

C++ Draft 4/95: Working Paper for Draft
  Proposed International Standard for Information Systems
  Programming Language C++, Doc No: X3J16/95–0087 X3,
  INFORMATION PROCESSING SYSTEMS WG21/N0687
  Date: 28 April 1995, Project: Programming Language C++
  Im Internet: ftp://research.att.com/dist/c++std/WP/

Alagic, Suad; Arbib, Michael: *The Design of Well-Structured and Correct Programs*
  Springer-Verlag, New York 1978

Böhm, C.; Jacopini, G.: *Flow Diagrams, Turing Machines and Languages with Only Two
  Formation Rules*, CACM, 9,5; May 1966, S. 366–371

Borland International Inc.: *Object Pascal Language Guide*
  objlang.pdf (ftp.borland.com, File-Datum 6.4.95), deutsche Übersetzung auf der CD
  von Delphi: \delphi16\manuals\ldef.pdf (File-Datum 14.9.95)

Borland GmbH: *Handbuch Komponentenentwicklung*
  Im Handbuchsatz von Delphi 1 enthalten.
  Auf der CD von Delphi 2 die Dateien cwg.hlp und cwg.pdf.

Brown, Ralf; Kyle, Jim: *PC Interrupts*
  Addison-Wesley, Reading, Mass. 1991
  Außerdem im Internet:
  ftp://FTP.CS.CMU.EDU [128.2.206.173]. Dabei mit einem einzigen Befehl direkt
    in das Verzeichnis /afs/cs.cmu.edu/user/ralf/pub wechseln, da die Verzeichnisse
    darüber für „anonymous ftp" nicht zugänglich sind.
  http://www.simtel.com/pub/simtelnet/msdos/info, SimTel Mirrors bei vielen deut-
    schen Universitäten, z. B. ftp://ftp.uni-tuebingen.de/pub/SimTel/msdos/info

Dijkstra, Edsger W.: *A Discipline of Programming*
  Prentice Hall, Englewood Cliffs, N. J. 1976

Ghezzi, Carlo; Jazayeri, Mehdi; Mandrioli, Dino: *Fundamentals of Software Engineering*
  Prentice Hall, Englewood Cliffs, N. J. 1991

Gries, David: *The Science of Programming*
  Springer-Verlag, New York 1991

Harbison, Samuel; Steele, Guy: *C: A Reference Manual*
4th ed., Prentice Hall, Englewood Cliffs, N. J. 1994

Jensen, Kathleen; Wirth, Niklaus: *Pascal User Manual and Report*
2nd ed., Springer-Verlag, Berlin, Heidelberg, New York 1974
4th ed., ISO Pascal Standard, Springer-Verlag, Berlin, Heidelberg, New York 1991

Kernighan, Brian; Ritchie, Dennis: *The C Programming Language*
2nd ed., Prentice Hall, Englewood Cliffs, N. J. 1988

Knuth, Donald: *The Art of Computer Programming*
Vol. 1, Fundamental Algorithms, Addison-Wesley, Reading, Mass. 1973
Vol. 3, Sorting and Searching, Addison-Wesley, Reading, Mass. 1973

Maguire, Donald: *Writing Solid Code*
Microsoft Press, Redmont 1993

McConnell, Steve: *Code Complete*
Microsoft Press Deutschland, Unterschleißheim 1993

Microsoft: *Win32 Programmer's Reference*
Microsoft Press, Redmont 1993
Im wesentlichen identisch (v. a. Aktualisierungen) mit der Datei win32.hlp (vom 11.07.95, 21.992.070 Bytes) des Win32 SDK des Microsoft Developer Network. Die mit Delphi ausgelieferte Datei win32.hlp (vom 16.04.96, 11.279.097 Bytes) enthält nur einen Teil.

Mössenbeck, Hanspeter: *Objektorientierte Programmierung in Oberon-2*
Springer-Verlag, Berlin, Heidelberg, New York 1992

Petzold, Charles: *Programmierung unter Windows*
Microsoft Press Deutschland, Unterschleißheim 1992

Rabinowitz, Stanley; Wagon, Stan: *A Spigot Algorithm for the Digits of π*
American Mathematical Monthly, Band 102, Heft 3, 1995, S. 195–203

Stewart, Ian: *Mathematische Unterhaltungen*
Spektrum der Wissenschaft, 12/1995, S. 10–14

Stroustrup, Bjarne: *The C++ Programming Language*
2nd ed., Addison-Wesley, Reading, Mass. 1991

Stroustrup, Bjarne: *The Design and Evolution of C++*
Addison-Wesley, Reading, Mass. 1994

Wirth, Niklaus: *Systematisches Programmieren*
Teubner, Stuttgart 1983

Wirth, Niklaus: *Algorithmen und Datenstrukturen*
Teubner, Stuttgart 1983

Index

G

H